求是
文荟

求是文荟：《求是学刊》发刊200期

总主编：丁立群 李小娟

批判与反思

文化哲学研究十年

李小娟 付洪泉◆主编

黑龙江大学出版社

图书在版编目（CIP）数据

批判与反思：文化哲学研究十年 / 李小娟，付洪泉主编．-- 哈尔滨：黑龙江大学出版社，2011.1（2021.9 重印）
（求是文荟：《求是学刊》公开发行 200 期 / 丁立群，李小娟主编）
ISBN 978-7-81129-352-4

Ⅰ．①批… Ⅱ．①李… ②付… Ⅲ．①文化哲学－文集 Ⅳ．①G02-53

中国版本图书馆 CIP 数据核字（2010）第 247339 号

批判与反思：文化哲学研究十年
PIPAN YU FANSI：WENHUA ZHEXUE YANJIU SHI NIAN
李小娟　付洪泉　主编

责任编辑　刘剑刚　梁　秋
出版发行　黑龙江大学出版社
地　　址　哈尔滨市南岗区学府三道街 36 号
印　　刷　三河市春园印刷有限公司
开　　本　787 毫米 ×1092 毫米　1/16
印　　张　33.25
字　　数　511 千
版　　次　2011 年 1 月第 1 版
印　　次　2022 年 1 月第 2 次印刷
书　　号　ISBN 978-7-81129-352-4
定　　价　79.80 元

总序

求索与坚守

——纪念《求是学刊》发刊200期

已过“而立之年”的《求是学刊》,带着丰硕的成果和骄人的荣誉,迎来了发刊第200期的重要时刻。作为《求是学刊》一直的读者、20多年的作者,特别是曾经8年的编者,我不仅为她日积月累的成果和荣誉而高兴,更为她始终不渝的精神特质而感动,这就是:对真理不懈的求索和对学术品位不变的坚守。

记得1990年我作为主持编辑部工作的副主编开始成为《求是学刊》的一个编者时,适逢《求是学刊》公开发行十周年,我在以“本刊编辑部”的名义所写的《唯实·求是·图新》的纪念文章中,开宗明义就清楚地表述了《求是学刊》的基本定位:

> 一本杂志的刊名绝非一时心血来潮的产物。从选定现有刊名的那一刻起,我们就清楚地意识到,我们的劳作将同人类最崇高的事业——真理的探索联系在一起,唯实、求是、图新将是我们永恒的座右铭。十年的心血、十年的求索,贯穿着始终如一的旨趣:求是!

令人十分欣喜的是,又过去了20年,《求是学刊》的这一学术品位和精神追求不仅没有改变,而且已经发扬光大为自己鲜明的办刊特色。必须指出,做到这一点并非轻而易举:高尚的精神无疑在任何时代都会被人们所推崇、所崇敬,但是,要做到在任何情况下都能够对精神和真理保持敬畏而不为其他的因素所动心,无论对于一个人、一本杂志、一个学科领域,都是难能可贵的。距今差不多200年前(1816年),大哲学家黑格尔在海得堡大学所做的《哲学史讲演录》开讲辞中就曾经感叹道:“时代的艰苦使人对于日常生活中平凡的琐屑兴趣予以太大的重视，现实上很高的利益和为了这些利益而作的斗争，曾经大大地占据了精神上一切的能力和力量以及外在的手段，因而使得人们没有自由的心情去理会那较高的内心生活和较纯洁的精神活动，以致许多较优秀的人才都为这种艰苦环境所束缚，并且部分地被牺牲在里面。因为世界精神太忙碌于现实，所以它不能转向内心，回复到自身。”①在今天日益丰富发达的市场经济条件下，许多经济的、行政的、人情的和其他非学术的因素，从不同方面挤压着学者的研究和杂志的办刊活动，在这种时代氛围中，要几十年如一日地排除各种干扰，坚守学术尺度和学术品位，更是需要毅力和定力。

因此，黑格尔呼唤一个“那前此向外驰逐的精神将回复到它自身，得到自觉”的时代，期待年青一代可以“不受扰乱地专心从事于真理和科学的探讨”。黑格尔强调：“追求真理的勇气和对于精神力量的信仰是研究哲学的第一个条件。人既然是精神，则他必须而且应该自视为配得上最高尚的东西，切不可低估或小视他本身精神的伟大和力量。人有了这样的信心，没有什么东西会坚硬顽固到不对他展开。那最初隐蔽蕴藏着的宇宙本质，并没有力量可以抵抗求知的勇气；它必然会向勇毅的求知者揭开它的秘密，而将它的财富和宝藏公开给他，让他享受”。②

黑格尔这些充满激情的话语，穿越了近200年的历史时空，今天依旧具有巨大的感召力。在市场经济的海洋中守望精神的灵性，坚守学术的神圣，并非是在追求一种孤芳自赏的清高，而是渴望着对人类文化中最优秀精髓的自觉传承。人作为历史性的存在，人类的足迹作为具有内在联系的历史，真正能够得以传承的无非有两种东西：自发的文化传统和自觉的文化精神。而随着科学技术的发展、人类知识的积累，特别是历史意识的觉醒，这种自觉地透视人类历史发展内涵、自觉地揭示社会现实的本质规定性的文化精神，越来越成为人类发展不可或缺的重要维度。我一直认为，杂志或期刊为自觉文化精神的生成、培育和传承提供了最好的寓所、平台、载体或温床。1665年1月5日法国的戴·萨罗在巴黎创办的世界上第一本期刊就是《学者杂志》。经过300多年的发展，虽然杂志或期刊已经演变为多种类型，但是，学术期刊毫无疑问一直是最典型的、最有

① (德)黑格尔:《哲学史讲演录》第1卷，贺麟、王太庆译，商务印书馆1959年版，第1页。
② (德)黑格尔:《哲学史讲演录》第1卷，贺麟、王太庆译，商务印书馆1959年版，第3页。

影响力的杂志，这同它与人类文化精神的内在本质联系密切相关。众所周知，“Magazine”（“期刊”或“杂志”）一词源自法文 Magasin，原意为“仓库”、“知识的仓库”或“军用品供应库”等。但是，真正的学术刊物显然不是给定的、现成的知识的“仓库”，而是活生生的文化精神得以生成的历史地平线，是人类文明的自觉的守望者。

由此不难看出，《求是学刊》的精神追求和学术品位，并没有使之远离生活，远离现实，而是使之在更高的层面上凸显出强烈的现实关怀。我在 1990 年所写的《唯实·求是·图新》的文章中，已经阐述了这一点：

> 世纪之交将为人类带来新的机遇、新的希望和新的使命。彼此冲突的人类理性将进行一次新的自我反思和批判，进行一场伟大的知识整合运动；四分五裂的人类历史将汇入马克思所预见的伟大的“世界历史性的”进程。而我们历经磨难的民族将逐步告别贫穷与落后的历史，踏上伟大的总体性的现代化的征程。总体性的现代化呼唤着总体性的理论。我们将同我们的读者和作者一道，以实事求是的研究来迎接这一伟大的时代。生活之树常青，理论也不应是灰色的。大变革时代的理论不是黄昏时才起飞的“密纳瓦的猫头鹰”，而是那传说中神奇的“风鸟”，她将为一个新时代报晓，也将为之献身。置身于伟大的人类知识整合运动之中，为现代化理论的建构而尽心竭力，这将是我们唯实、求是、图新的宗旨。

翻开《求是学刊》的 200 期学术长卷，从 20 世纪 80 年代在全国独树一帜的生产力经济学研究和思维科学探索，到世纪之交的经济体制改革和法制建构，从文学批评、历史反思到现代性的文化批判，处处透露出这一学术期刊对中华民族和人类命运的深切关怀及对人类社会发展现实的理论穿透。

不仅如此，我在这里还想进一步挖掘出《求是学刊》更深层的学术追求。应当说，对真理不懈的求索和对学术品位不变的坚守不只是《求是学刊》的定位和办刊特色，在中国的学术期刊之林中，还有很多有影响的杂志，具有同样的追求和类似的定位。我想说的是，在《求是学刊》的学术定位中，我们还可以发现并继续培育更加值得珍视的精神特质和学术品格。具体说来，主要有二：一是正在走向自觉的“刊物的主体意识”；二是正在开启的“刊物的国际视野”。

我在谈论“刊物的主体意识”时，是想表达这样的想法：我们在强调杂志或期刊的学术品位时，可以展示出不同的境界和追求。例如，我们可以突出学术期刊的开放的视野和胸怀，对于各个领域的学术研究，对于各种不同的学术兴趣和学术观点，不加限制地给予同等表达的机会，形成百家争鸣的格局。但是，我们也可以强调刊物本身的选择性，而不把刊物当做“安放文章的空架子”，这就是说，我们强调刊物要有明确的“主体意识”，要主动创造和引领特定领域、特定问题域的学术理论热点，积极地推动理论创新，自觉地培育学术流派和理论精神。后一种追求或境界显然要面对更大的挑战，付出更多的艰难探索和精神劳作，才有可能取得进展。但是，它一旦获得突破，其学术价值和理论意义显然会更大。在这方面，最成功的例子是法国年鉴学派的兴起和发展。1929 年，年鉴学派的创始人吕西安·费弗尔和马克·布洛赫，创办了《经济社会史年鉴》（后多次更名，并于 1946 年定名为《经济·社会·文化年鉴》）。这一学术杂志在此后的半个多世纪中成为几代持相同主张的史学家的主要阵地，形成了 20 世纪最有影响的史学流派和社会历史理论流派。从第一代代表人物吕西安·费弗尔和马克·布洛赫，经第二代中坚布罗代尔，到第三代代表雅克·勒高夫、埃马努埃尔·勒华·拉迪里、马克·费罗等人，他们提出的微观史学理论范式深刻影响了欧美的历史学研究和其他社会历史理论的研究。

《求是学刊》在这方面作了初步探索，其典型的研究领域就是文化哲学。1992 年《求是学刊》率先在期刊界推出“文化哲学：跨世纪的思考”学术研究专栏，此后又先后设立“文化哲学：现代化与日常生活批判”、“文化哲学：后现代主义研究”、“文化哲学：全球化的文化反思”等系列专栏，培养了一批文化哲学研究者，使黑龙江大学文化哲学研究中心成为目前中国哲学界最有影响的文化哲学学术中心，并逐步形成了把对人及其世界的形而上的理性反思和现实的文化历史批判相结合的独特的文化哲学视野，自觉地提出建构作为一种重要的哲学理解范式和重要的历史解释模式的文化哲学理论体系。尽管这些研究还处于起步阶段，但是已经呈现出良好的发展态势，产生了重要的学术影响，并极大地带动和引领了国内文化哲学研究的走向。

至于“刊物的国际视野”，显然不难理解，它强调的是：在全球化、信息化时代，学术研究和学术刊物必须自觉地开启国际视野和世界眼光。当今人类社会发展，包括所有民族的发展，面临的最大的具体情况，最大的现实就是全球化的进程和全球化的逻辑。用茨威格的话说，在全球化时代里，“我们岁月中的每个小时都是和世界的命运联系在一起的”。在这样的背景中，尽管我们的学术研究和理论创新依旧要立足于中国的现实，凸显中国特色，但是，无论要使我们的理论思考切中中国的现实，还是要廓清世界的变局，都必须站在全球化的高度，形成开放的世界眼光。在这方面，《求是学刊》有自觉的思考，从本世纪初，就积极地开展各种国际学术交流，并在学术期刊界率先开设了“海外来稿”专栏，致力于国内外学术交流，为国内外的学术对话与交流搭建一个学术平台，促进学术期刊不断走向国际，探索开放式、国际化办刊的路径。这一栏目同样在学界产生了较好的反响。

我深知，《求是学刊》还很年轻，她的许多探索还处于初始的阶段，还有很多的局限性。但是，这不是她的缺点和弱点，而是她的希望、她的开放的未来。精神的追求和学术的探索原本就“总在途中”，真理的探求是永远图新永远不老的神圣事业，更是扎扎实实默默无闻永无止境的辛勤劳作。只要我们不懈地求索，只要我们不变地坚守，就会有越来越广阔的理论地平线在我们的眼前不断开启。我还是用1990年所写的《唯实·求是·图新》的文章中的话来作为这篇随笔的一个“结语”：

> 我们深知，历史不会只呈现玫瑰色，真理更不会一蹴而就，在我们有限的才能与宏伟的历史使命之间横着单凭我们自身很难逾越的时空。但我们坚信，我们同读者和作者的辛勤劳作，无论如何平凡，都不会毫无价值。“天空没有翅膀的痕迹，但我已经飞过。”（泰戈尔）我们愿以自己的平凡换取真理的非凡，我们愿以自己的默默无闻换取真理的无穷感召力。“路漫漫其修远兮，吾将上下而求索！”

谨以此寥寥数语来纪念《求是学刊》发刊200期，我更愿意把这篇随笔看做自己学术跋涉的心路历程的记录。愿与《求是学刊》以及更多的学术期刊一道在精神世界中继续上下求索，为我们时代的破浪前行自觉地彰显理论的力量、真理的力量。

2011年1月6日

北京

目录

第一编　文化哲学基础理论研究

第二编　现代化与日常生活批判

第三编　全球化的文化反思

第四编　现代性研究新视阈

第五编　学术交流与对话

第一编

文化哲学基础理论研究

导读

自从20世纪80年代，文化哲学作为中国哲学界一种新的理论范式被提出以来，对文化哲学基础理论的研究就一直是该领域至关重要的理论议题之一。正是得益于基础理论的不断夯实，文化哲学才能在过去近三十年的时间里保持持续的活力，并得以成功地应对文化现实不断提出的各种新的挑战。

进入新世纪以来，文化哲学的基础理论研究秉承了其一贯的理论特质，不是把文化哲学作为僵化的理论体系，而是作为一种从事哲学的范式；不是把文化哲学看做一种部门哲学，而是看做所有哲学的内在特质，也即：所有哲学都是特定时代之文化的自我意识，文化哲学的独特之处在于它是当代文化之自觉的、批判的自我意识。因此，为了透彻地理解文化哲学的理论精神，首先就要对我们这个时代的文化状况有一个准确的把握。

把我们这个时代看做文化危机的时代，这并非是耸人听闻。20世纪是人类物质财富空前增长的世纪，但同时也留下了世界大战的阴影、自然环境的极大破坏以及科技理性的过度膨胀等，与此同时，物质生活的提高似乎不可避免地伴随着精神世界的衰落。历史并没有像人们曾经想象的那样，呈现出随着经济的繁荣文化自然而然地随之发展的图景，而是恰恰相反，物质世界与精神世界更像是处于一种此消彼长的竞争状态。或许我们人类正是处于物质和精神所构成的一个具有有限边界的二元世界之中。总之，我们可以毫不夸张地说，当前人类所面临的众多问题大多可以归因于文化问题，并且只有在一种自觉的、彻底批判的文化哲学的范式中才能得到澄清。而文化哲学的理论诉求正在于此，即：以人的生存状况作为其终极关怀；以为人类走出当前文化困境提供一条哲学路径为己任。

20 世纪:文化焦虑的时代

衣俊卿

无论从什么样的角度审视,人类历史都不是按着同样的节奏匀速前行的。在许多时代,历史像大自然的斗转星移和春去秋来一样沉默不语,像周而复始、平淡琐屑的日常生活一样平凡无奇;而在另外一些特殊的时代,短则数日,长不过数年,就演绎出在此后的历史和人们的精神心路上留下不可磨灭的印记的、异常壮观的、惊心动魄的、史诗般的剧目。尤其在历史的精神内涵方面,漫长的"动物般的"贫乏的"无思想的"历史同希腊理性主义、先秦百家春秋、文艺复兴、"五四"新文化运动等激动人心的精神自由和思想解放时期相比,更是形成了强烈的反差。以至于有人从迄今为止的人类历史中总结出奇特的"腰鼓现象"。人类文明,特别是东方文明的发展节奏呈现出非平衡或非均衡的状态,很像朝鲜人的传统乐器"腰鼓"的形状,两头粗中间细:远古时期(如先秦时期)精神和文化博大精深,此后是漫长的平稳继承期和持续期,直至现代科技文明的突飞猛进①。

一、"轴心期"的历史精神在20世纪的命运

对于刚刚走过的20世纪,无论我们在价值学意义上作何种评判,都无法否认一个事实:20世纪人类历史内涵之丰富程度达到了一个登峰造极的高度。尽管有经济危机的困扰和不同经济体制的冲突,人类生产力并没有停滞,而是取得了前所未有的发展高度。尽管有两次世界大战,特

① 雷升:《上一次文明》,中国社会出版社2000年版,第189页。

别是法西斯主义的悲剧，人类还是逃过了毁灭性的劫难，并且通过WTO规则建立起全球范围内的对话和契约机制；匮乏状况的缓解、物质生活水平的提高；高新技术的飞速发展、新兴产业的崛起；信息化和数字化的革命导致人类精神生活的空前丰富；等等。所有这些，使20世纪人类文明成为突起的奇峰，傲立于人类历史长河之中。

然而，对于20世纪在人类文明史上的特殊地位似乎还不能只从以上几个常规的角度思考。著名历史哲学家雅斯贝尔斯曾经在人类历史中确定了一个"轴心时期"，并断言迄今为止的人类历史一直没有超越轴心时期所奠基的人类精神根基和框架。但是，20世纪似乎出现了某种突破轴心期精神框架的迹象。当然，要揭示这样一种重大突破，需要睿智而又深刻的洞见和缜密的研究。我们在这里提出这一问题，不是要立即进入这样一种分析，而是要说明20世纪在人类文明演进中的独特地位。

雅斯贝尔斯在描绘人的历史时，曾把公元前800年至200年这一时期称做人类历史的"轴心时期"（Axial Period）。他认为，在此期间，人类精神的基础同时地，而又分别彼此独立地奠定于中国、印度、波斯、巴勒斯坦和希腊等古文明发祥地，而且人类今天仍然依托于这些基础。轴心期代表着人类精神上的觉醒，人类意识开始从历史深处的潜流中涌出，变成自觉的精神光环，照耀着原本沉默无言的历史。雅斯贝尔斯这样描写"轴心期"人的觉醒的基本内涵："这个时代的新特点是，世界上所有三个地区（中国、印度和西方——引者注）的人类全部开始意识到整体的存在、自身和自身的限度。人类体验到世界的恐怖和自身的软弱。他探询根本性的问题。面对空无，他力求解放和拯救。通过在意识上认识自己的限度，他为自己树立了最高目标。他在自我的深奥和超然存在的光辉中感受绝对。"①一言以蔽之，在这个重要的"轴心期"，人真正同大自然分离。人不再与植物、动物以及自然万物浑然一体，他开始意识到自己在宇宙中所占据的特殊位置，意识到自己所独具的高于其他动物的理性、意识、自我意识、目的性等等。同时，人也意识到矗立于面前的庞大自然的神秘可怖和广袤无垠，由此而萌生孤独感、有限感和缺憾感，形成人独有的自我意识。

---

① （德）卡尔·雅斯贝尔斯：《历史的起源与目标》，魏楚雄、俞新天译，华夏出版社1989年版，第8～9页。

雅斯贝尔斯用自我意识、理性启蒙、人性的精神化、哲学家的出现、理论思辨、历史的反思、理智与个性等范畴揭示"轴心期"人类精神的主要内涵。我们稍加分析就会发现,这些精神特征和基本规定性实际上包含着现代西方工业文明赖以发展的以人本精神和技术理性为本质特征的文化精神。或者换言之,轴心期这些精神因素的进一步自觉、成熟与发展就成为现代社会的主要文化精神。正是在这种意义上,雅斯贝尔斯断言,轴心期所奠定的文化精神是此后人类历史发展的原动力,文艺复兴的人文启蒙、宗教改革的理性化和世俗化运动、现代科学的技术理性精神、启蒙时期的社会契约理念,都以不同的方式一次又一次地从轴心期汲取精神力量。"直至今日,人类一直靠轴心期产生、思考和创造的一切而生存。每一次新的飞跃都回顾这一时期,并被它重燃火焰。自那以后,情况就是这样。轴心期潜力的苏醒和对轴心期潜力的回忆,或曰复兴,总是提供了精神动力。对这一开端的复归是中国、印度和西方不断发生的事情。"①

可以说,雅斯贝尔斯对于这一轴心期情有独钟。他断言,人类历史可能出现第二轴心期,但是那一定在未来。20 世纪科学技术的发展的确是人类最伟大的时刻,但这并不是第二轴心期的到来。科学技术的发展在某种意义上是轴心期精神的逻辑结果和实现,而不是它的否定。更为重要的是,以控制自然、消除匮乏为宗旨的科学技术在极大地改善了人类的物质生活的同时,也带来了人被技术所控制的生存困境,同时,也伴随着某种个性缺失、精神贫乏、爱与创造力衰退的问题。实际上,科学技术发展所带来的这些问题,也正是 20 世纪人类所面临的主要困境。或者说,20 世纪是一个充满悖论的时代:一方面,人类的精神力、物质生产力和探索研发能力都在前所未有的程度上得到了发展;另一方面,人类又遇到了与人类生存自我相关的、深层的生存困境。

上述分析为我们在深层次上确定 20 世纪的特有历史地位提供了一种重要的思路。可以说,我们虽然没有依据断言 20 世纪在人类精神的历程中发生了类似于雅斯贝尔斯的"轴心期"的革命,但是,它的确不同于以往的时代。最根本之点在于,20 世纪科学技术的飞速发展所引发的全方位的社会历史变化,使得"轴心期"所确立的精神框架或精神基础在极

① (德)卡尔·雅斯贝尔斯:《历史的起源与目标》,魏楚雄、俞新天译,华夏出版社 1989 年版,第 14 页。

端的意义上展示了自己的潜力和可能性,同时,也清楚地展示出自身的局限性或极限,因此,也存在着人类精神新的、重大突破的可能性。

二、文化的自觉

现在的问题在于:我们应当如何把握和准确界定"轴心期"的历史精神在20世纪科技发展的时代所展示的极限或局限性?20世纪思想家和理论家们对此作了许多深刻的探讨。尼采、弗洛伊德、存在主义等对以黑格尔的绝对理念为典型代表的传统理性主义的拒斥;韦伯、齐美尔、西方马克思主义等对技术理性主义的批判;德里达、福柯等后现代主义者对传统逻辑中心主义和人本主义的解构;等等,都在从不同视角切入有关人类精神状况这一世纪性问题,并给我们提供了富有启迪性的理论资源。如果我们在比较概括的意义上思索这一问题,似乎可以断言,20世纪历史精神对原有内涵的批判、对原有限度的突破、对新的地平线的求索,都同文化在人类历史演进中的自觉直接相关。毫无疑问,人就是文化的存在,无论是脱离人的文化或没有文化规定性的人的存在都是不可设想的。但是,作为文化存在的人并不是在任何时候都自觉到生存的文化内涵和文化规定性。因为,当人类自觉地从文化的角度来审视自己的生存时,意味着人对自我的认识开始从外在的、人之外的眼界向人内在的、自我生成的眼界回归。而这是历史精神的了不起的飞跃。

这样一来,文化的自觉就成为我们理解20世纪人类精神状况和历史的深层内涵的核心问题。而实际上,文化也的确是20世纪人类精神生活各个领域的核心范畴。当然,文化的自觉不仅仅是一个平和的理论推演的问题,而首先是20世纪的现实的、焦点性的生存问题。在某种意义上,文化的自觉和文化的焦虑是同一个历史进程和思想历程,因为,当20世纪人类自觉地意识到文化对于人的生存所具有的安身立命的、根本性的意义时,人们已经清楚地看到了文化的危机性的、悖论性的困境;或者说,当人们通过文化的自觉开始从自身确定生存的依据时,却惊讶地发现人类自己的自觉的或不自觉的历史行动和生存活动正在破坏着这一基础。因此,如果我们想要从根本上理解20世纪历史精神的处境,理解20世纪众多理论家和理论流派激进的批判意识,就必须从文化的自觉和文化的焦虑这一核心问题起步。而为了说明这一点,我们要列举并解读文化的界定、文化的觉醒、文化的焦虑、文化的危机、文化的批判这样一系列重要的,也是容易引起争议的概念。

文化在现代生活和现代理论中是出现频率最高的概念之一,然而,人们最习以为常的东西往往是最容易引起争议的东西。应当说,今天意义上的文化范畴在历史上出现较晚。据许多语言学家和文化学家考证,"文化"在拉丁语和中古英语中通常具有"耕耘"或"掘种土地"的意思;到了18世纪法语中,文化逐渐指谓训练和修炼心智、思想和情趣的结果和状态,指良好的风度、文学、艺术和科学;直到18世纪末,特别是在19世纪,文化才逐渐开始取得了它的现代意义,在接近文明的含义上得以运用,开始指谓个人的完善和社会的风范,包括习俗、工艺、技巧、宗教、科学、艺术等社会生活的主要方面。随着文化学和人类学研究的进展,文化范畴的内涵越来越深化与丰富了,不同的研究者从不同的侧面揭示和界定文化的规定性。在广义上,文化是一个大范畴,人们可以在不同层面上对之加以理解和界定。就人超越了动物式的完全自然的生存方式而言,文化几乎可以涵盖古往今来人类所有精神的和物质的创造物,如政治、经济、宗教、艺术、建筑、科学、技术、哲学、教育、语言、习俗、观念、知识、信仰、规范、价值,等等。而在狭义上或在常识的理解中,人们习惯于把文化局限于文学、艺术、教育、宣传等具体的文化领域或文化形式,把文化当做政治、经济的附属现象或被决定的东西。

然而,在更深层的意义上,在本体的意义上,我们很少用文化指谓人之具体的、有形的、可感的、不断处于生生灭灭之中的造物,而是用来指称文明成果中那些历经社会变迁和历史沉浮而难以泯灭的、稳定的、深层的、无形的东西。具体来说,在文化哲学视野中,本体性的文化范畴包含两层含义:一方面,从人的生存的角度看,文化是历史地凝结成的稳定的生存方式。文化并不简单地是意识观念和思想方法问题,它像血脉一样,熔铸在总体性文明的各个层面中,自发地左右着人的各种活动。胡适曾把文化定义为"人们生活的方式",梁漱溟则把文化称做"人类生活的样法"。另一方面,从社会历史方位来看,文化不是与政治、经济等相并列的特殊领域或简单附属现象,而是一切社会活动和社会存在领域中内在的、机理性的东西,是从深层制约和影响每一个体和每一种社会活动的生存方式。在这种意义上,文化既可以表现为人们所未曾意识到的自发的生存模式,也可以表现为人的自觉的价值观念或文化精神。在较大的历史尺度上,文化所代表的生存方式总是特定时代、特定民族、特定地域中占主导地位的生存模式,它通常以自发的文化模式或以自觉的文化精神的方式存在。

应当说,作为历史地凝结成的人的生存方式和社会的内在的机理性的图式的文化,在理论的层面上的自觉首先是文化人类学努力的结果,同时,哲学人类学和其他领域的研究又进一步加深和巩固了文化的地位。

19 世纪后期,在达尔文进化论学说的影响下,文化开始成为文化学家、人类学家、考古学家的研究对象。一大批著名学者通过田野考察和实证研究奠定了文化人类学的基础,并形成了古典进化论学派、传播论学派和历史特殊论学派等著名文化学理论。以"人类学之父"泰勒以及摩尔根、巴霍芬等人为代表的古典进化论学派是第一个自觉地以文化问题为研究对象,并提出关于文化的系统阐释的流派。他们深受达尔文进化论的影响,强调文化的普遍性和进化性特征。以德国的人类学家弗里德里希·拉策尔、莱奥·弗罗贝纽斯、弗里茨,奥地利民族学家威廉·施密特,英国人类学家威廉·里弗斯、埃里奥斯·史密斯和威廉·佩里等人为代表的文化传播论学派则反对古典进化论学派关于各个文明"独立发明说"和"平行发展论"的观点,认为文化最初只起源于地球的某一个地方,如埃及,并以此为中心向世界各地传播扩散,因此全部人类文化史就是文化的传播与借用的历史。以博厄斯、克鲁伯等人为代表的历史特殊论学派从相对主义文化观的角度对古典进化论学派提出了挑战。他们反对古典进化论学派关于文化进化普遍规律的论断,强调各种文化都是各个社会独特的产物,都有其自己独特的发展线索。因此,他们致力于"文化圈"、"文化区"的研究,强调文化的民族史,反对文化的世界史。

在 20 世纪,文化学家对文化的研究逐步超越了对文化现象的实证描述和对文化在历史进化中的地位的一般探讨的阶段,开始对具体的文化模式、文化功能等进行研究。在这方面,文化模式论的见解很有影响,如本尼迪克特通过对印第安人的日神型文化模式和酒神型文化模式的研究,以及对日本民族的耻感型文化模式和西方的罪感型文化模式的探讨,深刻揭示了文化模式对个体和民族的行为的决定作用。在文化人类学中还存在着关于文化问题更为具体的研究。例如,以拉德克利夫－布朗、马林诺夫斯基等人为代表的功能主义文化学派;卡迪纳、米德、林顿、克拉克洪等人关于文化和人格问题的研究;列维－施特劳斯等人的结构主义人类学对于具体文化现象的结构学探讨;利奇、道格拉斯、特纳等人的象征人类学对仪式象征问题的研究;等等,这些文化人类学家从不同的角度、不同的层面、不同的时间和空间尺度对于文化问题作了极为细致与深入的探讨。

20世纪上半叶由著名思想家舍勒开创的哲学人类学从另一个角度揭示了社会生活和历史运动的文化内涵。哲学人类学从本能与文化之间的关联中对人的存在作了独特的说明。德国生物人类学家格伦通过非特定化或非专门化范畴来确定人在生物学领域中的“先验的结构整体”,并由此为文化的起源确定了基础。他认为,从人的生物学领域来看,人与动物的最大区别在于人的未特定化(unspecialization)。动物在体质上的特定化使它们可以凭借某种特定的自然本能在特定的自然链条上成功地生存,而人在体质和器官上则呈现出非特定化的特点,由此决定了人在自然本能上的薄弱。德国哲学人类学家蓝德曼曾对人与动物的这一本质差别作了精辟的概括,他指出,“不仅猿猴,甚至一般的动物,在一般构造方面也比人更加专门化。动物的器官适应于特殊的生存环境、各种物种的需要,仿佛一把钥匙适用于一把锁。其感觉器官也是如此。这种专门化的结果和范围也是动物的本能,它规定了它在各种环境中的行为。然而人的器官并不指向某一单一活动,而是原始的非专门化(人类的营养特征正是如此,人的牙齿既非食草的,也非食肉的)。因此,人在本能方面是贫乏的,自然并没有规定人该作什么或不该作什么。因此,人没有专门的生育季节,人可以在一年中的任何时候相爱繁殖”①。

然而,正是由于人先天自然本能方面的缺憾,使他能够从自然生存链条中突现出来,用后天的创造来弥补先天的不足。这种补偿人的生物性之不足的活动,就构成了人的文化。因此,文化既超越自然,又补充着人的自然。格伦由此把文化称之为人的第二本性。

应当说,文化的自觉对于人的自我认识具有重要的意义,因为,从文

① (德)蓝德曼:《哲学人类学》,彭富春译,工人出版社1988年版,第210页。

化的视角，我们不会再满足于把人的存在的根据简单地归结为人之外的自然、物质或别的什么力量，而是从人的活动本身确立人的生存的根据。这是因为，文化作为自然和本能的对立面、作为人的生存方式，其最本质的规定性就体现在对自然和本能的扬弃之中，这就是人的活动所特有的超越性、创造性、自由自觉的特征。文化作为人的"第二自然"或"第二本性"所包含的人本规定性使人与动物区别开来，使人不再像动物那样完全凭借本能而自在地生存，而是获得了一个自由和创造性的空间。蓝德曼指出，"文化创造比我们迄今所相信的有更加广阔和更加深刻的内涵。人类生活的基础不是自然的安排，而是文化形成的形式和习惯。正如我们历史地探究的，没有自然的人，甚至最早的人也是生存于文化之中"①。卡西尔在著名的《人论》中，主张从文化，即人自身的活动，而不是某种外在的实体来理解人的本质规定性。他指出，"人的突出特征，人与众不同的标志，既不是他的形而上学本性也不是他的物理本性，而是人的劳作(work)。正是这种劳作，正是这种人类活动的体系，规定和划定了'人性'的圆周。语言、神话、宗教、艺术、科学、历史，都是这个圆的组成部分和各个扇面"②。

对于文化的自觉不仅加深了我们关于人的自我认识，而且丰富了我们关于社会历史的理解。我们看到，基于上述研究，文化人类学家、哲学人类学家和其他思想家对于文化的社会历史方位有着特殊的强调。如马林诺夫斯基的见解很有代表性。他反对经济决定论的文化观，主张对于人的存在的任何领域的研究，如经济学研究、法学研究、语言学研究，等等，都必须同关于文化的研究结合起来。例如，他指出，"文化作为人类行为的最宽广背景，其对心理学家的重要性，不亚于对社会学家、历史学家和语言学家。我敢斗胆放言，未来的语言学，尤其是语义科学，将变成文化场景中的语言研究。同样，探讨财富和福利、交换和生产方式的经济学，将来也会认识到，不再将'经济人'(economic man)与人的其他追求和思虑完全分开考虑，而是将其原理和论据建立在按人的真实存在来研究人的基础之上，进入到复杂、多维的文化利益场境(medium of cultural in-

① (德)蓝德曼：《哲学人类学》，彭富春译，工人出版社1988年版，第260~261页。

② (德)卡西尔：《人论》，甘阳译，上海译文出版社1985年版，第87页。

terests)中去一展身手,会十分有用”①。再如,马林诺夫斯基指出,“法学也正逐渐地倾向于不再将法律看做自立自足的话语世界,而是看做几个社会控制系统之一,其中除了由法典、法庭、警察组成的纯正式设置之外,还必须考虑动机、价值、道德和习俗力量的概念”②。

应当说,还有许多思想家从各自的视角也非常重视文化在社会历史中的地位。如汤因比和斯宾格勒把历史研究的基本单位确定为文化和文明。再如,著名社会学家韦伯关于新教伦理与资本主义精神的著名见解实际上直接论证了文化精神或文化模式对于经济发展的推动作用。特别重要的是,20 世纪的历史演进本身也在印证这一点。

随着历史的演化,人类社会的政治、经济等各种领域通过内在的文化维度的发展而一体化的趋势越来越明显和自觉。现代化进程中理性的不断强化、个体主体性和自觉性的增强、科学与技术的加速度发展、经济运动的科技含量和知识含量的增大、知识经济时代的来临、信息化条件下的跨时空的文化交往和对话、全球化的文化理念在政治、经济社会生活等领域的弥散等等,使社会各个领域一体化的文化特征越来越明显。这一点在人们传统理解的经济领域和文化的关系上尤为明显。应当说,20 世纪后半叶西方发达社会的重大进展之一便是以高新技术为背景的大众传媒的日益发达与无所不在的影响,并且促使消费社会的出现。一方面,环绕着大众传媒而膨胀起来的文化从传统的贵族特权转变成渗透到大众生活之中的平民化文化产业;另一方面,传统工业、商业等经济活动也日益超越了纯粹工具加工活动和直接的交换活动的特征。摆脱直接性使用价值束缚的理念、价值、形象、想象、追求、希望、策划、设计、广告等体现人的生存方式的文化要素,开始从传统经济活动的外在附属物转变为内在的组成部分,甚至是出发点和主动力。在这种背景下,文化和经济、政治、社会生活的传统的界限或外在性开始消失或模糊,呈现出一体化的特征。

对于人类社会的这种变化趋势,20 世纪后半叶的新马克思主义、后现代理论、文化研究等方面的许多理论家有深刻的体验。例如,后现代主

① (英)B. 马林诺夫斯基:《科学的文化理论》,黄剑波等译,中央民族大学出版社 1999 年版,第 30 页。

② (英)B. 马林诺夫斯基:《科学的文化理论》,黄剑波等译,中央民族大学出版社 1999 年版,第 30 页。

义重要代表人物博德里亚在分析大众传媒时代的消费社会时，曾提出著名的仿真(simulations，一译“类象”)概念。他指出，我们所处的时代是一个仿真时代，在这里，计算机、信息处理、媒体、自动控制系统以及按照仿真符码和模型而形成的社会组织，已经取代了生产的地位，成为社会的组织原则。如果说现代性是一个由工业资产阶级控制的生产时代的话，那么，与此相对立，后现代的仿真时代则是一个由模型、符码和控制论所支配的信息与符号时代。符号正在以迅猛的速度剧增，它们已经主宰了社会生活。与此相关，博德里亚使用了另外一个重要概念：内爆(implosion)。他认为，在后现代社会，形象或仿真与真实之间、符号与经验之间、信息与娱乐之间、影像与政治之间的界限均已内爆，均已模糊或消失①。随着信息化和全球化进程的深化，社会通过文化的运行机制而一体化的趋势还会进一步明显。

通过上述分析，我们可以断言，20世纪文化的自觉不是一种特殊的、偶然的现象，而是一种深刻的历史进程，是作为人的安身立命之依托的文化从历史的潜意识层向历史的显精神结构涌流、浮升、膨化的过程。然而，对于20世纪文化之自觉的理解不能仅仅停留于文化人类学和哲学人类学的理论建构。如前所述，20世纪的人类还特别通过无可逃避的文化焦虑和危机而体会到文化的力量。

三、文化的焦虑：对文化危机的自发反抗

20世纪的文化焦虑或文化危机是一种深刻的历史变化，它比起大规模的经济危机、两次世界大战、各种战争冲突、体制变革与转换都更为深刻，因为它涉及人类生存和社会运行的合法性问题。面对具体的政治压迫、经济剥削、物质匮乏、民族冲突等问题时，人们容易把它们理解为暂时的、可以通过某种手段或努力而消除的历史现象。而当人们在经济、政治等社会活动的表层下挖掘出支撑人之生存和社会运行，为我们的行为提供合法性依据，提供标准的文化底座，但同时又发现我们数千年不知不觉、习以为常地赖以生存的文化模式已经受到威胁、陷入合法性危机、值

---

① (美)道格拉斯·凯尔纳、(美)斯蒂文·贝斯特：《后现代理论》，张志斌译，中央编译出版社2001年版，第152~154页。

得重新反思时，那种发自人之生存的焦虑和危机感的确是令人震撼的。

20世纪的文化焦虑和文化危机不是人之生存的枝节性问题，而是直接涉及到雅斯贝尔斯断言的"轴心期"确立的历史意识或主导性文化精神的危机问题。的确如雅斯贝尔斯所言，自我意识、理性启蒙、人性的精神化、理智与个性等"轴心期"的历史精神因素成为迄今为止人类历史的原动力。尤其在中世纪之后，通过文艺复兴、宗教改革、社会契约理论等精神整合与文化创造，通过现代科学技术的加速度发展，一种以技术理性和人本精神为基本内涵的理性主义历史意识成为近现代社会的主导性文化精神。这种历史意识或文化精神以理性化、世俗化和人的个体化为基本内涵，它相信理性万能、理性至善，相信理性及技术是人的本质力量的确证，理性的进步、技术的发展和人对自然的统治的增强都毫无疑问是对人作为宇宙中心地位的确证，理性代表着一种善的力量，构成人的本性，因此，这是一种乐观的人本主义或历史主义，它相信，人性永远进步、历史永远向上，现存社会中的不幸和弊端只是暂时的历史现象或时代错误，随着理性和技术的进步，人类终究可以进入一种完善完满的境地。

然而，正是这种包含着坚硬的绝对意识内核的理性主义文化精神，在其自身内部就包含着冲突和张力，主要表现为技术理性和人之自由（人本精神）之间、有限的工具和无限的目的之间存在着张力和冲突。中世纪之后所开始的理性化和世俗化的基本内涵是个人自由和技术理性的同步发展。在相当长的历史时期中，人们相信二者可以同步协调发展，相信人可以通过技术的发展与自由的增强而达到自我拯救，达到完善的境界，而这一历史设计或文化信念的轴心是技术和理性。然而，就在人们的这种理解和信念中已经包含不可克服的、致命的局限性，它必然导致这一文化精神或历史意识在一定条件下的自我裂变，导致人类行为的不计后果的极端化偏向。其中，核心问题是人们对于理性和技术的片面性理解。

人们对"技术"的传统界定是把它当做人之工具或手段，它具有完全属人的性质，是人体或人脑器官的延长或加固。这种意义上的技术显然是人之有限的工具，是人可以自由地抉择与取舍的手段。但是，问题在于人的要求远不止于这一有限的目标，实际上，在技术理性主义的历史设计或文化信念的深处，包含着远为宏大的目标：人意欲凭借日益更新的技术这种有限的工具而达到自身的完善与完满，彻底摆脱人之孤独和有限存在境遇。这样一来,人就面临着二律背反的难题:作为有限的工具,技术可以改善人的具体存在状态,在一定条件下有助于人的自由和全面发展,但是,它却无法达到使人进入完善完满境地的无限的目的,无法改变人之为人的本质的存在状态;如果人不满足于这一有限的目的,一定要运用技术这一有限的手段实现无限的目的,就必须改变技术作为有限手段的性质,使之变为一种超人的和自律的力量,成为一种可以把人提升为神的力量,但是,这样一来,又根本打破了个人自由与技术理性二者同步协调发展的状态,导致技术理性和人本精神之间的张力和冲突。换言之,一旦技术摆脱有限工具和手段的地位而变成一种自律地运行的超人力量,它就会使自身上升为万能的统治者,即上帝的地位,而最终挫败人进入完善完满境界,成为神性存在的意图。在这种情况下,技术和技术理性一方面成为人不得不臣服和依赖的上帝,另一方面成为扼杀和束缚人的主体性和自由的异化力量,成为人为了自由而不得不与之抗争的"恶魔"。这是科学技术发展和技术理性统治给人造成的难以超越的"二难境遇"。

20世纪人类历史清楚地展示了人类在基本文化模式上的悖论、焦虑和危机,历史呈现出极其复杂的情形。一方面是科学技术的发展速度有增无减,人类向大自然显示了前所未有的力量,也在前所未有的程度上改善了自己的生存条件;另一方面,人类对自然的技术征服和统治却带来一系列人们所未曾预料的结果:不但被征服的自然在生态等方面重新恢复起自身的自然性,正在而且将继续无情地报复人类,而且人类用以征服自然的技术本身也愈来愈成为自律的和失控的超人力量。技术的异化促使一些普遍的文化力量和社会力量的异化和失控发展:官僚制的极权国家、以批量生产和商品化为特征的大众文化、以操纵和控制人的精神世界为宗旨的形形色色的意识形态、斩断人与自然以及人与人天然联系的大都市,等等。结果,人在完全是自己的文化创造物的属人世界中,表面上是自由的,实质上从生产到消费,从工作到私人生活均受着无形的异己的文化力量的摆布;面对按照技术原则组织起来的庞大的社会机器,个人的渺小感、无能为力感油然而生。在最极端的形式中,两次世界大战的劫难、原子弹的邪恶威力、"奥斯维辛"、"格尔尼卡"、"古拉格群岛"等悲剧把以技术理性主义为核心的文化之危机淋漓尽致地裸露在世人面前。理性不再至善至上,不再简单地是人的本质力量的确证,而是转变成可以灭绝人寰的“技术恶魔”,人从自然的主人沦为技术的奴隶。在20世纪,社会的统治和控制机制发生了很大的变化,不再直接地、简单地表现为经济剥削和政治压迫。政治、经济、国家、行政组织、意识形态等也不再以相对独立的领域或社会力量而存在,而是整合成一种消解人之主体性和人的自由的异化的文化力量。

这种矛盾的文化景观引发了现代社会的文化焦虑感和危机感,这是一种在无边际的、充满不确定性的世界中失去依托、丧失确定的标准和依据的茫然无措的焦虑和困惑,是一种在茫茫荒原上寻找生存之指路灯塔时,身心疲惫、长途跋涉的迷惘。因此,也引发了不同形式、不同层面的文化反抗和文化批判。第二次世界大战后西方发达社会青年一代标新立异、反抗习俗,追求个性自由和性解放等行为,虽然有文化人类学家米德所说的“青春期危机”的一般特征,但是同20世纪日渐显露的文化焦虑密不可分。在最极端的情形中,正如著名存在主义哲学家和神学家蒂利希所敏锐地观察到的那样,以原子弹问世为标志的技术悲观文化心态在二次世界大战后开始笼罩西方发达国家,他指出:“一次世界大战结束时一种新开端的情绪流行,而二次世界大战结束时则是末日感盛行。”[①]即使在常规化的社会生活中和在人们习以为常的日常生活中,现代人也面临着一种文化生存上的窘境:社会各种力量被异化的文化所整合,形成一种新的统治形式,它似乎无所不在,但人们真正面对时,又好似“无物之阵”,不同于经济剥削和政治压迫那样具体。显然,这是一种总体性的、微观的文化统治机制,传统的宏观政治学对此似乎束手无策,它需要一种全方位的,然而是微观的反抗。

从这样的视野出发,我们可以深刻地理解1968年那场几乎席卷所有发达国家的,以“五月风暴”为代表的青年造反运动。这一运动的主体不再是传统宏观政治学视野中的工人阶级,而是具有“心理断乳”后的“青春期骚动”的热血青年学生,他们反抗的矛头不再指向具体的物质生存条件或政治权力,而是直指社会本身,指向官僚化、科技化、效率化的社会整体,指向无所不在的物化的文化操控。因此,这是一种全方位的文化反抗,是一种以desire(渴望、欲望)为原驱力的文化冲动,一种重新审视社

① Edward Cell, *Religion and Contemporary Western Culture*, Abingdon Press, 1967, p. 97.

会、自然、道德、伦理、工作、性等的新存在视野。这是一种独特的历史运动，"有史以来头一遭，人们革命不单为面包，还为蔷薇，因而这是最伟大的革命，也是迄今仅有的一次"①。台湾学者于治中在题为《五月的吊诡》的评论文章中，对1968年法国的"五月风暴"作了较为深入的分析。他也发现"五月风暴"所具有的不同于传统政治运动的独特的文化内涵。他说："按照一般的想法，革命应该只发生在贫穷、落后与动荡的地区，可是1968年的五月，在发达的西方资本主义社会里，却毫无预警，首次自主地出现了一场准革命性的运动。整个时间所代表的意义非凡，经常甚至有人将它与一七八九年法国大革命，一八四八年布尔乔亚革命与一八七一年巴黎公社并列。"②不仅如此，于治中还发现，在一股节庆般的无名兴奋中，"五月风暴"通过把斗争的矛头直指官僚化、科技化、效率化的社会整体，实际上在动摇或挑战西方社会的深层文化基础，"它侵蚀了整个社会的地基。西方理性化社会的两根主要支柱：秩序与进步，不再是不可质疑的起点，工业社会以科技与经济挂帅的意识形态丧失了它原有的魅力。科学的发展、技术的进步、经济的成长、都市化的增加、教育的延长……等，这些曾被视为是绝对进步的象征，如今突然显露出一种反动的面貌"③。

四、文化的批判：对文化危机的自觉反思

如果说1968年法国"五月风暴"代表着处于文化焦虑和文化危机之中的现代人的自发的文化反抗，20世纪众多思想家从不同角度对于技术的异化所引发的文化危机和文化困境的反思和检讨则代表着现代历史精神的自觉的文化批判。应当说，这样自觉的文化批判主要是20世纪的现象，但是，19世纪下半叶的一些预言式的思想家已经以某种方式透露了人类文化精神的这一批判走向，因为他们已经敏锐地捕捉到即将到来的深刻文化危机的气息。尼采这位自称"生在死后"的绝世狂人是其中的

① (意)安琪楼·夸特罗其、(英)汤姆·奈仁：《法国1968：终结的开始》，赵刚译，三联书店2001年版，第83页。

② (意)安琪楼·夸特罗其、(英)汤姆·奈仁：《法国1968：终结的开始》，赵刚译，三联书店2001年版，第22~23页。

③ (德)胡塞尔：《欧洲科学危机和超验现象学》，张庆熊译，上海译文出版社1988年版，第19页。

典型代表,他把批判的矛头直接指向了由理性主义支配的传统形而上学及其与此本质上一致的传统基督教道德观念。在他看来,这种传统文化与道德观念把普遍的理性视做万能的和至上的,视做人的行为的最高准则,从而限制和扼杀了个人独特的非理性的生命和本能,使人成为缺乏激情和创造性的、麻木的机器。因此,尼采明确提出了"重新评估一切价值"、"摧毁偶像"等振聋发聩的文化批判口号。尼采还特地通过宣布"上帝之死"来揭示西方传统理性主义形而上学文化的衰落的命运。正因为他的批判直接触及到西方文化的根基,他被誉为"真正的破坏者"、"给西方世界带来颤栗的人"。

与尼采、克尔凯郭尔等少数站在19世纪眺望新世纪文化风云的孤独的先行者相比,20世纪的文化批判已不再是少数敏感思想家的独白和绝望的呐喊,而是一种群情激昂、同仇敌忾的主流合声。在某种意义上,20世纪人类思想和理论演进的突出标志是普遍的文化反思和批判,可以说,这是一个自觉的文化批判的时代,如著名社会学家韦伯关于工具理性和价值理性内在张力的分析;生命哲学家齐美尔关于现代社会的普遍物化现象的揭示;现象学创始人胡塞尔关于欧洲科学危机的文化分析及其"生活世界"的理论药方;弗洛伊德对于现代人在普遍理性(超我)支配下的普遍的精神疾患的分析;汤因比、斯宾格勒、雅斯贝尔斯等历史哲学家从文化形态史观的角度对西方文化危机的剖析;等等。而在20世纪影响最为深远的是以海德格尔和萨特为代表的声势浩大的存在主义运动。这些思想家从人的生存结构分析出发,直面技术异化世界中人的文化困境,他们不再把空虚、孤独、畏惧、烦恼、无意义、有限、缺憾等现象归结为暂时的历史现象,而是将之视做现代人生存结构的内在要素。他们正是从生命的空虚感和悲剧意识中挖掘现代人反抗文化危机的力量,高扬和强调人之自由和历史责任感。到了20世纪下半叶,当"五月风暴"的政治激情和文化骚动开始逐渐平息,人们开始断言存在主义所代表的文化批判已经展示自身的极限,开始走向终结的时候,后现代主义文化思潮则异军突起,从微观政治学的视角,对于现代社会作了更为激进、更为彻底、更为极端的拒斥和批判。德里达、福柯、利奥塔等后现代主义对传统理性主义文化的逻辑中心主义硬核的解构、对人之主体性的消解、对宏大叙事和绝对真理的拒斥、对无所不在的微观的权力结构的剖析、对于各种边缘话语权利的捍卫等,把贯穿20世纪的文化批判主题一直延伸到又一个新世纪的开端。

应当说,20世纪的哲学家们对技术异化和文化危机的分析和批判在许多方面是很深刻的,如著名哲学家胡塞尔倾向于从实证主义思潮的流行(或对实证科学的迷信)来找文化危机的根源。他指出,20世纪初的科学危机实际上是人的危机或文化的危机,人们被实证科学的表面繁荣所迷惑,让自己的整个世界观受实证科学的支配,结果,被人们理想化和神化的科学世界偏离了关注人生问题的理性主义传统,把人的问题排斥在科学世界之外,导致了片面的理性和客观性对人的统治。胡塞尔指出,"实证科学正是在原则上排斥了一个在我们的不幸的时代中,人面对命运攸关的根本变革所必须立即做出回答的问题:探问整个人生有无意义"①。

甚至一些受存在主义等文化批判思潮影响的神学思想家也直接参与了20世纪的文化批判。如当代瑞士神学哲学家布鲁纳倾向于从科学技术自律发展的机制寻找技术异化和文化危机的根源。他曾断言:"从技术史可以得知,技术的每一进展不只是改变人与自然的关系,而且也改变人与人的关系。每一发明均为权力之增长,而社会中权力之每一增长均为社会平衡与秩序之威胁。"②为什么会是这样?布鲁纳分析道:"人学会控制自然之无穷的力量。现代人对自然的优势达到前此难以想象的程度。但是,当人凭借技术控制了自然,他却再也无法控制自己的技术,反而愈来愈受技术的控制,为灾难所威胁。"③

从上述分析,不难看出文化的自觉、文化的焦虑、文化的危机、文化的反抗、文化的批判的举足轻重的地位。我们还要特别强调一点:在20世纪文化批判理论的谱系中,西方马克思主义的文化批判理论是一条亮丽的风景线。应当说,从著名思想家卢卡奇的《历史和阶级意识》开始的西方马克思主义包含着极其丰富的思想内涵和理论见解,其中,既包括卢卡奇的物化理论、科尔施的总体性理论、葛兰西的西方革命观和实践哲学、布洛赫的希望哲学和乌托邦精神等早期西方马克思主义;包括以霍克海默、阿多尔诺、马尔库塞、弗洛姆、哈贝马斯等人为代表的著名的法兰克福

① (德)胡塞尔:《欧洲科学危机和超验现象学》,张庆熊译,上海译文出版社1988年版,第6页。

② Edward Cell, *Religion and Contemporary Western Culture*, Abingdon Press, 1967, p. 346.

③ Edward Cell, *Religion and Contemporary Western Culture*, Abingdon Press, 1967, p. 348.

学派；也包括以萨特等人为代表的存在主义马克思主义；包括赖希等人为代表的弗洛伊德主义马克思主义；还包括德拉－沃尔佩、阿尔都塞等人为代表的实证主义马克思主义。对于这样一个庞大的、内容十分丰富、甚至包含着彼此冲突和对立观点的思潮和理论流派，我们无论如何都不可能用一种呆板的理解框架去加以剪裁和归类。但是，其中有一点可以肯定，即文化批判是贯穿西方马克思主义的最重要的主题或思想主线，而卢卡奇的物化理论、法兰克福学派的社会批判理论、列非伏尔的日常生活批判、布洛赫的希望哲学和乌托邦精神、赖希的精神分析理论等代表着发达工业社会中一种最具代表性的文化批判理论。新马克思主义理论家从马克思的异化理论出发，在文化层面上批判了现代社会各种有影响的社会力量和文化力量，如官僚体制、现代国家、意识形态、科学技术、理性、现代性、大众文化、日常生活、权威、家庭，等等。

在20世纪文化批判理论的谱系中，西方马克思主义的文化批判理论的独特性主要体现在两个方面：其一，在某种意义上，西方马克思主义的文化批判理论在20世纪的文化批判理论的演进中处于承前启后的地位，并与其他各种文化批判理论处于积极的、普遍的、开放式的对话之中。西方马克思主义理论家普遍从马克思的实践哲学和异化理论出发，对现存社会持彻底批判的态度；卢卡奇、布洛赫等人直接师从韦伯、齐美尔等批判理论大师，他们与同时代的各种有影响的理论思潮保持着积极的对话，甚至通过与存在主义、精神分析等重要理论流派的结合或对话直接形成新的批判视角；哈贝马斯等理论家则与后现代主义代表人物利奥塔等人就现代性和后现代性等现代文化精神的核心问题展开直接的对话和辩论。其二，在迄今为止的各种文化批判理论中，西方马克思主义所涉及的文化批判主题最为广泛与丰富，如意识形态批判、技术理性批判、大众文化批判、性格结构与心理机制批判、现代国家批判、现代性批判等。因此，研究西方马克思主义的文化批判理论不仅可以为深刻理解西方马克思主义提供一种独特的、合理的、可靠的视角，而且为我们全面理解20世纪的文化危机和文化批判理论提供最好的范例。

● 原文刊载于《求是学刊》2003年第3期。《中国社会科学文摘》2003年第5期、《高校文科学报文摘》2003年第4期转载。

●衣俊卿，中央编译局局长，黑龙江大学哲学与公共管理学院教授、博士生导师；教育部哲学教学指导委员会副主任，中央实施马克思主义理论研究和建设工程专家，中国现代外国哲学学会副会长，中国俄罗斯东欧中亚学会副会长，国家级有突出贡献专家，入选国家“百千万人才工程”，入选教育部“新世纪优秀人才支持计划”，全国宣传文化系统“四个一批”人才，全国杰出专业技术人才。

论文化哲学的理论定位

衣俊卿

文化哲学于20世纪80至90年代在中国哲学界成为显学,与实践哲学、发展哲学、交往理论、人学、政治哲学、历史哲学等并列为中国哲学研究最有影响的新兴领域之一,引起了普遍的关注。应当说,在文化哲学的基本理论研究、20世纪理性危机的文化批判、中国社会的文化转型等方面,文化哲学研究都取得了重要的理论成果。但是,文化哲学研究所面临的一个重要问题在于它的理论边界比较模糊。应当说,理论边界适度的开放性对于一个学术研究领域的创新具有积极意义,然而,如果这种开放性没有任何限制和任何边界,则该学术研究领域的合法性将受到挑战。目前的问题在于,在文化哲学的旗帜下集合了无数差异颇大的理论学说,人们往往把文化学、人类学、文艺学、历史学等领域的研究"非反思"地冠以文化哲学的名义,而文化哲学的真正地平线则变得十分模糊、十分可疑,以至于人们习以为常地提及文化哲学,而细追问起来,却很难说清文化哲学的具体规定性。这种状况必须得到应有的重视,否则,文化哲学研究的前景堪忧。因此,有必要通过厘定文化哲学的理论边界而自觉地确定文化哲学的合理的和合法的理论定位。

一、厘定文化哲学的理论边界

应当看到,造成文化哲学研究理论边界模糊的原因首先不是研究者认识的局限性,而是文化范畴的复杂性使然,在很大程度上来源于文化范畴的不确定。

虽然文化及其作用已经引起各个学科的普遍关注，但迄今为止，人们并没有形成关于文化的普遍的、公认的定义或界定。人们在使用文化概念时，常常有着不同的所指。有时我们用“文化”来代表文学、艺术等具体文化形式，有时用以概括传统礼俗、风俗习惯，有时用来指谓思想理论或价值观念，等等。西方学者通过深入而广泛的引证与研究，曾列举了一百多种关于文化的定义。中外学者曾提出一些影响较大的文化定义，例如，英国文化人类学创始人泰勒把文化归纳为包括全部的知识、信仰、艺术、道德、法律、风俗、习惯等在内的整个生活方式的总和；著名历史哲学家斯宾格勒关注文化的兴衰生灭，以及文化对于生命的内在本质联系，把文化看做一种活生生的有机体；哲学人类学把文化理解为人超越自然，又补充人的自然本能之不足的“第二自然”或“第二本能”；德国学者卡西尔把文化界定为人所特有的，展示人之本质的符号系统；中国学者胡适和梁漱溟把文化定义为“人们生活的方式”和“人类生活的样法”；有的学者倾向于把文化限定为语言、习俗、道德、信仰等自在的行为规范体系；也有的学者倾向于把文化理解为哲学、文学、艺术、科学、知识等自觉的精神和价值观念体系。

如果我们从关于文化的内涵界定转向关于文化的外延分析，就会进一步发现文化现象的多样性。人们习惯于在基本形态上把文化划分为物质文化、制度文化、精神文化或观念文化。物质文化指直接满足人的基本生存需要的那些文化产品和产物，其基本功能是维持个体生命的再生产和社会的再生产，如饮食文化、服饰文化、建筑文化或居所文化、交通文化、环境文化，以及相应的工具文化、工艺技术文化、生态文化等。制度文化是人类调整、处理和安排个体之间、个体与群体、个体与社会之间关系的方式和文化产物，其中包括共同体或社区中人际关系的调整和组织方式、个人参与公共事务和社会活动的方式、社会整体和各个领域的运行机制和组织方式，如社会的经济制度、政治制度、法律制度、公共管理制度、教育制度、婚姻家庭制度等。精神文化或观念文化包括个人和社会群体的所有精神活动及其成果，是以意识、观念、心理、理论等形态而存在的文化，如社会文化心理，神话和巫术等所代表的自发的精神文化，习惯、风俗、常识等构成的经验性精神文化，以科学、艺术、哲学等所代表的自觉的精神文化等。

可见,无论在内涵上还是在外延上,文化范畴都呈现出多元性、包容性、无所不包和无所不在的特征。我们可以区分出广义的和狭义的文化范畴。在广义上,人所创造的一切都可纳入文化的范畴,如政治、经济、宗教、艺术、科学、技术、哲学、教育、语言、习俗、观念、知识、信仰、规范、价值,等等。在这种意义上,我们甚至面临一种尴尬,因为我们谈论人类社会历史的任何内涵都是在讨论文化,似乎文化之外别无他物。但是,在狭义上,人们很少用文化指谓人之具体的、有形的、可感的、不断处于生生灭灭之中的造物,而是用来指称文明成果中那些历经社会变迁和历史沉浮而难以泯灭的、稳定的、深层的、无形的东西。具体说来,文化作为人类实践活动的类本质对象化,集中体现为人之历史地凝结成的稳定的生存方式和活动方式。这种意义上的文化通常以自发的文化模式或自觉的文化精神的方式存在,内在于总体性文明的各个层面和人的各种活动中,制约着文明的进步和人的发展。

显而易见,上述关于文化现象的内涵和外延、广义和狭义的分析,对于我们厘定文化哲学的理论边界具有重要的启示。

第一,文化哲学不是关于文化现象非反思的、一般的描述,而是关于各种文化现象内在的文化精神和文化模式的理性反思。诚然,我们在无边的文化之网上截取任何一个片段、任何一个纽结,都可以作为文化研究的对象,但是,并非所有关于文化现象的研究都属于文化哲学的范畴。关于各种文化现象的实证的或理论的描述和研究可以直接成为文化学、人类学、考古学、历史学、文艺学、社会学、心理学等领域的对象,却不能直接成为文化哲学研究的对象。只有自觉地指涉人之历史地凝结成的稳定的生存方式和活动方式,即文化精神或文化模式的研究,才属于文化哲学的范畴。

第二,文化哲学不是哲学研究领域中的一个部门哲学,而是内在于哲学研究各个领域之中的一种哲学范式。在某种意义上,我们可以说,同宗教哲学、道德哲学、科技哲学、经济哲学、历史哲学、政治哲学等哲学研究领域有所不同,文化哲学的研究对象有其特殊性。虽然文化可以作为艺术、文学、神话等具体的文化现象而相对独立地存在,但是,作为文化哲学研究对象的文化模式或文化精神则不是一种独立的现象,而是内在于个体生存各个方面,内在于政治、经济等社会活动各个层面的内在机理和活动方式。因此，严格意义上的文化哲学不是一种特殊的部门哲学，而是哲学研究各个领域均可以选择的理论范式。

通过上述关于文化哲学理论边界的厘定，可以看出，虽然文化哲学在一定的意义上也可以表现为关于某些典型的文化现象的特殊哲学研究领域，但是，它的主要价值体现在独特的哲学范式的意义。我们认为，文化哲学的理论定位最主要体现在两个基本方面：一是作为一种重要的哲学理解范式；二是作为一种重要的历史解释模式。

二、作为哲学理解范式的文化哲学

人们在研究哲学的演化和发展时，常把主要注意力放到每一文明时代的主要哲学问题和基本哲学派别上，实际上，作为哲学理性分析、反思和批判活动的最基本的方式和路数的哲学范式具有更为重要、更为深刻的意义。我们通常在哲学研究中遇到的自然主义哲学、经验主义哲学、人本主义哲学、理性主义哲学、非理性主义哲学等提法，更多地涉及到哲学范式的问题，而不只是哲学对象问题。

当我们把文化哲学定位于一种重要的哲学范式时，实际上是围绕着哲学中的一对基本问题，即实践问题和理论问题而展开讨论的，在这里，文化哲学或实践哲学范式是与意识哲学或理论哲学范式相对而提出来的一种基本的哲学范式。按照文德尔班《哲学史教程》的说法，在古希腊哲学那里，就存在着两种基本的哲学范式，其中占主导地位的是与“科学”的含义基本相同的“哲学”，其理论意义主要指向严密的理性逻辑、普遍的真理和知识体系，主要围绕着“那些一部分属于对现实世界的认识问题，一部分属于对认知过程本身的研究问题”而展开，在理论形态上表现为形而上学和认识论。与此同时，由苏格拉底和智者派开辟了另外一种实践哲学范式，其理论意义主要指向人的天职和使命、正当生活的价值和意义，主要围绕着“在研究被目的所决定的人类活动时所产生的问题”而展开，在理论形态上表现为伦理学或道德哲学、社会哲学、美学、宗教哲学等①。我们可以把这两种哲学范式概括为：追求普遍性知识的、思辨的理

① （德）文德尔班：《哲学史教程》上卷，罗达仁译，商务印书馆 1987 年版，第 31～32 页。

论哲学或意识哲学范式；关注生命的价值和意义的实践哲学或文化哲学范式。

在古希腊那里，这两种哲学范式的分野只是潜在的或不明显的，因为，虽然古希腊人崇尚理念，喜好理性的思考，但是，那时尚不存在完全脱离人的存在，完全以自然为对象的抽象的科学。相反，那时哲学和科学是一回事儿，人文和科学是统一的，都以人的自由为根本理念，包括被我们定位为文化哲学或实践哲学的开创者苏格拉底在思考价值和美德问题时也依赖理性认识，提出"知识即美德"（一译"德性就是知识"）的断言。应当说，在文化哲学和意识哲学，或者实践哲学和理论哲学两种哲学范式之间形成断裂和冲突的决定性事实是哲学在近现代的"自然科学化"进程。近代理论科学同实验科学的结合以及技术化进程对于人类社会历史产生的深远影响，不仅体现在物质生产和物质生活领域，更体现在人类思维方式的根本性变化，它使追求理性逻辑、绝对真理、普遍规律的形而上学和认识论的哲学范式同现代自然科学的理论范式统一起来，成为占统治地位的哲学范式。文德尔班指出，"十七世纪的形而上学和以后十八世纪的启蒙运动主要受到自然科学思想的支配"，"自然科学思想以囊括一切的强大力量向前突飞猛进"。①

不可否认，借用自然科学的成果来形成近现代人的世界观，的确在很大程度上开阔了人类的视野，使人类关于不同存在领域的认识有了内在的统一性。但是，纯粹意识哲学或思辨理论哲学范式在近代自然的数学化和理念化过程中的无限强化，对哲学发展的负面影响也是不可忽视的。第一，自然科学所揭示的因果必然性、线性决定特征、还原性、可计算性、普遍性等被放大为统一的、一元的、无限的世界的普遍规律，建立起以理性逻辑、绝对真理、普遍规律为核心的形而上学和认识论体系。第二，生活世界、伦理道德世界、人的生存领域等虽然没有完全淡出哲学理性的视野，但是却剥夺了特殊性和个别性，成为数学化和理念化的无限世界图景中的一个案例，以致哲学家们竟然能够得出"人是机器"的可怕的、冰冷的结论。第三，在这种意识哲学或理论哲学范式中，希腊理性科学所内含的最高人文理念"自由"实际上已失落，个别性和特殊性在哲学体系中已

① （德）文德尔班：《哲学史教程》下卷，罗达仁译，商务印书馆 1993 年版，第 895 页。

找不到落脚点，相应地，意义和价值也完全被冷冰冰的外在规律性所取代。黑格尔以他的哲学全书对这种普遍的理性主义哲学范式作了大全式的建构和描述。这种倾向一直影响到后来的马克思主义哲学，恩格斯晚年把能量转化定律、细胞学说、进化论并列为具有决定性意义的三大发现，其意味是深长的，因为运用这三大发现可以建立起从机械的、物理的、化学的、生物的，直至社会的和思维的运动的统一的链条和普遍的规律。后来的马克思主义哲学教科书体系在很大程度上服从于意识哲学和理论哲学的范式。

中外文化哲学的兴起，在根本的基点上，都表现为对长期统治哲学领域的纯粹意识哲学和思辨理论哲学范式的反叛。文化哲学的范式意义不是在普遍化的抽象理论体系之外为人的文化现象争得一点地位和空间，而是要使关于人的存在的理解从根本上摆脱“自然科学化”的视野，限定自然科学所揭示的因果关系、线性决定性、机械必然性等因素的作用范围，打破基于数学化的自然运动的大一统的世界图景及其普遍理性的统治，为人的存在和生活世界保留特殊的可能性空间。文化哲学立足于把生活世界当做人的生存的意义结构和价值根基来加以展示与重建，在社会行为的互动和主体间的交往中确立人的自由和个性的生成空间。具体说来，我们可以从以下几个方面进一步展开文化哲学范式的独特意义。

首先，文化哲学范式的确立是“回到马克思”的重要体现。马克思始终对思辨哲学范式的体系化特征深恶痛绝，他的主要关注对象是感性的人及其对象化的实践活动。马克思反对从上帝或大自然等外在的视野来理解人，而主张“人的根本就是人本身”①。诚然，马克思并不否认“外部自然界的优先地位”，但是，他强调指出：“这种活动、这种连续不断的感性劳动和创造、这种生产，正是整个现存的感性世界的基础。”②显而易见，人的实践活动及其对象化成果的世界正是一个文化世界，它需要我们具有不同于自然科学的独特的人文慧眼去加以洞察。

其次，文化哲学范式的确立顺应了当代西方文化批判理论的发展趋势。在这种意义上，从19世纪下半叶开始，西方许多哲学流派和思潮的理性批判，在深层次上都可以看做是对这种追求普遍性知识的、思辨的理

① 《马克思恩格斯选集》第1卷，人民出版社1995年版，第9页。

② 《马克思恩格斯选集》第1卷，人民出版社1995年版，第77页。

论哲学或意识哲学范式的反抗和对关注生命的价值和意义的实践哲学或文化哲学范式的回归。例如，文德尔班和李凯尔特的文化科学理论、柏格森等人代表的生命哲学、叔本华和尼采的唯意志论哲学、胡塞尔的现象学生活世界理论、舍勒的哲学人类学转向、弗洛伊德的精神分析学、海德格尔和萨特的存在主义、卢卡奇等人的西方马克思主义等，在反思和批判西方理性文化危机的过程中，从不同侧面推动着西方哲学主流范式的转变，形成了回归人的存在领域、回归生活世界的文化批判导向。

再次，文化哲学范式的确立使“回归生活世界”真正变得可能。在某种意义上，文化哲学的重要意义在于使人的实践活动不再屈从于自然运动，而是植根于人的生活世界的文化土壤。在这里，无论是主客体统一的实践活动、主体间交往的生活世界，还是现实的社会历史运动，都不是意识哲学范式中的普遍的规律和外在的必然性的新的载体和形式，而是人的自由自觉的类本性在其中得以生成，人的社会历史结构在其中得以建立和变革的文化意义结构，是人在其中接受各种先前的社会特质、生产方式基础和文化传统储备的客观制约，又通过超越性和反思性的社会行动而创造价值的现实历史平台和开放的可能性空间。

三、作为历史解释模式的文化哲学

哲学范式的选择和确立不仅涉及人类思维本身发展的重要机制，而且涉及人类关于自己的历史的看法，并进而影响到人们的历史选择和历史创造进程。回归生活世界的文化哲学所具有的强烈的现实关怀，突出地体现在它的历史观上。应当说，文化哲学本身就是一种重要的社会历史理论，一种重要的历史解释模式。

众所周知，人类关于外部自然的客观性质和规律性的认识已经有比较长的历史，而对人类历史发展本身的规律和必然性的承认和揭示则是相对晚近的事情，这同人类社会历史的活动方式即人特有的实践活动方式有直接关系。马克思和恩格斯所创立的唯物史观以人类的物质生产实践为基础，明确肯定“历史进程是受内在的一般规律支配的”①。恩格斯

① 《马克思恩格斯选集》第4卷，人民出版社1995年版，第247页。

在马克思的墓前曾作了一个总结性讲话:“正像达尔文发现有机界的发展规律一样,马克思发现了人类历史的发展规律,即历来为繁芜丛杂的意识形态所掩盖着的一个简单事实:人们首先必须吃、喝、住、穿,然后才能从事政治、科学、艺术、宗教等等;所以,直接的物质的生活资料的生产,从而一个民族或一个时代的一定的经济发展阶段,便构成基础,人们的国家设施、法的观点、艺术以至宗教观念,就是从这个基础上发展起来的,因而,也必须由这个基础来解释,而不是像过去那样做的相反。”①

唯物史观的确立对于人类的历史认识的确具有重大的意义,它一方面把历史奠定在人所特有的实践活动的基础上,另一方面强调人类历史服从于内在的规律。然而,我们关于历史的认识不能停留于这样的一般性结论上,实际上,即使我们接受了唯物史观的这一基本前提,也还是包含着关于历史的不同解释的可能性。例如,对于恩格斯上述关于人类历史规律的总结性概括,其中已经包含着多样性的解释空间。特别应当提出的是,唯物史观的提出和确立受自然科学发展的强烈影响。在这种情形中,我们是采取“自然科学化”的意识哲学范式还是采取回归生活世界的文化哲学范式来解读历史,其中的差异是不容忽视的。

不难看出,传统马克思主义哲学教科书关于历史规律的认识在很大程度上属于纯粹意识哲学和思辨理论哲学的范式。在这里,虽然为人的实践活动保留了作为历史基础的地位,但是,人们习惯于按自然科学的方法从统一的历史运动中抽取出几个决定性的因素,如生产力、生产方式、经济基础等,由此形成一种刚性的历史决定论模式。相应地,人类历史规律也完全等同于自然科学的因果必然性、线性决定论、普遍化的规律,其结果是不自觉地否定了人类历史发展的多样化、个别性、差异性,及其价值内涵,从而把人类历史也变成了远离生活世界、外在于人们生活的必然进程。这实际上又回到了马克思所批判的传统历史观的立场上去了。马克思和恩格斯在《德意志意识形态》中谈到现实的生活生产时指出:“迄今为止的一切历史观不是完全忽视了历史的这一现实基础,就是把它仅仅看成与历史过程没有任何联系的附带因素。因此,历史总是遵照在它之外的某种尺度来编写的;现实的生活生产被看成是某种非历史的东西,

---

① 《马克思恩格斯选集》第3卷,人民出版社1995年版,第776页。

而历史的东西则被看成是某种脱离日常生活的东西，某种处于世界之外和超乎世界之上的东西。”①

要克服传统历史观按照历史之外的某种尺度来编写线性决定论或机械决定论的历史模式的误区，还历史本来的丰富多样的内涵，在方法论层面上应当摆脱纯粹意识哲学或思辨理论哲学的历史解释模式，回到人类实践活动的丰富的文化内涵，确立起文化哲学的历史解释模式。从马克思本人的观点来看，他虽然重视生产方式运动的内在规律，但是，并不主张把人的实践活动和生产方式的运动抽象化为排除一切差异、类似自然运动的线性决定的历程。一个十分重要的例证就是：马克思在晚年人类学笔记及其相关通信中，基于东方社会所特有的以土地共有、集体村社、专制国家等为特征的亚细亚生产方式，提出了东方社会发展的独特道路。我们这里不去争论这种“跨越卡夫丁峡谷”的现实可能性，只是指出一个方法论的特征，即马克思在作出这一论断时，实际上已经超越了单纯依赖生产力和生产关系等决定性因素来说明历史的做法，而引入了文化价值内涵。20世纪许多思想家从不同侧面反思那种基于自然科学的进化论和线性决定论的传统历史观。例如，斯宾格勒、汤因比的文化形态史观反对把历史分成“古代史—中古史—近代史”的托勒密史学体系和欧洲中心论的历史解释模式，反对把进步看成直线发展的决定论历史观，都主张把文化作为历史研究的核心单位。法国年鉴学派第二代著名代表人物费尔南德·布罗代尔曾提出著名的长时段的史学研究模式。他把历史时间分为短时段、中时段和长时段，其中短时段主要是事件或政治时间，指历史上的革命、战争等突发现象；中时段主要是局势或社会时间，指人口、物价、生产变化等特定周期和结构现象；而长时段最重要，是结构或自然时间，主要指历史上在几个世纪中长期不变和变化极慢的现象，如地理气候、生态环境、社会组织、思想传统等等。他认为，相比之下，长时段现象才构成历史的深层结构，构成整个历史发展的基础，对历史进程起着决定性和根本的作用。这里同样把文化、日常生活等多样化因素在历史演变中的重要作用凸显出来。

限于篇幅，我们在这里不可能具体展开作为历史解释模式的文化哲

① 《马克思恩格斯选集》第1卷，人民出版社1995年版，第93页。

学的丰富内涵。可以提到的主要之点在于:文化哲学反对意识哲学用自然科学的普遍化的方法去剪裁人的实践活动的丰富的文化内涵,反对把历史的内涵简单化地归结为生产方式、经济、技术等几个决定性的因素,更反对运用几个决定性因素把历史描绘成一种类似自然的线性决定过程。文化哲学充分肯定历史的多样化内涵,肯定历史发展的多样化道路,把探究的视野从经济、技术等几个关键性因素扩展到政治、文化、价值、日常生活的诸多历史因素。必须清醒地看到,历史是人的实践活动的各个维度的全面展开的过程,任何一种因素,无论如何重要,都不可能独自决定历史的全部内涵和命运,也不可能保证这一因素对于人的存在和社会的进步一定具有肯定的价值。实际上,不仅国家、社会机构等在一定的历史条件下会走向异化,即使人们反复歌颂的科学技术和生产力也不会无条件地表现为革命的和创新的力量。马克思和恩格斯在《德意志意识形态》中曾讨论了生产力的异化问题,他们指出:“生产力在其发展的过程中达到这样的阶段,在这个阶段上产生出来的生产力和交往手段在现存关系下只能造成灾难,这种生产力已经不是生产的力量,而是破坏的力量(机器和货币)。”①因此,我们不仅要关注历史的多维的因素和丰富的内涵,还要特别防止孤立地分析其中的某种因素。在分析特定社会的政治、经济、技术发展时,我们要特别透视其内在的文化机理,形成关于人的实践和历史的丰富的文化内涵的总体性把握。

当我们如此表述作为历史解释模式的文化哲学时,并没有否认唯物史观关于人类历史发展的规律性的思想,毋宁说,我们在试图丰富唯物史观关于人的实践和人的历史的认识。文化哲学否定的是把历史的规律和机制自然科学化,反对那种吞噬一切差异和多样性的普遍的必然性。文化哲学肯定人的实践和历史运动中充满了各种制约性、自在性、必然性的因素,但是,这些因素的作用是通过人的价值选择机制和文化创造机制来实现的。汤因比在《历史研究》中曾对历史的自由和法则作了富有启迪的分析。他指出,人类社会的运行的确受某种外在的制约性因素的影响,人类事务中有类似“自然法则”的东西存在,例如,个人生活及其经营活动中的平均数法则、商业和工业事务中的周期率、战争与和平的周期、文

---

① 《马克思恩格斯选集》第1卷,人民出版社1995年版,第90页。

明解体过程的“动乱—集合—动乱—集合—动乱”的三拍半节奏等。但是，他认为，人不是简单地服从自然法则，实际上，人通过自己的活动改变或控制自然法则，人性对自然法则具有顽抗性，例如，人对昼夜、四季、生老病死的控制，人对非人为的和人为的法则的控制等。实际上，技术、政治、经济等社会变革的速率不是固定的，不是由固定的法则或规律决定的。换言之，历史上的法则和自由是等同的，人对自然法则的顽抗性说明存在着选择的自由和文化的创造力。“人不仅生存在一种法则的支配之下，而且生存在两种法则的支配之下。这两种法则中的一种就是神的法则；这种法则就是用了另一个更为光辉名称的自由本身。”①总而言之，作为历史解释模式的文化哲学可以在两个基本的维度上消解历史观上决定论和自由的非此即彼的“二元对立”。在共时态的维度上，文化哲学通过回归生活世界而恢复了历史本身的丰富的文化内涵，在政治、经济、技术、社会公共生活等各个方面提供了人的自由选择空间和文化多样性的发展空间，使历史的机制从外在的自然回归到人的实践本身。在历时态的维度上，文化哲学肯定逐步走向世界历史的不同民族、不同文明在基本文化价值上的一些公共追求，同时又充分尊重各种文化、各种文明的特色和价值要求。文化哲学还特别强调文化间和文明间的学习、交融、交汇、交往、传承、模仿、融合、整合，这里充满着文化选择和文化创新的可能性，充分承认文化、文明、社会发展道路的多样性。只有这样，历史才不会是一种受制于人的活动之外的铁的必然性的自然进化论和线性决定论进程，而是充满文化创造力的人的历史进程。

● 原文刊载于《求是学刊》2006 年第 4 期。《中国社会科学文摘》2006 年第 6 期、《高校文科学术文摘》2006 年第 5 期、《人大复印报刊资料》2006 年第 11 期、《光明日报》2006 年 8 月 21 日第 12 版转载。

● 衣俊卿，中央编译局局长，黑龙江大学哲学与公共管理学院教授、博士生导师；教育部哲学教学指导委员会副主任，中央实施马克思主义理论研究和建设工程专家，中国现代外国哲学学会副会长，中国俄罗斯东欧中亚学会副会长，国家级有突出贡献专家，入选国家“百千万人才工

① （英）汤因比：《历史研究》下卷，曹未风等译，上海人民出版社 1997 年版，第 365 页。

程”，入选教育部“新世纪优秀人才支持计划”，全国宣传文化系统“四个一批”人才，全国杰出专业技术人才。

论改革开放中的文化价值冲突

邹广文

面向新世纪的中国,与人类文化精神的跨世纪整合相适应,正处在一个走向现代化的历史文化转型的过程之中。我们之所以用“转型”来描述中国的这一伟大变革,是因为这种剧变所涉及的不只是社会生活的某一有限区域或某一个特定层面,它既不单是“经济的”,也不单是“思想的”,而是一场伟大的、全面的、具有世界历史意义的整体变革。正是在这种宏观的社会历史生活的整体性变革的意义上,我们将其称之为“文化转型”。

毫无疑问,当代中国的这种文化转型是以社会转型为前提的,也就是说,中国的改革开放是使中国的社会文化生活走向新的历史发展时期的前提因素,由此带动了中国社会的全面转型。学者们把这种社会文化转型概括为以下六大方面:(1)从产品经济、计划经济体制向商品经济、市场经济体制的转型;(2)从农业社会向工业社会的转型;(3)从乡村社会向城镇社会的转型;(4)从封闭、半封闭社会向开放社会转型;(5)从同质的单一性社会向多样性社会转型;(6)从伦理型社会向法理型社会转型。

市场经济是中国社会文化转型的最基本启动力量,但不是唯一力量。社会转型过程中引发的深层矛盾,只有通过包括社会价值理想、人生目标、思想教育、科学文化在内的渗透于各个社会层面的文化生长力量才能得以解决;经济增长是社会发展的根本任务,但不是唯一任务,社会转型所蕴含的社会全面发展特质和价值目标,只有通过大文化建设才能得以实现。面对当代中国这一伟大的社会文化转型,迫使我们不得不思考:是什么力量引导着我们这个时代的文化转型如此进行?而决定新的文化形态的逐渐生成的关键环节又是什么?

我国加快改革开放的步伐,建立社会主义市场经济的运行机制,本身是一种自觉的、有目的的促使文化变迁,以推动社会文化发展的过程。但是在这一文化变迁过程中,文化的分化与整合较为频繁,甚至会出现激烈的文化冲突。其原因在于:市场经济机制激发了人们的利益欲望和物质需求,打破了计划经济体制下的社会、政治、经济和生活秩序,突破了传统的思想观念,抛弃了僵化的管理模式,改变了人们的伦理行为规范。改革旧的经济体制、政治体制、教育体制,变更旧的价值观念、生活习惯与行为方式,建设与市场经济体制相一致的新文化,成为最为紧迫的任务。而与市场经济体制相一致的文化建设却必须经历一个深刻而缓慢的过程。在这一过程中,人们的思想和感情会经历一种痛苦的转化,会产生许多矛盾冲突。改革开放中的这种矛盾冲突,在文化价值层面和文化现实层面上均有所表现。

一、文化价值层面的冲突

社会转型过程中,文化也在经历着一种深刻的嬗变。在文化价值层面的冲突中,各种冲突的主题既有贯穿中国20世纪百年的老问题,也有改革开放新形势下产生的新问题。历史与现实的交织、理性与价值的碰撞,使人们在文化实践中进行着一系列艰难的选择。对于当代中国人来说,尽管我们经历了一次又一次的“精神大地震”,乃至于曾几何时发出“我不知道”的彷徨,但是人们仍须正视这种价值冲突,并在这种冲突中作出选择。我们认为这些价值冲突主要表现在以下几个方面:

第一,传统与现代的价值冲突。应该说这是一个老问题。环顾世界,是凡文化开放的国度都无一不经历这一冲突。尽管在现实生活中我们已很难再找到那种狭隘的民族主义心态,然而在文化的融合与交流中,这一问题仍然要时隐时现地凸显出来,在人们的现实价值选择过程中发挥着作用。从1978年底中国的思想解放运动开始至今,关于“文化问题”的争论历久不衰,这从一个侧面说明了中西文化在交流融合中给国人造成的心理回应。自然,关于传统文化与现代化问题是无可争议的主导话题。“文化热”表明人们在价值层面都在极力寻找传统思想与现代化的联结点。就方法论来说,人们较为一致的看法是:中国现代化面临的文化选择，应该是随着中国改革和现代化事业的不断推进，在西方现代化所代表的文化体系和中国传统文化的碰撞、矛盾和冲突中，选择、培育那些和现代化进程相适应、能够在中国文化土壤中扎根，同时又剔除了传统文化中消极、妨碍现代化事业的文化内容。矛盾和冲突、消化与吸收、否定与发扬，正是中国现代文化形成的光明大道，也是这一客观过程的实际内容。

关于传统与现代的文化价值冲突，集中地是以“儒学与现代化”的形式体现出来的。儒家文化究竟对中国的现代化有没有意义？近年来的讨论存在着两种截然相反的价值取向：一种观点认为，儒学对于现代中国的文化现代化说来，没有进步意义。儒家文化的道德传统，如果不在其基本结构上发生实质的改变，就无法面对历史文化的变迁。因为泛道德主义不仅无助于，而且恰恰妨碍了市场经济的发展，无助于民主与法制的建设，更无助于多元文化的繁荣和人的主体意识的树立。尤其需要指出的是：儒家文化的价值观念与现代科学精神有许多相悖之处：(1)科学追求真理，而儒家文化注重道德、情感，为此宁可牺牲事实；(2)科学是探索与创造，需要勇敢和大无畏精神，而儒家的哲学强调中庸，推崇自我克制、禁欲主义、谨慎小心、循规蹈矩；(3)科学需要好奇心、不知足和实验，而儒学视好奇心为“玩物丧志”，视实验为“雕虫小技”，追求君子不重则不威，满足现状，安分守己。显然，我们如果一味抱着中国文化中心主义，钟爱那些给我们的桎梏远远大于带给我们恩惠的儒学，其结果会大大推迟我们的现代化进程。从这种价值立场出发，一些思想家呼吁：作为一个现代中国人，首先应该把儒家思想作为一个思想体系从整体上束定，否则根本谈不到用全部人类文化成果武装自己的头脑。因为它长期作为历史上同封建统治体系共存共荣的孪生物，连同它所造成的封闭、保守、僵化的文化心理，不但在过去一个多世纪以来抵制过科学与民主，至今还在消解着各种改革进步的思想文化与科学技术。与上述观点相对立，第二种观点认为儒学对中国现代化仍有借鉴意义。认为儒学思想的主流虽然与现代化文化存在着诸多不相适应，然而儒学在中国社会主义现代化中仍有积极意义：(1)儒学的一些思想如仁爱、中和、礼、义等经过辩证否定、推陈出新，具有借鉴意义；(2)儒学在长期发展中，同中国人民的风俗习惯、生活方式、民族心理、思维方式及心理结构等有着密切的关系，成为炎黄子孙、龙的传人的重要特征，这些特征不会因中国走现代化道路而彻底改变;(3)儒学是中国文化的核心,对中国文化教育事业的发展起过积极作用,为中国的文化教育事业留下了宝贵的财富。还有人强调,孔子在两千多年前就注意到通过人格塑造去人世行道,这一点,与我们今天讲的人的塑造,除了其政治性外,似乎并无二致。现代化就是人的不断自我解放和完善的过程,文化愈发展,愈要肯定人的价值,因而人的塑造是儒家思想与现代化的结合点,是中国现代化乃至整个人类发展的必然趋势。还有人从企业管理视角,认为儒家文化可以对现代企业管理发挥积极作用:(1)"天人合一"的整体观与现代企业管理的系统原理,虽不能相提并论,但它们的共同特点都是从对象的整体出发,并着眼于大系统的协调运行;(2)人伦思想与以人为中心的管理有共同点,"企业文化"理论由研究个体到研究群体,由研究表层组织和技术到研究深层的价值系统和道德规范,所有这些与儒家思想的主张有不谋而合之处;(3)积极的入世精神与参与管理有共同点;(4)刚健自强、吃苦耐劳与现代企业精神有相通之处。

由此看来,传统与现代的文化价值冲突也许贯穿整个中国的现代化的历史进程。从辩证的观点来看,将传统与现代作一种对立的二元两分似不可取。须知传统与现代是处在有机联系之中的,真正的传统文化不是在书本中,而是在民族的生活中;传统对于人之所以重要,是因为每一代人的文化创造活动都不可能从空白处起步,每一代人对过去传统的回眸在某种意义上都蕴含着对当今现实的渴望,人的某种现实需求往往唤醒了传统的某一部分和某个侧面,这种传统的价值在当下凸现出来,进而成了现实文化生成的有机部分。

第二,经济与道德的价值冲突。社会主义市场经济新秩序的建立,使得人们的利益关系发生了巨大的变化,那种片面强调集体利益的道德原则和价值观失去了过去曾经有过的权威性和号召力,人们的价值观和道德原则也开始出现分化。市场经济的建立与发展是否会对社会伦理道德发生影响?市场经济的生活是否排斥人的高尚道德精神的发展?如果从我们所说的健全的市场经济的主体社会的视角来提出问题,则问题就转换为:如果我在经济生活中是一个伦理的经济人,我是否能成为一个道德的人?我是否能在此基础上发展我的同情心、公益心、利他主义、奉献精神和高尚道德?更广义地说,我是否能发展我的其他生活领域——家庭生活、职业生活、政治生活中的那些重要的生活价值,如爱、和睦、信任、友谊、忠诚、责任感、对完善和理想的追求？这些问题都是关于经济与道德价值冲突的这一基本问题的延伸。社会的转型造成的价值混乱，表现在关于经济与道德的关系方面，人们的理解也出现了分歧。改革伊始，有人提出“代价论”，认为市场经济的发展必然要以社会伦理道德的沦丧为代价。这种观点虽然受到了广泛的批评，但是并不意味着这种道德价值观念在人们的生活中没有市场，那种“理想理想、有钱就想”、“一心向钱看”的不良风气的社会表现就说明了这一点。对“代价论”持批评观点的人强调指出：假如市场经济根本不会带来伦理的改善，不促进人的人格与精神的某些提高，并且在这些方面带来的只是恶，那么单纯的更大的经济福利不一定值得以道德和伦理的牺牲去换取。随着改革与社会转型的深化，经济与道德的价值冲突问题又引起人们的关注。这中间引人注目的有“滑坡论”与“爬坡论”两种对立的观点。持“滑坡论”者认为，我国向市场经济转变迄今所引起的是社会伦理道德的滑坡，突出表现在假冒伪劣、卖淫嫖娼、见死不救、权力腐败这些消极社会现象的滋生与蔓延上。这些消极现象与市场经济具有一种必然联系，只要以市场经济开启个人对自我利益的关心这道闸门，利己主义的洪水便不可遏止，上述腐败现象也就无法根绝，因此结论是鱼和熊掌不可兼得；而持“爬坡论”者则认为，市场经济的建立与发展，就总体趋向说来是有利于人们的伦理道德水平的提高的，这表现在市场参与者的独立人格、自由与权利、竞争与效益、公平与守规则、守信用等观念，以及对社会公益的关心的发育上。至于那些消极现象与市场经济的关系，只是市场经济建立初期时社会无序状态的伴生物，是社会转型造成的，与市场经济本身并无必然联系，并且将随着市场经济的完善而消失。

怎样协调经济与道德的价值冲突，这的确是一个现实难题。但是无论如何有一点是明确的：市场经济的潮流不可逆转，我们不能再以回到计划经济时代去换取所谓“道德的进步”。笔者认为，市场经济对道德的影响的确具有二重性，不正视这一点，我们就不能从根本上理顺经济和道德的价值冲突。就市场经济对道德的积极影响而言，主要表现在以下三点：(1)随着市场经济生活而发育的独立人格，以及与此适应的自由、权利观念的发展，为现时代中国人的道德发展提供了新的可能性。自主、自尊、自强、自立的精神发展不仅引导人改善其物质生活境况，而且引导人发展其精神价值;(2)独立人格及自由、权利、尊严观念的发展也是使现代人全面介入社会公共生活,从而拓展这些生活领域并发展其价值的重要动因。现代社会的民主化进程离开了与之同步的现代公民社会的发展成熟是不可想象的。在现代生活中,公民民主意识的提高对于保障一个健康道德的成长是十分必要的;(3)市场经济要求公正、诚实、公平等规则,必将对人们在社会生活其他领域的道德完善具有促进作用,如拓展人们的社会正义感、社会良知和道德同情心等。当然,我们在积极培育市场经济的道德伦理精神的同时,也应该对市场经济所可能给人所带来的负面影响有一个充分的估计,如唯利是图、见利忘义等,通过积极的伦理道德引导和有效的法律手段来将这种负面影响减少到最低点,使我们的社会生活充满一种高尚的道德伦理氛围。

第三,公平与效率的价值冲突。在建构与发展社会主义市场经济的过程中,公平与效率的价值冲突日益成为人们关注的热点,人们由从前对平均主义的不满,正在转变为对收入差距日渐拉大的忧虑。公平与效率的关系根源于人类初衷的发展,最根本的初衷是劳动实践。一方面,人们在劳动中所追求的不仅是改造客体使之适合主体生存发展的需要,而且还要以较少的劳动量去获得较大的劳动效果,也就是不断提高劳动效率。另一方面,人类的劳动实践总是在一定社会关系中进行的。为了使劳动实践能够正常进行并发展下去,就需要运用包括道德规范在内的各种规则去调节人们之间的社会关系,就要求人们的行为遵从或符合某种价值观念。这样,前一方面提出了“效率”问题,后一个方面提出了“公平”问题。“效率”问题作为一个可量化的经济学要领,较容易理解。而对“公平”的理解相对说要复杂一些,“公平”,亦即正义、公正、公道,在马克思看来,公平的要领具有历史性,它是发展变化的。尤其是社会公平,反映了社会生活中人们对于权利和义务、行为和意志之间某种相适应的和谐关系的向往,反映了人们的利益关系和利益格局。从人类整体发展的角度看,公平与效率是统一的,两者统一于人类社会实践的基础上,但二者之间也有矛盾。当人类还处在原始状态时,极端低下的生产力和极匮乏的生活资料决定人们的社会关系只能是原始共产主义性质的平均分配。这一事实表明,个体之间几乎没有差异的那种公平的社会关系是同极其低下的经济效益和生产效率相适应的;进入阶级社会,公平与效率的关系开始发生变化，常常相互冲突。尤其在资产阶级登上历史舞台后，新的经济关系呼唤新的公平观。在资本主义社会里，公平不再如封建社会那样是人们所属的等级与他们的财产、特权相适应，而是等价交换、机会均等、平等竞争。这种公平观在历史上是具有进步意义的，而且在相当程度上推动了效率的提高，但是由于人和人之间的雇佣关系，使得表面上人与人之间的平等关系变成了最大的不平等，严重的社会不公现象与市场经济的高效率形成了强烈的反差，从而使公平和效率之间的矛盾表现得异常尖锐和突出。

目前中国改革开放所进行的社会主义市场经济实践，是同社会主义基本制度结合在一起的、以公有制为主体的、以按劳分配为主要分配形式的、在国家宏观调控下的市场经济，这种性质便从根本上决定了社会主义公平观的客观基础，从而为真正实现公平与效率的统一开辟了广阔的前景。但是在由计划经济向市场经济的转型中，由于长期的"左"的思想束缚，人们把绝对平均主义当做公平原则，将人人有份的大锅饭分配方式视为"公平"，导致了看似公平实则不公平的现实。随着市场经济转型的逐渐到位，这种观念必然要受到冲击，即促使人们在认识上有一个深化。但是正是在这种情形下，产生了在公平与效率问题上的价值冲突；有人认为市场经济条件下应该强调效率优先、兼顾公平，既然市场经济下的分配是多元化的，因此就要承认差距；与之相反，有人则认为，社会主义应把公平放在首位，否则社会主义的优越性就无从体现。在上述这种相互对立的看法中，实际上仍然是一元思维模式的产物。实际上，所谓公平与效率何者"优先的问题"，通常表现为，在一个社会或国家的总体决策中，究竟是把提高经济效益和生产效率放在第一位，还是把维护和增进社会公平放在第一位？而我们认为，在我国现实社会生活中，公平与效率并非是不可兼得、此消彼长的关系，而是相互依存、相互制约的。一方面，公平是提高经济效益和生产效率的社会保证，市场经济的资源配置作为一个不断运动的过程，公平竞争是这一运行过程的必要条件，公平分配则是这一过程的必然结果。如果没有同样的参与机会，缺少公正的竞争规范，有效的市场运作就无法形成；如果分配不公，就会挫伤人们的劳动积极性，阻碍生产效率的提高。而另一方面，效率是改善社会公平状况的物质保证。在一个经济效益和生产效率低下、物质财富短缺的社会里，是不可能真正实现增进社会公平的。这也就是说，维护或增进社会公平，必须以相应的经济效益和生产效率为基础。社会财富增加了、国民收入提高了，分配领域中的矛盾才会从根本上得以解决，真正的社会公平关系也才能建立起来并且不断得到改善。总之，社会主义应当而且能够实现公平与效率的两者兼顾和有机结合，以实现社会的和谐、健康发展。

第四，个体与整体的价值冲突。改革开放，导致社会生活的利益调整，而个体与整体的价值冲突，也日益成为生活中的重要问题。在过去计划经济体制下，社会的政治宣传总是将个人利益和集体利益对立起来，割裂开来，一味过多、过重地强调集体利益，严重忽视、淡漠、限制甚至批判正当的个人利益、个人自由、个人尊严和个人价值，从而在一定程度上严重压抑了人的个性，挫伤了人们建设国家现代化的积极性。反对个人利益的人在观念上往往将个人利益同利己主义两个概念混淆起来，这样无形中使人们追求个人利益的正当性受到严重阻碍。近20年来的中国社会改革和社会主义市场经济的实践，使人们充分认识到，重视个人利益是市场经济发展的需要。社会主义市场经济，呼唤并强化着人的主体性和自由创造精神。在新的历史条件下，确认和肯定个人利益的正当性，使每个人的才能、智慧得以发挥，便成为一种不可逆转的趋势。在这种背景下，一些人在对集体主义价值观的反思中，又从一个极端走向另一个极端，即只强调个人的利益和价值而不顾甚至淡化集体利益，把集体主义价值观摆到与市场经济相对立的位置之上。这样一来，围绕个体与整体的关系，人们又往往陷入了非此即彼的思维定势，而这种价值观念的摇摆客观上强化了人们在“个体与整体”关系上的价值冲突，同时必然给我们的改革实践造成巨大的损失和困难。

要合理地揭示个体与整体的关系，使个人利益与集体利益协调发展，一个重要的方法论原则是应看到个人利益与集体利益协调发展，应看到个人利益与集体利益的密切关联性，这也就是说，首先，个人利益是一个发展着的东西，它的发展是由社会生产力水平的提高、生产关系的进步所决定的，而生产力水平的提高，社会关系的进步正是社会集体利益的内容；其次，从个人利益对集体利益的作用来看，社会集体利益是个人在追求个人利益的过程中形成的，它表征、反映和代表个人利益。社会集体利益的发展壮大是在个人追求其利益的过程中实现的，集体利益从来也不可能离开个人追求个人利益的历史活动而独自发展变化。否则,这种集体利益只能是虚假的、不真实的。这正如马克思所言:社会集体任何时候也不可能离开"从事活动的、进行物质生产的"、"现实中的个人",因为"每个人的自由发展是一切人自由发展的条件"。

正是基于对于上述这种个人利益和集体利益的合理理解,我们才需要特别指出,社会主义市场经济实践,为真正解决个人利益和集体利益的矛盾、协调个体与整体的价值冲突创造了现实的条件。因为市场经济是通过有效地调动个体的积极性,有效地满足个人利益而达到真正的集体利益的实现。这具体表现在两个方面:首先,激发个人活力有利于市场经济的发展。由于中国社会从未有过成熟的市场经济形式相伴随,直到现代社会,平均主义、大一统的整体原则在人们的思想观念中仍然根深蒂固,个人没有获得充分的自我意识、自我尊严、自我价值和自我利益,而这些文化因素对于建立市场经济形态而言至关重要。今天,我们强调个人的主体性、强调个人的利益,恰恰适应了现时代的需求,适应了改革和建立社会主义市场经济的需求,因而具有无可争辩的进步意义;另外,不断追求个人利益也有利于市场经济的推进。个人是社会历史的真实主体,是社会进步的真实目的,个人与社会密不可分,个人出于自我完善的欲求,总是在现实社会生活中寻找着开拓新生活的天地,这种突破现状的超越精神,赋予了社会生活以生生不息的进步动力,这正是市场经济发展所需要的。从这个角度看,个人利益是否得到充分的尊重和满足,直接影响个人对集体的认同程度。而正是市场经济所开创的这种个人充分发展的局面,会使个人在一种真实的层面切实确立起集体主义价值观,从而把个人利益与集体利益更紧密地结合起来。

二、文化现实层面的冲突

从上述我们对于文化价值层面的冲突可以看出,社会的市场化带来了文化发展的多元化,传统的、经典性的价值观念业已消解,统一的规范被多元的价值取向所取代。而这种价值观念的嬗变体现在文化的现实操作层面,则是社会文化阶层的分化态势日渐明显,具有独到文化价值追求的不同文化群体正逐渐形成。文化实践的多层次化,必将使当代中国的文化景观更加趋于纷繁复杂，在不同文化群体间的文化发生分化和冲突的同时，文化亦将在新的价值层面趋于整合，这也将是今后中国社会转型历史阶段社会文化发展的主导趋势。

对于当代中国文化发展的态势，1997 年 1 月 31 日《山西发展导报》上曾刊载一文《困扰中国文化的十个新课题》，文章不长，我们不妨记录于下。这十个问题是：(1) 文化的内涵在不断扩大，而文化的感召力却在逐渐下降。我们都置身于一种文化的氛围之中，饮食文化、茶文化等等，可谓凡事都有文化。然而我们也不能不看到，文化力作为一种与生产力相提并论的社会推动力，目前却不很被重视，对人们的总体影响并没有随内涵的扩大而增加。(2) 在文化的结构上，非主体文化大有超过主体文化的趋势。一些明显属于亚文化和反文化的东西，侵占并淹没了主体文化。比如，那么多人唱卡拉 OK，说明这种并非主体文化的东西大大超过了主体文化，有时还会使人误认为它是主体文化。(3) 在文化的功能上，教育和审美功能在弱化，而娱乐和消遣功能则在强化。(4) 在文化的管理和监督上，我们目前还没有找到行之有效的办法。在文化的管理上，措施远远跟不上变化。如对现代电子传媒，过去我们只知道其先进性的一面，而不知道它能传播黄色东西。所以，管理和法制滞后现象是极为普遍的。(5) 在文化的发展态势上，国办文化逐渐减少，而其他各种文化成分正不断增加。随着经济体制改革的进一步深化，文化单位已不是一个单一的体制，出现多种经济成分并存的态势，国办文化比例减少。文化导向势必更多地依靠市场，远离政府，文化的传统作用方式将有所改变。(6) 在文化单位的性质上，文化企业大大多于文化事业。(7) 在主体地位的确立上，文化过分迁就经济，过多让位经济。(8) 在文化取向上，人们倾向于时髦和流行，而回避庄重和严肃。(9) 在文化工作者队伍方面，处于难以为继的困境。(10) 在对人的影响上，外来文化有超过传统文化的趋势。

上面所陈列的文化现实，可谓有喜有忧，说明在改革开放和社会转型的背景下，中国的文化发展的确呈分化态势。对此我们只有认清现实，保持冷静的理性分析态度，以历史和发展的眼光去对待它，才能作出正确的判断。众所周知，在改革开放以前，中国的文化是与计划经济体制相对应的一元文化，极“左”思想路线导致文化的凋零，“八亿人民八出戏”，在这种情况下，根本不可能有文化的繁荣。正是改革开放和市场经济，使文化发展的多元态势才得以呈现。纵观当代中国的文化现状，与中国共产党、工农群众和知识阶层这三个基本的社会成份相适应，在社会生活中也表现出三种基本的文化形态，这就是中国共产党所倡导的主流文化、工农群众所推广的大众文化以及知识分子所追求的精英文化，目前这三种文化形态既相互融合，又相互分化，共同推动着中国文化的繁荣与发展。

主流文化从一般文化哲学理论说来，它是特定历史时期占统治地位的生产方式所决定的、作为社会的统治思想的文化。当代中国的主流文化即是中国共产党领导下的有中国特色的社会主义文化。在以经济建设为中心的治国方略指导下，当代中国的主流文化正适应市场经济的发展态势，在一方面通过稳定局势、发展经济、给人民带来物质与文化的切身实惠等形式增加人们对主流文化的认同与凝聚力的同时，在对其他文化形态的态度上也逐渐趋于宽容，只要不是与现存政体产生对立的文化，都可以存在与发展，乃至于对于一系列意识形态问题也尽量不采取“大批判”态度，而是想以社会的净化力和民众的鉴别力，通过冷处理方式解决。现在对于主流文化说来需要迫切解决的问题是：在市场经济条件下，主流文化应该如何倡导并表达自己的文化理想？传统的“灌输式”、“说教式”方式容易引起人们的逆反心理，那么如何探寻更有效的方式去增加主流文化的影响力呢？

精英文化即知识分子的文化，它是与大众文化相对而言的一种文化形态。改革开放以来，随着知识文化在社会生活中的沉浮变迁，精英文化也经历了一个从非自觉到自觉的过程。曾几何时，精英文化也在中国的改革开放中起过重大的推动作用，从改革开放伊始的真理标准讨论和思想解放运动，到文学界的伤痕文学、改革文学，再到市场经济合理性的理论张扬，都体现了精英文化的独到价值。精英文化是社会文化理想和人文精神的重要载体。

而大众文化是在市场经济条件下，伴随着中国工业化的历史进程，以都市大众为主要消费对象、通过现代传媒传播的文化形式。大众文化的兴起是当代中国最为壮观的文化风景线，它是真正产生于市民中间、且为普通百姓所认同和消费的文化。随着改革开放的逐步深化，大众文化也正以一种独具特色的形式广泛渗透于日常生活的各个领域。我们甚至可以这样说，大众文化消费现今已成为社会生活中人们最重要的生活需求，娱乐电影、家庭肥皂剧、现代广告、畅销读物、卡拉OK、MTV、摇滚乐、流行歌曲、交际舞、居室装潢、选美活动、明星崇拜、企业形象、产品包装……今日中国的大众文化可谓铺天盖地,色彩斑斓。

在当代中国文化的分化与融合中,精英文化之“雅”与大众文化之“俗”的矛盾冲突表现得较为明显,甚或说构成了文化冲突的主要表现形式。精英文化同大众文化的矛盾主要体现在两个方面:第一,精英文化的“启蒙性”同大众文化的“世俗性”之间的矛盾。精英文化是一种自觉的文化,他们出于对社会的使命感和对社会价值理想的关照,一般都与对社会世俗生活保持一定的距离,如追求学术的纯正性、规范性,倡导文艺创伤的审美理想性、呼唤社会的人文精神等。而大众文化则是受市场经济导向的市民文化,因而,通俗性、可复制性、无深度感、娱乐性是其追求的目标;第二,二者在审美趣味上,表现为精英文化的高雅追求与大众文化通俗追求的冲突。精英文化主张伦理的严肃性、创造性、个性风格、历史意识和言外之意的内在规范,因而具有不断超越的精神动力;而大众文化则是一种复制性话语,它追求标准化、无个性、程式化和媚悦的当下性直接性,“大众文化似乎是无所顾忌,它唯一的禁忌只是担心不能被大规模复制和大规模消费”。就二者的关系而言,如果说精英文化在于创新和超俗的话,大众文化则反其道而行之,旨在将一切都尽可能转化成通俗和流行的东西。

从发展态势看,在整个中国的社会转型时期,也许精英文化与大众文化的矛盾要贯穿始终。正是在这种冲突中,两种文化力量相互矫正,并逐渐认同对方的价值观念,从而推动文化发展。此外在中国现实文化发展中,主流文化与精英文化之间,主流文化与大众文化之间,也常常处于一种对立状态。但是上述文化矛盾和冲突总体说来,都已不是“敌我”式的冲突关系,而是冲突中有借鉴、融合,应该说这是文化发展十分正常的状态。

●原文刊载于《求是学刊》2001年第3期。《高等学校文科学报文摘》2001年第4期、《人大复印报刊资料·文化研究》2001年第9期转载。

●邹广文,清华大学哲学系教授、博士生导师;北京市哲学教学研究会副会长,中国辩证唯物主义研究会常务理事,北京市哲学学会常务理事,中国文化管理学会学术委员会主任委员。

马克思"实践的唯物主义"的文化哲学品格

何　萍

在《德意志意识形态》中，马克思曾经明确地把自己的哲学称之为"实践的唯物主义"①。马克思创立的"实践的唯物主义"究竟是一种什么样的哲学形态？自19世纪下半叶以来，马克思主义哲学家们已经对"实践的唯物主义"作出了各种各样的阐释。在第二国际，拉布里奥拉是把马克思的历史唯物主义定义为"实践哲学"的第一人。他把马克思的"实践的唯物主义"与意大利的历史主义哲学传统有机地结合在一起，一方面把"实践的唯物主义"定义为历史主义，当做一种文化哲学来阐释；另一方面以"实践的唯物主义"改造意大利的历史主义哲学传统，使意大利的历史主义哲学走出了狭隘的民族界限，获得了世界哲学的普遍性。与拉布里奥拉相对立的观点是由普列汉诺夫明确提出来的。普列汉诺夫把马克思的"实践的唯物主义"与俄国的革命民主主义的哲学传统相结合，从一般方法论的意义上阐释马克思的历史唯物主义观点，由此把马克思哲学定义为"辩证唯物主义"。这两种不同的解释分别在西方和东方马克思主义哲学中获得了不同的发展：拉布里奥拉的"实践哲学"经葛兰西的改造，在西方马克思主义哲学中发展起马克思主义的文化哲学传统，而普列汉诺夫的"辩证唯物主义"则经过列宁和斯大林的改造，在东方马克思主义哲学中发展起具有科学主义倾向的马克思主义哲学传统。中国自20世纪50年代以后，曾经受到苏俄马克思主义哲学传统的强烈影响，把马克思主义哲学定义为认识论，从而也以认识论的范式解读"实践的唯物主

① 《马克思恩格斯选集》第1卷，人民出版社1995年版，第75页。

义”，尤其是对实践作认识论的解读。这种状况直到20世纪80年代中期才发生转向。到了20世纪90年代，随着西方马克思主义哲学在中国的广泛传播和研究的开展，中国学术界已经不再拒绝把马克思主义哲学定义为文化哲学了，甚至有许多论著还对马克思的实践概念进行了文化哲学的解读。本文认为，要真正理解马克思的文化哲学，仅仅分析单个的实践概念是不够的，必须把马克思的“实践的唯物主义”当做马克思全部的哲学世界观，从哲学研究范式的整体上考察“实践的唯物主义”与文化哲学之间的关系，确定“实践的唯物主义”的文化哲学性质，展示它所独具的文化哲学性格。为了实现这一研究任务，本文选择从马克思对维科哲学的解读入手，分析马克思文化哲学的基本问题，探讨马克思创立的文化哲学传统。

一、马克思对维科哲学的解读

19世纪80—90年代，拉布里奥拉和拉法格以维科的历史哲学和摩尔根的人类学解读马克思的历史唯物主义，开创了马克思主义文化哲学的研究。时隔一个世纪后，维科哲学的研究者在以马克思的实践哲学阅读维科哲学时，却把马克思主义文化哲学传统的创立追溯到马克思本人。这一成果启示我们重新思考马克思哲学的思想资源，从马克思的“实践的唯物主义”与维科哲学之间的关系中发掘马克思的文化哲学思想。

关于马克思的“实践的唯物主义”与维科哲学的关系，我们可以从马克思本人对维科思想的评价中来考察。马克思在《资本论》中分析机器与手工业工具的本质区别时，曾加了一段脚注：

达尔文注意到自然工艺史，即注意到在动植物的生活中作为生产工具的动植物器官是怎样形成的。社会人的生产器官的形成史，即每一个特殊社会组织的物质基础的形成史，难道不值得同样注意吗？而且，这样一部历史不是更容易写出来吗？因为，如维科所说的那样，人类史同自然史的区别在于，人类史是我们自己创造的，而自然史不是我们自己创造的。工艺学揭示出人对自然的能动关系，人的生活的直接生产过程，从而人的社会生活关系和由此产生的精神观念的直接生产过程。事实上，通过分析找出宗教幻象的世俗核心，比反过来从当时的现实生活关系中引出它的天国形式要容易得多。后面这种方法是唯一的唯物主义的方法，因而也是唯一科学的方法。那种排除历史过程的、抽象的自然科学的唯物主义的缺点，每当它的代表越出自己的专业范围时，就在他们的抽象的和意识形态的观念中显露出来。[①]

在我们现在所发现的文献中，这一脚注都被解释为是马克思对维科思想的评价。其实，我们只要结合《资本论》的原文来阅读，就不难发现，在这里，马克思主要不是评价维科，而是借助维科的思想来阐发自己的"实践的唯物主义"的性质及其特点。

那么，马克思在这段话中对"实践的唯物主义"的性质作了哪些阐发呢？我们认为，从《资本论》的研究思路看，马克思主要从三个方面阐发了他的"实践的唯物主义"的性质及其特点。

第一，以区分维科与达尔文的研究路向，确立了"实践的唯物主义"的文化哲学性质。19 世纪，维科的历史哲学和达尔文的进化论是人们探究人类史的最重要的两大思想资源。然而，这两大思想资源在研究路向上却有着质的区别：维科主要从人与动物的质的差别点上，即从人与动物的间断性上考察人类的文化史。他在《新科学》中提出了研究人类文化史的最著名的命题："民政社会的世界确实是由人类创造出来的，所以它的原则必然要从我们自己的人类心灵各种变化中就可找到。"[②]这一命题从民族文化上定义人的创造性活动，是典型的文化哲学的命题。因此，当维科以这一命题作为原则考察民族文化的起源时，就创立了文化哲学。与之不同，达尔文主要从人与动物的连续性上考察人类的自然史，把人类的起源描述为一个自然的过程。受这两大资源的影响，当时的人类史研究形成了两种研究路向：一种是承袭维科历史哲学路向，以民族文化为核心，探讨人类的文明史。这一研究路向引导了历史哲学的兴盛。一种是借助达尔文进化论的路向，以生物进化为主线，探讨人类的自然起源。这一研究路向推动了自然唯物主义的发展。马克思在这里把维科与达尔文加以比较，强调只有维科才真正开展了人类史的研究，并且借助维科提出的"人类史是我们自己创造的"这一命题来阐发机器生产的意义。这显然是把文化哲学作为自己研究人类历史的基本路向。从这一点看，"实践

① 《马克思恩格斯全集》第 44 卷，人民出版社 2001 年版，第 428 ~ 429 页。

② （意）维柯：《新科学》，朱光潜泽，人民文学出版社 1986 年版，第 135 页。

的唯物主义"毫无疑问地具有文化哲学的性质。

第二,从对维科哲学的批判中,阐发了"实践的唯物主义"的现代工业理性特征。马克思虽然以维科提出的"人类史是我们自己创造的"这一命题作为"实践的唯物主义"的内核,却赋予了这一命题全新的内容。在维科那里,人创造历史的活动主要指的是原始民族的文化起源,即他称之为"诗性的智慧"的东西。这一规定决定了维科哲学两个不可避免的局限性:一是把人类历史活动的探究局限于民族文化的领域,因而,只能说明民族文化的特殊性,而不能揭示人类文化发展的时代特征,不能发现各民族文化的共同性;二是把历史的动力归于人的心灵的不确定性,于是,神话的想象、原始宗教的信仰等非理性的活动被当做人类文化创造的主要形式,而生产、科学技术、逻辑思维形式等理性的活动被排除于人类文化创造之外。由于这两个局限性,维科哲学虽然早在18世纪就产生了,并且其中不乏合理性,却始终无法像18世纪启蒙思潮中那些以现代科学理性为支撑点建立起来的唯物主义哲学那样,得到一种普遍的认同,到19世纪中期,它的影响还仅仅局限于意大利民族哲学的范围,因而常常被当做意大利的民族哲学来理解。与维科不同,马克思不是把研究的基点放在原始文化的创造上,而是以被维科悬置起来的现代工业、自然科学和技术、逻辑思维形式为研究的基础,力图从这些研究中发现资本主义的发生、发展和灭亡的规律。这样,他就把维科的"人类史是我们自己创造的"命题置于资本主义生产方式之中,从机器对手工业工具的否定上揭示现代社会的规律,从而赋予了人的历史创造活动以现代工业理性的内容。这样一来,马克思就扬弃了维科哲学的局限性,创造了以现代工业理性为主要特征的、具有时代普遍性的文化哲学。马克思所说的"人对自然的能动关系,人的生活的直接过程,从而人的社会生活关系和由此产生的精神观念的直接生产过程",是他的"实践的唯物主义"的内容,也即是他的文化哲学的主要内容。

第三,从对自然唯物主义的批判中,阐发了"实践的唯物主义"的历史批判特征。马克思在以现代工业理性扬弃维科的文化哲学的同时,也把自己的唯物主义哲学与"那种排除历史过程的、抽象的自然科学的唯物主义"区分开来了。在马克思看来,自然科学的唯物主义的根本缺陷就在于,它不是从现实的人们的活动,不是以现实的历史过程来说明历史,而是力图在人们的观念和意识中寻找历史的基础。所以,这种学说尽管发现了哲学的现代自然科学基础,却无法说明现代社会的人的活动,无法说明现代社会的形成及其规律;它力图说明人的历史,却在观念和宗教意识的抽象中走向了非历史。与自然科学的唯物主义不同,马克思把文化哲学的历史主义原则运用于考察现代工业和商业的活动,发现了现代社会产生和发展的规律,从而也找到了变革和批判这个社会的现实力量。这些又构成了马克思"实践的唯物主义"的历史批判特征。

以上三个方面的内容表明,马克思的"实践的唯物主义"与维科的文化哲学既存在着同一性,又有着质的区别。两者的同一性决定了马克思"实践的唯物主义"的文化哲学性质;两者的区别决定了马克思"实践的唯物主义"的独特的文化哲学性格。这就为我们提供了研究马克思文化哲学的方法论视野,即从马克思的"实践的唯物主义"与文化哲学的同一和区别中把握马克思的文化哲学及其走向。

二、实践与人的文化存在

从"实践的唯物主义"阐发马克思文化哲学的性质和性格,无论如何,都应该以对"实践"概念的文化哲学反思为起点和基础。

就目前国内的马克思哲学的研究现状而言,把马克思"实践"概念理解为对人的存在的说明已经不存在疑问了。但是,在如何解读"实践"的存在论意义上却是有疑问的。这种疑问来自我们在解读马克思"实践"的存在论意义时,不是从清理马克思哲学范式以及由此而构成的哲学品格上提出和思考问题,而是从个别的概念和命题入手,零散地借用一些现代西方非理性主义哲学的概念和方法,论证"实践"的存在论意义。这就把马克思的存在论变成了碎片,缺乏完整性。不仅如此,这种研究带来的另一个后果,是极大地模糊了马克思哲学与现代其他哲学思潮之间的界限,使人读起来感到作者是在用现代非理性主义的哲学,主要是存在主义的哲学来解释马克思的"实践的唯物主义",尽管实际的解释并非如此。鉴于此,在这里,我不再着重单个概念和命题的分析,而是从哲学范式上呈现"实践"说明人的存在的方式,以此说明马克思的"实践"概念在何种意义上可以被称之为文化哲学,以及它与其他文化哲学之间的关系。

关于"实践",马克思曾经下过多个定义,也作了许许多多的论证和说明。比如,在《1844 年经济学哲学手稿》中,马克思把"实践"定义为"自由的有意识的活动"①,从人的自由存在的意义上论述了"实践"的理论意义和实践意义;在《关于费尔巴哈的提纲》中,马克思把"实践"定义为"感性的人的活动"、"对象性的活动"②;在《德意志意识形态》中,马克思联系工业和商业的历史活动,阐发了"感性的人的活动"、"对象性的活动",论述了"实践"的历史内容和特征;在《资本论》中,马克思把"劳动"当做"实践"概念的核心,论述了"实践"的内在结构和活动方式。

这些定义和论述,虽然分别发生在马克思对人的自由的存在的思考、人类历史的探究和"实践"的内在结构说明等不同层面上,但其所遵循的研究原则和研究方法却是同一的:在研究原则上,这些定义都把实践看做是人的自我创造的活动,按照马克思自己的说法,是人的类生命的活动方式,亦即人的类存在;在研究方法上,这些定义都是建立在这样一种对人的规定之上的,人的存在是生物性和文化性的统一,其中,生物性是人的自然特性,是需要改造和不断扬弃的方面,而文化性才是真正体现人性的方面,是人需要不断发展和完善的方面,因此,以"实践"说明人的存在,就是要说明人是如何克服、扬弃自身的生物局限性而不断走向文化创造的。这一研究原则和方法共同构成了马克思研究人的存在的哲学范式,而这一哲学范式恰好就是文化哲学说明人的存在的范式。在第一部分中,我们已经分析了维科提出"人类史是我们自己创造的"原则,维科在以这一原则研究民族文化时,遵循了马基雅维利提出的"半人半马"的思想,从人的文化性与生物性的关系上说明人的文化创造是如何可能的,把人的历史创造、人的发展看做是不断克服自身的自然性而走向文化性的过程。马克思的这些定义和论述也是这一方法的运用。

在论述人的自由存在时,马克思区分了人的生命和动物生命的特性,把"自由的有意识的活动"当做人的类特性,分别从理论和实践两个层面论述了人的生命意识的创造和文化创造的活动,从而把人的生命看做是一个不断建构的过程,也是不断地超越自身的动物性存在的过程。正是沿着这一思路,马克思区分了人的生产与动物的生产、人的生命特性与动

---

① 《马克思恩格斯全集》第 3 卷,人民出版社 2002 年版,第 273 页。

② 《马克思恩格斯选集》第 1 卷,人民出版社 1995 年版,第 54 页。

物的生命特性。在马克思看来，动物的生产，亦即动物的生命特性，并不是与人的存在无关的东西，也不是人一经形成就不再具有的东西，而是作为人类存在的基础，作为与人的文化生命相对立的因素，始终保持在人的生命活动之中，人的发展、人的生命的实现，就是反抗人的生物性存在压抑、控制人的文化性存在、不断地从人自身的生物性存在中发展出人的文化性存在的过程。这也就是马克思称之为人获得个体社会性的过程。马克思提出的“劳动异化”和“异化的扬弃”、“社会的人的感觉”和“非社会的人的感觉”以及与之相应的“私有制”和“共产主义”等概念，都是对人的这种文化发展的说明，所以，马克思在谈到“共产主义”的实质时，指出：“共产主义是作为否定的否定的肯定，因此，它是人的解放和复原的一个现实的、对下一段历史发展来说是必然的环节。”①

在论述人的感性活动的历史时，马克思反对费尔巴哈把人的肉体的存在，或人的自然的存在作为人的感性世界的内容，要求把工业和商业的活动作为人的感性世界的基础。即使这样，马克思也绝不把人的肉体的、自然的存在排除于人的实践活动之外，而是把这种存在作为人的实践活动的对象，作为人的无限发展的基础，而工业和商业活动的意义就在于改造人自身的自然和外部自然，使其成为人的感性世界的经验基础。这样一来，感性世界作为工业和商业活动的结果，就获得了两个方面的意义：其一，作为人的生命活动的成果，它是人的生命的外化形式，构成了人的存在的外部结构，即以人化自然为基础形成的社会形态；其二，作为人的生命创造的过程，它是自己的生命意识和意志的统一，也是不断建构自己的生命意识和意志的过程，这就是人的内在结构。人正是在他的内结构和外结构的相互作用中，不断向外部自然和人自身自然开放，构造自己的历史，也同时创造了自己的历史性存在。马克思在批判费尔巴哈把感性世界理解为纯粹自然的存在时，特别强调了感性世界作为人的历史性存在的这一特征：人们“周围的感性世界绝不是某种开天辟地以来就直接存在的、始终如一的东西，而是工业和社会状况的产物，是历史的产物，是世世代代活动的结果，其中每一代都立足于前一代所达到的基础上，继续发展前一代的工业和交往，并随着需要的改变而改变它的社会制度。甚至

① 《马克思恩格斯全集》第3卷，人民出版社2002年版，第311页。

连最简单的‘感性确定性’的对象也只是由于社会发展、由于工业和商业交往才提供给他的。大家知道，樱桃树和几乎所有的果树一样，只是在数世纪以前由于商业才移植到我们这个地区。由此可见，樱桃树只是由于一定的社会在一定时期的这种活动才为费尔巴哈的‘感性确定性’所感知”①。可见，在马克思那里，人的历史不是与外部自然、与人的生物性存在无关的过程，而恰恰是一个不断地改造外部自然和人的生物性存在，从而不断更新和扩大人的感性世界的过程，而人的感性世界就体现了人从生物性存在发展而来的文化存在。

在论述劳动时，马克思一方面强调劳动作为人的有目的的活动，体现了人的活动与动物活动的本质区别，另一方面又强调劳动的过程是人“作用于他身外的自然并改变自然”和“改变自身的自然”②的统一。卢卡奇认为，马克思对劳动的这一论述，从社会存在的本体论的角度看，不仅证明了人是社会性的存在，而且还揭示了人从生物性存在向社会性存在的过渡。他说：“就其本体论的本质来说，只有劳动才具有一种明显的过渡特征。劳动在本质上是人（社会）与自然之间的相互关系，而且这里的自然既包括无机界（工具、原料、劳动对象等等）也包括有机界，当然，到了一定的发展角度，这种相互关系同样能以上述顺序表现出来，尤其能够标志出发生在劳动着的人的身上的从纯生物性的存在到社会性的存在的过渡。”③卢卡奇这一理解的深刻性在于，他不是从技术的角度，而是从人的文化存在的角度解读马克思的劳动概念，揭示了马克思劳动概念深层的文化本体论的内涵。

以上三个方面的论述表明，马克思无论在哪一个层面上论述实践，都遵循着同一研究范式，即都是从人的文化性与生物性的关系上说明人的生命存在。由此可见，如果仅仅从单个的概念上，我们的确很难发现马克思的“实践”概念与文化哲学有什么关系，特别是与像卡西尔这样一些以符号定义人的文化存在的哲学家的思想相比，马克思的“实践”概念似乎与文化哲学毫不相干，但是，如果深入到文化哲学的研究范式，我们立刻就会看到马克思的“实践的唯物主义”与文化哲学之间深刻的一致性。

---

① 《马克思恩格斯选集》第1卷，人民出版社1995年版，第76页。

② 《马克思恩格斯全集》第44卷，人民出版社2001年版，第208页。

③ （匈）卢卡奇：《关于社会存在的本体论》下卷，白锡堃等译，重庆出版社1993年版，第4页。

应该说，也只有在这个意义上，我们才能准确地把马克思的“实践的唯物主义”定义为文化哲学。至于马克思的“实践”概念所表现出来的似乎与文化哲学不相干的方面，恰好是我们可以用以阐发马克思文化哲学所具有的个性的东西。

三、工业与人的理性

马克思的文化哲学区别于其他文化哲学的地方，就是以工业阐发人的理性，并以此作为人的文化创造的感性基础，把近代哲学的抽象的理性改造为人的现实的、批判的活动。在对待人的理性的态度上，文化哲学既不同于近代理性主义哲学，又不同于现代非理性主义哲学。近代理性主义哲学为了确立人的理性，把自然科学的思维方式当做人类的普遍理性，不仅排斥人的非理性的存在，而且排斥了自然科学之外的其他理性形式。卢卡奇准确地指出了近代理性主义哲学的这一局限性。他说：“整个这一时期最突出的特征，即使在最具有批判精神的哲学家看来，也是天真而武断地把形式的、数学的、理性认识同总的认识，也同我们的认识等同了起来。”①现代非理性主义哲学为了反对近代理性主义哲学，以人的意志、生存意义的本体论否定了自然科学的理性。这两种哲学在强调理性和非理性上看似对立，其实在思维方式上则是同一的，即都是通过抽象出人的文化活动中的某种形式，某一要素，把它夸大为普遍的东西来说明人的存在。它们之间的差别仅仅在于：近代理性主义哲学夸大的是自然科学思维中的某一要素，并使之普遍化；而现代非理性主义哲学则是把人的意志，或人的生存要素抽象化、普遍化。与这两种哲学不同，文化哲学并不把理性的或非理性的要素从文化形式中抽象出来，而是力图把这些要素置于它们所属的一定的文化活动和文化的形式中加以考察。这就形成了文化整体性的思维方式。从这一思维方式出发，文化哲学在考察人的理性时，并不排斥人的非理性，而是在理性和非理性的张力中，或者通过比较宗教、神话、艺术、语言、自然科学等文化形式在古代社会和现代社会所处的主从地位，确立自然科学在现代社会中的首要意义，由此而论证理性

① （匈）卢卡奇：《历史与阶级意识》，张西平译，重庆出版社 1989 年版，第 125 页。

是比之非理性更为根本的方面，卡西尔就是这样论证的。或者通过剖析原始民族的思维方式，区分出人的非逻辑思维形式与逻辑思维形式，说明逻辑思维形式是现代人的主要思维形式，从而确立理性思维形式的主导地位，列维-施特劳斯等人类学家就是这样论证的。不仅如此，即使在对人的理性的考察中，文化哲学也不把人的理性等同于自然科学的理性。在文化哲学看来，人的理性不仅存在于自然科学的活动之中，也存在于宗教、神话、艺术、语言、哲学、社会制度等各种文化形式之中，并因其文化形式不同而各有其不同的结构和功能，哲学只能从这些文化形式的差别和有机联系中、从人的多样而丰富的理性中揭示其文化的特性和功能，而这种丰富的理性就是文化的理性。这样，文化哲学就扬弃了近代理性主义哲学的片面理性，而建构起了文化理性。

马克思与文化哲学一样，也是从人类文化形式的整体上探讨人的理性。不过，马克思并不是抽象地研究那些已经提出的各种文化形式，而是深入地研究资本主义社会形态，从中概括出工业，并把它作为人类最基本的文化形式，论述了它的历史形成、特点及其对于资本主义条件下的人的异化生存状况的决定意义和对于资本主义的宗教、政治、文学异化的根源性，从而建构起批判的文化理性。

在马克思看来，工业成为文化形式只有在它能够体现人的本质的时候才是可能的，而工业达到这一水平又是资本主义生产方式形成和发展的结果。在资本主义生产方式出现以前，工业还处在手工劳动的阶段，并且不是占主导地位的劳动形式。在这种状况下，工业还根本不具有劳动的普遍性，更不能体现人的本质。资本主义的出现推动了工业的机器化生产，改变了工业的生产方式和协作方式，这样，工业就以否定土地的形式，并且以资本与土地、人的活动与自然相分离的形式独立发展起来。由于这种分离，工业就获得了普遍性和抽象性的意义，表现为人的一般劳动，成为实现人的本质的实践力量。只有到这时，工业才真正成为人的文化形式，并且是作为人的理性的文化形式而进入人的现实生活。从这一基本观点出发，马克思反对那种把工业归于单纯的经济活动，仅仅从外在的有用性上定义工业，而把人的本质、人的普遍存在归于宗教、政治、文学等文化形式的观点，从人的本质的实现上定义了工业：

工业的历史和工业的已经生成的对象性的存在，是一本打开了的关于人的本质力量的书，是感性地摆在我们面前的人的心理学……在通常的、物质的工业中……人的对象化的本质力量以感性的、异己的、有用的对象的形式，以异化的形式呈现在我们面前。如果心理学还没有打开这本书即历史的这个恰恰最容易感知的、最容易理解的部分，那么这种心理学就不能成为内容确实丰富的和真正的科学。①

这里，马克思首先指出了工业作为人的文化形式，最重要的特征是以对象化的活动创造人的本质，进而分析了工业作为人的文化形式的内在结构。在马克思看来，工业的理性是由技术和价值两个因素构成的：技术的因素来自工业活动中机器的运用，它构造了人对自然的积极的、能动的关系，赋予了人的本质以感性的和有用的对象形式，是工业理性的积极的和肯定的力量。这一方面构成了工业作为文化形式的逻辑内涵，价值的因素来自工业赖以发展的资本主义生产方式。资本主义生产本质上是追求剩余价值的生产。为了实现这一目的，资本家使工业服从于价值的生产，从而导致了劳动的异化、技术的异化、人的异化。这些都体现了工业理性的消极的和否定的意义，从而构成了工业作为文化形式的历史内涵。在对工业的文化研究中，马克思把工业的价值因素作为技术因素的界限，一方面分析了工业的感性内容，在工业和自然科学的结合上，说明了工业的发展对于人类理性进步的意义；另一方面揭示了工业理性的批判意义，说明工业理性的异化是现代社会一切异化形式的根源。正是在这个意义上，他把工业看做是同人“自身相异化的活动”，强调宗教、国家、法、道德、科学、艺术、科学技术等的异化都不过是工业理性异化的表现形式。

在马克思论述工业与其他文化形式的关系中，最值得重视的是马克思对工业与自然科学关系的说明。马克思十分重视自然科学对于人类社会发展的进步意义，但是，他绝不像近代理性主义哲学那样，仅仅关注自然科学的理论意义，而是着重从自然科学的工业应用方面揭示了自然科学作为文化形式的另一面。自然科学“通过工业日益在实践上进入人的生活，改造人的生活，并为人的解放作准备，尽管它不得不直接地使非人化充分发展。工业是自然界对人，因而也是自然科学对人的现实的历史关系。因此，如果把工业看成人的本质力量的公开的展示，那么自然界的

① 《马克思恩格斯全集》第3卷，人民出版社2002年版，第306～307页。

人的本质，或者人的自然的本质，也就可以理解了；自然科学将失去它的抽象物质的方向或者不如说是唯心主义的方向，并且将成为人的科学的基础，正像它现在已经——尽管以异化的形式——成了真正人的生活的基础一样；说生活还有别的什么基础，科学还有别的什么基础——这根本就是谎言"①。在这里，马克思一方面从自然科学和工业的结合上，论述了现代社会理性的特征，另一方面又以自然科学的工业应用，揭示了自然科学的实践的历史的内容，提出了自然科学理性应用的合理性问题。这就以现实的理性扬弃了近代哲学的抽象的理性，确立起文化理性的批判向度。正是这一向度凸显了马克思"实践的唯物主义"的历史批判的文化哲学性格。认识到这一点，对于西方马克思主义哲学家们何以能够从马克思的"实践"、"工业"等概念中转出工业的文化批判理论，并由此建构起马克思主义的文化哲学传统的问题也就不难解答了。

●原文刊载于《求是学刊》2007 年第 3 期。

●何萍，武汉大学哲学学院教授、博士生导师。

① 《马克思恩格斯全集》第 3 卷，人民出版社 2002 年版，第 307 页。

文化哲学的现代性立场

邹诗鹏

当代中国文化哲学兴起的旨趣在于寻求一种阐解当代中国文化现象并反思中国现代化的成效与质量的哲学样式。这决定了中国文化哲学研究得以开展的现代性立场。但是,由于方方面面的原因,这一看起来确定无疑的立场还需要为自身的合法性作必要的辩护。

由于当代中国总体的后发展现状,中国文化哲学的研究从客观上"滞后"于当代西方文化哲学。现当代西方文化哲学的演进大体上分为两个大的阶段。第一个阶段是现代西方文化哲学在19世纪末、20世纪上半叶的兴起,这也可以看成是对康德式的启蒙现代性思想的一种回复,现代性直接成为现代西方文化哲学的思想立场。第二个阶段是当代西方后现代文化的崛起,后现代文化对现代文化哲学的某种替代正是通过超越并瓦解文化哲学的现代性立场得以实现的。但是,立足于中国现实,我们会发现近代意义上的启蒙现代性正是当代中国文化所缺乏的,西方现代化过程及其所伴随的现代性文化精神的确立仍然是当代中国文化哲学需要解决的难题。任何一种反思都是建立在必要的学习活动的前提上的,中国的现代化最初无疑不是内生性的,但是,经过200余年受动性的现代化历程,今日中国逐渐有理由走向一种既自觉融入人类文明、同时又具有明确的自主性的现代化道路。从这个意义上说,现代性也应当成为中国文化研究的自觉立场。而且,由于一直就在展开对西式现代化道路的自觉批判,也由于受到从形式上看源自于西方、但其内容却日益弥漫于全球的现代性重构工程的影响,当代中国文化哲学在确立自身的现代性立场时又特别注意到与西方近代启蒙现代性的区分。比如,西方近代式的现代性的一个重要症结就在于造成了文化传统与现代性的过分断裂，而在当代中国，文化传统的现代转换往往取决于我们是否能够从正在或已经生成的现代性语境中解读文化传统的当代价值，文化传统即使对现代化过程有一定障碍，也并不意味着它与现代化是根本对立的，对现代化的反思也越来越明显地依赖于文化传统所提供的资源。文化传统并不是僵死的文本，它就存在于现实之中，文化传统本身属于可“传”之“统”，如何使文化传统保持可传性，关键在于处于一定传统中的人们是否有足够的思想与智慧用当代问题不断激活文化传统，使文化传统保持一种新新不已的开放性和创造力。由于这一工作具有典型的非西方意义，我们期待着它不仅对非西方文化传统的现代转换具有某种示范价值，也将对全球性的现代性重建工作产生应有影响。

但是，决不能由此断定中国文化哲学已经获得或进入了所谓后现代性。一般认为，后现代性的意义就在于对现代性与传统关系的某种修复，在这个意义上它也是对现代性的一种“重写”，是现代性向传统的某种“回复”，但这是在与现代性紧密相关的现代化已经确立起来的情况下才是可能的。在这个意义上，当代中国的现代性仍然只是思想意识上的，而不是现实性的，更遑论所谓后现代性了。现代与现代性的关系（包括后现代与后现代性的关系）基本上是实体与属性的关系，缺乏实体，我们也可以达到对属性的某种理解（当然也就难以达到切实的理解），但千万不要把对属性的理解看成是对实体性现实的占有。在现代化仍然没有确立起来的情况下，前现代、现代、后现代（即后工业社会）仍然是一种严格意义上的历史差别，把想象中的东西煞有介事地看成是生活本身就有的东西，只能无视真实的生活状况。从某种程度上说，包括中国学界对现代性的反思与清理工作，都还只是在一个相当前卫、同时也不免有些外在的学术领域内展开的，这一工作在寻求与现实生活的关联时仍然会陷入某种”失语”状态。现代性必然是当代中国思想文化界的主流话语。事实上，中国思想界中的后现代性即使有，也常常只是以一种姿态性的东西呈现出来的，这多少可以解释在西方后现代思想家那里的边缘式的研究与叙事方法为什么一旦引入中国马上会衍生为学人们边缘性的心理感受与心态。也许在后现代学人看来并不以为然，但问题在于当下的社会现实只能如此去定位后现代性。当然，从这里也可以看出，中国之所以无法形成后现代性,原因还在于相应的社会背景的缺乏。比如,后现代提倡应当做“平常人”,但这种“平常人”的前提是:市民社会高度发达,但传媒时代偶像式的精英形象却往往妨碍了个体生活的自主选择,个体的真实的自我反倒被种种时尚所支撑起来的外在的自我形象所替代,真实的个体总是难以找到其属于市民社会的位置。在很大程度上,后现代式的“平常人”实际上是个体在经过了存在主义的此在个体式的逆反之后重新寻求与公共生活和谐相处的“正常人”。但是,在中国目前的现实背景下,这种“平常人”往往意味着要直接消解于并未经过个体意识启蒙的“集体”性范式之中,提倡这种“平常人”无异于直接否定人的个体自我的真实性。当下的思想文化界确实为某种后现代性氛围所笼罩,20 世纪 80 年代式的精英意识似乎已为世纪末的平民精神所取代,文化哲学好像也在“转向”于某种拒绝了批判与主体意识的大众式的文化讨论。从形式上看,当下思想文化界的后现代氛围契合于意识形态从政治中心向经济中心的转移(不是转换)。但是,当它回避或悬置政治关怀时就已经割裂了与现实生活的关联,从而呈现为某种晕晕乎乎而又自以为是的醉酒状态;而当它介入经济领域时,所充当的常常不过是表面热闹但实际不过是商业文化与大众文化的附庸与佐料角色。显然,以局部的、姿态性的后现代景观断言整个当代中国思想文化界进入了后现代,肯定也难以为思想文化界的大多数人士所认同。至于各种后现代时尚的流行恐怕还只是一种至少在眼下并不是真正由我们自主选择并进入的“全球化时代”的“文化”表象,此类表象之所以往往被看成是与当前现实并不和谐的“症候”,其实是并不奇怪的。

人们在描述中国的现代化图景时总爱打一个比方,说是站在中国的都市街头,将会觉得前现代、现代以及后现代会一起向人迎面扑来,于是断定当代中国一同拥有了三个“时代”,这恐怕属于一种错觉。假若换一个地方,比如西部的黄土高坡,是否也会有产生如此时代交错的兴奋感呢? 即使是在都市,比如真正深入到市民的日常生活中,我们是否也能产生如此感受? 仅仅就当代中国的文化现象而言,或许是前现代性、现代性与后现代性兼而有之,问题是一旦与当下总体上的现代化状况联系在一起,我们便会发现,其中的前现代性是需要作出摒弃和超越的东西,后现代性是需要识别和悬置的东西(本质上是伪后现代性),而现代性无疑是缺乏和亟待于确立起来的东西。现代化本身是一项总体工程,我们毕竟没有理由撇开八亿农民以及难以统计但数量绝不会少的城市贫困者的现实，中国现代化显然还是一项尚须付出艰辛努力的历史事业，中国知识分子的使命包括建立当代文化哲学的努力无疑是与这一历史事业息息相关的。中国并没有实现现代化，中国思想文化界所缺乏的是现代性，中国思想文化界向社会系统最需要输出的也是现代性。

当代中国文化哲学的现代性立场最集中地表现于强调走出和超越传统的生存方式。所谓文化，即人本身应有的生命存在状态，文化本质上就是人化；当代文化哲学则是关于人的生命存在状态及其问题的哲学理解以及对于与现代化要求相适应的生命存在状态的理性追求。当代文化哲学所关注的主要问题显然不是典籍文本的现代话语转换，而是集体中关注人的现代化的问题，其中，人的生存方式的现代转换则是至关重要的问题。要提高人的素质，就必须借助于具体的启蒙教化活动，而对生活及文化价值的启蒙也应当尽可能地体现为人们对自身生活样式的反思与更新过程。文化哲学不仅必然地表达为日常生活批判理论的建构，而且尤其要求坚持不懈地扩展为日常生活的批判与超越活动，并尽可能广泛地在社会大众中产生影响。从很大程度上说，当代中国文化哲学的学术价值直接取决于其思想及社会影响，这是由展开当代中国文化哲学研究的自身目的所决定的。迄今为止，中国人的主要的生活形式还是原生的、属于农业社会的日常生活形式，越是到社会底层，越是在落后的地区，越是如此。其实，一种文化观念主要是与一定的生存方式相关联的，要改变传统的生存方式，就必然要充分地克服和摆脱掉那种前科学式的、封建宗法式的文化观念。如果把人的素质的现代化归结为人的现代化的关键，那么，文化观念的现代化将真正标志着人的素质的现代化。

“现代化的关键在于人的现代化”可以看成是近些年中国文化哲学研究的一个最重要的成果形式。我们不敢断定这一成果在多大的程度上产生了“应用”价值，人们已经清楚了的东西未必就能在现实中体现出来。但是，既然“以人为本”已经成为渗透和影响到社会系统方方面面的响亮口号，而这一口号基本上又可以看成是“现代化的关键在于人的现代化”在广泛的社会生活领域里的变通和反映。那么我们或许可以认为，文化哲学实际上还是在稳步地实现着其启蒙的基本功能。

当代中国文化哲学的现代性立场，并不等于就是激进主义。文化哲学的现代性立场并不是激进主义的,而是现实主义的。中国的现代化状况以及它所融入的当代人类文明进程决定了中国只能走一条渐进式的社会发展道路,简单地指责中国现实"非驴非马"显然是无益的。但就实际的思考现状而言,现代性立场往往被直接看成是激进主义。这一理解自有原因:中国目前总体上滞后的现代化背景以及从某种程度上看并不乐观的现代化前景,不免导致许多人、特别是知识分子产生一种焦虑心态,并将后发展的根本原因完全归咎于文化传统,一旦受到文化保守主义的顽强抵抗,现代性立场必然以激进主义方式表现出来。但现代性为什么被必然地归结为激进主义?甚至激进主义已经取代了现代性立场?却是值得思考的问题。这里面隐含着一种西方中心主义的思维方式,现代性等同于激进主义,而激进主义的目标则是西方式的现代化,这样一来,中国现代性的主体性与差异性就被取消了。实际上,现代性与激进主义的等同在当代思想中更为强大的话语背景其实是西方话语权所制造的后现代性与文化保守主义的同一性,这种同一性由于现代性与后现代性的想象性的对置关系而转换为现代性与激进主义的等同。但这种话语逻辑的转换却没有考虑到:后现代式的文化保守主义本身就蕴含着一种政治激进主义,这种激进主义一方面表现在通过对西方当代文化的逆反从而体现为对西方价值观的深深认同,另一方面则表现在通过这种似乎在用经历了某种历史意识"洗礼"的西方价值观去改变非西方社会,文化及文明的差异被直接放大为政治利益的冲突。当然,从另一意义而言,将现代性立场直接看成是激进主义,本身就是中国保守主义长期以来所延续下来的观点,这种理解越是盛行,越是表明保守主义的根深蒂固。事实上,文化保守主义的顽强抵抗也强化了现代性与激进主义的同一。至于后现代话语的介入,则仅仅只是起到某种次要意义的支撑作用。文化形式上的保守主义诉求所反映的其实是与保守主义相关联的利益要求,因此,形式上的激进主义与保守主义的对立,其实质仍然是现代化要求与反现代化要求的对立。从这个意义上说,批判保守主义,在今后相当长的时期内仍然是确立文化哲学现代性立场的关键。

●原文刊载于《求是学刊》2000 年第 4 期。

●邹诗鹏,复旦大学哲学学院教授、博士生导师;入选教育部"新世纪优秀人才支持计划"。

哲学的文化性与文化的哲学性

马天俊

一、两种可能的文化哲学

哲学在其历史上已经累积了太丰富的遗产，其历史性已经盖过了其概念规定所能提供的指引，因此了解哲学，就不得不在尊重其深厚历史性的前提下深入于哲学历史之中。文化哲学相对来说还年轻，"文化哲学"这一概念本身对理解和研究文化哲学仍然具有重要的指引性，因此，文化哲学的内容和限度暂时还可以首先在概念上进行估量。文化哲学，顾名思义，或者用文化的眼光理解、解决哲学问题，或者用哲学的眼光理解、解决文化问题。

第一，用文化的眼光理解、解决哲学问题，有如柏拉图《理想国》探讨"正义"的思路，将哲学问题置于一个更大的结构性或历史性的背景中加以考察，文化哲学通过文化的眼光使哲学显露出文化性。这可以视为哲学为了自身问题的推进乃至解决而谋求的一种可能的出路。

需要留意的是，《理想国》通过在一个更大的背景中探讨"正义"，不仅深化了正义问题，而且就《理想国》本身来看强有力地解决了正义问题，但是，文化哲学在类似的意义上却不意味着必然解决哲学问题。不用说，文化哲学应运而生当然需要一个更大的前提，即哲学仍然有问题。

第二，用哲学的眼光理解、解决文化问题，有如黑格尔《历史哲学》描述精神奥德赛的方式，对文化的哲学本质加以历史－地理的展开，或者说将哲学展开在文化及其历史之中，通过哲学的眼光使文化显露出哲学性。

这算得上是一种哲学的兑现或者落实,既应验哲学的自我期许又深化甚至更新了对文化的理解。在《历史哲学》之前,黑格尔已经完成"哲学全书",完成了自己的哲学,"历史哲学"的工作乃是哲学的"下凡",显示出哲学比通常人们想象的要更为有用。很难想象黑格尔在没有这些前提的情况下能够形成《历史哲学》这样意味深长的作品。在这个意义上,用哲学眼光看文化的文化哲学乃是应用的哲学或者哲学的应用。显然,应用哲学在逻辑上后于哲学问题的解决。这种意义的文化哲学之于哲学乃是锦上添花而不是雪中送炭,哲学本身对此只能保持次一等的兴趣。

需要留意的是,这种意义上的文化哲学和哲学的区别是逻辑上的或者结构上的,而不是心理上的或传记上的。事实上,有些哲学探究其初衷是文化危机或者文化遭遇,此类哲学探究不仅要深入于哲学之中,而且或隐或显地总要带出其初衷。尽管如此,解决文化问题的哲学探究在结构上还是先于文化问题及其解决的。当然,文化不总是有问题的,因为文化无微不至地笼罩着人,极具稳定性和弥散性,通常作为各类文明活动的背景而不被主题化,因而不被问题化。只有身处其中的人们在时间或空间上经历剧烈的变迁,文化问题才发生。况且,文化出问题也不必然激起文化哲学,文化哲学的历史前提是出问题的文化本身要具有深厚的哲学传统。

二、文化观点的文化哲学

为什么说从文化眼光出发的文化哲学能够更深刻地理解哲学问题而同时却未必能够解决哲学问题呢?易言之,这种意义的文化哲学可能对哲学作出何种性质的贡献呢?从文化观点出发的文化哲学的确能够改变哲学的传统面貌。

首先,用文化的眼光看哲学,意味着一种对哲学更深入的理解乃至改造。当人们发觉西方哲学原来是西方文化的特定产物时,当人们发觉中国哲学原来是中国文化的特定产物时,哲学问题所表征的哲学面貌就再不能像亚里士多德或笛卡儿所想象的那种样子了。20 世纪 20 年代,傅斯年在谈到战国思想时认为"哲学乃语言之副产品",如果文化哲学在中国本地有一位这方面的先行者的话,大概可算傅斯年。傅斯年写道:

世界上古往今来最以哲学著名者有三个民族:一、印度之亚利安人;

二、希腊；三、德意志。这三个民族有一个共同点，就是在他的文化忽然极高的时候，他的语言还不失印度日耳曼系语言之早年的烦琐形质。思想既以文化提高了，而语言之原形犹在，语言又是和思想分不开的，于是乎繁丰的抽象思想，遂为若干特殊语言的形质作玄学的解释了。……野蛮人一旦进于文化，思想扩张了，而语言犹昔，于是乎凭借他们语言的特别形质而出之思想，当做玄妙道理了。……希腊语言之支配哲学，前人已多论列，现在姑举一例。亚里斯多德所谓十个范畴者，后人对之有无穷的疏论，然这都是希腊语法上的问题，希腊语正供给我们这么些观念，离希腊语而谈范畴，则范畴断不能是这样子了。

接着，傅斯年又举证康德哲学的翻译之难，并说：

哲学应是逻辑的思想，逻辑的思想应是不局促于某一种语言的，应是和算学一样容易翻译，或者说，不待翻译。然而适得其反，完全不能翻译，则这些哲学受他们所由产生之语言之支配，又有什么疑惑呢？即如 Ding an sich 一词汉语固不能译它，即英文译了亦不像，然在德文中则 an sich 本是常语，故此名词初不奇怪。……算学思想，则虽以中华与欧洲语言之大异而能涣然转译，哲学思想，则虽以英德语言之不过方言差别，而不能翻译，则哲学之为语言的副产品，似乎不待繁证即可明白了。印度日耳曼语之特别形质，例如主受之分，因致之别，过去及未来，已充及不满，质之与量，体之与象，以及各种把动词变作名词的方式，不特略习梵文或希腊文方知道，便是略习德语也就感觉到这些麻烦。这些麻烦，便是看来仿佛很严重的哲学分析所自出。

多年以后，傅斯年仍然强调这样的观点：

思想不能离语言，故思想必为语言所支配，一思想之来源与演变，固受甚多人文事件之影响，亦甚受语法之影响。思想愈抽象，此情形愈明显。[①]

笛卡儿、莱布尼茨曾经为了解决哲学问题而梦想一种普遍语言，这种激进设计从未实现过。无论他们自己还是此前此后的哲学家，仍然只在使用历史流传的语言，亦即傅斯年所论及的梵语、希腊语、拉丁语、德语、英语、汉语之类的具体语言，这类支配着哲学的语言正可归入历史性、地

① 傅斯年：《性命古训辩证》，广西师范大学出版社 2006 年版，第 3～4 页。

域性的文化之中。由此见解出发，则哲学就不能不是文化的，甚至可以说哲学的文化性乃是哲学的根本性质。这种理解的后果对于哲学来说是严重的。

第一，哲学的这种文化性必然带来哲学的分崩离析，哲学向来引为使命的对真理的要求从而对普遍性的要求就不得不陷于险境，因为具体语言乃是难以还原为一的多。有多少种语言，就可能有多少种哲学，有多少种哲学，就可能有多少种真理，一句话，就根本不会有真理。求不得真理的哲学还能是哲学吗？哲学势必遭受“脱胎换骨”的命运。在这个意义上，文化哲学并不是哲学的新进展，更不是哲学的新形态，毋宁说，这种文化哲学乃是哲学的悼念会。如果这种文化哲学还是哲学所急欲争取的，那么哲学就是在自杀。哲学死后，各种后现代的精神现象学便会大行其道，而文化哲学会是其中的“名角”。在推究道理之时，人们往往会动感情，哲学之死于文化哲学会很令人受不了。但是感情归感情，思想仍然可能保持其严肃性。

作为所有西方哲学家的老师，亚里士多德曾说：“口语是心灵的经验的符号，而文字则是口语的符号。正如所有的人的书法并不是相同的，同样地，所有的人也并不是有相同的说话的声音；但这些声音所直接标志的心灵的经验，则对于一切人都是一样的，正如我们的经验所反映的那些东西对于一切人也是一样的。”[①]这一论断将语言之多归于心灵之一，更将心灵之一对应于事物之一。在这个意义上，语言仅仅表面上是不透明的，经过适当努力语言终归是透明的，语言仍然是哲学的驯顺工具，绝不会出现傅斯年所看见的那类相反局面。因此，哲学在自身的历史上虽然也是多数的而不是单数的，但是它们都还怀着“万法归一”的信心，或者声称已然真理在握，或者至少坚持毫不含糊的真理追求，最差的也要声明对真理的关怀。亚里士多德的归一之法固然因其形而上学性而不可证伪，但不可证伪性不等于不可避免的强制性，因为相反的形而上学假设就其也是形而上学的而言，一样不可证伪。在两个相反的不可证伪者之间，一定会出现偶遇或者选择，这既是合情合理的，也是不可避免的。在这个意义上，文化哲学也许刚好构成哲学的背面，也就是说，看见文化哲学的时候，

① （古希腊）亚里士多德：《范畴篇 解释篇》，方书春译，商务印书馆1959年版，第55页。

哲学就不见了，看见哲学的时候，文化哲学就不见了。并且，作为哲学的背面，文化哲学不可能是统一的，因为语言不是统一的，文化更不是统一的；否则化多为一的哲学就会趁机还魂了。如果文化哲学是多不是一，那么文化哲学就转了个圈回到了起点，就是说，从文化观点出发经过哲学又回到文化，漫游的战利品就是哲学，就是哲学的文化化。

实际上，哲学的文化化不一定意味着"后哲学文化"，原则上完全可以有前哲学文化和非哲学文化。待到众生平等，哲学作为文化也许可以复生，成为众文化之一。然而，这等美景是很不可能的事。且不说哲学的真理意志本性难移，就是文化本身也远非谦谦君子。周秦时代、旧约时代以及我们这个时代，文化之间何尝有过真正的体谅和宽容呢？莱布尼茨十分赞赏中国文化[①]，据说他曾致信康熙皇帝建议在北京设立科学院[②]，这是何等文明的善举！然而与莱布尼茨同时代的西方殖民者却正在非洲和美洲之间狂热地进行奴隶贸易，黑奴的白骨源源不断地化为文明欧洲的资本[③]。"后哲学文化"固然颇为雄辩地去除了大写的哲学、大写的真理和大写的人，一定意义上表明了美国新实用主义的新生活，但是文化哲学既已超越哲学的樊篱，就要更加打开视野，不光注意美国哲学家说什么，还要同时注意美国的政府、银行家和军队在这个世界上正在做什么，这才是真正文化的视野。

第二，如果文化带有冷峻的残酷性，那么它也会一并体现在哲学上，换言之，文化之战发生时，哲学也是军队的一员。孔子曾说："夷狄之有君，不如诸夏之亡也。"（《论语·八佾》）礼乐虽是教化的原则，同时也是歧视的原则，这是不难想见的。毫不奇怪的是，孔子思想本身也曾遭受严重的歧视。1816 年黑格尔开始讲授"哲学史"，在长篇的导言中他结论性

① 参阅张西平：《中国与欧洲早期宗教和哲学交流史》，东方出版社 2001 年版，第 415 ~ 443 页。

② 参阅（德）莱布尼茨：《人类理智新论》译者序言，陈修斋译，商务印书馆 1982 年版，第 XV 页。

③ 马克思《资本论》的下述评论在当代仍然具有意义："国际信用制度常常隐藏着这个或那个国家原始积累的源泉之一。……今天出现在美国的许多身世不明的资本，仅仅在昨天还是英国的资本化了的儿童血液。"（《马克思恩格斯全集》第 44 卷，人民出版社 2001 年版，第 866 页）资本使社会生活无限地中介化了，触目惊心的感性现实，血汗、尊严、生命的悲歌，在资本流通——特别是国际流通——中被过滤得干干净净。

地断言："东方的思想必须排除在哲学史以外。"①然而，所谓东方哲学也要稍微讲一讲，为的是再也不理它。在不足一页篇幅中，孔子被黑格尔说成这样：

孔子的教训……是最受中国人尊重的权威。……我们看到孔子和他的弟子们的谈话，里面所讲的是一种常识道德，这种常识道德我们在哪里都找得到，在哪一个民族里都找得到，可能还要好些，这是毫无出色之点的东西。孔子只是一个实际的世间智者，在他那里思辨的哲学是一点也没有的——只有一些善良的、老练的、道德的教训，从里面我们不能获得什么特殊的东西。西塞罗留下给我们的"政治义务论"便是一本道德教训的书，比孔子所有的书内容丰富，而且更好。我们根据他的原著可以断言：为了保持孔子的名声，假使他的书从来不曾有过翻译，那倒是更好的事。②

这是从海德堡大学的课堂里发出的声音，其鄙薄之意淋漓尽致。同样重要甚至更为重要的是，与此同时英国东印度公司正以每年 200 吨左右的力度将鸦片输入中国，猛掏中国的银库。黑格尔去世不久，每年 200 吨就变成了每年 1500 吨③。白银外流，病夫遍地。如果黑格尔得睹此情此景，他大概会说："活该！"④而起夫子于地下，他定然义愤填膺："礼乐受辱，民力遭劫，是可忍也，孰不可忍也？"

忍无可忍在现实上当然是奋起战斗，驱除外侮，争取解放，确保中国是中国人的中国。而在哲学上的表现则是特殊的。一般认为，胡适的《中国哲学史大纲》具有划时代意义。胡适在北京大学开讲"中国哲学史"比黑格尔开讲"哲学史"晚了将近 101 年，这段时间正是中国内忧外患的苦

---

① （德）黑格尔：《哲学史讲演录》第 1 卷，贺麟、王太庆译，商务印书馆 1959 年版，第 98 页。

② （德）黑格尔：《哲学史讲演录》第 1 卷，贺麟、王太庆译，商务印书馆 1959 年版，第 119 ~ 120 页。

③ 参阅蒋廷黻：《中国近代史》，上海古籍出版社 2004 年版，第 19 ~ 20 页。

④ 黑格尔的无情哲理是："一个'世界历史个人'不会那样有节制地去愿望这样那样事情，他不会有许多顾虑。他毫无顾虑地专心致力于'一个目的'。他们可以不很重视其他伟大的、甚或神圣的利益。这种行为当然要遭来道德上的非难。但是这样魁伟的身材，在他迈步前进的途中，不免要践踏许多无辜的花草，蹂躏好些东西。"[（德）黑格尔：《历史哲学》，王造时译，三联书店 1956 年版，第 72 页。]

难岁月,它所引发的哲学思想上的效应之一是中国学者在"西学东渐"[①]的潮流下努力确立中国哲学的哲学地位,简言之,要让世人——尤其是中国人自己——知道:中国也有哲学。这实在是很可怜的诉求。然而,通过中国哲学史的撰述所开显的中国哲学却已经离不开所谓西方哲学。蔡元培在给 1919 年出版的《中国哲学史大纲》作序时,申说撰述中国哲学史在材料和形式上均有难处,并就着胡适这本书强调解决形式困难必须依靠西方哲学,对于中国哲学史,"我们要编成系统、古人的著作没有可依傍的、不能不依傍西洋人的哲学史。所以非研究过西洋哲学史的人不能构成适当的形式"[②]。胡适留学美国,研究过西方哲学,但他撰述中国哲学史以什么样的西方哲学为启发却是不够清楚的,和黑格尔的要求对比起来,大概还有问题。黑格尔作为西方哲学的集大成者之一,坚持哲学是真理的科学体系,哲学史乃是理念的历史展开,是真理的辩证发展,因此将哲学学说罗列一番,再凭才气品评一番,这算不上哲学史,至少算不上好的哲学史。胡适对哲学的定义是:"凡研究人生切要的问题、从根本上着想、要寻一个根本的解决:这种学问叫做哲学。"[③]这是一个概念规定不很严整的定义,由此出发看见的哲学史带有明显的博物学性质:

这种种人生切要问题、自古以来、经过了许多哲学家的研究。往往有一个问题发生以后,各人有各人的见解、各人有各人的解决方法、遂致互相辩论。有时一种问题过了几千百年、还没有一定的解决法。……若有人把种种哲学问题的种种研究法、和种种解决方法、都依着年代的先后、和学派的系统、一一叙述下来、便成了哲学史。[④]

不难看出,就其为哲学史家而言,胡适大概正是黑格尔所嘲笑的"缺

① "西学东渐"这个不咸不淡的说法是一个抽象,它从与之恰相表里的压榨欺凌和血雨腥风的文化历史中被抽象出来,仿佛曾经发生的仅仅是思想观念的碰撞和激发。在这个意义上,抽象带有意识形态性,是要面对道义责任的。

② 胡适:《中国哲学史大纲》上卷,商务印书馆 1987 年影印本,第 1 页。

③ 胡适:《中国哲学史大纲》上卷,商务印书馆 1987 年影印本,第 1 页。

④ 胡适:《中国哲学史大纲》上卷,商务印书馆 1987 年影印本,第 2 页。

乏哲学头脑的历史家"[①]。但另一方面,胡适也根本没在乎黑格尔对所谓东方哲学的歧视性论断,而径直继续议论"中国哲学在世界哲学史上的地位":

世界上的哲学大概可分为东西两支。东支又分印度和中国两系。西支也分希腊犹太两系。起初的时候、这四系都可算作独立发生的。到了汉以后、犹太系加入希腊系、成了欧洲中古的哲学。印度系加入中国系、成了中国中古的哲学。到了近代、印度系的势力渐衰、儒家复起、遂产生了中国近世的哲学、历宋元明清、直到于今。欧洲的思想、渐渐脱离了犹太系的势力、遂产生欧洲的近世哲学。到了今日、这两大支的哲学互相接触、互相影响。五十年后、一百年后、或竟能发生一种世界的哲学、也未可知。[②]

胡适言下之意,世界的哲学黑非洲的人是没份儿的,阿拉伯人是没份儿的,也许美国人也是没份儿的。而且,随着印度系和犹太系的淡出,中国系和西方系正在"互相"接触和影响,并可能在未来融合出"世界的哲学"。这里东西之间平起平坐的架势的确极为令人鼓舞——当然是中国人的鼓舞。胡适在具体讨论中也确实运用了不少西式哲学概念,如"主义"、"进化论"、"名学"、"心理学"等。但不管怎样,胡适的工作是在为中国思想争取哲学地位,以便在西方文化面前不至沦落为某种土著文化。"东亚病夫"不仅不要再当"烟民",还要拼力自我表明也很有哲学,这种需要在整个20世纪都是中国人难以缓解的焦虑。不遇残酷的文化倾轧,

① 黑格尔写道:"哲学史的研究就是哲学本身的研究……为了从哲学出现在历史上时所取的经验的形态和外在形式里,去认识哲学的发展乃是理念的发展,我们必须具有理念的知识……所以我们用不着感觉奇怪,何以会有这样多浅薄的哲学史,将一系列的哲学系统表现成一系列的单纯的意见、错误和思想游戏——这些思想游戏诚然炫耀了很大的聪明和理智的努力,并且就哲学的系统形式说来,也设计得尽美尽善,值得恭维。像这类缺乏哲学头脑的历史家,他们如何会有能力把握并表现理性思维的内容呢?"[(德)黑格尔:《哲学史讲演录》第1卷,贺麟、王太庆译,商务印书馆1959年版,第34~35页。]在他看来,蔡元培申说叙述中国哲学史之形式方面的困难,为此要依傍西方哲学,大概也是不透彻的,仅仅解决形式问题仍然不足以形成黑格尔意义上的哲学史。

② 参见胡适:《中国哲学史大纲》上卷,商务印书馆1987年影印版第5页。其后,冯友兰也在1930年撰述了《中国哲学史》,他比胡适彻底的地方在于更直白地主张依照西方的标准:"哲学本一西洋名词。今欲讲中国哲学史,其主要工作之一,即就中国历史上各种学问中,将其可以西洋所谓哲学名之者,选出而叙述之。"(冯友兰:《中国哲学史》,中华书局1961年版,第1页。)由此造成的中国思想史的支离破碎也远远超过胡适的工作。

中国怎么会有“哲学”的需要呢？怎么会有写“中国哲学史”的需要呢？

实际上，即便不按西方哲学的范式来叙述中国哲学史，而是按中国思想自身的脉络叙述“中国哲学史”，也属于文化应激行为。胡适的《中国哲学史大纲》影响很大，批评性的反应也不少，例如，钟泰在20世纪20年代末也撰述了《中国哲学史》，但有意反其道而行之，拒绝西方哲学的侵蚀。钟泰的《中国哲学史》声明：“中西学术，各有统系，强为比附，转失本真。此书命名释义，一用旧文。近人影响牵扯之谈，多为葛藤，不敢妄和。”①书中大凡相关处，总不失时机地批评胡适的书和胡适的见解。可是，“哲学”(Philosophy)本就不是“旧文”，而是经过东洋的西洋舶来品。如果坚持“命名释义一用旧文”，就应该首先不用“哲学”。中国本有历史悠久的经学和子学，后来无论谁论述中国“哲学”，其名下所涉及的内容，主要也是经学和子学。然而文化大俗看来是难以规避的，连钟泰这样保持高度警觉的学者也未能规避，他的《中国哲学史》开篇就讲：“中国哲学，至周代始有统系可言。”②对于钟泰来说，中国哲学乃是天然的，与西方哲学一样同为哲学，只是“统系”不同罢了。从学术上来讲，考虑到不同文化异质的本性，“中国哲学”这一术语恰恰必须辨析，就像当年金岳霖对冯友兰的《中国哲学史》的评论提示人们注意“中国哲学”和“在中国的哲学”③那样。然而钟泰未曾这样做，其缘由在一定意义上和胡适不在乎黑格尔对中国思想的歧视是一样的。

争执归争执，站在一个更高的层面上看，钟泰的用意和胡适其实是相通的，这就是在那样一个受压迫的时代自觉地建立起中国哲学史，建立起中国哲学。金天翮在给钟泰《中国哲学史》的序中说，钟泰“忾乎独肩砥柱东流之责，可谓忧世之深矣”④。这种同情的评论放在胡适身上想必也是恰当的，放在蔡元培、冯友兰、梁漱溟以及李大钊、鲁迅、孙中山、毛泽东身上同样恰当，那个时代的文化命运向有识之士提出了时代性的任务。他们都是文化之战在不同战线上的战士。如果他们的活动能够有效地纳入文化哲学的视野，成为文化哲学的内容，文化哲学就真正充实起来了，

① 钟泰：《中国哲学史》，东方出版社2008年版，凡例。

② 钟泰：《中国哲学史》，东方出版社2008年版，第3页。

③ 参阅冯友兰：《中国哲学史》附录《审查报告二》(金岳霖撰)，中华书局1961年版。

④ 钟泰：《中国哲学史》，东方出版社2008年版，序。

哲学也就真正文化化了。

总括而言，在文化哲学视野之下，文化的语言性和文化的实际性日益突出，既有的哲学问题及其演变面貌都要大为改变。马克思曾经向往扬弃哲学，莫非文化哲学就是哲学的扬弃之道？当然，这类推测不能不有所保留。

其次，虽然文化观点的文化哲学开显了既广阔又严肃的问题领域，但对于哲学自身所传承的许多重要问题，文化哲学却不必然提供解决。这对文化哲学本身来说可能不重要，但对哲学来说可能很重要。即使在哲学内部，哲学问题也不总是经过适当努力即获得了解决，许多问题未尝解决就归入了历史档案，新的哲学问题顶替了旧的哲学问题，人们的问题意识和时代兴趣转移了。在这个意义上，哲学史与其说是一个问题解决史，不如说是一个问题的更新史和替代史。后来的哲学可以对先前哲学的问题之产生进行解释，如果解释得切中要害，澄清了问题产生的前提机制，表明了这种机制之悖理或无谓，问题本身也就化解了，不再需要回答。此类问题因此被归入历史档案，它们对哲学学习者通常仍然具有训练哲学思维的用处，但不再有时代和现实的紧迫感了。这种解释工作本质上还是哲学性的，是构成哲学自身传统的一部分，是哲学史的实际内容。

不过这并没有包括全部情形，有些哲学问题仅仅因为事易时移而被废弃或忽视了。对此当然可以进行文化上的解释，但是解释不等于解决，哲学自己未曾做好的事情文化哲学也不能做得更好。在《哲学史讲演录》中，当黑格尔脚蹬七里靴快速穿过中世纪哲学时，1000 年的精神史只值约 100 页，大约相当于此前那 1000 年的 1/8①，许多哲学问题或者未予阐释，或者草率置之。黑格尔沐浴着 18 世纪末 19 世纪初的启蒙光辉，在他眼里，中世纪的哲学正是哲学的“中世纪”——黑暗是它的别名。黑格尔这种做法的理由从纯粹哲学上讲并不充分，中世纪哲学是深刻的，也是伟大的，这已为 20 世纪以来的众多学术研究所阐明。不过黑格尔之轻视乃至忽视中世纪哲学也是有理由的，这种理由完全可以也应该从欧洲文

① 黑格尔说：“哲学史的第一个时期共一千年，从公元前五五〇年的泰利士到死于公元四八五年的普罗克洛，到异教哲学的研究机构于公元五二九年被封闭为止。第二个时期一直到十六世纪为止，又包括一千年，我们打算穿七里靴尽速跨过这个时期。”[（德）黑格尔：《哲学史讲演录》第 3 卷，贺麟、王太庆译，商务印书馆 1959 年版，第 233 页。]

化变迁的角度加以把握:欧洲的现代来临了,黑格尔所凭以小觑中世纪哲学的哲学理由,其实是文化理由。不过,如此进行解释,虽则可以谅解黑格尔,却不能补救黑格尔,更不能补救中世纪哲学。中世纪哲学在那里,它的问题在那里,问题的解决仍然要哲学地进行,即使要表明问题不可解决或者问题没有意义,也只能哲学地进行,凡此种种,文化哲学都无法代劳。有人说理解即是宽恕,有时候,这样的理解也暗示着放弃。

文化观点的文化哲学松解了哲学问题本身拥有的思维规范性和内容紧张感,既然由此越发不能积极地或消极地解决哲学问题,那么文化哲学之不能成为哲学的一个可能的新形态,就是不难想见的。

不仅如此,假如文化哲学试图对更广泛的哲学问题——也许是全部哲学问题——进行文化解释,那么,由于文化本身是一个日益历史-地理化的范畴,文化观点之下的哲学问题,其思维内容在解释中会被稀释和相对化,其思维规范会遭到历史性或地方性的拆解而失去规范性和引导性。理性崩解为历史性的和地方性的成规,直观散落为人类学的和文化学的习惯,真理的追求不过是可选的偏好,体系的严整不过是意识形态在历史性的发展面前暴露出来的观念活动的僵化和天真。尤其是在这个现代:"一切固定僵化的联系,及其古来的遗绪、庄严的成见和主张,都一扫而光了;那些新的,还没定型也就过时了。坚固的化为云烟,神圣的遭到亵渎。"①

这在某种意义上的确可以实现哲学的自我治疗,但同样实在的是,这也不免是哲学追求的松懈和绝望。在无可奈何或宽宏大量的文化理解中,哲学仿佛苏醒之后的一抹梦痕,梦的紧张和美妙、神秘和崇高都成了或许会令人惋惜的淡淡回忆。

三、哲学观点的文化哲学

哲学观点的文化哲学在"文化哲学"以学科形象出现之前就已存在。大体说来,近代自然科学的巨大成就本身及其实验-数学方法论的典范

① 原文是恩格斯校过的英译文,笔者据自己的理解试译如上,和通行译文有所不同。参见《马克思恩格斯选集》第1卷,人民出版社1995年版,第275页。《共产党宣言》对现代性的这一时代性的诊断在今天看来依然是强有力的。

作用对哲学思想产生了关键影响，哲学也要求自身成为科学的（scientific）哲学，真理的强制性和普遍性在哲学研究上占有压倒性的优势。但是面对人类历史问题，这种风格的哲学的局限性也是明显的，因为它对有价值的文化差异是迟钝的。从维柯、伏尔泰、卢梭和赫尔德等人开始，民族、风俗、语言传统日益被哲学加以主题化，文化问题在历史哲学的名下获得日益深入的哲学研究，哲学上的另一个倾向开始与笛卡儿—牛顿—康德式的科学传统分庭抗礼。在这些著作家眼里，不同民族或不同时期的文化都显示了哲学精神或哲学理念，或者说，文化的人类历史就是哲学的显现场所。新哲学领域的展现是和一新生活世界的形成一道来临的，16世纪以来由西方主导的世界历史时代的形成几乎将全部地理世界卷入一个不可抗拒的潮流。这一新生活世界在观念上的对应物自然与古代世界的哲理沉思有所不同，历史文化问题从背景走向前台。但是关注历史文化问题的哲学家不是泛泛的博物学家，也不是传统意义上的历史学家，他们是带着由这个时代所赋予的哲学精神的指引而就历史文化问题发表见解的。

一般认为“历史哲学”一词为伏尔泰所创用，他撰写的《历史哲学》最终加在他的巨著《风俗论》之前作为导论，伏尔泰力图在看似不可整理的历史文化之纷繁中洞察到线索、秩序和趋向，他写道：

我对她①说：可是，如果您在那么多未经加工的素材中，选用可供您建造大厦的材料，如果删掉那些令人生厌而又不真实的战争细节，那些无关紧要的、只是无聊的尔虞我诈的谈判，那些冲淡了重大事件的种种个人遭遇，而保留其中描写风俗习惯的材料，从而把杂乱无章的东西构成整幅联贯清晰的图画；如果您力图从这些事件中整理出人类精神的历史，那么，您会认为这是光阴虚掷吗？②

伏尔泰是本着启蒙理性来从事这番去粗取精、去伪存真的工作的，他的特殊风格也许在于用东方文明国度的文化来照亮他眼中西方世界时代性的愚昧，尽管此后西方思想的主流在类似议题上颠倒了伏尔泰拟定的东西方文化的价值秩序。可能更为重要的是，伏尔泰也多少意识到了处理文化历史问题需要不同的方法论：“在物理学上，让我们只接受业已证

① 指伏尔泰的好友夏特莱侯爵夫人。

② （法）伏尔泰：《风俗论》上册，梁守锵译，商务印书馆1995年版，第2页。

明的东西;而在历史学中,则只接受人们所承认的、可能性最大之事。”①这种领域或题材上的差异意识当然还嫌粗糙,但也预示了此后十分热烈也十分激烈的自然科学、人文科学(或文化科学、文化哲学)方法论辩论。伏尔泰不是一个体系性的哲学家,不过指导其历史研究的哲学精神还是清晰可见的,正是这种哲学精神使他看到夏特莱侯爵夫人难以看到的文化历史所显现出来的人类精神。

与伏尔泰有所不同,康德是一个体系性的哲学家,当他涉足人类历史文化领域时,其既有哲学理解的准则作用具有毫无疑问的逻辑优先性。康德的《在世界公民底观点下的普遍历史之理念》一文提出了把握人类历史的9条原则,他引导性地写道:

当我们见到人在世界底大舞台上的所作所为,又尽管在个人身上有偶尔闪现的智慧,但我们终究发现:在大体上,这一切均由愚蠢、幼稚的虚荣,甚至往往由幼稚的恶意和毁灭欲交织而成之时,我们禁不住会有某种不满。……哲学家底唯一办法是:既然在大体上,他根本无法在人及其活动当中预设任何理性的个人目标,他便探讨他是否能在人类事务底这个荒谬的过程中发现一项自然目的,不按个人计划行事的受造物却可能有一部合乎自然底一项特定计划的历史。②

在这里,康德的目的论哲学思想的指导作用是显而易见的。而且,同样显而易见的是,我们固然不必把在这里引述的文字当做康德的全部有关思想,不过还是可以说,康德在探讨历史问题上对自然科学榜样的效法倾向,和前文已经指出的伏尔泰的方法论意识是不同的,倾向上是相反的。

这种在历史哲学名下的对文化问题的哲学探讨到19世纪奏出了自己的最强音。黑格尔凭着自己的具有巨大包容性和历史感的体系性哲学,在写完“哲学全书”之后,陆续讲了哲学史、艺术、宗教、心理、人种、历史等内容,还写了《法哲学原理》。对这些具体的同时也是重要的题材,黑格尔均将其视为精神的实存样式加以论述。应该说,以文化之大,黑格尔的工作不能说是完备的。但是,即使考虑到19世纪后期文化哲学作为一个主题化的领域被提出来从而日益获得专门的拓展和深化,迄今为止

① (法)伏尔泰:《风俗论》上册,梁守锵译,商务印书馆1995年版,第206页。

② (德)康德:《康德历史哲学论文集》,李明辉译注,台湾联经出版事业公司2002年版,第5~6页。

能够置于"文化哲学"领域的问题，在内容上也并不比黑格尔涉及的范围大出很多。不管怎样定义"文化"，从而规定文化哲学的性质和任务，黑格尔曾经探讨的诸多精神的实存样式，都无疑是文化的重要组成部分。虽然黑格尔哲学理论及其方法论意识不是唯一的，完全可以追求和构造异于黑格尔哲学的哲学理念，但有关研究在方法论意识的系统性和彻底性上还是值得引黑格尔哲学为自身的榜样。

如果以黑格尔的工作为楷模，那么如下两点大概是自然而然的：

第一，不管文化哲学有多么特别的问题意识，哲学还是优先于文化哲学，文化哲学是哲学在文化领域的展示和落实。在未有哲学及其问题的较为充分的解决之前，文化哲学仍是无规定的，文化史领域仍然如夏特莱侯爵夫人所见的那样一片混乱和荒谬。质言之，没有哲学就没有文化哲学，没有哲学的文化哲学必定是空疏的和任意的。

第二，受哲学规定的文化哲学因此不妨成为哲学的一个下属学科。这是依从于理论的逻辑结构而来的下属关系，与因于现实历史偶然性的哲学学科分类的性质是不同的。文化哲学在这个意义上将与现有的哲学诸下属学科有情形各不相同的交叉——也许只有逻辑学除外。既然如此，文化哲学显然也不是哲学的新形态，而是哲学的新分支和新领域，它在外延上丰富着哲学。假如问题意识限定在哲学本身的层次，哲学研究就必须哲学地进行而不能文化哲学地进行。

当然，应该强调指出，文化哲学成立与否的确需要现实的历史条件，即文化已具有"成问题性"，并且成问题的文化本身要有哲学性传统。文化并不经常具有"成问题性"，因为文化太过广泛，极具稳定性和弥散性，若非出现广泛的交往和剧烈的碰撞，文化之问题很难被提出来。文化哲学所依赖的历史条件，当以《共产党宣言》所作的描述最为鲜明：

资产阶级，由于开拓了世界市场，使一切国家的生产和消费都成为世界性的了。……物质的生产是如此，精神的生产也是如此。……民族的片面性和局限性日益成为不可能，于是由许多种民族的和地方的文学形成了一种世界的文学。

资产阶级……把一切民族甚至最野蛮的民族都卷到文明中来了。它的商品的低廉价格，是它用来摧毁一切万里长城、征服野蛮人最顽强的仇外心理的重炮。它迫使一切民族——如果它们不想灭亡的话——采用资产阶级的生产方式;它迫使它们在自己那里推行所谓的文明,即变成资产者。一句话,它按照自己的面貌为自己创造出一个世界。①

这一形成于19世纪中期的论述,直接的含义是紧密依赖于那个时代的,也就是说,地理上的西方资产阶级的世界性活动,使一切其他民族的生活处于险境之中,使一切非西方文化成为问题性的。而且结论很明显,非西方文化如果不西方化,就要灭亡。在这个意义上,所谓世界文学,实质是西方文学,所谓世界性的世界,实质是西方世界。

但是今天看来,这一层直接含义是有局限的。事实上,的确有些民族及其文化灭亡了,在还未及处身于文化哲学焦虑中的时候就灭亡了,美洲的原住民作为民族文化的单元就是这样灭亡的。或许他们还真不是因为不想“文明”化而灭亡的,因此应该干脆地说,灭亡的就是灭亡了,在这种灭亡之上加以哲理的思辨,不过是胜者的自娱。这当然不是事情的全部。西方资产阶级创造的世界中,多少被迫“文明”化而又没有灭亡的民族作为这个世界性的世界的不可或缺的部分,日益使这个世界复杂化了,资产阶级没有完胜。在这个世界性的世界中,不仅非西方文化是成问题的,西方文化也是成问题的。我们中国人对前者最有感触和思考,前文已有所讨论,此处不重复。就后者来说,《共产党宣言》之后到第二次世界大战结束,西方文化也被发现是问题成堆的。19世纪后期陆续开始出现并产生影响的诸多思潮如新康德主义、尼采主义、现象学、弗洛伊德主义、存在主义、法兰克福学派等,无不对作为文化的西方进行批判性地反思。来自社会学、人类学、文化学、历史学等领域的声音也多少不等地对西方文化提出多种多样的哲学性反思,其中给人印象较为深刻的当然是斯宾格勒和汤因比。20世纪后期以来,世界文化局面丝毫没有简化的迹象,反倒是更趋复杂,西方仍然是主导性的,但这种主导性与其说是榜样性的,不如说是问题性的:五百年来,西方的确把这个本就混乱的世界弄得更乱了。

不难看出,就文化哲学需要一定的历史条件来说,哲学观点的文化哲学经过一个曲折的通道会与文化观点的文化哲学关联起来,尽管这并不表明它们就是一回事。

---

① 《马克思恩格斯选集》第1卷,人民出版社1995年版,第276页。

四、文化哲学的野性

就文化哲学与哲学的关系来说，文化哲学是不安分的。文化观点的文化哲学可能破坏哲学的自律性和稳定性，同样，哲学观点的文化哲学也有这种可能性——或许是更加内在的可能性。

无论怎样规定文化，文化的范围都是广大的。在这样广大的范围里，哲学观点的文化哲学虽然可以从一定的哲学观点出发，但并不必然在结束的时候还能安然回到出发点。黑格尔大概是最幸运也最成功的哲学家，因为他从自己的哲学体系出发，无论在文化的哪个领域活动，除了对相关内容进行卓有见地的论述外，他还总能回到他的哲学基点。在这个意义上，他的“文化哲学”就是哲学的一个安分的下属领域，是用来显示和印证他的哲学的。但是这里也不免有缺憾，那就是黑格尔对具体领域材料的剪裁，在历史、艺术、宗教领域甚至多有武断剪裁之处。当然，从逻辑上讲，不剪裁是不可能的，而只要剪裁自觉地遵循内在一致的原则，不弄到自相矛盾的地步，应该说这种论述就是成功的。不过，为了原则而奴役材料显然也是极成问题的。如果原则已然先定，无论什么具体题材的实情都不能动摇先定的原则，那么这样的原则就是一种贫乏的、自恋的原则。

另一方面，无原则的研究诚然是不可思议的，固不必论。实在的难题是原则与材料之间的常见的张力关系。马克思的《资本论》是未完成的著作，除了艰辛生活多有纷扰的原因之外，一个更为内在的原因恐怕是马克思以严谨的态度对西欧——主要是英国——典型资本主义情况以外的经济社会史材料的研究，使他感觉对原已成型的历史唯物主义观点需要再深加思量。天不假年，马克思终于没有完成他的工作。马克思和黑格尔有许多不同之处，此处所指的不同应该也是很重要的。实际上，马克思只是一个中间类型，和黑格尔处于对极的情况是：原则在应用过程中或者在面对具体文化实情时遭到怀疑甚至瓦解。

没有什么先验的指导性准则来确定文化哲学该研究什么或不该研究什么，当文化哲学形式上可以视为哲学的下属学科展开工作的时候，哲学本身可能会遭到颠覆。20 世纪的两次世界大战是偶然发生的吗？奥斯维辛仅仅是个别的不幸吗？理性和疯狂究竟是何种关系？殖民地、监狱、精神病、女性、梦、同性恋、吸毒、自杀、安乐死、器官移植、基因重组、数码技术、金融战争、“恐怖主义”，等等，它们没有什么理由不能作为文化哲学的议题，但是什么哲学能够正视和妥为安置这些或旧有或新出的文化实情？黑格尔的“文化哲学”没有胀破黑格尔的哲学，但是文化哲学却并非全然不能胀破哲学从而瓦解文化哲学对哲学的形式隶属关系。这个时代流行“后”这“后”那，岂不是像哲学的丧钟在响吗？这丧钟岂不是文化哲学敲得最勤的吗？在这个意义上，文化哲学可能根本不是哲学大家庭中驯顺的一员，相反，它包藏着可怕的野性。

哲学在历史上固然向无定论，但主流哲学作为理性之光却也是可以肯定的，当它只在自己照亮的地界巡行的时候，一切皆有秩序。黑暗就在光明旁边，连上帝也没有办法。黑暗躲避光明，这很正常，然而难题在于，当黑暗要求被照亮的时候，什么样的光能满足要求呢？根本上，能够照亮黑暗的光也就不再是光了。文化哲学上许多议题说来往往是被传统的哲学打入冷宫的，仿佛它们不存在，没有意义，而一旦它们要求出场，哲学的王国恐怕就要崩溃。康德认为“根本无法在人及其活动当中预设任何理性的个人目标”，只能转而探讨“是否能在人类事务底这个荒谬的过程中发现一项自然目的，不按个人计划行事的受造物却可能有一部合乎自然底一项特定计划的历史”，此时这个在柯尼斯堡度过一生的哲学家在哲学上造了一个不需要走出的柯尼斯堡，这个哲学王国什么都有，就是没有荒谬。当伏尔泰要求“删掉那些令人生厌而又不真实的战争细节，那些无关紧要的、只是无聊的尔虞我诈的谈判，那些冲淡了重大事件的种种个人遭遇”的时候，他也住进了一个柯尼斯堡，就像他长期在女友夏特莱侯爵夫人的领地上逗留一样惬意。

然而，世界并不是柯尼斯堡。在这个意义上，文化哲学的命运大概就是充当哲学的掘墓人。

假如文化哲学不敢肆此野性之举，归途只有一个，就是回到黑格尔。这张旧船票的代价是：既沦落于当代不可回避的难题丛中，又眷恋着形式惬意的黑格尔哲学范式。

本文的讨论可以概括为以下几点：第一，文化哲学看来可以有两种样式，一种是文化观点的文化哲学，另一种是哲学观点的文化哲学，前者显示哲学的文化性，后者显示文化的哲学性。第二，就其与哲学的关系而言，文化观点的文化哲学可能扬弃哲学，却不会规范地解决哲学问题。扬弃哲学具有超出哲学的、很实际的现实意义。第三，哲学观点的文化哲学，当其温良驯顺或无所作为之时，它就是哲学的一个普通的下属学科，是哲学原则的自我印证。当其直面现实或有所作为之时，它不免会野性地埋葬哲学。哲学死后，文化哲学也就不必是文化“哲学”了。

不难看出，这几点结论只是形式上的，因为就内容而言，它们乃是问题和疑难的临时总结。

●原文刊载于《求是学刊》2009 年第 6 期。

●马天俊，黑龙江大学哲学与公共管理学院教授、博士生导师；黑龙江省哲学学会常务理事。

文化哲学：21世纪哲学研究的新范式

洪晓楠

文化哲学研究是20世纪中国哲学尤其是改革开放以来中西比较哲学的主要问题之一。由于在中国现代化的进程中，各种问题的提出和各种见解的冲突，总是集中于文化层面，现代西方文化与传统中国文化的冲突与碰撞始终成为影响中国现代化进程的重要因素，所以，继五四时期的“文化热”之后，在20世纪80—90年代，文化哲学又成为学术界重新关注的热点领域。文化哲学以其反思的深刻性、透视问题的广阔性、批判的先锋性，开拓了中西哲学与文化的比较领域，整合着各种不同方向、研究不同问题的哲学思潮和文化思潮。因此，对中国文化哲学研究进行问题透视、状况分析和前景展望，无疑具有重要的理论意义和现实意义。

1. 中国文化哲学研究的成就与价值。对20世纪中国文化哲学研究进行全面彻底的反思尚待时日，这里我们只能对其作出一个大体的现象学扫描。即便如此，我们首先必须指出，中国文化哲学的研究主要包含两个方面，即“中国的文化哲学”与“文化哲学在中国”。所谓“中国的文化哲学”，主要是指中国哲学家对文化哲学的理论研究以及中国文化哲学的发展；而“文化哲学在中国”，则主要是指中国哲学家对西方文化哲学理论和思潮的介绍与评价；实际上，两者相互联系、相互影响，其最终结果是“文化哲学在中国”成为“中国的文化哲学”的一个有机组成部分。对此，我们可以分别加以评述。

首先，中国文化哲学研究的一个主要方面就是对20世纪西方文化哲学思潮的总结与概括。20世纪西方文化哲学的发展，源自于哲学与文化两个方面的结合。一方面，在19世纪末发展起来的文化人类学的材料基础上，提出新的哲学性的解释理论和分析工具，从而将文化人类学组成一个有系统、有灵魂、有核心概念和围绕核心概念结合起来的理论体系。由于任何一个文化人类学理论都有着相应的哲学基础,因此,对文化人类学的理论成果进行哲学的抽象和概括,并试图为一切研究人和文化的人文科学提供研究的出发点,在哲学的基础上形成抽象完整的人的形象也就成为文化哲学的重要内容。就此而言,现当代文化哲学人类学就是文化哲学的典型形态之一,就其谱系来说隶属于文化哲学中偏向文化学的层面,从而构成了一种文化的哲学,它实际上是对生物哲学人类学、心理哲学人类学、宗教哲学人类学等部门哲学人类学的概括、总结和整合。另一方面,哲学与其他学科相结合,哲学理论观点、方法渗透其他学科,使整个社会文化形态发生某种根本性的变化。就此而言,文化哲学是一组哲学学科群,它具体包括科学哲学、语言哲学、艺术哲学、政治哲学、历史哲学、宗教哲学、法律哲学、管理哲学、教育哲学等,就其谱系来说隶属于文化哲学中偏向哲学的层面,从而形成了一种文化的哲学。实际上,哲学和文化的这两个方面,构成了西方文化研究中一直存在着的两种对立的传统。以学科特征而论,就是以文化人类学(实证的社会学)为基础的文化哲学人类学传统和文化哲学(思辨的历史哲学)传统;以国家、地域而论,就是英美传统和以德国为代表的欧洲大陆传统;从文化哲学思潮的角度视之,这两种传统所体现的就是科学主义和人文主义的对立。就此而言,我们要把握20世纪西方文化哲学跳动的脉络,就不能不进入一种文化哲学的视阈。从尼采的上帝之死到福柯的人之死再到利奥塔的知识分子之死,其中流动的就是一种对西方文化进行哲学阐释的血脉。从逻辑经验主义的拒斥形而上学、维特根斯坦的反本质主义到德里达的反逻各斯中心主义再到罗蒂的反基础主义等等,其间无不充溢的是一种超越形而上学,争得彻底终结西方传统哲学王位的名号。如果离开了文化哲学的视阈,实际上,我们就很难真正理解为什么如此众多的西方哲学家对西方两千年来的文化所进行的哲学反思。对20世纪西方文化哲学进行一种总体性研究,不仅为中国文化哲学的研究提供了一种重要的参照,而且带来了一种新的激励和新的方法、新的言说方式。

其次,中国文化哲学研究的另一个主要内容就是面对西方文化的冲击,为寻求救国之道和兴国之路所进行的文化探索。20世纪中国文化讨论一以贯之的主题就是中国向何处去、中国文化向何处去的问题,或谓古今中西问题(传统与现代化的关系、中西文化关系问题)。从中国社会发展和文化哲学思潮发展的实际来看,如果以走出中世纪、实现现代化为标志来界定中国近现代思想、哲学和文化思潮，那么自五四以来的中国现代思想的发展则存在三大思潮，它们分别是：马克思主义派、自由主义的西化派和以现代新儒家为代表的文化保守主义学派。这种格局在1923—1924年的“科玄论战”中得到进一步的强化，并为20世纪中国文化哲学的发展奠定了最初的也是最重要的基础。可以说，中国现代三大思潮及其相互之间存在着错综复杂的对立统一关系，其间既有对立和区别的一面，又有互动、联结的一面。然而，这三个派别都是在中国走向现代化的过程中产生的，又都表现出对中国现代化的强烈关怀。文化保守主义派的文化哲学家从梁漱溟、熊十力、冯友兰、贺麟到牟宗三、唐君毅、徐复观、张君劢、方东美再到新生代的杜维明、余英时、成中英、刘述先等；自由主义西化派的文化哲学家从胡适、陈序经到殷海光、李敖、柏杨再到新生代的李泽厚、林毓生、韦政通、张灏、傅伟勋等人；唯物史观派的文化哲学家从李大钊、陈独秀、瞿秋白到张岱年、冯契、方克立等人，特别是从中国共产党的第一代领导集体代表毛泽东到第二代领导集体代表邓小平再到第三代领导集体代表江泽民，其间始终贯通的就是对中国现代化的追求，但各派选择的道路不同。毋庸置疑，“三派对立互动说”奠定了中国现当代文化哲学研究的基本范式，开拓了中国文化哲学宏观考察与微观审视相结合的新局面。

第三，对文化哲学理论本身的研究。如果说梁漱溟的《东西文化及其哲学》，只是从文化比较的角度阐述了中、西、印文化发展的路向，那么，朱谦之的《文化哲学》已经具有一种自觉的文化意识。诚如其自己所言：“我以为将来的哲学，应该是文化史的哲学，换言之，即为文化哲学。”然而，由于这种文化哲学的最大旨趣就是要“说明文化的本质及其类型，对于宗教，哲学，科学，艺术等各种知识生活，均加以根本研究，又分析文化之地理上的分布，以明中西文化关系及本国文化之新倾向，并谋建设未来之世界文化”，因此仍偏重于文化学或文化的哲学。20世纪80年代以后，随着人们对中西文化比较的进一步深入以及对西方文化哲学研究成果的介绍，出现了一批致力于文化哲学理论建构的理论著作，其作者大都是中青年学者。如许苏民通过对西方文化哲学源流的梳理，提出了建立马克思主义文化哲学的构想，初步形成了文化发生论、文化结构论、文化发展论、文化动力论四个部分的文化哲学构架；郭齐勇从文化哲学的立场将“理论文化学”定位于文化哲学，从而建构了一个文化学的体系；李宗桂在《文化批判与文化重构》中以近代以来中国社会的整体演进为背景，对这一时期的文化流派、文化主张进行了深入的理论剖析，试图立足改革开放的现实，吸纳中国传统和人类文化精华，探索社会主义新型文化体系的建构；李鹏程通过借鉴胡塞尔的现象学，考察了文化哲学的可能性、文化意识、文化的实在性、文化价值、文化时间和文化空间等问题，从而对文化哲学进行了现象学的探索；衣俊卿通过对西方马克思主义文化哲学成果的批判总结，力图构建以人的现代化为宗旨的日常生活批判理论，从而开辟文化哲学研究的新领域；邹广文通过对文化哲学的基本理论及其现实问题的分析，也在极力拓展文化哲学的视域；尤其值得一提的是陈筠泉、刘奔主编的《哲学与文化》站在马克思主义实践观的基础上，提出了如果哲学研究以实践为媒介关心文化研究，而文化研究又能以实践为媒介关心哲学的发展的构想，从理论上探讨了文化的哲学研究及其意义，深化了马克思主义的哲学文化观，从而试图对马克思主义哲学进行一种现代化的解释。

2. 中国文化哲学研究存在的局限。以上我们从三个方面简要论述了20世纪中国文化哲学研究所取得的成绩。毋庸置疑，成就是巨大的。但是，严格地站在文化哲学的立场来审视，可以说20世纪中国文化哲学研究的缺陷也是明显的。这主要表现在：(1)从研究文化哲学问题的方式来看，20世纪80年代以来，甚至从一定意义上可以说整个20世纪，中国哲人对文化哲学的探求是以一种特定的话语言说方式来进行的，这就是中西文化与哲学的比较研究。这可以从自五四以来出现的历次中西文化之争的场景得到印证。无论是文化保守主义、自由主义西化派，还是唯物史观派文化哲学，都是以极大的热情关注着中西文化与哲学的比较研究，因此哲学家们言说的主要方式是文化观，即以西方这个“他者”作为参照系来观照中国文化，寻求中国文化近代化(现代化)的发展之路。就此而言，其主流是一种文化哲学，而并未达到文化哲学的高度。(2)从文化哲学的研究成果来看，我们至今还没有一部系统地总结20世纪中、西文化哲学成果的专著，更没有一部系统阐述中西文化哲学比较的论著。(3)从文化哲学理论建构的方面来看，对马克思主义尤其是马克思的文化哲学思想有待于进一步的发掘和整理，系统的马克思主义文化哲学理论体系的建构尚有待时日。(4)就文化哲学理论尤其是文化比较的方法来讲，普遍存在着主体迷失与价值错位的状态，因而导致对中西文化与哲学进行随意比附、牵强附会的大起大落的现象,使原本处于不确定状态的哲学在文化哲学的处境下变得更加漂浮不定,从一定意义上来说,这正是中国社会处于转型时期矛盾丛生的哲学写照。

3. 文化哲学:对现代化的哲学反思。我们透过对20世纪中国文化哲学研究的成就与不足的分析,可以看出,推动中国文化哲学研究走向深化的途径就是巩固成果,克服不足。而要做到这一点,我们就必须明确21世纪中国的主要目标就是尽快实现现代化。而要实现现代化,我们只有以哲学统摄经济学、政治学、文化学、社会学、人类学等具体学科的成果,才有可能提供一种总体性的现代化理论。从较广泛的意义上看,虽然我们完全可以把百年以来关于中国与世界现代发展变化的各种研究,统称为"现代化研究",但是这种总体性的现代化理论仍处于建构之中。就其性质而言,这种现代化理论,就是关于人和社会的总体性理论,也就是一种真正意义上的文化哲学理论——对全部现代化的哲学反思和追寻。我认为,这种文化哲学理论必须建立在马克思主义实践观的基础上,坚持唯物史观中真理观和价值观的有机统一的原则,对文化现象和文化问题的思想基础作出深入的、批判性反思。值得一提的是,中国哲学界经过对实践哲学、发展哲学、交往理论、人学、西方非理性主义、新马克思主义、新儒学、后现代主义、经济哲学、管理哲学、政治哲学、公共哲学等问题的深入讨论,已经逐步形成了自觉的文化哲学研究层面。就此而言,我们有理由预言,文化哲学必将成为21世纪哲学研究的新范式。这种新的哲学研究范式,一方面将进一步有利于中西哲学和文化的沟通与交融,有利于填平科学主义和人文主义的鸿沟,实现综合创新;另一方面,文化哲学研究也有利于打破国内哲学学科间"鸡犬之声相闻,老死不相往来"的封闭状态,将把哲学研究引向一个更加开放的视阈,从而实现马克思主义哲学、西方哲学、中国哲学三大思想资源之间的视阈融合,这就是:"融汇中西马,综合促创新。"文化哲学作为21世纪哲学研究的新范式,必将对中国的现代化产生积极的影响。

●原文刊载于《求是学刊》2000年第4期。《人大复印报刊资料·哲学原理》2000年第10期转载。

●洪晓楠,大连理工大学人文社会科学学院教授、博士生导师;辽宁省哲学学会副会长,大连市哲学学会理事长。

文化哲学三形态检讨

荆学民

检讨20世纪末中国哲学研究的重大问题,文化哲学无疑最需浓墨重彩。如果说,有关实践哲学的争论构成了"一条非常亮丽的风景线",那么,这条亮丽的风景线却是由文化哲学的"万家灯火"构筑而成的。人们正是通过文化这个"血脉"触摸到了实践这个"中轴"。回头检视20世纪末中国哲学研究前进的隧道,不难体味,文化构筑了实践的辉煌,实践锤炼了文化的深刻。文化与实践使我们的哲学在世纪末显得十分丰满和富态。具体地检讨文化哲学本身,将其置放于研究历史和研究情境的纵与横的坐标之中,或说用历史与逻辑相统一的研究方法审视之,可将其划分为三个发展阶段,这三个发展阶段同时构成了文化哲学的三种形态,也是文化哲学由浅入深的三个层面。

形态一:文化的哲学研究

对文化进行哲学的研究所构成的"文化哲学",是文化哲学发展的第一阶段,也是文化哲学由浅入深的第一个层面,或可看做是文化哲学的第一形态。不太准确地说,20世纪80年代的文化哲学的研究,更多的是这个层次。

众所周知,作为能够反思自己的人类,对自身区别于动物的"文化"特质的关注,其历史实在太悠久了。近代以来,随着人本主义的兴盛,无论是西方,还是东方,关于"文化"的研究与论争可谓"热浪滚滚",尤其是,当中国被拖入世界历史的现代化进程以后,伴随着外部世界腥风血雨的战火,是精神世界里关于文化的碰撞与搏杀。这种碰撞与搏杀所引起的20世纪80—90年代的两次大的“文化热”,几乎使得每个“有文化的”中国人,言必称“文化”了。

在理论上造就这种“文化热”的,首先是各种具体的与文化相关的学科,继而形成了具有一定深度的所谓文化学的“元理论”。从其发展历程看,至少有四种理路或元形态值得关注。一是文化人类学,这种理路把对文化的理解,归结为心理分析或社会结构分析或行为分析等等;二是历史文化学,这种理路把文化作为历史的主体和历史在时间序列上的依次呈现,或被描述为一种生、长、衰、亡加上传播、收缩的历史过程;三是社会文化学,其理路大体与文化人类学中的社会学派的理路相同;四是心理文化学,其理路大体与文化人类学中的心理分析学派相同。这四种理路形态的理论,虽然有一定的哲学意味,但终归只能是一种“文化学”,还算不上严格意义上的“文化哲学”。

当然,在这样的时代氛围中,哲学已不可能再“清高冷峻”,不可能不关注文化。事实上,就中国哲学研究的真实情况而言,哲学这个“猫头鹰”,在别的“动物都纷纷啃嚼”文化这个果子的时候,它也来啃这个果子了。当代中国的文化哲学正是在这个时候才形成的。站在哲学的立场上,用哲学的眼光审视文化,用哲学的方法研究文化,其最根本的特点就是这种研究的整体性和深刻性,这一点别的学科包括各种文化学的元理论不能比拟。检阅这个时期文化哲学的研究成果,有两项成果值得关注。

其一是许苏民先生1990年出版的《文化哲学》。该成果是从哲学视野对文化的研究,以其“整体性”取胜。它以存在于人类心灵世界中理想与现实、情感与理性、个体与群体、理智与直觉、历史与伦理五对永恒的矛盾为构架文化哲学的观念基础,把“文化哲学”理解为关于历史的、现实的和未来的人的哲学,是人类对自己的文化发展史和文化传统进行全面的反省和反思的理论结晶。从这一观点来看,可以把文化哲学的研究由浅入深地分为三个部分:1. 在把文化看做是“人类的一切所作”的意义上,研究人类的文化发生、文化的机构和功能、文化的变异和传承,以及文化隔离与文化交流、文化冲突与文化选择、文化离析与文化整合等带有普遍性的问题,以揭示文化起源以及发展变化的一般规律。2. 透过文化的多样化的现象形态,揭示文化心理是不同文化类型的基本内核,阐明不同的民族文化类型何以形成；同时，揭示文化心理与物质文化的关系，与制度文化的关系，与社会意识形态的关系。3. 以人类的文化心理、特别是文化心理的深层结构及其历史发展作为主要研究对象，这是对人类的深层精神本质的研究，也是最富有哲学意味的研究。依据上述构架，文化哲学可以分为文化发生论、文化结构论、文化发展论、文化动力论四大部分。

其二是陈筠泉、刘奔先生主编的1996年出版的《哲学与文化》。该项成果出版虽迟，但经历较长的研究时间，其间反复多次，正因如此，它以“深刻性”取胜。这种深刻性主要表现在，它用哲学的武器，尖锐地批判了“文化热”中的种种浮躁和偏颇，触摸并解剖了文化中的“实践”内核，把历史观、价值观、真理观、唯物史观等重大的哲学问题，内在地穿透在文化研究之中，使得文化彻底地透明起来。这种成果使得人们再站在“文化之镜”面前，便很容易判断是非曲直、真伪优劣。可以说，是一项对文化的哲学研究的大成果。

但是，在此必须指出的是，这个时期的“文化哲学”，其文化与哲学的关系乃还是外在的，是两个彼此各具完整规定性的事物之间的关系。而且，往研究者的思维深处探察，是以文化为主，哲学为从；文化为载体，哲学为方法；强调的是对文化的哲学研究。从中我们体会到的，只是关于文化的哲学研究的味道，还不是我们所渴望的文化哲学。

形态二：哲学的文化研究

这是文化哲学研究的第二阶段，也是文化哲学由浅入深的第二个层面，可谓文化哲学的第二形态。如果说，第一形态的“始作俑者”是文化，那么，这第二形态的“始作俑者”恰恰是哲学自身。

从具体的时间历程看，这个阶段大体上是从20世纪90年代至今。伴随着20世纪末中国改革开放的历程，中国的哲学也经历了一个“从解放思想的哲学到哲学的思想解放”的过程。在解放思想的过程中（包括对文化的解读）哲学显现了它的无比的威力，仅“实践是检验真理的唯一标准”这一哲学中最基本的原理，被群众掌握后就使得中国社会“天翻地覆慨而慷”。但是，当解放思想的使命相对完成后，随着中国社会经济发展进入快车道，哲学本身却反应迟钝，陷入“贫困”，需要被解放。不同于当年的哲学要“进攻”或“侵略”文化，而今，哲学却需要“栖身”于文化，第二形态的“文化哲学”正在此时形成。这个阶段或这个层面的文化哲学的研究成果，主要体现在两个方面。

第一个方面，人们对哲学的研究对象或研究内容作了“历史性反思”，通过这种历史性反思，试图把“文化”内在地规定于哲学自身之中，或至少认为，文化不应在哲学的视野之外。在这个时候，应提到赵敦华先生先后在《哲学研究》等学术刊物上发表的几篇有关文化哲学的研究成果。也许他是研究西方哲学史的，所以，他从我们的老祖宗开始，从哲学诞生时开始，对“作为一种文化学的哲学”进行“翻案”或考证。通过考察得出结论说，作为文化学的哲学古已有之，至少与作为形而上学的哲学同样古老；只不过西方哲学的传统和主流是形而上学，它掩盖、贬低并进而取代了与之相对的文化学的倾向，但文化学却若明若暗、时隐时现地贯穿于西方哲学史，在近期犹如异军突起，展现出顽强的生命和广阔的前途。作者认为，这种结论同样也适合中国哲学。总之，通过中西哲学史、文化学史的考论断言：在具体的文化研究尚不足以提供人类文化的综合的统一图景的条件下，在哲学领域建构文化学的系统理论不仅是绝对必要的，而且是完全可能的。

第二个方面，研究者本身承认“哲学是形而上学”这样的传统的结论，并不着意在这一点上推翻传统结论，但认为，哲学作为“形而上学”在近代走到尽头，发生了巨大的危机。根基于世界历史向现代化迈进的社会实践，传统哲学所构筑的世界图景和人类生存方式“实际上是一场大难临头的危机”。面对这种危机，哲学家们所发动的种种“哲学革命”比如分析哲学、现象学、存在主义哲学、批判理论和日常语言分析哲学等，均以失败告终。在这种失败之后，均于70年代之后转向了文化学。于是，作为文化学的哲学几近成为20世纪哲学危机后的灿烂的曙光。

李鹏程先生的《当代文化哲学沉思》的研究成果在这方面作出了突出的贡献。当他确定了“哲学应是文化学”之后，从对哲学的根本范畴的改造开始（比如，存在、世界、人事、对象、时间、空间等）构筑了一个作为文化学的全新的“哲学”体系。接受这个研究成果的人，确实会感到一个全新内容和面貌的“哲学”出现了。

让我们来总结一下“文化哲学”的第二阶段或第二形态。与第一形态相比，哲学与文化的关系仍旧是外在的，所不同的是，在研究者思维深处，是以哲学为主，文化为从；哲学为载体，文化为方法；强调的是对哲学的文化研究或扩张。从中我们体会到的，仍然是关于哲学的文化式思考的味道，冥冥之中还是渴望那种完整的文化哲学。

形态三：文化与哲学的互融互动：以人之生存模式为底蕴的文化哲学

我们之所以反复强调，文化哲学的第一、第二形态或第一、第二层面，还不能让人们真正体会到文化哲学的意味，主要的原因在于，这两个形态，均没有实现文化与哲学的互融互动。这里所谓的"互融"，意思是说，文化哲学意蕴中的文化与哲学，并不是文化来侵袭哲学界域或哲学去侵袭文化界域，从而形成所谓"文化的哲学研究"或"哲学的文化研究"，而是"共享同一界域"，在本质上内在地融为一体；所谓"互动"，意思是说，文化哲学意蕴中的文化与哲学，并不是文化为主、哲学为从或哲学为主、文化为从，而是张力适度、相辅相成。

如果认为，上述构成了文化哲学第一、第二形态的"问题或困境"，那么检讨这种问题或困境，其原因在于：第一，从思维前提看，仍然囿于传统的哲学观与文化观。他们不自觉地把文化与哲学分别看成已经被规定好了的"事物"，然后着力于建立它们之间的新型的关系。比如，仔细品察他们所讲的"文化"，似乎仍然是那种与经济、政治、自然活动等相并列的较为具体的东西。第二，正如人不能抓住自己的头发把自己提起来一样，要做到文化与哲学的互融互动，仅在文化与哲学本身的界域中解决是根本不可能的。它需要跳出文化与哲学本身，寻求一个更为广阔、更为根本的"界域"或"根基"。这个根基不是别的，就是人的存在模式。虽然，文化哲学的第一、第二形态也反复提到了"人"，但充其量强调的是文化、哲学与人的关系，而不是以人为根基把文化与哲学融合起来。而且，这种与人的关系也是被动的、不自觉的、外在的。

意识到了问题的存在，便会解决问题，向前迈进。文化哲学的第三形态正是在这个时候崛起。在这个阶段，我们必须注意衣俊卿先生关于文化哲学的研究成果。衣俊卿先生对文化哲学的研究，一起步便跨越了从单纯的文化或单纯的哲学开始的狭隘视阈,从一种以“总体的人为核心的现代哲学人类学”开始构筑文化哲学。在这种“文化哲学”中,文化已不是与经济、政治、科技、自然活动领域或其他具体对象相并列的一个具体的对象,而是内在于人的一切活动之中,左右人的行为方式的基本的生存模式,是人的生活世界的内在运行机制,是历史地凝结成的稳定的生存方式,其核心是人自觉不自觉地建构起来的人之形象;在这种“文化哲学”中,哲学已不是一种给定的、静止的、僵死的理论体系,而是内在于人类历史和人的生存之中的一种生生不息地涌动着的理性活动和文化建构,它不断地批判人类业以生成的文化构造,不断捕捉、预见、引导新文化精神的生成,为人的存在提供新的安身立命的精神支撑。我们可以看到,在这种文化哲学中,文化与哲学的关联是“本质性”的。哲学总是特定的或特定民族占主导地位的生存方式或文化模式自觉或不自觉的显现,它规定特定的文化模式;而特定的文化模式又会自觉或不自觉地影响特定哲学的内涵视野。我们可以透过特定的哲学去理解特定的文化模式,反之亦然。总之,这样的文化哲学,不是用一种自足的哲学理性外在地审视文化的结果,毋宁说,是作为生活世界的内在机理或人的生存模式的文化的自我启蒙和自觉显现。

结语:展望文化哲学的研究

发展至第三阶段或第三层面或第三形态的文化哲学,从其构建的理念或理路上讲,抓住了人的存在模式这个既超越狭隘的文化与哲学,又能将二者摄入自身并使之互融互动的“根基”,无疑更加可靠,更加完善,更具说服力,因而也更具发展的生命力。但与第一、第二形态的文化哲学相比,它却只能是一种扬弃式的、螺旋式的前进形态,而决不能是一种抛弃;同时,与具体的活生生的人的生存活动相比理论总是灰色的,再完善的理论也不能与实践完全同步,也不可能完全满足实践的需要,也许正因如此,文化哲学发展的第三阶段或第三形态,仍有许多有待于进一步拓展和深入的问题。这里,抓其根本,兹述其二:

问题一,文化哲学的核心当是“文化精神”,正是文化精神牵导着时代的前进,构筑着人的生存模式和样态。如果说一个时代的文化哲学体现着这个时代的特定的精神,那么,文化哲学中的文化精神就应是这种时代精神的“精华”。虽然,文化精神因于实践的具体,因于人的生存形态的具体总是具体的,但它毕竟应有自己的一般的规定性,那么,我们这个世界的时代,我们这个中国的时代,该由怎样的“文化精神”牵导?时至今日,该有一个说法,然而,三种形态的文化哲学似乎均没有提供理想的答案。

问题二,第三形态的文化哲学,赋予“文化”以全新的内涵,它不再像传统的文化那样与政治、经济等相并列,而是将政治、经济内蕴于自身。那么,在这种情况下,文化与政治、经济究竟有无区别,又该是怎样的一种关系,当“文化”作为一种人的生存模式运作起来的时候,期间的政治、经济又该是怎样的一种机理?如果这样的问题说不清,恐怕连我们每天置身于其中的当代中国社会转型及其处于这个转型中的中国人该重塑一个怎样的生存模式,也给不出一个基本的解释。果真如此,那我们文化哲学研究的意义将大大消解。

看来,文化哲学的研究任重而道远。

●原文刊载于《求是学刊》2000 年第 4 期。《人大复印报刊资料 · 哲学原理》2000 年第 10 期转载。

●荆学民,中国传媒大学政治传播研究所所长、教授、博士生导师。

马克思哲学的文化哲学意蕴

陈树林

对马克思哲学的基本性质和存在方式的准确把握和合理定位，是坚持马克思主义哲学的基本理论前提，是实现马克思主义哲学在当代中国不断创新的理论起点，是保证马克思主义哲学沿着正确方向和路径发展的前提。自20世纪80年代以来，我国学界从对苏联教科书哲学的反思，到开展"实践本体论"与"物质本体论"的争论，再到"实践唯物主义"、"实践本体论"、"实践诠释学"、"生存实践论"等理论命题的提出或理论体系的建构，围绕马克思主义哲学的性质和存在方式问题开展了一系列争论。但时至今日，讨论很难进一步深入，尚未取得突破性进展。以辩证唯物主义和历史唯物主义为核心的马克思主义哲学教科书体系，尽管存在许多缺点和不足，但因其体系的完整性和严密性很难被解构，而以实践唯物主义为核心的马克思主义实践哲学构想，尽管突出了人的主体性和实践的地位，但却在哲学体系的完整性和严密性方面存在不足。上述困境把马克思主义哲学研究的理论范式问题进一步凸显出来。事实上，如果不转换理论研究范式，哲学理论很难有较大的突破和创新。

一、马克思哲学变革与哲学理解范式转换

马克思哲学的真正价值在于实现了哲学变革，用一种"时代精神的精华"——新哲学代替了"解释世界的万能公式"——旧哲学。但是，学界对马克思哲学变革的内涵和关节点的理解和认识却不尽相同。例如，关于马克思的哲学变革，存在很多种解读：唯物辩证法对唯心辩证法的革

命,实践的唯物主义对机械的唯物主义和直观的唯物主义的超越,“改变世界”的哲学对“解释世界”的哲学的超越,人本主义(人道主义)对神本主义和物本主义的超越,实践本体论对物质本体论的替代,重建本体论或本体论的转向,等等。为什么不同的结论差异很大,似乎又都能够得到马克思文本的支撑?其中的问题出在何处?在我们看来,问题的症结在于我们还没能跳出传统的哲学研究范式的窠臼。从根本上看,原有对马克思哲学的性质和存在方式的理解是建立在传统理性主义哲学理解范式上的,而这种哲学理解范式正是马克思所批判和超越的旧哲学,相对而言,现代以人文主义精神为基础的文化哲学理解范式更有利于理解和把握马克思哲学的基本特征和存在方式,有助于发掘出马克思哲学的理论内涵和革命变革的真正价值。

一般而论,“哲学范式就是指哲学理性分析、反思和批判活动的最基本的方式和路数”①。哲学范式转换是一种总体性和根本性的转换,至少在“研究什么”和“怎么研究”这两个基本方面都发生实质性的变化。尽管目前学者们对文化哲学的理解还有分歧,但对文化哲学的研究对象和研究方式的认识却基本一致,例如,“文化哲学是一种与理性主义哲学相对的思维方式,是对文化的形上意义及思维方式进行专门的研究”②;文化哲学并不是一种独立于其他哲学学科或分支领域的特殊的哲学研究领域,而是贯穿于或渗透于所有哲学领域之中的哲学视野或哲学境界”③;文化哲学就是“自觉地以整体文化为对象的哲学”④。另外,人们对文化哲学所研究的对象——文化——的理解也基本一致,例如有人认为:“文化就是‘人的现实的生命存在’及其‘世界’、及其‘优化过程’。人的现实的生命存在是文化的本体,因而也是哲学的‘本体’”⑤;“文化是历史地凝结成的稳定的生存方式,其核心是人自觉不自觉的建构起来的人之形象”⑥。在处理文化与哲学之间的关系上有人坚持,“哲学生长于文化的

① 衣俊卿:《文化哲学:一种新的哲学范式》,载《江海学刊》2000年第1期。

② 何萍:《马克思主义哲学与文化哲学》,武汉大学出版社2002年版,第18~19页。

③ 何萍:《马克思主义哲学与文化哲学》,武汉大学出版社2002年版,第12页。

④ 李鹏程:《当代文化哲学沉思》,人民出版社1994年版,序言第2页。

⑤ 李鹏程:《当代文化哲学沉思》,人民出版社1994年版,序言第1页。

⑥ 衣俊卿:《文化哲学——理论理性和实践理性交汇处的文化批判》,云南人民出版社2001年版,第10页。

土壤之上，哲学按其本质精神来说是‘文化的’”[①]，认为，“哲学是人类文化精神或文化模式的自觉外显”[②]。

应该说，西方哲学有理论哲学和实践哲学或文化哲学两种基本的哲学理解范式。理论哲学理解范式以自然科学为理论基础，以逻辑范畴为理论工具，以构筑完美的、普遍适用地解释世界的哲学体系为使命，其中，意识哲学、思辨哲学、本质主义哲学等形态都属于这种哲学范式。实践哲学或文化哲学则以人的生活世界——文化世界为关注对象，以语言符号为媒介，以人的现实创造活动为根基，通过对人的对象化活动成果——文化的观察、对比、解剖、反思、批判达到对人自身的把握。探究人的生存方式及其合理性，人的形象的自我完善、给人以生存智慧是文化哲学研究的目的，其中，社会哲学、历史哲学、文化哲学等都属于这种实践哲学研究范式传统。但是，在西方哲学史上这两种哲学传统发展和影响并不平衡。伴随自然科学在近代的革命性进步，理性哲学和意识哲学得到进一步强化并成为人们普遍接受和运用的哲学理解范式。马克思哲学的创立时期正是黑格尔意识哲学的鼎盛时期，马克思要变革的正是黑格尔的意识哲学、思辨哲学、体系化哲学。从根本上看，马克思的哲学基本立场属于实践哲学或文化哲学立场，我们不应把马克思哲学变革简单地理解为黑格尔哲学加费尔巴哈哲学的平均数，而应理解为哲学范式的一次深刻的转换。

马克思虽然没有直接使用文化哲学字眼，但是，从他的实践哲学的基本精神来看，他的哲学立场已经超越了意识哲学和思辨哲学范式，开始转向实践哲学或文化哲学的理解范式。马克思对纯粹的形式化的、思辨的、体系化的，与现实生活脱节的“独立的哲学”持明确的否定态度。他坚信，“在思辨终止的地方，在现实生活面前，正是描述人们实践活动和实际发展过程的实证科学开始的地方。关于意识的空话将终止，它们一定会被真正的知识所代替。……这些抽象与哲学不同，它们绝不提供可以适用于各个历史时代的药方或公式”[③]。马克思进而指出德国哲学的特点：“哲学，尤其是德国哲学，爱好宁静孤寂，追求体系的完满，喜欢冷静的自

① 李鹏程：《当代文化哲学沉思》，人民出版社1994年版，第10页。

② 衣俊卿：《文化哲学——理论理性和实践理性交汇处的文化批判》，云南人民出版社2001年版，第12页

③ 《马克思恩格斯选集》第1卷，人民出版社1995年版，第73～74页。

我审视。”[①]马克思认为，哲学的根本目的在于对现实给予具有针对性和切中时弊的批判，而不是体系的完美。尽管“德国的国家哲学和法哲学在黑格尔的著作中得到了最系统、最丰富和最终的表述”[②]。但黑格尔的哲学并不能够解决一切问题，这种体系化的思辨哲学充其量只能对“彼岸的事物”给予解答。可见，马克思要超越的是哲学家们构造出来的体系化的哲学、学院式书斋哲学，把哲学变成变革现实的文化批判精神。

从对哲学功能和使命的理解上，马克思哲学已经开始转向文化哲学理解范式。在马克思看来，“真理的彼岸世界消逝以后，历史的任务就是确立此岸世界的真理”[③]。但是，马克思并没有停留于德国当时的哲学水平，满足于以“国家哲学”和“法哲学”为代表的黑格尔的“思辨哲学”的认同和接受。相反，他认为自己所创立的哲学不同于保守的“意识形态”，是真正的哲学——为历史和现实服务的，对尘世这种“原本”批判的“实践哲学”、“历史哲学”。马克思认为自己的哲学任务是以一个特殊的哲学领域里的战斗来参加在社会一切领域里进行反对整个现存秩序的革命斗争。哲学批判的目的在于消灭整个资产阶级社会现实，其中，哲学这个作为现实的观念上的构成部分也最终被一并消灭。用马克思的话来说就是“世界的哲学化同时也就是哲学的世界化，哲学的实现同时也就是它的丧失”[④]。但是，消灭哲学并非是简单地抛弃哲学，而是要超越旧的哲学，其中包括黑格尔思辨哲学和费尔巴哈的直观唯物主义哲学。在此，马克思强调了自己的哲学与旧哲学在哲学功能上的本质区别，指出“哲学家们只是用不同的方式解释世界，而问题在于改变世界”[⑤]。马克思指出了旧哲学的局限性在于仅仅满足于“解释世界”这一目的，在他看来，“改变世界”才是哲学的最终使命。

马克思哲学强调哲学的时代性、民族性和现实性，说明其哲学已经开始转向文化哲学理解范式。马克思明确指出：“任何真正的哲学都是自己时代的精神上的精华……哲学不再是同其他各特定体系相对的特定体

① 《马克思恩格斯选集》第1卷，人民出版社1995年版，第219页。
② 《马克思恩格斯选集》第1卷，人民出版社1995年版，第8页。
③ 《马克思恩格斯选集》第1卷，人民出版社1995年版，第2页。
④ 《马克思恩格斯选集》第1卷，人民出版社1995年版，第76页。
⑤ 《马克思恩格斯选集》第1卷，人民出版社1995年版，第57页。

系,而变成面对世界的一般哲学,变成当代世界的哲学。”[①]在他看来,只有立根于时代的现实,真正在与世界的相互作用中反映现实、批判现实、推动社会变化和进步的哲学才是有益的。所以马克思说:“哲学家并不像蘑菇那样是从地里冒出来的,他们是自己的时代、自己的人民的产物,人民的最美好、最珍贵、最隐蔽的精髓都汇集在哲学思想里。”[②]事实上,马克思一生的哲学发展轨迹也印证了他对哲学的追求和承诺。马克思的哲学是一种以现代资本主义世界人的现实生存作为关注对象并对其进行批判的哲学。

二、马克思哲学的文化哲学意蕴

的确,在马克思的经典文本里并没有明确地谈及“文化哲学”范式,但是,其哲学对象、哲学主题以及哲学运思理路本身却蕴含着深刻的文化哲学意蕴。这也充分说明,马克思哲学变革不仅仅体现在对哲学的外在形式和哲学功能的理解上,更主要地体现在哲学的研究对象和主题的定位上。首先,马克思对哲学对象的选定具有文化哲学意蕴。以人为哲学研究对象,对人的本性进行探究是西方哲学的基本主题之一。马克思哲学的独特价值在于超越传统神学和理性哲学、意识哲学关于人的理解。在马克思看来,人的本性在于人的自我创造性、历史生成性和总体性。马克思主张用实践的观点理解人的本质,认为人是在劳动实践活动中,在文化创造中形成的,而不是一个纯粹的自然进化过程。在马克思看来,“人不仅仅是自然存在物,而且是人的自然存在物,就是说,是自为地存在着的存在物,因而是类存在物。他必须既在自己存在中,也在自己的知识中确证并表现自身”[③]。马克思充分强调了人的形成既不是纯粹的外在力量——上帝的“造化”,也不是一个单纯的“自然进化”,而是“文化创造”过程。马克思认为:“正像一切自然存在物必须形成一样,人也有自己的形成过程即历史,但历史对人来说是被认识到的历史,因而它作为形成过

① 《马克思恩格斯选集》第1卷,人民出版社1995年版,第220页。
② 《马克思恩格斯选集》第1卷,人民出版社1995年版,第220页。
③ 《马克思恩格斯全集》第3卷,人民出版社2002年版,第326页。

程是一种有意识地扬弃自身的形成过程。历史是人的真正的自然史。”①从马克思的论述中可以得出以下结论：第一，人无疑是一种特殊的存在物，人的存在特征在于其以自主性、目的性、选择性和创造性为内涵的“自为性”、“自由性”，人的形成是生命本能冲动和文化符号形式共同作用的结果。文化符号形式不是给定的，而是人的后天创造的结果，人的生存活动无不在一定的文化符号形式中完成，文化符号形式不断积淀、丰富成为人的形象模板和内涵尺度。马克思指出，人不同于动物，“动物只是按照它所属的那个种的尺度和需要来建造，而人懂得按照任何一个种的尺度来进行生产，并且懂得处处都把内在的尺度运用于对象”②。第二，人与其他存在物的另一个区别在于人具有自己的历史，而这种历史正是人的文化发展史。马克思指出：“整个所谓世界历史不外是人通过人的劳动而诞生的过程，是自然界对人来说的生成过程。”③人的形成是一种文化创造过程，人的纯粹自然本性不断受到否定、改造、教化，人的生成是一种不断“扬弃自身”的过程。第三，人的文化本性或实践本性决定了人的总体性或整体性特征，人的文化本性消解了关于人的理想与现实、理性与非理性、物性和神性、自在与自为、主动与受动等二元对立的困惑，揭示了人在现实的文化创造过程中的总体性特征。

马克思以人为轴心理解人与自然的关系，通过提出“人化自然”的思想，揭示出人与自然之间的创造性的文化关系、人与自然环境之间的辩证关系，克服了旧唯物主义在此问题上的机械论观点。在马克思看来，“自然界，无论是客观的还是主观的，都不是直接同人的存在物相适合地存在着”④。这说明自然界也不是纯粹的自然界，而是打上了人的文化烙印的“人化自然”，那种“被抽象地理解的，自为的，被确定为与人分割开来的自然界，对人来说也是无”⑤。马克思并没有否认自然界在时间和空间上对人的优先性，但认为不能因此而把人“镶嵌”到自然世界的庞大体制之中。在他看来，作为人生活的对象的这个自然界恰恰已经不是纯粹的自

① 《马克思恩格斯全集》第3卷，人民出版社2002年版，第326页。
② 《马克思恩格斯选集》第1卷，人民出版社1995年版，第46页。
③ 《马克思恩格斯全集》第3卷，人民出版社2002年版，第310页。
④ 《马克思恩格斯全集》第3卷，人民出版社2002年版，第326页。
⑤ 《马克思恩格斯全集》第3卷，人民出版社2002年版，第335页。

然界了，而是一种被符号化、被赋予文化内涵的自然界——人化自然界——文化世界，而人面对的、与人有直接关系、有价值的正是这部分自然界。所以，他认为："环境是由人来改变的，而教育者本人一定是受教育的。……环境的改变和人的活动或自我改变的一致，只能被看做是并合理地理解为革命的实践。"①在马克思看来，并不存在一个纯粹的、给定的环境，也不存在人被动地受制于环境的状况，地理环境、人文环境、社会环境、政治环境、经济环境等与人的生存息息相关的环境恰恰是人的文化创造的结果。环境因人的创造活动而改变，环境的形成和人的生成是一个过程的两个方面，环境的改变和改善取决于人的文化创造。

其次，马克思在对人的自由本性这一哲学主题的揭示和探索蕴含着深刻的文化哲学意蕴。马克思一生始终以人的自由和解放为理论主题，但是，他对这一哲学主题的揭示和探索并没有停留于纯粹的思维意识活动中，而是立足于人的生活世界——文化世界，立足于人的现实历史创造活动之中展开的。马克思揭示了人自身的生存及其本质规定，认为自由和创造是人的最基本的特征。马克思所设定的人的理想生存状态就是最终消除异化现象，实现"自由人的联合体"的建立，人道主义和自然主义原则得到彻底贯彻的理想状态。

马克思对传统自我意识概念进行批判，赋予人的自由以丰富的文化内涵。他批判了德谟克利特的机械决定论，发掘了伊壁鸠鲁哲学中关于主体能动性、创造性的思想，并在此基础上明确了自己哲学的研究对象是"感性的生活世界"，而不是"本体的必然的自然世界"。他揭示了"必然世界"与"偶然世界"之间的关系、人的自由与必然世界和偶然世界之间的关系。马克思强调了人类精神的绝对自主性，把人从一切超验对象的迷信中解放出来。马克思无法认同青年黑格尔派把自我意识仅仅归结为一种精神的自由的观点，认为，精神的自由只有变成实践的力量才能实现。因为，精神的自由要变成实践的力量必须经过双重的否定：一是对世俗现实的否定，一是对自身的内在规定性的否定，即"个别的自我意识始终具有一个双刃的要求：其中一面针对着世界，另一面针对着哲学本身"②。他认为，哲学必须"在自身中变得自由的理论精神成为实践力量，

① 《马克思恩格斯选集》第1卷，人民出版社1995年版，第55页。

② 《马克思恩格斯选集》第1卷，人民出版社1995年版，第76页。

作为意志走出阿门塞斯冥国,面向那存在于理论精神之外的尘世的现实"[①]。事实上,马克思已经把哲学家们头脑中的"自我意识"降到了现实世界之中,并深刻地揭示出:人是创造性地存在,是自我否定性的存在,世俗世界和自然世界是人的自我创造、自我否定活动的结果和形式。人的自由是一种自我否定的活动,是人与自身自然分离的过程,是一种个体性的存在。

对人的本质作文化哲学层面把握,对不人道的异化现象进行文化批判,体现了马克思实践哲学的深刻的文化批判意识。马克思强调:"自由的有意识的活动是人的类特性。"[②]自由的有意识活动具有双重内涵:一方面,"使自己的生命活动变成自己意志和自己意识的对象"[③];另一方面,"通过实践创造对象世界,改造无机界,人证明自己是有意识的类存在物"[④]。马克思揭示了人的有意识的感性活动的基本结构和特征:首先,人的感性活动是一种对象性活动,不仅自然成为其改造的对象,人自身同样可以成为其对象和客体,这是人的活动的独特之处。其次,实践的对象化活动的后果是创造出人的文化世界,即活动本身以文化符号的形式被凝固和积淀。因为对象化的活动是一种感性的、现实的活动。人的对象化活动不仅"生产人本身",而且还会生产出一个感性的、现实的、物性的"文化世界"。这个文化世界并非始终体现人的自由意志,而是还有可能以违背人的自由意志的状态——异化形式存在,而且异化借以实现的手段本身就是实践的。马克思对异化现象有着深刻的认识,认为,作为对象化活动的后果,异化的产生和消除都必须通过现实的活动来实现,具体而言就是人类社会的文化转型、文化批判、文化反思等活动使人的生存不断"优化"。

从总体上看,马克思坚持历史进步史观。与神学历史观和唯心主义历史观不同的是,马克思努力把探索人类历史发展的一般规律与各民族历史发展规律相结合。马克思在《共产党宣言》、《民族学笔记》等著作中探讨了民族历史与世界历史的关系,落后文化与先进文化民族之间的关

① 《马克思恩格斯选集》第1卷,人民出版社1995年版,第75页。
② 《马克思恩格斯全集》第3卷,人民出版社2002年版,第273页。
③ 《马克思恩格斯全集》第3卷,人民出版社2002年版,第273页。
④ 《马克思恩格斯全集》第3卷,人民出版社2002年版,第273页。

系，特别是对比研究了俄国、印度、中国等文化落后民族和国家的现代化进程与西欧发达资本主义国家的区别，提出了著名的落后国家超越历史进程实现社会主义的"卡夫丁峡谷理论"。马克思对历史的观察更加侧重民族文化特征，强调人的主观能动性、创造性和选择性在历史演变中的重要作用，而不是强调历史受"铁律"支配，充分注意到历史演进的一般趋势和特殊道路的关系。这些理论探讨使马克思的社会历史理论不局限于经济和政治基础，而是体现了一种文化进步主义的历史观，也使得马克思的实践哲学或文化哲学范式具有鲜明的现实感。

●原文刊载于《求是学刊》2006 年第 4 期。《中国社会科学文摘》2006 年第 6 期、《人大复印报刊资料·哲学原理》2006 年第 11 期、《光明日报》2006 年 8 月 21 日第 12 版转载。

●陈树林，黑龙江大学文化哲学研究中心教授、博士生导师；中国宗教学会理事，中国国外马克思主义研究会理事。

文化哲学与人的存在境遇

车玉玲

在20世纪盛行的诸多思潮与热点争论当中，“文化哲学”无疑是学界的主流话语之一。甚至可以说，文化哲学已经成为一种世界性的哲学倾向。然而，纵观文化哲学的整个研究领域，不难发现，在它那里，理论研究大体上局限于彼此无涉的域限，尚未形成较为系统的理论与完整的文化哲学体系。这不仅表现为研究内容多样、观点的对立、切入问题角度的迥然不同，甚至究竟什么是文化哲学也众说不一、尚未有定论。这种“断裂式”的研究方法不仅难以准确深刻地切入与领悟文化哲学的实质和底蕴，从而使理论研究徘徊不前，而且容易使人们对文化哲学的认识陷入混乱与盲目境地。对此，我们有必要进行一种追根溯源式的探讨，即探究文化哲学的起因与其理论的最终目的究竟是什么，寻找贯穿其始终的主题。我们力图借此形成对文化哲学较为完整的理解与认识。

那么，在20世纪文化哲学的不同流派当中，是否存在着一个共同的主题呢？笔者认为，答案是肯定的，即文化哲学的研究与人的存在境遇直接相关。文化哲学的兴起源于人的存在危机，而其最终目的则是要解决在现代的文明状态中人自身的分裂与冲突。可以说，20世纪文化哲学所包含的主流话题如文化危机、文化批判、文化转型、文化重建等等，其理论宗旨都是要解决当下人的存在困境，从而实现人自身的完整性与总体性。对人的关注与重视是贯穿文化哲学中的一根主线，它主要表现为如下的几方面：

1. 文化是人的存在方式。文化哲学的核心概念是文化，它力图从多侧面、多层次对文化进行开拓性的研究。从总体上看，文化哲学诸学派都坚守一个共同的致思方向，即从文化主体——人出发来揭示文化的本质，换句话说，都将文化归宗于人自身。人不仅是文化的创造者，同时人也被文化所模塑。人总是处在文化之中，其生活的方方面面都具有他所处的文化环境的痕迹，人已经在自己的周围创造了被称为“第二自然”的文化。

哲学人类学家兰德曼从生物学的角度说明了文化是人的本质。在他看来，人与动物的最大区别是非特定化，即动物的生命结构是特定化的，而人的生命结构则是非特定化的。特定化是指动物靠着本能的导引而生存，本能规定于动物在各种形式下的行为。非特定化则是人所具有的特征，它是指人自身的尚未完成，即由于人在先天方面的欠缺使他不能依靠本能的引导而存在，这就决定了人——这个特殊的物种要维持自身的生存，就必须超越动物的生存方式，在超生命的、非本能的生存方式中求得发展。因此生物学人类学家格伦认为，人是以“匮乏”为存在特征的。

那么，人靠什么来弥补自身的匮乏呢？哲学家们大多认为，正是文化补偿了人的非特定化与他生存于其中的世界的裂痕，人借助于文化使自己得以存在。文化是在人的不断的创造性活动过程中产生出来的。德国文化哲学家卡西尔把人称做“制造符号的动物”，在他看来，人在劳动的过程中产生了符号系统，即文化系统，人类的诸文化形态：语言、神话、宗教、艺术、科学、历史等构成了人的活动范围，这些活动的形式都是人的符号功能的不同体现，这些不同的符号形式共同构成了人性的圆周。正是符号系统改变了人的生活，使人超越动物的物理世界而进入了无限广阔的思想空间。正是在这一意义上，人借助文化不断完善其自身，向着“总体的人”跃升。

人与文化的关系同时也表现为人被文化所塑造，被文化所丰富与充实。人是一种必以其生活环境来决定的生物，人类自我决定的这个方面就是文化。尽管人们一般不会意识到这一点，然而习俗与传统的力量却在潜移默化中模塑与创造着人自身。本尼迪克特把此称之为“文化模式”对人的决定性作用。文化模式是在传统文化积淀的基础上形成的，它作为一种稳定的惯例和传统价值被社会群体保存下来，这种凝固了的文化成果补偿了人在适应自然时的匮乏，使人不必每时每刻从头开始，这正是人类社会不断进步的基础。作为文化创造的个人必然要走向死亡，但文化成果却是不朽与永恒的,它们被一代代向下传递。因此文化成果是脱离我们而存在的,它具有如同自然界那样的先天性。实际上,我们惯常不可避免地处在自己所创造的文化世界中,就像我们处在自然中一样。可以说,文化是人的第二天性。随着文明的不断推进,人对文化的依赖将愈来愈多于对自然的依靠。"具体说来,文化是历史地凝结成的稳定的生存方式,其核心是自觉不自觉地建构起来的人之形象。"①

2. 人的分裂状态是文化分裂的反映。自19世纪起,哲学家们就意识到人的存在面临着全面物的危机,即人与人的关系具有了一种物的特征,对物的占有与消费成为人们追求的唯一目标,物成为衡量人的一切行为准则。在这种观念的指导下,功利主义、享乐主义、拜金主义将作为社会的价值取向蔓延与泛滥开来。人成为只知道追求自身经济利益的经济人,其结果是人的一个方面——超验的精神世界远逝了。精神生活的消解意味着人自身的完整性丧失了,人陷入了分裂的存在状态之中。

20世纪的哲学家们从各个角度考察了存在危机的根源,比较具有代表性的观点认为,人的分裂的存在状态是文化分裂的反映。文化是"人类生活的样法",文化以何种模式表现出来,人就以何种方式存在。人的分裂状态实际上是文化自身分裂的表象。这种文化分裂主要体现为人文精神与科学理性的分离。具体表现为自然科学所倡导的研究方法与原则已经扩张到了人类生活的方方面面。在对人自身的分析上,它主张采用心理学和生理学方法对人加以研究、解剖与说明。然而,作为完整存在的人却是神秘的,他的幻想、希望、感觉、情绪等主观体验均是科学所无力剖析与涉及的。同时,正是这些不可剖析与量化的情感给予人生以意义和美感。它不仅能够使人摆脱物质现象对我们的奴化,而且能够使人获得超越于具体生活的意义,即把生活综合为一以贯之的不断向善跃进的整体。如果说,文化是人的存在方式,那么显然,文化中的这种功用是文化精神中的"硬核"。

在一定的意义上,可以说,科学是对自然与世界的客观认识,它是对"事实"的研究。而以描述与表达超验情感的人文精神则属于"意义领域",它试图通过宗教、哲学、文学、艺术、神话、历史等不同形式,以想象的

① 衣俊卿:《文化哲学的主题及中国文化哲学的定位》,载《求是学刊》1999年第1期。

表达方法诠释世界的意义。这种表达方式与人的理想、信仰、追求直接相关,是在不同历史时期,人对自身神圣性的发掘与描述。同时,这种神圣性贯穿到文化的各个层面,从而把生活统摄为一个完整的总体。

随着实证科学可见成就的不断获取,它的研究方法日益盛行起来。人文科学所倡导的形而上学由其既不具有可证实性又不能以现世的功利形式出现,因此而进入了日渐衰微的状态,其结果是它所代表的意义世界的消解,使人停留在表层的物质生活的繁荣之中。美国社会学家W.奥格本把它描述为一种“文化堕距或文化滞差”。在当代社会,这种文化堕距表现为物质生活极大发展与精神生活的萎缩与贫乏。这种现象十分重要,文化堕距加大,会导致文明的倾斜,并衍生出畸形的人的存在,即人的零散的、片面化的、分裂的存在状态。

3. 文化的整合是完整人的生成基础。文化哲学的兴起正是20世纪以来对社会现状的反映,不论它以何种方式表现自己,在它那里,总是蕴含着克服文化分裂、实现人自身完整性的自觉追求。文化哲学的根本旨趣就在于把人文与自然、科学与价值、知识与意义、真与善协调统一起来,即力图把自然科学、人文精神和形而上学等结合为一个有机的文化整体,从而给人类提供一种比以前所知的更好地把握自身的思维方式。实际上,文化哲学是对人文精神和实证主义思潮的整合,这种统一体现了文化哲学所特有的追求和反映整体的人的基本特性。

文化作为人的一种存在方式,它必然是人的生命的全面体现。因此,在它那里既包含了理性、秩序、逻辑等,同时又含有意义、价值、信仰、自由等特征,它是涌动不息的主体创造性的本真体现。从根本上说,文化研究实质上就是对人的研究,文化直接关注的是人的行为、人的生活、人的价值,人的完善是文化的最高原则。文化哲学代表的是一种关于自由、个体独立、恢复人性尊严的哲学,它的灵魂与精髓就是人的自由与人的解放。正是在这层意义上,舍勒把它称之为“拯救的知识”。这种知识能把人从赤裸裸的物欲中拯救出来,从片断式的、单向度的存在状态中提升出来,从而恢复人的尊严与文化的完整性。概言之,只有克服文化的分裂,恢复文化中形而上的关怀,完整的人才能生成。

总之,我们认为,文化哲学的目标是重建文化的总体性,实现文化自身的统一性。因为单纯的实证科学或单纯的人文精神都不能实现总体人的价值理想，只有把两者整合起来，才是总体人生成的基础。这恰恰是文化哲学的基本精神。

●原文刊载于《求是学刊》2000 年第 4 期。《新华文摘》2000 年第 12 期、《人大复印报刊资料 · 哲学原理》2002 年第 10 期转载。

●车玉玲，苏州大学教授、博士生导师。

文化哲学与历史唯物主义的规范性维度

强乃社

当代中国的文化哲学研究取得了很大的成就,同时有些问题也很突出,尤其是文化哲学的理论定位问题。本文拟从规范性入手把文化哲学定位为对历史唯物主义的规范性的挖掘和发现。传统历史唯物主义的理论框架中很难得出对规范性的合理解释,文化价值才是规范性的真正来源。正是在新康德主义的社会历史理论、法兰克福学派的社会批判理论中,规范性问题得到了详细阐发。

一、文化哲学的发展历史和理论定位

(一)文化哲学的发展历史

中国文化哲学的发展历史对于我们理解社会历史发展中的文化问题有很多启发。我们可以将这段历史简要分为以下几个时期。其一,19 世纪 40 年代到 19 世纪末期。“古今”、“中外”、“体用”之争比较激烈,从这些争论中可以看出人们对社会发展历史中文化的重要性的承认。其二,20 世纪初期到 20 世纪 40 年代末期。中国社会现实发生了重大变化,西方思想包括马克思主义思想在中国产生了重要的理论和实际影响。这一时期,救亡图存的现实使得文化的重要性凸显出来,对中国社会自身文化的反思成为人们精神生活中的重要方面。也是在这个时期,文化哲学研究中出现了很多重要人物,其思想对于我们认识传统文化、西方文化,认识中西和古今社会都具有里程碑的意义。其三,20 世纪 70 年代末期到

80 年代末期。传统和现实、中国和外国这些文化哲学的重要问题再度成为人们关注的焦点。对文化的反思和批评成为我们进行社会改革、对外开放的重要精神动力。其四,最近 20 年。中国的文化哲学研究取得了很多的成果,建设市场经济和遭遇全球化是这一时期中国文化哲学研究的重要语境。

文化哲学在国外有很长的发展历史,这主要体现在一些重要思想派别中内涵的文化哲学方法上。如果从与马克思思想有关的研究来看,从文化对社会历史观的重要性来看,从 19 世纪中叶到 21 世纪初期,西方文化哲学可以分为以下三个阶段和流派。其一,19 世纪 50 年代到 20 世纪 20 年代,新康德主义对文化在历史和社会发展中的地位和价值给予高度重视,提出了文化对于历史解释的重要性。其二,20 世纪 20 年代到 40 年代,早期西方马克思主义者卢卡奇、葛兰西、科尔施重新阐释马克思思想,对前苏联的正统解释给予批判,强调了意识、观念等对人类历史发展和社会主义运动的重要性。卢卡奇的阶级意识理论、葛兰西的文化霸权理论都是重要的文化问题研究成果。这些观点在一定意义上是对前苏联理解的历史唯物主义所存在的问题的纠正,尤其是对经济决定论的纠偏。其三,从 20 世纪 40 年代至今,西方许多与马克思主义交叉的流派,例如人道主义的马克思主义等,都可看做文化哲学的思想资源,其中以法兰克福学派的成就最高。法兰克福学派的理论取向几经嬗变,但一直强调文化、规范性等对于理解社会历史的重要性。霍克海默和阿多诺在《启蒙辩证法》中对大众文化以及文化工业的批判,是对资本主义社会的新的认识和理解。哈贝马斯对历史唯物主义的规范性问题给予了充分的重视,对文化中的重要现象,比如道德、法律等进行了探索。

以上各学派之间有一个共同之处,就是认为,社会生活是一个复杂的现象,单纯从经济因素理解社会和文化是有问题的。文化并不是仅仅依赖其他要素而存在,它有自身的基础,有自身的独立性。从社会历史发展的实际看,文化是人类历史和社会存在与发展中的一个重要现象。有些文化能够在全球范围流行,有些文化早已中断,有些文化局限于狭小的地域,这些现象有的可用实证的因素比如经济和政治加以说明,但是更多的是需要对文化进行非实证的、反思的、价值性的、规范性的探索。可以说,历史解释离不开文化的探索角度,这种角度不是用文化决定论来简单代替经济决定论，而是应该对文化的独立性、人的主体性、人类社会中人的价值选择等需要给予充分重视，对道德、法律等的重要性给予充分考虑。

（二）文化哲学的理论定位

在对历史唯物主义的理解中，有两种相互对立的观点。一种观点认为历史唯物主义是对历史规律的说明，人们行为的合理性和正当性来自于是否和这种规律符合；人的行为规范归根结底是由经济因素决定的。从恩格斯开始一直到前苏联马克思主义哲学教科书，基本持这种观点。另外一种观点则从对马克思主义的补充和发展的角度出发，强调历史唯物主义对社会价值、规范等应该有明确的说明和分析，认为历史唯物主义对规范性问题重视不够、解释不足。比如新康德主义者、社会批判理论家都强调历史解释中价值、文化的重要性，都谈到历史解释的规范性维度。

规范性问题是哲学研究中的重要问题。近现代哲学认为，社会规范的基础是人的理性，无论这种理性表现为追求利益还是追求道德。在当代哲学中，人的规范与人的语言有直接的关联，人的语言不仅仅为了表达一定的情况，而且要用来达到一定的目的，人的行为规范的有效性和正当性与人们在一定的语言关系中形成的共同认识有关。以往多数对历史唯物主义的理解，强调社会历史发展具有不以人的意志为转移的规律。实际上，自然界的规律和社会的规律有很大的区别，社会规律与规范的形成并不是一回事，行为规范的发展有自身独立的发展。历史唯物主义在考察和研究社会历史问题时，要在方法上重视文化分析、价值分析，重视人的主体性和主体间性对社会历史事件的影响。这种研究区别于对社会历史事件的经验描述和实证研究。历史唯物主义的历史解释应重视历史事件中人们行为的依据，注重人们行为的合法性和合理性，重视人们对一定行为规范的承认与否。

在规范性问题研究历史上，康德是一个重要人物，而文化哲学的发生，新康德主义者功不可没。康德高扬人的主体性。在他那里，人的理性不仅为自然立法，而且为自身立法，这也就意味着，人应该按照一条普遍的法则行为。从康德起，人的行为规范的合法性和合理性转移到人自身，转移到人的理性基础上。在人的实践理性的问题上，康德和马克思的关系是一个重要的哲学史问题。过去，我们过分强调马克思和黑格尔的关系而对马克思和康德的关系有所忽视，而历史唯物主义规范性维度的发掘恰恰需要我们对马克思思想与康德哲学的关系进行一种新的理解。西方文化哲学研究在一定程度上正是对历史唯物主义规范性维度的揭示和说明。下面我们从这个角度出发，分析新康德主义、法兰克福学派的社会批判理论对社会历史规范维度的揭示。

二、新康德主义：社会历史中的文化与价值

新康德主义对历史中的文化和价值等问题的重视，可以帮助我们对历史唯物主义的理解达到新的维度。历史发展不能作简单的经济决定论的理解，文化和价值对于理解历史和社会的存在和发展具有重要意义。不能仅仅从实证的角度分析历史发展，还需要从规范的角度探索人的价值观、道德和法律等要素的重要性。

对新康德主义的重要人物文德尔班来说，19 世纪人们对经验的重视使得人们生活在培根主义中。"在十九世纪哲学运动中起决定性作用的因素无疑是关于现象界的自然科学概念对整个世界观和人生观应有多大意义的问题。"①当时，哲学界在唯物主义和唯心主义的问题上虽有很大的论争，"但终于能够回到康德关于普遍有效的价值的基本问题上来"②。早期新康德主义者朗格把唯物主义发展的历史以康德哲学为界分为两个阶段，在康德以后的现代社会历史理论中出现了一个很重要的现象，就是对经济发展的研究。这是唯物主义从近代到现代以来发展的一个重要方面。

朗格看到现代社会中资本的"崇高"地位造成了严重的社会问题，"个体的财富和权力成为所有道德和法律的障碍，国家成为没有实质的形式，没有地位的无产者成为少数人情绪的足球，直到有一天所有一切在社会的地震中改变，这次地震将吞噬所有追求单边的和自私的利益的努力"③。虽然朗格提出改造社会的药方不是改变社会制度和结构，改变他已经看到出了很多问题的社会财产制度，而是回到基督性和启蒙的人道

① （德）文德尔班：《哲学史教程》下卷，罗达仁译，商务印书馆 1996 年版，第 859 页。

② （德）文德尔班：《哲学史教程》下卷，罗达仁译，商务印书馆 1996 年版，第 861 ~ 862 页。

③ F. A. Lange, *The History of Materialism and Criticism of Its Present Importance*, Harcourt, Brace & company, 1925, p. 261.

主义精神，但他的这些探索有力地反驳了将社会与自然界进行类比的做法。

新康德主义的西南派则对社会历史研究中的文化、价值问题给予充分关注。文德尔班和李凯尔特都对价值和社会历史的关系问题进行了比较深入的探索。文德尔班提出："哲学只有作为普遍有效的价值的科学才能继续存在。""那些价值是一切文化职能和一切特殊生活价值的组织原则。但是哲学描述和阐述这些价值只是为了说明它们的有效性。哲学并不把这些价值当做事实而是当做规范来看待。"①

对李凯尔特来说，价值与人们的承认或者认可联系在一起，与文化联系在一起，"在一切文化现象中都体现出某种为人所承认的价值"，"我们不能说它们实际上存在着或不存在，而只能说它是有意义的，还是无意义的。文化价值或者事实上被大家公认有效的，或者至少被文化人（与自然人相对——译者注）假定为有效的"。② 文化对象或者财富"所固有的价值或者被全体社会成员公认为有效的，或者可以期望得到它们的承认"③。因此，"价值决不是现实，既不是物理的现实，也不是心理的现实。价值的实质在于它的有效性（Geltung），而不在于它的事实性（Tatsächlichkeit）"④。可见，李凯尔特对文化价值的探讨突出了规范性问题。在他看来，当时的历史唯物主义显然丢失了规范性的维度。

正是基于对唯物主义的这种批判性观点，新康德主义的马堡学派借助康德的绝对命令论证社会主义的合法性和必然性，这就是所谓的"康德社会主义"或"伦理社会主义"，试图建设与上帝的旨意、人类的普遍良好法则一致的社会主义。这个流派的影响一直持续至今，甚至成为欧洲一些国家的社会民主党、民主社会主义者的意识形态⑤。一般认为，新康德主义马堡学派和西南学派在伦理社会主义问题上没有原则性分歧。他们都认为社会主义是以道德观念的进步作为标志的，而不是以历史唯物主义所指出的历史发展尤其是经济发展为基础的。在肚子和上帝的关系上，上帝的道德律令比每日填充肚子的需要更重要，因为绝对律令才能够

---

① （德）文德尔班：《哲学史教程》下卷，罗达仁译，商务印书馆 1996 年版，第 27 页。

② （德）H. 李凯尔特：《文化科学和自然科学》，涂纪亮译，商务印书馆 1986 年版，第 21 页。

③ （德）H. 李凯尔特：《文化科学和自然科学》，涂纪亮译，商务印书馆 1986 年版，第 22 页。

④ （德）H. 李凯尔特：《文化科学和自然科学》，涂纪亮译，商务印书馆 1986 年版，第 78 页。

⑤ 参见 Hans Jörg Sandkühler，Rafael de la Vega：*Marxismus und Ethik – texte zum neukantianischen Sozialismus*，Frankfurt am Main：Suhrkamp，1974，S. I ~ XLX，S. 7 ~ 44。

保证社会的一个规范性和原则性的发展①。

系统论证伦理社会主义的是马堡学派的柯亨(H. Cohen)、福尔兰德尔(F. Vorlaender)、沃特曼(L. Woltmann)、施陶丁尔(F. Staudinger)以及施密特(K. Schmidt),其中,柯亨的论证最为细密和深入。柯亨认为,马克思的社会主义中贯彻着道德的精神。对于柯亨来说,社会主义是一个理想而不是现实的运动,它是道德的理想和彼岸世界的东西,在现实生活中永远不能到达。社会主义仅仅是道德上的自我完善,仅仅以普遍的道德原则作为个人的行为准则。在康德那里,社会主义的原则已经得到了表述:一定要那样行为,使人不要被当做手段加以利用。人具有尊严,应该是目的而不仅仅是手段,这个原则包含了所有现代和未来的全部世界历史的道德纲领。现存的国家都是等级的国家,是统治阶级的国家,只有实现了伦理社会主义的原则才能够建立作为道德人的交往共同体的法权国家。社会主义运动永远是一种永恒的任务,它意味着无限趋向纯粹意志。因此,柯亨特别强调法律对于社会主义的重要性。②

另外一个伦理社会主义思想的主要人物福尔兰德尔认为,应该把绝对命令的简单而崇高表述当做建立社会主义的基础;应当把康德这位科尼斯堡的智者作为德国社会主义的真正的和现实的奠基者。他还提出,社会主义应该在康德那里找自己的曾祖,并以康德的伦理学原则来证明自己改良行为的合理性③。新康德主义尤其重视法律对于社会主义的重要性,这在后来的奥地利马克思主义者卡尔·伦纳以及凯尔森、施塔穆勒、拉德布鲁赫那里都有表现。从上述论述可见,新康德主义的文化哲学试图通过道德论证弥补历史唯物主义在合法性论证上的不足。他们的做法虽然有其局限,但其对规范性的强调无疑具有合理性。

三、社会批判理论对规范问题的探索

法兰克福学派社会批判理论同样重视文化在确立社会规范方面的作

① 参见刘放桐等:《现代西方哲学》,人民出版社 1981 年版,第 132 页。

② 参见 H. Cohen:*Ethik des Reinen Willens*, Verlegt bei Bruno Cassirer, 1921,S. 270 ~ 290,S. 309,S. 322,S. 413。

③ 参见 Hans Jörg Sandkühler, Rafael de la Vega:*Marxismus und Ethik – texte zum neukantianischen Sozialismus*, Frankfurt am Main:Suhrkamp,1974,S. 306。

用,这对于我们理解历史唯物主义的规范性维度相当重要。法兰克福学派第一代以霍克海默为代表,第二代以哈贝马斯为领军人物,当下很多人认为第三代以霍耐特为代表。虽然该派的理论发展比较复杂多样,但是,对于文化、规范等的重视是共同的。

法兰克福学派的早期发展与新康德主义有直接联系。法兰克福社会科学研究所第一任所长格律恩伯格就是一个新康德主义者。在执掌法兰克福社会科学研究所期间,格律恩伯格在他主持的《社会主义与工人运动文库》中发表了像麦克斯·阿德勒、凯尔森等新康德主义者或有此倾向的一些人的作品。把新康德主义和法兰克福学派联系在一起的还不只这些制度或者人员的联系,更多的是一种精神的联系。霍克海默与阿多诺的启蒙辩证法研究、批判理论研究、否定辩证法研究等十分重视社会历史中的文化与价值要素。

有学者专门研究了社会批判理论中的"批判"和康德的批判哲学之批判的联系。依据霍克海默,批判并不完全如同政治经济学的辩证批判那种意义上的理想主义的、纯理性的批判。这说明他的批判区别于马克思的批判。社会批判理论把人看做全部文化的创造者,因而也就是与人的观念相应的客体的制造者。试图将似乎不可改变的真理的素材同人类生产联系起来,这是社会批判理论同唯心主义相一致的基点。霍克海默把对社会批判传统中保留的、被唯物主义化的或被扬弃的德国唯心主义成分进行系统阐述看成自己的主要任务之一。因此,批判理论在霍克海默那里很大程度上仍处于康德的传统之中。

但是,哈贝马斯指出,霍克海默等人对于工具理性的高度重视和批判,实际上是接受了意识哲学—主体哲学范式。因为只有在强调主客体二元对立的意识哲学范式中,理性才有可能被归结为工具理性。对工具理性的批判使霍克海默和阿多诺陷入两难的矛盾境地:一方面,他们把理性等同于工具理性,从而也就把理性和工具理性看做一种意识形态,一种应该抛弃的东西,也就是说他们不再相信理性;另一方面,他们不能依据一定规范形成有效批判。这种两难的矛盾境地使"他们陷入了一种批判的绝境"①,无法提出和论证社会规范与秩序的基础。哈贝马斯认为,必

① Jürgen Habermas, *The Theory of Communicative Action*, vol. Ⅰ, trans. by Thomas McCarthy, Polity Press, 1984, p. 383.

须彻底走出意识哲学范式,向交往理论的范式转型,也就是"把社会批判理论未能完成的使命重新承担起来,向哲学的语言学范式转化"①。

哈贝马斯认为人的异化和社会危机根源于生活世界与系统的分离。在哈贝马斯看来,"生活世界仅仅是由文化传统和制度秩序以及社会化过程中出现的认同所构成的。……生活世界是日常交往实践的核心,它是由扎根在日常交往实践中的文化再生产、社会整合以及社会化相互作用的产物"②。这个生活世界的主要特点在于:其主要因素是文化、社会和人格;在生活世界中人们使用语言相互交流,其目标是达成理解,形成共识。生活世界是"达成理解的过程的集合"③。所谓的"系统"原属于生活世界,但在现代社会形成过程中,经济管理和社会管理的复杂性大大增加,逐渐从人们的生活世界中独立出来,形成具有自己特定制度和运行规则的系统,其中,最重要的是经济系统和国家管理系统。经济系统和国家管理系统运作的媒介是货币和权力,机制是市场和科层制度,在这些系统中人们的行为指向成功,而不是指向理解。哈贝马斯对生活世界和系统之间关系进行研究,一个重要的目的在于,指出二者的分离造成了现代社会规范性的危机。

哈贝马斯提出的历史唯物主义的重建所针对的正是如何论证社会规范的合法性。在他看来,马克思的理论存在着问题,"对于他的实际目标来说,抓住并且从存在和意识上批判占统治地位的资产阶级理论的规范内容,即现代自然法和政治经济学的规范内容(这个内容体现在革命的资产阶级宪法中)就够了"④。哈贝马斯进一步提出,社会规范是进化的,这种进化本身又不能简单地理解为是由社会经济直接决定的。一个社会规范的结构发生变化,其动力不是单纯的其他因素决定的,规范自身具有进化的动力,具有一种通过学习而进化的能力。"文化始终是一种上层建筑现象,尽管文化在向新的发展水平过渡时似乎发挥着一种比许多马克思

① Jürgen Habermas, *The Theory of Communicative Action*, vol. Ⅰ, trans. by Thomas McCarthy, Polity Press, 1984, p. 386.

② (德)哈贝马斯:《后形而上学思想》,曹卫东译,译林出版社2001年版,第86页。

③ Jürgen Habermas, *The Theory of Communicative Action*, vol. Ⅱ, trans. by Thomas McCarthy, Polity Press, 1984, p. 124.

④ (德)哈贝马斯:《重建历史唯物主义》,郭官义译,社会科学文献出版社2000年版,第5页。

主义者迄今所认为的还要重要的作用。”[①]这种判断使得哈贝马斯的历史唯物主义重建从一定角度看来主要是对这个问题的回答：社会规范是社会劳动生产决定的还是文化决定的？同时也是对社会何以失范、何以面临危机的回答。

对于哈贝马斯来说，社会危机与社会一体化的危机有关。所谓的一体化就是生活世界关于价值和规范的同一性的保障。如果一个社会的价值和规范与制度系统不能形成一致，就需要对社会进行革命性变革，社会的同一性就处于危机之中。马克思把这种危机理解为是由社会生产力的发展使得社会生产关系不能与之适应而引起的。但是，对于哈贝马斯来说，在社会生活中，“只要不用暴力或战略手段，而是在共识的基础上去调节行为冲突，那么影响个人道德意识、社会道德系统和法律系统的结构就会发挥作用”[②]。在这种情况下，我们对法律和道德以及其他文化要素的认识就不应仅仅把它理解为附属的、完全为生产和劳动所决定的社会关系规范系统。对社会一体化的阐释需要比生产劳动更多的东西。

作为新一代法兰克福学派代表人物的霍耐特认为，承认与否是社会道德冲突的根本所在。他不同意马克思对社会冲突的解释，因为马克思坚持劳动范式。“在他的理论创作的起点，马克思就沉湎于一种值得怀疑的倾向之中，这就是将承认要求的丰富光谱还原为通过劳动而自我实现的维度，但是，马克思把他颇具有原创意义的人类学建立在一种劳动概念上，这一劳动概念具有十分规范的内涵，以至于他可以把生产活动解释成主体间的承认过程。”[③]其实，马克思的劳动不是为劳动的劳动，而是在社会基本结构中起重要作用的劳动。如果劳动者不再为资本的逻辑所制约，那么，社会劳动中人和人之间存在非承认的关系是不可能的。社会危机和冲突中，道德肯定是一个重要的因素，但却不是唯一的因素。“承认”这个概念其实是与文化联系在一起的，最近弗拉泽对这个问题作了颇具价值的说明。弗拉泽认为：“承认概念来自黑格尔哲学，准确地说是来

---

① (德)哈贝马斯：《重建历史唯物主义》，郭官义译，社会科学文献出版社 2000 年版，第 7 页。

② (德)哈贝马斯：《重建历史唯物主义》，郭官义译，社会科学文献出版社 2000 年版，第 168 页。

③ (德)霍耐特：《为承认而斗争》，胡继华译，上海世纪出版集团 2005 年版，第 152 页。

自其《精神现象学》。在这个传统中，承认是主体之间彼此的一种理想的相互接受，他者同时作为存在以及自我存在。”①弗拉泽将承认定位在文化领域，认为承认问题可以作为文化问题来处理，她的这个观点值得我们重视。②

通过以上论述，我们可以初步得出结论：作为文化哲学理论来源的新康德主义和法兰克福学派，在其众多理论形态中，对规范性的论证都处于重要的位置，尤其是在马堡学派和哈贝马斯那里，规范性的论证被看做对社会主义、马克思主义的必要补充。由此看来，历史唯物主义的规范性维度不失为有中国特色的马克思主义文化哲学的适当定位。

●原文刊载于《求是学刊》2009 年第 6 期。

●强乃社，中国社会科学院哲学所编辑。

① Nacy Fraser, Axel Honneth, *Umverteilung oder Anerkennung?*, Suhrkamp, 2003, S. 19.

② 2009 年初，弗拉泽在中国社会科学院的演讲中提出，在常态(normal)正义(罗尔斯等所说的正义)之后的非常态(abnormal)正义(她所阐述的正义)中，经济上的再分配问题、文化上的承认问题、政治上的代表性问题是正义的三个维度，这些维度在规范的一元论(normative monism)基础上统一起来。这个问题在她 2008 年出版的 *Scales of Justice: Re – imagining Politics Space in a Globalizing World* 一书的第 4 章中进行了说明。可参见汉译本《正义的尺度》，上海人民出版社 2009 年版，第 57 ~ 89 页。这些探索很可能对承认作为文化问题的意义有深刻的揭示，是对文化和承认关系所作的比较深入的说明。

卡西尔与文化哲学的进路

王立志

作为康德先验原则的体现者,卡西尔从两个方面发展了康德的理论:一方面他把康德的先天形式发展为生成着的符号形式;另一方面他把康德哲学的逻辑结构与人类文化领域结合起来,把康德的先验原则运用到人类的一切活动中,从而把康德的理性批判变成文化批判。卡西尔的《实体、函数与爱因斯坦的相对论》是最早对相对论作出哲学反应的著作之一。经过现代科学的洗礼,在卡西尔那里,认识的先验条件转化为一种时空观念,一种符号形式。康德的"哥白尼式革命"使客观地起作用的创造力被主观地发现了,卡西尔符号形式哲学赋予了康德的"哥白尼式革命"以存在论的意义。卡西尔的哲学以文化为研究领域和基点,从符号形式方面对人类经验予以科学的、现象的分析,这不仅扩大了康德哲学的知识论原则,也为德国的人文主义传统找到了知识的、科学的、现象学的表现形式。卡西尔开辟的文化哲学研究为我们理解人的完整性,理解多样的世界奠定了新的方法论基础。在文化哲学成为显学的今天,重新审视卡西尔这位唯一在中国哲学文化中有现实影响的新康德主义思想家的思想进路,对于克服传统的唯理智主义对文化哲学研究造成的困惑,走出"纯观念的王国"[①],清理文化哲学研究的地基,回答"真正的人的科学如何可能"都有重要的意义。

① (德)卡西尔:《符号、神话、文化》,李小兵译,东方出版社 1988 年版,第 5 页。

一、康德的先验图式与文化哲学的奠基

康德在1793年致卡尔·弗里德里希·司徒林的信中说："很久以来，在纯粹哲学的领域中，我给自己提出的研究计划，就是要解决以下三个问题：1.我能知道什么？（形而上学）2.我应该做什么？（道德学）3.我应该希望什么？（宗教学）接着是第四个，也是最后一个问题：人是什么？（人类学，二十年来我每年都讲授一遍。）"[①]如果把《实用人类学》放入康德整个批判哲学的脉络中，我们就会产生一种新的看待康德哲学的视角：他的批判哲学（《纯粹理性批判》、《实践理性批判》、《判断力批判》）是建立先验人类学的努力。康德的先验哲学（他称做先验唯心主义和批判唯心主义）对人类的各种能力（知、情、意）的先天原则进行批判的考察只是为真正的、实用的人类学奠基。康德的真正目标是建立融会人的知识、情感和道德为一体的，体现出人的自由能动性的、人的崇高性的人性论或人类学。这样一来，康德哲学就可以被看做两种人类学的合一，即由三大批判构成的先验人类学和经验性的实用人类学的合一，后一种人类学是前一种人类学的归宿[②]。这两部分都以关于"人的知识"和如何运用"人的知识"为己任。

关于"人的知识"只能到人的创造物中去寻找。维柯的"真理与创造物相互转化"这一新科学的第一原理在康德的先验哲学中得到了充分的体现。18世纪，数学、力学、天文学取得了辉煌的成果。在康德看来，关于"人的知识"隐藏在人类最伟大的创造物——数学自然科学知识中。关于"人的知识"是其他一切知识的前提，这个前提是先于经验的（先验的），是隐而不显的。如何从人类的"知识库"中发掘出那个深藏着的先验原理是康德知识论的首要问题。在这种意义上，康德的工作也可以叫做"知识考古学"。知识是人类的"制作"。先天知识是制作的依据，先验哲学只研究先天知识被运用的那一部分。只有这一部分是可以把握的，至于先天成分中没有被运用的部分只能是潜在的，不是现实的，因此不在先验哲学研究的范围内。先验哲学是面向"现实"的，它是关于"人的知

① （德）康德：《康德书信百封》，李秋零译，上海人民出版社2006年版，第199页。

② 邓晓芒：《康德哲学诸问题》，上海三联书店2006年版，第226页

识”的现象学。

康德对纯粹理性的批判旨在厘清为自然科学提供基础的、独立于经验之外的“纯粹部分”(理性)。这个“纯粹部分”决定着自然科学的发展。它是人自身的界限和本质,也是人认识外部世界的方式、尺度和界限。人是凭借着这个“纯粹部分”为自然立法的。人是靠着这个“纯粹部分”、这个“天分”与世界打交道的。人应该充分地利用这个“天分”(理性)。康德通过追问“科学知识如何可能”和“先天综合判断如何可能”,走向经验世界的深层,走向那个纯粹的领域,洞彻经验的逻辑结构和规律,它的普遍原则和条件,即先验的形式结构及其发挥作用的机制,去追寻知识制造的过程。康德称人类创造知识的能力为知性,指引知性发挥作用的是“先验图式”,用他的话说,就是一种“限制知性概念使用”的形式和条件。康德特别强调了图式的形式特征无论是可能性条件还是普遍性条件,都蕴涵着一种超越具体经验对象的形式规定①。通过先验图式,感性和理性在先验想象力中融为一体。在康德那里,图式是作为方法而不是作为实体的。在通往纯粹知识这一片晦暗不明的领域的途中,《纯粹理性批判》点燃了一把火炬,不过,它所指向的不是那超乎感性世界之外的未知领域,而是照亮着我们自身理解活动这片漆黑的区域。康德的先验方法并不发展为超验的、超感性的,而是把我们引回到理性的深度,使我们认识和把握理性的前提及其基本力量②。这一基本精神贯穿于三大批判的始终。

关于“人的知识”不仅要到人类认识的成果——科学知识——中寻找,也要到人类行动的创造中去寻找。人不但为自然划界,也为自己划界。在那个纯粹的领域里,不但蕴藏着人类的认识原则,也蕴藏着人行动的原则,即人行动的先验条件。在“先天综合判断如何可能”这一命题背后回响着的“人的自由如何可能”这一更深层、更重要的命题在《实践理性批判》中得到了解决。人凭借着实践理性这一天赋的能力从自己出发,在现象世界,在可感的、物理的、必然的世界中创造出了一个“事件的世界”来。这个行动的、实践的领域具有原创性,人的主动性在这个领域得到了体现。在《纯粹理性批判》中持否定态度的“超越”问题,在《实践理性批判》中得到了妥善的安置。

---

① 江怡:《康德的“图式”概念及其在当代英美哲学中的演变》,载《哲学研究》2004年第6期。

② (德)卡西尔:《符号、神话、文化》,李小兵译,东方出版社1988年版,第7页。

在活生生的经验中,人是一个完整的整体。“生命”不可以真的分割为“理论”和“实践”两大块,如何在“同一的理性”中理解人的完整性?理性规定下的意志(纯粹意志)怎样才能创造出“作品”来?这是人实现“不朽”的最关键的问题。必然的世界和自由的世界,都有自己的内在规律,这两个世界是紧密联系在一起的。可是这两个世界靠什么联系在一起?人的行动是自由的,是“从心所欲”的,但不是毫无顾忌、任意妄为的,它受到必然世界的限制,受到目的的引导。人鉴别完美的能力(康德称为审美鉴赏力)把必然世界和自由世界连接起来。人的这一天赋的能力在人“当机立断”之际显现,相机而动。意志是自由的,可以不受可感世界的摆置,自行其是。因为意志是“自由”的,所以它可以不计利害行事。理性存在物在不计利害的前提下进行创造,他需要“材料”,他在处理这些“材料”时需要“通盘考虑”,行动要及时,判断在当下。这就要求这种“通盘的考虑”在瞬间完成。审美判断需要人在感觉到事物时,“感而遂通”。显然,理智不能担当此任,因为概念推理是延迟的,所以判断不能依凭概念。同时,它也不能违背理智的规则。审美判断是一个“情通而理达”的状态,理即形式。“通情达理”的审美判断的先验条件是想象力利用知性提供的材料构制的蓝图,这个蓝图即主观形式,它如影随形无时不在,它是当机立断(鉴赏判断)的依据。康德首先在人的审美心理上寻找一般鉴赏判断的普遍有效的先天条件,然后在人类审美的经验事实即艺术和艺术史中,寻找鉴赏判断及审美愉快普遍传达的先天条件①。就审美鉴赏的对象和认识的对象而言,它们是同一个对象;就内容而言,却是不同的。鉴赏的内容是自由的,认识的内容是必然的。在人的创造过程中,自由和必然统一起来。

在人的创造物中,纯粹形式的、没有感性直观的、不在时空之内的道德自由具有了可感的内容,有了“不确定”的时空直观形式,这种形式不是必然知识的图式,而是自由世界的象征。因为这个形式是主观的、自由的,所以它不显示对象的客观属性而是显示那最隐秘的“本体”、“人自身”。在这自由的时空中,不可感的、在必然的时空中隐而不显的“物自身”显现出来。“我”从内部给所有行为和关系分派了质和形式,这个物

① 张慎:《西方哲学史》,凤凰出版社2005年版,第198页。

的世界因为“我”而有了生命。先验哲学向人们提示：人有一个向世界的实际构造敞开着的结构。人可以凭借这个已有的结构建立起与实在的日益丰富的关系；人可以凭借这个结构塑造自己，通过“尽(显)物之性”，而“尽(显)人之性”。康德哲学的问题不仅仅是为自然立法和为自由立法的问题，而是要考察人类整个文化实践生活所赖以成立的理性的先决条件，考察人类精神能力的本性、功能、界限和范围，以及人类的天职、希望和历史的未来方向，探究人类文化在其先天意义上究竟如何可能①。

二、卡西尔的符号形式与文化的统一性

知性的先验图式在康德哲学体系中占有重要位置，离开它康德的其余理论框架就无法理解。卡西尔对先天的看法基于康德的范导性原理，他把康德哲学看做一种引导、一种哲学方法，而不是一个完成了的体系。卡西尔接受了康德先验哲学的基本原理，即现象的实在性不是来源于感官和心灵的被动接受，而是来自于精神把先验形式赋予感性杂多所产生的影响和结果。先验图式到底是什么？它是与生俱来的，还是生成变化的？如果是生成的，它的生成机制又是什么？康德的先验图式是一个尚未解决的问题。在卡西尔看来，康德并未提出一种数理—自然科学知识的理论，他的贡献在于形而上学之所以可能的条件；康德的“科学知识如何可能”这一命题构成了一个物理世界的可能性，然而，人不仅是科学这一种类型的世界的构造者，人还构成了语言、神话、历史、宗教、艺术的世界。科学只是人性圆周的一个扇面②。如何理解不同类型的世界的创造者？如何对人作整体性的理解？这是卡西尔关心的问题。卡西尔认为完整的人存在于“人文化成的世界”里，他把人看做符号的动物。符号的世界、“人文化成的世界”只有通过其起源和普遍有效的立法形式才能成为可理解的。

在这一思想的道路上，黑格尔是卡西尔从康德的先验图式过渡到符号形式的桥梁。在黑格尔那里，精神的领域有自己的规律，这规律要到“历史”中去寻找，即通过对艺术史、神话史、宗教史的经验知识的“回

① 范进：《康德的文化哲学》，社会科学文献出版社1996年版，第12页。

② (德)卡西尔：《人论》，甘阳译，上海译文出版社2007年版，第96页。

忆”,抵达精神世界的深层。规律潜藏在过程中,事物的本质在“大全”里。对于那个变动着的“精神”,把握它的唯一方式是通过它的效用性去考察,也就是去把握意识的诸形态,精神变化的诸环节。黑格尔通过概念来把握事物,概念是一种特殊的意识形态的形式,是自己确知自己的精神的形态。黑格尔的概念是一个关系的集合,因为“事物只有在关系中,只有通过我以及它与我的关系,才有意义”。对于变化着的意识、精神而言,形式就是自我自己,因为形式包含行动着的自身确定的精神,自我是在履行着绝对精神的生活。黑格尔的形式是有内容的,诸形式是那活生生的精神的自我确定的方式。形式、概念描绘了精神的变化过程,这个过程以自由的、偶然的事件的形式呈现出来。“黑格尔的思辨唯心主义揭示了时间的转换和精神上原初生长得以展开的过程。”①卡西尔由此看出了自身的问题和方法——批判唯心主义的方法:不把自己限制在纯粹事实的范围中,依照普遍原则去规整这些事实。这些原则不是先验的思维方式推衍出来的,而是通过询问具体科学获得的。只有接受具体科学提供的素材,分析和理解在语言、神话、艺术、宗教、科学中的那些基本感知、表象、想象、描述方式,才能保持精神的生机与活力。艺术与神话、科学和语言都是朝向存在的创造,它们不是对已经存在的实在的简单摹写,它们表达了精神运动、理想过程的伟大路线②。

卡西尔把这种精神的创造看做对符号的劳作。符号是人的创造物,人栖身于符号中,并在这个自己创造的世界中创造。对于现实的、活生生的个体而言,符号世界是被给予的、是先天的。符号是人“文化”自然的结果也是人成为自己的前提条件。人是在这个结构中实现知、情、意的统一,完成自我认同的。人自身的谜藏在这个新的实在之维中。先验图式、人之为人的依据不再是隐藏在人自己内部的什么东西,而是由生活世界的形式给予的,这些形式是一种活生生的力量,一种沉浸在我们生活世界的经久不衰的能量之流,是随着世界的变化而变化着的人成为独特的自己的根源,符号是潜藏着的形式得以显现的中介,因此研究符号、符号世界的结构和生成过程就是在研究人自身。康德的先验图式转变成了符号

① (德)卡西尔:《符号、神话、文化》,李小兵译,东方出版社1988年版,第31页。

② (美)迈克尔-弗里德曼:《分道而行——卡尔那普、卡西尔和海德格尔》,张卜天译,北京大学出版社2010年版,第94页。

形式的生成过程。符号形式成了组织思想和表达情感的方式和媒介。康德曾以研究"人类心灵的建筑术"为自己的目标。一个人天生就是一位杰出的建筑师,他从外部摄取材料构筑自己的身体,同时也从外部摄取材料构筑自己的"心体"。构成身体和"心体"的材料是不同的。人通过摄取物质材料(蛋白质)构筑自己的身体,通过摄取符号构筑自己的"心体"。研究人的"心体的建筑术"是卡西尔符号哲学的目标。

符号既是人的创造结果,又是创造人的条件。人是通过摄取饱含情感的符号、符号之间的关系以及关系模式成为自己的。科学、艺术、宗教、文学各有自己一套独特的符号系统,从具体的形态上看它们是不同的,而从形式和模式的角度来看,它们却有相同之处。卡尔所要探究的是"整个现象所依凭的不同函数的本性"①。这是一个崭新的思考维度。

三、符号形式的功能性统一

20世纪初,关于时空、物质和运动的科学思维打破了过去实体性的思维方式。当我们不再把现代物理学的语言看做外在事物的直接图像和对应物,而把它们看做符号,即看做康德所说的那种其唯一目的"在于说明现象以便使它们有可能作为经验被人所理解的符号,我们就会看出,用不同的符号去说明现象不仅是可能而且是必需的"②。卡西尔从符号学角度评价了玻尔的互补原理。他写道:"玻尔为了解释和论证他的原理,不得不回到理论物理所运用的符号的本性,并以一种明白无误的方式反省这些符号。为了建构他的新的原子模型,他不得不放弃光的电磁理论中的放射律,这看似悖谬,然而,它却是我们基本的物理概念所具有的符号特性的最清晰、最鲜明的证明。"③如果我们不满足于各种记号的物理属性,而是重视对简单材料的形式的思考,那么这些材料就有了变化的新生命。科学理论是人的创造物,它是一种融人类生命和自然物理事件为一体的创造物,对这些符号体系本性的研究成为审视人类自身之谜的途径之一。

---

① (德)卡西尔:《符号、神话、文化》,李小兵译,东方出版社1988年版,第32页。

② (德)卡西尔:《符号、神话、文化》,李小兵译,东方出版社1988年版,第27页。

③ (德)卡西尔:《符号、神话、文化》,李小兵译,东方出版社1988年版,第28页。

卡西尔要研究科学的语法、艺术的语法、神话的语法、宗教思维的语法。这种探究是对活生生的思维和表达方式的探究。符号具有感性的性质，是一种抽象化了的感性，是有一定形式的感性，它们不仅是感性的物理存在，更是我们人类精神活动的标记。在现代物理学所展示的自然宇宙里，整体先于部分；在精神宇宙里，意义先于符号，符号的作用首先是把意义固定下来。语言、神话、理论认识在这里都被当做“客观精神”的基本形态，这种“客观精神”的存在必须能够纯粹作为自身被指示和理解，而独立于它的“生成”问题。卡西尔把符号世界当成“文化事实”看待，他要把握和描述的是文化事实的结构。在这种意义上，卡西尔的“符号形式”与卡尔纳普的“世界的逻辑构造”是一致的。这与他们把现代数学物理学看做符号意义指示功能发展的最高程度密切相关①。

依据康德的观点，空间是外经验的形式，时间是内经验的形式，时间比空间更具本源性。“我们的各种表象，不管它们来自何处，无论它们是外物影响的，还是内因造成的，是先天地产生的，还是有经验产生的现象，总之都是内心的变形，都是属于内感官的，因此我们的一切认识全部依从内感官的形式条件，即时间，它们全都必须在时间中加以整理、联结，纳入关系。”②时间不是一个固定不变的程序，它是一个过程。在这个过程中，被规整的、被纳入关系的不是物质实体，而是代表着特定关系和情感的符号形式；在这个过程中，没有任何东西会以完全相同的形态重新发生，它们相互渗透，并强化着自身。时间作为内感官的形式条件也随着符号世界的变化而改变。人的生活世界(精神宇宙)不是“机械的建构”。“空间和时间是一切实在与之相关联的架构。我们只有在空间和时间的条件下才能设想任何真实的事物。”③在这种意义上说，时空观是“人文化成的世界”的尺度。人的时空观念、思考和行为的尺度是怎样获得的呢？在卡西尔看来，人是通过符号塑造自己的。“抽象的空间观念为人开辟了通向新的知识领域的道路，而且开辟了人的文化生活的新方向。”④当天文学取

① (美)迈克尔-弗里德曼:《分道而行——卡尔那普、卡西尔和海德格尔》，张卜天译，北京大学出版社2010年版，第118页。

② 江怡:《康德的“图式”概念及其在当代英美哲学中的演变》，载《哲学研究》2004年第6期。

③ (德)卡西尔:《符号、神话、文化》，李小兵译，东方出版社1988年版，第24页。

④ (德)卡西尔:《人论》，甘阳译，上海译文出版社2007年版，第60页。

代了占星术,几何学的空间取代神话和魔术的空间,近代科学的符号系统确立起来,人就生活在一个完全崭新的世界里了。"近代哲学最初和最困难的任务之一就是要理解这种符号系统的真正意义和全部重要性。"①

时间上的瞬间、空间的点、事物和它的属性只有在意识的形式结构里,在一个关系系统内才存在。在卡西尔那里,康德的自我意识的统一性变成了主体内部经验的三种统一性:时间统一性、空间统一性、客观综合统一性。康德的先验图式变成了符号制作。这种符号制作是遵循着一定的函数关系进行的,科学理论这个"人的创造物"是形式化了的感性符号在功能上的统一。我们生活在语言中,生活在诗歌和造型艺术的形式中,生活在音乐的形式中,生活在宗教表象和宗教信仰的结构中。只有在这些形式中,我们才能彼此认识,才能自我认同。文化科学的目标不是定律的普遍性、事实和现象的个别性,而是人生实现于其中的形式整体。符号形式的哲学把"文化意义"的统一性和客观性当做理性任务。符号是包含着精神意义的载体,它用内在于自己的形式追求、探索、捕捉、摄取外在于自己的事物。现代科学提供的宇宙图景只不过是"一个由符号体系所标示的世界"。科学和其他的文化模式(语言、神话、宗教、艺术)一样,通过为自己创造一种确定的可感觉的根据,构造自己的对象,从而发展它特有的构造模式和理解模式,揭示实在。科学体现了人类精神的一种组织原则,这种原则是开放的、可变的,因为符号世界的结构在变化,符号形式始终处于生成的过程中,符号系统具有开放性和可变性。在那可感的、具体的形式结构中蕴藏着一个变化不息的、由自然事件构成的、由人的意识所把握的意义世界。物理的宇宙是一个必然的世界,是一个身不由己的世界,只有在符号的宇宙里人才是自由的。生活在自己创造的世界里,就要和自己的创造物打交道。

符号的多样性象征着世界的多样性。通过符号的多样性理解世界的多样性,通过符号的功能性统一认识人与世界的统一性,进而发现自由得以实现的方式和途径。在这种意义上,卡西尔开辟了理解自由、认识人自身的新维度。卡西尔强调抽象的关系结构,同时他又强调符号蕴涵着情感;他把科学看做符号劳作的最高表现,又强调原始的世界表达形式即神

---

① (德)卡西尔:《人论》,甘阳译,上海译文出版社2007年版,第67页。

话世界观的相对独立性;他用符号形式的关系模式取代了先验的图式,展示了符号形式的生成性、过程性和象征性,同时他又强调符号世界的客观性、有效性和可交流性。卡西尔的符号形式哲学在构思和涵盖范围上是惊人的,他处理哲学问题的方法从根本上是综合的和调和的,他融合自然科学和精神科学的努力虽然由于深层的系统性的困难未能实现,但他所昭示的方法和思考路线对于科学地研究“人文化成的世界”却是不可绕过的里程碑。

●原文刊载于《求是学刊》2010 年第 5 期,系北京外国语大学青年项目“卡西尔符号形式哲学研究”研究成果。

●王立志,北京外国语大学哲学社会科学学院、哲学与文化研究所副教授;中国自然辩证法研究会未来哲学委员会副秘书长。

文化哲学的合法性探究

——从卡西尔的符号文化哲学说起

刘振怡

当前,文化哲学研究蓬勃发展,方兴未艾,但在繁荣表象背后,也存在着许多亟待回答的深层次理论问题。例如,文化哲学产生的理论背景是什么?文化哲学存在的合法性是什么?在现当代哲学发展进程中,文化哲学要力图解决什么样的理论难题?通过对哲学史的解读,我们发现,哲学作为时代精神的精华,是一种具有历史生成性的理性活动和文化建构。这就需要我们在探讨纷繁复杂的理论体系和思想观点时,厘清贯穿于整个哲学历史发展当中的主导线索。对于文化哲学思想内涵的理解,我们不能仅仅关注各位哲学大师的主要观点或者表述这些观点的时间顺序,而且要把握住贯穿于其中的"基本理智力量",即理智活动所采取的运思方式,而这种"基本理智力量"只有在哲人的思想活动逻辑的演变过程中,才能被人们所把握。因此,要历史地考察和再现文化哲学,必须把厘清这些"看不见"的主导线索视为哲学研究的最高任务。这种理智活动所采取的运思方式被称为"哲学理解范式",它对于我们把握哲学发展的主导线索起着至关重要的作用。

纵观哲学史,我们可以总结出两种主要的哲学理解范式:一种是寻求普遍性知识的思辨意识哲学理解范式,另一种则是探究价值意义的文化哲学理解范式。文化哲学作为一种研究范式,一直隐藏在哲学的发展历史中,现当代哲学发展进程使文化哲学的理论自觉成为一种可能,同时,文化哲学的理论自觉也是现代哲学发展过程中的一个重要转向。在文化哲学的理性自觉过程中,卡西尔有着重要地位,他从哲学理性层面上推动了作为一种哲学理解范式的文化哲学的产生。本文通过对卡西尔文化哲学建构的合法性论证,试图从哲学理性自觉层面上去印证文化哲学转向的必然性和合理性。

一、卡西尔文化哲学的内涵规定

在《符号·神话·文化》一书的第二篇《作为一种文化哲学的批判唯心主义》中,卡西尔通过对德国古典哲学,特别是康德与黑格尔哲学的比较,对文化哲学的生成基础作了精彩的论述,明确地凸显了传统意识哲学思维范式向文化哲学思维范式的转换。卡西尔对文化哲学的合法性论证是通过理论来源、意义基础和研究主题三个层面的阐释来实现的。

首先,从理论来源上看,卡西尔文化哲学的逻辑起点是康德哲学的先验逻辑形式。康德认为,科学知识的形成基础和普遍性来源在于认知主体的先验逻辑形式,认识论的目的就是要去研究这些认识形式。他的思想给我们这样一个启示:“真实的世界”其实是我们能够有意义谈论的、经验上实在的世界,是我们的直观能力和悟性的构成物,也即“人为自然界立法”。因而,人只能理解自己创造的东西。康德把哲学的研究对象从传统哲学对客观事物实体的思考,转向了对人与对象之间关系的思考,实现了对传统哲学当中主客二元对立的思维模式的超越,填平一直以来主体与客体、自由与必然、价值与认识的鸿沟。卡西尔完全赞同康德哲学的基本立场,即哲学的任务不在于研究存在或客体,而在于研究我们认识客体的方式。但同时他也指出,康德思想当中先验原则适用的认识论范围过于狭窄,仅仅囿于数学、自然科学和形而上学。卡西尔对此持有疑问。知识仅仅限于单纯的理性认识吗?产生于科学之前的神话、宗教、语言、艺术等众多其他文化形式的知识合法性怎样确立?因此,他认为有必要对康德的先验原则基础进行改造:用“符号”来说明理性的统一原则与感性材料相结合的特点。康德的先验唯心主义不应该只限定在物理学、伦理学和逻辑学这些具体形式,它可以被运用到所有其他的思维、判断和理解的形式上,甚至可以用于人类心灵用以把握整体之宇宙的情感上。在卡西尔那里,符号是一个功能性的概念,就像康德的先验范畴一样,并不是反映对象,而是要构成对象。人类借助各种各样的符号和象征,构成各种对象，由此把康德从哲学中排斥出去的人类经验的更为丰富、更为广阔的内容收复回来。举凡人类精神生活的一切形式，诸如语言、神话、宗教、艺术等，都是理性批判的应用范围。这就是卡西尔所谓的“扩大认识论”，把康德的纯粹理性具体化为制造并运用“符号”的能力。

在此基础上，卡西尔对哲学概念进行了规定。他认为，哲学的任务体现在精神旨趣上所追求的统一性。但是，卡西尔反对传统思辨意识哲学中实体形而上学的同一性，而主张寻求各种符号形式的内在同一性，即一种功能整合上的统一性。因此，哲学的对象与物理学、生物学、历史学等具体科学对象不同，后者要求它们都有各自具体的研究对象，而哲学则没有明确的、具体的研究对象，通常而言一个概念直接表现为一个哲学问题。因此，哲学的概念、本质和完成的任务，只能通过哲学史进程当中各个不同的发展阶段所蕴涵的概念问题来呈现。这种哲学概念到了康德以后越发明晰起来：“哲学由此就不再宣称能对知识的实质性内容有所增进，不再宣称能经由教导式的洞见去扩展那些具体知识领域所勾勒的疆域。它满足于探究知识的功能，满足于理解和建构这种功能。这就要求哲学认识那些并不仅仅是分门别类地构成知识的力量，而且还要求哲学在这些力量的内在统一中，在它们的秩序和系统联系中，去统摄这些力量。这种出自其自身领域的统摄，这种对其自身功能的认识，是我们任何哲学知识得以拓展的条件。”①卡西尔关于哲学的这种理解是建构在发生学意义上的。哲学的理解并不满足于最终的结论，而是希望理解这种结论得以产生的具体方式，关注的是精神表现功能的总体性。在更深一层的意义上说，我们可以说哲学理解的问题最终涉及人不可改变的、内在的、不可让渡的权利。因此，卡西尔认为，哲学概念渐渐走出“学院式”的范式，积极发展了“广义的概念”，哲学被人格化成理想的哲学家身上。但是，这并不意味着哲学就没有普遍性、自律性的渴求，否则，哲学会丧失稳定性和意义。

这样，在哲学概念的理解上，卡西尔用功能性的理性范式取代了黑格尔体系中的实体性的理性范式。这些符号形式不仅是我们精神生活领域的人类心灵的显现，而且具有内在的功能上的统一性：以关系、活动、运用的方式去理解和界定，区别于体系化形而上学那种简单的、不可分割的实

---

① （德）卡西尔：《符号·神话·文化》，李小兵译，东方出版社1988年版，第6页。

体。神话、宗教、艺术、语言等人类活动都是人类精神自身创造的符号形式,它们都属于现象,没有本体。人类正是凭借自己创造的各种符号形式的体系才使得自己获得了理性的、历史的、文化的发展。所以,当目标和意义问题摆在文化整体面前时,我们就处在哲学的自我反省的决定性转折点上,哲学研究应该实现范式的变革。

其次,从意义生成的基础上看,文化哲学的最终旨趣是如何维系各种文化形式的价值普遍有效性。卡西尔认为,文化的根基不可能是纯粹思辨的东西,其在内容上会表现出一系列的理论构想,但是它会指向一系列的行动。“文化意味着一个语言的活动和道德的活动之总体——这些活动不要仅仅以一种抽象的方式去理解,这些活动还有变为现实的恒常趋向和能量。在这种现实化中,在这种对经验世界的建构和重建中,包容着文化的概念之真义,塑造着它本质的、最具代表性的特征。”①卡西尔的文化概念暗含着康德和黑格尔的思想痕迹。在德国古典哲学那里,唯心主义(idealism)不仅关注心灵和肉体或精神与物质的本质问题,而且也关注现实感知等文化哲学问题。正如柏拉图理念论所认为的,真理必须从理论和实践两个层面来界定。文化是人类内在的、深层的本质力量,体现着理性的自由,是理性试图冲破自己界限的趋势和冲动。“理当成为新的唯心主义之真正客体的不再是事物本身,而是事物之可能的确定性,即由不同认识方式对事物的确定。”②

文化哲学的基础,即功能上的统一性,是各种文化形式中在先存在的前提,那么,它的客观价值和客观意义如何得到维系?康德曾经说过,哲学和一般的人类理性之所以受到质疑的一个关键问题是,物自体的存在(即外部事物的存在)只能靠信仰的方式,我们没有证据去反驳有人对这个问题的怀疑。对于这个难题,卡西尔提出的解决方法是,把对物质宇宙的关注转向对文化宇宙的关注。因为,“在文化宇宙中要宣称有一种绝对存在和实体性是荒谬的”③。但是,否认绝对存在和实体性并不意味着抛弃文化形式存在前提的价值普遍有效性,所有文化形式的根本目标是去建立一个思维和情感的意义世界,即一个充满清醒理智的人性世界,在这

① (德)卡西尔:《符号·神话·文化》,李小兵译,东方出版社 1988 年版,第 17 页。
② (德)卡西尔:《符号·神话·文化》,李小兵译,东方出版社 1988 年版,第 21～22 页。
③ (德)卡西尔:《符号·神话·文化》,李小兵译,东方出版社 1988 年版,第 24 页。

个世界中,排斥个人的虚幻梦想。人类的认识过程是心灵的自由建构过程,关于世界图景或概念符号不是被给予的、现成的、固定不变的,它们是人类通过功能统一构成的。主体通过意识的“再现功能”,使感觉经验之间存在千丝万缕的联系。因此,“再现功能”超出了自身的内容规定和孤立意义上的被给予,而融入功能整体当中。例如语言,“我们不能以普遍言语的方式去理解语言。它并不具有逻辑思维所具有的那种普遍性。它受民族的甚至个体的条件的限制,然而它又的确是通达文化进程欲以趋赴的共同世界的第一步”①。洪堡也认为,言谈并不仅仅是机械的东西,它还关涉精神世界。语言可以使人通达共同的意义世界。因此,我们可以得出结论,虽然人的文化符号各个形式各有其独特的语言、独特的思维形式和独特的表达方式,但是它们都是对活生生的意义世界之文化普遍性的一种探究。在卡西尔的文化哲学中,符号的物质存在,即外形、声音、颜色等,并不是认识所真正关心的内容,主体所要努力发掘的是符号背后的意义。人们通过符号对意义的把握就可以达到对符号所指对象的把握。所以,符号能进入“人类意义的世界”中去,具有揭示人类生存意义的功能。

同时,符号指向意义世界,意味着人的生存不仅是一个肉体的物理存在问题,更为重要的它还是一个客观价值问题。人的客观价值就在于人与自由和必然性的关系上。因此,文化哲学最终指向的是人的自由和必然性的关系问题。“文化不能以必然性的方式去界定和说明,它必须以自由的方式去界定。当然这种自由应在伦理意义上而不是在形而上学意义上去理解。……人类历史的真正和最终目的就是理性自由。”②自由既是人类文明的起点,也是它的重点,自由意味着理性如何实现自律,因而文化哲学的合法性在于从什么角度和经由何种方式在人类思想和意志的演化中去达到这种自律。同时,它的合法性也体现为,在理性的自律要求不断变为现实的过程中,蕴藏着人类历史丰富内容的展开线索。文化的进程就是自由意识实现的进程。文化哲学以一种纯粹的分析的方式对自由意识实现的各种形式(包括语言、艺术、宗教、科学)进行描述,这种描述所要达到的目的绝对不是得到精神的绝对本质及其关于单个对象自身的普遍公式,而是希望洞见人类精神得以功能统摄的那些普遍法则。由此,

---

① (德)卡西尔:《符号·神话·文化》,李小兵译,东方出版社1988年版,第25页。
② (德)卡西尔:《符号·神话·文化》,李小兵译,东方出版社1988年版,第36页。

人类能够更好地理解人类存在的这个世界，每一个个别意识都参与其中并且以自己特有的方式重构着价值的普遍效用性。

再次，从哲学研究主题上看，卡西尔文化哲学研究的主要内容是人的符号功能。通过以上分析，我们可以总结出卡西尔文化哲学基本内涵：人与其说是"理性动物"不如说是"符号动物"。人的特点在于他是一种能够创造和使用符号的动物。科学、语言、神话等人类文化的形式，都是人类创造的不同符号系统，是人类用以把握世界的方式。因此，符号作用就成为人类意识的基本功能，凭借它我们不仅能够理解科学的结构，而且同样能够理解语言、神话、宗教、艺术、历史等人类文化的一切成就。因此，文化哲学的研究主题就是人类创造和使用的这些符号系统。在《人论》当中，卡西尔力图阐明，符号构造人的活动，人永远生活在自己构造的世界中，这个世界是非物质的世界，是以人的活动、人的符号化编织而成的一个关系系统，作为主体的人的意义、价值和可能性都在这个空间里展开。只有首先批判文化形式是何以生成和演变的，才有可能进一步领会整个人类文化活动的意义和价值。"在这里，文化形式所指称的是符号形式或思维方式，其特征是历史的、动态的，而不是先验的、静态的；而文化价值或文化意义所体现的就是人性或自由的创造过程，其特征是伦理的、功能性的，而不是主体的、实体性的。"①因此，关于"人是什么"这个定义只能被理解为一种功能性的定义，而不能是一种实体性的定义。"我们不能以任何构成人的形而上学本质的内在原则来给人下定义；我们也不能用可以靠经验的观察来确定的天生能力或本能来给人下定义。人的突出特征，人与众不同的标志，既不是他的形而上学本性也不是他的物理本性，而是人的劳作（work）。正是这种劳作，正是这种人类活动的体系，规定和划定了'人性'的圆周。语言、神话、宗教、艺术、科学、历史，都是这个圆的组成部分和各个扇面。因此，一种'人的哲学'一定是这样一种哲学：它能使我们洞见这些人类活动各自的基本结构，同时又能使我们把这些活动理解为一个有机整体。"②卡西尔突破了传统的本体论认识。无论是亚里士多德的"人是政治的动物"，还是近代传统"人是理性的动物"，都

① 张志刚：《从理性批判到文化批判——论卡西尔的思想转折》，载《德国哲学论文集》第12辑。

② （德）卡西尔：《人论》，甘阳译，上海译文出版社2003年版，第107页。

把人的本质看成是先验的、给定的东西,是人的一种永恒的实体。卡西尔认为,人的劳作(work)创造了不同符号,形成与物质自然界相对的文化世界。通过劳动创造出的文化"产品",是人的本质与面貌的最好显现。"人的劳作怎样,人的本质也就怎样;人的创造活动如何,人性的面貌也就如何。"①因此,真正的人性就是人的无限的创造性活动所体现出来的人的自由。

卡西尔的文化哲学建构可以归结成这样一种方式:符号—文化—意义(自由)。卡西尔通过分析的方式描述语言、艺术等文化形式,寻求各种文化形式内在统一性的功能,在此基础上去发现心灵的法则,理解人的世界,实现人的意义和自由。对劳作概念的分析是卡西尔文化哲学的核心。这里,笔者认为,可以把劳作解释成"人的生活",亦即人活动的中心是以生命价值为轴心的获取。劳作本身积淀着文化的各种形式,文化形式在其基础上不断地获得完满性和研究范围的扩展。因此,劳作本身是文化对象化后果的舞台,它反映着生活的本真。从此种意义看,对人的本质的研究可以被看做对作为发明和运用符号形式的人的特点的探讨。

那么,我们如何来理解人的符号化的活动呢?卡西尔认为,符号的发生、形成是人类的符号化活动的结果。符号具有指称性,即一定的符号代表一定的对象,在丰富多样的对象世界中,人在主客体之间的关系上,要通过符号指称一定的对象。作为对象的一种观念性的存在,符号与信号的不同之处在于,它与人的生存方式相联系。人通过符号指称对象,以自己的观念去能动地改造对象世界。人通过符号展现文化世界的这个过程,其实是人通过符号改变了人与世界的关系,符号的不同,说明人与世界关系不是一成不变的。没有符号系统人就把握不了对象,也就无法实现理性的自由。人的符号化活动一方面是说人区别于动物,另一方面是说在人的历史活动中发展出人的各种文化形式,从而使人性得以生成和发展。所以,人的本质不是像传统哲学规定的那样先天存在的,而是在人的现实活动中生成的。

通过对符号文化哲学的阐述,卡西尔向我们明晰了哲学的真正作用:"哲学不再是位于自然科学、法和政治等学科的原理一旁或之上的特殊的知识领域,而是一个贯通一切的媒介,用这个媒介便可以归纳、发展和建

---

① (德)卡西尔:《人论》,甘阳译,上海译文出版社2003年版,第203页。

立这些原理。哲学不仅不能与科学、历史、法学和政治学相分离,反而应当成为这些学科得以存在和起作用的氛围。哲学不再是孤立的理智力量。它的真正功能,它的研究和探讨的特殊性质,它的方法和基本认识过程,都把全部理智的面目披露无疑。因此,18 世纪从以往原封不动地承袭过来的所有哲学概念和哲学问题,便具有了新的地位,经历了独特的意义变化。它们本是固定了的、完成了形式和一目了然的结果,而今则转变为能动的力量和律令。”①

二、卡西尔文化哲学的启示

综上所述,卡西尔的文化哲学是西方哲学发展到特定历史文化境遇下对哲学的重新定位,通过对哲学研究对象和研究方法的重新阐释,集中体现了人类文化活动的符号形式,确定了人的自由作为文化哲学的使命。它既体现了哲学与诸文化形式的对话与交融,又是哲学摆脱西方近代理性形而上学的困境、实现自我拯救与超越的有效途径之一。卡西尔文化哲学的建构对于我们理解文化哲学的内涵和理论定位,具有重要的借鉴意义。

1. 哲学思维范式的转换。哲学范式就是在哲学研究(包括哲学史和各式各样的哲学专题)当中,哲学理性分析、反思和批判活动最基本的运思方式和路数。在这种意义上,“哲学范式不是指某种具体的哲学分析方法,而是指哲学的总体性的活动方式,涉及哲学理性活动的各个基本方面,是指哲学理性分析、反思和批判活动的最基本的方式和路数。在很多时候,对于哲学研究而言,重要的不仅在于研究什么,更在于如何研究”②。因此,我们可以说,哲学研究范式至少应当包括以下两个基本方面的内涵:一是哲学的主题和对象,即研究什么的问题,它反映了哲学的时代性,哲学通过它的研究主题表现其作为时代精神精华的特性;二是哲学理性同所研究的对象和主题之间的关系,即怎么研究、从什么视角和方位研究的问题,它反映了哲学都是一定思维方式的继承和发展,这理所当然地涉及哲学的功能和社会定位问题。因此,从这个内涵出发,哲学范式的转换也必然会带来哲学研究对象和哲学社会定位的转变,它将涉及哲

① (德)卡西尔:《启蒙哲学》,顾伟铭译,山东人民出版社 1998 年版,第 3 页。

② 衣俊卿:《马克思主义哲学演化的内在机制》,载《哲学研究》2005 年第 8 期。

学理性活动的一切基本方面，即哲学范式的创新，指的就是哲学的概念体系、理论研究方法、思维方式及社会功能的总体变迁。对哲学研究范式的研究才是推动哲学史不断发展前进的最终动力所在。

卡西尔的符号文化哲学完成了从传统思辨意识哲学的实体性思维范式向现代文化哲学的功能性范式的转变。在这种范式转换过程中，一方面，卡西尔把人置身于活生生的历史当中，在与人相关的各种形式的符号功能的解释中，把人的存在意义和价值纳入哲学的研究对象中。他追溯人类发展最深远的内在动力，挖掘人类心灵发展的历史过程，明确地指出人类的精神活动远不只是知识和科学，它还应该包括神话、宗教、艺术、语言、历史等丰富多彩的文化形态。这样，卡西尔给我们呈现了一个完整的符号文化哲学体系。符号文化哲学既要思考形式功能的因素，也要兼顾理论与实践的因素，既要注重理性自由也要注意道德规范。卡西尔试图通过描述、分析人类文化活动的不同形式和功能，展现人类精神的基本规则，使每一个参与其中的个体更好地理解人类自身的精神世界。此外尤为值得关注的是，他把人类思维的发展轨迹看成从“神话思维到语言思维再分化为科学和艺术思维”的过程，明确指出把握神话与语言等的思维特点，对于显现哲学活动的隐喻性具有重大意义。

另一方面，卡西尔为文化哲学研究提供了方法论选择——个体化原则的解释方法。对于人文科学的研究方法，卡西尔认为不能诉诸观察和实证，而只能是解释。对人类的各种符号形式的功能同一性进行认识时，仅仅将这些作品作为纯粹的原始材料是不够的。我们必须了解这些作品背后隐藏的深层含义，理解它们究竟向我们传递了什么。而实现这种意义的理解，需要我们运用解释学来对文化符号进行解读。解释学涵盖了物理学、历史学和心理学等方法，能够比较全面地反映和揭示出隐藏于文化符号背后的意义和价值，无疑是我们进行人文科学研究的一种可资借鉴的方法。同时，卡西尔的文化哲学方法论论证也为文化哲学与现代西方哲学主流研究方法的相互融合和借鉴奠定了坚实的理论前提。从笛卡儿到莱布尼茨的近代认识论哲学都在努力寻找修复哲学理性自身分裂(即方法与价值目标的分离)的途径。然而，哲学家所作的努力大都只是以普遍的自然科学的逻辑来把握人文世界。随之而来的后果是，理性当中的价值维度开始弱化，哲学渐渐被自然科学的逻辑所掌控。受近代自然科学的长足进步的影响，哲学的研究范式被崇尚严密的理性逻辑、追求普遍真理的思辨意识哲学所主导。这种研究范式的特点是：总是试图去寻找一种超越认识主体个性化制约的具有普遍性和确定性的知识。人们相信借助于方法论的力量，能够实现对外部世界的认识，或者通过对部分和个别的认识达到对世界整体的把握，进而描绘出整个世界的图景。但是，这种远离人的生活世界，消解人的价值、自由的"哲学自然科学化"研究范式并没有真正起到人们所期待的作用，相反它却造成了人类文明的危机。自然的数学化结构是近代科学家们坚定不移的信仰追求，意识哲学受其影响，也用自然科学所形成的无限的世界图景来构造哲学理论体系。哲学研究方法的科学化，造成了哲学自我理解的失落。卡西尔个体化原则的解释方法排除了自然科学抽象的理论研究，关注事物个体存在和特殊性，在意识形式的多元化中探究人类理性的自由之路。

2. 文化哲学的理论定位。文化哲学不是一种部门哲学，不是"与经济哲学、政治哲学等部门哲学相并列"的一个哲学分支流派，而是一种基本的理智运思方式，是内在于现代西方哲学之中的哲学主流精神和发展趋势，是对传统思辨意识哲学理解范式的超越，它体现了人作为具体历史存在的价值和意义，实现了哲学向人的生活世界的回归。思辨意识哲学的主要倾向是试图去探求一种超越认识主体个性化制约的具有普遍性和确定性的知识，特别到了近代受自然科学的影响，这种知识被认为是客观的、与对象的本质和规律相符合的东西，它不受认识主体所处社会历史环境的影响，力图成为一种超越历史的永恒真理。因此，思辨意识哲学的主要问题在于企图用客观真理来回答关于人的主体个性化历史存在问题，这导致了主体意识力量绝对化、神圣化，造成人与客体的隔离和对立。文化哲学则是哲学摆脱西方近代理性形而上学的困境，实现自我拯救与超越的途径，是对在西方哲学史上占据支配地位的思辨意识哲学研究范式的一种反抗。研究卡西尔文化哲学转向的一个重要意义在于：我们可以更好地运用马克思实践哲学思想，整合新康德主义、解释学、生活世界等各种理论资源，在理论和现实两个维度的结合点上推动文化哲学的自觉与完善。具体而言，体现在以下几个方面：

首先，文化哲学是一种新的体现人的生命价值意义的哲学理解范式。我们应自觉地实现哲学理解范式的转变，文化哲学作为一种哲学理解范式与具体的“部门哲学”不同，它不仅告诉我们怎样去研究人类的文化现象，探讨这些现象的内在运行机制，同时也为我们提供了今后哲学研究的价值切入点，即关注人类的生存与历史，回归体现人类存在意义和价值的生活世界之中。文化哲学同意识哲学相反，它不会只停留于对生活世界的一般特征的外在抽象，或者按照自然科学的普遍化原则把生活世界的特殊性和个别性抛弃掉，而是通过回归文化而真正回归了生活世界。这就有助于我们重新解读当代哲学发展轨迹和态势，反思中国文化哲学范式自觉的途径，为人类社会现代化和历史进步奠定人文主义精神基础。

其次，文化哲学关注人的特殊性历史存在，它的重要意义在于使人的实践活动摆脱了意识哲学范式中的普遍规律和外在必然性的束缚。人的实践活动，根植于人的生活世界的历史文化之中。在这里，无论是主客体统一的实践活动、主体间交往的生活世界，还是现实的社会历史运动，都能使人的自由自觉的类本性在其中得以生成，人的社会历史结构在其中得以建立，因此它是文化的意义结构。因此，在这样的生活世界当中，主体的实践活动既受到既定的生产方式和文化传统的制约，同时又由于人的特殊性存在的特点，使实践活动具有超越性和反思性，从而为人的意义和价值的实现提供了可能。

最后，文化哲学的范式理解有助于我们摆脱线性历史观，不再把社会和历史的发展看成是一个受普遍性和必然性约束的“自然历史过程”。思辨意识哲学关于唯物史观的解读通常会导致对宏观历史规律的强调，最主要的表现是传统哲学教科书中被诘难为只见“物”不见“人”的线性历史决定论。这无疑会忽视人所特有的实践活动方式对历史进程的重要影响。真正的历史对人而言，是具有开放性的，人与世界之间各种特殊性关系使得人类历史发展呈现出多样化、个别性、差异性的特征。因此，社会历史的发展不再是经济基础决定上层建筑的机械决定论，历史的发展受到多种因素的影响，例如，文化、政治、习俗、科技，等等。文化哲学应当充分尊重各种文化、各种文明的特色和价值取向，充分承认文化、文明、社会发展道路的多样性，强调各种文化之间的学习、交融和整合，向我们不断呈现一个充满着更多文化选择和文化创新的可能性的世界。

●原文刊载于《求是学刊》2010 年第 5 期。

●刘振怡，黑龙江大学哲学与公共管理学院教师。

第二编

现代化与日常生活批判

导读

日常生活批判一直是文化哲学研究独具特色的领域之一，充分体现了文化哲学的现实关怀和批判特质。“回归日常生活”是20世纪众多哲学转向之一。不论是胡塞尔晚年转向生活世界理论，还是海德格尔、萨特等“存在主义者”对人的生存状态的揭示，抑或是维特根斯坦从语言的逻辑转向语言的日常使用，等等，都体现了哲学关注之焦点的转移。在文化研究领域同样如此，阿多诺、哈贝马斯、福柯等西方社会理论家大多从对日常生活的反思批判入手，深刻剖析当代西方文化的内在机理，并依此对西方文化的困境进行“病理学”分析。在某种意义上，“回归日常生活”也就是哲学研究从人类历史的宏观视阈向日常生活的微观视阈的转变。

自从赫勒《日常生活》(1990)一书的译介以来，中国的日常生活批判理论作为文化哲学的一个研究领域悄然兴起。期间，该领域的研究一直以以下几个议题为主要内容：一是对西方日常生活理论的引进；二是建立一套相对完备的日常生活理论；三是清理中国文化中根深蒂固的文化积习，由于这种前现代的文化积习在很大程度上阻滞了当代中国文化进步的步伐，这种清理工作就显得尤为必要。以上三个方面中，前两个方面显然具有准备性工作的性质，第三个方面则是日常生活批判理论的最终旨归。

过去十年，日常生活批判领域的研究同样主要在以上三个方面展开，并取得了进一步的突破，尤其是微观政治学视角的引入，可以说为日常生活批判理论开掘了一片新的领地，因为对日常生活的文化批判和从微观视角进行的政治学研究，不论在方法上还是在理论宗旨上都可谓殊途同归。

中国日常生活批判的理论视野

衣俊卿

从笔者在《哲学动态》1989 年第 4 期发表的《日常生活批判刍议》一文开始,一种以中国现代化进程为背景,以人自身的现代化为宗旨的日常生活批判理论逐步成为中国哲学的新生点之一,成为一种独特的文化哲学表述形式。从日常生活批判课题的提出,到《日常生活批判丛书》的出版①,十几年中,我们初步建立了一种中国语境下的日常生活批判理论。

同一般的意识哲学或理论哲学的研究范式不同,我们在开展日常生活批判的理论领域的研究过程中,一直没有做更多的前提性理论划界工作,没有对日常生活批判的学科定位、理论边界、范畴体系、基本原则等作系统的表述,而是直接把日常生活视做历史的和现实的文化世界加以透视,具体描述和分析日常消费世界、日常交往世界和日常观念世界,揭示传统日常生活世界的基本图式和历史演化机制,探讨中国传统日常生活世界的内在文化机理和变革机制等。这样做的原因并不是一种不经意的疏忽,而是一种有意识的理论安排,主要想表明我们同一般意识哲学和理论哲学研究范式分道扬镳的决心,以及防止我们习以为常地从某些原则和原理出发,忽略生活世界原本的丰富性,重新陷入使生活世界抽象化、把"回归生活世界"变成一种时髦的口号的理论误区。

然而今天,当我们初步建立和表述出我们关于日常生活批判本身的理

① 衣俊卿主编的《日常生活批判丛书》,包括《现代化与日常生活批判》(衣俊卿)、《现代化与文化阻滞力》(衣俊卿)、《日常交往与非日常交往》(王晓东)、《日常思维与非日常思维》(王国有)、《中国传统日常生活世界的文化透视》(杨威)、《走向中国的日常生活批判》(李小娟),人民出版社 2005 年 3 月版。

论主张的时候,我们有必要回到关于日常生活批判的前提性理论问题,对于我们所理解的日常生活批判的基本理论视野和它同其他社会历史理论视野的相互关系和相对的理论方位作一些思考。本文拟依据笔者在过去十年间完成的日常生活批判姊妹篇《现代化与日常生活批判》和《现代化与文化阻滞力》[①],阐述一下中国语境中的日常生活批判的理论视野和学理价值。

一、日常生活批判"对象域"的划界

生活世界理论和日常生活批判理论在20世纪人类思想界占据重要的地位,在某种意义上,"回归生活世界"已经成为人们普遍关注的理论共识。然而,我们发现,实质上的问题远比我们想象得更为复杂。当我们认真思考和面对生活世界时,我们发现,人们常常在谈论着不同的生活世界,我们常常面对一些令人茫然的问题,例如,回归什么样的生活世界?回归生活世界要做什么?这一命题的准确含义是什么?在目前我国的学术界,"生活世界"已经成为一个非常时髦的术语,很多人理所当然地、不加反思、不加限定或不加界定地使用,结果,这些理论探讨在增大生活世界理论的影响的同时,也带来很多理论混乱。因此,我们在建构生活世界理论或开展日常生活批判时,首先要解决理论的"对象域"问题。其中最重要的是两个问题:一是不同的生活世界或日常生活世界范畴有没有共同规定性,我们到底在什么意义上回归生活世界的问题;二是"日常生活世界"是否等同于"生活世界"的问题。

首先,我们承认,存在着许多不同的生活世界或日常生活概念,例如,有胡塞尔和哈贝马斯各自的生活世界范畴、海德格尔的日常共在世界范畴、列斐伏尔和赫勒各自的日常生活范畴、许茨的日常生活世界范畴等。这些范畴的价值内涵的确有很大的差异,但我认为,在这些不同的生活世界的范畴中,存在着明显的、内在的、共同的本质规定性,即生活世界从本质上、在根基上表现为一个文化的世界。换言之,文化哲学所致力探讨的作为人的生存的基本方式和社会运行的内在机理的、历史地凝聚成的自觉的或不自觉的文化模式或文化精神,是以生活世界(或日常生活世界)

① 衣俊卿:《现代化与日常生活批判》,黑龙江教育出版社1994年版,人民出版社2005年再版;《现代化与文化阻滞力》,人民出版社2005年版。

为基本寓所和根基的；反之，生活世界（或日常生活世界）的本质规定性和内在机制正是文化所包蕴的价值、意义、传统、习惯、给定的规则等。具体说来，在胡塞尔那里，作为主体（间）性的意义构造的生活世界显而易见是一个文化世界，它所包含的给定的、非课题化的、前科学的、前逻辑的价值、意义、先见（或前见）等显然只能用文化加以表述；海德格尔所关注的此在的日常共在的世界是主体间以自在、沉沦或异化的方式交往和生存的世界，他突出的主题显然是此在的日常共在的方式，即生存的特殊模式；列斐伏尔把日常生活界定为个体生存和再生产的平面，个人是在这个平面或层面上被发现和创造的，其中，人的生成的焦点是基本的生存方式，即文化模式；许茨明确把日常生活世界界定为给定的主体间际的世界，界定为一个文化世界和一个意义结构；赫勒在分析作为个体再生产的领域的日常生活时，一直把它视做一种生存和存在的方式，是一种自在的类本质对象化；而哈贝马斯则直接把作为知识储备的文化视做生活世界的基本的构成要素。这些理论家尽管对生活世界的透视点或着眼点有很大的差异，但是他们在最根本的意义上，都把生活世界理解为文化世界。即是说，哲学理性关注生活世界或日常生活世界的缘由不是其外在的、具体的、琐屑的日常生计和活动，而是体现在衣食住行、饮食男女、婚丧嫁娶、日常交往等活动背后的作为人类给定的知识储备、文化先见、价值取向、非课题化的规则体系、传统习惯等等。这样一来，生活世界必然与人的生存的意义和价值问题密切相关，同时与社会历史运行的内在机理紧密相连。

其次，从生活世界的文化规定性来看，所谓不同的生活世界实际上是不同时代、不同地域生活世界文化内涵的差异。一种情形是共时态的文化差异。例如，与西方文化相比，东方文化体现出以过去为定向、缺少历史感的特征。的确如此，同样处在自然经济和农业文明条件下的自在的日常生活世界，东方社会，特别是中国传统社会中，日常生活世界的内在的、自在的和自然的文化价值储备和传统信念无论在影响上还是在历史尺度上，都是其他的日常生活世界所不可比拟的。另一种情形是历时态的文化差异。例如，原始部落时代生活在天人合一状态下的原始先民的日常生活世界的确是一种最为典型的自然态度，而在今天的条件下，无论胡塞尔或许茨如何强调生活世界的先见性、给定性和非反思性，实际上，完全非反思的和非课题化的生活世界及其文化态度是不存在的，其内在的自然态度也不可能保持原始的给定状态。哈贝马斯在《交往行动理论》中用了很大的篇幅分析系统与生活世界的分化过程，并揭示这种分化生活为世界的文化解释体系和文化规范体系所带来的各种变化。因此，虽然他也强调生活世界的知识储备和文化传统信念的功能，但是他清楚地意识到生活世界已经不可避免地经历了合理化的过程，因此，他曾分析了生活世界中"价值一般化"的趋势、意见一致从宗教依赖向语言依赖的转变、媒体取代传统声望等现象。这说明，在现代社会中，无论我们如何保持生活世界的相对完整性，它的文化解释和文化规范功能在作用方式上都发生了巨大变化，传统日常生活世界中依赖生活世界中的传统文化知识储备而相对自发地调节主体间的关系和达成意见一致的方式已逐步失效，典型的自然态度也必然受到改变。此外，在20世纪的深刻文化危机的背景下，体系或制度化领域和内在机制对生活世界的影响和改造也十分显著，在一些极端的情形中就会出现海德格尔等存在主义哲学家所关注的现代人的生存境遇，一种完全被切割了的、异化的生存体验世界。

再次，依据上述分析，我们可以进一步分析"日常生活世界"与"生活世界"的关系问题。在学界有两种不同的观点，一种观点强调二者的差异，认为生活世界主要涉及一种文化价值和态度，而日常生活世界则涉及一种实在的生存领域或社会基础领域；另一种观点强调二者的等同，包括胡塞尔本人就是在互换的意义上使用生活世界和日常生活世界的概念。笔者认为，这两个概念包含着一定差别，但是在本质上是密切相关的两个范畴，其主要差异点和关联处都与它们的价值内涵和理论上的价值取向直接相关。具体说来，可以认为，日常生活世界是生活世界的一种重要的表述形式，换言之，日常生活世界的概念应当包含在生活世界的概念之中，它们都代表着生活世界的文化解释体系和文化规范体系。不同的是，在生活世界理论的各种不同的价值取向中，日常生活世界一般被用来表征与原始文明和传统自然经济时代相联系的个体再生产的领域自在自发的、自然态度的、非反思的、给定的文化解释体系和规范体系。正因为如此，胡塞尔在强调生活世界的非反思的、前科学的、前逻辑的、先验自明的特征时，习惯于使用日常生活的概念。一般说来，生活世界范畴可以包含日常生活世界的概念，但比后者更为宽泛。例如，哈贝马斯谈论的与体系相关和相对的、合理化的生活世界时，就已经超出了典型的日常生活范畴。

基于对生活世界和日常生活世界范畴的这些理解，我们对中国语境中的日常生活批判的“对象域”作了明确的限定。考虑到中国社会特有的非历史感的文化模式和异常发达的传统日常生活世界，我们在某种意义上更接近赫勒的日常生活人道化理论，而不是列斐伏尔的现代生活世界的异化的日常生活世界的批判理论，也不是胡塞尔所说的作为前科学的价值和意义源泉的生活世界理论。我们是以前工业文明条件下的传统日常生活世界为模本，把传统日常生活世界的自在自发的文化模式视做前现代社会和人的生存的文化根基，主张对自在的日常生活进行剖析和变革，从而使人超越自在的日常存在状态，成为自由、创造性、人道化的个体，这是社会变革的微观基础。正因为如此，“人的现代化”和“现代性”往往成为我们的日常生活批判的关键词。

二、日常生活批判的学理思考

当我们把生活世界从根本上理解为文化和意义世界时，可以比较容易地理解不同的生活世界或日常生活世界的差异：它们既可以作为内化于各种社会活动领域之中的文化储备，也可以作为社会生活中的一个特殊的层面，还可以作为一个相对独立的存在领域。例如，哈贝马斯认为，由文化、社会和个性构成的生活世界不是世界的一个独立的组成部分或领域，而是内化在客观世界、社会世界和主观世界之中的知识储备和文化解释力。而赫勒在讨论个体再生产和社会再生产的相互关系时，则区分了日常生活和非日常生活，并且分别就工作、道德、宗教、政治和法、科学、哲学和艺术等领域的特征区分“日常”与“非日常”①。

在《现代化与日常生活批判》中，笔者把中国传统日常生活世界既视做一个相对独立的个体再生产的实际领域，又视做制约个体生存和社会运行的内在的文化图式。因此，笔者在相对的意义上区分出由日常消费活动、日常交往活动和日常观念活动构成的日常生活领域和政治、经济、技术操作、经营管理、公共事务等有组织的或大规模的社会活动等非日常的社会活动领域，以及非日常的精神生产领域，并着重解释二者在内在机

① Agnes Heller, *Everyday Life*, Routledge&Kegen Paul, 1984, pp. 60 - 113.

制和活动图式方面的重要差别，以及这些基本图式在不同文明时代对于人的生存和社会运行的不同的影响和制约作用。我认为，这种意义上的日常生活批判理论具有重要的学理意义。

第一，日常生活批判理论对人类社会结构作出一种新的划分，拓宽了哲学和其他社会历史理论的视野，它是一种独特的社会历史理论，一种以文化演进为重要内涵的历史解释模式。根据日常生活批判理论，可以把人类社会视做一个金字塔结构。(1)处于金字塔顶部的是科学、艺术和哲学等活动的领域，是非日常的、自觉的人类精神和人类知识领域。由于这一领域所探究和揭示的是关于人本身的知识，关于自由自觉的和对象化的类存在物的知识，因此，也可以称之为自觉的类本质活动领域。(2)处于金字塔中部的是非日常的社会活动领域，主要包括政治、经济、技术操作、经营管理、公共事务、社会化大生产等。赫勒将这一类活动概括为"制度化领域"，因为它涉及社会运行和制度安排，在现代社会中，它主要靠法律和各种制度加以调节维持。(3)处于金字塔底部的是以个体的生存和再生产为宗旨的日常活动领域，它主要包括衣食住行、饮食男女等以个体的肉体生命延续为目的的生活资料的获取与消费活动及其生殖活动；以婚丧嫁娶、礼尚往来等以日常语言为媒介，以血缘和天然情感为基础的个体交往活动；以及伴随上述日常活动的重复性的日常观念活动。

如果我们对于人类社会这一金字塔结构的三个层面再作进一步的分析就会发现，它的前两个层面即有组织的社会活动领域和自觉的人类精神生产领域具有共性，构成了非日常生活世界，它与处于人类社会金字塔结构底部的日常生活世界相对应。简而言之，日常生活世界与非日常生活世界的区别就在于，前者以个体的生存与再生产为宗旨，后者以社会总体或类的存在与再生产为宗旨。我们可以发现，这一人类社会结构理论同马克思主义的社会历史理论，即唯物史观关于经济基础和上层建筑的原理相比，比较大地拓宽了关于人类社会(人的世界)的定义域，因为经济基础与上层建筑只涵盖了由有组织的社会活动和自觉的精神生产所构成的非日常世界，而没有包括衣食住行等日常世界。而日常世界与非日常世界的整合则能涵盖人类社会的全部存在域。实际上，马克思和恩格斯也很重视日常生活领域，他们在《德意志意识形态》中反复强调这样一个观点：人们为了创造历史，必须首先能够生活，首先解决衣食住行等基本生存问题。恩格斯在《家庭、私有制和国家的起源》中则明确把人自身的生产(即家庭和繁衍)与物质生产资料的生产并列为两种基本生产之一。只是后来人们在建构以经济基础和上层建筑为内核的唯物史观时,没有对日常生活这一人自身的生产予以足够的关注。

日常生活批判对于其他社会历史理论学科的影响也具有重要的意义。例如,与关注政治、经济、军事、外交等宏大叙事的传统史学不同,20世纪70年代中期,在德国和意大利开始出现"日常生活史学"和"微观史学",这在德国被视为史学发展的"标志性"事件。随着日常生活史的出现,历史学走出高等学府和研究机构,进入普通人的世界,社会历史理论的关注中心从宏大的历史叙事转向具体的日常生活世界。在政治学领域,开始出现微观政治学,主张从日常生活的机制去思考制度安排问题,探讨微观权力秩序的重建问题。在法学界,也开始出现从日常生活批判的视角探讨法文化和法治的思路,强调法治秩序建构的本质在于由传统的日常生活世界向非日常生活世界跃迁,当代日常生活作为传统法律文化的寓所对于法治秩序的建构形成巨大的阻滞与消解因素,日常生活批判对于法治秩序的建构具有根基性价值,等等。此外,日常生活批判的理论范式对于政治学、社会学、教育学、文学、女权主义等领域的研究也开始产生重要的影响。

第二,日常生活批判主张超越纯粹意识哲学或理论哲学的视阈,强调哲学与社会学、意识哲学与社会哲学、理论理性和实践理性、形而上的理论反思和实际的文化批判的结合,推动着哲学范式的转变。

在哲学研究中,如何研究的问题与研究什么的问题同等重要,也就是说,研究范式与研究对象同等重要,而且密不可分。从古希腊开始,在西方哲学史上一直存在着两种不同的哲学范式:一种是追求普遍性知识的、思辨的理论哲学或意识哲学范式;一种是关注生命的价值和意义的实践哲学或文化哲学范式。理论哲学或意识哲学范式后来同自然科学合流了,并被自然科学的思想方式所支配,它把自然科学所揭示的因果现象、必然性、线性决定特征、还原性、可计算性、普遍性等,放大为统一的、一元的、无限的世界的普遍规律,由此建立起以理性逻辑、绝对真理、普遍规律为核心的形而上学和认识论体系;同时,又通过抽象化除去生活世界、伦理道德世界、人的历史领域的特殊性和个别性,使之成为数学化和理念化的无限自然世界图景中的一个案例。结果导致了生活世界和人的存在之被遗忘,形成了以黑格尔绝对理念为标志的泛逻辑化的理性主义对于人类思想的专制。从19世纪下半叶到20世纪,新康德主义、胡塞尔的现象学生活世界理论、舍勒的哲学人类学等关注生命的价值和意义的实践哲学或文化哲学范式开始复兴。这一哲学范式不仅在研究对象的意义上回归人的存在领域、回归生活世界,而且在基本的研究方式、研究范式上发生了根本的转变。它们不再强调普遍知识和普遍逻辑,而是立足于把生活世界当做人的生存的意义结构和价值根基来加以展示与重建,在社会行为的互动和主体间的交往中确立人的自由和个性的生成空间。

应当说,马克思的学说不仅在研究对象方面,而且在研究范式上都属于真正意义上的实践哲学。马克思对于思辨哲学体系深恶痛绝,在研究人的实践时也立足于揭示它在具体历史条件下的活动机制,揭示实践活动的自由本质和具体的社会制约条件,从不把实践和历史本身的运动机制抽象和提升为外在于历史、高悬于历史之上的普遍逻辑和必然性。但是,在后来的发展过程中,马克思主义逐渐倾向于意识哲学范式,特别是斯大林的《论辩证唯物主义和历史唯物主义》使马克思主义不仅经历了体系化,而且经历了自然科学化,结果,在马克思那里关于人和实践的具体的和历史的分析,变成了抽象的、普遍的原理和结论。这一原理体系往往忽略人的实践、价值和意义的特殊地位,忽略个性和个别化方法的地位。

从日常生活批判理论视角来看,生活世界的缺位或抽象化是纯粹意识哲学或思辨理论哲学盛行的根本原因之一。如前所述,任何文明时代,生活世界或日常生活世界无论对于个体的生存还是社会的运行都不是可有可无的背景世界,而是现实的、不可或缺的文化根基。作为自在的或自觉的文化知识储备和意义源泉,生活世界的内在文化图式一方面内化为各自时代的个体的生存模式,另一方面渗透为社会运行的内在机理。例如,传统农业文明和自然经济条件下的日常生活世界是一个自在的、未分化的、自然而然地运转的领域,它所内含的世代自发地继承下来的传统、习惯、风俗、常识、经验、规则以及血缘和天然情感等经验性图式同人情化图式,一方面以自在自发的方式,潜移默化地成为每一传统日常生活主体的生存方式;另一方面使社会的经济政治运行机理和制度安排明显地具有经验性、人情化、重复性、例行公事等本质特征,换言之,日常生活世界和非日常生活世界内在地、不可分地成为一个有机体,我们无法撇开日常生活世界这一文化根基而充分地理解非日常生活世界。

从这种分析不难看出问题的症结所在，当我们远离现实的生活世界基础，孤立地思考经济基础、上层建筑、意识形态等非日常生活世界，我们实际上已经抽象掉了人类社会运行和人的生存的历史的和现实的文化丰富性，其理论剩余只能是没有文化价值和意义，没有血肉的抽象的原则、原理、教条、规律性、必然性等普遍性知识。我们发现，这种远离生活世界的纯粹意识哲学范式的影响是深远的，它已经形成了一种惯性，以至于当人们提出向生活世界回归时，却又不知不觉把生活世界抽象化为一种给定的理论范畴，习以为常地停留在非常宏大和一般的理论描述的层面上，抽象出生活世界的一些普遍特征，大而化之地勾勒出人之发展的过去、现在和未来的时空坐标系，并进行一些概念和范畴的推演和排列组合，偶尔外在地、表层次地联系一下实际，然后作一些永远正确、普遍适用，而又可有可无的理论指导或理论呼吁。结果，我们的哲学原理中充斥着没有明确“所指”的结论和原则，呈现出一种“能指的狂欢”的状态。显而易见，只有我们不是从给定的原则和抽象的理论范畴出发，而是从历史的和现存的生活世界出发，具体揭示特定生活世界的内在的文化图式和机理，才可能真正回归生活世界，回到在马克思的研究中处处明晰可见的，关注生命的价值和意义的实践哲学或文化哲学范式。

三、日常生活批判的现实关怀

古往今来许多重要的社会历史理论都表达出关于人类的命运和社会发展的强烈的现实关怀，中国学术传统历来强调“学以致用”，胡塞尔、霍克海默、阿多诺、萨特等大思想家在自己的理论思考中处处流露出强烈的历史责任感。马克思主义哲学也历来强调理论联系实际，人们常常引用马克思《关于费尔巴哈的提纲》中的那句名言：“哲学家们只是用不同的方式解释世界，问题在于改变世界。”①这无疑是值得肯定的理论导向。但是，我们也发现，由于纯粹意识哲学或思辨理论哲学范式根深蒂固的影响，人们在表达哲学的现实关怀时也常常有失深刻或陷入误区：或是从普遍的原理出发，停留于普遍适用而又可有可无的外在的方法论指导；或是

① 《马克思恩格斯选集》第1卷，人民出版社1995年版，第57页。

放弃哲学自身的独特领域,成为政治和政策的注释和补白;或是把改变世界和解释世界对立起来,放弃哲学的理性反思的本性,变成现实的应用学科,等等。笔者认为,马克思在谈到解释世界和改变世界的问题时,并非把二者对立起来,而是包含着对哲学不同研究范式的理解。无论何时何地,哲学都不能放弃理性反思的存在方式,都不可能不去以某种方式解释世界。问题在于,屈从于纯粹意识哲学范式的哲学,往往从抽象的原则和结论出发去描述和解释世界,而关注生命的价值和意义的实践哲学和文化哲学范式则强调依据人的生存的价值尺度批判地解释世界,"使现存世界革命化",实际上,批判地解释世界本身就是现实地改变世界的重要内涵。

在这种意义上,我们的日常生活批判理论是真正体现马克思的革命地、批判地解释世界的理论宗旨。正如我们在分析哲学范式的转变时指出的那样,日常生活批判不从给定的普遍性知识和一般理论结论出发,不去一般地描述生活世界的普遍的特征,而是对特定的日常生活世界进行深入的文化批判,揭示出其内在的文化图式及其对特定时代的个体生存和社会运行的影响,并展示其可能的变革空间。这种批判地解释世界的工作,正是哲学地改变世界的合理的方式。正如赫勒在《日常生活》中明确地指出的那样:"日常生活如何能在人道主义的、民主的和社会主义的方向上得以改变是本书讨论的实际争端。本书提供的答案表达了这样的信念,即社会变革无法仅仅在宏观尺度上得以实现,进而,人的态度的改变无论好坏都是所有改变的内在组成部分。"①

正是从这样的研究范式出发,笔者在《现代化与日常生活批判》和《现代化与文化阻滞力》中构造中国语境中的日常生活批判时,主要的注意力始终不是关于生活世界或日常生活世界的超历史的、一般的理论描述,而是明确地把自己的研究域限定在传统农业文明条件下形成的自在自发的日常生活世界的文化图式及其在现代化进程中的命运,这从两本著作的副标题也可以看出:《人自身现代化的文化透视》和《中国社会转型期的日常生活批判》。笔者把中国语境中的日常生活批判的现实关怀定位于关于中国传统日常生活世界的内在文化图式的揭示和关于现代性在中国现代化进程中的实际状况的判定。现代性已经成为当下中国的社

① Agnes Heller, *Everyday Life*, Routledge&Kegen Paul, 1984, p. 10.

会历史理论和社会实践共同面临的焦点性问题，它源于中国社会转型和现代化的特殊历史定位：中国的现代化与西方发达国家的现代化有一个很大的时代落差，即我们不是在西方工业文明方兴未艾、朝气蓬勃之际来实现由传统农业文明向现代工业文明的社会转型和现代化，而是在西方工业文明已经高度发达，以至于出现自身的弊端和危机，并开始受到批判和责难而向后工业文明过渡之时才开始向工业文明过渡的。因此，对现代性的捍卫和拒斥同时成为我们时代的重要文化特征。

从日常生活批判的视角透视，笔者感到，在目前关于现代性的各种争论中，无论对于现代性毫不动摇的捍卫还是坚定不移的否定，虽然从不同角度提出了许多值得重视的理由，但是，总是给人某种过于泛化和过于宏大的感觉。这或许源自这样的情境：现代性的捍卫者和批评者差不多都是在非常一般的和普泛的意义上探讨现代性问题，没有揭示出现代性是怎样作为基本的图式和机理无所不在、无孔不入地渗透到现代社会的各个层面，怎样作为基本的生存模式深刻地影响现代人的生存和生活。而实际上，现代性作为西方理性启蒙运动和现代化历程所形成的理性的文化模式和社会运行机理，并不是体现为几条抽象的和宏大的精神特征或理论原则，而是人类社会从自然的地域性关联中“脱域”出来后形成的一种新的“人为的”理性化的运行机制和运行规则。现代性包含着相互关联的多重维度，如个体的主体性与自我意识、理性化的和契约化的公共文化精神、意识形态化的社会历史叙事的现代性，以及表现为经济运行的理性化、行政管理的科层化、公共领域的自律化、公共权力的民主化和契约化，等等。这样，我们不应当抽象地讨论现代性“好”与“坏”，不应当表面化地判断现代性在中国社会的生成状况，不应当笼统地提出对现代性的取舍态度；而应当深入到现实的生活世界，从人们的日常生活和社会生活中揭示出起支配作用的文化图式，进而判定现代性在中国社会中的现状和具体命运。这正是我们的日常生活批判的现实关怀和价值维度。

笔者在《现代化与文化阻滞力》一书中所做的全部工作都是通过传统日常生活批判来表达回归生活世界的文化哲学所具有的现实关怀。笔者得出一个结论：从作为个体的主体性与自我意识、理性化的和契约化的公共文化精神、意识形态化的社会历史叙事的现代性，以及表现为经济运行的理性化、行政管理的科层化、公共领域的自律化、公共权力的民主化和契约化等现代性的具体维度来判断，中国的社会运行和个体生存都依旧远离现代性，尚未与现代性建立起本质的关联；而现代性本质上的“不在场”和“无根基”状态在于它遭遇到顽固的传统文化的阻滞力。这种经验式的传统文化基因、文化本能和文化结构的根基在于中国古老悠久的乡土社会的家族本位结构，用我们的理论范畴说就是“自在自发的日常生活结构”。因此，笔者从几个层面展开传统日常生活图式对于现代性生成的多方面的文化阻滞作用：首先，通过中国传统农业文明的持久性、传统日常生活世界的异常发达、传统日常生活文化意识的非历史性、以家庭为本位的人情化、非日常生活社会活动的日常化、自觉精神活动的自在化等特征全面揭示了传统日常生活文化图式对于理性化的现代文化模式的严重阻滞机制；继而，又分析了在市场经济建构的社会转型期依旧严重存在的“城乡二元结构”、“现代城市的乡村心灵”、多元文化的并存与冲突、顽固不化的经验性文化模式、无所不在的人情化文化模式，揭示出传统日常生活世界的自在自发的文化模式对于现代性依旧具有的顽强的阻滞作用。

通过上述分析，我们可以清楚地看到，在关于中国语境中的现代性问题上，我们必须反对纯粹意识哲学或思辨理论哲学的抽象化毛病：一是要防止脱离具体历史场域笼统地谈论现代性的优劣。二是要防止一些人文知识分子中出现的“启蒙的自我循环”的怪圈：从呼唤现代性到批判现代性，在西方发达国家不是一个独立的理论推演过程，而是与现实的历史进程紧密交织在一起的现实的思想历程；而在中国，这是一个没有现实历史进程做依托的知识群体的心路历程。应当看到，就中国的状况而言，现代性虽然对很多人来说并不陌生，但它只是以碎片的、枝节性的、萌芽的形态或方式出现在某些个体的意识中，出现在社会理论和精神的流动之中，出现在社会运行的某些方面或某些侧面，而没有作为社会的深层的和内在的机理、结构、图式、活动机制、存在方式、文化精神等全方位地扎根、植入、嵌入、渗透到个体生存和社会运行之中。因此，日常生活批判的使命还任重道远。

●原文刊载于《求是学刊》2005 年第 6 期。《中国社会科学文摘》2006 年第 2 期转载。

●衣俊卿，中央编译局局长，黑龙江大学哲学与公共管理学院教授、博士生导师；教育部哲学教学指导委员会副主任，中央实施马克思主义理论研究和建设工程专家，中国现代外国哲学学会副会长，中国俄罗斯东欧中亚学会副会长，国家级有突出贡献专家，入选国家“百千万人才工程”，入选教育部“新世纪优秀人才支持计划”，全国宣传文化系统“四个一批”人才，全国杰出专业技术人才。

论传统公私观在近代的变革

张锡勤

在中国近代社会转型和文化转型的过程中，传统的义利观、公私观、理欲观、俭奢观等均发生了不同程度的变革，这是中国近代"道德革命"、观念变革的重要内容。而相比之下，传统的公私观受到了更为猛烈而且持续的冲击。出于维护个人权益，发展资本主义经济，建立利己主义、个人本位主义的新道德，激发个体活力进而激发社会群体活力，协调公私群己关系等方面的需要，中国近代的一些新学家们对公私关系多有议论，并初步提出了一套具有近代色彩的新的公私观。本文拟对中国近代公私观的变革作一简要梳理、评介。

一

"尚公"是中国传统道德的基本精神之一。在中国古代，尚公既是基本道德原则，也是基本政治原则，它始终受到历代统治者和思想家的大力提倡。中国传统义利观、理欲观中的义与天理，其内容实际上是公。儒家认为，仁为五常之首、百善之源；而按宋儒的解说，"公而无私便是仁"。这等于说尚公乃是百善之源、道德之首。至于"大公无私"、"公而忘私"、"以公灭私"等等，更是中国千古流传的道德训条。而私，在中国的传统话语中则日益被视之为恶和恶之源。可是，到了近代，这种传统的公私观却遭到几代人持续不断的质疑、非难甚至否定。

在近代，最早对传统公私观提出非议的是鸦片战争时期的龚自珍。他宣称，私乃是人的天性，无可指责。因此，他对私是充分肯定的。他写道：

天有闰月，以处赢缩之度，气盈朔虚，夏有凉风，冬有燠日，天有私也。

地有畸零华离,为附庸闲田,地有私也。日月不照人床闼之内,日月有私也。圣帝哲后,明诏大号,劬劳于在原,咨嗟于在庙,史臣书之。究其所为之实,亦不过曰:庇我子孙、保我国家而已。何以不爱他人之国家,而爱其国家?何以不庇他人之子孙,而庇其子孙?……忠臣何以不忠他人之君,而忠其君?孝子何以不慈他人之亲,而慈其亲?寡妇贞妇何以不公此身于都市,乃私自贞、私自葆也?①

龚自珍认为,凡人皆有私心,即使圣君、哲后、忠臣、孝子、贞妇也不例外。自私符合自然之理,它不仅不属于该排斥的恶,而且,传统的基本道德也都来源于私,是由私派生的。由此,他对"大公无私"作了彻底否定。他说,战国时的燕王子哙让国于子之,西汉哀帝欲让国于董贤,皆"天下之至公也","此二主者其视文、武、成、康、周公,岂不圣哉?"②可是,自古以来人们均将此二人视之为误国昏君。他又说:"且夫狸交禽媾,不避人于白昼,无私也。若人,则必有闺闼之蔽,房帷之设。……今曰大公无私,则人耶,则禽耶?"③他认为,私乃是人别于禽兽的天性,不仅不能排斥,也无法排斥。因此,彻底的大公无私是不可能的。

从上述议论看,龚自珍所论的公私,范围相当广泛,而所举例证有的似乎离题,但这些表述却反映了他对私的充分肯定。比如,他首论天地的"公私",看似荒诞,其实乃是为了反驳"天无私覆,地无私载,日月无私烛,四时无私行"的古说,否认大公无私乃"天之经,地之义"。他举人禽性交的差异来论公私,表明他心目中的私还包含了个人的隐私,对个人隐私的肯定,也是为了肯定私。

龚自珍的"人皆有私"说与晚明李贽的"夫私者,人之心也"说在理论上是一脉相承的,所要反对的都是宋明理学家的公私观、理欲观。宋明理学家提倡"去人欲,存天理",就是教人以"天理之大公"去灭"人欲之私"。他们所说的"天理之公",从本质上说实际上是指封建制度、封建国家的根本利益;而所谓"人欲之私",反倒包含了许多民众的正当利益。他们所讲的"公",具有明显的虚幻性;他们大讲"大公无私",更具有虚伪性。正如黄宗羲在《明夷待访录》中所说,君主们实际上是"以我之大私为天

① 龚自珍:《论私》,载《龚自珍全集》,上海古籍出版社 1999 年版,第 92 页。
② 龚自珍:《论私》,载《龚自珍全集》,上海古籍出版社 1999 年版,第 92 页。
③ 龚自珍:《论私》,载《龚自珍全集》,上海古籍出版社 1999 年版,第 92 页。

下之大公”。因此,龚自珍对大公无私的否定虽属偏说,但在当时的历史环境下又具有进步意义。龚自珍对私的肯定,与他推尊自我、肯定个性、呼吁解除对人的束缚的思想是一致的。但从龚对商品经济的保守态度看,他的公私观似与那时商品经济发展的趋势并没有明显的联系。

二

传统公私观遭到更多的冲击,是在中国出现资本主义经济,新兴的中国资产阶级登上中国的政治舞台之后。随着资本主义经济的产生,社会变革与“道德革命”的渐次展开,中国思想领域出现了一种对私予以充分肯定的新型公私观。从康有为、梁启超到陈独秀等人,几代新学家先后对私作充分肯定,甚至为自私、利己大唱赞歌,不少人还写了一些专门论私和公私关系的专论。

自从严复在《天演论》的《按语》中介绍、宣传了来自西方的“趋乐背苦”说后,这种人性论、伦理观迅速为中国的新学家们普遍接受。直到五四时期,新文化运动的倡导者、参与者们依然大讲追求快乐、逃避痛苦是人的本性、本能。从某种意义说,这种人性论、伦理观乃是近代新学家们鼓吹自私、利己的理论基点。这是因为,苦乐乃是个体的人的主观感受,他人是替代不了的。既然认为求乐免苦是人的本性、本能,逻辑上势必得出人性自私的结论。20世纪初,许多新学家都认为,因为“身者我之身也”,人人莫不“我私我身”,因此,自私利己乃是人类的天性。他们先后说:

人之性也,莫不自私……此自无始已来,受种已然。①

凡属人类,皆不免有自私之见存。②

盖私之一念,由天赋而非人为者也,故凡可以入人类界中者,则无论为番、为蛮、为苗、为瑶,自其生时,已罔不有自私自利之心存。③

在20世纪初,即使是政治立场偏保守的《东方杂志》,也曾发表过一些对私充分肯定的文字。一篇文章说:“必以己为私,以人为公,则天下无

① 康有为:《大同书》,中华书局1959年版,第285页。

② 剑男:《私心说》,载张枬、王忍之编:《辛亥革命前十年间时论选集》第3卷,三联书店1977年版,第817页。

③ 《公私篇》,载张枬、王忍之编:《辛亥革命前十年间时论选集》第1卷,三联书店1978年版,第494页。

此不情之公理。”“欲其损己利人,非矫情即马矣竖耳。是则欲天下之公而忘私者,是责天下以不近人情之理而强人以难能。”①可见,在 20 世纪初,肯定私乃是一股受到许多人赞同、支持的思潮。

近代新学家们认为,自私是人类的天性,因此,人类的一切活动、作为无不以自私、利己为轴心而展开,离开私便无法说明人类生活、活动的一切。他们说:

有人而后有世界,人人有利己之心而后有世界。宗教也,学术也,社会也,国家也,推其所由始,察其所由成,迹其所以变迁发达之故,无不基于人类利己之一心。②

利己主义为人类生活唯一之基础……自爱自利为人类行为之唯一原因。③

他们还认为,有私才有竞争,有竞争才有进化;因此,私又是社会进化的原动力。一篇文章说:“私也者,争之原动力也。顺原动力而飙举电掣以赴之者兴,逆原动力而隐忍姑息以偷旦夕安者亡。理固如斯,无可幸者。”④另一篇文章说:“惟利己故不得不竞争,竞争剧斯进化速矣。”⑤他们又认为,“社会为小已所群集”,因此,“不谋一已之利益即无由致社会之发达”⑥。只有倡私,鼓动人们都去谋求“一已之利益”,才能实现社会繁荣,推动社会进步。有人进而认为,爱生于私,只有倡私才能使人人由“私其国”而爱其国,将国家看做是我的国家,视一国之事如一已之事,从而真心爱自己的国家。一篇文章说:“人人不欲私其国,而国之血脉乃不贯注,而国之躯壳乃不完备,而国之病乃日益深。”它的结论是,中国所以衰微,“惟公之故,惟无私之故”,“中国亡于不能私”。而西方所以国权日伸,进而“制胜外人、外国、外族”,则是“由于自私自利之一念,磅礴郁积于人人

---

① 吴兴让:《政治当利用天然说》,载《东方杂志》1909 年第 1 期。

② 《教育泛论》,载张枬、王忍之编:《辛亥革命前十年间时论选集》第 1 卷,三联书店 1978 年版,第 402 页。

③ 李亦民:《人生唯一之目的》,载《青年杂志》1915 年第 1、2 期。

④ 《公私篇》,载张枬、王忍之编:《辛亥革命前十年间时论选集》第 1 卷,三联书店 1978 年版,第 495 页。

⑤ 《教育泛论》,载张枬、王忍之编:《辛亥革命前十年间时论选集》第 1 卷,三联书店 1978 年版,第 402 页。

⑥ 高一涵:《共和国家与青年之自觉》,载《青年杂志》1915 年第 1、2 期

之脑灵、之心胸”的结果。[①] 因此,要想使中国人由爱国而强国,就必须提倡私。所以,他发出了“可爱者私也”的赞叹。另一篇文章也认为:“欲人之爱国不必责以忘私也,当扩充其徇私之心而已。”[②]可以说,这一认识乃是那时不少新学家的共识。

基于上述分析,他们对私作了充分肯定,认为它不仅不应谴责而且应予提倡。一篇文章认为,中国“儒者立说”均以自私利己“为人道之大戒”,这不仅是“不近人情之言”,而且它“剥丧人权,阻碍进步,实为人道之蟊贼”[③]。必须予以批判、否定。为了对私作充分肯定,有人还对中国古代统治者所以尚公的原因,以及他们所倡之公的虚假性作了分析、揭露。一篇文章说:“人人有自私自利之心,于专制君主则不便甚”,于是君主便以尚公之名摧锄众人之私。君主所以尚公,是因为众人之私,“不利吾君主一人之私而已”。其实,君主乃是“出其一人之至私,指之说之曰:是天下之至公也”[④]。这些揭露文字虽然是受了黄宗羲的影响,但显然比黄更为尖锐、深刻。

在19世纪末至20世纪初的20年间,一批政治立场不尽相同的新学家们一反古调,不约而同地为私字大唱赞歌,多方论证其正当性、合理性,这是那时中国一种值得重视的思想动向,其意义与影响是多方面的。他们对私充分肯定,首先是要证明,人人都有为自己的生存谋求利益的权利,都有追求、创造财富的自由与权利。他们所要求的乃是实现个体的权益,是对个体价值的确认。这反映了那时中国先进分子个体意识的觉醒。这种标榜“贵我”的个体意识,是同他们同时大力提倡的人皆有自主之权的自主意识、独立精神、意志自由、人权观念、权利与义务观念紧密联系的。所反对的乃是封建专制主义对人的种种压制、束缚。正如吴虞所说,

---

① 《公私篇》,载张枬、王忍之编:《辛亥革命前十年间时论选集》第1卷,三联书店1978年版,第494~495页。

② 吴兴让:《政治当利用天然说》,载《东方杂志》1909年第1期。

③ 《教育泛论》,载张枬、王忍之编:《辛亥革命前十年间时论选集》第1卷,三联书店1978年版,第402页。

④ 《公私篇》,载张枬、王忍之编:《辛亥革命前十年间时论选集》第1卷,三联书店1978年版,第494页。

“个人独立”乃是“为我之旨”①。这些又反映了他们要求在中国建立民主政治的愿望。而在道德领域，则是为建立利己主义、个人本位主义新道德作舆论准备。他们充分肯定私，也是为了论证资本主义私有制的合理性，是为了在中国自由发展资本主义经济。这反映了商品、市场经济正在中国日益发展的历史趋势和要求。显然，这股倡私、贵我思潮，并非是突如其来的狂飙，而是中国近代社会转型、社会变革的必然产物。

值得我们注意和重视的是，他们所以倡私，又多含有这样的意图，即通过它来激发社会成员的个体活力，进而激发中国社会群体的活力，以求中华民族的振兴。有人更将倡私与激发爱国心相联系，将“杨朱之学”看做是可以救国的药方。虽然，他们对此所作的论证多缺乏说服力，但其主观愿望值得重视。它再次说明，中国近代的种种新思潮总是同救亡图存、谋求民族振兴的主题紧紧联系，围绕它而展开的。虽然，他们关于倡私、贵我的种种议论时有偏说，但总的说来符合当时的历史潮流，具有进步意义。

三

在中国近代，几代新学家虽先后为私字大唱赞歌，但是他们从未鼓吹人们损人利己、损公肥私，置国家、民族、群体的公利公益于不顾。他们并未因倡私而废公，弃公于不顾。龚自珍虽然否定“大公无私”，但他对“公私并举”、“先公后私”或“先私后公”则是赞同的。至于后来的诸多新学家，更是力图处理好公私关系，实现己与群的利益调和，既反对以公废私，也反对以私害公。所以如此，首先是因为他们对人的社会性，即所谓“群己相维”之理有比较深刻的体认。他们曾先后说：

因人之不能孤立独行也，于是有家族、有社会、有国家以扶持之。……夫家族、社会、国家既为人人共有之物，而人之于家族、社会、国家，即有应尽之义务以维持其间。否则，家庭、国家不得一日存，而人亦将随其后而灭之也。②

① 吴虞：《辨孟子辟杨墨之非》，载张枬、王忍之编：《辛亥革命前十年间时论选集》第3卷，三联书店1977年版，第739页。

② 《权利篇》，载张枬、王忍之编：《辛亥革命前十年间时论选集》第1卷，三联书店1978年版，第480页。

夫人者，群居之动物也。文明愈进，则群之相需也愈深。[①]

基于对人的社会性的认识，一些人又看到并强调了个体利益与群体利益的一致性。这便是那时人常说的："凶于尔国者即害于尔家，凶于尔家者即害于尔身。"[②]国家兴盛富强则我得其福，国家衰败贫弱则我受其祸。这种对公与私统一性的认识就使他们始终不曾废公、离公而倡私。其次，同样重要的是，它是由中国近代特殊的国情、遭遇所决定的。近代的中国，始终面临国内封建统治与外来帝国主义的双重压迫，因此，近代中国人肩负着双重解放的任务。为摆脱封建专制压迫，实现个人权益，求得个人解放，几代新学家们势必要倡私、贵我；而为了摆脱外来帝国主义的民族压迫，他们又势必要提倡爱国主义、民族主义，呼吁利群。由于在中国近代，来自帝国主义的民族压迫是更大的压迫，民族独立和解放的任务始终居于首位，因此他们势必更重后者。所以，我们看到，在他们倡私的论著中，不仅从没有教人因个人之私而不顾国家民族利益的文字，相反，不少人主观上正是要通过激发个体活力以谋求中华振兴而倡私的。

在中国近代，几代新学家之所以一再冲击、清算中国古代尚公的公私观，其实主要是为了寻找如何更好地处理公私关系的途径，而不是要废公。那么，究竟怎样处理、协调公私关系才算正确、合理？在 19 世纪末至 20 世纪初的中国思想界，大致有三种主张。

其一是"两利"说。所谓两利，概言之即是："不以己之私夺人之私，不为人之私屈己之私"，最终使人人"各得其私"[③]。对此，严复最早作了较为完整的叙述。他引亚当·斯密的话说：

大利所存，必其两益。损人利己非也，损己利人亦非；损下益上非也，损上益下亦非。[④]

他认为，对于人己、上下、公私，损益任何一方都不恰当，只有彼此两利才最圆满。所以，他多次强调："两利为真利"，"独利必不利"[⑤]。这种两利说在中国近代思想界影响颇大，20 世纪初《东方杂志》的一篇文章也

① 常乃悳：《记陈独秀君演讲辞》，载《新青年》1917 年。

② 剑男：《私心说》，载张枬、王忍之编：《辛亥革命前十年间时论选集》第 3 卷，三联书店 1977 年版，第 818 页。

③ 何启、胡礼垣：《新政真诠》，辽宁人民出版社 1994 年版，第 413 页。

④ 严复：《天演论》，科学出版社 1971 年版，第 48 页。

⑤ 严复：《天演论》，科学出版社 1971 年版，第 68、137 页。

认为:“夫天下无独利之利,必两者俱利而后其利乃全”,故“大利”必“两利而后形”。[①]而到五四新文化运动时期,这种两利说得到更多人的拥护、提倡。《新青年》的主要撰稿人之一高一涵认为:

损社会以利一己者固非,损一己以利社会者亦谬,必二者交益交利,互相维持,各得其域,各衡其平者,乃为得之。

人己交际之间,必俱益俱利,乃不违乎社会公益之原则。……凡大利所存,必其两益。[②]

他们都认为,彼此两利才是最公正、最圆满地处理、解决人我、公私利益关系的正确原则。显然,这一主张带有理想主义的色彩。在现实生活中,面对错综复杂、彼此冲突对立的利益关系,是难以一一做到两利的。

其二是“绌身伸群”说。这种主张的提倡者认为,公私利益往往很难兼顾,为了维护个人长远、根本的利益,必要时应牺牲某些私利、一时私利以维护公益。这种意见以梁启超为代表。他认为,“团体之公益与个人之私利”,时时矛盾“而不可得兼”,要想不损害任何一方是难以办到的。在两者矛盾、冲突时,正确的态度、做法是“不惜牺牲其私益的一部分以拥护公益;其甚者或乃牺牲其现在私益之全部分以拥护未来公益”。他解释说,所以必须如此,“非拂性也,盖深知夫处此物竞天择界,欲以人治胜天行,舍此术无由也”[③]。其目的是为了维护个人长远利益,更好地“收利己之效”。稍后,《东方杂志》的一篇文章也对本性利己的人所以又必须“绌身而就群”作了说明。它说:

夫天下人亦孰不爱己乎、孰不思利己乎?爱己利己,原非圣人之所禁。然人非能独立于地球,于是乎有群。又非能以一群占有全地球,于是乎有此群与彼群。当此群与彼群之角立而竞争也,群之所必至也。[④]

他们都认为,在民族间生存竞争空前激烈的今天,欲使中华民族得以在世界民族之林立足,就必须使之由弱变强;为此,个体之私就必须服从群体之公,而不可使个体之私损害群体之公。但他们又指出,个体所以有时要“绌身就群”,乃是为了维护、保证自身长远、根本的利益。所以,梁

① 《论国人宜善用其利己心》,载《东方杂志》1906 年。

② 高一涵:《共和国家与青年之自觉》,载《青年杂志》1915 年。

③ 梁启超:《新民说·论合群》,载《饮冰室专集之四》,中华书局 1932 年版,第 77 页。

④ 《论救中国必先培养国民之公德》,载《东方杂志》1906 年。

启超在《新民说》等论著中一再说,“善能利己者”、“真能利己者”,“必先利其群”;而且,“非利群则不能利己”。其归宿仍是利己主义。不过,在20世纪初的历史环境下,这种处理公私关系的主张无疑更为理智,更符合时代需要。

其三是“以私成公”说。此说见之于20世纪初的一些报刊文章,因作者未署名或署笔名,我们难以举出它的代表。这一派认为,中国自古以来视公私二者“至反对而至不相容”是错误的。其实,公与私即群体利益与个体利益并非势不两立,而是相互依存、渗透的。公所代表、体现的正是诸多个体的私,而人人谋求私利即可增进公益。所以,“积私即所以成公”①,他们对顾炎武“合天下之大私以为天下之大公”一语十分赞赏。在他们看来,公乃是私的逐层扩大。这便是:由一身而扩大为家,由一家扩大为乡,由一乡而扩大为州、县、省,进而扩大为一国。人们通常以后者为公而以前者为私,其实,后者乃是前者逐层的扩大。“我身、我家、我国以至我民族,皆与我有绝大之关系,皆我私也。”②所以,有害于国即有害于家,有害于家即有害于自身,其间有无法割断的联系,彼此并非绝对对立。他们认为,中国自古将二者割裂并对立,造成了很大的消极影响。有人认为,中国所以衰败,就在于国人以己身为私而视国家为公,因而“恒不以我之中国视中国,而以君主之中国视中国”。结果是,“人人不欲私其国,而君主乃得独私其国”③;因为人皆放弃其私,遂成就了君主之私。因此,他们呼吁国人以自私其身的精神去“私其国”,认为只要人人都私其国,国家便可强盛。他们的总结论是,人人都尽一己之力去谋私,便可成就其公。

这一派反对将个人利益与社会国家利益绝对对立,强调二者的统一性,这具有合理因素。但是,他们视二者的统一为同一,否认二者的差异与矛盾,认为“无私而非公,无公而非私,即私即公,即公即私”④,“私之至

① 《论国人宜善用其利己心》,载《东方杂志》1906年。

② 剑男:《私心说》,载张枬、王忍之编:《辛亥革命前十年间时论选集》第3卷,三联书店1977年版,第817,918页。

③ 《公私篇》,载张枬、王忍之编:《辛亥革命前十年间时论选集》第1卷,三联书店1978年版,第493页。

④ 剑男:《私心说》,载张枬、王忍之编:《辛亥革命前十年间时论选集》第3卷,三联书店1977年版,第816页。

焉,公之至也”[①],这显然是错误的。而且,他们的公私同一说是让二者同一于私,是要溶公于私。为此,有人甚至宣称公乃“害私之蟊贼”,竟主张“向字典中删去公之一字”[②]。这更显荒唐。虽然,他们鼓吹这套理论的直接目的是要人人将私逐层“扩而充之”,从而使国人皆“私其国”,视国事为个人私事,激发国人的爱国心,用心是良好的,但他们所作的理论概括、表述无疑大有问题。

概言之,在中国近代,几代新学家们是力图按新的时代精神来协调和处理公私、群己关系的。这种新的公私观乃是中国近代社会转型过程中,经济、政治的新变化在观念形态上的反映,是同他们所要建立的“合理利己”主义、个人本位主义的新道德是一致的。他们关于如何处理公私、群己关系的种种议论和设想,具有程度不同的合理因素,这对今人正确处理公私关系仍有借鉴意义。但是,他们处理公私关系的共同原则、出发点都是利己主义,这就决定了他们不可能对公私关系作最终合理解决。此外,由于理论准备不足等等原因,他们不论是对公私还是对公私关系,均缺乏更明晰、深入的理论说明,因此,他们所提出的新公私观,在理论上也欠完备。

●原文刊载于《求是学刊》2005 年第 3 期。《中国社会科学文摘》2005 年第 4 期转载。

●张锡勤,黑龙江大学哲学与公共管理学院教授、博士生导师;中国哲学史学会理事,中国实学研究会理事,国际儒学联合会学术委员,国际中国哲学会大陆执行顾问。

① 《公私篇》,载张枬、王忍之编:《辛亥革命前十年间时论选集》第 1 卷,三联书店 1978 年版,第 493 页。

② 剑男:《私心说》,载张枬、王忍之编:《辛亥革命前十年间时论选集》第 3 卷,三联书店 1977 年版,第 821 页。

列斐伏尔与20世纪西方的几种日常生活批判倾向

刘怀玉

一、列斐伏尔:走向日常生活二重性批判的辩证法

昂利·列斐伏尔(Henri Lefebvre,1901—1991),这位在现代法国思想史上毁誉不一的臧否人物,是举世公认的西方马克思主义的不祧之祖。如果列斐伏尔能够和阿多尔诺、布洛赫、卢卡奇或马尔库塞等相提并论或比肩而立,而成为批判的马克思主义主要理论家之一员,这在相当程度上归功于他的皇皇巨著《日常生活批判》三部曲(1947/1958,1962,1981)。他既是广义的社会批判理论的重要开拓者,更是20世纪蔚为壮观的日常生活批判哲学转向的奠基人。列斐伏尔的日常生活批判之路是尼采酒神精神、布赖东的超现实主义政治理想、黑格尔的异化批判理论、青年马克思"总体人"的思想、结构主义社会学、语言学哲学等非常随意与含糊的融合,但贯穿其毕生的核心逻辑还是关于日常生活的消极性与积极性、单调重复性与瞬间在场性的二重性辩证法理论。

作为一种有国际影响的思想现象,日常生活批判理论是20世纪西方的现代人本主义哲学、现代主义文学批评理论以及微观社会学理论等诸多学科与思潮综合汇流的产物。与现象学家们的"生活世界"相比,日常生活批判理论家们眼里的"日常生活"或生活世界,并非一种本真的永恒的本体论或至高无上的现实(如许茨等),或一种保证"本体论安全"的可靠所在(吉登斯语),也不是一种本体论或解释学意义上的深层次的或复杂重叠的现象,而是一种"现代性问题与危机的症候"。传统的理性哲

学、宏观社会学与主流的体系社会学理论视野之中根本没有日常生活世界的位置,而微观的民俗学、民族学、文化社会学则往往会把日常生活非批判地神秘化永恒化。而在另外一些极端的现代性社会批判理论如法兰克福学派眼里,日常生活则又是一个令人感到绝望的、"无可反抗"的沉沦异化的世界。相形之下,列斐伏尔等日常生活批判家们则将其视为具有着鲜明的二重性及无限创造力的世界。在列斐伏尔看来,日常生活是现代性的动力学的而不是静力学的范畴。日常生活固然有其顽固的习惯性、重复性、保守性这些普通平常的特征,但同时也具有着超常的、惊人的活力与瞬间式的无限的创造能量。我们与其把人类创造性比做是高耸入云的巅峰而把日常生活喻做其旁边的平原或深谷,还不如将日常生活比做是肥沃的土地。正像他自己所说的,没有鲜花或秀美的树林来装点的风景固然会让游客们感到沮丧与失望,但花草与树木不应当让我们忘却在那大地的深处,还蕴藏着丰富而神秘的生活①,日常生活具有"多面性、流动性、含糊性、易变性"②。

列斐伏尔的日常生活批判理论,介于海德格尔(包括萨特)的存在主义与法兰克福学派的社会批判理论这两种同样的悲观主义立场之间,是一种始终对大众社会日常生活抱有顽强的乐观主义与同情理解态度的哲学与社会理论。他不是从日常生活之外的某种人本主义理想尺度来批判与俯瞰日常生活,而是从日常生活内部的矛盾与生命力中研究日常生活。他关心的不是"来自何处"而是"向何处去"。日常生活既不是本真的原始状态,也不全是单调与琐碎、异化与沉沦的无意识黑夜,而是永远保留着生命与希望的矛盾—异质性世界。人类的幸福与希望不能诉诸日常生活之外而是日常生活之中。革命与宗教信仰都解决不了日常生活问题。日常生活的希望在于某种瞬间艺术狂欢。

有这样一种颇为流行的看法,即认为黑格尔与马克思的哲学基本问题概出在他们都"遗忘"了或者相当蔑视个人的生存与"平凡的"生活事务,而一味地关心"国家与革命"这些"非常态"的东西。有意思的是,列斐伏尔却是非要让马克思从庄严宏伟的历史殿堂屈尊下凡到这个平庸

① Henri Lefebvre, *Critique of everyday life*, volume I, Introduction, translated by John Moore, Verso, London, New York, 1991, p. 87.

② Michael E Gardiner, *Critique of everyday life*, *Routledge*, London and New York, 2000, p. 6.

的、沉沦的、异化的日常生活世界。也就是说，列斐伏尔的功劳正在于他想要填补马克思主义中最为薄弱的日常生活问题这个理论“空场”。深受存在主义影响的列斐伏尔自认为他实际上已经看到，任何政治与社会革命都解决不了或者代替不了个人的日常生活问题。政治革命和社会革命的“终极关怀”与哲学形而上学的理性假设、理性设计，都包办不了个人的日常生活琐事。换言之，革命的胜利解决不了“第二天”的日常生活问题。革命从来只是暂时的历史性（直线性）的进步过程，而日常生活却是超历史的永恒的周期轮回的问题。在列斐伏尔看来，马克思并不真的关心日常生活问题，而只是寄望于某个能够超越单调无奇的日常生活、“出神入化”的革命与艺术的“瞬间”，用列宁的名言说就是“革命是人民群众的盛大节日”，而列斐伏尔进一步将其改写为“革命是日常生活的狂欢节”①，既要重视日常生活中非凡的革命瞬间，更要从根本上加强经典马克思主义所忽略的日常生活的平凡形态的研究，这便构成了列斐伏尔式的日常生活二重性辩证法的重要思想来源之一。

公正而言，早期列斐伏尔（包括其《辩证唯物主义》与《日常生活批判》第一卷等）的思想史意义，并不在于他对马克思主义有多少原创性解释，而是开辟了一个新的研究领域。他创造性地“误释”了青年马克思的人本主义异化劳动理论，将这种生产劳动过程的经济异化批判改造成为一种意识形态异化批判，进而泛化为日常生活、文化与国家异化的批判。马克思主要揭露批判了那些强制的、对抗的、公开的异化统治形式，而列斐伏尔则着重对自发的、抽象的、隐蔽的异化支配形式进行了透视分析。可以说，马克思关心阶级压迫的大事情，而列斐伏尔则操心日常生活异化的小事情。马克思致力于类的本质解放与政治解放的宏观历史哲学设计，而在列斐伏尔这里则变成一种观照个人平常生活解救之道的微观文化心理分析。马克思以类的自由本质为价值悬设的革命实践（Praxis）概念，被他过度诠释成为以个人的生命意志自由为本体论视野的、“诗性创造”（Poesis）活动概念。在青年马克思笔下，人的本质即征服利用自然而自我对象化的生产过程；而在青年列斐伏尔看来，人的本质则是人的日常生活节奏与自然的节奏的和谐一致。青年马克思仍然坚守一种根深蒂固

① Henri Lefebvre, *Critique of everyday life*, volume I, Introduction, translated by John Moore, Verso, London, New York, 1991, p. 56.

的人类中心论、近代理性主体哲学前见;而列斐伏尔则多少陶醉于个人的生存快乐巅峰和流连于天人合一式的真空妙有之中。马克思式的“总体人”的解放期盼,早已被他偷梁换柱,变成尼采式的“超人”美学境界,即超越人与自然的僵硬对立的二元论认识论窠臼,而走向了挣脱一切理性羁绊的、“海阔天空我自飞”的理想境界。

复言之,列斐伏尔是把马克思以类哲学与阶级哲学为平台的现代社会批判与解放设计方案,亦即一种波澜壮阔的宏观历史哲学批判视野,改造成一份以个人的日常生活为平台的、平凡而细微的现代性解放与批判的清单[①]。列斐伏尔在《日常生活批判》第一卷中已经将经典马克思主义基于经济与政治领域的人类的总体性解放(也就是劳动与政治解放方案)改造成为一种个体人的日常生活解放方案。也就是说,那时他已经深刻地认识到,人归根到底不是经济人、理性人、技术人、劳动人、政治人,而是日常生活中的凡夫俗子。[②] 人的最终解放不是体现在经济领域与政治领域,而是归根到底要落实到、体现到日常生活中来。但《日常生活批判》第一卷的问题不仅仅在于这种日常生活解放方案过于诗性与玄理化,而缺少实证的与微观的分析解释;更严重的是,列斐伏尔还过于乐观地相信通过总体性的社会经济与政治解放,人们可以一劳永逸地解决日常生活异化问题或者实现对日常生活问题的“一次性”解决或者“最终解决”。这里,列斐伏尔实际上还自觉不自觉地处于传统马克思主义对日常生活问题的理解框架:以为日常生活只是一种“物质生活”。在当时的列斐伏尔看来,日常生活主要面临物质贫困与政治上不平等不民主和精神生活上受宗教迷信的奴役问题。而后来列斐伏尔则认识到,现代性的政治与经济革命不只是为生产力的解放与发展、物质财富的快速积累创造条件,也为人们从体力劳动、必要劳动、经济必然性王国的奴役下解放出来创造条件。但更为根本的问题是,现代性的生产力解放与发展、现代性社会制度对传统制度的变革与替代,并没有也不可能解决日常生活这个“永恒轮回”的问题。也就是说,日常生活并没有被现代性发展所取消或超越,相

① Henri Lefebvre, *Everyday Life in the Modern World*, Translated by Sacha Rabinovitch, Transaction Publishers, 1984, p. 13.

② Henri Lefebvre, *Critique of everyday life*, volume I, Introduction, translated by John Moore, Verso, London, New York, 1991, p. 127, 3, 193.

反却被现代性加剧成为一种突出的问题与病症。可以说,一方面日常生活的消极与惰性延误与麻木了现代性革命与批判的意识;而另一方面现代性革命所导致的制度性重建则形成了一种新的控制日常生活与异化日常生活的制度与组织形式。这正应了福柯的观点:“哪里有权力,哪里就有反抗”,但任何反抗都会导致新的统治与奴役形式。日常生活成了现代性制度与技术所造成的一种新的病态现象。日常生活成了现代性所无法解决并且反过来强化了的一种病态性症候。日常生活是现代性权力与制度压抑得最为严重的、变得支离破碎的领域。任何制度层面上的政治和经济社会变革以及重建和设计方案,对于日常生活问题来说都是无济于事的。日常生活的问题只能通过日常生活自身来解决。正像马克思当年说的,无产阶级是社会压迫的最底层,所以也是社会革命与解放的最激进最坚决最可靠的主体力量;列斐伏尔也认为,正是由于日常生活已经成为现代性压迫最深重的领域,也是现代性最无法解决的难题,所以日常生活倒成了总体性解决与解放现代性的革命策源地。现代性的希望在于从平庸无奇的日常生活中超脱出来的革命与艺术狂欢节。

仅从马克思主义哲学史研究与马克思哲学理论基础的“现代性改造”这两个方面而论,列斐伏尔都不是什么“卓尔不群”、“高屋建瓴”的一流思想大师。在对资本主义社会的哲学批判方面,在对马克思辩证法的改宗式的重建方面,青年列斐伏尔没有青年卢卡奇的深刻性、突破性;在对资产阶级意识形态统治的神秘性批判方面,他不如葛兰西清楚明白;在对西方根深蒂固的形而上学哲学传统的瓦解与批判方面,他不及海德格尔与阿多尔诺那样振聋发聩;在对西方现代性困境的理性反思与现代性乌托邦重建方面,他不像哈贝马斯与吉登斯等人来得清晰系统。但列斐伏尔的不可取代的贡献与地位在于,他的早期思想开辟了日常生活研究这个独立的全新的领域;他后期的日常生活批判为现代社会日常生活列了一个“详细的清单”,可谓独辟蹊径、继往开来。

二、海德格尔:从“沉沦”与“无名”的日常状态到“向死而生”的本真状态

给列斐伏尔写过传记的一些作家注意到这样一个有趣的事实,即他

的日常生活批判理论观点并不直接受卢卡奇的影响，而是受海德格尔的《存在与时间》中的思想影响。而青年卢卡奇的日常生活批判概念(《形式与灵魂》，1911年柏林)对海德格尔产生了重要的影响[①]。所以为了研究列斐伏尔，我们这里首先必须涉及的人物不是卢卡奇而是海德格尔(Martin Heidgger，1889—1976)。

已有不少论者指出，海德格尔虽然是胡塞尔的弟子，但在对日常生活的认识上却似乎更"接近"于青年马克思，而不同于那个高度关注"生活世界"的晚年胡塞尔。海德格尔并不像胡塞尔或维特根斯坦那样，把日常生活世界当做自足的价值和意义的根源或无可置疑的哲学本体论视阈，而是通过对人的"在世"，特别是通过对人的"日常共在"的剖析，揭示现代日常生活世界的深刻与全面的异化。"在海德格尔的视野中，日常共在的世界或日常生活世界是一个全面异化的领域，一种非本真的存在状态。"[②]用海德格尔的话来说，哲学的出发点不是笛卡儿式的纯粹"自我意识"或"我思"之在，而是日常生活这种"现成的"、"优先的"、无差别的"平均状态"或"共在"。我们"可以把此在的平均日常生活规定为沉沦着开展的、被抛地筹划着的在世，这种在世为最本己的能在本身而'寓世'存在和共他人存在"[③]。在海德格尔的眼里，日常生活首先是一个没有个性的、无名的、平均状态的世界，一个貌似熟悉其实却是远离人的本真状态的、陌生的异化状态。"我们把此在的这种日常的无差别相称作平均状态。""这种存在者层次上最近的和最熟悉的东西，在存在论上却是最远的和最不为人知的东西。""即使在平均日常状态中，此在仍以某种方式为它的存在而存在，只不过这里此在处于平均日常状态的样式中而已，甚或处于逃避它的存在和遗忘它的存在这类方式中。"[④]当然，日常生活不等于是原始生活。在高度发达的和业已分化的文化之中，此在可能更顽固地在日常状态中生存。另外，原始此在也有它的非日常存在的可能性[⑤]。日常状态是人类生存的永恒命运。首先，"日常状态"这个词是意

① Henri Lefebvre, *Critique of everyday life*, volume I, Introduction, translated by John Moore, Verso, London, New York, 1991, p. 18.

② 衣俊卿：《回归生活世界的文化哲学》，黑龙江人民出版社2000年版，第55页。

③ (德)海德格尔：《存在与时间》，陈嘉映、王庆节译，三联书店1999年版，第210页。

④ (德)海德格尔：《存在与时间》，陈嘉映、王庆节译，三联书店1999年版，第51、52页。

⑤ 陈嘉映编：《〈存在与时间〉读本》，三联书店1999年版，第37页。

指“生存的某种‘如何’,那种统治此在‘终生’的‘如何’。”①

其次,日常生活是一个单调平庸、乏味而无奇的世界,是一个“无名而抽象”的专制体制无孔不入地控制着每个个人生存的集体无意识状态。所以日常生活既是一个没有真正个性自由的世界,因而同时也是每个人都逃避责任而人人自危的世界。每个人的“在世”都不是个人的存在,而是作为共在而存在,作为“常人”而存在。日常的人就是一种“常人”,就是一个“谁”,既不是这个人也不是那个人。正是在这种不触目的而又不能定局的情况中,常人展开了他的真正独裁。“常人怎样享受,我们就怎样享受……就是这个常人指定着日常生活的存在方式。”②常人的存在方式是一种庸庸无为,平均状态是常人的一种生存论性质。因此,常人实际上保持在种种平均状态之中:本分之事的平均状态,人们认可之事和不认可之事的平均状态,人们允许他成功之事的和不允许他成功之事的平均状态。总之,日常的共处同在,就是庸庸碌碌、平均状态、平整作用、公共意见、卸除存在之责与迎合等等③。

第三,日常生活作为一种沉沦与异化的生存状态,这并不意味着在日常生活之外有一个独立的、本真的生活世界。日常生活是一个沉沦与本真、平凡与非凡浑然一体的世界。人不能在日常生活之外而必须在日常生活之中选择自己的生活生存,寻找自己的解脱之路,日常状态是一种“去存在”的方式。本真的自己存在并不依栖于主体从常人那里解脱出来的那样一种例外情况;常人在本质上是一种生存论上的东西,本真的自己存在是常人的一种生存变式。④“本真的生存并不是任何飘浮在沉沦着的日常生活上空的东西……沉沦现象也不表示此在的‘黑暗一面’……沉沦揭露着此在本身的一种本质性的存在论结构,它殊不是规定黑夜里面的,它组建着此在的一切白天的日常生活。”⑤

对于海德格尔来说,日常生活的沉沦状态只是对人这个有限的“此在”进行生存论分析的开端。人首先只能是日常生活中的“凡夫俗子”,

---

① (德)海德格尔:《存在与时间》,陈嘉映、王庆节译,三联书店1999年版,第420页。
② (德)海德格尔:《存在与时间》,陈嘉映、王庆节译,三联书店1999年版,第147~148页。
③ (德)海德格尔:《存在与时间》,陈嘉映、王庆节译,三联书店1999年版,第148~149页。
④ (德)海德格尔:《存在与时间》,陈嘉映、王庆节译,三联书店1999年版,第151~152页。
⑤ (德)海德格尔:《存在与时间》,陈嘉映、王庆节译,三联书店1999年版,第208页。

但人并不满足于这种沉沦，而总要寻求某种最终的解脱或自由。但紧接着海德格尔便惊世骇俗、“当头棒喝”般地指出，人们所要寻找的解脱之路或本真无忧的自由快乐境界，恰是日常人所总是回避与恐惧的“死亡”，而不是每个人所梦寐以求的“永生”或“长生不老”。日常生活中的每个人之所以甘愿沉沦，之所以自我麻木，之所以遗忘甚至回避本真的自我，都缘于每个人都知道却回避的死亡或时间的有限性，它是人类生存之“烦”与“畏”的总根源。而一旦人毫无畏惧地承认自己是随时随地面向死亡而存在的，人的一切畏惧、烦恼与痛苦便会涣然冰释，人便从沉沦中挣脱出来，人便会“良心发现”、“豁然开朗”，便会从日常生活的异化沉沦状态中走向澄明自由之境。一句话，只有本真地“向死而生”者，才能在“瞬间”大彻大悟，从而解脱红尘之忧苦！“日常沉沦着向死存在是在死面前持续逃遁。”而“本真的向死存在”则是“先行到死，看清楚了丧失在常人之中的日常存在，不再沉陷于操劳和操持，而是立足于自己的生存，筹划种种生存的可能性，面对由畏敞开的威胁而确知它自己，因负重而激起热情，解脱了常人的幻想而更加实际，在向死亡存在中获得本真的自由”①。

三、赫勒：从自在的日常生活状态上升到自为的自由状态

阿格妮丝·赫勒（Agnes Heller，1929—）是一位来自东欧而定居西方的、涉足领域广泛的哲学家、社会理论家。她的日常生活批判理论可以说是对青年卢卡奇思想的一种系统的哲学化阐述，同时也或多或少地接受了其他西方马克思主义重要人物（包括萨特与列斐伏尔的日常生活批判思想）的影响。在许多观点上与列斐伏尔有平行的相似性、互补性，当然也有明显的差异性。

赫勒早期思想是一种“日常生活本体论”。她把马克思主义人道主义与来自克尔凯郭尔、萨特、卡莱尔·科西克的存在主义与现象学思想因素融合在一起，这种新人本主义传统强调具体的日常生活世界中的个人的生活或体验状态的本质意义。赫勒认为：日常生活并非“物”，而是我们的主体间性所构成的世界得以立足的、可以分享的现代生活—经验。传统的马克思主义将注意力集中在以社会即“类”的生产与再生产为主的

① 陈嘉映编：《〈存在与时间〉读本》，三联书店 1999 年版，第 172 页。

资本主义经济的宏观结构分析上。与之相反,赫勒则将焦点集中在日常生活领域中的“个人存在”的再生产问题上。她认为,“我们可以把‘日常生活’界定为那些同时使社会再生产成为可能的个体再生产要素的集合。”① 日常生活是人类的普遍性:它存在于一切社会中,虽然日常生活世界的实际的形式与内容当然是历史性的变化着的。日常生活的特殊本性并不是永恒的或不变的,它可以被物化与习俗化为连续不断的社会与历史的因素。

首先,日常生活作为一种“自在的对象化”而具有任何个人都无法超越的“先验的”社会本体论意义。

按照赫勒的看法,“自在的对象化”是社会本体论的首要的范畴。自在的对象化或客观化是日常生活的骨干,这主要是因为它体现与解释了我们的知识、行动与沟通的主体间性②。正是在这里我们发现了康德意义上的基本的先验性,它能够使人类的任何经验或社会相互作用得以发生,即语言,对象(或工具)以及风俗(或规范)。这就是说,正是这个领域内人类要求一定的技能与资质,通过文化适应与社会化,让一个人成为社会的功能性的成员。“在日常生活中人们……形成他的世界(他的直接的环境)并在此意义上他形成了他自己。”③

其次,日常生活作为一种自发的文化现象,具有本能性、习惯性、使用性与重复性特征。与更加格式化或专业化的知识相比,日常的知识与实践具有如下的鲜明特征:它是由情绪与影响所支配的,它是高度重复性的,倾向于理性的类比形式与高度概括化;它是非常实用化的,是建立于直接的知觉与经验基础之上而服从于平常无奇的事务的安排与要求。用马克思主义的术语来说,日常思想与行为是典型地“被物化”与约定俗成化的,在此意义上,它只是接受了表面价值的物化的外观,而很少去刨根问底地追问事物表层背后的深层次问题。日常知识是一种意见形式,是建立于一种普遍常识性的意识基础之上的。它不会领带于任何科学意义上的“确定性”。正因为它的范围是有限的而其目标是多种多样的,这里就很少有超越直接的环境而发展出一种人类的权力与能力的类特殊性的倾向。日常活动就是在总体上按照一种无意识的习俗方式来行事的。

---

① (匈)赫勒:《日常生活》,衣俊卿译,重庆出版社 1990 年版,第 3 页。

② Michael E Gardiner, *Critique of everyday life*, Routledge, London and New York, 2000, p. 134.

③ (匈)赫勒:《日常生活》,衣俊卿译,重庆出版社 1990 年版,第 6 页。

再次，日常生活的卑微无奇外观背后蕴藏着无限的创造力与巨大的解放潜能。

赫勒和许多西方马克思主义者一样，认为伴随着资本主义的到来，才有了真正意义上的日常生活的瓦解与危机问题。但日常生活世界并没有无可挽回地腐败化，而依然有着其变革创造的开放性。赫勒认为，日常活动确实包括卢卡奇所说的总体的人或全面的人性的参与。也许初看起来，日常生活有着微不足道的卑微的外观，这也正是人们经常蔑视与诋毁它的原因，在日常生活范围之中的对象化必须被理解为一种持久的完成过程，这就是超越其创造者以及他们设计出来用来满足的直接需求。如赫勒所说，它们代表着、象征着“外在化的人类的能力”。赫勒的基本观点是，日常生活就事实本身而言，并非是“非本真”的或卑微的。在此意义上，她依然保留着信心，即相信尽管在特定的社会历史状况下日常生活会变得有些蜕化、堕落和被物化，但实际的人类生活确实存在着一些知识的有效的形式以及被压制的潜能，需要我们去承认与鼓励。例如在资本主义条件下，日常生活的想象力与创造性实践并不能够被本质上是重复的与墨守成规化的平常活动所充分利用。日常生活导致了一种认知的或文化的剩余物，它可以转变成异质(异端)化稍小一些的、因此创始性更多一些的人类活动形式，因此也是培养更高级的人类权力与能力的温床。

赫勒强烈呼吁，只有当马克思的异化理论被理解成为一种日常生活的批判时，才最具有创造力。资本主义条件下异化的最深刻、最彻底的表现是人们的日常生活体验。日常生活作为个体再生产领域具有不可或缺、不可替代的作用，它构成了社会再生产的基础，但是，以重复性思维和重复性实践为特征的日常生活结构与图式又具有保守性与惰性，常常起着阻碍个性发展、侵蚀创造性实践和创造性思维的消极作用。因此赫勒提出了日常生活人道化的设想。她认为，日常生活批判或革命的任务不在于一般地抛弃迄今为止的日常生活结构和一般图式，而在于使之人道化，即扬弃日常生活的自在性质。具体来说就是使日常生活的主体同类本质建立起自觉的关系，通过主体自身的这一改变而改造现存的日常生活的自在性质，从而使个体再生产由自在存在变为自为存在和为我们存在，使个人由自发和自在状态进入自由与自觉的状态[①]。赫勒以强烈的热情表达了自己对日常生活的一种乌托邦主义的理解与期求。虽然赫勒放弃了马克思主义对人类解放的历史目标的终极性关怀,但她还是继续坚持着一定程度上的解放的信念。这不是在一种宏大的、势不可挡的历史进步洪流中实现的,而是在当下的、此处的日常生活伦理共同体的乌托邦理想中寻找到的。她主要关注的是在目前的环境之中如何过上一种充分可能的、合理性的与多样性的生活,关心的是这样一种充实的、全面的、合理的生活欲望。我们面临着在一个不道德的社会中如何坚持过上一种道德共同体的生活的难题。"我们只能拥有一种生活,而如果这种生活确实没有按照我们所渴望的方式而出现,我们还仍然能够欣赏它所提供给我们的一切。如果'历史'在我们的希望中扮演了一个肮脏的骗子角色,我们仍然能够做得更好一些而不是陷于绝望:即使是在那黑暗的年代,我们也能够保持着对人性的希望。"[②]

四、科西克:从"机械与本能的黑夜"到"透明化"的"具体乌托邦"图景

除了赫勒之外,与列斐伏尔的日常生活批判概念有接近之处的东欧人道主义马克思主义哲学家,还有卡莱尔·科西克(Karel Kosik)。西方学者一般认为科西克的哲学就是"海德格尔式的马克思主义":他用一种人本主义立场来调和马克思与海德格尔的关系,并在一种人本主义的"本真"实践视野中,虚构一幅反抗现代社会经济结构对日常生活抽象而颠倒统治的"具体乌托邦"图景。

科西克认为,日常生活并非一种永恒的现象,而是资本主义社会历史发展的特殊产物。他说,工业社会与资本主义社会不仅引入了新的生产工具、阶级关系与政治制度,而且还引入了"新的平日生活方式,引入了一种与先前时代根本不同的平日"[③]。从表面上看,平日好像是一个"自然氛围"。但平日并非从来就是一个样子的,而是一定社会阶段的社会组织化产物。"平日首先在于把人们的个人生活组织成每一天,他们的生活功

① 衣俊卿:《回归生活世界的文化哲学》,黑龙江人民出版社 2000 年版,第 62 页。

② Michael E Gardiner, *Critique of everyday life*, Routledge, London and New York, 2000, p. 156.

③ (捷)卡莱尔·科西克:《具体的辩证法》,傅小平译,社会科学文献出版社 1989 年版,第 53 页。

能的可重复性固定在每一天的可重复性中，固定在每一天的时间安排表中。平日是时间的组织，是控制个人生活史展开的节奏。”①而这些现象只有到了资本主义市场经济体制高度发展之后才成为现实。

与海德格尔的观点相类似，在科西克眼里，日常生活首先是一个沉沦的、机械的、盲目的“无意识的黑夜”，是某种貌似熟悉的、能动的、其实是完全消极被动的生存状态。在资本主义的或现代社会的平日中，活动与生活方式都变成了本能的、下意识的、无意识的和不假思索的机械过程。这里，“平日表现为平淡冷淡的黑夜、机械和本能的黑夜，表现为熟知的世界。同时，个人可以用它的能力和智谋控制并计算平日世界的各个维度和潜在的可能性。平日里一切都‘在手边’，个人可以实现他的意图。所以，它是一个可信的、熟识的惯常行为的世界……平日里个人在自己的经验、自己的可能性、自己的活动的基础上发生关系，所以他把平日看作自己的世界。这是个人能够筹划并控制的、可信的、熟识的世界，是直接经验与重复性的世界”②。

其次，日常生活具有一种可怕的“历史无意识”，一种可怕的“社会健忘症”，以至于“连断头台也能成为习惯”——纳粹集中营中也有日常生活，天天杀人的刽子手杀人便是其家常便饭！所以，日常生活世界的本质只能在自己的对立面即历史过程中才能够得以揭穿，只能通过历史过程或“突发事件”（如战争）。突然中断日常生活，人们才能从日常生活的神秘的、无意识的“熟悉感”、“可靠感”中觉醒起来，才能看透那“似自然的”、“伪具体”的日常生活的社会历史的本质。“平日生活只有在被打断时才成了问题，才暴露自己为平日。”③

第三，日常生活表现为非个人的“无名”力量的专制状态，表现为个人的软弱无力与逃避的命运。而要实现人在日常生活中的自由与解放，就必须用辩证法的历史视野来揭穿日常世界的虚假熟悉感：“异化了的平日世界的伪具体”，需要“通过间离、通过存在主义的更改或革命的变革而被摧毁……平日的熟识世界并不是一个已知的被认识了的世界。为要

---

① （捷）卡莱尔·科西克：《具体的辩证法》，傅小平译，社会科学文献出版社 1989 年版，第 52 页。

② （捷）卡莱尔·科西克：《具体的辩证法》，傅小平译，社会科学文献出版社 1989 年版，第 53 ~ 54 页。

③ （捷）卡莱尔·科西克：《具体的辩证法》，傅小平译，社会科学文献出版社 1989 年版，第 53 ~ 54 页。

表现它的实在，必须撕去其拜物教化亲密的假面，暴露其异化的残忍。”[①]这是实现对日常生活的革命与重建的第一步或认识论前提。而实证主义的朴素地、非批判地体验工作日生活，把它当做“自然的”人类环境，这与哲学虚无主义有一种实质性的共同品格。这两者都是把平日的某一特殊历史形式看做一切人类共存形式的、自然的、不可改变的基础。“在前者中，平日的异化反映在意识中是一种非批判的态度，在后者中，则是一种荒谬感。”[②]一个认为世界从来就是“如此的好”，因而“无须更改”；另外一个则认为世界从来就是“如此的糟”，因而“无法改变”。它们都不可能找到解决日常生活困境的出路。而唯有通过人类革命的实践、辩证的思维以及个人真实的生存活动等方式来摧毁这种日常生活现象的“虚假客观真实性”，从而实现主体与客体的双重解放或者双重“透明化”。这就是科西克心目中的能够超越现代社会“抽象统治”的“具体的乌托邦”。

由是观之，列斐伏尔、海德格尔、赫勒与科西克等这些20世纪的日常生活批判哲学家，他们在对现代社会日常生活的本质特征的认识上具有相当的类似性。他们共同发现，日常生活已非人类可以完全信赖与依托的“精神家园”，而是无可挽回地趋向异化、沉沦与单调平庸状态。但他们又都认为日常生活并非无可救药，仍然是一个充满着巨大创造潜能与希望的世界。只不过，他们各自在对日常生活批判的方式与程度上，特别是在寻找医治日常生活病症的途径上，显然是相当不同的。在海德格尔眼里，日常生活是能够通过返回“本真的”生存之思，借助瞬间的“良心觉悟”而挣脱与解救的暂时沉沦状态；对于科西克来说，日常生活世界是一个揭去伪装的、伪具体的、似自然的、颠倒的、异化的世界；赫勒则认为，日常生活是充满着生活伦理与可理解性因素和中介的、但尚待提升的文化沉淀层；列斐伏尔却强调，日常生活不是外在于历史而反过来评价历史的永恒本真世界，也不纯是一个应当被超越与消除的边缘、异化、残余的世界，而是一个真假参半、本真与异化同在的、内涵丰富而矛盾的文化沃土区，一个活力与惰性、痛苦与希望同在的世界。

●原文刊载于《求是学刊》2003 年第 5 期。

●刘怀玉：南京大学哲学院教授、博士生导师；中国马克思主义哲学史学会理事。

---

① （捷）卡莱尔·科西克：《具体的辩证法》，傅小平译，社会科学文献出版社 1989 年版，第60 页。

② （捷）卡莱尔·科西克：《具体的辩证法》，傅小平译，社会科学文献出版社 1989 年版，第60 页。

生活世界：人的自我生成之域

李文阁，于召平

生活世界是近现代哲学著作中出现频率比较高的一个概念，几位富有原创性的哲学家，如马克思、胡塞尔、维特根斯坦、海德格尔、哈贝马斯等均曾使用过这一概念。那么，这一概念的含义是什么？它对于现代哲学有何意义？我们对它又该作何种理解？

一、生活世界：一种世界观

生活世界并非近现代哲学中的一个枝节性概念，而是它的核心概念。它代表着近现代哲学的基本精神，代表着一种截然不同于近代哲学的世界观——生活世界观。

近代哲学的世界观是一种科学主义的世界观（简称为"科学世界观"）。它是牛顿力学所描绘的自然观的哲学化。此种世界观把世界看做与人无关的、本质既定的、独立自存的、自我封闭的、只有线条而无色彩的实体性存在。这样一种世界观由于难以说明主客体的统一和导向人与自然的相互奴役而被现代哲学所摒弃。马克思明确反对科学世界观。他说："被抽象地孤立地理解的、被固定为与人分离的自然界，对人说来也是无。"①科学主义和人本主义两大思潮都提出要"拒斥形而上学"，这里的"形而上学"就是指视世界为外在于人的、本质既定的存在的学说。尼采把人之外之后的世界称为"死亡世界"，认为它与基督教的彼岸世界并无

① 《马克思恩格斯全集》第42卷，人民出版社1972年版，第178页。

不同；胡塞尔指出，那种独立自存的“科学世界”或“客观世界”并不独立，它依存于生活世界。把本不独立的世界独立化，势必导致二元论和客观主义，陷入相对主义和信仰危机；海德格尔认为，一旦世界被图像化为等待人去征服的客体，人作为主体、世界作为客体就使人和世界现成化、二元化了，人落入“个人主义意义上的主观主义的畸形本质之中”①，与世界则陷入彼此对立的、操纵与被操纵的外在关系中。当维特根斯坦清除其前期的“普遍性渴望”，分析哲学家把形而上学的命题归于语言的误用时，他们均旨在解构传统的世界观。

那么，在摒弃了科学世界观之后，哲学家们主张何种世界观呢？对于他们而言，所谓世界或者说现实存在的世界是人的世界，即由人说出、为人把握、人所感触到的世界，这样的世界只能是与人相关或对人发生意义的世界，是人生活于其中、与人发生千丝万缕的联系、和人内在统一的生活世界。没有了人，便无所谓世界，与人无关的东西也根本无法组成一个世界，或者说，根本不是人的现实的或实在的世界的内容。如果说有那样一个“世界”存在的话，它也只能是人的抽象物，是人对世界的一种态度。近代的科学世界就是这样的一种态度，一种对待认识对象的态度。这种态度、这样的世界本来也是奠基于人的世界之上，是从人或人的生活世界出发，以生活世界为意义指向的世界，但在近代它一经产生出来，便脱离了生活世界，遗忘了其产生初的原本意义，堕化为一个独立自存的世界。而现代哲学正是要揭示这一“世界”的抽象性、非现实性，重新回归近代由之出发但却遗忘了的世界——生活世界。

回归生活世界是现代哲学的基本趋向。现代的每一位哲学家，不论是否明确使用过生活世界这一概念，但只要是现代的（指思维情趣而非时间上的），他的哲学就必然在向生活世界回归。马克思从来不谈论与人无关的自然、世界或存在，只讲人的现实世界，而人的现实世界无非是他们的实际生活过程。他指出：“在社会主义的人看来，整个所谓世界历史不外是人通过人的劳动而诞生的过程，是自然界对人说来的生成过程。”②由此，马克思批判以往的哲学是从天上降到地上，即从外在于人的物质世界或绝对理念出发来考察人，而他的哲学则是从地上升到天上，即从人的

① （德）海德格尔：《林中路》，孙国兴译，上海译文出版社 1997 年版，第 84 页。

② 《马克思恩格斯全集》第 42 卷，人民出版社 1972 年版，第 131 页。

现实生活出发来说明以往哲学中的那个抽象世界的产生。在解构了传统形而上学之后，现代人本主义仍然力图向人们指出一条达到绝对和理解现存的最后意义的道路，但这却非传统意义上的形而上学追求，是“导致产生世界意义和人类存在意义问题”的形而上学欲望在推动着这些现代形而上学者。① 换言之，现代形而上学者摒弃了对“死亡世界”的追求，而转向描绘人的现实生活世界，述说人对生活的体验和感受，发掘现实生活的意义。考夫曼对存在主义有如是评价：“将传统哲学视为表面的、经验的和远离生活的东西，而对它显然不满——这就是存在主义的核心。”②虽然分析哲学发展的早期依旧沉迷于本质主义：设定有一个客观的绝对，认为哲学也应追求这个绝对，但从维特根斯坦后期开始，科学哲学的兴趣重点逐渐从句法学转移到语义学，进而转移到语用学。此种转向是沿着相对独立的两条道路进展的：在狭义的语言分析哲学领域（指专注于语言探究的分析哲学，主要包括维特根斯坦及其弟子），关于语言和意义的适当解释的问题离开了逻辑原子主义的句法——语义学模式而走向彻底语用化的“语言游戏”模式，走向以生活形式为语境的语用学模式；而在同样狭义的科学分析哲学领域（指着重探寻科学发展和发现的“正统”科学哲学，主要包括库恩、劳丹、奎因、费耶阿本德、拉卡托斯和夏佩尔等哲学家），哲学家们的兴趣日益离开了那种发端于数学的“辩护主义”，而转向关于在社会环境的实用语境中的“科学的增长”问题，转向科学知识与社会环境、科学增长与生活（尤其是科学家本人的生活）的关系的探讨，转向后经验主义的科学哲学。而既然语义由不同生活情景中的语用来确定，科学的发展与科学家的生活、欲望、追求，与具体的社会环境关联起来，这说明科学哲学也回到了人的生活世界。而科学哲学回归生活的历程也是科学哲学与人文哲学合流的过程，因为，所谓合流即是由近代的科学世界向生活世界回归。在此意义上，在两大哲学初生之际，合流便已悄然开始。而20世纪中叶以后所发生的“合流”其实是合流的结果，是合流成功的标志。对于近现代哲学的上述转换，祁雅理曾有认识：“从克尔凯郭尔到马克思，从柏格森到胡塞尔（1859—1938）和海德格尔（1889—1976），思想不再关心它自身和作为客体的世界之间的关系，转而关心它

① （德）施太格缪勒：《当代哲学主流》上卷，王炳文等译，商务印书馆1986年版，第25页。

② （美）考夫曼：《存在主义》，陈鼓应等译，商务印书馆1987年版，第2页。

自身和通过主体或‘定在’而生活于其中的世界的关系。”①

当然,把回归生活世界作为现代哲学的普遍趋向并不意味着现代的每一位哲学家均明确使用了生活世界这一概念。但是,这并不妨碍把现代哲学的基本精神归于由科学世界向生活世界的回归。因为,尽管有的现代哲学家没有使用过生活世界这一概念,但使用过与它相似的概念,如现实生活、周围世界、生活形式、在世中、现实境况、日常生活、语言世界、历史情景、现世、存在的世界等等。所有这些概念具有与生活世界概念一样的意义,即都代表着一种哲学精神,都意味着一种世界观的转换——由科学世界观转向生活世界观。只不过在所有表达此种转换的概念中,生活世界这一概念更响亮、也更贴切,因而“成为”这些概念的总称或标志性概念。

二、生活世界:一种人的观念

那么,现代哲学何以会向生活世界回归呢?回归生活世界有何意义呢?

任何世界观均是一种思维方式。哲学世界观并不在于为人们提供一幅世界图景,而是经由此种图景向人们展示一种思维方式。近代科学世界观也是一种思维方式,即本质主义思维。此种思维认定任何事物都有其先天的恒定本质,不论事物如何发展,事物的本质都不会改变。甚至事物的发展也由此种本质所决定,在发展之先,发展的路径和结果便已注定,就像种子的生长和发育一样。用这样一种思维来观照人,人也有其固定本质:人是客观世界之外的渺小的旁观者,是自然的仆役,他必须顺从自然。而顺从的前提是认识自然,所以,“人具有一个本质,即他必须去发现各种本质”②。而之所以要发现本质,不过是为了满足自己的占有欲和做自然的主人的欲望。这样看来,发现者只是人的“初级本质”,占有者和主人才是人的“深层本质”。

这样一种人的形象和存在状况使对现实有深切体验和感受的现代哲学家们感到压抑和恐惧。罗蒂所惊恐的是:“它消除了世上还有新事物的

① (美)约瑟夫-祁雅理:《二十世纪法国思潮》,吴永宗等译,商务印书馆1987年版,第55、14、14页。

② (美)罗蒂:《哲学和自然之镜》,李幼蒸译,三联书店1987年版,第313、338页。

可能，消除了诗意的而非仅只是思考的人类生活的可能。"[①]海德格尔气愤的是，它纵容惰性，使人的精神萎靡，阻碍人之能动性的发挥。海氏如此描绘发现者的世界或技术社会的结局："世界黯淡下去，众神逃遁，大地解体，人变为群众，一切创造性和自由遭受憎恨和怀疑。"这是一个没有深度的世界，"所有事物于是陷入同一层面，陷于表层，像一面无光泽的镜子，不再镜映，不再反抛光泽"[②]。马尔库塞则把发现者即技术社会中的人称为单向度的人或单面人：人之思维只有一个向度——肯定性向度，反常话语、否定性思维归于消失；人之生活只有一种样式；文化也大众化、世俗化了，成为文化工业；人沦为大众，追求自己时代时髦的生活样式。这是一个"把它的价值归结为成功、福利和物质享受的社会"，它"留给真正的艺术、卡莱尔的英雄和尼采的超人的地盘就很小了"。[③] 看来，现代哲学家们所恐惧的是，发现者的形象使人的创造性归于消失，人失去否定和超越自我的能力，陷入一种单一的生活模式中不能自拔。

正是出于对人的存在状况的上述忧虑，现代哲学才拒斥科学世界观和本质主义思维，转向生活世界观和向生活世界回归。与科学世界观相似，生活世界观也是一种思维方式，即生成性思维或现世思维。之所以称其为现世思维，在于传统哲学把人之外、之上或之后的异世（科学世界、理念世界）或超世（神学世界）作为世界的本质或本质的世界，并用那一世界来解释人生活于其中的周围世界。而生活世界观则不承认异世或超世的存在，它认为只有人生活于其中的现世，并从现世即人自身或人的生活出发来解释人、世界以及异世或超世的产生。现代哲学之所以回归生活世界，正是要用生成性思维替换本质主义。

生成性思维有如下特征：第一，重过程而非本质。科学世界观认为事物有其固定本质，它也以本质为认识目标。而生活世界观则更看重过程，因为人的生活就是一个生生不息的、不断翻新的涌流。在人的生活世界，没有什么一成不变、始终如一的东西，一切都处于无限的生成过程中。第二，重创造，反预定。本质主义不仅预设了事物的静态本质，而且预定了

① （美）罗蒂：《哲学和自然之镜》，李幼蒸译，三联书店1987年版，第313、338页。

② 陈嘉映：《海德格尔哲学概论》，三联书店1995年版，第357页。

③ （美）约瑟夫－祁雅理：《二十世纪法国思潮》，吴永宗等译，商务印书馆1987年版，第55、14、14页。

事物的动态本质，这意味着它消融了创造。而现代哲学要解构的恰恰是此种“流程思维”。对于现代哲学家而言，“存在就是变易；变易就是成熟；成熟就是无限的自我创造”①。换言之，生成的过程不仅包括“流”，而且蕴含“变”。第三，重关系，反实体。科学世界是由一个个孤立自存、自我封闭的单子或实体组成的。而生活世界则是一个关系世界。如马克思所言：“当我们深思熟虑地考察自然界或人类历史或我们的精神活动的时候，首先呈现在我们眼前的，是一幅由种种联系和相互作用无穷无尽交织起来的画面。”②其中的任何事物都不是孤立的，都处于与其他存在物的内在关系中。回归生活世界的现代哲学正是为确立一种关系性思维。第四，重个性、差异和具体，反中心、同一和抽象。本质即是共性、同一性和抽象。追求抽象的同一性，必然轻视具体、抹杀个性和差异，导向权威主义和等级秩序，最终消解创造、否定生成。所以，注重创造的现代哲学家们倾力批判了形形色色的中心主义、同一主义，转向了各种各样的非中心论，转向了对生活世界中的、与人相关的具体问题的研究，如语言、科学发展、日常生活、人的现实存在状况等。这样一种转向在一些哲学家那里甚至表现为对所有整体、宏观东西的拒斥，和对琐碎、微型、个体性东西的无休止的关注。

当用这样一种思维来看待人时，人便不再是本质主义视野下的“占有性个体”，而成为“生成的人”。占有性个体本质既定，而生成的人是历史性存在。如伽达默尔所言：“无论认识者，还是被认识之物，都不是‘在本体论上的’‘现存之物’，而是‘历史性的’，也就是说，它们都具有历史性的存在方式。”③占有性个体是发现者，而生成的人是创造者，是在对象化活动中创造对象也改造着自我的存在，是不断超越自我的能在，“是在‘虚无’的画布上绣出‘存在’的花朵”的存在。④ 占有性个体是只知占有的物欲主义者，而生成的人却以“更有趣的生活”（罗蒂语）或“全面的人”（马克思语）为目标；占有性个体是莱布尼茨所说的单子，是极端的自我中心主义者，生成的人则是生活于具体历史情境的共同体，人是社会关系

① （法）柏格森：《创造进化论》，王珍丽、余习广译，湖南人民出版社1989年版，第10、234页。

② 《马克思恩格斯选集》第3卷，人民出版社1972年版，第417页。

③ 倪梁康：《现象学及其效应》，三联书店1996年版，第276页。

④ （法）柏格森：《创造进化论》，王珍丽、余习广译，湖南人民出版社1989年版，第10、234页。

的总和，是“共在”，人与人之间是平等友好的伙伴关系；占有性个体千人一面，是抽象的、无声的“类”，生成的人则一人一面，是“有个性的人”（马克思语）；占有性个体是抽象主义者，他试图用生活之外的某种东西来解释生活，生成的人是现实主义者，他看重的是人自身或人的生活。总之，一旦由科学世界观转向生活世界观，由本质主义转向生成性思维，人的形象就完全改观了，人的观念完全转变了。这才是现代哲学回归生活世界的根本旨归。

看来，所谓的生活世界本质上是一个人在其中生成的世界，是由人的生成活动所开展出来的世界，是人通过人自己的活动而生成的过程，即人的自我生成过程（人经由自己的自觉活动生成自我说明人是自我生成的）。而所谓的生活世界观其实是一种生成性思维或“人学思维”，它代表着一种人的观念，即人的生成或生成的人的观念。

三、现实生活世界：日常生活与非日常生活的统一

前面曾经指出，近代哲学中的人是外在化、物欲化、世俗化之人，是无尽的占有欲的奴隶，此种原子式个人因禀有普遍人性而再无个性和创造。于是“无论在艺术中或在思想中，人们（现代人——引者注）越来越认识到，他们所能探讨和揭露的唯一现实就是人的心灵和思想的现实”①。因为，人的心灵是活泼的、生动的、瞬息万变的，或者说不断翻新和创造的；人的心灵最能体现人之个性；在心灵中也才有“圣洁”，才有对物欲和肉体的超越。所以，整个现代文学和思想界均向内转。人本主义者转向人的内心，凸显心灵的形式，甚至将其独立化、唯一化了。如克尔凯郭尔把个人的存在归于一种精神存在、伦理存在；萨特的本体是一种彻底透明的、完全空虚的心理状态等。而对于语言哲学家而言，现实是由语言说出的，语言的现实是本源性的现实，语言交往是生活世界的中心内容，是人类实践活动的典型形式。因此，语言世界其实也是人的精神世界。这样，人本主义和语言哲学均将生活或生活世界意识化、精神化了。与生活世界的意识化、语言化相伴随的还有对世界的日常化。对于许多现代西方

① （美）约瑟夫－祁雅理：《二十世纪法国思潮》，吴永宗等译，商务印书馆 1987 年版，第 55、14、14 页。

哲学家而言,他们回归的生活世界实际是日常生活世界:胡塞尔的生活世界是前科学的、前反思的;维特根斯坦是在日常的语言交往中找寻语言的意义;海德格尔的周围世界是人随意就可上手的世界;哈贝马斯作为交往之背景的生活世界是非主题化的、非反思的。这里的生活世界均是人们整日沉于其中的、对其不作任何反思的、经验性的日常生活世界。现代西方哲学之所以偏爱日常生活世界在于,它是一个主客未分的、非认知性的、最能体现世界之生活性的世界,它也最现实、最"实在"或最具有普遍性,因而,回到这样一个世界最容易驳倒或消解主客二分式的思维,最容易说明生活世界之基奠性、本根性。而当这样一种"生活化"或日常化思维与语言化、意识化思维相连接时,对语言、意识的理解便会发生根本性变化:语言、意识不仅被独立化、本源化,而且被生活化、日常化。意识不再是认知性的思辨、理性、逻辑,而是生活性的情感、意志、体验和心理;语言不再是科学语言、规范性用语,而是日常生活中的语言交往。这样,与对世界的意识化相伴生的是对非理性的推崇,与对世界的语言化相联结的是对日常的每一种语言用法的尊敬(维特根斯坦就认为日常的每一种用法都是合理的),于是,非理性主义流行,日常语言学派兴盛。

看来,现代西方哲学家们所说的生活只是日常的精神生活,所回归的世界只是日常的精神世界。人只是纯精神性存在,它也只能在日常的精神生活中生成自己。然而,精神世界并非一个独立的世界:它不仅寓居于非精神世界,而且其内容也源于非精神世界。马克思指出:"意识在任何时候都只能是被意识到了的存在。"[①]布迪厄也认为:"语言的权威来自外部,言语的效力并不像奥斯汀所主张的那样,存在于'以言行事的表达式'或者话语本身,因为这些不过是授权而已。"[②]这样,一旦把非精神世界括起来,则精神便成为无所依托的幽灵,成为无内容、无指向的纯粹流动和滑动,失去任何确定性。这样的人或身处这样一个没有确定性的生活世界,人当然不再有固定的形象,它是生成的,且它的生成也不再有任何的限制。但是,一个没有任何确定性的世界却是一个相对主义的世界。

现代西方哲学陷入相对主义和信仰危机表明,它对生活和生活世界

① 《马克思恩格斯选集》第1卷,人民出版社1972年版,第30页。

② (法)布迪厄、(美)华德康:《实践与反思》,李猛、李康译,中央编译出版社1998年版,第195页。

的理解仍然是抽象的。那么,现实的生活世界是怎样的呢?

现代西方哲学之所以将生活世界日常化、精神化,一方面是针对近代哲学对人的物欲化,试图把人从动物中超拔出来,另一方面则因为日常的精神生活更能说明世界的生活性和人的生成性。此外,尚有一个重要原因,那就是对劳动即自觉的对象化活动的肤浅理解。在近代社会,由于生产资料和劳动者的分离,劳动不属于劳动者,劳动对于劳动者是一种外在的、被迫的、强制性的东西,劳动者在其中不是感到幸福,而是感到不幸,是肉体受折磨,精神遭摧残。对于此种劳动,劳动者当然是不愿从事的,只是为了生存,劳动者才不得不进入其中,作为谋生的手段或工具。这就造成:一方面,劳动成为一种可有可无的东西,成为动物性的东西;另一方面,动物的东西成为人的东西,即人只有在运用自己的动物机能,才觉得自己是自由的、自主的,才感到自己是人,他因此也只把这些活动当做自己的生活。作为一种人本主义的现代哲学当然是不能忍受人的此种存在状况以及近代哲学对人的抽象的。然而,在现代社会,劳动的异化性质仍未改变,在这种情况下,现代哲学只能退回到人的内心,并将内心纯化、日常化,使之变为绝对先验的意识,反思前的我思(日常的生命体验)或不关涉外物的语言(日常语言交往),这样一种内心生活自然不是外在的、被迫的、自我折磨的,而成为完全自主的、自由的、令人愉悦的创造或生成过程。

看来,尽管现代西方哲学对人和世界作了生活的理解,但它是以逃避“生活”为代价的,即以消解人之感性,把人的对象化活动排除于人的生活之外为代价的,这说明它被劳动的特定存在形式所蒙蔽,未能参透人之对象化活动或自觉的物质生产和精神生产的本质。事实上,若是从其产生根源来分析非日常生活即劳动,我们便不难看出,劳动的外在性并非其固有特性,它只是特定时期劳动的特定存在状况,是生产力有了发展但不够发达、生产资料与劳动者的分离所造成的结果。一旦外在劳动产生的这些前提消失,劳动的外在性便将消除,它就会直接展示出人之生命活动或生存方式的性质,就会展示为人的生活。

而劳动之所以在本性上不是人生活的手段,在于人是对象性存在物。这一方面意味着人是一个在感性世界中生活的、感性的肉体存在物,是一个需要和依赖感性对象的存在物,即是受动性存在物。另一方面是指人是对象化存在物,即在象征性的和实在的对象化活动(前者指文学、艺术、科学、宗教等,后者指实践)中能动地表现、展示自己的存在物。对象化活动,特别是实在的对象化活动是人生成自我的主要方式。而劳动正是人的自觉的对象化活动:物质性劳动即实在的对象化,精神性劳动即象征性对象化。因此,劳动就是人的生成或生活过程。如马克思所言:“劳动是人在外化范围内或者作为外化的人的自我的生成。”①“因此,他们是什么样的,这同他们的生产是一致的——既和他们生产什么一致,又和他们怎样生产一致。”②甚至是异化劳动也是人的生成过程:其产品也以曲折的形式确证着劳动者的本质和力量,劳动者也在活动中生成着自我。黑格尔就意识到异化劳动的这重性质,他借助主奴意识的转换说明了这点:一方面,主人通过物与奴隶发生间接关系,这种关系就使主人成为主人,奴隶成为奴隶,因为主人有权支配物,而物不过是奴隶的存在形式;另一方面,主人又是通过奴隶与物发生间接关系的,因为主人所支配的物是奴隶改造过的物,主人把物的独立性的一面让给奴隶,让奴隶对其加工改造,他只是与物的非独立性结合,即尽情享受物。这样,主人就把自己该做的事让给了奴隶,奴隶所做的其实是主人的行为,因为真正讲来,“对于主人只有自为存在才是他的本质,他是纯粹的否定力量,对这个力量,物是无物”③。这样,奴隶反倒成为真正的主人,而主人却沦为物的奴隶。总之,在生活即人的自我生成的意义上,劳动也是人的生活,并且是更能体现人之生活性或人之为人的特性的生活,因为不仅迄今为止人主要是在此种活动中生成的,而且劳动的自觉性也更为明显地体现出生成的自我性。

既然劳动是人的生活,这说明人不仅有日常生活、精神生活,而且过着非日常生活、物质生活,说明生活世界并非纯精神世界,而是物质生活与精神生活、日常生活与非日常生活相统一的世界。这才是人的真正现实的生活世界,是我们所应回归的世界。这样一个世界是由马克思所揭示出来的。从马克思的现实生活世界出发,则人便不再是本质既定的占有性个体,也不是没有过去和未来的幽灵,而成为“在一定的物质的、不受

① 《马克思恩格斯全集》第42卷,人民出版社1972年版,第163页。

② 《马克思恩格斯选集》第1卷,人民出版社1972年版,第25页。

③ (德)黑格尔:《精神现象学》上卷,贺麟、王玖兴译,商务印书馆1979年版,第129页。

他们任意支配的界限、前提和条件下能动地表现自己的"[1]现实中的个人。人的生成既不是无创造的"流",也不是没有接续和确定性的"变",而成为继承与创造、确定与非确定、"流"与"变"的统一。这样来看世界、人和人的生成才不会落入相对主义,也不会陷入精神危机。

●原文刊载于《求是学刊》2000 年第 1 期。《新华文摘》2000 年第 5 期、《人大复印报刊资料·哲学原理》2000 年第 5 期转载。

●李文阁,《求是》杂志社文化编辑部编审。

●于召平,大连海军舰艇学院政治系教师。

① 《马克思恩格斯选集》第 1 卷,人民出版社 1972 年版,第 29 ~ 30 页。

中国日常生活世界的人情化特质及其现代转换

杨　威

纵观中国日常生活世界的演化历程,我们会从中发现这样一个问题,即中国日常生活世界除了具有自在性、重复性、给定性、保守性等共性特征之外,它还具有较为浓厚的人情化特质,或者可以说存在着一个人情世界。中国文化对于人伦关系的注重,导引着中国人的生活意向,使中国日常生活世界似乎处处都充盈着人情与人情交往,以致使人情交往成为中国人日常交往活动的主轴或中心。正是在此种意义上,可以进一步认为,中国日常生活世界本质上即是一个巨大的人情世界。①

一、日常生活与人情世界

人情世界与人们的日常生活密切相关,因此在阐释和透析中国日常生活世界的人情化特质之先,有必要对其中的两个重要范畴——日常生活与中国日常生活世界作一界定。所谓"日常生活"即是指"以个人的家庭、天然共同体等直接环境为基本寓所,旨在维持个体生存和再生产的日常消费活动、日常交往活动和日常观念活动的总称,它是一个以重复性思维和重复性实践为基本存在方式,凭借传统、习惯、经验以及血缘和天然情感等文化因素而加以维系的自在的类本质对象化领域"②。与此相关,所谓"中国日常生活世界",即是指在中国社会背景之下所形成的以衣食住行、婚丧嫁娶等日常生活细节为主要活动图式的相对封闭与恒常的天

① 衣俊卿:《现代化与日常生活批判》,黑龙江教育出版社 1994 年版,第 33 页。

② 衣俊卿:《现代化与日常生活批判》,黑龙江教育出版社 1994 年版,第 33 页。

然共同体。此即是从空间与时间角度对该范畴所作的初步界定。实质上,中国日常生活世界同样是一个自在的、可经验的,处于相对独立与凝固状态下的类本质对象化领域。

明确了上述两个范畴的大致内涵之后,下面再来重点把握一下人情与人情世界的多重意蕴。人情范畴在日常生活中具有一定的歧义性。纵观这样一个内涵较为宽泛的范畴,可以从以下几方面加以理解与诠释:(1)人情意指人的内心情感,即通常所谓的“人之常情”。如《礼记·礼运》中有“何谓人情?喜、怒、哀、惧、爱、恶、欲,七者弗学而能”之句,对人情作了一个经典性的界定。当然,这也只是人情的含义之一。(2)人情意指人与人之间的情面、情谊。它通常体现日常生活世界中的人情互动原则,即《诗经·木瓜》中所谓“投我以木瓜,报之以琼琚”式的回报模式。(3)人情意指婚丧嫁娶等活动中,人们出于礼节性的应酬而送出的礼物或礼品。这也可看做是较为常用的情面或情谊的引申意。

除了概述人情的多重内涵而外,仍有三点尚需说明:首先,人情的多重尤其是前两重内涵在现实生活中时常会出现交叉、重叠的现象。实质上,情谊与情感之间本来即是一种彼此交融、互渗的关系,使人很难将二者截然分开。其次,人情实际上并非只是发生在日常生活世界之中的一种单纯的情感或情谊现象,它更多地体现为日常生活主体间某种特定的人伦关系,即具有一定程度的“主体间性”。再次,“人之常情”若在特定条件下扭曲变形,则有可能发生异化,成为日常人际交往的负累。总之,由上述可见,“人情”随着特定情境的变化只具有相对稳定的内涵。明乎此,方可给出一个较为合理的“人情”界说:在日常生活世界,所谓人情不仅指人之自然情感或人伦间的情感交流,在更多情况下,它还特指人们在日常活动中彼此间进行交往所具有的情面意识。

正如人情范畴一样,人情世界这一特定范畴也相应地具有多重内涵。不过,鉴于理解与运用之便,权且将其从两方面加以界定。首先,若从人之自然情感这一角度来讲,所谓“人情世界”,即是指由传统日常生活世界中所生发出来的一种崇尚情感,并以重人情与重人伦为表现形态的伦理精神世界。可以说,崇尚情感或重人情的倾向在中国日常生活世界中表现得尤为突出,此即将中国日常生活世界看做是人情世界的理由之一。其次,若从情面、情谊的意义上来理解人情,此时的人情世界则意指在日常生活世界中，众多日常生活主体为了达到各自目的，彼此间通过某种特定方式所进行的形形色色的人情交往的总汇。简言之，即指充斥着各种各样人情交往具体形态的世界。人情交往与人情关系在中国日常生活世界中无所不在，这是我们提出中国日常生活世界乃是一个巨大的人情世界的理由之二。

基于以上两方面的粗略描述，使我们大致厘清了“人情”与“人情世界”的多重内涵。在此基础上，可以进一步探讨人情与人情世界的基本特征。为了避免讨论失之宽泛，不妨将范围限定在中国传统日常生活世界之内，并从中国伦理文化的角度来加以审视和分析。要言之，其基本特征可以概括为如下两点：

其一，人情世界是以血缘家族为根底的情感世界。在中国传统日常生活世界，“家”不仅是日常生活天然共同体的基本单位，更是联络血缘情感的坚强堡垒。人情与人情世界也正是以这种意义上的“家”——血缘家族为根底而渐次展开的。众所周知，在中国传统的血缘家族中，有着诸多复杂的亲缘关系。而在这些亲缘关系之间必然会产生情感交流或人情交往的日常生活现象。情感至上则成为血缘家族内部成员间进行人情交往的主要特征。血缘家族以其牢不可破的血缘纽带，将各种“天伦”关系圈定在“家”的范围之内。人们虽然在此其中有时会以某种未必平等的方式进行着人情交往，但是却依然可以和谐共处，并使之具有一定的稳定性与交互性。

其二，人情世界具体到日常生活个体即是一个由亲及疏、由“熟”及“生”不断展开的以其熟人为主的世界。对于某个日常生活主体而言，通常情况下，其人情交往活动要大大超出“家”的范围，而扩展于他的整个“熟人世界”。并且，中国传统日常生活世界中的人情交往主要是在由“天伦”关系与“人伦”关系所构成的熟人世界中发生和展开的。熟人世界即是人情交往的大致活动阈限。但该活动阈限也并非固定不变，它要随着日常生活主体人情交往的需要而不断扩展。因此可以说，熟人世界的形成正是其人情交往的必然结果。诚然，在某些较为特殊的情况之下，日常生活主体的人情交往也会打破熟人世界的界限，并经由“熟人”间接的人情传递，向熟人世界以外扩展，经历一个由亲及疏、由“熟”及“生”的人情传导过程。

二、人情世界的价值评判

当我们站在时代的高度，以一种较为客观的态度审视人情世界时，常常会陷入深刻的“二律背反”之中。人情世界的存在似乎成为当今中国社会一个难解的“结”。如何对待人情与人情世界，直接关系到人情世界的现代转换乃至中国日常生活世界的重建问题。因此，我们必须要对人情与人情世界进行一种全方位的价值学分析，也即要为人情世界的现代转换提供价值评判的维度，力图多角度、多侧面透视人情世界的积极内涵与消极因素。

1. 人情与人情交往的存在价值。反观中国日常生活世界运行的基本特征，我们便会十分清楚地看到：即使是在现代日常生活世界之中，人情与人情法则也同样是不可或缺的。甚或在某些特定情况下（如日常邻里间纠纷的调解等），它能够一跃成为生活世界人伦日用之间是非曲直的主要裁决者。这种情况则会进一步引发我们的思考：在现代日常生活世界的建构中，日常生活的调控机制能否给人情与人情法则留有一席之地？回答应当是肯定的。这实际上也就涉及人情与人情交往的存在价值问题。下面试从不同角度概述人情与人情交往对现代日常生活所具有的重要价值。

第一，适度的人情交往能在一定程度上使现代日常生活中人们的情感需求得到满足，情感生活得以丰富。在现代日常生活人与人之间的人情交往中，人们不再会因为生活事务的繁杂及工作节奏的加快而觉得心灵无所依托，情感无所适从。适度的人情交往不仅使得人们的情感需求得到了满足，而且，还会使人们在情感的升华中体味到一种很强的认同感与归属感，这对于身处现代日常生活中的人们尤为重要。在良好的情感氛围中，人们不再会感到孤独与无助，相反，在私人领域内的情感交流与人情交往却为紧张而忙乱的现代生活增添了一份闲适与恬淡，使人们具有了一种“在家”的感觉。情意融融，爱意无限，日常生活世界中的情感生活也因此得以丰富起来。

第二，人情交往法则能在一定程度上提高人的主体地位，由此也高扬了人性，并为身处现代日常生活中的人们提供了一些可选择的自由空间。

一般说来,法律规范是一种硬性的规范,具有一定的强制性。它大都以冷冰冰的不近人情的方式调整着生活世界的运行状态,从而使日常生活主体在各种法律规范面前只能是一个受动者,即成为一种受诸多法规制约的对象性存在。而在人情法则面前,人们却可以较为自由地驾驭自然情感来为自身在生活世界中选择一处可能性的自由空间。在这一方天地里,作为日常生活主体的人才真正充分展示了人之为人的主体性,并在一定程度上高扬了人性,也因此使人的生活世界具有了真正意义上的生活情趣。

第三,适度的人情交往有利于维系和谐的人际关系,并为现代日常交往关系的确立与完善提供了前提条件。人情交往作为协调与维系人际关系的一种方式或手段,在现代日常生活中发挥着无可替代的巨大作用。适度、正常的人情往来,不但可以密切人们彼此间的情谊关系,增进相互间的了解,使人际关系更加和谐、融洽,而且更为重要的是,它在一定程度上还会打破现代日常生活中由于城市化所引起的居住环境相对封闭的状态,从而引导人们走出自家的狭小范围,以一种开放的心态去进行日常交往,这就为现代日常交往关系的确立与完善提供了一个重要的前提条件。

2. 人情与人情关系的负面影响。如前所述,人情本来源于人与人之间正常的情感交流与真心传递,但在现代日常生活中却大有泛化乃至异化的趋势。其后果就是使得日常生活世界中的每个角落似乎都充斥着人情与人情关系,足以令人应接不暇。此时的人情业已失去其原初意蕴,从而也就部分丧失了人情所应有的价值。非但不能使人从中得到某种情感方面的满足,反而成为人们从事日常交往活动的极大负担,实质上已演变成为束缚人、控制人的一种异化了的人情。可以说,人情的泛化与异化现象是人情交往在非常状态下所产生的一个较大的负面效应。除此而外,过分注重人情同样会产生诸多消极影响,在此简要地将其概括为三方面:

第一,过分注重人情,势必与法制产生矛盾,其结果就是使与人伦日用有关的各项法律规范充满弹性,大大降低其公正性与严明性。从伦理文化的角度来看,在传统社会许许多多的血缘家族中,其成员都比较注重家族情谊,因此常常因为偏重于人伦情谊而轻忽法制,其后果即是导致人情过于浓厚,人们的法制观念相对淡薄。而重人情轻法制的倾向又会产生诸多弊端,其中较为严重的一点就是违背甚至践踏了社会公理与正义,使与人伦日用有关的各项法规充满弹性，大大降低其公正性与严明性。因此，对于一个社会而言，必须要将人情与人情交往圈定在有限的范围之内。只有有效地抵制人情的泛化倾向，加强并健全法制，才会为人们营造一个伸张正义、明辨是非的法制化、理性化的社会环境。

第二，过分注重人情，则容易脱离人情的本义而使之走向形式化，最终导致“做人”的两面性。前已述及，人情是有其本义的，即指人之内心情感。而中国日常生活世界中的人情，又大都是建立在家庭基础上的血缘情感，因此可以说，这种血缘情感均为发自内心的真挚情谊。但是，人情最终必然要走出“家”的范围而扩展于家庭之外。于是，血缘情感也由此演变成为友情、乡情等不具有血缘亲情关系的人情。实质上，此时的人情大多是出于各自的利益和目的考虑所作出的一种情谊交换，因此必然会在一定程度上出现虚假的成分。为了还人情而不得不进行人情交往的结果，只能使人情交往走向形式化。在日常生活世界中，这种业已走向形式化的人情是大量存在的。而由它所引起的一个最大负面效应，就是使人情世界中的日常生活主体大多虚伪而世故。人们在人情交往中，通常注重的并非是情感交流，而是实际利益的多寡。在现实的人情世界里，人们也已很少能感受到交往对方的真心实意，更多的则是表面上的虚伪与客套。在这种环境中生活的人们，久而久之必然会形成人前人后“做人”的两面性。

第三，人情浓厚的地域通常会形成错综复杂的人情关系网，它在日常生活世界中具有明显的消极作用。中国传统日常生活世界中的人情关系，大多是以血缘家族为中心而顺次展开的。它按照由亲及疏、由近及远的顺序编织成一个庞大的人情关系之“网”。一般而言，越是人情浓厚的地域，其关系网即越为错综复杂。而这样一种人情关系网的大量存在必然会对日常生活世界的正常运作产生诸多消极影响。一方面，人情关系网中的每位成员身处于各种“关系”之中，必定会产生一种“等、靠”之类的依赖心理。这既不利于日常生活主体奋斗进取精神的培养，又不利于形成公平、合理的社会竞争机制。另一方面，当今社会人情关系网的存在对于整个社会来说，能够影响以致败坏社会风气。它使得拉关系、“走后门”现象的出现成为一种可能，并造成“不正之风”的盛行，在一定程度上为腐败现象的滋生提供了温床。总之，通过以上论述，使我们大致弄清了

过分注重人情与人情关系所带来的负面影响，

这也就为下面所要进行的人情世界的现代转换研究铺平了道路。

三、人情世界的现代转换

在对人情世界进行一番价值评判之后，我们又会进一步提出“如何对中国的人情世界进行现代转换”的理论课题。此处所谓的“现代转换”，实质上即是指在人情世界由传统到现代的历史性嬗变过程中，怎样消除其负面效应，使之能更好地适应现代社会发展与中国现代化进程的需要。换言之，主要是解决如何克服其弊端的问题。当然，同时也要兼顾发扬其优长，二者实际上是一个问题的两个方面。

对人情世界的现代转换问题进行全面的剖析与反思，我们认为，这一问题绝非一厢情愿式的良好的主观愿望所能解决。对人情世界实现成功的现代转换固然离不开人们的主观愿望与努力，但它更需要凭借一种能够有效促成其转换的社会大环境或大背景。具体而言，即需要一种深层的经济、政治乃至文化等领域全面的社会变革所形成的新的历史条件。只有在健全而合理的社会大背景的映衬之下，再辅之以社会舆论的正确引导与人们的主观自觉，中国日常生活世界的根基才会真正受到一种来自深层的触动，人情世界现代转换的时代课题也才能得以最终完成。为此，可以将这种现代转换的根本途径或消解人情世界负面影响的主要措施简要地概括为以下两个方面：

首先，在当今中国社会，随着经济体制变革的全面展开与深入进行，随着社会主义市场经济体系的日益完善与正常运作，人情世界的负面影响必然会在健全而完善的各项法规等的有效制约与引导下得以逐步消除。换言之，在经济生活领域中建立较为完善的社会主义市场经济体系之日，也正是有效消除人情世界负面影响之时。

追本溯源，可以断言，在中国传统社会，人情浓厚及其引发的诸多负面效应在一定程度上乃是自然经济所造成的结果。在自给自足的自然经济条件下，男耕女织式的小农个体经济的生产规模狭小，个体生产者之间很少有交换行为发生，因此也使得人际交往的范围狭小而固定。在这种情况之下，人情的作用自然显得十分突出。即使是在有限的范围内偶然间所进行的互通有无式的交换，也并非商品经济所奉行的公平的等价交换。人们大多只能凭借人情与人情关系而“礼尚往来”。

时过境迁，在自然经济业已土崩瓦解、经济形态大多步入商品经济时代的今天，一方面，世界经济大有一体化趋势，并开始形成统一的大市场，商品交换逐渐演变成为全国性乃至全球性规模；另一方面，中国国内社会主义市场经济体系的建立与不断完善，使市场运行机制更趋于规范化、合理化。这均为消解人情世界的负面效应营造了良好的社会经济环境。人们在一个国家乃至全球范围内的统一大市场中所进行的等价交换，注重的是产品的质量、价格等问题，而并非人情关系。因此，生产者们必须不断地提高产品质量、降低成本以便用质优价廉的产品来参与激烈的市场竞争。同时，我们也必须看到，中国目前刚刚建立起来的社会主义市场经济体制还不十分成熟，尚需健全与完善。并且，即使是初具规模的市场经济运行体系，如若得不到国家的正确引导与强制规范，则很有可能在人情与人情关系的掩护下畸形发展。总之，在经济生活领域中，健全而完善的社会主义市场经济体系的建立，将是真正消解人情世界负面效应的根本途径之一，这也可看做是进行人情世界现代转换的深层经济动因。

其次，随着中国政治体制改革的日渐深入与社会主义民主政治的真正实行，必然会在政治生活领域中继而在全社会范围内逐步消解人情与人情关系的负面影响。换言之，健全的民主与法制建设终将使人情世界的运行转入正轨。

众所周知，在中国历史上，长达2000多年的封建专制制度以及“家天下”式的大一统的皇权统治，使得封建政治始终处于不公开的状态之中，毫无民主与政治透明度可言。政治的不公开与缺乏一个有效的监督机制，必然使得人情乘虚而入，它可以使得任何法律规范充满弹性。而所谓“王子犯法与庶民同罪”的宣扬只不过是掩人耳目、此地无银之惯用伎俩。此外，为封建专制统治服务的历代朝廷各级官吏大多是官官相护，并且对待官场事务惯用“暗箱”操作，由此也便使得人情之风在政治领域中十分盛行，从而最终导致不良社会风气的形成。一般而言，“人情政治”的盛行与社会的政治昏暗成正比，与政治清明则成反比。

而在当代，随着中国现代化建设逐步向前推进，政治体制改革已经成为中国全面改革的一个重要标志。目前，我们国家正在大力加强社会主义民主与法制建设，并且要使民主制度化、法律化。实质上，政治体制改革的目标也即是要建设具有中国特色的社会主义民主政治。而在真正实行社会主义民主政治的社会条件下，曾经盛行的人情之风将难以找到立锥之地。然而，我们也必须承认，在现今的政治生活领域中，由于某些具体制度尚未完善，因此仍然存在着这样或那样的问题，诸如特权现象、家长制作风等等，均为人情之风大开方便之门。这就需要进行全面、彻底的政治体制变革，而且要有步骤、有秩序地进行。譬如要发展社会主义民主政治，必须首先完善民主监督制度，使人民赋予的权力始终处于人民的监督之下，从而也就能够避免人情之风在某些权力机关的蔓延。为此，必须加强党内各项民主生活，同时不断加强纪检、监察等方面的工作。总之，在政治生活领域中，建立和实行真正的社会主义民主政治将是消解人情世界负面效应的主要措施之一。它不仅会促使人情世界成功地实现现代转换，而且也必将使21世纪的中国展现出更加蓬勃的生命力。

●原文刊载于《求是学刊》2000年第3期。《高等学校文科学报文摘》2000年第4期转载。

●杨威，哈尔滨工程大学德育与青年心理研究中心教授。

世纪之交中国的日常生活批判理论

李小娟

以现代化为背景的日常生活批判理论是20世纪80—90年代文化哲学研究领域中相对具有独特性和新意的文化哲学理论，它的主题或者宗旨是人自身的现代化，即完成由自在自发的生存方式向自由自觉的生存方式的文化转型。日常生活批判理论的创新性在于，它从传统日常生活的结构和内在图式中揭示传统文化的根基，从而在生活世界的根基上揭示人自身现代化的具体途径。这样一来，日常生活批判不同于一般的文化启蒙，它没有停留于以思想呼吁和观念更新为内涵的表层文化启蒙，而是一种在人的生活世界中发生的深层文化启蒙。

应当说，迄今为止，中国日常生活批判研究领域的主体工作是由黑龙江大学文化哲学研究中心开展的。1989年衣俊卿教授在《哲学动态》上发表的《日常生活刍议》是中国文化哲学领域日常生活批判研究的第一篇论文，从此展开了中国日常生活批判理论的研究。此后，文化哲学研究中心一直在自觉地建构以中国现代化进程为背景的日常生活批判理论，先后承担国家教育部人文社会科学规划项目、教育部资助优秀年轻教师基金项目、黑龙江省杰出青年基金项目、黑龙江省社会科学基金项目多项，在《中国社会科学》、《哲学研究》、《哲学动态》、《光明日报》、《天津社会科学》、《求是学刊》等10余家学术刊物上发表了100多篇学术论文，并出版了中国第一套《日常生活批判丛书》（人民出版社2005年3月）。黑龙江大学文化哲学研究中心主要从以下几个方面建立中国的日常生活批判理论：研究西方生活世界理论，探索理性向生活世界回归的机制；通过日常消费世界、日常交往世界和日常观念世界的研究，开展日常生活世界基本范畴的理论建构；从自在的活动方式、经验主义的活动图式、自然主义的立根基础和自发的调控体系等方面揭示日常生活的基本图式和变革机制；通过对中国传统日常生活世界的历史的和现实的文化透视揭示中国社会历史演进的文化内涵，等等。世纪之交，日常生活批判理论的研究开始为学术界普遍关注：一是《求是学刊》从1995年开始设立不定期学术专栏《文化哲学：现代化与日常生活批判》，组织学术界就日常生活批判开展专门的、多视角的研究；二是日常生活批判开始走出哲学领域，在社会学、文学、教育学、法学、历史学等研究领域成为重要的研究课题和理论范式，并成为各个领域不少研究生的学位论文选题①。为了更全面解中国日常生活批判的开展情况，我们在这里拟从以下两个方面评述世纪之交中国学术界关于日常生活批判的研究情况。

一、日常生活批判研究的多重视角

目前，哲学界关于日常生活批判的研究与争论已从不同的角度和层面展开，所涉及的论题是十分广泛的，我们可以提及目前关于日常生活批判理论研究的几个方面。

生活世界理论的价值学维度的研究。理性向生活世界的回归，不是某一哲学家的偶发奇想，而是20世纪许多重要思想家的共同追求。但是，如果深入分析，就会发现，不同理论家和思想家对于生活世界的重视往往是基于不同的出发点和价值追求，其中甚至存在着价值取向上的冲突。对此应当具体分析，否则，理性向生活世界回归本身容易走向泛化。有的学者认为，我们在生活世界理论中可以区分出四种主要的价值取向：第一，将生活世界当做自在的价值和意义世界而加以回归。这是胡塞尔的生活世界理论和维特根斯坦关于日常语言及生活形式的理论的主导性价值取向。第二，把日常生活世界视做一个全面异化的领域而加以批判。这是海德格尔和列菲伏尔等人的基本做法和价值取向。第三，把日常生活世界当做一个自在的和未分化的对象化领域而加以批判和超越。这是科西克和赫勒等人的主导价值取向。第四，把生活世界当做全球化交往

① 参见李小娟：《走向中国的日常生活批判》，附录《20世纪90年代以来中国日常生活批判的有关文献》，人民出版社2005年版，第449～457页。

和世界历史背景下交往行为合理化的文化基础而加以重建。这是哈贝马斯的交往行动理论所持的生活世界理论范式的主导性价值取向。如果采取上述生活世界理论的坐标系，我们可以断言，中国目前所开展的日常生活批判研究在价值取向上更接近科西克和赫勒等人，主要把日常生活世界当做一个自在的和未分化的对象化领域而加以批判和超越，其宗旨是超越中国传统文化的经验化和人情化特征。

关于日常与非日常的相互关系。有学者指出，日常生活批判与重建不是“走出”抑或“回归”的简单问题，而是实现二者既各得其所，又互相渗透，也就是日常生活的非日常化与非日常的日常化。日常的非日常化即日常生活的自觉化，它要求发展文化启蒙和教育事业，通过价值重建和社会改革使每个社会成员形成适应现代文明的非日常生存方式和非日常价值观念。非日常的日常化即非日常生活的人道化，它要求消弭工业文明中人的异化状态，抵制拜物主义和技术崇拜，凸现人的本真状态，完善人的生命存在。日常的非日常化与非日常的日常化在现实文化层面上表现为“大众文化”与“精英文化”的对立。大众文化是自发形成的文化，而精英文化的建立与发展需要人们的自觉倡导和创造，并且它一经丧失就需要加倍的努力来重建。有学者认为，对现实生活根基的遗忘，正是整个传统哲学这个非日常领域的根本缺陷，回到现实生活世界根基并重塑全面完整的真理意识，将是当代哲学重建的重要内容。

日常生活批判与人文精神的重建。有学者认为，日常生活世界是传统人文精神的寓所。传统人文精神是与日常生活世界相统一的，传统日常生活世界的强大与沉重严重阻滞着中国文化转型的顺利进行。目前人文精神失落的实质不是一般意义上的人文精神的失落，而是传统人文精神随着日常生活世界的衰落而失落，这也是文化转型的重要背景。因此，日常生活批判与人文精神的重建及文化转型构成了同一过程。有学者认为，日常概念中占主导地位的是常识的概念框架，它由常识的世界图景、常识的思维方式和常识的价值观念组成，是人类世世代代经验的产物，是最具基础性的概念框架，具有直接给予性、自在性、简单性和狭隘性。任何一个具有常识的人，其常识的世界图景都是由常识的思维方式构成，常识的价值观念都是以常识的思维方式进行价值判断。因此，必须以科学的和哲学的世界图景、思维方式和价值观念去变革和更新它们，实现非常识的常识化。这是一个人的素质的提高的过程,人的现代化的过程。有学者认为,中国新型的价值观应从对日常生活世界的批判改造和对市场经济的分析中发展出来;个人的本质是通过日常生活世界中人的生存方式的不断发展来实现的,当代中国的人学研究应关注生活世界中人的存在特征、存在状态和存在方式。

日常生活批判与文化启蒙。有学者认为,日常生活批判理论代表着一种知识启蒙的立场。中国传统日常生活世界包含一种浓厚的、以道德主义对抗现代文明的人文意识,它在知识分子层面上引发一种持久的文化保守主义传统,而在大众层面上则通过习俗和传统的力量生成根深蒂固的蒙昧主义和神秘主义。中国现代化迫切需要一种以日常生活批判为内涵的知性启蒙,这一启蒙在社会向度上应当导向一种法理精神的自觉,而启蒙的深度则有赖于知识分子的自我启蒙的完成。有学者指出,在当今中国社会转型的特殊历史时期,要使文化启蒙向深层次发展,必须进行中国传统日常生活的变革与重建,使文化启蒙与日常生活批判结合起来。这正是中国现当代关于人自身现代化的探索给我们带来的一个发人深省的重要启示。

中国传统日常生活批判重建的途径。如何通过日常生活的批判重建来改变中国传统文化的自在自发的、经验主义的、自然主义的特征,是日常生活批判在中国语境中的最重要的实践课题。对此,学者们从不同角度进行设计。例如,有的学者强调,日常生活的变革主要包括两个方面:以体制的系统变革外在地冲击、重塑自在的日常生活世界;通过发展现代教育内在地提升日常生活世界。有的学者从现代性的生成的角度把传统日常生活的转型表述为三个基本方面:首先,它牵涉到对合理化、合法化、正当性和正义性的社会政治—经济"组织良好的秩序"的不间断的制度设计或安排;其次,日常生活转型还关涉到国民性在民族根源和全球化的两歧中构造个体—群体心性结构和文化制度合理质态的理性筹划;再次,日常生活转型同时也成为最先发生在"精英"层的文人、学者、艺人和评论者等知识分子圈的叙事对象和一种现代主义时代精神的主旋律。有的学者认为,中国传统日常生活的批判重建要重点考虑这样几个方面:第一,通过"二位一体"的文化启蒙和现代教育事业,用科学技术理性和人本精神重塑中国人,使中国人由传统走向现代,由自在自发走向自由自觉;第二,注重社会运行体制的民主化、理性化和法制化进程,建构起非日常活动领域中的超日常的社会运行机制,以遏止传统日常生活结构和图式对非日常活动领域的侵蚀,为自由自觉的非日常主体的生成提供适宜的条件;第三,通过价值的重新评估和深刻的社会重组使普通民众积极地接受新的适合于现代工业文明的非日常价值观念,拥抱工业文明条件下自由自觉的、积极进取的生存方式。

二、日常生活批判范式向其他学术研究领域的渗透

日常生活批判既是一个独特的文化哲学研究领域,也是一种重要的理论范式,因此,它不仅对哲学理论的发展具有重要的启示,而且对其他人文学科和社会学科的开展具有很大的学理意义。而世纪之交,中国的日常生活批判的确开始从哲学领域向其他学术领域渗透,并取得了令人欣喜的进展。我们在这里提及几个主要领域。

文学与日常生活批判。有学者认为,20 世纪 80—90 年代,我国文学界和哲学界先后都从事日常生活批判,二者是互为因果的。当文学以其特有的审美形象生动有力地呈现出日常生活对于人的生存的重要性时,就需要哲学作出全面而深刻的理性反省。"新写实"小说在面向日常生活时更多地品尝到个人生存的现实的卑微性,其市民形象表现出若干鲜明的特征。面对日常生活,"新写实"呈现了理想性与现实性两种不同状况,可以从中发现当今知识分子对世纪初以来的精英传统作痛切反省和对市民社会作浪漫畅想的姿态,以及他们面对日常生活所具有的不同价值取向及其背后深厚的文化缘由。有学者认为,描述生活,批判生活,从日常生活中挖掘深层内涵,借助于批判日常生活来探索理想境界,是文学这个非日常领域的基本内容之一。有的学者认为,进入 20 世纪 90 年代以来,对日常生活的关注逐渐构成了文学的主要想象空间。先锋派作家纷纷向现实主义回归,启蒙知识分子也放下了架子,开始关注饮食男女,不仅联系现实,也联系历史;不仅涵盖了民族共同体的真实感受,也表达了大时代中生命个体的真实体验。日常生活成为文学进入历史、观察现实、沟通民族和个人的最佳通道。

教育学与日常生活批判。有的学者用日常生活批判范式来探讨教育

的本质和机制，认为生活世界的教育是人的教育不可或缺的基础，它包括日常生活中的教育和非日常生活中的教育。其中，日常生活中的教育表现出传统性、自在性和异质性，而非日常生活中的教育则一般表现出创造性、自为性和同质性。个人通过日常生活中的教育达成社会化和个人化，通过非日常生活中的教育达成专门化和总体化。这两个领域中的教育是个体再生产和社会再生产的辩证统一。有的学者认为，现代教育应当解决科学世界与生活世界分离的问题，使科学教育能够真正面向生活世界，使教育不是简单的传授知识的活动，同时也是人文养成的过程。为此，必须促进直接经验和间接经验的结合，使学生通过自主研究性学习从生活世界的常识态度提升到科学态度，而不是把科学知识变成机械记忆的科学常识。有的学者提出，日常生活世界是德育的出发点，也是德育不可避免回归的地方，回归生活世界是德育的目的，可以使德育避免抽象化和空洞化。

法学与日常生活批判。有的学者认为，日常生活批判为法学研究提供了重要的启示：学术研究者的任务不仅仅是观察生活、描述生活、揭示生活，而且也要反思生活、批判生活、干预生活。法理学的研究，不能仅仅满足于揭示人们的法律生活，而且要批判日常的社会法律生活，干预社会对法律的不当需求，改造社会的法律需求。有的学者主张运用日常生活批判理论对当代中国法治秩序建构理论进行反思，认为当前法治秩序建构理论的致命弱点在于主体维度的缺失。法治秩序建构的本质在于由传统的日常生活世界向非日常生活世界跃迁，当代日常生活作为传统法律文化的寓所对于法治秩序的建构形成巨大的阻滞与消解因素，日常生活批判对于法治秩序的建构具有根基性价值。进而提出重构当代法治秩序建构理论的设想，即建构一套以国家（政府）为动力，以社会为基础，以日常生活批判和深层文化启蒙为主体维度的国家·社会·日常生活批判“三位一体”的新的法治秩序建构理论。

社会历史理论与日常生活批判。有的学者非常重视西方式学界中日常生活史学派的兴起，认为日常生活成为历史学一个研究领域，是历史学研究中的“标志性”事件。随着日常生活史的出现，历史学走出高等学府和研究机构，进入普通人的世界，社会历史理论的关注中心从宏大的历史叙事转向具体的日常生活世界。其中，哲学视野中的日常生活命题对于社会历史研究的这一重大转向具有重要理论价值。有的学者主张从日常生活世界和非日常生活世界的交互作用来探讨人类社会结构及其演进机制。社会结构是人类自身活动的产物,人类活动包括自觉与非自觉两个相关的层面,因此,社会结构可被解析为两个相关的结构领域:非日常生活世界和日常生活世界。二者在内容上具有重叠性,在方式上具有依赖性,在结果上具有交互性,应当在二者存在必要的间距与张力基础上探讨二者共存的机制,并在此前提下重建新型的日常生活世界。有的学者认为,日常生活既是权力秩序的基础,又是它的控制对象。现实微观权力秩序的重建,应当从法治和民主两个方面去恢复日常生活的自主性和批判性,提高人们的现代性反思能力。有的学者指出,日常生活批判理论是西方马克思主义的一种重要的社会政治思想。它主张只有从根本上改变人们的日常生活,社会主义革命的意义才能实现,也才能把人从异化劳动和人与人之间的物化关系中解放出来,重建社会主义同个人解放的同一性,因此日常生活批判应当成为社会变革的中心。日常生活批判理论触及了苏联模式社会主义的主要缺陷和弊端,给中国特色社会主义提供了有益的启示。

此外,日常生活批判的理论范式对于政治学、社会学、女权主义等领域的研究也开始产生重要的影响。但是,必须看到,世纪之交中国日常生活批判的研究还具有初创和奠基的性质,与中国现代化进程的要求还相差很远。在日常生活批判的框架中,还有许多重要的问题没有真正展开,例如,日常生活批判对于社会历史理论的影响、生活世界理论和日常生活批判理论在本体论或人本学的学理层面上的确立、日常生活批判对于传统历史解释模式的影响、日常生活变革的内在机制、特定传统日常生活对于人类社会历史进程的影响、特定日常生活世界中的文化模式等。因此,日常生活批判理论研究在未来还有十分大的发展空间。

●原文刊载于《求是学刊》2005 年第 6 期。

●李小娟,黑龙江大学《求是学刊》编审。

论日常思维

王国有

20世纪90年代在中国学术界兴起的日常生活批判理论把日常生活的批判、重建作为中国文化转型的现实切入点，旨在改变中国人传统的自在自发的生存方式，实现人自身的现代化。日常思维理论是日常生活批判的重要组成部分，本文以人的自在自为的生存方式为基础，在日常思维与非日常思维的关联中阐释和论证日常思维的内涵、结构、特性、运行机制及其价值定位，力图通过对日常思维问题的系统分析和论证，深化和推进日常生活批判理论。

一、人类思维的日常层面与非日常层面

日常思维与非日常思维是与日常生活和非日常生活相对应的哲学范畴。以人的对象化活动为基础，人的生活世界可以划分为日常生活和非日常生活世界两个领域。日常生活，就是人的自在的对象化活动领域，它包括以自然为对象的日常生产、消费活动，以人为对象的日常交往活动和以精神产品为对象的日常思维活动几个层面；非日常生活，就是人的自为的对象化活动领域，它包括非日常生产、消费活动，非日常交往活动以及非日常思维活动几个层面。日常生活和非日常生活相互渗透，处于不断的相互作用之中，如果二者的发展不平衡，就会使人处于物化和神化的虚假境遇。

日常思维活动是日常生活的思维层面，它以人的自在性存在方式为基础，是指停留于既定思维规定的给定性思维。日常思维包括日常经验、

传统习惯和常识三个层面。日常经验是日常思维的最低级、最原始的思维方式，这种思维方式的特征在于，人们以日常生活中的经验直觉作为自明性的思维标准，固守日常的经验直觉直接给予的思维规定；传统习惯是日常思维的次级形式，它来源于日常经验的积淀，是日常思维的固化形式，这种思维方式的特点在于，它蕴含在无意识的、重复性的活动方式之中，普遍为人们所接受和运用；常识是日常思维的最高层面，是以知识形态存在的日常思维，指日常生活中经常、持久起作用的知识。日常思维贯穿于人们的日常生产、消费和日常交往活动中，使日常生产、消费和日常交往活动呈现出自在性的特点，它规范和指引着人们的日常生活，为人的生存活动提供必要的自明性基础，是在日常生活中占主要地位的思维方式。

非日常思维是非日常生活的思维层面，它以人的自为性存在方式为基础，是超越既定思维规定的创造性思维。非日常思维包括科学、宗教、艺术、哲学四个层面。非日常思维作为自觉的精神生产活动，是非日常生活的重要环节，为人的发展提供精神支撑；非日常生产、消费以及非日常交往的超越性、创造性主要来自非日常思维的超越性和创造性。

日常思维和非日常思维不是两个彼此分割的领域，而是两种主要的思维方式。日常思维中也包含和渗透着非日常思维，非日常思维中也包含和渗透着日常思维，我们对日常思维和非日常思维的划分正如日常生活和非日常生活的划分一样，是就人的思维、对象化活动方式的总体倾向而言的，二者的划分只具有相对的意义。

二、日常思维的结构及特性

日常思维的结构是日常思维的共时态规定，这些规定是在人类思维活动的历史中积淀下来的，同时又在很大程度上规定着思维的基本方向和基本特点。与非日常思维相比，日常思维在思维的主体、对象和方式上具有特殊的结构。

在主体结构上，日常思维的主体是从属于对象的自在主体。在人与自然的关系上，日常思维主体缺乏主体性，受生存本能的驱使，被动依赖和适应自然，被同化到自然中去，是自然界向人类社会延伸的重要环节；在人与传统的关系上，日常思维主体天然地顺应和维护自己的传统，表现出极强的惰性、保守性；在个体与群体的关系上，日常思维的主体缺乏独立的自我意识，对群体消极认同，是群体本位的主体；在情感与理性的关系上，日常思维主体忽视和抹杀理性的作用，强调情感体验的至上性，是情绪化的感性主体。

在对象结构上，日常思维的对象是给定的经验对象。首先，日常思维的对象是自在给定的对象。日常思维的对象具有天然的自明性，它一方面给日常思维提供直接的自明性支撑，更重要的在于，日常对象为日常主体的生存和繁衍提供直接的物质基础。其次，日常思维的对象是经验可感的对象。由于日常思维是维持个体生存、繁衍的日常生活的思维方式，其对象必然与人们的衣食住行、饮食男女、婚丧嫁娶等日常生活经验密切相关，在经验中确证着人的生存本能。另外，由于日常的活动具有很强的重复性，日常思维的对象都是熟知的对象。当日常思维主体面对日常的自然、住所、人群、文化传统时，不会有异己、冷漠的感觉，人们回到日常生活世界，就像回到自己的家园。

在方式结构上，与非日常思维的反省式思维不同，日常思维常常以对象化思维为主要思维方式。当思维的主体面对对象的时候，对象往往处在与对象的复杂关系之中，对象化思维往往忽视和抹杀对象与自我的内在关联，从直观的角度出发，直接把自我思维中的对象看成是对象本身。日常思维主体由于缺乏自我意识，无法拉开自我与对象的距离，无从洞彻对象对自我的依赖性，往往离开与对象的关系，直接断言存在。因此，对象性思维是日常思维的主要思维方式。在日常思维中，对象往往呈现出自在的规定性，对象之所以“是其所是”，是因为事情“本来如此”，不是因为“在我看来”如此。

日常思维的结构决定了其特性。在日常生活中，日常思维表现出自发性、重复性、非个体性、实用性和非批判性的特点。首先，日常思维具有自发性，日常思维活动缺乏自我意识，往往受本能、习惯和无意识推动，往往缺乏对事物的深入思考，直接承领事物的规定性。其次，日常思维具有重复性。从时间上看，日常思维具有循环性，日常思维的形式、结构、节奏、对象以及内容随着日常生活世界的不断重复周而复始；从空间上看，日常思维具有同一性，也就是说，日常思维在地域上具有一致性；从情感上看，日常思维具有熟悉性，日常经验、传统习惯和常识往往是人们“日用而不自知”的。第三,日常思维的非个体性表现在,日常思维缺乏自我意识,受集体表象的推动,消极认同他人和集体的思维规定,导致思维结果的平均化。第四,日常思维具有实用性,这不仅表现在日常对象具有日常的实用性,而且表现在日常思维的目的、动力和标准也具有实用性。日常生活世界是一个生存本能起主导作用的世界,生存本能要求日常思维的对象必须是实存的、实用的,而且是熟悉、切近、在手边、顺手、好用的对象。同时,日常思维与日常生活实践是直接关联在一起的,并且服务于日常生活的兴趣和需要,在日常思维中,判断思维真理性的标准是日常经验的直接效用。第五,由于日常经验的狭隘性、传统习惯的惰性和保守性和常识的直观性,日常思维拒绝和抹杀思想的独立思考和大胆创新,在功能上表现出非批判性的特点。

三、日常思维与非日常思维的互动机制

日常思维与非日常思维的主体结构、对象结构和方式结构方面的对比研究揭示了日常思维与非日常思维的静态方面,然而,日常思维与非日常思维并非两种互不相干的静态的思维方式,而是人类思维方式矛盾运动的两个方面,二者处于内在的辩证关联之中:一方面,日常思维是非日常思维的基础,另一方面,非日常思维是对日常思维的超越和提升。如果忽视非日常思维对日常思维的依赖性,就会使非日常思维失去根基,成为异化的思维活动,思想就会陷入虚无;反之,如果忽视非日常思维对日常思维的超越性,就会把非日常思维等同于日常思维,就会使非日常思维失去超越性的维度,失去自身的合法性,使思想陷入僵化。随着日常生活世界和非日常生活世界的辩证运动,日常思维和非日常思维相互依赖、相互作用、相互渗透,向对立面转化,不断实现日常思维的非日常化和非日常思维的日常化。

日常思维的非日常化表现在,日常思维是非日常思维的基础,日常思维经常发生非日常化的运动。一方面,日常经验、传统习惯和常识等日常思维是科学、宗教、艺术和哲学等非日常思维产生的前提,日常思维构成非日常思维的重要组成部分;另一方面,日常思维不断同化和变革非日常思维,使非日常思维具有日常性特征。卢卡奇在谈到日常生活与非日常

的科学、艺术的关系时指出,“如果把日常生活看作是一条长河,那么由这条长河中分流出了科学和艺术这样两种对现实更高的感受形式和再现形式”①。诚然,无论在科学和艺术之中,还是在宗教和哲学活动中,非日常思维都离不开日常生活的土壤,日常思维为非日常思维的产生、深化和拓展提供了自明性的基础。同时,一旦非日常的科学、宗教、艺术和哲学被赋予了日常的意义,变成了日常的经验、传统和常识,科学的创新精神、宗教的超越性、艺术的创造性和哲学的反思性就容易被淡化和遗忘,非日常思维的自为性就容易受到消解,失去其对日常思维的提升作用。

非日常思维的日常化表现在,非日常思维通过对日常思维的改造、超越和提升,发生日常化的运动。一方面,科学、宗教、艺术和哲学等非日常思维不断回归日常思维,积淀成为日常经验、传统习惯和常识的重要内容;另一方面,非日常思维不断改造和提升日常思维,使日常思维具有非日常性特征。非日常思维的日常化一般是从改变日常经验开始的,经过传统习惯的改造,最终上升到意识层面,变革人们的常识。非日常思维的日常化过程就是科学、宗教、艺术和哲学的知识背景、思维方式、思维成果和价值取向逐渐日常化的过程。在这一过程中,日常思维也具备了非日常思维的基本常识,接受了非日常思维的一些价值取向,运用和验证了非日常思维的一些思维成果,由此也具有了一些非日常思维的特征。非日常思维的日常化可以在一定程度上改变日常思维的自在性,使日常生活具有活力,但另一方面,非日常思维对日常思维的过度侵蚀又容易造成日常思维的混乱,人们的思维容易失去确定性,陷入虚无主义的困境。

日常思维与非日常思维既存在着紧张的张力,又处于相互作用和相互渗透之中:一方面,日常思维需要不断发生非日常化的运动,为非日常思维活动提供源泉,否则非日常思维就会失去自明性的基础;另一方面,非日常思维需要不断回归日常生活,不断改造和渗透进日常思维,既丰富了日常思维的内容,也提升了日常思维的超越性,否则,日常思维就会成为人类思维的束缚。在日常思维和非日常思维的互动中,同时也存在着非日常思维诸形式的互动,科学、宗教、艺术和哲学的互动结果同样作用于日常思维,并且整合到日常思维与非日常思维的运行机制之中,转化成

① (匈)卢卡奇:《审美特性》第1卷,徐恒醇译,中国社会科学出版社1986年版,第1页。

为日常思维的重要内容。

四、日常思维的价值定位与当代中国的日常思维批判

日常思维在日常生活中居于核心地位,它广泛、深入地渗透进日常生活的其他环节,是日常生产、日常消费和日常交往的精神支柱。没有日常思维,不仅日常生产、消费和交往活动无法进行,而且非日常的生产、消费、交往和思维活动也难以进行。然而,对于日常思维的价值定位不能抽象地一概而论,应该从人的自在自为的存在方式出发,对日常思维的积极和消极意义进行辩证思考。从人的自在自为的存在方式出发审视日常思维的价值,就会发现:以给定性为主要思维方式的日常思维对于维护和确证人的自在性,具有积极的意义,然而,日常思维对于人的自为性规定来说,又具有消极意义。

日常思维的积极意义在于,它为日常生产、日常消费和日常交往提供自明性的基础,为人的生存提供必要的熟悉感和安全感,同时也有利于增强文化整体的稳定性。日常思维是日常生活的思维层面,无论是日常生产、日常消费还是日常交往,都以日常经验、传统习惯和常识作为行为的自明性基础。赫勒认为,"日常思维的内涵"可以理解为"我们在日常生活中以各种各样方式实际运用的知识(例如,作为行为准则,交谈主题,等等)的总体","每一主体欲在其特殊环境中成功地生活与活动,就必须内在化那一定数量的日常知识,这是最低的要求"。①

从文化心理的角度看,日常经验、传统习惯和常识具有经验习得的自明性,它们为个体的生存提供了必要的熟悉感和安全感。日常经验、传统习惯和常识是经历了长时间的历史积淀,经过数代人的验证、筛选和更新,才传承下来的,相对于人的生存需要来说,日常思维具有直接性、可重复性和经验的共同性。正因为日常思维对个体的生存活动具有直接性、可重复性和经验的共同性,日常经验、传统习惯和常识才显得"熟悉"、"可靠",可以不假思索地作为自明性的知识去运用。从文化认同的角度看,日常思维不仅倾向于对既定文化传统的认同和实践,而且对异己文化

① (匈)赫勒:《日常生活》,衣俊卿译,重庆出版社1990年版,第199页。

因素进行排斥和消解。日常思维对既定文化的认同，在很大程度上维系了文化的连续性、同一性，可以有效防止文化的断裂和文化根基的丧失，维护文化的稳定性。这对于个体融入和熟悉文化传统，维系自己的生存具有重要的意义。

日常思维的积极意义意味着日常思维的限度，相对于人的自在自为本性而言，日常思维的过度发展会压抑人的主体性，束缚人的创造性，阻碍文化的渗透和跃迁。首先，在日常思维中，人与世界处于未分化的状态，日常思维主体总是倾向于把自己归依于对象之中，从对象（自然和群体）那里获得规定，得到确证。在自然和群体的双重束缚和压抑下，日常思维的自我意识受到了严重束缚和贬损，人的主体性难以发展起来。其次，日常思维束缚人的创造性，因为日常思维强调思维的自我肯定性，忽视和抹杀思维的自我否定性。日常思维主体很难超越自己的自明性基础，对既定的经验、习惯和常识提出质疑，进而，对其进行分析、批判和超越。最后，日常思维的过度发展会增强文化的阻滞力。日常思维不仅拒斥和消解外来文化，阻碍文化的渗透与融合，阻碍了文化的自我超越，而且拒斥和消解非日常文化，导致日常生活的非日常化，使非日常的科学、宗教、艺术和哲学活动失去了其创造性和超越性的特质，变成文化的肯定力量。

从日常思维的价值定位可以看出，日常思维的价值定位是双重的：当非日常生活过分发达，侵蚀了日常生活的时候，回归日常思维寻找精神的家园尤为重要；当日常生活过分庞大，阻碍非日常生活发展的时候，有必要变革日常思维，增强思维活动的自觉性和能动性。从西方现代化的发展历程来看，现代化的过程就是日常生活的批判和重建的过程，其中，日常思维的批判和重建是现代化的重要前提和核心环节。目前，中国文化正在面临着从传统农业文化向现代工业文化的转型，沉重的日常生活和僵化的日常思维恰恰是中国文化现代化的最大障碍。因此，有必要把日常生活最内在的层面——日常思维的批判和重建，作为中国文化现代转型的重要突破口。

中国传统日常思维的批判重建有两条主要途径：一是外在的冲击，即规范，二是内在的理性提升。外在的冲击、规范旨在通过对日常生活的强制作用，改变日常思维的经验基础；内在的理性提升旨在通过思想的教化功能实现非日常思维与日常思维的直接对话，以此增强日常思维的自为性。

外在力量来自制度层面的变革。通过以经济体制改革为主体的制度层面的配套改革，可以外在地冲击自在自发的日常生活世界，使日常思维发生松动。经济生产方式的转变，其实质在于以利益原则直接刺激和改变传统文化的文化主体，使其自发地游离出日常生活世界，改变日常的思维方式。

内在的理性提升主要在教育。制度的外在冲击和塑造只是以经验习得的途径和利益原则自发触动传统的日常思维主体，若使日常思维发生根本性的变化，必须以现代教育对传统日常思维主体进行内在提升，使其走向理性自觉，具备主体性、批判精神和创造精神。这就要求我们，在教育理念上，要加强素质教育和创新教育，培养、塑造具有主体性、个体性和创造性的现代文化主体，在教育内容上，要注重技术理性和人文精神的培养，提升文化主体的理性和创造精神。

中国文化要想实现文化的现代转型，必须紧紧围绕日常思维的批判和重建这一核心环节，在制度化变革和现代教育的双重作用下，变革日常思维，推动现代非日常思维的发展。只有这样，才能从根本上触动传统文化的根基，实现中国传统文化的现代化。

●原文刊载于《求是学刊》2005 年第 6 期。

●王国有，黑龙江大学哲学与公共管理学院教授、博士生导师；黑龙江省哲学学会常务理事。

论日常交往

王晓东

为推动日常生活批判理论的重要分支——日常交往理论的研究进一步走向深入,我们主张以日常与非日常相关联的范式对日常交往和非日常交往进行比较性与关联性的研究。这种研究力图实现历史哲学范式、发展哲学范式和文化哲学范式、价值哲学范式的整合性运用,凸显宏观审视和微观透视、实证方式和哲学方式的有机结合。这种研究在背景上与现代西方哲学和我国当代哲学中凸显的两个重要的理论领域——日常生活理论和交往理论的发展直接相关。

一、两个重要的理论研究领域

哲学向生活世界的回归,是哲学理论范式发生根本性变革的重要标志。这种回归在理论形态上的一个重要表现就是日常生活理论和交往理论的兴起和发展。交往是人的本质性的存在方式和活动方式,但在人类生存匮乏的背景下,哲学的目光主要聚焦于外部世界,关注人与自然、主体与客体关系问题。随着匮乏问题的相对缓解以及交往在人类历史发展进程中作用的突出,交往问题逐渐受到关注和重视。自 20 世纪现代西方哲学发端以来,交往理论日渐成为显学,主体间交往问题成为现象学哲学、生存哲学、哲学解释学、语言哲学、社会哲学、哲学人类学乃至分析哲学、后现代哲学等许多哲学流派和思潮的共同兴奋点。

从日常生活研究来看,现代西方哲学逐渐改变传统哲学对日常生活的轻视态度,并表现出越来越浓厚的兴趣。传统哲学常常以对粗俗日常生活的超越自居，将日常生活视为琐屑的、低级的、微不足道的小事，只能作为茶余饭后的谈资。哲学在本质上似乎永远远离日常生活，凌驾于日常生活，只关注“宏伟的叙事”，流连于超越的精神世界和意识世界，徜徉于人类历史之中把握终极命运。及至哲学跨入现代门槛，日常生活仍然是被忽视乃至被遗忘的“飞地”。如此重要的生存领域一直是实证的文化历史科学如人类学、文化学、民俗学、社会学和历史学以及文学占据和把持的领地。20世纪上半叶，现象学哲学和存在主义问世后，尤其是在西方马克思主义进入哲学舞台后，这种情况发生了更大改观。

就日常交往与非日常交往问题的研究而言，胡塞尔生活世界和交互主体性现象学、海德格尔存在主义哲学、西方马克思主义、加达默尔哲学解释学、维特根斯坦的日常语言分析哲学以及许茨、哈贝马斯、戈夫曼、达伦多夫等人的社会学理论，他们从生活本体、语言、文化、冲突、社会结构与机制等视角和层面给予了不同的关注。其中，西方马克思主义者列斐伏尔和赫勒在日常生活和非日常生活比较研究的基础上触及到日常交往和非日常交往的关系问题。但这些理论没有对日常交往和非日常交往问题实现全面性的研究，如列斐伏尔、赫勒比较集中地研究了资本主义和发达工业社会异化的日常交往和非日常交往，但是对前资本主义社会各形态的日常交往和非日常交往则较少涉及。尤其就形态学意义的比较性和关联性研究而言，还是一个尚未展开的课题。哲学范式的深刻变革、哲学主题的不断拓展，要求我们通过日常交往问题的研究来深化日常生活和交往问题的研究。

二、日常交往和非日常交往比较研究的几个核心问题

将交往现象和交往活动区分为日常交往和非日常交往，并对二者进行比较性、关联性研究，从理论意义上看是试图使人类生活交往两种不同领域、不同形态的基本类型、运行机理、演进规律以及根本意义等问题得到进一步具体的揭示。但是，一个关键的学理性问题是如何对日常交往和非日常交往给以严格的、明确的界定？

1. 关于日常交往和非日常交往的基本界定。对日常交往和非日常交往的这种界定，是建立在两种不同生活领域的区分基础上的。日常交往

和非日常交往分别属于人的两个不同的生活、活动领域，即个人的生活领域和社会生活领域或类的生活领域。日常交往是指不同的主体为维持个体生存和再生产以物、语言符号、操作行为等为中介而发生和进行以及相伴随的各种相互作用活动，是人们主要在血缘家庭、天然共同体范围内围绕衣食住行、饮食男女、婚丧嫁娶、礼尚往来等事项遵照传统习俗、凭借天然情感进行和展开的相互作用、相互接触、相互沟通以及相互之间产生的矛盾和冲突。而非日常交往是指为维持社会再生产或类的再生产以物、语言符号、操作行为等为中介发生和进行以及相伴随的各种相互作用活动，是人们在宏观性、开放性的社会空间或社会领域围绕社会大生产、经济、政治统治和管理、文化生活以及科学、艺术、哲学等创造性活动而进行的相互作用、相互沟通、相互交流和相互理解以及相伴而生的各种矛盾和冲突。

日常交往和非日常交往分属于不同的主体生活领域，但并不意味着日常交往就是指单个人之间的交往，而非日常交往是指社会组织之间的交往。日常交往是人的私人领域。一般说来，具有突出的个体性，表现为单个人之间的交往，如夫妻之间的交往，但日常交往也存在超个体性的情形，如一个家庭同另一个家庭之间的交往。此外，个人为维持和满足个人生存需要而与社会组织、与陌生人发生的交往，如去商场购物等而发生的交往也属于日常交往。而非日常交往往往表现为有组织的具有自觉性质的社会交往，其交往活动的主体可以是单个的个体，也可以是群体，如政党、单位之间的交往；也可以是一个社会整体，如国家之间的交往；等等。日常交往和非日常交往的区分与学术界有些学者所提出的“私域交往”和“公域交往”的划分存在重要的区别。

从主体生活领域的不同对日常交往和非日常交往进行区分，还只是表层的，深层根据在于这两种交往形式在活动方式和运行机理上存在根本差异。日常交往具有日常性，是由自发性的、重复性的思维支配和主导的活动领域。维持个体生存和需要的交往由自然主义、非理性主义、经验主义的生活规范调控，具有自在的非反思的特征。非日常交往具有非日常性，这种非日常性是指非日常交往不是依照自发性和重复性的方式发生和进行的，而是以自觉的、理性化的、有组织的活动方式或以主动性、创造性、超越性的实践方式进行的。所以，非日常交往可以分成两个大的方面:一是围绕社会再生产而进行的、有组织的社会交往活动;二是围绕人类的精神再生产而进行的自觉的、创造性的精神交流和精神交往。从活动方式和运行机理上看,日常交往和非日常交往的区别关键在于人的生活和活动中的“自在”和“自为”的区别。日常交往是人的自在的活动方式,而非日常交往则是人的自为的活动方式。日常交往是每一个人都必然要经历、进行的基本活动,是原初性的基础活动领域,而非日常交往则是基于人的发展和社会的生成而产生的拓展性的生活领域。

2. 日常交往与非日常交往的不同类型。从共时态的角度看,依据日常交往所围绕事项的具体内容和目的差异,可以将日常交往分为物质生活的日常交往和人际情感性的日常交往。前者是指人们围绕衣食住行等基本生存需要在物质生活资料的获取和消费过程中所发生和进行的分工和协作。后者是指人们围绕生儿育女、婚丧嫁娶、礼尚往来、休闲消遣等事项为维持和促进人际联系和情感需要而发生和进行的交往活动。依据联结纽带和发生前提,我们可以将日常交往分为血缘亲属性日常交往、地缘性日常交往和业缘性日常交往。血缘亲属关系是人们之间日常交往最主要的纽带和关系中介,这种交往在原始社会时期和自然经济时代,是绝大多数人最主要的甚至是全部的交往生活。地缘关系也是迄今为止人们之间最主要的日常交往纽带,这种纽带是指没有血缘亲属关系的人们之间由于居处的生存空间的比邻而发生的日常交往。业缘关系纽带是现代社会人们基于社会化大生产和有组织的社会、文化生活而建立起来的交往关系,主要目的是维持社会再生产和社会整体的非日常交往活动。在业缘性的工作关系、社会关系基础上,人们之间也形成个人化的日常交往关系。

从日常交往活动的基本性质和结果上看,可以区分常规态的日常交往和非常规态的日常交往。在通常情况下,人们在日常生活中总是能自发地遵守传统习惯、社会习俗、道德规范和天然情感进行积极的、正常的、无冲突的交往。但由于排他主义特性,人们总是要发生基于特性差异和利益的争执与分歧,从而形成疏离性的人际矛盾关系,即日常冲突。

就非日常交往的类型来说,从共时态上看,依据非日常交往的根本内容和领域的不同,我们可以将非日常交往划分为政治领域中的非日常交往、经济领域中的非日常交往与文化领域的非日常交往。这是一种最为基本的、一般性的划分。从主体来看,可以将非日常交往分为个人之间的非日常交往和社会组织之间的非日常交往。从性质和结果来看,可以将非日常交往分为整合性非日常交往和离散性非日常交往。前者是指通过合作、互助、交流等形式以实现和谐、统一为目标的交往活动和交往关系;后者是指通过竞争、斗争和战争等形式以求维持自身一方利益、排斥甚至消除他者为目的的交往活动和交往关系。

3. 日常交往与非日常交往的历史发展轨迹。人类社会可以大致分为三个阶段:古代社会或原始社会阶段、传统社会阶段和现代社会阶段。在古代社会,人的生活在总体上和根本上围绕着日常生活旋转,古代社会的日常生活是人类生活的原生形态,非日常生活没有明显分化出来;传统社会仍然保持着庞大的日常生活结构,不同的是,这一时期非日常生活已经分化出来,但非日常生活为日常生活因素所影响和渗透;到现代社会,非日常生活凸显,成为人类生活的主导和重心,传统日常生活日益退缩到狭小的领地,新型日常生活日益扩展。在这种背景下,日常交往与非日常交往的形式与内容不断地发生着变化,在总体上表现为以传统的血缘亲属关系为主的原始日常交往和传统日常交往日渐萎缩,以政治、经济和自觉的精神文化为内容的非日常交往类型则日渐凸显。

从人类日常交往的发展轨迹来看,与日常生活的发展趋势相适应,人类日常交往呈现为传统的血缘亲属型日常交往日渐萎缩、新型日常交往日渐拓展的发展变化过程,这一过程具体表现为古代以单纯的血缘亲属关系为主的日常交往、传统社会以血缘关系和地缘关系为主的日常交往到现代社会日常交往以血缘、地缘、业缘以及趣缘关系相杂合为基本内容的发展;从非日常交往的发展来看,与非日常生活的发展变化相应,非日常交往呈现为社会不平等、政治不平等日益削弱、经济不平等日益凸显的发展,呈现为非日常交往日益影响、渗透日常交往的发展,也呈现为非日常交往领域日渐拓宽、分化、断裂以及不确定性的发展,同时非日常交往也呈现为日益形式化、非人性化和异化的发展。但是,这种发展呈现出民族性、区域性、多样性特征。

4. 日常交往与非日常交往的构成和运行机制。日常交往和非日常交往作为主体之间的相互作用,其实现必须借助各种中介因素,包括动力中介、纽带中介、手段中介、调控中介四种中介形式。无论是日常交往,还是非日常交往都包含着这四种中介因素的参与，但是各中介因素的具体性质、表现形式和作用方式具有重大的区别。需要是交往的动力。日常交往是为了维持个人生命的再生产进行的，个体生命最基本的需要就是衣食住行、安全归属和休息的需要。非日常交往主要是围绕社会再生产的需要或类的再生产的需要而进行的，这些社会性需要随着社会的发展逐渐产生出来。

纽带对于日常交往和非日常交往的形成发挥重要的联结作用，为交往提供了直接性的前提条件。血缘关系和地缘关系是形成家庭和天然共同体的直接因素，是日常交往结构内部最为主要的纽带因素。业缘、学缘关系构成维持社会再生产的非日常交往的主要纽带。非日常交往纽带经济领域、政治领域、文化领域中主要表现为各种具体的制度、结构和社会体制，如在社会化大生产和市场经济领域，人们之间的交往主要是由现代工厂制度、商品经济和市场运行体系、法律制度所决定和制约。

日常交往和非日常交往由可能性变成现实性，都必须借助实际的手段，包括物或物品、语言符号、操作行为，三者既可以分别作为独立的中介手段，也可以相互结合，共同发挥作用。在日常生活交往中，物成为交往手段主要是为了表达情感，维护、改善和促进人际关系，具有价值理性意义。而非日常交往，作为交往手段的物，主要具有工具理性意义。

无论在日常交往还是非日常交往中，都要使用语言符号。日常交往主要表现为对日常语言的自发的、无意识的使用。日常语言的使用直接就是一种实践意识。在交往中对于日常语言的使用和理解依赖于日常语言本身的直接性、自发性。在非日常交往中，语言符号的表现形式是日常语言和非日常语言的共存。非日常语言能力需要自觉的培育。

在日常交往中，能够起到调控作用的因素有：主要是传统自发性的道德和宗教以及天然情感。人们的活动呈现出明显的“自在性”，人们按照一种盲目的、自发的、非理性的、不自觉的行为模式来行事。在非日常交往中，主要是规范化的社会制度与社会规则以及自觉的精神化因素和理性因素。人的活动则表现出较为突出的“自为性”，也就是在这一领域中总是有理性因素的介入，有自觉的意识因素的参与。因而，日常生活交往领域要强调情感和道德的力量，而对于社会性的日常交往来说，必须突出制度化和理性化。

5. 日常交往与非日常交往的价值。日常交往具有重要的历史价值，主要涉及三个方面：衣食住行等物质生活资料的生产；个体生命和他人生命的再生产；社会关系的再生产。日常交往是物质生活资料生产尤其是前现代社会的物质生活资料生产得以进行的必要条件。生殖或生育活动自古至今始终是日常生活世界的重要的内在组成部分，属于日常交往活动的重要内容，这种交往活动在根本上维持人自身生命的再生产。日常生活是人类历史的原发性的、潜在的基础，日常交往也是历史的潜基础性因素。日常交往对于个体的人来说，具有直接的生存论意义，主要包括满足肉体生命的需要和精神情感的需要。日常交往情感性的生存价值在于，日常交往能为人们提供生存所必需的熟悉感、安全感和在家的感觉，从而能够为人们提供一个自在的、原初的价值与意义的世界。同时，对充满竞争和张力的非日常活动领域而言，这种自在的价值和意义具有重要的调节和缓冲作用。但是，日常交往对于个体和社会发展都具有消极作用，主要表现为压抑或抑制人的主体意识和创造性的倾向，它往往阻碍人的个体化、理性化进程。从社会整体发展的角度来看，日常交往的图式和运行机理具有侵蚀政治、经济、经营管理活动等社会活动领域和科学、艺术、哲学等自觉的精神生产领域的倾向，往往使社会缺乏足够的发展动力或内在驱动力，呈现出“以过去为定向”的状态。在日常交往模式占据主导地位的传统社会中，有时日常生活的交往原则直接成为非日常社会活动领域的组织原则。这种情形在历史上最典型的表现是家庭的宗法等级制被引入到传统社会中的政治交往领域。

非日常交往的历史价值在于，非日常交往极大地促进了人类历史的发展和社会的进步，这种发展和进步表现在，非日常交往极大地促进了生产力的发展和社会进化。社会化的经济交往和制度化的社会交往对生产力的发展起到了基础性的作用。在历史的实际进程中，引领着生产力本身的进化和发展。由交往所引发的这种社会进步大大地提高了人们征服自然和改造自然的能力，为人类从根本上解决物质匮乏和基本生存提供了重要基础。非日常交往在人类社会进入文明时代以来成为维持和促进社会整合和一体化的根本力量。人类社会的交往生活正是在政治制度和法律制度的调整和支配下，不断地再生产出社会所需要的秩序，实现社会的整合，为社会发展提供基本的稳定性条件。而随着非日常交往形式的进一步发展,如全球化的到来,它将为人类的发展提供更大的空间。

对于日常交往和非日常交往进行比较研究具有重要意义:第一,这种研究将使我们更深入地走进历史观的“飞地”。日常生活是人类历史的真正源头,而日常交往是人类交往生活的原生形态。日常生活和日常交往,在我们以往的历史观研究中,是常常被忽视的问题领域。日常生活和日常交往在历史上常常发挥重要的作用,是历史的不可忽视的重要前提。第二,个人与社会、个体与类的关系问题是人生存发展、实现自身解放的内在性、本质性的问题,而日常交往和非日常交往的划分,在内涵上具体体现着个人与社会、个体与类之间的内在关系。因而,这一视角有助于我们从深层和细节上把握个人与社会、个体与类的关系的理论内涵,揭示个人与社会、个体与类之间的矛盾统一关系。第三,日常交往和非日常交往是人类交往活动中二元对立、有机整合的内在性结构。在比较、整合的意义上考察和研究日常交往和非日常交往各自不同的类型、结构、历史演进及其相互关系,将为我们从结构上、整体上、微观上揭示和理解人类的实践活动及其历史发展提供重要的视点。

●原文刊载于《求是学刊》2005 年第 6 期。

●王晓东,黑龙江大学哲学与公共管理学院教授、博士生导师。

许茨的主体间性理论初探

何　林

阿尔弗雷德·许茨是美籍奥地利裔著名的现象学哲学家,是现象学社会学的创始人。为了给各门科学寻找真正的意义基础,他通过对生活世界的结构和各个层次的考察和研究,开创了生活世界的现象学理论。主体间性问题是许茨理论关注的焦点之一,他通过对世俗主体间性的具体描述和分析,为摆脱现象学哲学在主体间性问题上的困境作出了富有成效的努力,也为我们对主体间性问题的研究提供了不可多得的借鉴。

一、许茨对胡塞尔主体间性理论的继承与批判

传统的西方哲学有一种共同的基本思维模式,那就是总是倾向于把主体看成是与客体相关的、二元分裂对立的,主体要么把客体看做是与主体无关的独立的存在,要么把客体看成是主体的创造物。近代意识哲学就把客体当做是主体意识的体现,是主体活动的结果。而且这种主体活动都是单独个体的活动,这种单独个体对他人从根本上是排斥的。与这种倾向相反,许茨则实现了一种转折,即从个体主体的概念化理论和对世界中客体的操纵理论转向了一种主体间性的理解。

"主体间性"是20世纪哲学中凸现出的重要范畴,这个概念当初是作为哲学本体论和认识论的范畴而被提出来的。所有认识论的问题都可以被归结为两个方面:一是认识主体与认识客体的关系问题;二是认识主体与其他认识主体的关系问题。如果说主体与客体的关系构成自然本体论的基本课题,那么,主体与其他主体的关系问题便构成社会本体论的基

本课题。这里所说的主体与其他主体的关系问题，也就是“主体间性”问题。具体来说，“主体间性”的基本内涵是指在交往过程中所实现的人与人之间的统一性的关系。它也包括两个方面的含义，即主体间的共识问题和主体间的互识问题。这两个方面是使人与人之间的生活交往成为可能的前提，是正常的生活世界、日常世界的正常运作、不断进行再生产的前提和基础。

许茨一生学术努力的中心就是要对生活世界的意义结构作出科学有效的理论说明，他发现要想做到这一点，仅仅涉及处于自然态度中的单一个体是不够的，因为任何一个个体本身，都是一种处在由他人共同构成的主体间际的生活世界的社会存在。因此，要对生活世界的意义形成问题有一个明确的了解，就需要阐明生活世界中诸个体自我之间存在的主体间性特征。也就是说，要研究并阐明个体关于他人的主观经验，以及他人自我的知识是如何可能的问题。

许茨的主体间性理论是在对胡塞尔思想的反省和批判中产生的。胡塞尔的现象学为许茨的研究提供了一个重要的工具，同时它也促使许茨关注生活世界中的主体间性问题。在《观念Ⅰ》中，胡塞尔就在谈论自然态度时提到主体间性概念，在这里，胡塞尔感兴趣的不是涉及相互作用的主观理解的主体间性问题，而是客体性的可能性问题，是客体、他人和他人共同体在单个意识中的构造问题，亦即个体意识对所有人的普遍有效性问题。为了摆脱唯我论的困扰，胡塞尔在《笛卡儿的沉思》之五中对主体问题作了深入的研究。他试图表明先验自我如何将其他自我作为主体间共同体的平等伙伴构造出来，而其他自我又构成客观世界的基础，也就是说，主体间际的世界与客观的物质世界相比是更为根本的层次。许茨看到了胡塞尔的主体间性理论的意义。他指出，所有的社会科学都认为思维和行动的主体间性是理所当然的，认为人的存在、语言、沟通、人们的彼此理解、各种社会客体和文化客体的存在，都是理所当然、毋庸置疑的。而胡塞尔的现象学则对主体间性本身提出质疑并对主体间性的构造问题加以阐释，这是胡塞尔理论的主要意义所在。

同时许茨也看到，胡塞尔通过《笛卡儿的沉思》所关心的是先验主体间性在经过现象学还原领域中的构造过程。在胡塞尔这里下面问题尚未得出答案，即一个根据共同意向性的共同世界是如何可能的？他看到胡塞尔的先验自我是一个无法成为复数的概念，这使胡塞尔的先验现象学不可避免地会陷入先验唯我论。1954 年，胡塞尔的《欧洲科学的危机与超验现象学》发表后，许茨指出，由于胡塞尔过于热衷于使用先验构造方法，他对先验自我和先验他人之间关系的解释加剧了自己的理论困境，因此，在先验还原范围内解决主体间性问题是不可能的，这样，他便宣布了胡塞尔以后尝试的失败。在许茨看来，他人的问题是任何一种先验哲学都无法解决的难题。胡塞尔解决先验主体间性的构造问题的努力并没有成功。先验唯我论的困难之一在于，先验自我的轮廓界限的确立是以不参照他人为前提的；其另一个困难是，先验自我以类比、联想、结对等途径构造他人时，构造的只是自己的意识流，并不是他人的自我，而且，先验还原的剩余物只是一个封闭的意识流，它只对自己的经验开放，是一个未受触动的状态，那么它如何向他人开放，证实他人的先验主体性？这些困难，许茨认为在先验唯我论框架内是无法加以克服的。

许茨拒绝了胡塞尔有关主体间性的先验现象学，指出只有从生活世界出发才能使主体间性问题得到正确的研究和解决。许茨认为，生活世界是先验现象学的意义基础，而先验现象学却通过现象学还原把自己同自己的基础分割开来，并试图因此而构造"世界"和主体间性。在此认识的基础上，许茨把自己的理论称为"世俗的现象学"，并进一步详细论述了生活世界结构中的主体间性。他指出："根据胡塞尔的哲学我们只能把他人问题当作一种存在于先验主体之间的关系来说明。"①而"沟通只有在这种纯粹理论领域之外、在这个工作世界之中才是可能的。因此，为了与我的同伴沟通我的理论思维，我必须放弃这种纯粹的理论态度，我必须回到这个生活世界及其自然态度上去"②。现象学的悖论之一是现象学家与自然态度的人的沟通障碍，原因是现象学家没有离开先验态度回到自然态度上去；悖论之二是"人们试图把世俗的表达方式赋予非世俗的意义，而这个问题是无法通过发明一种人工语言来解决的"。"我们在这里看到了先验自我多元性概念，看到了单子共同体概念。只有借助于最宽泛意义上的世俗身体姿态、包括语言，它们才能立即直接进行沟通。然而，主体间性从根本上说是不是这个先验领域的问题，或者说得更确切

① （德）许茨：《社会实在问题》，霍桂桓、索昕译，华夏出版社 2001 年版，第 267 页。
② （德）许茨：《社会实在问题》，霍桂桓、索昕译，华夏出版社 2001 年版，第 337 页。

点,社会性是否不属于我们生活世界的世俗领域,这却是个严重的问题。”①

许茨认为,胡塞尔脱离生活世界,在先验哲学和先验自我论的框架内不能为主体间性问题的确立和解决提供现实的基础。我们生活的周围世界是一个社会世界,作为生活世界中的一种现象的主体间性应该是“世俗主体间性”。

二、许茨对主体间性问题的理解

许茨认为,传统的社会理论把那种使他人存在的东西、使他人的活动获得主观意义的东西、使主体间际的交流和理解成为可能的东西,都仅仅作为一种假设,而没有加以具体研究、分析和证明,而他所要做的就是对这些假设进行分析。在他那里,达成主体间际的理解的关键问题是:不同的主体如何才能获得共同的世界经验。许茨将主体间性或沟通理解为一种主体间的精神交往活动,力求回答行动者如何通过社会互动创造一个共同的主观世界,以及这种创造对于维持社会现实具有何种意义等问题,在此理解基础上他展开了自己的主体间性理论。

(一)许茨研究和解决主体间性问题的出发点:主体间性是在预先给予的生活世界中被给予的,是先在的

许茨指出:“我们从一开始就把我们生活于其中的这个世界,既当作一个自然世界来经验,也当作一个文化世界来经验,不是把它当作个人的世界来经验,而是把它当作一个主体间际的世界来经验,也就是说,把它当作一个对我们所有人来说共同的世界来经验,它或者实际上是给定的,或者是每一个人都可以接近的。”②在这方面,他的态度与海德格尔基本相似。海德格尔说:“此在的世界是共同的世界……他人是从操劳寻视的此在本质上停留于其中的那个世界方面来照面的。”③主体间性本身是先于单个的主体性而被人意识到的,因而较之于后者是更原本的东西。许

① (德)许茨:《社会实在问题》,霍桂桓、索昕译,华夏出版社 2001 年版,第 338 页。

② (德)许茨:《社会实在问题》,霍桂桓、索昕译,华夏出版社 2001 年版,第 91 页。

③ (德)海德格尔:《存在与时间》,陈嘉映、王庆节译,三联书店 1999 年版,第 138 页。

茨指出,对于主体自我的领域来说,"我们"的领域是预先给定的,生活世界、日常生活世界一开始就具有主体间性,这是日常生活所具有的一个决定性的特征。也就是说,生活世界一开始就是一个主体间际的世界,"因为我们作为其他人之中的一群人生活在其中,通过共同影响和工作与他们联结在一起,理解他们并且被他们所理解"①。"只要人类不像侏儒那样被在曲颈瓶中调制而成,而是由母亲们生育哺养起来的,那么,'我们'这个领域就自然而然被预先假定了。"②其他他人的存在就像外部世界的存在一样,对于我们都是毋庸置疑的;我们就生活在一个由他人构成的世界里。这样,许茨通过将主体间性看做是不言自明的前提,是生活世界所具有的原本明证性的方式,将自己的主体间性关系与胡塞尔的单子共同体区别开来。

(二)许茨认为我们生活于其中的日常生活世界在本质上是一个主体间性的世界,他通过分析常识世界的各种类型化,对生活世界的主体间性本性进行了分析

首先,许茨指出生活世界是一个主体共享的实际存在。日常生活世界具有先在给定性和独立性,日常生活世界作为我们的共同环境,先在地并且持续地存在着,也就是说,它不仅在我出生以前存在,而且在我死后仍然会继续存在。"我们生在其中的这个世界,从一开始就是一个主体间际的世界。这一方面意味着,这个世界不是我个人的世界,而是对于我们所有人来说共同的世界;另一方面意味着,在这个世界中存在我通过各种社会关系与之联系起来的同伴。我不仅影响那些无生命的东西,而且也影响我的同伴,在他们的诱导下进行活动,并且诱导他们进行反作用。"③同伴是我的环境中的成分,我也是同伴环境中的成分。我既影响着其他人,也接受其他人的影响,这意味着我们要以相同的经验方式来经验这个共同的世界。

其次,许茨认为日常生活具有主体间的此在性或在此性。现实的日常生活世界既是一个自然世界,也是社会文化世界。这个世界处在我们实际的或潜在的力所能及的范围之中,也就是说,日常生活世界是共同的

---

① (德)许茨:《社会实在问题》,霍桂桓、索昕译,华夏出版社 2001 年版,第 231 页。
② (德)许茨:《社会实在问题》,霍桂桓、索昕译,华夏出版社 2001 年版,第 231 页。
③ (德)许茨:《社会实在问题》,霍桂桓、索昕译,华夏出版社 2001 年版,第 295 页。

我们以实际的此在和现在为中心,即以此时此地为中心、基于共同的时间维度以及方向,组织、建构起来的。这个世界只有很小的一部分是由我在我的生平情境中所创造的。“我发现我自己总是处在一个从历史的角度给定的世界之中,它既是一个自然的世界,也是一个社会文化的世界,它不仅在我出生以前一直存在,而且在我死后仍然会继续存在。这意味着,这个世界不仅是我的世界,而且也是我的同伴的环境,不仅如此,这些同伴也是我的情境的成分,就像我是他们的情境的成分那样。通过影响他人并且接受他们的影响,我认识了这种相互关系,而这种认识也意味着,他们,其他他人,以从实质上看与我的经验方式相同的方式经验这个共同的世界。他们也发现他们自己在一个世界上处在他们独特的生平情境之中,这……也是一个从历史的角度给定的自然世界、社会世界以及文化世界。”①

再次,许茨认为生活世界的本质是同感现实,即在其中人们有共同感受、有看待世界的共同方式。许茨指出,生活世界中的人的基本态度是自然态度——在自然态度中,每个人都“认为他的同伴的身体实存,他们的意识生活的实存,进行相互沟通的可能性以及社会组织和文化的历史给定性,都是理所当然的,这就像他认为他生在其中的这个自然世界是理所当然的那样”②。这个世界既为我所经验和解释,也为其他人所经验和解释,尽管每个人在空间上和时间上都占据了独一无二的位置,从而具有独特的视角,而我仍可以通过与他人互换视角,对这个世界形成与他人共同的感受。同感现实的形成包括四个方面的条件:1. 生平情境,即个人在社会世界中所具有的特殊地位;人们相互加入到对方的生平情境之中。2. 现有的知识储备,包括由他人、前人、教师等传授的各种生活经验;这是人们建立自己的经验世界的基础。3. 彼此合作。4. 互易的自我,即他人眼中的自我。个人通过直接把握自己的感受,同时也就可以通过把握他人的感受,形成共同感受。

(三)在主体间性的研究中,许茨着重探讨了主体间的理解问题

许茨认为,生活世界不仅是一个人们共同的世界,而且还从一开始就

① (德)许茨:《社会实在问题》,霍桂桓、索昕译,华夏出版社 2001 年版,第 409 ~ 410 页。

② (德)许茨:《社会实在问题》,霍桂桓、索昕译,华夏出版社 2001 年版,第 410 页。

被人们当做一个有意义的世界来经验的。这就涉及主体间际的理解问题，即许茨所说的我们如何获得有关他人的知识问题，从根本上说，也就是主体间性是如何可能的问题。

如何获得有关他人自我的知识，实际上就是一个如何理解他人、如何与他人实现理解和沟通的问题，这个问题也包含着我们如何能形成共同的世界经验的问题。在许茨这里，“主体间性”意味着这样的可能性：我能认识他人的人性，并能像看待我的自我一样看待他人的自我；我能像理解我自己一样理解他们的意图、动机和感觉；我能期望他们理解我，我能与他们一起工作、与他们发生关系、和他们一起生活，我能分享他们的兴趣、目标和观点。许茨认为，他人的意识与我们的意识的进行过程在时间上是平行的，两者在社会互动中同时发生并交错在一起，这就是主体间关系的本质，也是我们理解他人的基础。在认识他人的内在生活方面我们处于劣势，因为这种认识是间接的和不连续的。但许茨又指出，从另一个角度看，我们了解他人又甚于了解自己，因为当他人的主观经验实际发生时，我们可以观察和感受它们，而我们只有等自己的经验成为过去时才能对它加以反思性的对待。我们对自我的认识只有通过反思才能完成，我们只能在反思中把握自己的感受，也就是对过去的感受的把握，而不是对现在正在进行的感受的把握。和我一样，他人也只能观察自己的过去。但是，任何一个人都可以把握其他人现时的感受。我可以认识他人的现时，他人也可以认识我的现时。没有人可以在行动中看到自己，因此，主体间的理解才是对主观经验的真正的理解。

在这里，许茨通过视角互易性来研究个体主体间性的第一个层次，即如何共享对生活世界实在的知识的问题；用“变形自我”来探讨个体如何认识他人及其自我的问题；他还用接近呈现参照等假设为前提，说明参加互动的个人都失去了各自的经验结构的独一无二性，从而获得了普遍性与无人称性即社会性的特征。许茨的这些研究都是以理想的类型化的方式展开的。

1. 视角互易性。所谓视角互易性（reciprocity of perspectives）是指主体相互之间通过理想化的互换位置、立场转化或关联系统的一致化形成关于世界的共同经验。在许茨看来，在日常生活中尽管每个人在空间和时间上都占据了独一无二的位置，从而由于行动者各自的视角、人生经历和动机各不相同,使得他们对这个世界的经验互有差异,但生活世界却使我们相信,不同的视角是可以互换的。我可以设身处地地站在你的立场上考虑问题,所以,我们可以通过互换视角实现对客体及其各个方面的共同理解。

许茨指出,在常识世界中,我们自然而然地相信不同视角之间的相互关系中包含共同的东西。从主体间性的角度看,对于每一个的主体来说,人类对于各种客体和事件拥有共通性的经验都是理所当然的。而转换视角、设身处地和忽略个别情境和生平境况的特殊性事实,构成了对日常生活世界的共享的基本前提和条件,这也是实现共同理解的基本前提预设。

从许茨的论述来看,他的视角互易是从主体的主观时空视角变换的角度展开问题的,因而带有明显的主观化和形式化的色彩;另外,由于类型化的研究方式,许茨对个体之间的差异强调不够,这使其结论有比较明显的简单化倾向。

2. 变形自我与生动的同时性。通过运用"视角互易性",许茨在这里所论述的只是主体间性问题的一个次要侧面——诸个体对同一对象的相同理解如何可能;就另一个更加重要的侧面,即个体如何理解他人的主观自我及其行为的问题,许茨是用"变形自我"的"生动的同时性"来论述的。

许茨的变形自我概念来自于胡塞尔,胡塞尔是在阐述先验自我的构造过程中提出这一概念的。在胡塞尔那里,先验自我的单子,经过接近呈现和联想配对,就可以达到变形自我、达到主体间性,再到始终不变的客观世界,然后再到更高级的社会共同体类型。在胡塞尔看来,每个人都可以通过变形自我的生动的现在领会他人的主体性,而这是通过对他人的思想流的领会而达到的。

许茨由此得出了变形自我的界定:"变形自我是主体的思想流,它能够通过它的生动的现在被人们经验。……它是和我们自己的意识流同时存在的,我们一起共享这同一种生动的现在——一言以蔽之:我们是一起变老练的。"①因此,变形自我就是这样一种意识流,一个人在其中可以利用自己同时存在的各种意识活动,通过这种意识流的各种活动的现在而把握它们。也就是说,个体的意识和他人的意识具有同样的基本结构,这是达成主体间相互理解的基础。

① (德)许茨:《社会实在问题》,霍桂桓、索昕译,华夏出版社2001年版,第236页。

许茨认为,要真正理解他人,就要首先理解他的活动,而我们只有通过与他人共同进行其活动,才能经验这些活动。在生活世界中,他人意识流与我们自己意识流的进行,在时间上是平行的。这两股绵延之流在社会互动中同时发生,并相互交错在一起。“我们通过他人思想的生动的现在、而不是通过过去时态捕捉他人的思想,他人的言语和我们的倾听过程都是被我们当作一种生动的同时性(a vivid simultaneity)来经验的。只要我们这样做,我们就参与了他人思想的这种直接的现在。”①许茨把这种通过生动的同时性体验他人的意识流现象,称为“关于变形自我实存的一般论题”,认为它意味着他人的思想流与该个体的思想流的基本结构相同,他人也能够像该个体这样活动和思考。在许茨看来,这种生动的同时性就是主体间性的本质,也是我们认识他人的基础。诸个体通过它、通过自我理解和理解他人的同时进行就可以使他们在生活世界中的共同存在成为可理解的。

许茨用生动的同时性概念表明沟通的主体之间处于共同的时间维度之中,它是一种共在的生活经验,是自我与他我之间存在的一种“我们关系”。他认为,正是通过这种同时性,人与人之间才实现了彼此的沟通和了解。

在对变形自我阐述的基础上,许茨又进一步区分了变形自我的不同层次,并指出了它们各自的特征。在他看来,个体与同伴的共同存在在时空维度上具体表现为下列这样几个层次的关系:(1)我的前辈(Vorwelt):他生活在我出生之前,我只是通过别人的讲述才知道他,我关于他的知识是以过去的方式存在的。对于我而言,他们已作为影响我、塑造我和改变我的一种文化世界、一种生活观念而存在。(2)我的同时代人(Mitwelt):我和他们共享一种时间的共同体,一同生活在这个世界上,但我们不一定共享一种空间共同体,我们之间可能由于共享的时间部分而形成一种由行动和反行动构成的相互作用(亦即可以彼此相互影响),而且,我可以通过常识世界的各种类型化了解他们。(3)我的合作者(Umwelt):由我直接经验到的实际同伴所构成。他们既是我的同时代人,又和我共享生活世界的同一空间部分,我们处于一种直接的“面对面”的关系(face to face relationship)之中。我和他一起共同存在、共同生活,形成直接的共同

① (德)许茨:《社会实在问题》,霍桂桓、索昕译,华夏出版社2001年版,第236页。

的交互性关系。(4)后来人(Folgewelt):他们生活在我去世之后的世界中,我可能通过调整我的行动影响他们,但我无法获得有关他们的任何经验,也不能对他们进行体验,因此,他们的世界是我所无法了解的,而且对于我来说,他们将永远是我们在有生之年无法觉知的陌生领域和状态。但是,后来人世界也是我们现在的一部分,我们的行为是指向后来人的。

许茨指出,个体在生活世界中主要体验到上述这四种人,而且,正是由这四种人的世界共同构成了我们的日常生活世界,所谓主体间性问题也就存在于个体自我与这四种人的自我之间。就变形自我的这四个层次而言,许茨认为我与合作者的面对面关系是基本的社会关系,因为在这种关系中,我实际上处于我们共同的意识流中,与他人共同经历意义的构成过程。而对我的其他关系来说,由于我无法具有关于他们的直接的社会经验,我只有通过接受得到社会认可的、描述他们在类型情境中所可能做出的类型行为之特征的"理想的行动过程类型",才能理解和描述他们的社会行为特征,并作出相应的行动。

这样,许茨从主体的主观经验出发,系统论述了个体在由上述四种人组成的生活世界中,如何与他们相互影响、了解、沟通和互动,从主体间性角度具体解答了个体如何认识和理解他人自我及其主观思想和个性的问题,从而为他进一步具体论述个体在生活世界中如何行动和互动奠定了理论基础。

3. 接近呈现参照。许茨认为,我们关于他人自我的知识是建立在各种接近呈现参照基础上的。接近呈现这一理论范畴是许茨对胡塞尔的现象学中的一些范畴继承和改造的结果。"配对或配合这种特殊联想形式,胡塞尔把它称为'接近呈现'或者'类比统觉'。"[①]这种接近呈现的东西并没有达到一种实际呈现,"接近呈现来源于被动的综合,被胡塞尔称为'配对'或者'配合'(coupling),其特征是由以下事实描绘的,即被接近呈现的东西根本无法成为真正的在场"[②]。实际显现出来的客体不是被人们理解成自身,而是被人们理解成对它的意义的表现。在这里,胡塞尔以一种特别的方式表明了人和同伴在这种世俗领域中是怎样成为共同存在的,他人在这个领域中是怎样变得可以理解的,以及经过协调的行为、沟通等等在这个领域中是如何发生的。但是,许茨指出,胡塞尔是根据先验

① (德)许茨:《社会实在问题》,霍桂桓、索昕译,华夏出版社 2001 年版,第 389 页。
② (德)许茨:《社会实在问题》,霍桂桓、索昕译,华夏出版社 2001 年版,第 268 页。

主体性之间的关系说明主体间性问题的，正是这一点导致了他理论的失败。许茨在世俗领域里对接近呈现加以解释，他指出，在实际的生活世界中，成员的不断配合地接近呈现项不应是我的先验自我，而应是我自己那在我的原初领域中作为心理—生理之“我”而存在的、出自本身的生命。被这种“配对”所接近呈现的，首先是外部世界中被解释成另一个人的身体的客体，而不是先验的变形自我。在他这里，接近呈现主要是指主体对他人心理生活、他人思想的大致(意识上的、直觉的)的展现、理解和把握。许茨认为，在常识思维中，我们在两个接近呈现参照层次上经验社会世界:指号接近呈现参照和符号接近呈现参照。其中前者适用于面对面的关系，而后者则适用于各种超越的关系，两者都构成真正的主体间性的理解。

许茨认为，通过以上几个方面，主体相互之间就可以实现理解和沟通。另外，除了上述几个方面之外，许茨还通过理解对社会环境的依赖、知识的社会来源、知识的社会分配等多个具体论述，系统展示了他对生活世界的主体间性本质的理解。但他也强调，由于个人理解别人的主观意义，是以自己的特殊的经验结构为基础的，而各人已有的经验结构并不相同，具有独一无二的特性，所以，个体不可能严格、确切地理解他人的主观意义，理解总是近似的。

不仅如此，他还指出，在主体间沟通的过程中，主体间性的肯定功能预期在具体情况中可能失灵:认识的可能性有可能被认识的失败所取代，理解有可能导向误解，合作也有可能为冲突所代替。但这并不意味着主体间性的消失，而只是意味着主体间性的否定性功能代替了肯定性功能。在这里，他着重强调的是主体间性作为生活世界的内在本质方面。

三、对许茨主体间性理论的评价

在对前人理论的批判继承基础上，许茨从其现象学社会学的独特视角对主体间性理论的研究作出了有价值的探讨。

首先，许茨以他对主体间性问题的研究体现了他试图超越近代意识哲学的努力。许茨的主体间性理论的一大特色，即他试图在世俗领域里解决主体间性问题。许茨认为，他人的存在不能成为先验哲学和意识哲学中的问题，因为先验自我如果为单数，就不存在主体间性问题，如果是复数，那么就不能在唯一的先验自我中进行考察。所以，主体间性不可能作为先验问题而存在。这样，就必须把先验问题放在一边，转到世俗的生活世界领域。许茨试图说明，只有生活世界而不是先验自我，才是主体间性的真正基础。只有以生活世界及其意义结构为出发点，研究人们在其中构造和解释各种意义结构的过程，才有可能解决主体间性问题，从而为现象学的发展找到出路。这里体现出许茨从意识现象学向社会现象学发展的努力；不仅如此，在意识哲学那里，主体间性是一个需要解释的对象，而许茨则认为主体间性是一个首先必须接受的前提，是生活于这个世界中的具体的个人必须接受的前提。许茨把主体间性的先在性和真实性当做自己理论的出发点，他强调人之所以能在这个世界生存，就已经包含着他接受了某种特定的社会关系。这样，他所说的个人就不再是意识哲学中的那个孤立的、单子式的个人，而是一开始就处于一定的社会关系之中。在这一点上，许茨的观点更接近于马克思的立场。

其次，许茨的主体间性理论在一定意义上构成了对马克思的交往理论研究的有益补充。马克思关于交往活动的论述，主要体现在《德意志意识形态》对社会分工的分析和研究中，受理论视角的影响，马克思对交往活动的探讨主要与人们的生产活动联系在一起，并且比较多地强调了生产方式对交往方式的决定作用，而对于交往的结构和交往的具体关系方面关注的相对较少。许茨从现象学社会学的基本立场出发，立足于日常生活世界，从理解的角度对主体间性的可能及实现问题所进行的具体研究，对我们全面理解主体间性问题有借鉴意义；另外，由于受到时代条件的历史性限制，马克思的交往理论着重论述的是人类的物质交往关系，并没有在此基础上对人们的精神交往进行比较系统、全面和深入的研究和论述。而许茨恰恰将主体间性或沟通理解为一种主体间际的精神交往活动，力求回答行动者如何通过社会互动创造一个共同的主观世界，以及这种创造对于维持社会现实所具有的意义等问题。他对主体间性的理解虽然有其片面性，但其对主体间性的主观方面的独特研究，对于马克思交往理论的丰富和深化，可能构成一种有益的补充。

当然，由于受胡塞尔现象学的影响，以及自身现象学社会学研究方法上的制约，许茨对主体间性的研究仍有诸多局限。

其一，在主体间性问题上，许茨的主体间性理论虽然试图在世俗领域里解决主体间性问题，但他关注的焦点是主体意识如何获得共同经验的问题，仍没有摆脱先验哲学的痕迹。由于受胡塞尔和柏格森的影响，他把自己的理论仅仅建立在主体性之上，单纯从个人意识活动出发，强调一切意义都仅源于主体，这样一来，他实际上所坚持的观点就是，理解他人的基础是理解自己，生活世界的主观意义是通过观察者的反思活动及其经验结构而揭示出来的。在这里，许茨对人的理解显然是片面的，由于他只看到人的活动的主动性、创造性一面，而忽略了其受外在客观因素制约的一面，他只是抽象地涉及主体间性的主观维度，没能从社会哲学高度全面研究生活世界之主观维度和客观维度的辩证关系；由于他只把人看做是意识的主体，没有看到人更是历史的实践的主体，他对主体间性的认识主要停留于认识层次，没有在人的实践活动中将主体间性内涵加以丰富和发展。

其二，许茨实际上主要倾向于对主体间际的理解作静态的分析，尽管他提到过个人"那处在日常生活中的生平情境就总是一种历史情境"①，也研究了生活世界的多重维度，但在他那里，主观意义的主要构成因素仍然仅仅是"同时代人的世界"，这就使他对主体间性的论述仍缺少应有的历史维度。

其三，许茨从现象学社会学立场出发对主体间性的论述，主要倚仗的是人类知识的类型化特征，因而在一定程度上具有形式化色彩。比如，他关于视角互易问题上的理想化和假设；关于主体间的相互理解的时候只局限于与同时代人的相互关系；等等，都是如此。

许茨的主体间性理论为人类对自身、特别是对人与人之间交往关系的认识提供了重要的理论依据，具有独特的理论价值。但是，由于他没有看到主体间性的实践内容和本质，没有把对主体间性的研究建立在对实践概念的科学理解基础上，所以，他的理论只能停留在一般抽象层次上，不可能真正彻底地解决主体间性问题。只有把主体间的理解置于具体的人类实践活动基础上，运用辩证的方法，才有可能真正把握主体间性的本质。

●原文刊载于《求是学刊》2005 年第 3 期。
●何林，辽宁大学哲学与公共管理学院教授。

① （德）许茨：《社会实在问题》，霍桂桓、索昕译，华夏出版社 2001 年版，第 391 页。

第三编

全球化的文化反思

导读

进入新世纪以来，全球化以愈加紧迫的步伐进入了我们生活的各个角落。不仅经济领域的全球化已经成为无法逃避的现实，文化全球化的问题也日益凸显。不论赞成抑或反对文化全球化，我们都面对着对文化全球化进行深入的理论思考的课题。在这方面，文化哲学可谓“义不容辞”。

事实上，文化哲学对全球化的文化反思包含了两个层面的问题：一是对文化全球化这一现象进行理论反思；二是对全球化本身进行文化上的反思，以期对全球化的本质进行更加深入的探讨。以上两种研究虽属不同层面，但却有着内在的关联。这是因为，我们不能仅仅将文化全球化看做经济全球化的一个附带的、次要的结果，而应把文化全球化看做全球化的题中应有之义。文化作为人的生存方式是任何一种世界历史进程都不能与之脱离的。

文化哲学在该领域之研究的一大理论特色在于，把对全球化的文化反思与对现代性文化的反思结合起来。因为，在文化哲学看来，全球化本身是现代性文化的必然结果，或者说内在于现代性的文化逻辑之中。

论20世纪的文化状况

衣俊卿

马克思曾经说过:“任何真正的哲学都是自己时代的精神上的精华。”[①]文化作为历史地凝结成的稳定的生存方式,一直伴随着人的生存和历史的演进,一直影响着人类的实践和人类的认识,因此,哲学总是人类文化精神或文化模式的外显,在这一点上,古今中外的哲学概莫能外。然而,传统哲学往往是特定文化模式的不自觉的显现,而当代哲学则表现为特定文化精神的自觉升华。正因为如此,虽然文化构成了人的本质规定性,是古往今来人的生存基础和基本方式,并且构成了人类理解,特别是哲学理解的本质规定性,但是,文化的命名和文化问题的课题化却是相对晚近的事情。

现在的问题在于,为什么文化哲学在20世纪突然从隐性的哲学理解范式转变为最有影响的显性的哲学理解范式之一?是什么力量推动文化哲学走向理论自觉?笔者认为,从根本上说,20世纪的文化状况发生了根本性的变化,一方面是人类生存方式的转变导致文化的力量和功能方式从历史进程的潜流中生发出来;另一方面是人类的文化出了问题或者成为问题,人类在自觉地体验到文化的力量的同时开始遭遇文化的问题,这两个方面的变化是人类社会历史的文化内涵越来越凸显出来。因此,深刻认识20世纪的文化状况是实现文化哲学重大理论突破的前提性条件。笔者以为,可以从以下三个方面来揭示20世纪的文化状况,来说明人类文化的存在方式和社会历史方位的变化,以及人类所遭遇的文化问题。

① 《马克思恩格斯全集》第1卷,人民出版社1995年版,第220页。

一、现代知识的反思性与文化的自觉

虽然文化一直作为人类社会的深层内涵深刻地影响着人类历史的进程,虽然我们断言哲学一直以文化模式或文化精神为自己的“内核”,但是,在过去的绝大部分历史过程中,文化的作用和影响一直很少进入理性的视野。一种情形是社会的运行和人的生存主要由经验、常识、习惯等自在的文化要素所左右,虽然这种生存状况和社会历史状况在某种意义上就是一种未分化的文化世界,但是,文化的自在状态不可能使之成为课题化的问题;另一种情形是政治经济等诸领域虽然经历了分化,但是,在人类特定的历史时期,文化一直为社会的经济、政治等更为直接的表层因素所遮蔽,不被理性的自觉目光所关注。

所以,我们一般可以说,植根于自然经济基础上的农业文明主要靠经验、习惯等自在的文化因素而自发地驱动,往往表现为一种非反思的“自然历史进程”,而经历过理性化和个体化的工业文明则奠基于理性经济或主体经济基础之上,政治、经济、社会各种活动的组织化和理性化的程度越来越高,人开始凭借着人本精神和技术理性等自觉的文化精神而活动。在这样一个理性化的世界中,人一方面可以体会到自觉的文化精神和主体意识对历史进程的积极推动作用,另一方面在传统与现代的对话中可以体会到原有文化模式对人的行为的潜移默化的深层影响。现代工业文明通过交换和交往开启了“世界性历史进程”,从而在比较和冲突中展示了不同民族不同地域各项事业背后的文化模式的影响力。这样一来,文化模式和文化精神开始成为文化学、社会学和哲学的自觉的主题。

从这样的视角来看,文化自觉的历程实际上是从西方社会的现代化进程开始的。随着以理性化和个体化为基本内涵的现代性的逐步生成,文化的影响也越来越冲出历史的地平线。正是在这种社会历史进程中,人们逐步看到了构成历史运行机理和图式的文化之影响力。文化的自觉体现在社会的各个层面,例如,文化模式的凸显、文化形态的转型、经济理性的生成、制度安排的理性文化设计(韦伯所分析的科层制),等等。在这里,最重要的不是简单枚举文化机理在人的生存中和社会运行中的具体作用的显现,而是揭示现代化进程中文化走向自觉的机制。促使文化走向自觉的因素有很多,其中的一个决定性因素应当是知识的增长方式和社会知识的反思性。

讨论现代化问题,我们会立即想到西方发达国家和地区的工业化、生产力的增长、经济的发达、政治的民主化和契约化等因素。但是,在所有这些社会变革的背后有一种巨大的推动力,这就是人类知识的加速度增长。波普在反对历史决定论时提出一个著名的论点:人类历史的进程"受人类知识增长的强烈影响"。必须指出,与文艺复兴和宗教改革相互交织的西方现代自然科学的发展所导致的结果不是人类一般知识的简单增长,而是引起了人类知识的增长速度和作用方式的革命性变革。理论科学与实验科学的结合、知识与技术的结合使知识超越了一般德性、智慧、修养、消遣的狭窄范围,直接作为理性设计、价值创意、方法指导、技术方案、操作手段等文化力量整合到个体的生存维度和社会各个领域的运行机理中,而且具有一种总体化的趋势。

胡塞尔晚年在分析欧洲科学危机和文化危机时曾对近现代自然科学发展的特征作了十分深刻的分析。首先,在笛卡儿那里,自然科学的发展经历了自然的数学化、理念化进程的转折。随着数学的普遍化,以自然科学为基础的大一统的理性主义观念开始支配科学和哲学。到了伽利略,自然进一步被数学化和理念化,纯几何学中的完美观念开始形成,自然作为数学的宇宙,服从于自然规律。在这里,理性主义的文化模式开始确立并且开始支配历史进程。胡塞尔认为,在柏拉图那里,实在是对理念的或多或少完全的分有,而通过伽利略对自然的数学化,自然本身在新的数学的指导下被理念化了,自然本身成为"一种数学的集(Mannigfaltigkeit)"。数学化的最高阶段是普遍的形式化,其结果是公式成为预见具体的出发点,"按照自然科学的方法的整体意义,我们能够作出超出直接经验直观和前科学生活世界的可能的经验知识领域的、具有规定性和系统性的预言。使这样的预言直接成为可能的决定性的成就就是我们建立了数学的各理念存有之间的实际的相互关系"①。同时,形式数学的进一步发展是"技术化",结果,"这件'数学和数学的自然科学'的理念的衣服,或这件符号的数学理论的符号的衣服,囊括一切对于科学家和受过教育的人来

① (德)胡塞尔:《欧洲科学危机和超验现象学》,张庆熊译,上海译文出版社 1988 年版,第51页。

说作为‘客观实际的、真正的’自然，代表生活世界、化装生活世界的一切东西。正是这件理念的衣服使得我们把只是一种方法的东西当作真正的存有，而这种方法本来是为了在无限进步的过程中用科学的预言来改进原先在生活世界的实际地被经验到的和可被经验到的领域中唯一可能的粗略的预言的目的而被设计出来的"[①]。可见，现代理性知识的增长方式和作用方式对于文化在总体上的自觉产生了巨大的推动作用。

在这里我们还特别想指出的是，现代科学的发展和知识的增长形成了人类知识的反思性(reflexivity)机制。如前所述，在现代科学技术的发展中，由于理论科学与实验科学的结合、知识与技术的结合，知识开始成为一种整合到个体的生存维度和社会各个领域的运行机理中的总体化的趋势。现代知识的反思性就是这种趋势的重要特征，它从根本上改变了知识的社会历史方位，使自觉的文化开始成为人类社会运行的自觉的内在机理和图式。吉登斯在《现代性的后果》中对社会知识的反思性作了深入的论述，他认为，反思性是人类活动的内在规定性，但是，由于前现代社会具有"以过去为定向"的特征，因此，"在前现代文明中，反思性在很大程度上仍然局限于重新解释和阐明传统"。而"随着现代性的出现，反思性具有了不同的特征。它被引入系统再生产的根基，由此思想和行动总是处在连续不断地彼此相互反映的过程之中"。在这种情况下，"现代社会生活的反思性在于这样的事实:社会实践总是不断地受到关于这些实践本身的新认识的检验和改造，从而在结构上改变着自己的特征。我们应当明白这一现象的性质。所有社会生活形式都部分地由行为者关于社会生活的知识所确立。维特根斯坦意义上的关于‘如何继续进行’的知识对于由人的行为所制定并加以再造的惯例而言，具有实质的意义。在所有文化中，社会实践惯常地被不断地注入到实践中的新发现所改变。但是，只是在现代性的时代，惯例的改变才能(在原则上)被用于人类生活的所有方面，包括对于物质世界的技术干预。人们常说，现代性以对新事物的追求为标志，但是这种说法或许并不完全准确。现代性的特征并不是为新事物而接受新事物，而是对整个反思性的确证，这当然也包括对

---

① (德)胡塞尔:《欧洲科学危机和超验现象学》，张庆熊译，上海译文出版社1988年版，第62页。

反思自身的反思"①。显而易见,认识现代知识的反思性特征,对于我们深刻认识现代文化的特点和现代文化在人类社会历史运行中的重要作用和地位,具有重要的意义。现代社会运行中的经济合理化、政治契约化、管理科层化等自觉的理性文化设计和建构都与人类知识的增长和反思性特征密切相关。

二、理性文化的深刻危机

20世纪的文化状况不仅体现在文化在社会各个领域运行中的全面自觉,而且表现为文化本身在20世纪开始成为问题。可以说,20世纪人类的文化焦虑和文化危机以更为深刻的方式展示了文化在社会运行和人的生存中至关重要的地位和作用。

20世纪无疑是人类迄今为止的历史发展的一个高峰。但是,20世纪是一个充满悖论的时代:一方面,人类的精神力、物质生产力和探索研发能力都在前所未有的程度上得到了发展;另一方面,人类又遇到了与人类生存自我相关的、深层的生存困境。对于刚刚走过的20世纪,无论我们在价值学意义上作何种评判,都无法否认一个事实:20世纪人类历史内涵之丰富达到了一个登峰造极的高度。尽管有经济危机的困扰和不同经济体制的冲突,人类生产力并没有停滞,而是取得了前所未有的发展高度;尽管有两次世界大战,特别是法西斯主义的悲剧,人类还是逃过了毁灭性的劫难,并且通过WTO规则建立起全球范围内的对话和契约机制;匮乏状况的缓解、物质生活水平的提高;高新技术的飞速发展、新兴产业的崛起;信息化和数字化的革命导致人类精神生活的空前丰富;等等。所有这些使20世纪人类文明成为突起的奇峰,傲立于人类历史长河之中。在这里,我们到处看到自觉的理性文化的作用。

但是,令我们十分遗憾和痛心的是,我们不仅看到了20世纪人类巨大成就与现代理性主义的文化模式和文化精神之间的本质性关联,也同时看到了20世纪人类历史困境与这一文化模式和文化精神之间的重要联系。我们必须确立的一个历史事实是:20世纪的人类经历了一场贯穿

① Anthony Giddens, *The Consequences of Modernity*, Stanford University Press, 1990, p. 37, pp. 38~39.

整个世纪的文化焦虑和文化危机。这一危机一方面通过发达国家和地区理性主义文化模式和文化精神的自我冲突和自我毁灭,另一方面通过欠发达和后发展中国家在实现现代化、确立理性文化模式时所遭遇的现代性和后现代性的文化冲突表现出来。这种深刻的文化危机使我们从另一个侧面深刻地体验到文化无所不在的力量和重要作用。

20 世纪的文化焦虑或文化危机是一种深刻的历史变化,它比起大规模的经济危机、两次世界大战、各种战争冲突、体制变革与转换都更为深刻,因为它涉及人类生存和社会运行的文化合法性问题。面对具体的政治压迫、经济剥削、物资匮乏、民族冲突等问题时,人们容易把它们理解为暂时的、可以通过某种手段或努力而消除的历史现象。而当人们在经济、政治等社会活动的表层下挖掘出支撑人之生存和社会运行,为我们的行为提供合法性依据,提供标准的文化底座,但同时又发现我们数千年不知不觉、习以为常地赖以生存的文化模式已经受到威胁、陷入合法性危机、值得重新反思时,那种发自人之生存的焦虑和危机感的确是令人震撼的。

20 世纪的文化焦虑和文化危机不是人之生存的枝节性问题,而是直接涉及人类历史"轴心期"确立的历史意识或主导性文化精神的危机问题。雅斯贝尔斯认为,公元前 8—2 世纪是人类文化和人类精神的"轴心期",那时形成的自我意识、理性启蒙、人性的精神化、理智、个性等"轴心期"的历史精神因素成为迄今为止人类历史的原动力。尤其在中世纪之后,通过文艺复兴、宗教改革、社会契约理论等精神整合与文化创造,通过现代科学技术的加速度发展,一种以技术理性和人本精神为基本内涵的理性主义历史意识成为近现代社会的主导性文化精神。这种历史意识或文化精神以理性化、世俗化和人的个体化为基本内涵,它相信理性万能、理性至善,相信理性及技术是人的本质力量的确证,理性的进步、技术的发展和人对自然的统治的增强都毫无疑问是对人作为宇宙中心地位的确证,理性代表着一种善的力量,构成人的本性,因此,这是一种乐观的人本主义或历史主义,它相信,人性永远进步、历史永远向上,现存社会中的不幸和弊端只是暂时的历史现象或时代错误,随着理性和技术的进步,人类终究可以进入一种完善完满的境地。

然而,正是这种包含着坚硬的绝对意识内核的理性主义文化精神,在其自身内部就包含着冲突和张力,主要表现为技术理性和人之自由(人本精神)之间、有限的工具和无限的目的之间存在着张力和冲突。中世纪之后所开始的理性化和世俗化的基本内涵是个人自由和技术理性的同步发展。在相当长的历史时期中,人们相信二者可以同步协调发展,相信人可以通过技术的发展与自由的增强而达到自我拯救,达到完善的境界,而这一历史设计或文化信念的轴心是技术和理性。然而,就在人们的这种理解和信念中已经包含不可克服的、致命的局限性,它必然导致这一文化精神或历史意识在一定条件下的自我裂变,导致人类行为的不计后果的极端化倾向。

20 世纪人类历史清楚地展示了人类在基本文化模式上的悖论、焦虑和危机,历史呈现出极其复杂的情形。一方面是科学技术的发展速度有增无减,人类向大自然显示了前所未有的力量,也在前所未有的程度上改善了自己的生存条件;另一方面,人类对自然的技术征服和统治却带来一系列人们所未曾预料的结果:不但被征服的自然在生态等方面重新恢复起自身的自然性,正在而且将继续无情地报复人类,人类用以征服自然的技术本身也愈来愈成为自律的和失控的超人力量。技术的异化促使一些普遍的文化力量和社会力量的异化和失控发展:官僚制的极权国家、以批量生产和商品化为特征的大众文化、以操纵和控制人的精神世界为宗旨的形形色色的意识形态、斩断人与自然以及人与人天然联系的大都市,等等。结果,人在完全是自己的文化创造物的属人世界中,表面上是自由的,实质上从生产到消费,从工作到私人生活均受着无形的异己的文化力量的摆布;面对按照技术原则组织起来的庞大的社会机器,个人的渺小感、无能为力感油然而生。在最极端的形式中,两次世界大战的劫难、原子弹的邪恶威力、"奥斯维辛"、"格尔尼卡"、"古拉格群岛"等悲剧,把以技术理性主义为核心的文化危机淋漓尽致地裸露在世人面前。理性不再至善至上,不再是人的本质力量的确证,而是转变成可以灭绝人寰的"技术恶魔",人从自然的主人沦为技术的奴隶。在 20 世纪,社会的统治和控制机制发生了很大的变化,不再直接地、简单地表现为经济剥削和政治压迫。政治、经济、国家、行政组织、意识形态等也不再以相对独立的领域或社会力量而存在,而是整合成一种消解人之主体性和人的自由的异化的文化力量。

19 世纪下半叶,尼采、克尔凯郭尔等一些预言式的思想家已经以某种方式透露了人类文化精神的这一批判走向，因为他们已经敏锐地捕捉到即将到来的深刻文化危机的气息。20 世纪，文化批判已不再是少数敏感思想家的独白和绝望的呐喊，而是一种群情激昂、同仇敌忾的主流和声。在某种意义上，20 世纪人类思想和理论演进的突出标志是普遍的文化反思和批判。可以说，这是一个自觉的文化批判的时代，如著名社会学家韦伯关于工具理性和价值理性内在张力的分析；生命哲学家齐美尔关于现代社会的普遍物化现象的揭示；现象学创始人胡塞尔关于欧洲科学危机的文化分析及其"生活世界"的理论药方；弗洛伊德对于现代人在普遍理性（超我）支配下的普遍的精神疾患的分析；汤因比、斯宾格勒、雅斯贝尔斯等历史哲学家从文化形态史观的角度对西方文化危机的剖析；等等。而在 20 世纪影响最为深远的是以海德格尔和萨特等人为代表的声势浩大的存在主义运动。这些思想家从人的生存结构分析出发，直面技术异化世界中人的文化困境，他们不再把空虚、孤独、畏惧、烦恼、无意义、有限、缺撼等现象归结为暂时的历史现象，而是将之视做现代人之生存结构的内在要素。他们正是从生命的空虚感和悲剧意识中挖掘现代人反抗文化危机的力量，高扬和强调人之自由和历史责任感。在 20 世纪文化批判理论的谱系中，西方马克思主义的文化批判理论是一条亮丽的风景线。文化批判是贯穿西方马克思主义的最重要的主题或思想主线，新马克思主义理论家从马克思的异化理论出发，在文化层面上批判了现代社会各种有影响的社会力量和文化力量，如现代国家、意识形态、科学技术、理性、现代性、大众文化、日常生活、心理机制和性格结构、权威、家庭，等等。到了 20 世纪下半叶，当"五月风暴"的政治激情和文化骚动开始逐渐平息，人们开始断言存在主义所代表的文化批判已经展示自身的极限，开始走向终结的时候，后现代主义文化思潮则异军突起，从微观政治学的视角，对于现代社会作出了更为激进、更为彻底、更为极端的拒斥和批判。德里达、福柯、利奥塔等后现代主义者对传统理性主义文化的逻辑中心主义硬核的解构、对人之主体性的消解、对宏大叙事和绝对真理的拒斥、对无所不在的微观的权力结构的剖析、对于各种边缘话语权利的捍卫等，把贯穿 20 世纪的文化批判主题一直延伸到又一个新世纪的开端。

对于中国等后发展的国家而言，理性主义文化的危机引发了更为深刻的文化冲突。它们的社会转型和现代化具有特殊的历史定位：这些国家的现代化与西方发达国家的现代化有一个很大的时代落差，即它们不是在西方工业文明方兴未艾、朝气蓬勃之际来实现由传统农业文明向现代工业文明的社会转型和现代化，而是在西方工业文明已经高度发达，以至于出现自身的弊端和危机，并开始受到批判和责难而向后工业文明过渡之时才开始现代化过程的。这种社会转型的特殊历史定位带来了前所未有的文明冲突和文化碰撞，它使得原本应以历时的形态依次更替的农业文明、工业文明和后工业文明及其基本的文化精神转化为共时的存在形态，不同的文化精神同时挤压着这些寻求现代化的民族。结果，不但普通民众面对文化的冲突无所适从，即使知识精英也由于对不同文化精神的利弊的不同理解而相互分裂。全球化的进程进一步加剧了这一文化冲突和文化矛盾，围绕着理性主义文化而发生的矛盾和危机又以本土文化与全球文化、民族文化和世界文化、边缘文化与中心文化等形式表现出来。这些文化危机和文化冲突一下子把文化问题变成了我们时代生存的焦点性问题。

三、信息化时代的文化整合

在描述20世纪后半叶的文化状况时，除了必须考虑以上所论述的一般的文化自觉和20世纪的文化危机之外，还必须考虑全方位信息化背景下人类文化作用的进一步凸显和文化存在方式变化所引起的人类生存方式和社会运行机制的重大变化，文化的社会历史方位的重要变化。概括起来，这种深刻的变化体现在：随着历史的演化，人类社会的政治、经济等各种领域通过信息化背景下的文化整合而一体化的趋势越来越明显和自觉。因此，文化的力量在个体的生存和社会运行的各个层面上明显地表现出来。

与前此各个历史时代相比，信息化时代的文化整合是一次前所未有的文化自觉和文化整合。其最深刻的影响首先体现在它导致了人类社会各个领域的相互关系和存在方式的重大改变。人们通常习惯地将社会划分为政治、经济、精神文化等几个主要领域。由于人类分工状况和社会控制方式的原因，这几个领域在不同历史时代的相互关系和地位是不同的。一般说来，在前工业社会或前市场经济时代，人类社会的各个领域一般呈现为“领域合一”的状况。这种合一或是表现在人类初始自在的血缘文化、宗法氏族体系和自发的日常经济活动的未分化状况,或是表现在自然经济条件下以政治的强制统治为核心将各个领域通过臣属关系而形成一个整体的情形。到了工业文明时代,随着科学技术的发展和人类分工的发展,社会的经济、政治和精神文化领域走向了“领域分离”①。各个领域之间的强制性约束关系开始消解或减弱,不再存在着某一支配和统治所有其他领域的中心领域,各个领域开始走向自律。不可否认,这种领域分离对于社会的发展具有比较大的驱动作用:分工的合理化和效率的极大提高、依据契约原则的法治和政治民主化,等等。当然,这种领域分离也带来一些负面的影响。虽然不同社会领域之间已经取得了相对独立性和自律性,但是,我们前面论述的传统的决定论的思维定式影响着人们的制度安排和政策选择,在理论和策略上人们还常常按照决定论的方式来处理各个领域的关系,因此,这才出现了经济决定论、政治决定论或文化决定论等不同的社会历史理论构架。

我们在这里的主要任务不是深入探讨社会各个领域之间的现实关系和应然状态,只是想确定一种正在出现的新的发展趋势或动向:目前人类社会的经济、政治和精神文化领域之间似乎出现了重新“一体化”的趋向。但是,必须立即指出,这种新的一体化趋势不是回到前市场经济时代的自在的“领域合一”状态,不是通过确立某一领域的中心地位或取消各个领域的自律性或相对独立性而把社会各个领域强制性地纳入一种集权的一体化之中。这是一种全新的一体化,是在尊重各个领域的相对独立性和自律性、尊重合理的社会分工原则前提下通过自觉的文化整合而形成的社会各个领域的有机的一体化。其中,文化不再是与政治经济相分离的、外在的、相对独立的、被决定的精神文化,而是真正成为人类生存的自觉方式和社会各个领域内在的机理和图式。这是真正的文化自觉的时代,而促使这一文化整合和文化自觉的根本性因素是人类全方位地进入了信息化时代。

信息化时代人类社会的变革是多方面的。信息化以计算机技术和网络技术的发展为标志,当这种技术以前所未有、不可估量的速度渗透到人

① 参见王南湜:《从领域合一到领域分离》,山西教育出版社1998年版。

类社会的所有领域和人的生存的一切层面时,它已经远远地超越了一般的技术和手段的地位,而是形成了一种新的生存方式和社会运行方式,一种信息化、数字化、网络化的生存方式。因此,从人的生存的角度来看,信息化时代的最深刻的变化是生存方式,即文化的变化。实际上,信息化、数字化、网络化是最能展示文化的整合力量的方式。由于文化的新的整合方式和新的自觉,文化的力量体现在社会的各个领域之中,极大地改变了人的生存方式和社会运行机制。例如,在信息化时代,经济与其他一切社会活动的知识含量和理性内涵的急剧增大,价值选择、文化设计已经成为所有领域的重要组成部分;信息化、网络化、数字化生存导致交往的全球化,导致交往主体的空前平等与自主选择,主体间的跨文化交往和商谈伦理的日渐突出,优化的政治文化、经济理念和价值观念在全球化的文化冲撞中取得越来越强大的生命力;信息技术和大众传媒使一切文化领域和文化成果从创作到使用(消费)空前普及和平民化,导致了政治的非神秘化和公开化,导致了哲学等精神活动领域的非神圣化;等等。

信息化时代的文化整合在人们传统理解的经济领域和文化的关系上尤为明显。应当说,20 世纪后半叶西方发达社会的重大进展之一便是以信息化为背景的大众传媒的日益发达与无所不在的影响,并且促使消费社会的出现。一方面,环绕着大众传媒而膨胀起来的文化从传统的贵族特权转变成渗透到大众生活之中的平民化文化产业;另一方面,传统工业、商业等经济活动也日益超越了纯粹工具加工活动和直接的交换活动的特征。摆脱直接性使用价值束缚的理念、价值、形象、想象、追求、希望、策划、设计、广告等体现人的生存方式的文化要素开始从传统经济活动的外在附属物转变为内在的组成部分,甚至是出发点和主动力。在这种背景下,文化和经济、政治、社会生活的传统的界限或外在性开始消失或模糊,呈现出一体化的特征。

对于人类社会的这种变化趋势,20 世纪后半叶的新马克思主义、后现代理论、文化研究等方面的许多理论家都有深刻的体验。例如,利奥塔在《后现代状况》等著作中,确定后现代时代来临的一个重要依据正是现代科学技术,特别是计算机技术的发展所导致的人类知识状态的变化。众所周知,利奥塔分析后现代知识状况是从批判现代性背景下的宏大叙事开始的。他认为,虽然科学与叙事是不相容的,但长期以来,科学和知识的合法性还是与叙事密切相关的。"我们将使用'现代'一词来命名这样一些科学,这些科学将求助于直接依赖宏大叙事而形成的元话语以使自身合法化,而这些宏大叙事则包括诸如辩证法的精神,解释学的意义,理性或劳动主体的解放,或者财富的创造等等话题。"①他认为,后现代的来临与这种现代宏大叙事的危机和衰落直接相关,后现代的本质特征就是"对元叙事的质疑"。这种元叙事或宏大叙事的衰落是现代科学技术,特别是计算机信息技术的发展的后果,同时,又改变了科学和知识的合法性基础和存在方式。他认为:"叙事的衰落可以被看作是第二次世界大战以来技术与技术科学全面繁荣的结果,这种繁荣导致从行为目的向行为方式的重心转移。"②毫无疑问,这种从行为目的向行为方式的重心转移是科学和知识超越宏大叙事的重要标志之一。利奥塔对此的分析主要立足于信息科学技术。他认为,20 世纪以计算机为代表的各种尖端科学与技术的变革都与语言有关,计算机科学和信息技术的出现和迅猛发展从根本上改变了整个知识和科学领域的面貌和合法性基础。知识的信息化方式导致了知识以实际使用为目的和商品化的趋势,所有知识领域都还原为计算机信息,都与商品的生产和经济目的密切相关。利奥塔指出,科学技术"遵从一个原则,即最优性能原则,为了获得性能就加大输出(获得的信息或变化),减少输入(在此过程中增加能耗)。科技因而是一种与真、善、美不相关的游戏,它只要求效率:当一项技术'新招'获得愈多,能耗愈少时,它就是'好的'"③。我们在这里不可能就利奥塔关于宏大叙事、后现代知识状况等问题的分析展开深入的探讨,但是,有一点可以清楚地看出,他关于信息科学技术的发展所导致的知识状况的改变的确有很深刻的思想,从另一个侧面佐证了我们关于信息化时代文化整合的判定。

另一位后现代主义重要代表人物波德里亚对这一问题有更为深入的分析,他关于物的符号化、消费社会、仿真现象的批判都从一个特殊视角

---

① 汪民安等:《后现代性的哲学话语——从福柯到赛义德》,浙江人民出版社 2000 年版,第 251 页。

② (法)让-弗·利奥塔等:《后现代主义》,赵一凡等译,社会科学文献出版社 1999 年版,第 10 页。

③ 汪民安等:《后现代性的哲学话语——从福柯到赛义德》,浙江人民出版社 2000 年版,第 266 页。

透露出当代社会中文化所呈现出的特别的整合力。他早期在《物的系统》中就分析了目前新的物的世界与传统的物的世界的区别。他通过日常生活中物的世界的一些重要变化,如物品的个人化特征的消隐和物品功能的多重化等,指出现代社会中物的符号化,人与物的关系成为人与符号的关系。在分析大众传媒时代的消费社会时,波德里亚进一步突出商品的符号价值,正如索绪尔把语言符号的能指和所指的关系都限定在符号系统关系之中,波德里亚也认为商品的所指已经变得与它们的具体用途无关,而是由他们对整个商品和符号的系统的关系来决定的。波德里亚分析道:“今天,很少有物会在没有反映其背景的情况下单独地被提供出来。消费者与物的关系因而出现了变化:他不会再从特别用途上去看这个物,而是从它的全部意义上去看全套的物。洗衣机、电冰箱、洗碗机等,除了各自作为器具之外,都含有另外一层意义。橱窗、广告、生产的商号和商标在这里起着主要作用,并强加着一种一致的集体观念,好似一条链子、一个几乎无法分离的整体,它们不再是一串简单的商品,而是一串意义,因为它们相互暗示着更复杂的高档商品,并使消费者产生一系列更为复杂的动机。”[①]这样一来,实际上,我们只有通过消费才能与作为符号的物和商品发生关系,与他人发生关系,通过解读消费世界的符码(code)而进入社会系统。波德里亚还曾提出著名的仿真(simulations,一译“类象”)概念。他指出,我们所处的时代是一个仿真时代,在这里,计算机、信息处理、媒体、自动控制系统以及按照仿真符码和模型而形成的社会组织,已经取代了生产的地位,成为社会的组织原则。如果说现代性是一个由工业资产阶级控制的生产时代的话,那么,与此相对立,后现代的仿真时代则是一个由模型、符码和控制论所支配的信息与符号时代。符号正在以迅猛的速度增长,它们已经主宰了社会生活。与此相关,波德里亚使用了另外一个重要概念:内爆(implosion)。他认为,在后现代社会,形象或仿真与真实之间、符号与经验之间、信息与娱乐之间、影像与政治之间的界限均已内爆,均已模糊或消失。[②] 在仿真时代,传统的表象和真实的关系、符码与模型和物的关系均已被破除,不是表象反映真实,而是模型

① (法)波德里亚:《消费社会》,刘成富、金志钢译,南京大学出版社2000年版,第3~4页。

② (美)道格拉斯·凯尔纳、(美)斯蒂文·贝斯特:《后现代理论》,张志斌译,中央编译出版社2001年版,第152~154页。

构造真实,不是物决定模型而仿制,而是符码与模型决定物的构成,构造着真实。因此,实际上我们生活在一个"超真实"(hyperreality)的世界之中。我们这里无法进一步展开波德里亚关于消费社会和仿真时代的深刻分析和批判,但是,这些锐利的分析的确加深了我们对于信息化时代的文化整合,以及通过文化整合而出现的社会各个领域的一体化趋势的认识。随着信息化和全球化进程的深化,社会通过文化的运行机制而一体化的趋势还会进一步明显。

通过上述分析可见,关于20世纪文化状况的认识,对于文化哲学的理论定位具有特别重要的意义。在文化普遍走向自觉,并成为人类社会各个领域的内在的整合力量的时代,文化哲学的意义肯定不是对于作为一个相对独立领域的文化现象自身的理性反思,而是从人类社会历史的文化内涵入手,从文化的视角全面反思当代人类的经济、政治和社会发展,反思当代人类所面临的重大的理论问题和现实问题。因此,笔者反复强调,文化哲学不是哲学研究领域中的一个部门哲学,而是内在于哲学研究各个领域之中的一种哲学范式。文化哲学的理论定位应当体现在两个基本方面:一是作为一种重要的哲学理解范式;二是作为一种重要的历史解释模式。①

●原文刊载于《求是学刊》2007年第6期。《高等学校文科学术文摘》2008年第1期、《人大复印报刊资料·文化研究》2008年第3期转载。

●衣俊卿,中央编译局局长,黑龙江大学哲学与公共管理学院教授、博士生导师;教育部哲学教学指导委员会副主任,中央实施马克思主义理论研究和建设工程专家,中国现代外国哲学学会副会长,中国俄罗斯东欧中亚学会副会长,国家级有突出贡献专家,入选国家"百千万人才工程",入选教育部"新世纪优秀人才支持计划",全国宣传文化系统"四个一批"人才,全国杰出专业技术人才。

① 衣俊卿:《论文化哲学的理论定位》,载《求是学刊》2006年第4期。

人类整体发展时代的文化创新

邹广文

当代加拿大学者保罗·谢弗(D. Paul Schafer)在其著作《经济革命还是文化复兴》中指出:人类正在迎来一个“文化时代”而取代即将过去的“经济时代”。文化时代到来最突出的标志就是当今世界正在发生的整体化转变、环境保护运动、人类需求的新认识、为平等的斗争、认同之必要性、对生活质量的追求、对创造力的重视以及文化作为一股重要影响力的兴起。他认为:“这样一个时代的主要结果是,在其包括一切的结构中,文化和民族文化、整体论、人民、人道关怀、共享、利他主义、平等、自然资源保护、合作以及精神文明和环境保护,将获得优先发展地位。这就有可能降低人类对于自然环境、自然资源和其他物种的需求,同时也能够把财富、收入、资源和机会更平等地分配给全世界所有的人民和国家;同时,这种时代还将把人道主义推向一个更加强大的地位,使地球文明的未来发展方向得到切合实际的、持续连贯的确立。”①

谢弗的观点对于我们中国当下的文化实践具有启示意义。文化哲学既然是一种透过文化对象而对人的本质和主体性的根本理解,是关于人的自我意识和自我创造的实践智慧,那么,对文化作整体的观念把握和建构,就是其义不容辞的时代使命。我们应以一种整体意识去关注世界、关注人类的生存状况、关注文化的发展,这也是当代文化哲学研究的重要问题。

① (加)保罗·谢弗:《经济革命还是文化复兴》,高广卿、陈炜译,社会科学文献出版社2006年版,第9页。

一、整体性是文化的精神血脉

的确,全球化使世界文化正在发生着“整体性变化”,这是一种“格式塔”(Gestalt)的转型过程。在19世纪以技术理性为中心的时代,人类往往忽视了事物之间潜在的相互影响和相互依赖的关系。但是,在今天的全球化时代,人们忽然发现,个人、机构、家庭、民族、社团、城市、地区、国家、大洲、世界,这些要素之间无不有着千丝万缕的联系。由此我们不禁想起,1871年英国学者泰勒在其所著的《原始文化》一书中曾经把“文化”定义为复杂的整体,它包括知识、信仰、艺术、道德、法律、习俗,以及其他任何人作为社会成员所具备的能力和习性。无独有偶,美国学者本尼迪克特在其1934年出版的《文化模式》中也强调文化的整体意义,她认为所谓整体,并不单纯是所有部分的总和,而是各个部分相互关联的结果,它所带来的是一个新的实体。

人类整体性不仅指空间整体性(世界化、普遍性交往),也指时间整体性(历史的当下化、与历史的血脉相连)。在黑格尔看来,整体性是“真实的事物”的品质,它应具有有机性、复杂性、多样性特点。从根本上说,人类文化是历史性的、精神沉积性的。文化是标志人类生存样式、意义规范和可能发展方向及道路的整体性范畴,真正的历史文化对于个人存在具有整体性和根源性意义。人类文化整体性所彰显的是主体对内在生命的体验、对完美人性的诉求、对生活世界的热爱与眷恋、对情感和精神的信心以及对自然的敬畏与亲近。

丧失了整体性诉求,文化就可能走入歧途。今天,人们之所以开始关注文化的整体性问题,是因为全球化实践极大地拓展了以物质、工具与技术为主要支撑的现代性维度,甚至将其视为现代性的全部价值内涵。这种倾向导致文化被切割成碎片,其丰富的人文内涵被肢解了。结果,我们所看到的现实往往是:整体被片断、表面、瞬间所取代,价值被恶搞、扭曲、变形所取代,目的被当下、虚幻和刺激所取代。这一点即使在人文学术领域也未能幸免,环顾当下的中国学术,思想创新退化为知识生产,对社会生活的全面理解退化为学科化的零碎信息。

我们需要警惕文化整体性的消解。文化和价值是不可分割的,因为只有未经技术化的文化才可能保持完整的人文性。人文的意义就在于体现人的生命和精神。文化哲学作为人类文化整体时代的一种哲学表现形式,它应该体现理论与实践的双重自觉,应该是自上而下的思辨哲学传统与自下而上的经验哲学传统的辩证综合。在这种综合中,文化哲学预示着人类活动方式的重大转折。传统哲学侧重解答人类认识活动的本原、根据和手段,主要探寻认识如何可能,怎样达到认识和实践的目的,等等,而文化哲学则以检讨人类文化创造的结果为起点,主要回答当代文化实践的价值、文化对人类生活的规范意义、文化进步与时代精神的关系以及当代人类的生存方式和发展方式,等等。显然,文化哲学作为一种对人类文化活动及其结果的系统反思形式,它并非是"文化"与"哲学"的简单组合,而应将其看成一种具有内在逻辑联系、表达和反映时代精神的一种新的哲学形态。这种哲学形态一方面通过对人文精神的反思而构筑各种具体文化理论研究的学理基础,为具体审视各种文化实践提供基本的价值参照;另一方面则把目光投向包括科学、宗教、伦理、语言、艺术等在内的全部文化领域,从而在广阔的背景中追索、表达生活理想。

文化是人的主体性的体现,是人类所独有的生命存在方式,文化的发展表征着人与自然、人与社会的动态联系,因此也是人类文明与进步的历史表达。所以,文化哲学作为技术与人文、理性与价值的对接,不是通过文化的某一层面来表达人类的理想与进步,而是通过人类文化创造的整体性价值来表达人类的理想与进步。这种文化的整体性进步并非简单的文化积累,而是一个复杂的文化选择过程。人类历史的每一次进展,一方面为现实人生营造了新的物的结构,产生了更多的物质产品,因而都再一次满足了人的无止境的物的要求;另一方面历史进步也意味着人类对物的异化的消解,对人作为自由存在的发现、对人与人关系合理性的提升以及对物的交换的扬弃。当历史表现为物的增值的同时,也应表现文化的胜利,用马克思的话说,表现人向真正人的回归。总之,从文化对人的生存和发展的意义看,我们说,文化哲学就是对主体文化创造自由的确认与解答。

马克思当年曾经明确指出:"现在的社会不是坚实的结晶体,而是一个能够变化并且经常处于变化过程中的有机体。"[①]面对即将到来的文化时代,我们有理由相信,这将是一个有机的文化时代,不论在物质世界和精神世界,互相联系、互相依赖、有机统一、综合平衡的重要性将重新被人们认识。一个世界,多种声音,坚持和而不同,世界文化才有创造的活力。面对文化的整体性价值呼唤,人类需要在思维方式和个体完善两个方面实现一种自觉。

二、整体意识观照下的"完整的人"

时代的发展要求文化哲学诉诸一种整体性视野,在对不同领域文化发展现实的考察与分析中,将它们放到人类文化实践总体过程中来凸显其应有的人文价值,以期达到在对人类文化总体价值通观把握的基础上,预见人类文化未来发展的基本趋势,为人类文化的价值整合提供方法,从而使人的文化实践具有高度的目的性与自觉性。

马克思当年曾经憧憬未来的共产主义社会是"人以一种全面的方式,就是说,作为一个总体的人,占有自己的全面的本质"[②]。这里所讲的"总体的人"也就是"完整的人",是技术与精神的平衡。塑造"完整的人"是人类整体性发展实践的核心目标。

现代生活极大地拓展了物质技术的空间,而精神空间却不断地被物欲所填充。在一个工业化、技术化的社会里,如何保持物质技术与精神情感之间的平衡协调,使人不至于沦为"单向度"的工具,这一严重问题日益引起思想家们的关注。海德格尔曾指出,现代技术以"预置"(bestellen)的方式展示物、构造世界。预置就是为着单纯的目的、留取单纯的功能、指向单纯的存在者的某种关系网络,它原则上不考虑丰富而复杂的物之物性(即"天地人神"的四重性)的保有,使得"物"都成了"设置物"(bestand)。信息时代的来临使我们的物质生活范围和内容大大扩展,可我们却也逐渐意识到,信息的充斥导致了生活中直接经验的退化。在技术与商业合谋构筑的规则、范畴、程式中,人们真正的内在世界被遮蔽了,

① 《马克思恩格斯选集》第2卷,人民出版社1995年版,第102页。

② (加)保罗·谢弗:《经济革命还是文化复兴》,高广卿、陈炜译,社会科学文献出版社2006年版,第85页。

传统生活世界对人类精神的“人道关怀”也随之消失。这样,在追求物质与技术的道路上,我们不经意丢失了本真自我,并导致自我与他人、人类与自然、现代与传统之间渐行渐远的疏离。

所以,对于“工具”我们必须赋予其一种全面的人性,从而使工具在对对象世界的创造中展示出复杂多样的文化规定性,从各个方面展示人类生活的价值与意义。21 世纪人类所面临的种种危机和困境,从根本上说并非由于我们的认识水平不足所致,而在于我们对自身的无知。我们还没有充分认识人作为主体性存在其根本的价值取向是什么。我们的确拥有令人目眩的大量的知识,但在对人的存在、行动和幸福最为重要的领域,我们却往往缺乏深层次的思考。人认识外物的知识与体悟内心的知识的不和谐,造成了人所应有的内在力量、能力和智慧与关于自身所达到的认识之间的巨大落差。要摆脱人类的困境,必须使人类对自身的认识来一次彻底的变革。在马克思看来,文化的进步说到底是人的进步,这种文化与人的进步是通过向内与向外两个维度同时展开的,向外表现为技术世界和文化符号的形式,向内则是人的实践的诸感觉(视、听、嗅、味、触、思维、观照、意志、爱,等等)的质的生成。在这种内在世界与外在世界的协调一致中,人们“能认识和领会真正合乎于人性的东西,使他能认识到自己是人”①。物化导致了人与自然的隔绝,人无法实现自己的真正本质。这种价值目标的单一化必然导致社会发展目标的单一化,因而,社会所致力的丰富多彩的文化发展目标也就不可能实现。因此,我们在使用技术时,必须仔细考察技术的目的性,考察人对技术的文化态度。人之作为主体性存在,技术理性只是其规定性之一,它并不完全代表人的终极价值和最高目的,因此必须在更广泛的视野中拓展人的主体价值。着眼于“完整的人”的塑造,我们的教育理念不仅要有“认知目标”(cognitive objective),更要有“情意目标”(affective objective);不仅着眼于智力开发,更要致力于人格的全面培养——培养个体的健康情感、塑造个体的健全人格、开发个体的各种潜能。总之,教育应把社会的发展和人的潜能的实现作为它的目的。结合当代中国文化发展的现实来说,我们要把中国的现代化理解为一种以人的现代化为核心的系统工程,特别是应把培养人的

① 《马克思恩格斯全集》第 2 卷,人民出版社 1965 年版,第 166 ~ 167 页。

主体自觉意识(具体表现为诸如民主意识、生存环境意识、社会责任感和使命感等)当做首要任务来抓,从而使全体公民以一种健康开放的心态迎接未来。

三、整体文化诉求中的文化创新

在人类文化的整合进程中,不能回避的一个话题就是文化创新。但笔者以为,由于文化发展的特殊性,我们应该谨慎使用"文化创新"这一概念。众所周知,在社会生活实践中,相对于物质层、制度行为层,人的精神文化层面的变迁是最为迟缓的,不是一蹴而就的。文化是一条河,是一条从"过去"经"现在"流向"未来"的河,它生生不息,我们很难人为割断文化的血脉。更确切地说,文化总是在传统与现代之间的张力之中发展前行的。传统文化是在不断创造中形成的,又是在不断创造中被突破和创新而走向现代的。

文化创新,必须在传统与现代之间找到一种平衡的支点,尤其是要慎重地对待自己民族的文化传统。因为文化传统对于每个人、每个民族说来,都是一种无法拒绝的存在,我们不可能超越民族传统的观念意识。我们始终只能在民族传统文化中进行理解。不管意识到与否,文化传统总是影响并形成我们,始终是我们的一部分,存在于人的每一个成长阶段,存在于这种当下生存活动的方方面面里。

文化传统是我们进行新文化实践的前提,在现实的文化实践中我们对原有传统进行着调整、修正和补充,我们就这样参与了传统的创造。传统文化也就是这样存在、发展和延续下来的。显然,任何一种新文化,不可能是无源之水,它必然要在传统文化的母体之中生长出来。从传统文化到现代化文化,是一种既对立又统一的文化生长过程。因为,现代化在其本质上又是一种新文化的创造,不可能从传统中自然而然生长出来,因此需要我们用时代视野和开放的心胸去吸纳人类的各种先进文明成果。笔者认为,当前对文化创新的探讨应主要从以下三个问题入手:首先,从空间上说,须在全球文化一体化的层面上思考人类文化的前景;其次,就文化的内在机理来说,应从科学与人文的关系入手构建健康的文化形态;最后,在文化的生存论基础方面,要实现个体和类的统一为文化整体性的重建奠定基础。

(一)全球文化一体化

在人类文化一体化发展的今天,东西方文化的冲突与融合已是一个不争的事实。只是由于东西方文化发展历史阶段的落差,使得东西方文化的沟通很难在一种平等的层面上展开。从文化哲学理论上讲,沟通总是双向的,是文化主体之间的"对话"过程,因此对双方来说都是一种主动性行为。然而这种文化价值层面的信念并不能等同于文化沟通的现实。按照美国学者亨廷顿的理解,文明在本质上是冲突的,而且文化越发展,这种冲突越明显。因为不同文明在语言、传统以及宗教和价值观上的差异是基本的、长久的,过去人类的历史已说明,文明差异引发的冲突最为持久和暴烈。与政治经济相比较,文化上的特点与差异很难突然发生改变,也更不容易妥协。而且随着不同文明之间的人们相互作用的增长,强化了人们对文明之间的差异性和文明内部共通性的认识,不同文明间的互动强化了文明的主体意识,激发起那些拥有各自历史的文明间的敌意。

亨廷顿的话不无道理。从人类文化的现实冲突、融合的视角看,简单否认亨廷顿的观点并不意味着问题的真正解决。从文化史上看,对待不同文化间的差异性往往表现为三种不同的态度:第一种是对凡与自己文化不同的异质文化,一概视为异端,必征服之、同化之,以致灭绝之而后快;第二种是承认异质文化的价值,但只是作为珍稀的收藏、猎奇的点缀或某种可供研究的历史遗迹,这实际上排斥其在现实生活中的作用,抽空其生命,欣赏其空壳;第三种是一种文化相对主义的态度,这是将事物放到其自身的文化语境内进行观照的一种方式,它赞赏不同文化的多元共存,反对用产生于某一文化体系的价值去评判另一种文化体系,即承认一切文化无论多么特殊,都有其存在的合理性而应受到尊重。

上述三种态度中,第三种态度较之前两种态度确实更有合理性与宽容性。但是,如果我们进一步追问,千差万别的文化中有没有普遍认同的东西呢?在众声喧哗的多元文化中是否仍然会体现出某种共同规律、某种文化理想的共性和"是非"标准呢?面对21世纪,我们必须超越亨廷顿等人的视野,去进一步思考这一更高层次的问题。

对这一问题的思考无疑应该立足于时代性视野,即人类文化的一体化发展的现实。当代世界文化的发展，使人类的交往已经扩大到全球范围，形成了世界性的普遍交往。这使得东西方文化之间大大增加了相互了解的机会，增强了相互间的对话。它正在为东西方文明在求同存异的原则下走向团结，走向文化融合，从而为避免或减少彼此间的对立和冲突提供现实基础。我们诚然不应漠视东西方文化之间有利益的冲突，有语言、信仰、价值观念等的差异，然而这种冲突和差异，只有在不断的交往之中才能和解，才有可能逐渐寻找到解决途径。文化一体化发展时代的到来只是表明了全球合作的可能性进一步加强了，东西方文明有可能在一种新的层面上增加沟通，这并不意味着冲突的解决，要使可能性变成现实性，也许还要走漫长的路。

在现时代，东西方文化的沟通应提倡的一个基本原则是“促进全球文明，保护民族文化”。一种全球文明的视野只能在文化开放的氛围中确立，只有当人们更多地注意全球问题或全球文化时，针对某一民族文化内部问题的解决方案才是真正有效的。也许正是在文化封闭的状态被打破之后，在全球文化的观照下，东西方文化都重新发现了自己文化的根。人类文化发展的未来前景，必将是文化的全球化与文化的多元化的并存共进。或者用著名社会学家费孝通先生的名言来概括：“各美其美，美人之美，美美与共，天下大同。”就是各自以自己的文化为荣并发扬光大，尊重、宽容、欣赏其他文化，各种不同的优秀文化共生共存，目标是达到天下大同的理想。

保护民族文化，并不是像对待古代文物那样把它与周围世界隔绝开来，相反，一种文化只有与时代相适应，跟上时代前进的步伐，既不断地更新和发展，又不失自身传统的特色，才是有生命力的、根深叶茂的文化。民族文化需要在与外部环境、外来文化的不断撞击中得到锤炼和发展。

总之，在文化一体化时代，中国文化走向世界，东西方文化进行有效的对话，是一种不可逆转的趋势。中华传统文化具有悠久历史，是人类文明的一个独特的部分，其中所凝聚的生活、实践智慧和审美的魅力、情趣等，通过在世界文化格局中的交流、碰撞，必将显示出其勃勃生机，成为超越时空的世界文化精神中具有独到魅力的部分，为中华民族争得更多的世界性声誉。东西方文化的交流必须激活各自文化的潜在生命力，使文化焕发出新的生机，“一个世界，多种声音”是必然的趋势。

(二)科学与人文的融合

科学精神与人文精神的统一与合流,将为人类未来文化的整合展示光明的前景。

本来,人与自然是人所面对的两大对象和需要处理的一对关系,也是文化的两大主题。科学理性的弘扬弥补了人文文化对自然研究不足的缺陷,同时也显示了人类理性思维和改造自然的伟大力量。人文文化则展示了人性的尊严和价值,是对科学理性文化的必要补充和导引。

从文化哲学的视角看,科学与人文的融合是完全可能的:科学与人文两极既相互区别又相互渗透,共同构成了人类文化的统一体。科学与人文有着共同的现实基础和内在根据,其中根本的道理就在于,科学和审美能力之间的伦理准则、哲学方法和艺术想象以及其他种种人文旨趣,都具体地影响科学与人文原本就具有的内在的一致性和统一性,统一的基础就在于人类生活、生产的实践活动是统一的、完整的,而科学活动和人文活动都是这个统一的人类实践活动的内容,所以,它们的统一就植根于人类现实生活本身。虽然科学与人文之间存在着差异,即前者主要关涉到事实,后者主要关涉到价值,但这两者都统一于人的实践活动,尤其是这一活动的基本形式——生产劳动中。另外,科学与人文有着共同的追求目标,这就是追求人的全面而自由的发展。在科学活动中,科学家的价值观、人生观、情感影响着研究的思路和结果,这就决定了科学必然与人文相关联,而科学的发展也离不开一定的人文环境,科学的应用也必然产生出特定的人文效应,这就使得人文必然与科学相互关联。

人类的文化实践已经表明,科学与人文对人类的幸福都发挥着重要的作用:科学技术为人类提供幸福的物质条件,人文手段则提供幸福的精神条件;科学技术使人享受物质生活的富裕,人文手段则使人获得精神生活的充实;科学技术解决人的生理健康,人文手段解决人的心理平衡问题;科学技术使人获得现实的利益,人文手段使人享受到理想的快乐;科学技术以实在的方式让人感到适意,人文手段以超越的方式使人体验怡然自得的意境;科学技术将有限的、具体的满足赐福于生活,人文手段将无限的、永恒的激情灌注于人生……对科学的人文理解已经不仅是关心人、生命、人的生存状态、人的幸福、人本身的价值的人文思想的当代呼声和要求,也是科学能够得以健康发展的需要。科学的发展离不开人文思想的指导,同时科学实践中使用的方法也蕴藏着丰富的哲学内涵,而这些哲学营养对人文思想也会有所启示,比如后现代思潮就与后现代科学的发展密切相关。所以,科学与人文之间在保持适当张力的同时,将会逐渐走向融合。

科学的发展只有加入了人文关怀,才能有助于我们走向整体的幸福。没有与人文融合的科学是止步不前的,是不存在的。科学在追求真理的进程中,无时无刻不需要人文作为方向性的思考、意义性的思考。在科学进程中需要人文关怀的同时,科学所带来的“产品”也是需要人文的方式来解决的,而且似乎只能诉诸人文的帮助。这个“产品”到底该不该用,为什么要用,用在哪里,什么时候用等问题,科学本身几乎手足无措。科学的发展呼唤人文关怀,人文的发展也离不开科学的养分。我们越是深刻地理解科学与人文各自鲜明的文化特征及二者在方法、价值上的差异,就越能感到两种文化的互补性及其相互整合的必要性。

既然人的全面发展是我们当代文化创新的出发点,所以在今后的人类生活实践中,对于科技文化存在的若干盲区,需要人文之光去照亮,而人文文化又需要科学文化的滋养使之清晰化、形象化。诚如著名物理学家、诺贝尔奖获得者李政道所言:“科学和艺术是不可分割的,就像一个硬币的两面。它们的共同基础是人类的创造力,它们追求的目标都是真理的普遍性。艺术,例如诗歌、绘画、音乐、雕塑,等等,用创新的手法去唤起每个人的意识或潜意识中深藏着的已经存在的情感。情感越珍贵、唤起越强烈、反响越普遍,艺术就越优秀。科学,例如天文学、物理、化学、生物学等,对自然的现象本身进行新的准确的抽象……尽管自然现象本身并不依赖于科学家而存在,但对自然现象的抽象和总结属于人类的成果,这和艺术家的创造是一样的。科学家追求的普遍性是一种特定的抽象和总结,它的真理性植根于科学家以外的外部世界。艺术家追求的普遍性真理也是外在的,它植根于整个人类,没有时间和空间的界限。因此,科学家和艺术家都在追求真理的普遍性。”①总之,科学精神与人文精神的融会将是人类未来文化的希望之所在。

---

① 《“科技苑”》第24期,《光明日报》1996年6月24日。

(三)个体与类的统一

协调个体与类的关系是未来人类文化整合的又一重要内容。个人与类的关系,历来是一个为思想家们所殚精竭虑以图圆满解决的哲学难题。自从人类社会产生起,这对矛盾就已经存在,而在不同的社会形态中,二者的矛盾冲突具有不同的表现形式。在马克思主义唯物史观看来,个人与类(社会)是一个相互联系的矛盾统一体。个体是相对于人类而言的个人,是具有社会的、精神文化的和自然生理特性的单个存在物。而"人类"亦不是单个个体的简单相加,而是一定数量的个体以一定的社会关系和联系作为共同纽带所组成的人的集合体。"个体"与"人类"的这种相关性表明,作为个体,因其是群体和社会的活的细胞,其价值实现只能在与人类群体的关系中才能呈现;而与之相应,人类(社会)作为个体得以存在的条件和方式,唯有个体的积极性、创造性充分发挥出来,其自身的价值才能真正体现。

有关个体与人类社会的辩证关系,马克思曾有一段精当的阐释。马克思从历史的角度考察了这种关系的动态变化,他认为个体与人类社会的关系不是一成不变的,而是历史地发生着变化的。具体说来,人的生存和发展要经历三个阶段或形态,即:(1)自然发生的"人的依赖关系"是人的最初存在形态;(2)"以物的依赖性为基础的人的独立性"是构成人的发展的第二种形态;(3)"建立在个人全面发展和他们共同的社会生产能力成为他们的社会财富这一基础上的自由个性,是第三个阶段",也就是可以预见的最高形态。① 在人类文明的进程中,马克思曾以历史主义的态度高度评价了资本主义生产方式对个性解放的意义,认为资本主义以"物的依赖性"冲决了宗教神学对人的束缚和奴役,这是一个巨大的历史进步。但是,马克思同时也指出,这种以崇尚物质享乐为取向的人的解放也是对个体感性欲望的一种放纵,对个体地位的强调同时却忽略个人与社会的协调,社会的价值和理想被淡化了,结果造成个体与社会的尖锐对立:精神颓废、信仰丧失、道德滑坡、人际关系冷漠、社会秩序紧张。也正是基于这种考察分析,马克思才提出了"人的全面发展"的社会理想。而

① 《马克思恩格斯全集》第46卷(上),人民出版社1979年版,第104页。

这种"全面发展"的题中应有之义正是个体与人类社会的和谐关系的确立,因此马克思特别强调:"正像社会本身生产作为人的人一样,社会也是由人生产的","应当避免重新把'社会'当作抽象的东西同个体对立起来。个体是社会存在物"。[①]

在当代社会生活中,知识的发展和文化的发展都呈加速度态势,人类作用于对象世界的能力增强了,个体的内在精神世界也相应变得异常复杂和敏感,一味地向外追寻、一味地向物的世界"进军",导致了人的世界荒芜,人赖以确证自身的家园——社会关系也日趋紧张。在这种背景下,重新确立个人与类的和谐便成了当务之急。诚如高清海先生所指出的:"人类在经历了群体本位、个体本位之后,正在走向类本位的时代。"[②]"人,按其本性来说,就是一种类存在物。人的类本性表明,人只能存在于同他人内在统一的一体性关系中,也只能存在于同外部世界即人的对象性存在的内在统一的一体性关系之中;而且这种一体性的关系不但构成人的有意识的活动的对象,而且还是人的自为活动所遵循的基本原则。"[③]

按照这种哲学思路,个体与类的统一不仅仅是"人类"本身,更是个体与其生存环境的和谐——走出"人类中心",在更高的视界上体味"生"的意义和价值。

我们认为,在现时代强调个体与人类的统一,其意义是深远的。首先,它是有效解决目前人类生存危机的前提条件。众所周知,当前人类面临的最大的困境是一系列"全球性问题",如环境污染、生态失衡、能源危机、人口爆炸等,这些问题的出现显然与人类自身的文化取向、态度,与个体对自身本性和地位的意识有着密切的关系。全球性问题的真正解决,有赖于每个民族、每个个体跳出狭隘的自我利益的视野,从人类甚至从人与自然的和谐关系角度去思考问题。如果不能实现这种文化超越,全球性问题便不可能真正得到解决,人类的生存危机也不可能真正得到扭转。其次,它也是真正克服人的信仰缺失,促进自我健全发展的前提条件。在当代生活中,随着人们物质生活水平的提高,生存的意义、人生的信仰等

① (德)马克思:《1844年经济学哲学手稿》,人民出版社2000年版,第83~84页。

② 《高清海哲学文存》第2卷,吉林人民出版社1997年版,第115页。

③ 《高清海哲学文存》第2卷,吉林人民出版社1997年版,第117页。

问题成为越来越多人关心的问题，精神生活的满足和充实开始成为人们追求的重要目标。西方文化发展的历史表明，在个体普遍主体化之后，人们感到“小我”狭窄空间的窒息，感到对物的占有其结果只是物理的、量的扩张，对生存的质量并无根本改善。在这种情况下，从“大我”中寻求广阔的天地，通过关心、帮助他人，关心人类的命运前途来感受人生的价值，体验人生的乐趣并达到心灵的充实，这已为越来越多的人所认同。最后，个体与人类的统一也是真正实现人类文化综合创新的前提。如前所述，在人类文化一体化发展的背景下，任何个体的文化实践行为都离不开所处历史时代的文化整体的价值，即受整个时代文化价值力量的制约。因此，作为文化个体，只有充分地意识到这一点，才能有效地调整自己的文化价值取向，自觉地把自我的文化实践行为与时代文化精神有机结合起来，使自己的文化实践真正成为时代精神的生动体现。在这种情况下，人类文化的整合才真正为个体所认同，也就是说，这种文化整合才是真实的、富有意义的。

●原文刊载于《求是学刊》2009 年第 3 期。《新华文摘》2009 年第 15 期转载。

●邹广文，清华大学哲学系教授、博士生导师；北京市哲学教学研究会副会长，中国辩证唯物主义研究会常务理事，北京市哲学学会常务理事，中国文化管理学会学术委员会主任委员。

论全球化进程中的多重文化认同

韩　震

“认同”(identity)问题已经成为一个学术界经常提到的术语。笔者曾经翻译了查尔斯·泰勒的《自我的根源:现代认同的形成》,这位著名的加拿大哲学家认为,认同问题是哲学的基本问题。后来,笔者写过一篇关于现代性与认同问题之间的关系的短文,分析现代性的内在矛盾和当前的认同危机问题。[①] 在这里,笔者只从全球化进程中文化构成的一个侧面谈谈认同问题。

一、全球化时代文化认同问题的凸显

认同,就个体指向而言,指相信自己是什么样的人或信任什么样的人,以及希望自己成为什么样的人;就共同体指向来说,指个体对不同社会组织和不同文化传统的归属感。本文主要是考察后一种意义上的文化认同或文化的归属感。然而,实际上,个体自我认同和社会文化认同是紧密相关、不可分割的。自我认同往往是把自己认作属于那个群体或持有那种文化价值观的人,而文化认同则通过不同人的认同行为的选择显现出来。

文化认同的目的是寻求生存方式的同一性,但其过程却是在发现差异时开始的。人与他人相遇,才会思考自己是谁;一个群体与其他群体相遇,才会把这个群体想象成为共同体;一个民族只有遭遇另外不同的民族

① 韩震:《现代性与认同问题的思考》,载《学习与探索》2004 年第 6 期。

时，才会自觉到自己的族群特征。在古代，中国人曾经认为自己是唯一称得上“文明”的国度，周边只是接受中华文化恩惠的蛮夷和藩属。鸦片战争才开始动摇了中国人华夷分野和自视世界中心的信念，而日本人的不断入侵，更促使中国人民成为现代意义上的民族。可以说，自我认同是在与他者的互动中形成的。全球化时代就创造了一个差异相遇的场域，在其中不同的他者通过另外的他者而获得自我认识。

文化认同的目的是寻求生存方式的稳定性，但其过程却起始于人的社会生活的流变性。譬如，古代更加依赖自然的人们，似乎不像现代人那样对自己的特性感到焦虑，因为他们相信自己是自然环境、家族延续和神圣命运的环节。实际上，认同问题的凸显与现代性的发展紧密相关，因为在人类社会的现代化进程中，人与自然之间的联系被割断，人与乡土之间的纽带被削弱，人们的家庭血缘被社会的流动性所稀释。现代性需要未来的扩张，使自我感觉到有一种流动性的成长，因此与静止态的生存相比，流动的生存更加突出了人们的认同意识，即不断反思地问：我究竟是谁？我是什么？实际上，“成为自己的‘创造者’的意思就是，个体在面对这些巨大的变化时，必须能够形成自我认同的一致叙述”①。文化认同成为问题的程度，可以说是与世界秩序的变化或“失序”的程度成正比的。全球化时代流动的现代性迫使人们寻找形而上学意义上的本体基础。

文化认同的目的是寻求生存方式的持续性，但其过程却往往缘起于历史的断裂或社会的断层。传统社会文化变迁缓慢，风俗、习惯、道德规则和价值观继承性强；现代社会特别是都市化进程，使原来稳固的社会系统转变成为流动性社会，规则和习俗的继承性减弱。同质化的社会更多的是无意识地被动接受既有文化，而不断变化的现代社会迫使人们思考自己的文化归宿和价值观选择。全球化进程和现代社会迫使人们去寻找自我，也寻找自己在其中感到如鱼得水的文化环境，选择甚至创造自己所喜爱的文化形式。

一句话，全球化进程和现代性的发展使社会文化出现多样性展示、流变性呈现和断裂性改变，所有这些都促使人们产生文化上的焦虑和自觉。越来越多的人进行越来越深入的思考：我们应该选择和创造什么样的文

① (美)约瑟夫·拉彼德、(德)弗里德里希·克拉托赫维尔：《文化和认同：国际关系回归理论》，金烨译，浙江人民出版社 2003 年版，第 305 页。

化，而这种文化能否与我们自身的生成相得益彰？现代化进程和理性主义所产生的理想化的生活形态和生存方式使认同成为人们自觉的需要。根据语义学的观点，“现代性意味着象征与它所指的东西的分离。符码、范式、语义学这些文化观念正是现代认同的产物”①。我们不能再被动、消极地依赖自然、传统和家族，我们必须在符号和意义上作出自己的选择。

二、全球化时代文化认同的多重性

马克思最早发现全球化现象，即资本主义生产所导致的世界历史的进程已经把人类纳入一个相互联系的整体。面对这种情景，我们必须回答这样的问题：对文化而言，全球化是熔炉，还是造成文化的马赛克状态？

由于生产方式的变革和现代性的发展，资本和市场的逻辑使全球生活发生了深刻变革。按照原来的预测，资本主义的生产逻辑本来应该把经过的地方都变成抽象同一的工厂和市场，把不同的人群都变成工人，在这个基础上人们的精神世界也会出现“单向度”的一致性。有的学者用马克思的话作为佐证，认为资本主义的全球化进程必然消除民族特性。马克思的确曾经指出：资本主义生产方式在其所到之处都消除着民族特性，破坏着传统的生活方式。民族文化也受这一进程的影响，“民族的片面性和局限性日益成为不可能，于是由许多民族的和地方的文学形成了一种世界的文学”②。我们应该怎样理解民族的片面性和局限性之“不可能”，我们应该怎样理解世界文学的图景呢？我认为，消除了民族片面性和局限性的民族，并不是变成了没有民族特点的或没有民族性的民族，而是吸收了现代性之后的某种新的民族文化，这种文化消除了落后于时代的片面性和局限性，获得了民族性与现代性的统一。与此同时，一种世界文学的可能性与其说是被现代性的棱镜折射成为单色调的文化（单一形式的形态），倒不如说是由丰富多彩、五颜六色的民族文化构成的相互映照的彩虹。

西方中心主义者曾经幻想世界的现代化就是西方化，而许多非西方

---

① （美）乔纳森·弗里德曼：《文化认同与全球性过程》，郭建如译，商务印书馆2003年版，第217页。

② 《马克思恩格斯选集》第1卷，人民出版社1995年版，第276页。

学者也担忧全球化的结果必然是欧美化。可是,让人们始料不及的是,现代性一方面在全球化进程中用一种颜色涂抹其影响过的地方,另一方面这种涂抹却与原来就有的不同底色创造出许多新的色彩来。在某些方面,不同地方的人似乎有了共同点,如钟表所规定的标准时间、流水线、超市、肥皂剧,等等;可是,在另外的方面,如全球经济体系从中心辐射的光照射到不同的地方就有了亮度的差异。不仅原有的民族差异没有抹平,往往原来内部相对一致的民族或群体也被市场经济所割裂,阶层越来越复杂。因此,现代性的结果把人类带进了一个充满差异、"风险"和不确定的时代。在这样的时代,就如阿格尼丝·赫勒所说:"不再有什么是稳定的,不再有什么被一致接受;在任何地方,对一切事物,都存在不同的意见。这就是现代生活。"①可见,现代性不仅创造一致和同一,而且也凸现差异和矛盾。不断有差异出现,才是现代性富有生命力的表征。

文化认同是寻求某种文化的一致性或同一性,但由于它缘起于文化的差异、流变和断裂,因而其进程、形态和内容都是复杂而多重的。文化认同是一种建立在分化、差异(甚至对立)基础上的选择过程,因此这种认同并不是对单纯的或只有单一色调的形象的叙述,而是对复杂的或各种颜色相互浸染的图景的叙述。

对于人类而言,任何时代、任何国家、任何民族的文化认同,毫无例外地都是多重的,而不是单一的。单一的认同叙述形式只是神话,以便使自己与"他者"区分开来,透过这种神话叙述的外观,我们很容易发现其中包含着不同文化复杂的相互渗透和相互生成的过程。

首先,在叙述的形态上,文化认同既是时空性的,也有象征意义或内涵性的特征。进而,文化认同不仅在空间上相互交叠,而且在时间上相互映照。同时,文化在时空上的认同,也与各种象征意义相互交错。

文化最初都有一个产生地点,然后又有传播过程,而传播过程又形成不同的传播路线和新的文化生成地点。由此,文化认同过程既是空间性质的,也是时间性质的,更确切地说是人类在时空系统中互相塑造的过程。任何文化认同都交织着新与旧、过去与现在、外来与本土以及实在和象征。

① (匈)阿格尼丝·赫勒:《现代性理论》,李瑞华译,商务印书馆 2005 年版,第 67 页。

当然,多重文化认同并不意味着失去文化立场。中国改革开放后,越来越多的人开始穿西服,但这并不意味着中国人放弃了自己的文化自主权。我们可以选择西服,但是我们决不会选择放弃国家的主权和文化自主权。在多重文化认同中,有些是核心性的认同,有些是外围性的认同。一般来说,最容易改变的是外围认同,而核心文化认同是最稳固、最持久的。当然,即使外围的认同也是有象征意义的。西服最初曾经是改革开放的象征,但是现在它已经融入中国的服饰文化,成为现代中国文化的一部分。

文化认同不是中性的现象,它是带有价值观选择和好恶倾向的活动。这种价值观往往与不同的民族、历史、传统和观念联系起来,成为集体动员的符号和标志。不同的颜色居然可以引起一场场革命,从过去的红旗,到现今的"颜色革命"。国际共产主义运动曾经把红色风暴吹遍全球,现今的颜色革命也出现连锁反应。国旗的布料与颜色同其他的布料和颜色没有自然本质的差别,可是一旦获得文化象征的地位,它就具有了某种魔力。对于象征物,人们甚至可以为它而死或因它而生。人们对之或爱或恨,爱得热血沸腾,恨得也可以咬牙切齿。在电视新闻中,我们可以看到美国人在星条旗面前的骄傲,也可以发现另外许多人在践踏或焚烧它,以发泄自己的愤怒。

其次,在叙述的内容上,文化认同往往不是单一文化形式的连贯而一致的选择,而是多重利益话语的拼接物。

由于利益的差异,各个民族仍然不可能跳出民族形式的桎梏。因此,阿格尼丝·赫勒说:"与海德格尔的思想相反,我怀疑下面的观点:我们现代世界的随意行为都是受到同样的形而上学思想、主体/客体关系和技术想像所'框范'的。与哈贝马斯学派相反,我怀疑是否存在一种支配性的世界解释,在我看来,现代世界确实在所有层面和所有方面都是零散的、冲突的,有时甚至是混乱的。"[①]她在《历史哲学片断》中就表达了这种观点。现代人的世界观已经碎裂成为碎片。

为了保持自己文化的同一性,人们编织了种种自圆其说或自成一体的认同形式,但在文化同一性外观之下是各种相互差异甚至相互矛盾的

① (匈)阿格尼丝·赫勒:《现代性理论》,李瑞华译,商务印书馆2005年版,第101页。

利益追求的话语表达的转换。任何文化认同的要求,反映的都是权力、利益、欲望、追求的动力和意志。不同的认同方向,反映了不同的利益基础。一个人,一个民族,一个国家,在不同的时期和不同的场合有不同的利益追求,因此文化认同也呈现多重的话语形式。譬如,在国际关系中,美国并不持有单一不变的文化原则,而是游弋在现实主义和理想主义之间,其游离的幅度取决于美国的利益选择。为了其国家利益,美国以人权、民主等话语指责其他国家;可是,同一个美国,也是为了其国家利益,却支持独裁者甚至通过秘密干涉推翻民选政权——人们不会忘记智利阿连德总统的命运。

西方国家特别是美国,嘴上往往说想用它们的价值观改造全世界,实际上它们一直都希望其他文化部分地接受西方文化。西方希望其他文化承认西方文化的主导地位,却遏制其他文化学习西方的文化的竞争逻辑从而争取自己的文化主导权。西方文化是力图把其他文化附属化、边缘化和残缺化。所谓西方文化,以现代主义自居,它是全球体系中霸权权力的主导角色,它用发展阶段的等级制编排世界。资本主义全球化进程是把亚洲、非洲、拉丁美洲边缘化的进程,也是自诩现代文明和理性的西方文化把其他民族文化变成落后、停滞、野蛮和愚昧的进程。这种全球化进程一开始就包含着内在矛盾:不仅是中心与边缘的差异,而且是自我与他者的对峙。由于这个矛盾,全球化的进程必须由一系列血与火的环节才能连接起来;由于这个矛盾,中心剥削和压榨边缘,同时边缘也在窥视着中心。

在西方强势文化的压迫下,第三世界国家的文化也越来越呈现出多面性。边缘化不是被边缘化的国家、民族、地区自己的选择,这一过程是资本主义经济、政治和文化全球化的产物;被边缘化者过去都曾经是自成体系的,可是被卷入资本主义全球化进程的漩涡之后,它不再是自足的存在,而是变成更大体系结构中的要素。在这种情况下,世界各国的文化认同就更具有多重的不稳定性。许多文化已经变成本土文化和外来文化的拼接物。人们不得不接受西方制定的游戏规则,但同时希望保持自己文化的自主性。青年人可能在听美国音乐的时候,内心却思考具有“反美”意味的社会问题。

从某种意义上讲,文化认同是冷战后意识形态的新形式,文化竞争就是意识形态竞争的新表现。亨廷顿《文化的冲突》就是对这个历史进程的理论表述。当代的世界体系，中心被削弱，结构危机四伏，边缘积累力量并且伺机颠覆体系。旧的认同——冷战的集团认同——在丧失权威或感召力，新的认同秩序还没有成型。从后现代的破坏性意义说，现代性的瓦解就是发展阶段等级制组织原则的崩溃。

全球化进程的内在矛盾和发展速度等因素，均使中心和边缘的结构成为不稳定的。这给以中国为代表的非西方文化重新崛起提供了难得的机会。在这个崛起进程中，我们并不是回归单一的传统文化，而是学习世界各种文化的长处，包括学习西方市场经济中发展起来的文化，师夷长技而超夷。在文化复兴和现代化进程中的中国，文化已经有了新的富有活力和创造力的多重构成要素和形态。

再次，在叙述的语境中，全球化时代的文化认同是民族特性的拼接画，而不是单一文化的同质化过程。在相互影响中，各民族文化变得越来越像水彩画，某些颜色是重叠的，但是某些颜色和颜色的浓淡程度是各有特点的。

面对现代性和全球化进程，似乎不是压制而是激发了各民族的存在自觉和文化自觉。“它们促进了民主和资本主义，还有种族认同的复苏。”①在资本越来越全球化的时候，恐怖主义也全球化了。甚至在西方文化圈内，也有民族分裂的动力，如西班牙的巴斯克问题和加拿大的魁北克问题。

与许多观察者的观点相反，全球化并没有消除民族特性。不仅在某些伊斯兰国家鉴于对“全球化就是美国化”的担忧而出现捍卫民族文化的极端反应，而且“9·11”之后美国爱国主义的盛行以及贸易保护主义的抬头，同样反映美国人(他们主张用美国价值观改造世界)也害怕失去自己的特性。塞缪尔·亨廷顿写了《我们是谁?》一书，在书中他认为，“美国国家特性面临挑战”，他还担心美国人陷入不知“我们是谁”的境地。所有这些现象，都证明民族国家仍然是不可超越的共同体组织形式。笔者认为，全球化进程并不是民族国家形式的消亡或衰退，而是民族国家形态和功能的变化。的确，自现代殖民主义盛行以来，地球的任何角落发生的事情都不再是纯粹的地域性问题，而只能从全球定位的视角才能加以理解。但是，我们并不认为，“民族国家自身变成了世界经济和政治过

---

① (美)约瑟夫·拉彼德、(德)弗里德里希·克拉托赫维尔:《文化和认同:国际关系回归理论》，金烨华译，浙江人民出版社2003年版，第62页。

程中日益削弱的因素”①。相反,各民族国家因为相互之间接触的增多而变得更加敏感,处处考虑自己的差异、特性和利益。

实际上,东亚社会的崛起证明的不是民族文化的消失,而是证明了这些民族发现了使民族文化与现代性进程相互配合的契合点。无论是儒教文化圈还是佛教文化圈,东亚价值观显然已经转换成为现代性的动力,而不是像韦伯所说的那样是现代性的阻力。东亚价值观也出现进一步创新的迹象。

由于民族发展的时间和空间的差异,目前的世界是一个价值多元的时代。在一个价值多元的时代,人们的认同显然很难是稳固不变的。德国学者乌尔里希·贝克指出:“有政治自由置于核心,现代性不是一个价值衰落的时代,而是一个价值时代。在这个时代里,本体论差异的等级制度的确定性,被自由的有创造力的不确定性所取代。”②在这个什么都不确定的时代,人们在文化认同方面就更加呈现出多重或交叉认同的现象。

除了利益的考虑,各民族的地理和历史已经构成其文化基因,在这种基因支配下,民族文化会因外来影响而发生改变或变形,但其文化特性是不会消失的。即使在全球化的时代,民族文化会呈现出新的多重特征,但仍然可以发现其自身的特征。不同民族的不同特征的文化,又构成世界文化的多重性质。在相互影响中,各民族文化认同时刻都发生新的多重构造和变形。

尽管福山声称冷战的结束意味着“历史的终结”,意味着市场资本主义和自由主义民主取得逻辑上的终结点。然而,事实的发展并不是如此。相反,社会和政治领域的发展趋势却远不是齐一的或线性的。而且在将来也很难期望它如此。甚至福山也承认,“同质化与鲜明文化特性的确认将同时发生”。例如,与多年前相比,今天美国文化与亚洲文化之间相互欣赏变少了,彼此不信任增强了,而且二者之间的差异更突出了。“语言、宗教和种族全都是一种地方特性的重要成分。”而且经济发展并没有消除民族特点,反而使之增加了民族自信心。因此,“全球化造成的繁荣接着使文化真正能维护其自己的独特性”③。也就是说,市场经济的成功为民族文化的

① (美)乔纳森·弗里德曼:《文化认同与全球性过程》,郭建如译,商务印书馆2003年版,第7页。

② (德)乌尔里希·贝克:《世界风险社会》,吴英姿、孙淑敏译,南京大学出版社2000年版,第16页。

③ (美)福山:《经济全球化与文化——福山访谈录》,载《现代外国哲学社会科学文摘》1999年第11期。

复兴奠定了物质基础,为新兴工业国家的民族认同创造了条件和可能性。

全球化进程并不是某一个现代文化的普及和代替其他文化的过程,而是所有参与这个进程的文化体的重构性互动的过程。在这种互动中,无论是否自己意识到这点,不同的文化体实际上都进行了新的包容性的多重认同重构。这个过程并不仅是德里达所说的,"积极性和生产性在差异游戏中指涉生成运动"[①]。而是差异文化在互动中通过包容而达到的新的各有个性的多重文化的实体性生成。

三、全球化时代文化认同的效应

每个民族都有与其他民族相互区别的文化。然而,在这种文化内部也是包含差异、矛盾、悖论的。由于全球化进程的加深,最直接的效应就是比较一致的民族文化的内部差异化。单一的文化因时间之中的流动而划分为不同历史阶段的文化,因空间的展开的序列而形成不同的亚文化——都市文化、乡村文化、宗教文化、商业文化、政治文化、企业文化、学院文化、大众文化,等等。

现代性的发展和全球化进程所到之处,并不是文化的空白。全球化是多重文化的相遇。在原有文化基因的基础上,不同的文化体不断进行着自己的多重认同的构造,维护着自己的特性和完整性。然而,正确的多重认同构造应该是有责任的、保持开放的合理化过程,使认同的构造过程成为全球化与本土化创造性互动的过程。全球化文化认同的效应是,它在形成同一和统一的时候,也制造新的差异和矛盾。即使在西方,在全球化时代,我们也发现:"提高的公民能力和小群体主义(subgroupism)的倾向以难以预见的方式互动着。"[②]社群主义思潮的兴起,就反映着对普世主义的反叛。在一个流动不居、不确定和差异的时代,寻找认同成为一种需要。个人是为了保持自己意识的连续性,国家是为了保持公民的团结一致,民族是为了自己文化的延续。但是,不同的认同有不同的结果:不同的自我认同形成不同样的人,不同的文化认同也形成不同的文化形态

① (法)雅克·德里达:《多重立场》,余碧平译,三联书店2004年版,第32页。

② (美)约瑟夫·拉彼德、(德)弗里德里希·克拉托赫维尔:《文化和认同:国际关系回归理论》,金烨译,浙江人民出版社2003年版,第62页。

并且赋予不同的文化本性。

世界人民反法西斯斗争胜利已经60多年,而今天的世界格局或框架仍然是那次历史事件的产物。在这里,笔者只举几个与二战之后有关的几个文化认同重构的例子,而且目前中国人也比较关注它们。通过这几个的例子,笔者要说明不同选择的实质性效应。

首先是德国和日本对自己国家侵略史的不同认识,对这两个国家的民族特性和形象产生了不同的效果。当德国认同了后期资本主义的理想和价值观,通过集体的痛苦的“文化反思”放弃“日耳曼人的世界霸权”的幻想,从而割断与法西斯的历史联系的时候,日本却仍然通过掩饰历史以求保持“大和民族”连续性的文化认同。如果说德国已经使自己的文化认同适应了世界的全球化进程,那么日本却固执自己幻想的认同,进而与周边邻国发生持续的龃龉。德国人因罪恶感而改变了自己的认同,日本人却因羞耻感而拒绝承认错误,所以他们的政要居然恬不知耻、堂而皇之地参拜靖国神社,与犯下滔天罪行的甲级战犯保持历史性认同。德国人的洗心革面是整个德意志民族文化认同的改变,日本人的不反省立场也不是少数人的事情,而是整个民族文化认同的问题。

在一定意义上,台湾问题也有一个文化认同方面的问题。有些人千方百计地在文化上去中国化,目的就是铲除台湾人民内心的中国文化基因。然而,台湾在文化上与大陆血脉相连,无法割断的。当然,由于历史问题造成的原因会使双方的文化多重构造出现差异,如果这种重构结构的差异进一步扩大,必定影响两岸人民的相互理解和沟通。但是,在全球范围内,毕竟两岸人民是最心有灵犀的,因为无论文化认同的结构如何重构,其核心的文化基因是相同的。在这个意义上,有些人在文化上去中国化的目的是不会得逞的,同时我们应该加强海峡两岸的文化联系,使两岸文化的多重构造有更多的一致性。

笔者坚持文化认同的多重构造,并不是要发展某种类似人类学文化概念的相对主义。笔者认为,由于人类学的文化概念走向相对主义,它已经成为无原则的理论。赫勒曾经描述这种文化概念:“没有一种文化具有比其他文化更高或更低的道德,所有文化的信念对于真理性的要求具有同等价值。其结果是,在一种文化中好的东西在另一种文化中可能是错误的，而且在这个问题上没有人可以成为裁断者。”[①]然而，笔者认为，在这个问题上必须分层次：就民族文化形式而言，可以说没有优劣，形式是历史中延续的现实；但是，在民族文化的内容认同方面，是可以区别优劣的，因为这种认同是面向未来的选择，选择是要负责任的。譬如，日本人经常说，其民族文化传统对死去的人就不追究其罪恶了，因此连甲级战犯都应该受到尊重——这当然是日本右派的借口。如果真的是整个日本民族都认为这样，那么这种文化就是缺乏善恶标准的，因此是有问题的，是必须改造的。德国文化经过改造之后变得更加值得欣赏了，而日本没有经过这样的改造，因而常常引起周边邻国的反感。差异本身既可能表达非实质性的多样性，也可能有好坏、优劣、善恶之分。我们承认差异及其文化之间的相对性，但是我们不承认文化比较的无原则的相对主义。尽管我们没有先验的标准，但是我们可以在历史发展中找到合理化过程的理想性期望标准。就如查尔斯·泰勒所言：“生活中存在某种尊严和价值，这种概念本身需要一种对照。”[②]在生活的差异和多样中，我们可以进行比较、筛选和重构，不断构建自己的新的多重认同结构。我们没有先验理性，但是我们可以在历史长河中发展实践理性。

最后，中国的和平崛起已经成为目前世界最具影响力的历史性进程。我们应该提升中国文化上的软实力，吸收世界各民族的优秀文化成果，丰富、优化自己的多重文化构成，同时坚持自己的核心文化特性，保持自己文化生成的自主能力和创造活力。吸纳外来文化，改造自己的文化多重认同，恰恰是为了形成更有吸引力、感召力、凝聚力和影响力的文化认同。这种认同应该符合中华民族的民族利益和中国和平崛起的时代要求，具有自主性、开放性和创造性。

●原文刊载于《求是学刊》2005 年第 5 期。

●韩震，北京师范大学教授、博士生导师；教育部社会科学委员会委员，北京市社会科学界联合会副主席。

---

① （匈）阿格尼丝·赫勒：《现代性理论》，李瑞华译，商务印书馆 2005 年版，第 192 页。

② （加）查尔斯·泰勒：《自我的根源：现代认同的形成》，韩震等译，译林出版社 2001 年版，第 32 页。

从"觉"与"醒"的视角反思东西方文明

黄慧珍

人是不能被分割的有生命的完整的活体,所谓文明及其表现形式的丰富性也不过是人的存在的丰富性和完整性的表征而已。只有从人自身存在的丰富性、完整性出发,才能正确解释和说明与人类生存、发展直接相关的一切精神现象和文化现象。本文以与文明的产生和发展密切相关的人的觉醒为切入点,并对之作生存论的阐发,揭示觉和醒是人类依赖和把握世界的两种普遍状态,二者相反相成、相互依存、相互转化。觉和醒在东西方文明发展中获得了不同的强调,占有不同地位,自觉保持二者平衡是促进东西方文明实现优势互补,克服文明异化的重要途径。

一

对于觉醒,可以从很多角度理解。从生理学角度,它是和人的睡眠状态相对应并反复交替出现的周期性生理现象。人处于觉醒状态时,机体对内、外环境刺激的敏感度增高,并且能作出有目的的和有效的反应。从认识论、心理学的角度讲,觉醒则意味着人从对周围世界,包括对事物和人自身的沉溺、迷醉、执迷不悟或麻木不仁等等丧失、迷失自我的状态醒悟、清醒过来,从而获得新的自我理解、自我认识、自我确证。因此如果对觉醒作哲学概括,通常是指,人打破自己和周围世界浑然不分、自在合一的状态,达到对自己区别于他人、他物的性质、地位、作用以及由此形成的与他人、他物关系(价值关系)的意识的过程和状态。觉醒在本质上是人的自我觉醒,通过这个环节,主体和自我不断生成着、成长着,不断从周围世界提升出来,形成和周围世界相区别、相对立、相否定的关系,因此人的觉醒是人们现实地改变人和周围世界关系的前提，是文明产生和发展的前提和动力，和文明的发展、分化密切相关。

列宁指出："意识到自己的奴隶地位而与之做斗争的奴隶，是革命家，不意识到自己的奴隶地位而过着默默无言、浑浑噩噩的奴隶生活的奴隶是十足的奴隶。津津乐道地赞美美妙的奴隶生活并对和善的好心的主人感激不尽的奴隶是奴才，是无耻之徒。"①列宁的这段话生动地描述了人丧失自我、对自己的奴隶地位和处境执迷不悟、麻木不仁的状态。康德在《什么是启蒙》一文中也指出："启蒙就是人从他自己造成的不成熟状态中挣脱出来。所谓不成熟状态就是指如果没有别人的指引，他就不能应用他自己的悟性。这种不成熟状态，如果不是由于缺乏悟性，而是由于没有别人的指引就缺少决心和勇气应用自己的悟性，那就是自己造成的，因此启蒙的箴言就是：敢于明智、大胆运用你自己的悟性。"②康德这里所说的不成熟状态应指没有或丧失主体地位、缺乏主体意识的人的存在的自在状态、消极状态、被动状态。这种不成熟状态是人自己造成的，并需要通过人自己的觉醒加以克服。

问题是对于人的存在的自在状态的认识，人们一直只是把它作为认识人与世界关系的一般前提，并相信随着人类的不断觉醒会最终消除这种不成熟状态，而不是把它作为人的整体存在过程中不断生成的并和人类清醒的有意识、有目的的生存状态始终相伴随的人的基本存在状态来看待。这种对人的自在的存在状态的简单化理解容易造成对启蒙、理性、悟性的过分推崇和理想化，进而将人类某一阶段获得的自我认识、自我觉醒绝对化，造成自我认识的片面化甚至自我分裂，造成新的蒙昧状态，这决定了启蒙是一个永恒的无限的过程，决定了人类需要不断打破和否定自身存在的自在状态，不断面临自我觉醒的命运。从而表明无论是人的自在存在状态还是自为存在状态，主客一体化的状态还是主客二分的状态，蒙昧状态还是清醒状态，平静的生活还是充满矛盾的生活，在信仰中的生活还是在怀疑中的生活，都是人类完整存在的不可缺少的组成部分，片面强调其中任何一个方面都会远离人类存在的事实。

特别是在当代中国，一方面，市场经济的迅猛发展，造成事实上的"以

① 《列宁全集》第13卷，人民出版社1959年版，第36页。

② (德)康德：《什么是启蒙》，载《哲学译丛》1991年第4期。

物的依赖关系为基础的人的独立性"的增强,人们呼唤启蒙、呼唤人的全面觉醒,诸如权利意识、民主意识、女性意识的觉醒,甚至灵魂的觉醒、身体的觉醒等等;另一方面,我们已清醒地看到,挥舞着启蒙大旗突飞猛进地向前发展的西方现代文明已经走向了启蒙的反面,对理性、自我、主客二分的过分推崇,不仅破坏了人和自然之间的整体和谐关系,也使人与人、人与自身相隔离和相分裂,重建人的总体性,重新反思和重视人和世界的整体和谐关系已经成为克服西方文明危机的重要途径。在这种背景下,对觉醒的认识就不能仅仅停留在上述几个视角的静态理解,还应将之置于生存论的视阈下进行考察,特别是把觉和醒作为人依赖和把握世界的两种普遍状态分开来考察,澄清和阐明二者自身所包含的相互依存、相互转化、相互否定、相反相成的辩证制约机制,这对避免将觉醒绝对化,特别是避免将人类某一阶段的自我理解、自我认识片面化、绝对化,克服人的自我认识分裂,在自觉地保持觉和醒的适度张力和平衡中,推动文明进步,克服东西方文明各自的缺陷和不足,实现两种文明的优势互补,不能说是没有意义的。

二

下面我们就从生存论语境对觉和醒以及二者之间的相反相成、相互转化的辩证关系作一个澄清。"觉"在人们的日常语言中,是经常被使用的字眼,特别是在注重超名言领域、在追求人和宇宙直接合一的东方宗教和哲学中,"觉"更是一个重要的范畴,并且以它为要素构成直觉、觉知、觉解、觉醒、觉悟等词,其含义也仿佛是不证自明的。然而,自明的地方往往就是晦暗的地方,只要我们稍加思索就不难发现,在这些用法中,觉的含义是隐蔽的,甚至是无意义的或者和另一个字的含义相同。一方面,觉的被经常使用表明人的这种存在状态存在的事实性,另一方面,在使用中其意义的无意识地被遮蔽也表明这是有待于我们使其澄明的人的存在状态。因此,我们必须把觉和悟、解、醒、知等区别开来考察,即把一直被人的意识遗忘的人和世界发生联系的方式"觉"及其含义在意识中彰显出来。

在佛教话语体系中,"觉"是一个关键词。所谓"觉悟成佛","佛"即是"觉"。因此,在佛教中,觉是非分别,与分别相对举。同时,佛教把觉划分为正觉与邪觉,正觉是理性的觉,邪觉是非理性的觉。佛教关于"觉"的这一基本理解在日常语言以及其他话语体系中是可以得到验证的。譬如,直觉即是一种非渐悟的、非分析的、非分别的或者顿悟的、综合的领悟。

因此,对于诸意识现象来说,觉是一种背景性的存在。觉既不是诸意识现象之内或之外的意识,也不是像弗洛伊德所虚构的那样,是透过意识表面所发掘出来的底层无意识。换句话说,觉既不是意识的在场,也不是意识的不在场,而是作为意识的形式构架成为意识的构成条件和根基,是诸意识现象得以联结、综合的形式构架,具有自在的整体的混沌的特征。

因此,觉——如果用东方哲学术语来规定——亦即如其所在,不如其所不在;或者像所存在的那样存在,不像所不存在的那样存在。如果用西方哲学术语来规定,亦即我是我,或者我不是非我。前后两个规定是等价的。这一规定从根本上阐明:觉自身是一个不二的非分别的整体,是联结、综合诸意识现象的构成条件。

由此引申开来,觉代表着人和世界自在不分相统一、相肯定的方面。进一步而言,是指人以整个身心投入在世界中,与世界浑然不分的自在存在状态。它和无意识有关,但又不等同。它既是人与世界总体相连、整体的"在",又是联结、综合诸意识现象的整体构架,是自身不二的整体、大全。

觉因此就走向了反面。如果孤立存在的话,觉就变成了不觉(浑然不觉)。因此,正是在相反相成意义上,觉与醒相联系。

弗洛伊德曾批判那种将主体和客体(主体和外在于主体的一切差别)消融在一个无限的包容在一切整体性混沌之中的神秘主义是意识的一种"退化",即企图回到人尚未面对"现实"的原始状态,这种状态类似于人在子宫中的无意识的状态。但是正因为这种企图,所以神秘主义并不是神秘本身,而是对神秘、对主客体直接同一的人的整体的自在存在状态的了悟,在这里意识并没有消失,也谈不上退化,恰恰相反,它唤起了对被遗忘的人的无意识的存在状态的自觉意识。因此神秘主义不是神秘本身,而是对神秘的意识;而对无意识的意识也不是无意识本身,因而也谈不上向无意识的退化。恰恰相反,正是对整体混沌状态的执著追求表明人作为清醒的有意识的主体存在的事实性。人的意识永远也不能在现实层面上包容取代人的无意识的存在状态即觉本身，即使在想象中也不可能。同样，也不存在离开人的有意识的自为存在的纯粹自在状态，两者是相互依存、相反相成的。神秘主义特别是以崇尚“体无”、“悟空”的东方宗教和哲学无不是对人以无意识的觉（或浑然不觉）的方式存在的一种自我意识。就这一点来说，神秘主义并不神秘，恰恰相反，它为我们全面认识人的存在方式提供了广阔的视角，敞开了人的新的存在领域，是使体无的过程转化为发现有、创造有的过程。当然，对无的无限追求，对人的存在方式的无穷追问将会导致悟空、空空的还原式的窘境，陷入黑格尔所说的思维的恶无限性中，但是这种无穷追问却是不断发现人的必经环节。

觉本身是无意识的状态，人的意识虽然不能取代无意识的觉，但可以对觉进行反思、认识，从而使对觉的理解不至于流于抽象。由于世界的无限性、丰富性，而人的意识在一定时期只能把握世界的某一部分、某一侧面，从而使世界和人之间除了被意识到的相互作用之外，还留下了没有被意识到的部分。而人作为肉体存在物与世界所发生的联系是普遍的，既有物质的联系，也有信息的联系，既有心理的无意识的联系，也有有意识的或被意识到的联系，而这些联系并不能都进入人的清醒的意识状态，而是在不知觉中作用于人，使人处于与之自在合一的无意识的觉的状态。用海德格尔的说法，这部分存在被遗忘了。但被遗忘的存在不等于不存在，人以整个身心和完整的存在状态投入到这个世界上，而这个完整状态在人的意识中却是一部分一部分加以认识和澄清的，那些被遗忘的部分对意识来讲是虚无的、没有意义的，即对应于这一部分，意识处于沉睡的状态，而在意识沉睡的地方，觉出现了。在意识沉睡的地方，在人的有意识的存在之外，在对无的不断体悟和有的不断发现中，人们感知到比有意识的存在更广阔的人的存在领域，即人以无意识的觉的方式的整体的混沌不分的存在。

当然，这里所说的混沌不是事实上的无差别、无矛盾，而是对差别的无意识。这种人和周围世界自在合一的觉的状态虽然一再被人打破，使人不断从沉睡走向清醒，使人不断地发现新的世界、新的自我，但正是这种不断发现、不断创造表明“觉”的状态是始终和人相伴随的，否则醒也失去了意义和可能。所以人的无意识的觉的存在状态不仅在人的现实中不能被消除，即使在意识中也不能被彻底消除，它始终构成人的完整存在的一部分，并对人的有意识有目的的存在发生影响。没有它，人的有意识的存在是不可思议的。

醒同样可以在它的反面得到规定。醒的反面，一是醉，二是梦。

尼采在研究希腊悲剧时，曾经将悲剧规定为酒神（狄俄尼索斯）精神与日神（阿波罗）精神的合一。所谓悲剧精神，即“痛苦的光辉”或“光辉的痛苦”，或者用诗意的语言来表达，亦即“让痛苦散发出光辉来”。酒神精神是醉的意识状态，而日神精神则是醒的意识状态。在悲剧中，二者融为一体。

弗洛伊德曾经运用精神分析学方法研究梦。梦是愿望的伪装的达成。而艺术则是白日梦。换句话说，梦中有醒，醒中有梦。除研究梦外，弗洛伊德还运用精神分析学方法研究日常生活中的心理变态、精神病等等现象。心理变态、精神病同样具有与梦相类似的机能和机制。所谓变（病）态和常态之间的关系类似梦和醒之间的关系。醒的反面——醉与梦，或者任何一种变（病）态，其基本特征是出离自身或者自我分裂。屈原的例子说明了醉和醒的关系。所谓“举世皆浊我独清，世人皆醉我独醒”，举世之人们生活于混沌世界而浑然不觉，而清高的屈原则向往着清明世界而出离自身。究竟谁醉谁醒？从屈原的视角看世人，世人醉，屈原醒；从世人的视角看屈原，屈原醉，世人醒。但是真正说来，只有屈原是醉了，只有屈原是醒了（唯有真正地醉，才能真正地醒），于是出离自身，“离骚”、“问天”、投江！而世人则只是浑然不觉。

曹雪芹《红楼梦》的例子说明了梦和醒的关系。梦就是醒，醒就是梦。所谓“乱哄哄你方唱罢我登场，反认他乡是故乡。甚荒唐，到头来都是为他人作嫁衣裳”，正是人生写照。于是，贾宝玉看破红尘，走出大观园（出离自身），由“假宝玉”变成了“真顽石”（浑然不觉）。

因此，醒——如果用东方哲学术语来规定的话——亦即如其所不在，不如其所在；或者像所不存在的那样存在，不像所存在的那样存在。如果用西方哲学术语来规定，亦即我是非我，或者我不是我。前后两个规定是等价的，前一个规定比后一个规定更切近。

醒，出离自身、自我分裂或者自我与自我相分离，正是在这种意识状态中，像黑格尔所谓“反思”（后思、深思或者对思想再思想）成为现实；因此，正是在这种意识状态中，觉作为浑然不觉被打破了。

因此，所谓“醒”，如果从生存论视阈理解，则指人从无意识的存在状态向有意识的存在状态的转化过程或人的有意识的存在状态本身。具体地说，就是指人从既定的存在状态、混沌不明朗的状态向有意识的清晰的明朗的状态的转化。也正是通过醒的环节，人的存在才得以在时间中和空间中无限地展开。没有这一环节，人类将永远停留在以无意识的觉的方式存在的动物水平，正是通过不断地从觉到醒的过程，人不断将自己从周围世界提升出来、区别开来，不断地获得自我理解、自我认识、自我确证，因此，从觉到醒的过程本质上是人的自我觉醒。

人的无意识的自在存在状态和人的有意识的自为存在状态是有机地统一在一起的。正是人的无意识存在状态的事实性决定了世界和人自身的未穷尽性，从而也决定了人不断进行自我发现、自我创造的无限可能性。而在现实层面上，人的无意识的自在状态和有意识的自为状态是不断生成和转化的。这决定了人的觉醒和自我觉醒是一个永恒的过程。

人类凭借理性形成了关于世界的统一图景，获得了清醒的世界意识和自我意识，标志着人与世界的自在合一的觉的存在状态向人的有意识、有目的的自为存在状态转化的结束。然而，也正是这种对理性所提供的统一的世界图景的极度认同和信仰，又使人重新陷入与对象世界、客体世界完全认同的无矛盾的自在状态，使人类再度丧失自我意识而进入无意识的觉的状态，因为对精神世界的认同就是对现实世界的否定，就是对现实世界的遗忘。人以自己的全部存在去认同精神、理性所给予的有限存在，就是对人的整体存在特别是对人的无意识的自在存在状态的无意识，就像梦和梦魇的区别，做梦是对梦的有意识，而梦魇则是对梦的无意识，对梦和现实差别的无意识。因此，由觉向醒的状态的完成恰恰是新的自在状态的开始，从而构成了人类走向新的觉醒的前提。只是由于人不仅是个体存在物，而且还是类的存在物，因而随着个人的不断社会化，这种由觉向醒的转化过程表现出越来越复杂的特点，在这个过程中，不仅有个人的清醒状态对类的自在状态的否定，如我们古人所云：“世人皆醉我独醒，世人皆浊我独清”，也有类的觉醒状态对个人的自在状态的否定；既有代表着类的力量的理性对个人的感性存在的否定，也有代表着个人力量的感性对人的理性存在的否定。而人类的觉醒和个人的觉醒是始终相互渗透的，个体的觉醒是类的觉醒的前提，而类的觉醒又是个人的感性确定性、知性确定性、理性确定性在时间和空间中的具体展开和表征。而这种复杂的充满矛盾的演化过程便是人类存在的无限丰富性、矛盾性、统一性的自我展开和确证。觉和醒是相互渗透和相互转化的，自我的获得和自我的丧失是同时并存的，自觉地认识到这一点，将有助于我们克服将人的某一阶段的自我理解和自我认识加以片面化、绝对化的倾向，自觉地保持人的存在的完整性、总体性、平衡性，克服人的自我分裂和自我异化。

总之，觉与醒的相反相成在于：二者一旦分离出去，各自就会走向反面，觉即浑然不觉，醒即出离自身；一旦结合起来，就会回归正面，觉是综合诸意识现象的整体背景，醒是激活诸意识现象的生动核心；觉为醒提供了存在的条件，醒为觉提供了活动的力量；觉是醒之始，醒是觉之成。醒中觉、觉中醒，觉和醒相反相成、相互依存、相互转化共同构成人依赖和把握世界的活生生的完整生命状态。片面夸大任何一个方面都会背离人的存在的真实，造成文明发展的异化。由此也可以看出，觉醒不只是一个认识论范畴，而是一个具有生存论意义的范畴。

三

人类是实践存在物，是社会存在物，或者是文化存在物。文化亦即人化，是人类的活动及其成果。而文明则是文化的进步状态。由于脑体分工，一部分脑力劳动者专门从事精神生产活动，创造精神文化，由于文字出现，精神生产成果在相互交流中不断得到传播，精神文化成果在世代继承中不断得到积累。由此，人类从自然（蒙昧、野蛮）时代进入到文明时代。在这一历史进程中，人类自我觉醒是人类进入文明时代的意识前提，是人类进入文明时代的主观标志。

对于文明的这一意识前提和主观标志的研究，与对于文明的物质前提以及制度前提（金属工具、剩余产品、脑体分工、私有财产）和客观标志（语言文字）的研究相比较，是远远不够的。但是，像列维－布留尔的《原始思维》、列维－施特劳斯的《野性的思维》等，就是一些重要尝试。甚至像皮亚杰的《发生认识论原理》，从个体是总体的同构和重演的视角看，也是一个重要探索。

这一切研究给我们勾勒了人类自我觉醒的历史—逻辑线索。人类最初是浑然不觉的。但这种不觉却构成了一种具有整体性和综合性的觉。

几乎所有研究都强调了人类最初思维的整体性和综合性以及构架特征。服从于“互渗律”的“原始思维”、具有“具体性”与“整体性”的“野性的思维”以及认识发生的“格局”与“运演”,无不如此。由于实践、活动(包括无意识的活动)、交往、游戏、巫术等等,人类开始出离自身。尤其在原始的、野性的和充满神秘气氛的巫术中,人类出离自身或者自我分裂达到极致状态。几乎所有研究都强调了人类最初在巫术中获得的种种迷醉、梦幻、疯狂的体验。这种出离自身、自我分裂或者自我与自我相分离终于触发了醒。人类自我觉醒宣告了文明的到来。

文明从一开始就分化了。现有证据表明:各种文明形态(如印度文明、中国文明、希腊文明等)采取了各具特色的降生方式。就文明与自然(蒙昧、野蛮)状态的关系说,在东方(印度、中国)文明中,其连续性、稳定性多于其间断性;而在西方(希腊)文明中,则其间断性多于其连续性。换句话说,东方文明是渐进式生长的,而西方文明则是激进式生长的。

于是有了东西方文明的比较研究。在每一次“文化热”中,这样的话题都在不断地重复。几乎一切视角都曾被人们观察过,一切看法都已被人们提出了。这里既有东西两极比较,譬如,东方文明是黄色(大陆)文明,西方文明是蓝色(海洋)文明;东方文明是“天人合一”,西方文明是“天人二分”;东方文明是“和合”,西方文明是“竞争”;等等。也有印度、中国、西方三极比较,譬如,印度文明是早衰型,中国文明是早熟型,西方文明是正常型;印度文明是向后看,中国文明是当下看,西方文明是向前看;印度文明是苦感型,中国文明是耻感—乐感型,西方文明是罪感—爱感型等等;或许还有其他一些多极比较。

但是,从“觉”和“醒”的视角看,我们可以概括地说,东方文明是觉的文明,西方文明是醒的文明;或者严格地说,东方文明是倾向觉的文明,西方文明是倾向醒的文明。

东方(印度、中国)文明表现了对于自然(蒙昧、野蛮)状态的强烈依恋。这是一个舍不得割断自己的脐带和舍不得褪去自己的胞衣的文明。在印度文明中,婆罗门教的“梵我如一”、佛教的“因缘无常”;在中国文明中,儒家的“仁义道德”、道家的“自然无为”,都在人们的精神文化生活中确立了大全的背景。这是一个包罗万象和网罗恢恢的大全。在它的笼罩下,人们的主体意识和个性意识被消磨殆尽了。在印度文明中,无论婆罗门教，还是佛教，都在着力渲染人生的痛苦，都在着意寻找“解脱”的法门。在中国文明中，无论儒家的“中庸”，还是道家的“逍遥”，都在想方设法规避痛苦。印度文明为消解痛苦而消解人生，中国文明为规避痛苦而规避人生。而作为人生背景的大全，则成为人们最终避难的场所。神秘的“梵”、无常的“因缘”、森严的“礼法”（“名分”）、无为的“道”（“自然”），既构成了具有整体性和综合性构架的、作为集体意识的觉，又消磨了具有个体性和分析性构架的、作为个体意识的醒。在这种精神文化氛围中，所谓“觉悟”，就是使自己与大全合一。这种人们所向往的最高境界以及理想人格（如儒之“圣”、道之“仙”、释之“佛”，等等），就是浑然不觉。当然，在这种集体意识的觉中，也有些许个体意识的醒，如我们所提到的屈原的醒（醉醒）、贾宝玉的醒（梦醒），等等。但这种个体的出离自身，却被集体的浑然不觉所遮蔽，宛如夜幕吞噬星辰，洪水淹没荒岛，大火燃尽绿洲。东方文明可以容忍无数的人情世故和平凡庸俗，但任何高标远举、特立独行却无法被这样一种文明所宽容。因此，在这种文明中，我们可以发现无数的“中庸”君子和“乡愿”小人，但真正的狂人（“狂狷”之士）却十分罕见。

相反，努力从自然状态挣脱的西方文明是更倾向于“醒”的。按照黑格尔的说法，西方人的家园是希腊。按照马克思的说法，希腊人是正常的儿童。与粗野的儿童和早熟的儿童相比较，正常的儿童朝气蓬勃。希腊文明的基本特征是“征服世界”。它同样表现在继承了希腊文明的罗马文明之中。恺撒的名言是：“我来，我看见，我征服。”征服的结果可以是成功，可以是失败。征服的成功导致再征服，但征服的失败却不会导致像东方文明所固有的“解脱”、“中庸”、“超脱”。失败的结果可以是迷醉和狂欢，可以是幻灭和颓废。醉是醒的补充，梦是醒的补充。从出离自身到自我分裂，直到发疯、自杀，这些在西方文明历史上屡见不鲜的事实仍然合乎这样一种文明的逻辑。西方文明缺乏东方文明的大全背景，但东方文明也缺乏西方文明的主宰核心。在希腊—罗马文明中，人在神的保护下征服自然界和其他异己力量；在希伯来（基督教）文明中，人被神（上帝）所征服。但人却依然凭借与神（上帝）的委托—代理关系征服自然界和其他异己力量。西方文明由于出离自身、自我分裂或者自我与自我相分离，因而把一切都分离、对立起来：灵魂与肉体、精神与物质，等等；并且总是从一个极端走到另一个极端:高傲与谦卑、施虐与被虐,等等。西方文明打破了东方文明得以成立的混沌、折中以及浑然不觉。在这种文明中,从出离自身到意识崩溃、精神分裂是不可避免的。

四

上述东西方文明比较是在古代文明、古典文明以及中世纪文明这一历史尺度上进行的。但是,它同时说明了一个问题:为什么近现代文明是发源于西方,而不是发源于东方?这个人类文明的"李约瑟问题",可以从环境的、人口的、资源的、经济的、政治的、文化的等等方面去探讨。上述比较揭示了两种文明彼此分化的文化底蕴。觉或者浑然不觉,构成了东方人与自然界的"天人合一"以及人与人的"和合"的文化底蕴;醒或者出离自身,则构成了西方人与自然界的"天人二分"以及人与人的"竞争"的底蕴。最终,醒的文明同化觉的文明。近现代文明是西方文明逐步同化东方文明的产物和表现。这一历史事实是毋庸置疑的。

文艺复兴是近现代文明的发端。这是一个打着"复兴"古典希腊文明旗号的、与中世纪文明截然相反的新文明。古典希腊文明是意识清醒的文明。而中世纪基督教文明则醉态朦胧、幻象万千。近现代文明澄清了这种醉态和幻象,恢复了清醒的意识状态。但是,近现代文明不是回归童心浪漫的古典希腊文明,而是具备少年气盛的野心。首先,它确立了人文主义(人道主义)的价值信念和理想。莎士比亚赞颂人是"宇宙的精华、万物的灵长"。人几乎取代了原来神(上帝)的位置。人文主义(人道主义)的本质是理性主义。理性主义假设人是理性人,理性人追求利益最大化。他以清醒的理性的力量去主宰宇宙,统治万物。根据恩格斯的说法,文艺复兴是这样一个巨人的时代。其次,它推动了科学革命。在打破了宗教的桎梏后,科学技术得到了迅猛的发展。科学革命带动了技术革命,带动了产业革命。最后,它推动了宗教改革。科学技术的兴盛并未导致宗教的衰亡。宗教改革摒弃了教会在世俗世界和神灵世界之间中介的权威,赋予了个人直接与上帝、与基督沟通的权利,带动了宗教的世俗化和普世化。

思想启蒙是近现代文明的继续发展。启蒙就是从觉的状态转变到醒的状态,换句话说,就是从浑然不觉状态转变到出离自身状态。正是由于这样一个原因,启蒙的别名是“狂飙突进”。

现代性和世界性就是这样一个文明不断生长的产物和表现。

现代性是指既推动现代化又为现代化所彰显的精神文化资源,如个人主义、技术理性等。人文主义(人道主义)在两个向度上确立了个人的位置:一是在人类与自然的关系上以人类为中心(人类中心主义);二是在个人与社会的关系上以个人为中心(个人中心主义)。人类以及个人是一切意义的依归和一切价值的根据。因此个人主义是人文主义(人道主义)的别名。由于人文主义(人道主义)的实质是理性主义。它假设人是理性人。而理性人的原则是追求利益最大化。因此在这一意义上,个人主义与技术理性相关联。正是这种观念推动了西方科技、社会和人文的进步,但同时也带来了生态、社会和人文的危机。

在本来意义上,世界性是在全球化中不断累积起来的各民族文化之中具有普遍性和共同性的,因而可以被各民族所普遍承认或共同接受从而反过来推动全球化的文化资源,如“世界人权”、“全球伦理”等普世价值资源。但是,在乡村从属于城市和东方从属于西方的工业—资本主义文明的历史进程中,所谓世界性无非是现代性的另一个维度,并且主要还是西方性。只有西方的衰落、东方的复兴成为现实,世界性才会成为东西方文明交流、汇合的产物和表现,真正的世界性才能取代以西方性来冒充的、虚假的和虚幻的世界性。

然而,现有一切迹象表明,以西方文明为原型的近现代文明及其产物和表现——现代性和世界性已经开始走向反面。工业—资本主义文明所遭遇的历史反动,一是在个人与社会关系上的社会主义思潮和运动,二是在人类与自然关系上的生态主义思潮和运动。资本主义社会制度对人的剥削和压迫已经为社会主义所暴露与反抗,而工业社会制度对自然界的破坏和掠夺也已经为生态主义所揭示与抵制。社会主义破除了对于资本主义社会经济、政治、文化体制的迷信,而生态主义则破除了对于工业社会经济增长方式以及社会发展模式的迷信。除此之外,非理性主义与理性主义的紧张、解构现代性的后现代主义和解构世界性的反全球主义,无一不在表明以西方文明为原型的近现代文明的总体性危机。正是在这种危机中,东方文明显示了它的精深与博大。在这个古老文明中,仿佛准备了解决现有问题的一切答案,指示了走向未来目标的路径。但是,正像东方文明西方化是一个现实的幻象一样,西方文明东方化同样是一个可能的幻象。江山易改,本性难移。两种文明在性格上的差异和缺欠需要一个相当漫长的历史时期的磨合才能实现彼此交融和优势互补。

总之,东方文明是倾向于觉的文明,西方文明是倾向于醒的文明。觉的过度或者醒的不足、醒的过度或者觉的不足,是文明的两种基本异化方式。保持觉与醒的平衡是扬弃文明异化的重要途径,也是保持人的总体性、丰富性、平衡性的重要保证。

●原文刊载于《求是学刊》2005 年第 5 期。《中国社会科学文摘》2005 年第 6 期转载。

●黄慧珍,中国社会科学院哲学所《哲学研究》编辑部副编审。

后殖民文化批判及其对我们的启示

阎孟伟

一、从新殖民主义批判到后殖民文化批判

“二战”的结束标志着殖民主义时代的终结和非殖民化过程的开始。广大殖民地、半殖民地国家通过民族革命相继恢复国家主权，数百年殖民统治体系迅速瓦解。但是，经过长期的殖民化过程，整个世界已经形成了以中心国家和边陲国家为特征的经济、政治格局，发达国家与第三世界国家之间的不平等关系并没有从根本上得到改变。这种不平等关系既表现在经济上、政治上，也表现在文化上。

从二战以后国际关系发展的动态上看，西方发达国家的确也没有放弃对第三世界国家的牵制，始终力图采取各种手段把第三世界国家纳入到西方社会的发展轨道。这些手段包括：扶植傀儡政府，建立与原宗主国相联系的联邦或共同体，利用种族矛盾进行政治分割，保持前殖民主义经济集团的优势地位，通过投资、贷款、财政援助或派遣技术专家等方式进行经济渗透，通过商品输出和文化交流传播西方的政治理想、价值观念和生活方式，此外还包括建立或保留军事基地、培训反政府武装，乃至操动政变、军事入侵等等。所有这些手段给人们的强烈印象是，直接的殖民主义统治虽然历史性地终结了，但西方发达国家似乎并没有彻底放弃殖民主义统治的欲望，而是用新的方式继续履行殖民主义路线，或称新殖民主义。这种情况，从20世纪50—60年代开始，引发了主要来自第三世界国家的所谓“新殖民主义批判”。

新殖民主义批判在对现代资本主义的批判中占有极为重要的地位。这种批判明显具有冷战时期的特征。二战后相继产生了15个社会主义国家,从而形成了社会主义和资本主义两大阵营相互对峙的局面。资本主义和社会主义在意识形态上的对立构成了新殖民主义批判的主调。以美英为代表的资本主义国家是帝国主义、新殖民主义,象征着发达、权力、剥削、掠夺、奴役;社会主义则象征着民族独立、民族解放、反剥削、反压迫、反殖民主义。20世纪50—70年代社会主义的理论和实践也的确对第三世界国家产生了强大的影响力。在这个时期,比较有代表性的新殖民主义批判在很大程度上借助了马克思、列宁、毛泽东的理论文本。如加纳总理恩克鲁玛的著作《新殖民主义:帝国主义的最后阶段》(1965)、英国学者杰克·沃迪斯《新殖民主义介绍》(1967)、埃及社会学家萨米尔·阿明的《新殖民主义在西非》等等,都不同程度地从马克思、列宁、毛泽东的理论中汲取批判武器,其批判的侧重点是揭露资本主义、帝国主义的扩张本性和经济剥削、政治颠覆的事实,以期反抗西方发达国家对第三世界国家的制约。新殖民主义批判也包含着文化批判的侧面。其中最有代表性的就是非洲思想家、诗人法侬的作品。法侬在1967年出版的《论地球上不幸的人们》一书中指出:“殖民主义不会仅仅满足于把一个民族藏于手掌心并掏空该民族的大脑里的所有形式和内容,相反,它依一种乖张的逻辑转向并歪曲、诋毁和破坏被压迫民族的过去。”“殖民统治寻求的全部结果就是要让土著人相信殖民主义带来光明,驱走黑暗。殖民主义自觉追求的效果就是让土著人这样想:假如殖民者离开这里,土著人就会跌回到野蛮、堕落和兽性的境地。”[①]这些思想使法侬成为后殖民文化批判的先驱。

从20世纪70年代末开始,新殖民主义批判逐渐让位于后殖民文化批判。巴勒斯坦籍的美国学者赛义德于1978年出版的《东方学》(Orientalism,又译《东方主义》)标志着后殖民文化批判的开端。20世纪90年代以来,特别是在苏联解体和东欧剧变之后,后殖民文化批判成为全球化背景下凸显文化冲突的主要学术思潮之一。当然,“后殖民”一词的含义是很不清楚的,不同学者有不同的理解。按照美国学者德里克的概括,仅

① (阿尔及利亚)弗朗兹·法侬:《论民族文化》,载罗钢、刘象愚:《后殖民主义文化理论》,中国社会科学出版社1999年版,第278~279。

"后殖民"一词就包含下面三种重要的意思:"(1)对前殖民地社会的现实状况的一种真实描绘,在这种情况下它有具体明确的指称对象,如后殖民社会或后殖民知识分子。(2)一种对殖民主义时代以后的全球状态的描述,在这种情况下它的用法比较抽象,缺乏具体的所指,与它企图取而代之的第三世界一样,意义模糊不清。(3)描述一种关于上述全球状态的话语,这种话语的认识论和心理取向正是上述全球状态的产物。"①我国学界对后殖民主义亦有不同的看法。如张顺洪在《英美新殖民主义》一书中就认为,冷战后不是出现了什么后殖民主义,而是在新的国际形势下新殖民主义发生了某些变化。

应当指出的是,转向后殖民文化批判并不是偶然的。一个重要的事实是,苏联的解体和东欧社会主义国家的剧变使社会主义和资本主义两大阵营的对峙状态随之松动、缓解并趋于结束,中国作为少数几个继续保持社会主义基本制度的国家之一也致力于发展社会主义市场经济体制并努力同世界经济接轨。这意味着国际社会已进入后冷战时期,经济全球化成为当今世界的主导趋势。在经济全球化过程的牵动下,文化的发展也日益冲破地域性和民族性局限,而在全球范围内互动。这并不是说,经济的全球化一定要导致文化的全球化或文化的一体化,从而使不同民族国家历史地积淀下来的文化特征趋于消匿,而是说在经济全球化的背景下,文化的全球性流动日益使文化意义的建构不再仅仅同特殊的地域和特定的文化传统相联系,而是转置于世界范围内经济、科技、政治的交往关系中。文化产品的意义,甚至包括对传统民族文化精粹的开掘和维护,都必须在全球性交互中重新被理解。正如约翰·汤姆林森在《全球化与文化》一书中所说:"全球化从根本上使我们赖以生存的地方与我们的文化实践、体验和认同感之间的关系发生了转型。"②尤其是当西方发达国家凭借在世界经济、科技体系中的优势地位,持续地把商品、资本、技术、服务输入到相对落后的发展中国家中时,人们不难感受到经济过程与文化过程之间微妙的契合关系。因为,即便没有明显地裹挟露骨的政治意图,产品消费和技术应用本身都会悄然无声地改变着人们的文化价值观

① (美)阿里夫·德里克:《后殖民氛围:全球资本主义时代的第三世界批评》,载王晖、陈燕谷:《文化与公共性》,三联书店1998年版,第446~447。

② (英)约翰·汤姆林森:《全球化与文化》,郭英剑译,南京大学出版社2002年版,第156页。

念和生活的传统方式。此外,西方发达国家也因其经济的发达和技术的先进而自视占据了世界文化的制高点,力图把自己的文化观念、政治理想和价值准则传播于世界的各个角落,以期获得普遍的文化认同。公开的文化传输和潜移默化的文化渗透不可避免地使第三世界民族国家在通向现代化的文化选择中产生极为矛盾的文化心态,并使文化的全球性流动始终在既相互碰撞、相互矛盾、相互冲突,又相互对话、相互理解、相互融合的复杂过程中起伏跌宕。在这种情况下,不同民族、国家、地区之间在经济、政治利益上的种种矛盾不再表现为冷战时期社会主义和资本主义两种意识形态的冲突,而是更多地表现为不同民族、国家和地区之间以宗教和文化传统为根基的文化冲突。美国学者亨廷顿在《文明的冲突与世界秩序的重建》一书中认为:“在后冷战的世界中,人民之间最重要的区别不是意识形态的、政治的或经济的,而是文化的区别。……在这个新的世界里,最普遍的、重要的和危险的冲突不是社会阶级之间、富人和穷人之间,或其他以经济来划分的集团之间的冲突,而是属于不同文化实体的人民之间的冲突。”①不管亨廷顿是否有用文化冲突或文明冲突掩盖经济、政治利益冲突之嫌,文化冲突取代意识形态冲突而占据主导地位毕竟已成为基本事实。发端于20世纪70年代的后殖民文化批判正是在这种背景下兴盛起来的。

二、后殖民文化批判的主要论点

1.“唯历史主义”与“东方学”冷战的结束并不意味着发达国家与第三世界国家之间的不平等关系已经终结或正在终结,也不意味着西方国家正在放弃把全球纳入西方国家发展轨道的企图。后殖民文化批判所关注的问题是,即便西方国家彻底地放弃直接的经济、政治和军事手段,不平等关系和西化的趋向也依然会强有力地进行下去。这不仅是因为西方发达国家拥有强大的经济、政治和军事实力,更为深层的原因是,经过数百年的殖民统治,西方国家已经利用文化发展水平上的巨大位差,将西方的文化精神、价值观念、思维方式、话语方式等等潜移默化地注入到殖民

① (美)亨廷顿:《文明的冲突与世界秩序的重建》,周琪等译,新华出版社2002年版,第6~7页。

地、半殖民地国家，渐尔形成了用西方的文化观念、话语方式和思维方式来考察、思考、评价第三世界民族历史与文化的习惯。其中最具典型意义的表述是源自于西方的“东方学”关于“东方”文化和“西方”文化的划分。赛义德在《东方学》这本书中指出了“东方学”的三方面含义：其一是指欧洲与亚洲之间不断变化的历史和文化关系；其二是指发端于西方的、专门研究各种东方文化的科学；其三是指世界上被称作东方的这个目前重要而具有迫切性地区的意识形态上的假定、形象和幻想。这三个方面之间的相对共同的特性构成了划分西方和东方的界限。为此，赛义德认为，东方和西方的划分“是人为制作出来的事实，因此这些事实本身必须作为社会的而非神圣或自然世界之组成部分来研究”[①]。也就是说，这种划分出自研究东方的西方学者的构造，而东方学“在经验主义政治学领域的同类是东方殖民地的累积和欧洲对殖民地的获取”[②]。

在后殖民文化批判的理论视角中，上述关于东西方的划分在其认识论基础上贯穿着一种普遍化的“唯历史主义”（historicism）。赛义德认为这种“唯历史主义”源自于欧洲理性主义传统的关于世界历史的宏大叙事，它将不同的历史看做“连贯的整体”，并将他们以时间的方式排列起来，即把人类历史看成是一个总体性的、统一的、连续的、一元的发展过程，各个不同民族的历史和文化被理解为这个过程的不同阶段，从而使空间的差异变成了时间的差异，并使欧美成了历史进步的缩影。因此，“历史主义意味着同人类结合的人的历史要么以欧洲或西方的制高点而告终，要么从欧洲或西方的优越位置上加以考察”[③]。也就是说，在这种历史主义的观照下，西方文化（包括它的经济、政治与生活）意味着文明、进步、先进、现代和历史的制高点，而其他文化除了历史上曾经辉煌外，与西方文化相比则意味着落后、陈腐、愚昧，“东方的现实存在无法挽回地退缩为一种典型的化石作用”。后殖民文化批判的另一著名代表人物霍米·芭芭则把这种“唯历史主义”历史观视为近代哲学中的本质主义、理性主

---

① （美）赛义德：《东方主义再思考》，载罗钢、刘象愚：《后殖民主义文化理论》，中国社会科学出版社1999年版，第4页。

② （美）赛义德：《东方主义再思考》，载罗钢、刘象愚：《后殖民主义文化理论》，中国社会科学出版社1999年版，第8页。

③ （美）赛义德：《东方主义再思考》，载罗钢、刘象愚：《后殖民主义文化理论》，中国社会科学出版社1999年版，第15页。

义的衍生物。

他说:“在唯物主义和唯心主义的问题框架里,往往断然认为作为研究对象的文化和一切被看作文化的分析活动,它们的价值在于能够产生一个交互指涉的、可以总体化的统一体,以表示时间之流中理念的一种进步或进化,这个统一体也是那些理念的前提或决定性因素的一种批评性的自我反映。”①由此产生的一元论历史观把整个世界文明纳入到某种“决定性因素”的自我发展的过程中,从而事实上为确立欧洲中心主义奠定了理论基础。因为在这种一元论历史观的话语方式中,不同民族国家的差异被遮蔽了,而东方社会的文化作为已经过去的历史阶段在现代文化的建构中隐退了或被边缘化。

基于上述理解,后殖民文化批判试图在理论上解构西方近代哲学的本质主义和理性主义,颠覆传统的、一元论的“历史叙事”,以呈显世界文明中“文化差异”。需要指出的是,在后殖民文化批判理论家们看来,呈现世界文明中的文化差异并不是有意制造不同文化之间的隔绝或对立,也不会造成世界文化发展脉流的断裂,而是要为不同文化体系之间的交流和渗透提供新的话语实践。赛义德认为:“一切文化都你中有我,我中有你,没有任何一种文化是孤独单纯的,所有的文化都是杂交性的,混成的,内部千差万别的。”②因此,文化差异既不可能消除,也不会必然地相互排斥。在这个问题上,霍米·芭芭慎重地区分了“文化多样性”和“文化差异”两个概念。他认为“文化多样性”是指互异文化各自相对封闭的发展,“没有受到它们所处历史位置的文本间性(inter - textuality)的浸染,而是安然无恙地保留在对一种独特集体身份的乌托邦神话记忆之中”③,而“文化差异”表明任何文化文本和意义系统都不可能是自足的和封闭的,对差异的成分同时加以表述,可以通过“商讨”(negotiation),实现文本、象征和言语层面上不同的文化体系之间的交流和渗透。他指出:“国际文化的基础并不是倡导文化多样性的崇洋求异思想,而是对文化的

① (法)霍米·芭芭:《献身理论》,载罗钢、刘象愚:《后殖民主义文化理论》,中国社会科学出版社 1999 年版,第 199 页。

② (美)赛义德:《赛义德自选集》,谢少波译,中国社会科学出版社 1999 年版,第 179 页。

③ (法)霍米·芭芭:《献身理论》,载罗钢、刘象愚:《后殖民主义文化理论》,中国社会科学出版社 1999 年版,第 196 页。

杂交性的刻写和表达。为此,我们应该记住,正是一个‘际’字表达出谈判和转译的切割线,表达出一种‘居中的空间’,承载了文化意义的重负。这样就才可能开始设想民族的、反民族主义的‘人民历史’。通过探索这个第三度空间,我们有可能排除那种两极对立的政治,有可能作为我们自己的他者而出现。”①

2. 话语霸权与“他者”文化后殖民文化批判理论认为,近代以来西方传统理性主义思潮有关东方和西方文化的“历史主义”描述,其要害在于确立了西方文化对东方文化的“话语霸权”,而使“东方”成了“沉默的他者”。赛义德在分析传统的二元对立模式下构造“他者”的根本原因时指出:“每一文化的发展和维护都需要一种与其相异质并且与其相竞争的另一个自我(alter ego)的存在。自我身份的建构——因为在我看来,身份,不管东方的还是西方的,法国的还是英国的,不仅显然是独特的集体经验之汇集,最终都是一种建构——牵涉到与自己相反的‘他者’身份的建构,而且总是牵涉到对与‘我们’不同的特质的不断阐释和再阐释。每一时代和社会都重新创造自己的‘他者’。因此,自我身份或‘他者’身份绝非静止的东西,而在很大程度上是一种人为建构的历史、社会、学术和政治过程,就像是一场牵涉到各个社会的不同个体和机构的竞赛。”②也就是说,任何一种文化都必然要通过与其他文化的比较达到“自我身份”的确立,从而在确定“自我身份”的同时也确立了与自身异质的“他者”文化身份。在这个过程中,对“他者”文化或异质文化的阐释和再阐释,总是不可避免地从“自我”的文化构造中择取话语方式、学术准则和价值标准。

实际发生的问题是,来自于西方的“东方学”事实上是把东方的历史和文化纳入到西方话语方式和文化构造中加以重新塑造、重新描述。美籍印度学者艾贾兹·阿赫墨德指出:“‘描述’在意识形态方面和认识方面从来都不是中性的;……‘描述’在殖民化话语中一直是居于中心地位的。它通过组装起一种庞大怪异的描写机制,在种族学、小说、摄影、语言学和政治学等领域,描写我们的身体、我们的言语行为、我们的住所、我们的冲突和欲望、我们的政治、社交和性。这些话语能够划分并能在意识形

① (法)霍米·芭芭:《献身理论》,载罗钢、刘象愚:《后殖民主义文化理论》,中国社会科学出版社1999年版,第201页。

② (美)赛义德:《东方学》,王宇根译,三联书店1999年版,第426页。

态上掌握殖民主体,受动者把可验证的描写多样性和差异性变成可感觉的意识形态价值等级制度。"①相形之下,非西方国家,作为文化上的"他者",却日益丧失了文化的自主地位。正如霍米·芭芭所说:"为了成为一种制度上有效的规训,必须让关乎差异的知识驱逐'他者',于是差异和他性就成了某种文化空间的幻象或对一种解构西方知识论'边缘'的理论知识形式。"②"他者失去了表意、否定、生发自己的历史欲望、建立自己制度性的对立话语的权力。不管对'他者'的文化内容了解得如何全面,不管再现时的反种族中心论的态度如何坚决,正是堂皇理论的这种封闭制造了新的主宰关系,因为它总是以分析的方式要求他者的文化内容是知识的好对象、差异的温顺载体。"③

从历史上看,"东方学"对"他者"文化的阐释和再阐释不过是欧洲中心主义文化意识的伴生物。欧洲中心主义作为西方文化普遍的价值观,是在欧洲对世界的殖民主义扩张的历史过程中产生的。这种殖民主义扩张不仅使欧洲国家获得了经济上、政治上的权力地位,而且也使欧洲文化成为对殖民地国家进行心灵统治的权力话语。对此,美国杜克大学中国史专家阿里夫·德里克尖锐地指出:"欧洲中心主义把欧洲以外的世界形容为'空洞的',或从文化上说是落后的,从而为殖民主义效力;他把别的地区和社会称为'缺乏',因此需要欧洲的介入。欧洲认为自己能够提供这世界需要的所有东西,而他从中所得的回报便是有关自己过去的各种形象——以及他所推行文明行动所应得的物质上的回报。"④

3. 知识分子问题后殖民文化批判理论家普遍意识到,更耐人寻味的问题是,第三世界国家中受过良好教育的知识分子通常也是自觉或不自觉地接受了西方文化的话语方式和思维方式,他们在理解本民族的历史文化和创造文化作品时,并没有意识到自己正在使用的技法和语言是从自己国家的陌生者手里借来的,"殖民主义的资产阶级……事实上已经深

① (美)艾贾兹·阿赫墨德:《詹姆逊的他性修辞和"民族寓言"》,载罗钢、刘象愚:《后殖民主义文化理论》,中国社会科学出版社1999年版,第337~338页。

② (法)霍米·芭芭:《献身理论》,载罗钢、刘象愚:《后殖民主义文化理论》,中国社会科学出版社1999年版,第193页。

③ (法)霍米·芭芭:《献身理论》,载罗钢、刘象愚:《后殖民主义文化理论》,中国社会科学出版社1999年版,第199页。

④ (美)德里克:《后革命氛围》,王宁等译,中国社会科学出版社1999年版,第289~290页。

深植根于被殖民知识分子的精神之中"[①]。在这种情况下,第三世界国家的知识分子甚至也很难认同或很难准确把握自身的民族文化。德里克在分析"东方学"及其话语权力的形成过程时认为,"东方学"及其话语权力并不仅仅是由欧洲人单向建构的,而是产生于欧洲文化与非欧洲文化相遇的"接触区"(contact zone)。"接触区不仅是一个存在着支配的区域,也是一个交流的区域,哪怕这交流是不平等的。"[②]显然,德里克所说的"接触区"实际上就是欧洲文化与非欧洲文化相互碰撞、交流的思想空间。然而,这个空间在近代史上是欧洲殖民主义扩张的产物,甚至可以说是殖民主义"非领土扩张"的区域。西方国家在经济、技术上的先进性和军事、政治上的强权威胁有意无意地打造了欧洲文化在这个区域中的优势地位,成为统摄其他文化的主导意识。处于从属地位的民族国家中的知识分子出于对本民族经济、技术落后和军事、政治虚弱的忧虑,在反思落后的文化根源时,也自觉或不自觉地用西方的眼光审视自身文化,虽然不是全然被动地接受欧洲文化,但在很大程度上是依据西方的文化逻辑对自身民族文化进行选择、阐释和重新塑造。因此,德里克认为,"想象的东方"不只是西方文化学科的创造,确切地说是由东方与西方共同建构的,东方人在此过程中实际上进行了"自我东方化"。东方学的话语及其所负载的权力关系已经深深浸入东方人的潜意识中。随着殖民主义时代的终结,领土意义上的殖民扩张已经成为历史的遗迹,但"非领土"的殖民扩张却意味深长地持续下来,因为这种扩张的载体不只是西方人,也包括了东方人。东方人的"自我东方化""有助于把目前存在的各种权利形式恒久固定下来"[③],使后殖民时代延续着殖民时代的支配关系。也就是说,在文化观念的深层结构上,第三世界民族国家已经被纳入到西方文明的发展轨道。这就使经济与社会发展的"西方化"模式甚至成为一种民族"无意识"。要改变这种情况,就必须进行文化批判。

---

① (英)贝尼塔·帕里:《当前殖民话语理论的若干问题》,载罗钢、刘象愚:《后殖民主义文化理论》,中国社会科学出版社 1999 年版,第 239 页。

② (美)德里克:《后革命氛围》,王宁等译,中国社会科学出版社 1999 年版,第 291 页。

③ (美)德里克:《后革命氛围》,王宁等译,中国社会科学出版社 1999 年版,第 293 页。

三、后殖民文化批判对我们的启示

很明显，后殖民文化批判所表现出来的是对西方政治和意识形态的抵抗意识和不允许对东方的隔离和限制无挑战地继续下去的决心。他们对西方文化话语霸权的批判以及有关文化"他者"和文化认同的理论等等，比较深刻地揭露了源自西方国家的所谓"东方学"对非西方国家历史与文化的"侵犯"，揭示了当今全球化背景下文化冲突的实质内容。本文所评介的后殖民文化批判的主要论点对于我们重新认识我们的传统文化、重新认识文化交流的深刻的历史内涵和复杂的矛盾关系、重新认识民族文化在世界文化中的地位和作用都有着十分重要的理论意义和文化实践意义。全球化不仅有其经济的、技术的构造，而且有其文化构造。不能忽视的问题是，在殖民主义时代，已经开始了全球文化的构造过程，而这个过程伴随着殖民主义扩张的确确立了西方文化的话语权力，从而使全球文化的构造潜存着西方文化对非西方文化的支配关系，由此在全球化的深层结构中为西方中心主义奠定了文化的和心理的基础。在殖民主义统治已经结束、全球化过程不断加速的今天，如何彻底地消解全球文化构造中的西方权力话语，代之以平等的对话和友好的交流，如何彻底地解构西方文化对非西方文化的支配关系，代之以优秀文化的互通交融，无疑是当今世界文化发展所面临的重大课题。从这个意义上说，后殖民文化批判所做出的努力有着不可低估的重要作用。

当然，后殖民文化批判本身也包含着一系列自身难以克服的问题。如强调文化发展的差异性、强调民族文化的独特性和自尊地位，消除历史上形成的对非西方文化的偏见，摆脱西方发达国家对第三世界国家的精神束缚等等，都是积极的文化策略，但这是不是意味着应当彻底否认社会与文化发展的统一性、连续性？是不是意味着在世界范围内文化的演进不存在着文明与腐朽、先进与落后的区别？后殖民文化批判对所谓"唯历史主义"的攻击，可能忽视了人类生存与发展所面临的共同问题，而正是解决这些问题的努力，使人类的物质实践和精神实践具有共同性特征和普遍的规律。否认这一点，并不有助于文化对话的开展。关于这一点，艾贾兹·阿赫默德也认为应当在传统决定论与后现代非决定论之间寻求某种可能的综合，他说："在我看来，马克思主义辩证法的主要批判力，构成了一种张力，在终极决定论（如观念的内容是完全受物质劳动的生活过程决定的）与完全多样的历史性、相互渗透的决定论之间构成了相互转化的关系。"①

文明的扩展和深化总是要通过人们冲破束缚人的自由的物质力量、社会力量和精神力量的过程表现出来。在这个意义上，文明不应仅仅被看做是某一个国家、某一个民族或某一个地区的事情。文化的发展的确充满了差异，这种差异既体现了人类文化的丰富性、多样性，也显示出不同文化之间的矛盾和抗争。但需要指出的是，不同文化之间的矛盾和抗争并不尽是西方文化与"他者"文化的矛盾，或西方话语权力与非西方"温顺载体"的矛盾，而是同时也包含着自由与奴役、民主与专制、文明与愚昧的矛盾。破除历史上形成的西方文化霸权的努力不仅应当表现为同西方话语权力进行对抗的勇气，而且也应当包含着剔除各种文化糟粕的努力，不管这些文化糟粕是存在于本民族的文化中，还是存在于其他民族的文化中。

●原文刊载于《求是学刊》2003 年第 6 期。

●阎孟伟，南开大学哲学院教授、博士生导师；中国马克思主义哲学史学会常务理事，中国价值哲学研究会常务理事。

① （美）艾贾兹·阿赫墨德：《詹姆逊的他性修辞和"民族寓言"》，罗钢、刘象愚：《后殖民主义文化理论》，中国社会科学出版社 1999 年版，第 353 页。

论全球化与本土化的文化冲突

李庆霞

随着全球化时代的到来，本土化问题更加突出地表现出来，全球化与本土化之间形成了纷繁复杂的文化冲突，震惊世界的美国 9·11 事件、各种各样的种族冲突、原教旨主义的兴起等都是这一冲突的体现。针对此现象，学者们进行了深入的研究，得出了不同的结论。亨廷顿认为："全世界的人在更大程度上依据文化界限来区分自己，意味着文化集团之间的冲突越来越重要；文明是最广泛的文化实体；因此不同文明集团之间的冲突就成为全球政治的中心。"①由此可以看出，亨廷顿清醒地认识到了当今世界充满文化冲突的事实，但是对其发展及解决却没有深刻地阐述。与这种比较悲观的结论相反，福山在全球化与本土化的冲突问题上持有乐观的态度，他认为全球化正在通过三种方式终结着冲突：民主的全球扩展使政府不会发动战争；消费文化的全球扩散，缩小了文化之间的价值差距；世界统一为一个单一的全球市场使国家更加互相依赖，而生活水平的提高使它们更少攻击性。所以他宣称，一个普世文明正在来临。可惜的是冲突并没有因他宣称终结而消失，普世文明也没有因他宣布来临而出现。冲突在继续着，全球化与本土化的争论仍在进行，全球化与本土化的矛盾依然存在，而且这个矛盾直接关系到全球秩序和人类的命运。因此，全球化与本土化的冲突作为一个现实矛盾迫切等待解决，作为一个理论问题急需人们研究。为了把全球化与本土化冲突的研究推向深入，为了寻求全球化与本土化矛盾的合理解决，我们有必要对这一文化冲突进行理论上的分析。

① (美)亨廷顿:《文明的冲突与世界秩序的重建》,周琪等译,新华出版社 2002 年版,第 133 页。

一、全球化与本土化文化冲突的产生

正确而深入地阐述全球化与本土化的文化冲突，必须深刻理解全球化的产生。关于全球化，人们更多地从经济或政治的视角出发，把它概括为经济全球化或政治全球化，这样的理解虽都有一定的合理性，但笔者认为，他们都没有把握全球化的实质。全球化实际上是人类历史上又一次重要的文化转型，只有从文化出发，才能真正认识全球化。对此，汤姆林森论述道："全球化处于现代文化的中心地位；文化实践处于全球化的中心地位我们这个时代所经历的、由全球化所描绘的巨大的转型式进程，除非从文化的概念性词汇入手，否则就很难得到恰如其分的理解。"①是的，离开文化，尤其是离开现代文化，全球化的产生就得不到合理的解释，因为从根本上来说全球化产生于工业文明文化模式的危机。我们知道，20 世纪是工业文明取得重大成就的时代，也是其陷入严重危机的时代。生活在这个时代的人在享受着工业文明带来的各种好处的同时，无不承受着伴随它的种种灾难。资源短缺、环境恶化、世界大战、种族冲突、虚无主义等困境把人们从工业文明的幻梦中惊醒，促使人们对现有文化模式进行深刻的反思：工业文明的文化模式为什么陷入了危机？危机的实质是什么？人类如何拯救危机？

现代文化是当今社会正在实行的或正在追求的一种生存方式，这种文化以理性主义为主导精神、以民族国家为基本单位、以向自然和其他民族的无限扩张为根本宗旨。正是在这种发展中出现了以地域为特征的本土化。在现代生活中，某一地区、某一国家、某一共同体的人们因其共同生活、共同行动，因此使用同样的语言、具有相似的情感、遵循共同的规则、信奉相同的价值观、积累了共同的经验，本土化就是这些具有相同生活方式的人坚信自己的生存方式，维护他们的文化，为了共同的利益采取比较一致的行动，以此避免其他文化的威胁，保持本土文化的存在。农业社会本土化的特征并不明显，因为那时的交往还不很发达，不同的文化之间也不构成威胁，本土文化无须刻意维护就自然存在着。现代社会生产力和交往都得到了充分的发展，不同文化之间的联系更加广泛，彼此的威

① (英)约翰·汤姆林森：《全球化与文化》，郭英剑译，南京大学出版社 2002 年版，第 1 页。

胁也日益严重,所以各民族国家和地区的文化都把维护自身的存在看做神圣的职责,本土化自然成为现代社会的突出问题。本土化是现代社会的一个重要特征,它为现代民族国家提供了内在的凝聚力,为现代社会的发展提供了重要的基础,正是由于本土认同,才形成了丰富多彩的文化景观。

但是,随着社会的发展,本土化也表现出了严重的局限性,这主要是指某些国家和地区单纯从本地利益出发,只强调与维护本土文化,结果不可避免地造成了环境破坏、资源短缺和对其他民族文化的无视与侵略,而这一切反过来不仅构成了对本土化的威胁,而且几乎把人类逼到了生存界限的边缘,因为环境污染和生态失衡是不分国界的,发达国家尽可以把垃圾、化学废物等转移到发展中国家,但大气圈、水圈、自然风向的漂移是不以人的意志为转移的。我们看到,单纯追求局部的发展,只考虑某一地区的利益,导致了日趋严重的生态问题,而这些问题的解决需要人类的共同行动,对此,达仁道夫表达了他的观点,他说:“人类的生活环境问题具有新的紧迫性。有可能我们正在把我们所赖以生活的星球,变得无法居住。于是,只有世界范围的行动能有所帮助。”①是的,仅从人类共同生活在一个空间中,环境污染是对全人类的威胁来看,我们就可以认识到以地域为特征的本土文化的局限性,因为这种相对封闭、孤立、极端的本土认同既造成了严重的环境问题,又不能使这个问题及时有效地得到根本的解决。人类为了维持自身的生存,必须改变单纯追求本土利益的发展模式,寻求全球范围内的合作。

另外,以地域为特征的本土文化其局限性不仅表现在自然环境方面,还表现在人与人的关系中。本土化在现代社会中主要以民族国家的形式存在,而民族国家为了追求自己的发展不断地向外扩张,疯狂地扩张导致了极权主义,导致了整个世界处于风险状态,导致了贫富分化的两极世界,这本身就构成了对和谐生活的威胁。关于现代社会人们所经历的危险,查普夫总结道:“人们推测可能会有两种形式的爆发和灾难:一种是环境灾难和生态大事故造成的;另一种是国际冲突、地区战争、流行性贫困迁徙、饥荒和疾病的后果,在这种灾难当中富裕国家也不可能不受冲击。”②

① (英)拉尔夫·达仁道夫:《现代社会冲突》,林荣远译,中国社会科学出版社2000年版,第159页。

② (德)沃尔夫冈·查普夫:《现代化与社会转型》,陆宏成、陈黎译,社会科学文献出版社2000年版,第132页。

以上两种现象不仅是发展中国家面临的困境，也是发达国家不能回避的现实，它们是人类共同面临的问题。面对如此繁多的危机甚至灾难，"人们发现，在那些貌似自主和不相干的领域之间有着隐秘的联系，通常认为只是孤立的和依次发生的事件原来是事物的有规律的变化和有着某种内在的关联，它们具有一种全球性的特征，这种全球性正是它们的唯一根源"①。全球化正是对这种人与自然互相关联、人与人共经风险的状态的描述和概括。"全球化可以被定义为：世界范围内的社会关系的强化，这种关系以这样一种方式将彼此相距甚远的地域连接起来，即此地发生的事可能是由许多英里以外的异地事件而引起，反之亦然。"②吉登斯的这个定义可以说基本上揭示了全球化的内涵，因为世界各地的相互影响及关系的强化就意味着人类只有改变既有的文化模式、创建新的文化模式，才能摆脱现代文化危机，否则，等待着人类的只能是灭亡。换言之，为了避免各种风险现实化，为了避免全球性灾难的发生，为了防止文明世界的全面崩溃，人类将共同行动、订立契约，积极地寻求解决措施，自觉地形成一种以全球主义为主导精神的文化模式，这就是全球化。全球化实质上是人类为了克服工业文化模式的危机所创建的一种新文化模式，全球化时代的主导文化精神是全球主义。关于全球主义，阿尔布劳解释道："凡是在人们把世界作为一个整体看待并承担起对世界的责任的地方，凡是在人们信奉把地球当作自身的环境或参照点来对待这么一种价值观的地方，我们就可以谈论全球主义。在绿色运动中，在对全球生态、对自然资源的有限性以及对可持续发展的必要性的强调中，全球主义获得了最明显的表现。"③作为一名全球主义者就意味着具有了一种文化意向，他不是局限于关注直接的地方性，而是意识到人类这个联合体面临共同的危机、具有共同的前景和相互的责任，并且能够把这些更广泛的关注溶入到日常生活的实践之中去。可以说，全球化是对本土化局限性的一种超越，是对现代文化危机的一种拯救，是人类为了共同的生存所创建的一种新文化模式。我们必须承认，全球化已经成为人们生活中的重要因素，它

① (美)弗里德里克·詹姆逊:《文化转向》，胡亚敏等译，中国社会科学出版社 2000 年版，第 34 页。

② (英)安东尼·吉登斯:《现代性的后果》，田禾译，译林出版社 2000 年版，第 56 页。

③ (英)马丁·阿尔布劳:《全球时代》，高湘泽、马玲译，商务印书馆 2001 年版，第 131 页。

的重要性不仅在于经济力量，更在于我们的文化体验，在于我们生产方式、交往方式和生活方式的改变，在于个人精神生活的改变。

二、全球化的冲击与本土化的抗衡

全球化文化既产生于现代文化的危机中，也产生于促使全球化时代到来的各种力量中。这些力量主要是指技术全球化和经济全球化。就技术全球化来讲，技术的发展，特别是交通和通讯技术的发展，尤其是从电话到电子计算机再到因特网的发展道路，消除了人们之间的空间界限，它加强了世界各地的相互往来和互相理解，加快了经济全球化的进程，而在这个过程中传统的习惯和习俗逐渐消解，一种新的观念、新的生存方式陆续出现，继而全球化文化开始生成。就经济全球化来讲，不能否认经济全球化、金融全球化、贸易全球化、投资全球化为全球化时代的到来提供了巨大的动力。现在，参与到共同贸易协定中的国家越来越多，贸易商品的范围与上一个世纪相比有极大的扩展，世界金融市场在贸易中的作用越来越大，可以说经济全球化已经是一种事实，所有这些都引起了既有生存方式的改变。另外，经济全球化的过程引起了全球性的竞争，结果是出现了资源短缺、环境恶化、金融风险、移民问题，这些都说明了竞争的极限性，也使人们清醒地认识到世界的整体性，意识到现代文化的局限和创建新文化的必要。

值得注意的是，技术全球化和经济全球化既为全球化的产生创造了条件，也为本土化的强化提供了可能。因为伴随着技术的这种发展，西方发达国家的文化开始通过各种媒介输入到发展中国家，致使这些国家的人们从饮食、服装、语言到音乐、体育、休闲等各个方面模仿西方人的生活，于是他们担心自己完全被西方所控制，担心整个世界西方化，担心世界文化趋于一体化。因此他们就把全球化理解为全球范围内生活方式趋于单一化、标准化的过程，或者说非西方社会的特殊文化日益西方化的过程，认为全球化就是西方社会的生活方式取代其他国家、民族的生活方式，即欧洲语言、资本主义消费文化、西方的服装样式、饮食习惯、建筑风格、音乐形式、城市生活方式、哲学思想、价值观念成为全球的生活方式。这样的全球化对本土化构成了极大的冲击和威胁，正是怀着对这种全球化的担心和恐惧，各民族、各国家、各群体开始了保护本土文化的行动，他们唯恐全球化的进程吞噬了原有的价值观念、生活习惯、宗教思想直至共同体本身，因此他们极力标榜自己文化的异质性和多样性，主张地方文化的独特性和优越性，为文化的多样性进行辩护，用各种手段保护其文化的存在，对本土文化表现了强烈的认同，极端的原教旨主义甚至采取恐怖行动打击西方文化的霸权行为，反对全球化的到来。

与技术全球化刺激了本土认同一样，经济全球化也激起了非西方国家对全球化的恐惧。因为伴随着经济全球化的是经济侵略、政治控制和文化霸权，这引发了民族意识的觉醒，促使他们思考本土文化的意义及在全球化过程中的地位，采取各种方式批评全球化。如卡斯特罗所言："市场的盲目法则把世界引向这种新自由主义的全球化，一个看来我们几乎不可避免地要经历的阶段。但是，我们不能在其胚芽发展壮大时不去斗争，争取至少缓解它的令人痛苦的恶果，让一个更人道、更公正、更一致的世界秩序来主宰世界。我已经提出这一思想，断定这个秩序，或者说这个新自由主义全球化，是持续不下去的。"①的确，在与西方国家进行经济往来的过程中，非西方国家经常处于被动地位，他们被迫遵循西方所制定的贸易规则，受到西方的经济控制。既然民族国家尤其是发展中国家在全球化中主权会受到削弱，本土文化面临着被淘汰甚至灭绝的可能，全球化对他们来说就意味着承受痛苦、接受统治、蒙受侵略。既然全球化带给非西方国家如此多的灾难和如此大的威胁，他们怎会放弃本土文化、欢迎全球化的到来？他们一定采取各种方式维护主权不受侵犯，保护、发展本土文化以抵制全球化的冲击。文化封闭主义、文化排外主义、文化保守主义以及狭隘的爱国主义等就是反对全球化的具体表现。这样看来，本土化实际上是伴随着全球化进程一起出现的一种趋势和力量，这种力量一经出现不但会持续很长时间，而且会很顽强地表现自己，从而成为全球化进程中的一个强大的阻力。

但是全球化有其产生的内在根据，全球化力量也是不可阻挡的，新产生的文化特质必将不断地与阻碍全球化发展的势力进行斗争，由此形成了全球化与本土化的文化冲突。在这个冲突中，本土化的抗衡力量与全球化的超越力量相互对峙、激烈斗争，国家主权与全球时代相互矛盾、彼此冲突。对此，托夫勒夫妇深刻地指出："随着第三次浪潮对民族经济的

---

① （古）菲德尔·卡斯特罗：《全球化与现代资本主义》，王玫等译，社会科学文献出版社2000年版，第313页。

改变，民族经济被迫放弃部分主权，接受国与国之间经济与文化的相互渗透。因此，当经济落后地区的诗人和知识分子还在创作国歌的时候，第三次浪潮国家的诗人和知识分子已在讴歌'无国界世界'和'星球意识'的理念了。由此产生的冲突，反映了两种完全不同的文明截然不同的需要。在未来的岁月里，这一冲突可能会招致最坏的流血事件。"①由此可见，在工业文化遇到危机、全球文化开始形成的过渡阶段，这种冲突是社会转型中必然要发生的现象，是文化发展中必然要经历的环节。

全球化与本土化的文化冲突不仅是发展中国家要面临的，也是发达国家不能回避的。全球化无疑是西方所倡导的，也是从西方开始的，很多全球化规则或制度都是在美国产生的，但西方文化也在经受着全球化的考验，美国文化的影响在下降就是一个证明。之所以如此，那是因为经济全球化和技术全球化是不分国界的，今天，地域对于民族国家也不再像过去那么重要了，领土扩张已经失去了它的意义，相反，经济、文化和科学技术等因素在对外政策的优先名单上排到了前列，知识和竞争能力比自然资源更具有价值。在全球化时代，贸易更多地不是在国家之间进行，贸易的流动、数量、价格也不再任凭国家决定，本来使他们得到安全和安定的文化归属感，一步一步地被吞蚀了。因此，全球化不仅是对发展中民族国家的超越，也是对发达国家的一种冲击。这种新的发展趋势和新的价值观摧毁了本土化的合法性。而本土化的现实力量为了维护现有文化的存在，为了保护民族利益和统治地位，则会千方百计地阻碍全球化的进程。各民族国家的既得利益者无法忍受既有地位的丧失，他们采取各种方式与全球化对抗，西方中心主义、极端的民族主义、狭隘的爱国主义、各种地方主义都是全球化的反对力量，现代社会的各种文化形式也将采取各种方式与新的文化特质进行斗争，在这种强烈的反抗中，全球化的进程无疑将受到很大的影响，但是全球化是历史发展的趋势，是现代文化发展的必然，它可能由于受到本土化的阻滞而延缓自己的进程，却不可能在本土化的反抗中改变发展的方向，它必将冲破本土化的束缚，成为取代工业文化的一种新文化模式。

综上所述，全球化是本土化产生的前提，本土化则是全球化的反映，全球化产生于本土化的局限中，本土化产生于全球化的进程中，全球化试

---

① (美)阿尔温·托夫勒、(美)海蒂·托夫勒:《创造一个新的文明》，陈峰译，上海三联书店1996年版，第19页。

图超越本土化,本土化则反对全球化,全球化强烈地冲击着本土化,本土化顽强地抗衡着全球化。目前,我们一方面要尊重国家主权,另一方面又要经济全球化,削弱国家主权;一方面要保护本土文化,另一方面又要倡导全球文化,冲击本土文化。这些矛盾的思想和行为正是全球化与本土化相互冲突的现实表现。对此,美国著名学者弗朗西斯·福山概括道:"在当代世界,我们看到一种奇怪的双重现象:一边是普世的大同世界的胜利,一边是各民族依然存在;一方面现代经济和技术以及理性认可作为世界唯一的统治合法性基础的理念在普及,使人类不断地同化,另一方面到处都在重新确定(至少在政治层面上)抵制这种最终会强化人民和民族之间隔绝的文化价值。"①

三、全球化的本土化与本土化的全球化

全球化与本土化的文化冲突直接关系到全球化的方向,也关系到本土化的命运。为此,全球化与本土化的冲突双方必须积极地寻找合理的方式以正确解决自己所面临的问题。

全球化是人类文化发展的必然,代表着文化转型的方向,它虽然对某些本土文化的存在带来了威胁,却不会因此而改变自己的进程。正如鲍曼所说:"对某些人而言,'全球化'是幸福的源泉;对另一些人来说,'全球化'是悲惨的祸根。然而,对每个人来说,'全球化'是世界不可逃脱的命运,是无法逆转的过程。"②之所以如此,是因为促使全球化到来的各种现实力量都客观地存在,并积极地发挥着作用。在此,我们不妨借用阿尔布劳的概括以对全球化的必然性有更明确的认识。关于全球化,他总结道:"全球性至少在五个方面使我们超越了现代性的种种假设。这五个方面是:由全部人类活动造成的全球性的环境后果;由具有全球破坏性的武器导致的安全感的丧失;通讯系统的全球性;全球性经济现象的涌现,

① (美)弗朗西斯·福山:《历史的终结及最后之人》,黄胜强、许铭原译,中国社会科学出版社2003年版,第276页。

② (英)齐格蒙特·鲍曼:《全球化——人类的后果》,郭国良、徐建华译,商务印书馆2001年版,第1页。

以及全球主义的反省性。"①从这个促成全球化到来的各种因素的综合来看,明智之举应是积极地欢迎全球化的到来。可是,在这样的现实面前,仍有各种各样的本土化力量从感情上排斥全球化,从行为上拒绝全球化,地方主义、民族主义、文化相对主义、极端的爱国主义都是本土化的表现,他们在理论上论证本土化的合理性,在实践上捍卫本土化的尊严性。地方主义以地方利益为武器,破坏全球化的到来;民族主义以民族国家为借口,拒绝全球主义的文化精神;文化相对主义以文化没有高低、优劣为根据,反对普遍标准和共同价值;极端的爱国主义以维护主权、领土为己任,无视人类相互依赖、共经风险的命运。所有这些本土化的思想及行为都增加了全球化的难度,阻碍了全球化的进程,影响了人类文化转型的速度。本土文化维护自身是无可非议的,关键是怎样才能真正维护自身。要真正维护本土文化,就要认识到以下几点:

首先,全球化不是西方化,而是西方化的终结,是西方扩张的结束,是西方现代化的转型,因此不要把全球化与西方化混为一谈。全球化文化无疑主要是西方正在发生的一种文化转型,同时也是整个人类文化发展的方向。各种本土化的力量不要因为全球化发端于西方而认识不到它对人类的意义,不要因为反对西方化因而反对全球化。笔者认为,本土化之所以惧怕甚至阻滞全球化,究其实质是由于把全球化与西方化混同起来,又把本土化与西方化、全球化绝对对立起来,担心本土文化在全球化中丧失存在。当然,全球化确实给本土文化带来了挑战,确实给世界上不同地方的文化认同复兴提供了理由,本土文化也确实有捍卫自身文化的自由,有为其辩护的权利。但是,本土化在对抗全球化的过程中,似乎只看到了全球化是个挑战,没有意识到全球化也是个机遇,只注意到了全球化对自身的威胁,没有认识到它同时可以给本土文化带来发展,只发现了二者的对立,未发现二者的统一,这种把全球化与本土化二元对立的做法势必导致本土认同的绝对化,它带给本土文化的也许不是发展,而是消亡。

其次,全球化本身是各种文化相互联系、相互依赖、共同存在的过程,是文化差异、文化多样性、文化多元化的过程,它不会导致文化的单一化、一元化。我们知道,文化是历史地凝结的生存方式,每一种文化的生成都

① (英)马丁·阿尔布劳:《全球时代》,高湘泽、马玲译,商务印书馆2001年版,第9页。

是极为复杂的过程,文化的传播与接受也不可能是直线的过程,西方文化向非西方的传播会出现变异;非西方文化接受西方文化时也有他们自己的一个阐释和选择,每一特殊文化被同质化的过程其实是他们以自身的文化资源对普遍文化的重新创造。全球化虽然包含着普遍主义的因素,但不可能导致文化的同质化。对此,罗伯森深刻地阐释道:"在我的视角中,从我所说的首要意义上理解的全球化是一个相对自主的过程。其主要动态包含着普遍性的特殊化和特殊性的普遍化这一双重性过程。"①在他看来,企图以同质化的模式建构全球化是错误的,全球化必须以多元文化为前提,但是全球文化的多元化不是一个结果,而是一个过程。诚然,全球化必然包含着文化某些方面的标准化,比如国际市场、金融体制、医疗保健、饮食卫生、教育机会以及商品营销等,但是把全球化看做一个消灭文化差异、世界文化同质化的过程,未免把复杂的文化内涵理解得过于简单了,实际上,"全球水平上的统一性不需要削弱民族、亚民族和地区水平上的多样性。相反,民族、地方和地区的多样性是在全球水平上整合的一个持久的先决条件"②。换句话说,随着全球化的发展,世界一方面变得越来越相似,另一方面差别越来越大。

再次,本土文化是一个动态的过程,是一个在不断创新中保持自己和巩固自己的过程,它不是一种静止的存在、凝固的存在,它只能在对外开放中保持自己、在文化碰撞中发展自己、在文化冲突中证实自己。没有与其他文化的交流,避免与强大文化的撞击,在封闭的状态下发展文化,这在人类交往不发达的古代也许还能完成,在全球化的今天,是无论如何不能实现的。在全球化时代,各种本土文化都应有开放的心态和宽容的胸怀,不因为是自己的而格外钟爱,不因为是别人的而盲目排斥,在这方面,哈耶克的分析能够给我们以启发,他说:"仅仅宣称一种观念是非美国的,非英国的或非德国的就不予接受,这显然不是一种真正的论辩。同样,仅仅因为一种错误的或邪恶的理想出自于本国一位爱国者的构设,就把它说得比其他理想都好,当然也不是真正的论辩。"③

① (美)罗兰·罗伯森:《全球化——社会理论和全球文化》,梁光严译,上海人民出版社2000年版,第255页。

② (美)欧文·拉兹洛:《多种文化的星球》,戴侃、辛未译,社会科学文献出版社2001年版,第3页。

③ (英)弗里德里希·冯·哈耶克:《自由秩序原理》下册,邓正来译,三联书店1997年版,第198页。

最后,适当的本土化是全球化的特征,极端的本土化无论对本土化还是全球化都是一种危险。本土化是全球化的反映,它有其存在的合理性,对全球化的到来也有积极的影响,因为差别是同一的基础,没有各共同体对其文化的认同,也就没有全球化,或者说种种形式的特殊主义正是全球化的特征。但把本土文化强调到极端的程度,无疑会阻碍甚至破坏世界的秩序和社会的发展。这里笔者要强调,极端的本土化不单指第三世界的本土化,也指西方为了自身的利益而有悖全球化的种种行为,比如企图把西方的价值观强加给非西方的做法,这显然是我们所说的本土化的另一种表现形式,它的过分认同同样意味着对文化发展的阻碍,同样会给人类带来危险,“在许多危险当中,另外一种危险涉及国际和平,它表现为由西方——主要是美国——所倡导的这样一种企图,即强迫其他大陆的民族和文化接受西方关于文明、民主和人权的理想和观念”①。

关于全球化与本土化的关系,我们必须注意以下两种倾向,即把全球化与本土化绝对化。夸大全球化,无视本土化,会导致以“普遍价值”、“全球伦理”为理论前提,而在现实中实行文化专制主义、文化霸权主义;夸大本土化,无视全球化,会导致以文化多元化、文化平等交流为思想基础,而在现实中实行文化保守主义、文化排外主义,甚至出现恐怖主义和暴力冲突。我们既要认识到全球化的必然性和普遍性,认识到它对本土文化的超越,又要认识到全球化必须以文化差异性和多样性为前提,全球化本身是对多元化、本土化的尊重,而不是扼杀,也就是说我们要实现的是本土化的全球化;同时我们还要认识到,本土化确实受到全球化的挑战,它也有拒绝全球化、维护本土化的理由,但是排斥全球化的本土化难以实现,本土化只有在全球化中才能切实可行,因此,本土化应该是全球化进程中的本土化。总之,全球化与本土化的文化冲突是当今人类社会正在面临的一个非常重要和复杂的矛盾,它的最根本的解决方式应该是二者的融合,也就是全球化的本土化和本土化的全球化。

●原文刊载于《求是学刊》2003 年第 6 期。

●李庆霞,哈尔滨师范大学马克思主义学院教授;黑龙江省哲学学会常务理事。

① (德)赫尔穆特·施密特:《全球化与道德重建》,柴方国译,社会科学文献出版社 2001 年版,第 65 ~66 页。

全球化超越民族国家，还是超越民族文化

隽鸿飞

当今时代，全球化的趋势已经日益深入到人类生活的一切领域之中，并且深刻地改变着世界历史的进程。对于全球化的未来前景，很多学者都认为，随着经济全球化的深入发展，民族国家将逐渐丧失其存在的权利，并最终走向消亡，从而形成超越民族国家的治理——全球化国家。对于这一问题，仅仅从民族国家在全球化进程中的权利范围的变化去探讨，是不能真正给予说明的。因为从全球化与民族国家的关系来看，民族国家的存在与全球化进程并不矛盾，甚至可以说，世界的全球化进程就是建立在民族国家的基础之上的。因此，要揭示全球化未来的发展趋势，就必须从民族国家性质的分析入手。

一、什么是民族国家

民族国家并不是人类社会最初的组织形式，它是在人类社会发展的特定历史阶段出现的。所谓民族国家，是指“拥有对一块领土的主权统治为特征的、在调控能力上胜过传统政治形式（如古老的帝国或城市国家）的国家”[①]。其典型的特征是确定的领土范围和独立的国家主权。民族国家的出现，填补了传统社会解体之后所形成的权力真空，它借助于暴力统一和民族文化的认同，实现了分裂社会的重新整合。因此，民族国家具有双重性：它既是一个政治意识形态共同体，又是一个民族文化共同体。

① （德）乌·贝克、（德）哈贝马斯：《全球化与政治》，王学东等译，中央编译局出版社2000年版，第78页。

政治意识形态共同体只不过是笼罩在民族文化共同体之上的外壳，真正作为民族国家基础的则是隐含在其内部的民族文化共同体。民族国家的这种双重性质，是由其形成过程中所经历的特定社会历史过程造成的。

首先，从民族国家产生的过程来看，这是一个政治过程，即通过武力的征服实现国家的统一，并确立其领土的范围。在传统社会发展的末期，由于阶级分化社会所特有的分裂的趋势，传统的社会日趋解体。分裂的社会的各个碎片之间争夺权力的战争，为社会的行政资源的集中以及财政的重组，提供了最强有力的刺激，从而使统一的中央集权的形成成为可能。正是借助于军事力量，传统社会解体过程中所分化出来的各个碎片被整合为统一的民族国家。但这并不是一个孤立的过程，而是在与其他国家的对立与冲突过程中完成的。在这一过程中，一方面通过相互承认，使民族国家的世界秩序得以确立；另一方面，使国家取得了对于社会的优先性。也就是说，国家对领土的统治是社会对内、对外的集体认同感和凝聚力的保证。虽然在与其他国家的对立和冲突的过程中，民族情感的诸要素——语言、族群、宗教、地域、历史和文化——在政治上到底哪一个比较重要，根本无足轻重，但与传统的国家不同，民族国家借助于与其他国家的对抗所生成的民族主义，取得了对于社会的合法性，从而使民族国家与社会共同体融为一体。但“民族主义的根本效忠的对象，并非‘这个国家的原版’，而是经过某种改写后的版本，亦即意识形态所建构出来的国家”①。因此，通过武力统一所建立起来的民族国家，是一个政治意识形态的共同体。

其次，民族国家虽然是一个政治意识形态共同体，但这种政治意识形态的形成并不仅仅是依靠暴力的手段，而且是建立在民族文化认同的基础之上的。在民族国家形成的过程中，有一个民族文化认同导向政治意识形态的过程。民族主义的产生导源于重新发现不同人群所特有的民俗传统，其实质是一场极富民粹精神的文化复兴运动。在民族主义产生的初期，民族运动尚未发展成为政治运动，也未提出任何具体的政治企图和建国方略。但在民族主义的进一步发展过程中，社会的统治阶级和上层精英发挥了重要的作用。他们通过确立统一的民族文化和民族语言，使

① （英）埃里克·霍布斯鲍姆：《民族与民族主义》，李金梅译，上海人民出版社2000年版，第109页。

这种民俗传统转化为"民族传统",从而促进了民族文化的认同。而这一过程与民族国家统一的暴力过程相结合,就促进了作为政治意识形态共同体的民族国家的生成。正如霍布斯鲍姆所指出的,"使民族主义走向政治化的关键,在于自视为或被视为同一族人的男男女女,已经深信:他们眼前境况之所以这么令人不满,主要就是因为他们受到不平等待遇,而对他们施与不平待遇者,正是外族或非我族的统治阶级"①。所以说,民族国家又是一个民族文化的共同体。只是在民族国家进一步发展的过程,由于不同民族国家之间的对抗,使建立在民族文化认同的基础上所形成的民族主义转变成了政治的意识形态。民族主义的意识形态化,并不意味着民族文化认同的作用的丧失,这种文化的认同始终作为社会生存之根,隐含在政治意识形态之中。

第三,从民族国家的发展来看,民族国家的稳定和发展不仅仅取决于其经济和政治的稳定,而且取决于其内部的文化认同。在整个民族国家形成的过程中,政治意识形态共同体与民族文化共同体是相互促动的。因为任何民族国家都不是由单一的民族构成的,构成国家的不同民族之间在文化上的认同,是统一民族国家形成的基础,而作为政治意识形态共同体的民族国家仅仅为各民族文化的整合提供了一种外在的形式。通过与其他的国家之间的战争,民族国家一方面确立了自己独立的领土主权,即将各个不同民族纳入到统一的国家组织之中;另一方面,它在实现国家统一的过程中亦促成了一种普遍化的意识,即民族主义。因而可以说"民族主义是对主权的文化感受,是拥有边界的民族—国家行政力量协作的伴随物"②。同时这种民族主义又是建立在传统社会的族群文化基础之上的,只是在面临外在的生存压力时,这种民族主义才成为凌驾于民族文化之上的意识形态。因此,这种政治意识形态对于民族国家来说是外在的,一旦这种外在的生存压力消失之后,政治意识形态就丧失了其存在的合法性,作为民族国家基础的民族文化共同体的作用就突现出来。在这时,只有那些在文化上整合完好的国家才能有一个稳定、良好的发展。随

① (英)埃里克·霍布斯鲍姆:《民族与民族主义》,李金梅译,上海人民出版社2000年版,第130页。

② (英)安东尼·吉登斯:《民族—国家与暴力》,胡宗泽、赵力涛译,三联书店1998年版,第264页。

着两极世界的解体，广大的东欧国家发生的巨大变化，就说明了这一问题。可以说，现今在中欧的民族主义或族群认同只不过“是一种替代品，在一个碎裂的社会里替代原先的凝聚作用。当社会崩倒，民族便起而代之，扮演人民的终极保镖”①。

因此，民族国家就其实质来说，是一个民族文化的共同体。只有把握住这一点，才能真正说明全球化进程的未来发展趋势。

二、全球化进程中的民族国家

全球化时代的主要变化在于，由于世界市场的开辟和劳动分工的国际化，使商品的生产和消费都具有了全球的性质。特别是借助于大工业的发展所建立起来的世界性的交通运输和通信系统，跨国资本、跨国公司得到了急剧的发展，从而使世界经济日益成为一个联系紧密的统一整体。“经济发展在90代已不再是少数几个国家的事情，它实际上已经成为全球性的事业。……世界市场不再是一个欧洲共同体的市场，也不再是一个经济合作与发展组织的市场，而是一个几乎包括整个世界的市场。”②在这一全球化进程中，一方面经济的发展日益跨越了国家间的界限，从而使民族国家对经济的控制能力受到了限制。经济全球化所建构起来的世界经济体系，在形成各个国家之间的相互依赖趋势的同时，亦使其共同依赖于世界经济体系，而在世界经济体系中所遵循的是国际准则。在这种情况之下，每一个民族国家为了自身的发展，就必须让渡一部分权利，以便谋取共同的利益。另一方面，在经济、信息全球化的推动下，特别是对经济全球化带来的全球问题的重视，使高度多元化的国际力量和国际组织的影响日益加强。这两方面都对国家的主权产生了一定程度的冲击，但是这并不意味着民族国家将随着全球化进程而消失。因为全球化进程与民族国家的存在不但不矛盾，甚至可以说全球化进程就是建立在民族国家的基础之上的。但全球化进程确实改变民族国家的生存条件，并为

① （英）埃里克·霍布斯鲍姆：《民族与民族主义》，李金梅译，上海人民出版社2000年版，第206页。

② （德）乌·贝克、（德）哈贝马斯：《全球化与政治》，王学东等译，中央编译局出版社2000年版，第205页。

民族国家的重塑提供了机遇。

首先,从民族国家产生的历史来看,“民族—国家体系是通过全球信息交换网络、世界资本主义经济以及世界军事秩序的协调而建立起来的”①。也就是说,民族国家的形成是以某种程度的全球化为前提的,又现实地推动着世界的全球化进程。民族国家的形成过程大致可以分为三个阶段。在第一阶段,民族国家的形成主要发生在西欧。随着近代资本主义经济在西欧的发展,各民族国家纷纷实现了自身的统一,并确立了自己民族国家的主权。但民族国家主权的确立并不是孤立进行的,而是以某种形式的全球化——民族国家之间的相互承认——为前提的。因为“任何个别国家恰好不是产生于自己的主权,而是产生于所有其他国家对领土国家的世界秩序的确认以及在此范围内对该国家的承认,也就是说……领土国家原则的全球化是该原则产生效力的前提”②。正是在这一原则的基础上,确立了当今西欧世界的格局。在第二阶段,是这种领土国家的原则由欧洲向世界扩展的时期。在全球化进程的初期,资本主义为了开拓世界市场,在世界范围内进行了大规模的殖民活动,把广大的东方社会强行纳入到资本主义体系之中。资本主义“不断扩大销路的需要,驱使资产阶级奔走于全球各地。它必须到处落户,到处开发,到处建立联系……资产阶级由于开拓了世界市场,使一切国家的生产和消费都成为世界性的了。不管反动派怎样惋惜,资产阶级还是挖掉了工业脚下的民族基础”③。资本主义在全球扩张的过程中,东方社会传统国家体系被打破了,而且由于资本主义国家之间的殖民纷争,也使得民族国家体系发展到全世界。在与西方国家对抗的过程中,民族主义在广大的东方社会得以生成,这又现实地促进了东方社会在世界政治经济秩序之中地位的确立。民族国家形成的第三个阶段,即在第二次世界大战之后,借助于西方社会在大战中力量的削弱,以及西方社会为了与共产主义社会相对抗所倡导的民族主义,广大的殖民地国家纷纷摆脱了帝国主义的殖民统治,取得了

---

① (英)安东尼·吉登斯:《民族—国家与暴力》,胡宗泽、赵力涛译,三联书店1998年版,第339页。

② (德)乌·贝克、(德)哈贝马斯:《全球化与政治》,王学东等译,中央编译局出版社2000年版,第12页。

③ 《马克思恩格斯选集》第1卷,人民出版社1972年版,第255页。

民族国家的独立。并在此基础上确立了以民族国家为主体的世界的政治经济格局。特别是两极世界的解体和东西方意识形态对立的消失，民族国家真正成为世界经济和政治格局的主体，在推动世界经济的发展的过程中日益发挥着重要的作用。

其次，作为全球化进程根本推动力的经济全球化，又是建立在民族国家间的政治合作的基础之上的。在国际事务中日益发挥重要作用的国际组织和跨国公司，并没有超越民族国家的权力，恰恰相反，它们的作用的发挥是以民族国家的权力为基础的。国际组织只不过是各国追求自己的国家利益的工具而已。“国际组织顾名思义就是国家之间的组织，就是说，它们是在充分注意到当代民族国家的利益的前提下在它们之间发挥作用。它们的成员都明确声言它们自己拥有主权，只不过拿这样的组织当作进一步追求它们各自国家利益的讲坛。”[①]因此，没有民族国家之间在政治和经济的合作，这种经济的全球化的形成是不可思议的。虽然这一过程亦生成出一种超越民族国家之上的力量——跨国经济组织，但这种力量必须在民族国家体系的控制之中，才能真正对人类的历史产生推动作用。因为，跨国公司仅仅是一些为了赢得利润的组织机构，它并不代表人类的共同利益。跨国公司仅仅是全球经济流动的创造者和操纵者，它造成了全球性的经济流动的洪流，却不能把它组织成为人类共同的生存基础。因此，必须把这种全球性的经济洪流纳入到民族国家的政治、经济控制范围之中，只有这样才能消除其所蕴含的非理性的因素，控制自由市场不断增长的潜力。

因此，全球化进程的实质是由民族国家之间的对抗走向合作的过程，超越民族国家之上的国际组织以及非政府之间的国际组织的发展，及其在国际事务中独立作用的发挥，只是表明民族国家之间在政治意识形态上的对立日益与世界的发展趋势相背离，政治意识形态共同体的利益日益让位于社会共同体的利益。

第三，全球化的深入发展，削弱了政治意识形态共同体权力，弱化了民族国家之间在政治意识形态上的对立，从而使民族文化共同体的利益成为民族国家决策的核心，即国家的权力不再限于政治意识形态共同体

① （美）E. 拉兹洛：《进化—广义综合理论》，闵家胤译，社会科学文献出版社 1988 年版，第 140 页。

之中,国家不再拥有对于社会的优先性。“全球化为权力的下放提供了强大的动力和逻辑,但它同时也为权力的向上移交提供了同样的东西。这一双向的运动——一条双向民主化道路——与其说是弱化了民族—国家的权威,倒不如说是重塑了这种权威的条件,因为这一道路可以使国家得以回应各样的冲击,否则这些冲击便会反过来挫败国家本身。”[①]正是这种民族国家权力构成的变化,确保了民族国家在全球化进程中的主体地位,并为人类共同体的生成提供了可能。也就是说,随着全球化进程的深入发展,民族国家权力的构成发生了巨大的变化,即国家的权力不再仅仅属于政治意识形态共同体,而属于社会共同体。

但这并不意味着人类共同体的来临,因为经济的全球化虽然造成了民族国家之间相互依赖的态势,但在这种相互依赖中,异民族文化的视角却使相互交往日益密切的各民族文化,首先看到本民族文化的独特性,而不是各民族文化的一致性。因而,“进一步合并所面临的困难是,由于在所有这些国家人民的社会化过程中都是以本民族为中心的,所以正在形成过程中的,更大的超民族形态对于他们来说只有‘理性’,而没有感情上的意义”[②]。因此,要想真正实现全球化,就必须超越各民族国家文化上的对立。在各民族国家文化的基础上,促进一种全球文化的生成。

三、全球文化的生成何以可能

所谓全球文化,并不是指各民族国家在文化上的同质性,而是指在相对独立的各国家、各民族文化基础之上,在全球的世界交往中通过各种不同类型的文化之间的涵化与互动而形成的人类的共同文化。既强调人类共同体价值的一致性,同时又尊重各个不同文化价值的相对独立性,构成了全球化时代生成的全球文化的总体特征。因此,这种全球文化的生成表现为世界上各国家、各民族文化在统一的人类价值的引导下的多元互动过程。

首先,全球范围内不断增强的相互依赖性的事实和感觉,对整个世界

---

① (英)安东尼·吉登斯:《第三条道路》,郑戈译,北京大学出版社,三联书店2000年版,第76~77页。

② (德)诺贝特·埃利亚斯:《文明的进程》,王佩莉译,三联书店1998年版,第330页。

和人类物种(特别是由于生态退化、核灾难和艾滋病的威胁)的命运不断增加的关切,一方面提出了各民族文化整合的要求,另一方面又现实地促进全球意识的生成。而这种全球意识对全球文化的整合又起着重要的推动作用。

人类的交往是建立在对彼此行为理解的基础之上的,而每一个人的行为都不是独立的、随意的,而是与其所属的文化有着深刻的内在联系。因而,要理解一个人的行为,就必须将其置于其所属的文化之中。但是,在全球化所造成的世界交往中,各民族文化的异质性所造成的相互理解的差异,已经成为全球化进一步发展的障碍。为此必须实现各民族文化的整合与认同,促进一种全球文化的生成。

所谓全球意识,是指接受(和理解)本人自己的文化以外的文化,并常常把它作为对世界社会经济问题和生态问题评价的一部分。在全球化时代的社会关系和各种形式的国际关系中,尽管经济问题极其重要,但这个问题在相当大程度上从属于文化问题。因为"不管'赤裸裸的'国家利益卷入国家间互动的程度有多大,仍然存在基本上是文化性质的关键问题,这种性质决定按民族组织的社会之间从对抗到友好的大部分关系结构和形态。不管怎样,多族群性和多文化性已经成为外交政策形成的越来越重要的内外制约因素"①。也就是说,在全球化时代,一切国际间的活动都具有文化的性质,我们正处在正在生成的全球文化之中。

其次,社会生产日益增强的全球性,在改变人们传统的生活方式的同时,亦创造着一种人类共同的生活方式,为全球文化的认同提供了现实的基础。因为"新的技术、新的生产方式与消费方式这些 19 世纪工业化带来的变化,使人类产生了一种完全不同于过去的、全新的感性,随之而来的是在世界范围内的一种新的生活方式"②。正是这种共同的生活方式,加强了各民族文化的同质性,使各民族文化的认同成为可能。但需要指出的是,这种共同的生活方式仅仅是人类的生活的一部分,而不是人类生活的全部。因为"人与人相互共同生活,人的意愿和计划所织成的网络,人和人相互间的联系,决不会消灭人的个性,反而会构成个性在其中得以

① (美)罗兰·罗伯森:《全球化——社会理论和全球文化》,梁光严译,上海人民出版社 2000 年版,第 6 页。

② (美)J. 希利斯:《论全球化对文学研究的影响》,载《当代外国文学》1998 年第 1 期。

发挥的介质。人与人相互间的联系会对个体有所限制，但同时又为其提供了用武之地。人的社会组织构成了一种培养基，从中产生了个人的目标，个人又总是将其个人的目的编织于其上”①。因而在全球化造成人类共同的生活的同时，亦使人类的生活更加趋于多样性。而生活的多样性，则意味着文化的多样性。

第三，全球化对人类文化本质的影响在于，随着人类生存的地域性消失，文化真正成为人类赖以生存之根。在传统社会，人们的文化认同是受其所生存的地域限制的，人们是由于共同的生存地域而形成对共同文化的认同的。人们是由于共同的生存地域而享受共同的文化，随着生存地域的变迁，人们所接受和认同的文化就会不同。而在全球化时代，人类的生存已经不再受地域的限制，人们可以生活于不同的地域，但同样可享受共同的文化。这一方面表明，人类赖以生存的根基并不是其生活的地域，而是在其生存之中建构起来的文化模式。另一方面也表明，文化摆脱了地域的限制，获得了真正的独立性，从而实现了多样化的文化类型在同一空间内的共生。而这种不同文化类型共生的空间就是民族国家之间的相互联系所构成的。“这样的实体（在相对晚近的历史中尤其是指民族社会）在某个时候或同时试图向他们学习并维持某种认同感……也构成创造全球文化的一个重要方面。更具体地说，特定社会的文化在不同程度上是它们与全球体系中其他社会互动的结果。换言之，民族社会文化是在与其他重要文化的互相渗透中分别形成的。由于同样的原因，全球文化本身部分地说也是从民族社会之间的具有互动意义上创造出来的。”②因此，全球化的实质并不在于超越民族国家的组织形式，而是要超越各民族文化上的对立，并在各民族文化的基础上促进全球文化的生成。

●原文刊载于《求是学刊》2002 年第 2 期。

●隽鸿飞，黑龙江大学马克思主义学院教授、博士生导师；中国马克思主义哲学史学会理事，中国国外马克思主义研究会理事，黑龙江省哲学学会常务理事。

① （德）诺贝特·埃利亚斯：《文明的进程》，王佩莉译，三联书店 1999 年版，第 438 页。

② （美）罗兰·罗伯森：《全球化——社会理论和全球文化》，梁光严译，上海人民出版社 2000 年版，第 163 页。

20 世纪中国文化的基本走向

常晋芳

20 世纪是中国文化变革最激烈、最深刻、最复杂的世纪。有亡族灭种的危机,有救亡图存的呐喊与奋斗,有面对前路的迷惘,有中西古今的论争,有破旧立新的建设与破坏,有引导社会发展的探求,有经济繁荣背后的尴尬,有全球化与信息化的时尚与迷失。为论述方便,笔者将 20 世纪中国文化分为三阶段:第一阶段是 1901—1945 年,主要事件有五四新文化运动、科玄论战、抗日战争、延安新文化建设等;第二阶段是 1945—1978 年,主要事件有新中国成立、社会主义改造、反右运动、文化大革命等;第三阶段是 1979—2000 年,主要事件有改革开放、文化热、市场经济、全球化与网络化等。

本文将运用历史考察和哲学反思相结合的方法,简要总结和反思 20 世纪中国文化的五大基本走向:从封闭走向开放;从保守走向创新;从精英("小众")走向大众;从一元走向多元;从斗争走向共生。

一、从封闭走向开放

在文化的空间维度上从封闭走向开放是 20 世纪中国文化最显著的特征,也是其他变革的原因所在。

总体上讲,中国传统文化并不是封闭的。恰恰相反,它之所以能够历数千年而不衰,原因之一就在于不断吸收外来文化的优秀成果变革自身。然而,1840 年鸦片战争以后,在西方"先进"文化的坚船利炮面前,中国"落后"了。以前的中华文化相对于"夷狄"文化是强势的,能够吸收和同化它们，而并不影响自身的强势地位，而现在的西方文化是完全不同的外来文化，它的力量比我们强，内容又完全异质，中华文化很难再像对佛教那样吸收和同化，文化的自信心荡然无存。中国传统文化日趋内向、封闭和保守，不能适应时代的变革，能抵御外来文化的冲击，成为实现现代化的障碍。无论情愿与否，中国必须从封闭走向开放，从内向变成外向，这一点，成为当时绝大多数有识之士的共识。

这一转向并非一帆风顺，而是一波三折，经历了从被动开放到被动封闭再到主动开放的过程。第一阶段的文化开放是在西方文化冲击下的被动反应，有很强的实用主义色彩。把文化开放简单化为向西方学习，只学自以为好的东西，把西方的“好东西”与中国的“坏东西”对立起来，走向全盘西化。而一旦发现西方文化也有“坏东西”，或者学好东西没有得到期望的效果，就开始怀疑西方文化本身，又回归到传统文化的怀抱。在文化心理层面，对西方文化的崇拜和拒斥，对自身文化的自卑和依恋，构成复杂的矛盾体，或者在两者之间摇摆，或者在同一时期和同一个体身上表现为对西方文化的欲迎还拒，对自身文化的欲罢不能。1920 年，梁启超从欧州回国之后宣告西方物质文明与科学理性的破产，希望中国青年用自己的文化去救助西方人。20 世纪 80 年代后，文化保守主义者们有感于西方“后现代”的困惑，又大谈儒家文化对西方文化的补助作用。

在第二阶段，中国文化经历了一个相对封闭的时期。在文化建设的内容上，确立了马克思主义（社会主义）文化的主流地位，而马克思主义文化恰恰来源于西方，是文化开放的成果。在文化建设的方式上，虽然也提出了“古为今用”和“洋为中用”的方法，但并没有真正落实到文化建设中去，越来越走向相对封闭。其原因很复杂，有政治经济的被迫封闭（西方封锁），有对马克思主义理解的片面化和简单化，有急于求成地“破旧立新”。这种以封闭的形式所达成的文化开放，在一定程度上违背了文化发展的规律，导致了严重的实践后果。

在第三阶段，中国文化走上了正确的开放之路，取得丰硕的文化成果。不过，仍然存在着许多有待改进之处。比如文化上的崇洋媚外和极端民族主义并存，经济暴富心态与文化上的不自信，不能真正理解异质文化并与之交流沟通。

全面的文化开放包括时间上对历史和未来开放，空间上对现实和世界开放,以及内容开放与形式开放的统一。要用自信而宽容的心态,全球性的视野,善于学习其他文化的优点,勇于改正自己的不足,取长补短,为我所用。

二、从保守走向创新

在文化的时间维度上,20 世纪中国文化从面向过去的保守走向面向未来的创新。

虽然中国古代也有"周虽旧邦,其命维新"的观念,但自明代至 20 世纪初的中国文化的基本取向是保守的。主要特征为:以超稳定的等级结构和秩序来维持文化的稳定,以面向过去为取向,保守旧事物抗拒新事物,"天不变道亦不变",变是手段和权宜之计,不变是宗旨和目的。就在生死存亡的关头,清朝统治者仍然把"变法"当作权宜之计。1901 年 1 月 29 日,清廷下诏"变法",实行"新政",声称:"世有万古不易之常经,无一成不变之治法","盖不易者三纲五常,昭然如日月之照世;而可变者令甲令乙,不妨如琴瑟之改弦"。

在第一阶段,五四新文化运动是中国文化创新的起点。陈独秀在《青年》杂志第一卷第一号第一篇文章《敬告青年》中提出了新文化运动的总纲领:"(一)自主的而非奴隶的;(二)进步的而非保守的;(三)进取的而非隐退的;(四)世界的而非锁国的;(五)实利的而非虚文的;(六)科学的而非想象的。"有学者概括为"从长老型文化走向青春型文化"。"长老型文化的特点决定了它必以金字塔型等级秩序,以老人为中心,而青春型文化则以创新、求变,以青年为中心。"①五四新文化带有很强的激进主义和理想主义色彩,它虽然开创了中国文化的现代变革,但是对传统文化的批判(集中于封建礼教)和对西方文化的引进(集中于民主与科学)都不太全面,在某种程度上导致了后来传统文化的断裂,以及学习西方文化的简单化和实用化。

在第二阶段,马克思主义文化的主流地位得以确立,在一定程度上促进了文化的发展,确立了中国文化在世界文化中的独立自主地位,但同

① 葛红兵:《20 世纪中国的文化转型》,载《杭州师范学院学报(人文社会科学版)》2001 年第 3 期。

时，由于激进、简单和粗暴的文化变革方式，导致对传统文化和社会秩序的毁灭性破坏，旧文化破得太过分，新文化没有真正立起来，出现了文化的“断层”。

在第三阶段，改革开放与文化变革互相促进，文化创新的能力不断增强，创新成果不断丰富，创新意识不断提高。不过，仍然存在诸多不足，如自主创新能力不足，文化创新的体制性障碍仍然存在，在“标新立异”与因循守旧中走极端，官本位、裙带关系、封建迷信等传统文化中的糟粕仍然广泛存在。只有切实解决这些问题，勇于创新，善于创新，才能创造中国的新文化。

保守与创新并不是两极对立、非此即彼的。没有对基本价值的保守，文化就成了无源之水、无本之木，没有在传统基础上的变革创新，文化就会陷入守旧和僵化。文化保守主义与文化激进主义的区别不在于反不反传统，要不要创新，而是创新的方向、方法、程度不同，一个要“改良”，一个要“革命”。文化保守主义从“中体西用派”发展到现代新儒家，越来越致力于固守传统与创新变革的统一。“真正的保守，就是切实而落于实践的创新。”①文化激进主义也认识到以革命的方式求创新往往带来社会和文化的剧烈动荡，不利于文化的发展，需要发扬民族传统。

三、从精英走向大众

在文化主体上，20 世纪中国文化从精英(小众)走向大众。

所谓“精英”(也即“小众”)是指掌握文化控制权和话语权的少数特殊阶层，他们或是革命者，或是意识形态机构，或是体制内知识分子，或是学院派知识分子，大众只是文化的被动接受者和实践者。

要理解这一走向，必须认识中国文化在空间层面的三大形态：主流文化、精英文化与大众文化。主流文化是政府主导的社会主义文化，党的十六大报告概括为：“面向现代化、面向世界、面向未来的，民族的、科学的、大众的社会主义文化。”主流文化有很强的意识形态功能，致力于全民族思想文化素质的提高。精英文化是知识分子(主要是人文知识分子)创

① 牟宗三：《现实中国之宗教趋势》，载《生命的学问》，三民书局 1970 年版。

造和传播的文化。知识分子在西方被称为“社会的良心”，在中国古代被称为“士”，其使命是“修身、齐家、治国、平天下”，现代精英文化产生于五四新文化运动。大众文化是市场经济和市民社会产生的，以大众为对象和主体的，通过现代传媒传播的，按照市场规律生产和消费的文化，其特征有市场化、世俗化、娱乐化、平面化、形象化等。

有学者用两个“文化等腰三角形”来形象地描述改革开放前后三者的关系。改革开放前，“最顶端正是‘革命’背景下的主流文化，两底端分别是被主流文化改造过的精英文化和大众文化”。改革开放后，“最顶端正是‘建设’背景下的大众文化，两底端则分别是官方文化和精英文化”①。

在第一阶段，精英主导，大众顺从。在五四新文化运动和科玄论战中，知识分子认识到文化向民众普及的重要性，但他们仍站在精英立场上去“启蒙”和“教化”民众，文化的开放与变革并没有落实到大多数民众身上。后来，他们发现，思想和文化的启蒙只有与救国救民的政治行动结合起来，才能发挥其社会作用，于是，《新青年》从文化精英刊物变为共产党的机关刊物，陈独秀等人从思想启蒙转向政治行动。

在第二阶段，在政治精英主导下，文化精英与大众一起参与文化建设。1942 年，毛泽东在《在延安文艺座谈会上的讲话》中明确提出：“现阶段的中国新文化，是无产阶级领导的人民大众的反帝反封建的文化。”它要求文化为工农兵服务、为社会主义服务，更加自觉地推进文化向大众的普及。但普及的内容简单化和庸俗化，普及的手段单一化和粗暴化。精英文化借助于主流文化的力量实现自己的价值，同时必然要付出被后者改造的代价，二者的冲突时隐时现。

第三阶段，主流文化、精英文化和大众文化在竞争中共同发展。精英文化在传统文化的批判与创新，西方文化的引进与吸收，社会发展的人文反思等方面，作出了巨大贡献。但是，它受到主流文化和大众文化的双重挤压，出现了一些令人忧虑的倾向。(1)在精神价值上，趋向功利化和实用主义，淡化了形而上的人文关怀。(2)在社会角色上，知识分子出现分化：一部分融入大众化市场化的潮流，与经济精英结盟；一部分进入体制内，与政治精英结盟；一部分退守书斋和学院，在自己的小圈子里自得其

① 陈占彪：《20 世纪中国文化的时空背景及形态分析》，载《社会科学研究》2005 第 5 期。

乐。很多人都主动或被迫地放弃了本应承担的道义、良知和责任，以及反省和批判精神，或者不关心社会现实，或者名为“公共利益”代言，实为特殊利益集团服务。(3)在文化成果上，既有时代精神、又有人文关怀的优秀文化成果数量虽多，但质量良莠不齐。(4)在精英与大众之间，在科技知识分子与人文知识分子之间，出现了越来越大的隔膜和裂痕。

大众文化的迅速成长加速了文化多元化和民主化的进程，提升了大众的文化生活质量，促进了大众个性的发展和文明素质的提升，完成这一转变的标志是20世纪90年代互联网的普及。中国文化的主体有史以来第一次真正转向大多数人，网络文化成为真正意义上的大众文化。知识和信息的垄断和霸权被打破，精英不再是高高在上的文化贵族，大众也不再是“沉默的大多数”，他们开始说话了，并且互相交流共享。精英与大众的界限越来越模糊，精英不再局限于专业知识分子，任何人只要有独立的思想并与他人交流，就能成为思想精英，而知识分子在消费大众文化时也成为“大众”之一。只要比较一下搜索引擎与图书馆、电邮与传统信件、新闻网站与报纸电视、网络论坛与学术会议、博客与著作出版之间的差别，就能深刻体会到信息网络给文化带来的革命性意义。“网络时代，文化不会终结，而将获得新生。网络将使文化从‘诸神的狂欢’变为‘众人的狂欢’，从‘精英的独白’变成‘万人的合唱’。”①

当然，大众文化也存在许多不完善之处，如感性欲望的泛化、主体人格的分裂、精神价值的消解和自主创新的缺乏。需要不断自我提升和自我完善。

文化主体由精英向大众的转变，并不意味着精英的失落，更不意味着精英推卸社会责任。知识分子的使命和责任不是变轻了，而是更重了。知识分子应当既“术业有专攻”，又“铁肩担道义”，坚守学术良知，积极介入社会生活，从维护整体利益、社会公正与良性发展的立场出发，对相关问题作出理性分析和价值评判，影响公众，影响决策。同时，“天下兴亡，匹夫有责”，每一个普通的公民，对国家的兴衰、文化的创新与民众的疾苦，都有不容推卸的责任，都应当发出自己的声音。

---

① 陆俊：《重建巴比塔：文化视野中的网络》，北京出版社1999年版，第84页。

四、从一元走向多元

在文化的外在形态上，20 世纪的中国文化开始从相对一元走向相对多元。

任何文化都是一元与多元的对立统一，其内部是由不同文化要素和亚文化构成的“多中之一”，外部与其他文化形态交流一互动，共同构成整体文化系统“一中之多”。不过相对而言，如果一种文化形态对其他文化形态有强制性和排他性，其内部也有较强的统一的规则，较不能容忍偏离和变化，就可以称之为一元文化；如果它对其他文化形态较多宽容性和开放性，其内部也较少强制性的统一的规则，较能容忍偏离和变化，就可以称之为多元文化。人类文化的多元化是普遍历史潮流。

20 世纪中国文化的多元化经历了从简单多元到相对一元，再到复杂多元的曲折过程。在第一阶段，传统文化的绝对一元地位日渐丧失，激进主义、保守主义和马克思主义三大文化派别鼎立的局面初步形成，三者都未占据主流地位，在互相竞争中艰难发展。但由于民族解放的任务尚未完成，国内国际环境恶劣，各种文化流派都没有得到充分的良性竞争和发展。在第二阶段，以马克思主义文化为核心的新的一元文化建立起来，并对其他文化形态构成一定的强制和消解。在第三阶段，中国文化进入了复杂多元化阶段，空间上主流文化、精英文化与大众文化并存，时间上前现代农业文化、现代工业文化与后现代信息文化并存。好莱坞电影与东北二人转同台演出，《科学的历程》与《麻衣相法》同场叫卖，《二泉映月》与《甜蜜蜜》同频道播出，老牛车与奔驰汽车同路行驶，麦当劳与川菜馆同街竞争。

不过，此时的文化多元化还处于相对初级的多元并存，而没有达到多元整合。多元文化存在重新一元化的风险（大众文化有被市场控制而陷入市场化和低俗化的风险，网络文化有被电脑网络控制而陷入技术化和虚拟化的风险），还有待于进一步提升和完善。真正的多元文化应当是多元的一、和谐的多，和而不同、求同存异、共生共存。

五、从斗争走向共生

在文化的内在生态上,20 世纪中国文化从两极走向中介,从斗争走向共生。过去,不同文化主体、要素、形态和派别之间互相斗争、非此即彼,文化整体则在左派—右派、保守—激进、西方—本土、救亡—启蒙、理性—价值、科学—人文等诸多两极间斗争和摇摆。20 世纪 80 年代后,尽管不同文化主体、要素、形态和派别之间仍然存在着斗争和矛盾,有时还很激化,但总的来说,开始走向共生共存、互相尊重、互相对话。中国文化整体开始走向中介、中性、中道,文化的和谐与整合成为共同目标。这既是世界文化的全球化和网络化趋势的要求,也是中国文化自身发展的必然结果。

首先,在理论上,西方文化开始对科学理性进行检讨和反思,呈现出多元化、人文化、生活化的倾向。在中国文化内部,主流文化由过去的革命和斗争路线转变为"以人为本"的和谐文化,精英文化中的西化派对中国传统文化重新审视。文化保守主义的代表——现代新儒家则提出要开出民主和科学的"新外王"。不同文化要素、价值和形态之间越来越接近和趋同。

其次,在实践上,过去的两极对立的文化生态和发展模式带来了严重问题,造成了人与自然、人与人、群体与群体之间的文化生态危机。危机迫使我们寻找新出路。文化的全球化要求我们把人类文化视为一个整体,个体必须符合整体和长远的利益,不同文化个体与群体之间必须寻求更大程度的共识与合作。

再次,信息网络技术为不同文化主体和价值的交流、沟通与整合提供了方便快捷的工具和手段,使"海内存知己,天涯若比邻"的梦想成为现实。

回顾历史,是为了照亮未来之路。20 世纪中国文化之路虽然艰难曲折,但总体说来是进步和积极的。人们越来越清楚地认识到,经济的发展、社会的进步、政治的文明离不开文化的发展,而文化发展的核心是人的自由全面发展与文化整体的和谐。

21 世纪的中国文化正走向更伟大的时代,面临着诸多新任务:更全面和更深刻的开放,提升自主创新能力,促进精英、政府与大众之间的良性互动,多元文化的整合,人的自由全面发展。一句话,中国文化真正走向自信自强。

●原文刊载于《求是学刊》2007 年第 6 期。

●常晋芳,中国人民大学哲学院副教授。

第四编

现代性研究新视阈

现代性问题作为国际学术界的热点问题由来已久。这一问题的兴起意味着西方学术界对现代社会的理论思考从社会经济层面向思想文化层面的转移。毫无疑问,现代社会的经济生产方式、社会组织形式等迥异于以往任何时代,这种“断裂式的”历史进程背后有着哪些深层思想文化原因,其合法性何在,其未来命运又将如何,等等,这些都是现代性研究试图回答的问题。

从社会发展上看,中国社会正处于“前现代性”、现代性、“后现代性”同时共存的错位状态,这使得中国的文化处境极其复杂,既有传统积习,又有现代理性精神,也有后现代主义的解构气质。在这种历史条件下,现代性研究在中国的开展就显得更加必要。这也决定了,中国的现代性研究不仅要对现代性的精神实质进行理论探讨,还要回答,现代性是包含了普世性的文化价值,还是仅仅具有有限的适用性的问题。进一步说,中国的现代性研究不得不追问以下问题:包括中国在内的非自发性现代化国家需要何种意义上的、何种形式的现代性。

文化哲学视阈中的现代性研究包含了范围广阔的研究畛域,既有对启蒙理性的深入解读,也有对当代消费文化的批判分析;既涉及西方文化现状,更关注中国文化的未来走向,而其最终旨归与文化哲学的自我定位有着内在关联,与文化哲学理论创构的成败与否密不可分。可以说,现代性研究的深入拓展,是文化哲学在未来相当长的一段时间里能否取得长足发展的关键之一。

启蒙的意义与现代性的合理性

——福柯的“现代性的态度”

陈嘉明

福柯哲学为人们所熟悉的方面，是他对现代社会的知识状况与人的状况的揭示与批判。实际上，福柯对于启蒙与现代性所持的在根本上是一种基于辩证分析基础上的肯定的态度。他一方面讲述启蒙并未使人类步入“成年”的道理，并以继承启蒙运动的质疑与批判的精神为己任，坚持对现实社会的批判，以此来探寻、追求自由的“新的原动力”①。另一方面他也积极肯定启蒙与现代性的意义，反对简单否定现代性的合理性的做法，宣称现代性的合理性形式不仅没有崩溃和消失，而且新的合理性还在继续产生。

一、启蒙的意义与现代性的态度

在福柯看来，“什么是启蒙”这个问题在现代性问题中具有根本的意义，这一方面是由于历史的进程本身使启蒙重新成为“当代关注的中心”，这一进程主要包括如下三个方面：首先是科学技术在社会生产力的发展和政治决策中所起的重要作用；其次是社会的“革命”史本身，它与理性主义的哲学有关，因为自从 18 世纪以来，整个理性主义就怀有这种“革命”的希望；最后，是在殖民时代终结之际，一场责问西方世界的运动开始涌现：西方的文化、科学、社会组织以及最终它们的理性本身，有什么

① （法）福柯：《什么是启蒙》，载汪晖等主编：《文化与公共性》，三联书店 1998 年版，第 437 页。

权利要求取得在世界范围内的普遍有效性？正是历史发展所带来的这三方面问题，使得在历经两个世纪之后，“启蒙又回溯了”[①]。

此外，启蒙在现代性问题中之所以具有根本的意义，另一方面还表现在它在某种意义上仍然决定着“今天我们是谁、我们思考什么、我们做些什么”，即决定着现时代人们的思维方式与道德实践的关键问题。正因为如此，在福柯看来，现代哲学在本质上“就是这样一种哲学，它正试图回答这两个世纪前如此鲁莽地提出的问题：什么是启蒙？”[②]在这里，福柯从根本上把现代哲学归结为对“什么是启蒙”这一问题的问答，可见此问题在福柯心目中所具有的重要地位。此外，他指出这一问题所具有的难度及其重要性，这表现在现代哲学虽然对此“一直无法回答，但也从未设法摆脱”，因此在两百年的时间里，这一问题不断地以各种不同的形式反复出现，从黑格尔、尼采、马克思，直到霍克海默和哈贝马斯。不过，在福柯看来，遗憾的是这些大哲学家们都未能成功地回答这个问题。正是鉴于这一问题的重要性，福柯本人专门写出《什么是启蒙》一文，试图加入这一诠释者的行列，作出自己的解答。

在进行这一回答的时候，福柯把关注点投向了康德的文本，因为它有着一些值得注意的“原因”，这特别表现在康德在对其时代的反省中，采取了一种与其他哲学家不同的方式，即并不试图在一个“整体性”的或未来结果的基础上理解其时代，而是在“寻求差异”、寻求是什么差异使得今天与昨天不同。之所以这么说，是由于在福柯看来，康德之前已有的对现时代进行反省的三种形式：要么将现时代归属于现存世界的一个特定时代，它与其他时代的区别在于自身所具有的一些内在特点，有如柏拉图所做的那样；要么试图在自身中对正在到来的事件所显露的预兆进行辨认，以此来把握现时代，像奥古斯丁的做法那样；要么把现时代理解为朝向新世界降临的“过渡时刻”，如同维柯在他的《新科学》中所描绘的那样。康德与这三种思考现时代的方式不同，他是从时代的“差异”中来把握时代的差别，因此福柯认为，康德的文本“构成了一个新的问题”[③]。

---

① （法）福柯、（法）康纪莱姆：《〈正常与病理〉一书引言》，载杜小真选编：《福柯集》，上海远东出版社 1998 年版，第 452 页。

② （法）福柯：《什么是启蒙》，载汪晖等主编：《文化与公共性》，三联书店 1998 年版，第 422 页。

③ （法）福柯：《什么是启蒙》，载汪晖等主编：《文化与公共性》，三联书店 1998 年版，第 423 页。

福柯具体分析了康德这一不同思考方式的体现,这就是,康德界定启蒙的方式并不是正面加以定义,而是采取一种否定性的方法,把启蒙看做是一种“出路”,它是这样的一个过程,把人们从由于无法运用自己的理性而陷于盲从的某种意志方面的“不成熟状态”中解放出来。也就是说,对于康德而言,启蒙的本质在于唤醒人们大胆地运用自己的理性,敢于去认识,而不臣服于任何权威,以此来摆脱思想与意志方面的蒙昧状态。福柯并且注意到康德对理性的“私人运用”与“公共运用”的区分,前者指的是某人作为社会的一个特定角色,如士兵、纳税人、教区负责人等,运用理性来追求某种特定的目的和结果;后者则指的是某人摆脱了这种特定的社会位置而纯粹作为人类的一员,亦即站在人类的立场上“为理性而理性”地思考。启蒙之所以能够发生与存在,一个重要的思想条件就是理性的这种公共与自由的运用。

从根本上说,福柯对启蒙所持的是一种肯定的态度。他赞许启蒙是一个在欧洲社会发展的特定时刻中所发生的“将真理的进步与自由的历史相连接的事业”①是历史上发生的一组政治、经济、体制的和文化的事件,包含着社会转型、政治体制的类型、知识的形式、实践与合理化的方案,以及技术的变化等多种因素。它在很大程度上仍然决定着我们今天的生活。此外,从哲学的角度看,启蒙“对当代哲学具有根本意义”②。它为我们的哲学思考提供了问题,并规定了一种相应的哲学思考方式。

福柯进而诠释启蒙的精神实质,并把康德的启蒙思想誉为“现代性态度的纲领”。他认为找出这种现代性的态度有其重要的意义,它比起努力去区分“现代”与“前现代”或“后现代”来说,是更为重要的事情。这里所谓的“态度”,福柯指的是“与当代现实相联系的模式;一种由特定人民所作的自愿的选择;最后,一种思想和感觉的方式,也是一种行为和举止的方式……它有点像希腊人所称的社会的精神气质”③。

福柯还以波德莱尔为例来说明这种所谓的现代性的“态度”。在西方社会,基督教的世界观把上帝创世与人的救赎、归返天国作为一种永

① (法)福柯:《什么是启蒙》,载汪晖等主编:《文化与公共性》,三联书店 1998 年版,第 434 页。

② (法)福柯、(法)康纪莱姆《〈正常与病理〉一书引言》,载杜小真选编:《福柯集》,上海远东出版社 1998 年版,第 451 页。

③ (法)福柯:《什么是启蒙》,载汪晖等主编:《文化与公共性》,三联书店 1998 年版,第 430 页。

恒,这就既把永恒建立在过去,同时又把它建立在来生,而唯独不建立在现时之上。但实际上对人而言,享有现实的人生才是最珍贵的东西。波德莱尔一反传统对于永恒的看法,强调一切基于瞬间,将当下现时的瞬间视为唯一珍贵的东西。他认为倘若离开瞬间,一切永恒都是虚假的、毫无意义的。福柯就此指出,当波德莱尔把现代性定义为一种"短暂的、飞逝的和偶然的"全新感觉,一种与传统断裂的感觉时,就属于这样一种有关现代性的"态度"。

不过,与波德莱尔不同,对于现代性的"态度"或"气质",福柯从根本上说认同的是它的"哲学的质疑",亦即"批判性质询"的品格[①]。这种哲学的态度或气质乃是根植于启蒙的,而这正是福柯所要强调的。在他看来,这种质询使得人与现实的关系、人的存在的历史模式和作为自主性的自我的构成作为问题进入哲学家的视野,成为哲学反思与批判的对象。有鉴于此,福柯强调,我们应当从启蒙中继承下来的精神财富,或者说能够连接起我们与启蒙的共同的态度,正是这种对时代进行永恒批判的哲学气质,而不是去忠实于某种信条。特别地,他提出必须从"'支持或者反对启蒙'的智性敲诈中解放出来",也就是说,反对对启蒙采取一种非此即彼的片面态度,而保持一种清醒的头脑,对启蒙的精神实质怀有正确的认识,重在承续发扬它的质疑与批判的精神。

福柯并且把这种哲学批判的精神气质概括为一种认识到某种"界限"的态度。在他看来,批判乃是由"对界限的分析与反思构成的"[②]。虽然对他而言,今天批判的实践面临的是与康德不同的界限问题,也就是说,康德所要划定的是经验科学的认识界限——现象世界,而福柯所要辨明的则是批判实践的界限——"它不再是寻求具有普遍价值的正式结构,而是对一些事件的历史性探讨"[③]。这意味着批判的目标不是去制造形而上学,不是去寻求确认一切认识的、道德行为的普遍结构,而是去质询将我们的思想与行为同历史事件连接起来的那些话语的具体实例。

---

① (法)福柯:《什么是启蒙》,载汪晖等主编:《文化与公共性》,三联书店 1998 年版,第 431 页。

② (法)福柯:《什么是启蒙》,载汪晖等主编:《文化与公共性》,三联书店 1998 年版,第 437 页。

③ (法)福柯:《什么是启蒙》,载汪晖等主编:《文化与公共性》,三联书店 1998 年版,第 437 页。

福柯所说的这种批判的实践,意指自己的"谱系学"与"考古学"的研究方式。他指出,谱系学是在"构思"的意义上的,而考古学则是"方法"意义上的。之所以如此,是因为谱系学的方法乃是一种"能够阐明知识、话语、客体领域等事物之构成的一种历史形式,它无须参照某个主体,不管这个主体超越了事件场,还是顶着空洞的自体贯穿于历史"①。它着重于把握事物之间的联系,主要是权力与知识、主体、自我之间的关系;具体说来,即权力之网对于知识、真理、主体的支配、控制关系,而不是像以往的主体哲学那样,需要依据某种先验的"主体"概念,以之作为根本的参照系来把握知识、真理与主体等。

与谱系学不同,考古学方法的特征在于:其一,它是历史的,设法得出的是使我们的所思、所说、所做都作为"历史事件"来得到陈述的那些话语;其二,它是探求规则的,以类似于康德问题(纯粹数学、自然科学何以可能等)的方式,旨在探究知识得以可能的条件,即支配我们思想和话语实践的各种生产法则和转换法则是什么,虽然这些法则属于"知识的积极无意识"的东西,我们未必意识到它们的存在。在这方面,考古学的研究"并不设法得出整个认识的或整个可能的道德行为的普遍结构",而是设法得出作为历史事件而得到陈述的那些有关思想与行为的话语②。

不论是考古学还是谱系学,福柯声言他的这些研究方式所追求的目标完全是非形而上学的,或者说,他所持的是一种历史的、批判的态度,它属于实验性的,是通过现实来检验的。反之,假如想脱离当代的现实而去构想、制定出有关某种社会、思想、文化的整体方案,这种做法只会导致"最危险的传统的复辟"③。福柯的这些说法正是他自己的思想方式的理论总结。在他的学术研究生涯中,他确实是不作抽象的、整体性的思考,如"人是什么"之类的形而上学问题,而是关注一些具体的有关人的事实,如性、监禁、疯癫等,以便从经验性、历史性的事实中得出有关人的真正认识。

通过对什么是启蒙,什么是现代性的反思,以及对康德与启蒙的批判

① 《米歇尔·福柯访谈录》,载杜小真选编:《福柯集》,上海远东出版社 1998 年版,第 434 ~435 页。

② 《米歇尔·福柯访谈录》,载杜小真选编:《福柯集》,上海远东出版社 1998 年版,第 539 ~540 页。

③ (法)福柯:《什么是启蒙》,载汪晖等主编:《文化与公共性》,三联书店 1998 年版,第 438 页。

精神的肯定，福柯最终的落脚点放在了对自己的哲学思考模式与质疑方法同启蒙精神，亦即现代性的“态度”的接续上。这使我们清楚地看到福柯本人有关现代性的评价立场，它与后现代主义的否定现代性的立场(如利奥塔将现代性视为一种“元叙事”，而将后现代主义界定为“反元叙事”)是不同的。从实际的情况看，福柯本人不仅没有介入有关现代性的论争中，而且还对思想界所提出的有关现代性的问题感到些许茫然和踌躇。因为他坦言自己从来都不很了解在法国“现代性”这个词到底讲的是什么东西，针对的是什么类型的问题，包含的是什么意义，并且也不知道“人们所说的后现代性是什么”，这些现代主义者与所谓的后现代主义者之间有什么异同。由此可见，福柯本人并不怎么关注后现代主义思潮及其后现代性理论。因此，把他归入“后现代主义”的范畴，属于后人对福柯思想的诠释之所为，而并非福柯本人明确的意识指向。

二、“未崩溃的”现代性的合理性

关注与反思启蒙对当代哲学的重要意义，自然离不开对“理性”的性质及其历史作用的思考。在福柯看来，自18世纪以来哲学和批判思想的核心问题一直是、今天仍旧是、而且他相信将来依然是：我们所使用的这个理性究竟是什么？它的历史后果是什么？它的局限是什么？危险又是什么？在他看来，对“理性”进行反思，追问它的历史，包括它的走向成熟，使主体无须他人的监护，能够达成自律，并进而评价理性对世界的“统治”，这样的追问与评价是在继续追随康德的“什么是启蒙”的问题。他并且认为，19至20世纪的现代哲学在很大程度上是转向了康德的这一问题。

从总体立场上看，应当说福柯对理性持的是一种偏属“中庸”的态度，即反对对理性采取一种非此即彼的做法，既不作单纯的否定，也不作单纯的肯定。他称那种对理性采取非此即彼的极端态度是“讹诈”：“人们经常讹诈整个理性批判或讹诈批判性的思考：要么接受理性，要么堕入非理性主义。”①因此，他一方面不赞成对理性持一种极端的否定态度，因为那种要把理性视为必须予以消灭的敌人的观点，是极端危险的；另一方

① (法)福柯：《结构主义与后结构主义》，载杜小真选编：《福柯集》，上海远东出版社1998年版，第494页。

面，他认为同样极端危险的是，把对理性进行任何批判性的意图，都视为会使我们陷入非理性的危险之中。

这里，我们先来看看福柯对理性的批评。这方面，他主要不满于理性的“专断”，认为在18世纪的理性主义的“革命”理想中，理性扮演的是“专断”的角色：“理性，犹如专断的光芒。”①这种专断的表现，从福柯的有关论述中，我们可以看到它既表现在笛卡儿对事物进行普遍的怀疑中，独独把理性排除在怀疑的对象之外，把它看做一个自足、确定无疑的思维的基础与出发点；也表现在它对待非理性的压制态度上，尤其是在历史上对“疯人”所采取的不择手段的、乃至是很残忍的手段，包括“烧灼术、切口排液、制造表皮脓疮和注射疥疮液”等，并且在现今还表现在以理性为标榜的西方文化、科学和社会组织中，要求在世界范围内取得普遍有效性。

不过，虽然福柯对理性的专断、对它的压制非理性有着尖锐的批评，但从根本上说他似乎还是对理性持一种肯定态度的，这集中表现在他肯定理性所具有的“自我创造”性，以及由此产生的体现在科学文化、技术装备、政治组织等方面的“合理性”形式，即从理论到实践，从观念到制度的各种各样的建立，各种各样的创造，各种各样的变革。“正是通过它们才产生了这样那样的合理性。”②他明确表示自己所感兴趣的正是这些合理性的形式，因为它们体现了人类对于自身的关注。为此，他一直致力于对这类合理性形式的分析。他认为，从韦伯到哈贝马斯，不断被反复提出的是如下这些相同的问题：“理性的历史是什么？理性的统治是什么？理性的统治通过哪些不同的形式起作用？”③而这些问题归根结底就是关于在政治、社会与文化各领域的治理的合理性的问题，因此“问题的关键在于明确合理性的形式，使合理性的形式占据统治地位”④。他认为，现代社会的这些合理性形式，在某一确定时期，如我们所处的时代，支配着知

① (法)福柯、(法)康纪莱姆：《〈正常与病理〉一书引言》，载杜小真选编：《福柯集》，上海远东出版社1998年版，第425页。

② (法)福柯：《结构主义与后结构主义》，载杜小真选编：《福柯集》，上海远东出版社1998年版，第495页。

③ (法)福柯：《结构主义与后结构主义》，载杜小真选编：《福柯集》，上海远东出版社1998年版，第492页。

④ (法)福柯：《结构主义与后结构主义》，载杜小真选编：《福柯集》，上海远东出版社1998年版，第494页。

识的类型、技术的形式和政权统治模式。因此可以说,"在这些领域的运转中,合理性的地位是很重要的"①。

针对一些否定现代性的合理性形式、认为它们在知识的类型、技术的形式和政权统治这些领域中正在崩溃和消失的观点,福柯明确给予批驳。他宣称自己看不到有这样的消失,并且也看不出有任何理由来支持这样的论调。相反,他断言现代性的这些合理性形式并没有崩溃和消失,而是通过一些变革,使新的合理性不断地产生。针对后现代主义的一种流传甚广的说法——理性与现代性是一个叙事,但现在已经结束,另一种叙事将代之而起——福柯声言这样的主张是"没有意义的"②。

在对合理性的分析中,福柯声称他所努力要摆脱其影响的是这样两种模式:一是现象学的,它认定存在着一个理性的本质的基础和计划,断言现实中人们由于对此有所遗忘,因此才发生了对这种理性本质的基础和计划的背离;另一是马克思主义与卢卡奇的,它们肯定合理性的存在,并把它等同于理性本身的形式,但同时认为由于资本主义环境的影响,使得合理性产生了危机,最终造成了合理性的遗忘和非理性的堕落。

福柯并不赞成这两种他所谓的有关合理性的解释模式,在这方面,他为自己提出的问题是:"人类主体怎样使自身成为知识之可能的对象,通过哪些合理性形式,通过哪些历史条件,以及最后,付出了什么代价?"③具体说来,福柯尝试去分析的有关合理性的问题域,其一是"疯癫"的问题,是什么导致了理性对疯癫的统治,使得疯癫者只能生活在沉默之中;人们怎样才能说出生病(疯癫)的主体的真实,或者说,疯癫的主体的真实性何在?其二是有关话语主体、知识的主体的真实性问题,他们是先于语言而存在的、构成语言所有意义的本源,或者本身仅仅是话语"构成规则"的条件的产物?其三是关于罪犯与惩罚的问题,自我之所以成为犯罪主体的真实原因是什么?最后,还有性的问题的研究,在性成为社会对主体进行规训化控制的一个工具之后,主体怎样才能说出关于自我作为性

---

① (法)福柯:《结构主义与后结构主义》,载杜小真选编:《福柯集》,上海远东出版社1998年版,第502页。

② (法)福柯:《结构主义与后结构主义》,载杜小真选编:《福柯集》,上海远东出版社1998年版,第502页。

③ (法)福柯:《结构主义与后结构主义》,载杜小真选编:《福柯集》,上海远东出版社1998年版,第496页。

快感主体的真实?

在对上述问题作出自己的解答时,福柯的合理性理论表现出如下的一些特点。首先,福柯强调制度性的因素在合理性问题上的影响。在提出这样的问题:“通过什么代价主体才可以说出关于自我的真实,又通过什么代价主体才可以说出关于自我之作为疯子的真实”之后,福柯紧接着指出:“在所有这些复杂的、重叠着的东西中,您可以看到一种制度的游戏:阶级关系、职业矛盾、知识模式乃至整个历史以及主体和理性都参加了进来。”①也就是说,在他的研究所涉及的规训与惩罚、知识与权力、自我与性等问题域,其合理性问题在根本上都是属于制度方面的游戏。不过,福柯这里所使用的“制度”一语是广义上的,它除了包括通常所指涉的阶级关系之外,还包括“知识模式”等方面的内容。

其次,是突出合理性概念与权力的关系。“权力”是福柯现代性理论的一个聚焦点。不论是在研究“现代主体的系谱学”,还是研究现代的“规训社会”,福柯把各种各样的自我、性、知识、惩罚、规训等现象,都归结为“权力”运作的产物,把形形色色的社会控制都还原为权力的功能。他断言,在人文科学里,所有门类的知识的发展都与权力的实施密不可分,并且当社会变成科学研究的对象,人类行为变成供人分析和解决的问题时,这一切都与权力的机制有关,甚至人文科学在他看来也是伴随着权力的机制一道产生的。同理,在合理性问题上,福柯一样强调合理性形式与运转着的包括统治、知识和技术等权力形式是互相关联的,在这里存在着合理性形式与权力形式这“两种形式的交换、传导、迁移和相互影响”②。他指出,有关权力对某种类型的合理性产生影响的问题,在西方自16世纪以来,特别是在当代的法兰克福学派的哲学家那里,人们就对这种合理性进行了广泛而持久的思考。而对他本人而言,福柯明言在思考诸如“主体如何能够说出关于自身的真实”这样的问题时,“权力关系是我试图分析的诸联系中的决定性要素”③。

---

① (法)福柯:《结构主义与后结构主义》,载杜小真选编:《福柯集》,上海远东出版社1998年版,第496页。

② (法)福柯:《结构主义与后结构主义》,载杜小真选编:《福柯集》,上海远东出版社1998年版,第505页。

③ (法)福柯:《结构主义与后结构主义》,载杜小真选编:《福柯集》,上海远东出版社1998年版,第506页。

再次，福柯在合理性问题上注意到的是它与偶然性的关系，是在偶然之中来把握必然性。他认为，在合理性问题上可以求助于历史，但这是在一定限度的范围内才是有意义的。因为，历史的作用在于表明正存在着的东西在过去并不总是存在，这意味着"事件总是在碰撞和偶然的汇合处、在脆弱的不确定的历史线条上出现的"。因此，合理性是在"这张偶然之网上浮现出来的"，但这并不意味着合理性形式是非理性的，相反，合理性形式是以人类实践和人类历史为基座的。各种不同的合理性形式对于这些事件来说，是通过偶然的事件而展现出来的，不过它们最终又是表现为一种必然性的形式。这里，福柯对必然与偶然的关系的看法，颇有黑格尔的辩证哲学的味道。

最后，是合理性的代价问题。在上述有关合理性的论域中，福柯经常提及的是合理性的"代价"问题，这表明了他对这一问题的关注。这里"代价"的意思是，在理性的历史上，人类对这些论域的合理性的认识与把握是经历了曲折与错误的，这包括错误地对待实际上是心理病人的疯子，在古典时期甚至把他们与罪犯一起监禁，等等。用福柯的话来说，"这个代价是使疯子成为绝对的他者，它不光是理论上的代价，而且还是制度上的代价乃至经济上的代价。例如建立精神病学以确定疯子"①。这里所谓的"他者"，指的是与理性相对立的东西。

与福柯的理论思考的总体风格相一致，在合理性问题上，他给出的更多是质疑、揭露、批判，而不是正面地回答某一领域中的合理性是什么。这意味着福柯通过解释相关的合理性在历史上付出的代价，为人们留下的更多的是对建立有关论域上的合理性的思考。似乎可以打这么一个比方：福柯是一个善于诊断的医生，但却不精于治疗。

●原文刊载于《求是学刊》2006 年第 3 期。

●陈嘉明，厦门大学人文学院哲学系教授、博士生导师；中国现代外国哲学学会常务理事。

① (法)福柯：《结构主义与后结构主义》，载杜小真选编：《福柯集》，上海远东出版社 1998 年版，第 496 页。

启蒙的悖论及其出路

莫伟民，汪　炜

在近代启蒙思想家看来，理性作为立法者应该自己为自己确定理性应用的领域。启蒙思想家将理性和科学推崇为人的最高感官和力量。启蒙运动坚信理性是解放和推动人类社会发展的前进力量，它高擎理性大旗，把理性当做人类心灵所向往和努力成就的一切，它以其“理性之光”开启和照亮中世纪的蒙蔽与黑暗这一辉煌业绩而彪炳史册。然而，启蒙运动的缺点也逐渐暴露出来：人类对理性力量的近乎宗教式的盲目崇拜，又使理性变成了彻底的非理性，理性取代了上帝信仰在人心中曾有过的至高无上的地位。理性从软弱无力的极端走向了无限膨胀的另一个极端。理性变得鲁莽、狡诈、狂暴、血腥、堕落甚至邪恶，理性发生了危机，理性病入膏肓，理性需要诊断、思考、挽救。启蒙运动的精神是要加以弘扬，还是予以批判？启蒙运动的遗产是要加以继承，还是予以抛弃？康德之后200多年的西方哲学一直在苦苦思索这个重大问题。事实上，19世纪和20世纪西方哲学史的主线都是围绕“启蒙的悖论”展开的。

一、启蒙的三方面悖论

启蒙在为西方社会带来物质进步和思想进步的同时却又把西方人拉回到了未被启蒙的原始社会，这就是启蒙的悖论。启蒙的悖论主要体现为这样几个方面：启蒙与神话的悖论；理性与信仰的悖论；启蒙与反启蒙的悖论。理性的“公开”使用与“私下”使用之间关系的处理也有赖于这些悖论的解决。也许，本不存在什么悖论，悖论恰恰体现了人类精神生活的整体性、不确定性和模糊性。

神话象征着世代延续的传统权威和集体力量,往往给人带来一种敬畏感、恐惧感。敬畏什么呢? 敬畏大自然,敬畏神灵。而启蒙思想家的使命就是要让个体具有理智洞察力,让人们摆脱恐惧,走出神话的阴影,在精神上独立自主。传统思想家往往把启蒙与神话对立起来,霍克海默和阿多诺却把这两者密切关联在一起。《启蒙辩证法》的主题就是探讨神话与启蒙之间的辩证法:神话即为启蒙,而启蒙则退为神话。霍克海默和阿多诺之所以这样来立论,是因为他们认为带有极权主义性质并且旨在追求普遍真理的启蒙始终把神人同形论当做神话的基础,神话角色大多被还原成了人类主体,用主体来折射大自然。大自然变成了纯粹的客观性。“启蒙对待万物,好比独裁者对待人一样。”①主体要自主,要觉醒,要自我持存(selbsterhaltung),就必须把权力当做一切关系的原则。而主体自主权力的膨胀却使得主体在行使权力的过程中不断异化。如同神话已经实现了启蒙一样,启蒙也一步步深深地卷入神话。工具理性甚嚣尘上,启蒙思想家把道德、情感等人文问题与数学、经济等科学问题相提并论。启蒙并没有消除人们的恐惧,启蒙本身就是彻底而又神秘的恐惧。在20世纪政治舞台上,由理性确定的自我持存的集中体现之一,就是法西斯主义夺取权力、为征服全世界而进行的一系列罪恶、骇人的行为。纳粹希特勒的法西斯主义信奉社会达尔文主义,拒绝康德的绝对命令,把人当做物一样来对待,把正义的平等发挥成了平等的非正义,给人类带来了重大灾难。理性确定的自我持存非但没有给全世界带来自由、权利、平等、安全,反而使全世界人民经受了独裁、专制、恐惧和死亡的威胁。

但是,哈贝马斯并不认同《启蒙辩证法》的观点。“对被客观化的外部自然和遭受压抑的内部本性实施统治,就是启蒙的持久标志。”②霍克海默和阿多诺认为启蒙理性所强调的自我持存使理性变形扭曲了,自我持存只要求理性是工具理性,从而把理性逐出了道德和法律领域。哈贝马斯指责霍克海默和阿多诺简化了现代性的图景,把一切有效性问题(“对”与“错”、“善”与“恶”)都看做是自我持存的主体所具有的有限的目的理性所考虑的,从而未能妥善处理资产阶级理想中所确立的并被工

① Theodor Adorno, Max Horkheimer, *Dialectic of Enlightenmen*, New York, 1972, p. 9.

② Habermas, *Le Discours Philosophique De La Modernité*, Paris, Gallimard, p. 133.

具化了的文化现代性的合理内涵。科学知识和理论的创新、法律和道德的普遍主义基础、审美体验的创造性和冲击力，都是文化现代性的合理内涵。哈贝马斯批评霍克海默和阿多诺因把启蒙看做摆脱命运力量的失败努力而对启蒙的拯救力量持消极悲观的态度。哈贝马斯直言，《启蒙辩证法》根本就没有告诉我们如何才能摆脱目的理性的神话暴力。哈贝马斯认为交往理论蕴涵了主体与客体之间存在着的工具理性、认知理性及其合理性形式，交往理论又包容于对话的主体间性理论，主体必须符合主体间性以达到相互理解和协调行动的目的。除了主宰主客体之间的认知—工具合理性以外，还存在着"道德—实践的"和"审美—实践的"合理性形式。

哈贝马斯设想在社会批判的基础上重构一种来之于社会和归之于社会的理性。除了塑造工具理性批判的基础之外，这种重构向他提供了生活世界实践的可能的和合理的理性化形式的先决条件。生活世界的目的一开始就受制于交往合理性，生活世界的最大有效性只能产生于相互认可的行动。由于交往合理性不是先验派生的，因此其理论也就能充分意识到语言学交往的不确定性和偶然性。应该说，霍克海默和阿多诺集中描绘的是工具理性猖獗的现代性图景，并悲观地把启蒙的自我毁灭过程加以概念化，而哈贝马斯则强调交往理性和交往实践的重要性，强调有效性问题（"对"与"错"、"善"与"恶"）分散在人类实践的不同方面，旨在把理性的认知—工具维度、道德—实践维度和审美—实践维度都统一起来。可见，哈贝马斯对待启蒙的态度要积极得多。

人们通常认为启蒙运动高举理性的大旗，抨击基督教禁锢人心的信仰体系，理性在各个方面驱逐基督教信仰。启蒙精神真的反宗教吗？启蒙时代的一般特征真的是批判、怀疑宗教的吗？实际情况并非完全如此。虽然法国百科全书派启蒙思想家公开反对宗教及其有效性和真理性，但按照卡西尔的说法，"启蒙运动最强大的思想冲力和它真正的精神力量不在于它摒弃已确立的信仰，而在于它所提出的宗教信仰的新理想，在于它所体现出来的宗教的新形式"①。启蒙理性的问题不仅与宗教问题融合在一起，而且还从宗教问题获得最深刻的灵感。由于没有信仰，就没有创造，就没有活力，所以，启蒙思想家大多对宗教表现出特殊的虔诚。"因

① Ernst Cassirer, *Die Philosophie Der Aufklärung*, Felix Meiner Verlag, 1998, p. 180.

此，特别是在全部德国启蒙哲学中，基本目标不是瓦解宗教，而是对宗教作‘先验’奠基，对宗教进行先验深化。”①文艺复兴时期的人文主义旨在弘扬人文主义的宗教精神，建立起人性范围内的宗教。伏尔泰尽管批评帕斯卡的理性无能论，却也完全认可上帝存在的证明。只不过18世纪启蒙思想不再像传统形而上学和神学那样仰仗上帝概念来论证自己的合法性，而是依据自己的具体形态来确定上帝概念。上帝概念要经受“勇于认知”的人们的解释，从而得以确立其地位。“勇于认知”并不是不要信仰，而是倡导一种新的、积极的宗教信仰力量，培育一种新的宗教意识，通过理智行动从宗教内部来影响和塑造宗教。也就是说，此时的信仰并不是外部强加的，而是“勇于认知”的人出于内心的自愿而上升为宗教信仰者。在此，启蒙的悖论体现为：启蒙思想家一方面坚守纯粹理智的立场以发现一种“纯粹理性范围内的宗教”，另一方面又设法让宗教摆脱知性的束缚，以凸显宗教所具有的道德实践力量，因为宗教有赖于情感活动来实现其性质，纯理智标准并不适于确定宗教的真理性，不适于评判宗教的道德性。

启蒙思想家们在批判基督教神学蒙蔽人的思想时，不仅利用有关上帝的宗教信仰来达到启蒙的某种目的，而且还在树立和捍卫理性信仰，造就了理性的宗教。旨在反对宗教信仰的理性信仰，使理性成了新的崇拜对象、信仰对象，启蒙在解蔽的同时又在蒙蔽。启蒙只不过是用理性的信仰来取代基督教的信仰而已。启蒙虽然深刻地发现了基督教信仰的内在谬误，但由于启蒙并不了解基督教信仰的本质，因而它对基督教信仰的批判是盲目的、肤浅的甚至愚蠢的。如同黑格尔所指出的，启蒙把宗教信仰的历史原因仅仅看做一种关于偶然事件的偶然知识，而看不到宗教信仰是人类认识世界、理解自我的必要阶段。启蒙倡导理性至上，以理性的名义牺牲丰富多彩的人类情感生活。虽说没有理性的生活是蒙昧的，但只有理性的生活却又是可悲的。启蒙一方面把人类情感和道德生活都归结为冷冰冰的单调的非情感、非道德的生活，另一方面却又要求人们出于宗教情感般忠诚和信仰对理性顶礼膜拜。

资产阶级以启蒙理性的名义，倡导人性的解放、自由的权利和自主的

① Ernst Cassirer, *Die Philosophie Der Aufklärung*, Felix Meiner Verlag, 1998, p. 181.

能力，实是为了夺取作为阶级压迫工具的权力，于是，理性转变成了非理性。理性的结果与理性的动机背道而驰。理性从解放人的力量转变成为压迫人的束缚力量。理性立法者自我异化了，理性立法的结果导致了反对理性立法的结局。启蒙诉诸普遍意志来追求绝对自由，反而走向了绝对专制、恐惧和毁灭。法国启蒙运动引发的法国大革命以爆发社会大恐怖收场，就是最好的例证。按照《启蒙辩证法》的说法，彻底启蒙者的信仰的非理性变成了合理之举，把社会引向了野蛮状态。鉴于启蒙运动的遗产已经变得极为可疑，鉴于20世纪法西斯主义给人类带来的深重灾难，鉴于人类在勇于运用自己的理智时为所欲为，鉴于理性盲目膨胀成非理性，我们就不妨认同福柯的结论：启蒙并未使人走向成熟，人类并未成为成年人。

在很大程度上，批判理性，批判现代性，也就是批判启蒙思想。启蒙与反启蒙之间的论战几乎是围绕理性与非理性的关系问题展开的。启蒙已经从理性走向了非理性，人们不禁会问：反启蒙会不会从非理性走向理性呢？反启蒙思想家们在批判理性、批判现代性时有没有一个理性的基础和根基呢？或者说，理性批判者们在批判理性时是否能让自己的批判基础免于批判呢？这也就是哈贝马斯在《现代性的哲学话语》中对尼采、霍克海默、阿多诺和福柯等人的责问。尼采试图打破西方理性主义框架，对理性作去神秘化的批判，而这个批判本身却与理性境遇无涉。“由权力理论发动的种种去神秘化在自我指涉的理性批判的困境中，在变得总体的批判中，变得混乱不堪。”①哈贝马斯指控，由于理性批判家们拒绝抛弃自己的合理性，因而陷入了自相矛盾的境地。自尼采以降，霍克海默、阿多诺和福柯等理性批评家们一直在重弹尼采的老调，并陷入了无可奈何的尴尬场面，因为理性批判不可能既是批判的，同时又能使自己的标准不受批判。应该说，福柯对合理性进行理性批判，并不意味着他拒斥理性，而是要撰写一部关于合理性的偶然的历史，要明确和分析在某个特定时期支配着知识类型、技术形式和统治模式的种种合理性形式。而合理性的形式之和并不等于理性，合理性的任何特定形式都不是理性。虽然合理性形式不能混同于理性，但也并不等同于非理性，因为合理性形式是以

① Habermas, *Le Discours Philosophique De La Modernité*, Paris, Gallimard, 1988, p. 118.

人类实践和人类历史为基座的。我们不可能在诸多方面指明一个唯一的合理性形式。多重的、具有不同形式的权力关系都有特殊的合理性形式①。福柯坚定地认为自己并不是哈贝马斯等人所说的“非理性主义者”,福柯既反对把理性看成人类的希望,又拒绝把理性视做人类难以对付的敌人。在他看来,如果说“理性是我们要加以消除的敌人”这样的说法极其危险,那么,作出“任何批判质疑这个合理性就可能会使我们陷入非理性”这样的断言也同样极其危险。非理性是一种构成了某种合理性形式的非理性。实际上,在福柯的话语中,事件和真理的展开都离不开理性。福柯只是认为理性作为权力的实施应该是复数,而非单数,应该是多种多样的关系体系,而非本质力量。福柯拒绝“启蒙运动的敲诈”,即要么接受合理性,要么陷于非理性的泥潭。因为理智与情感、理性与非理性原本就是一体的。我们可以在理性与非理性尚未分化的历史原点来批判启蒙理性的过度膨胀,恢复理性与非理性在相辅相成的一体化中各自的作用和地位。如是,也就不存在所谓的启蒙与反启蒙之间的悖论和矛盾了。

启蒙运动的箴言:“勇于认知!”(sapere aude!)要敢于运用自己的理性。康德在《答复问题:何为启蒙?》(Beantwortung der Frage: Was ist Aufklärung?)一文中,强调公众很可能可以启蒙自己,公众都有公开运用自己理性的自由,唯有公开运用自己理性的自由才能带来人类的启蒙。康德区分了理性的“公开”使用和“私下”使用,实际上已经注意到了使用“理性”以获得主体自由的“范围”和“程度”。康德所说的“理性的公开运用”是指任何人作为学者而在全部听众面前所能作的那种运用,而“私下使用”是指一个人在其所受任的一定公职岗位或者职务上所能运用的自己的理性。在前一情形下,人们便享有无限的自由可以使用自己的理性,而在后一个情形下,人们并无自由权利去表达自己的真实想法,而是受命根据别人的指示并以别人的名义发表见解的。那么,该如何保障理性的公开使用呢?康德诉诸持久稳定的有助于未来时代进步的法律制度和现行君主政制的有效监督。启蒙不仅仅是一个具有时代特征的历史进步和人类自由的过程,而且也是一个植根于当下的政治问题,因为按照人

① 参看 Michel Foucault,“*Structuralisme et poststructuralisme*”,*in Dits et écrits*,IV,1980—1988,ditions Gallimard,Paris,1994,pp. 439~440,447,449~450。

的尊严去对待人有益于君主政制。但在福柯看来，启蒙不仅要思考我们与现时的关系、我们的历史存在的方式，而且还要探索我们自身是如何构成为自主主体的。然而，启蒙思想家却在不同程度上忽视了启蒙的这一要务。因此，我们尚未摆脱自己加之于自己的不成熟状态，我们尚未成年，我们尚未被完全启蒙，我们也不可能被启蒙。

二、拒绝启蒙的敲诈

福柯断然拒绝启蒙运动设定的在理性与非理性之间作出非此即彼选择的“敲诈”。拒绝在理性与非理性之间作出选择，拒绝在美国霸权、中国崛起和阿拉伯—伊斯兰神权政治之间作出选择，这也可以说是德里达对未来新启蒙所持的根本态度。德里达在去世前不久就“启蒙的过去与未来”发表了自己的看法。既要继承和保存欧洲的启蒙遗产，又要充分意识到并悔恨过去的极权主义、种族大屠杀和殖民主义所犯下的滔天罪行。既批评美国霸权又不至于被指责为同情萨达姆伊斯兰政权，既批评以色列和美国的中东政策又不至于被指责为反犹太主义。既要反对全球化，又要承认全球性组织所起的积极作用。这就是德里达所设想的欧洲在未来新启蒙中所担负的独特职责。这就是德里达在政治哲学领域里为我们提供的有效解决启蒙悖论问题的例证。

福柯极其怀疑欧洲启蒙运动的遗产，而德里达则要求欧洲既作为过去启蒙运动骄傲的后裔又作为未来新启蒙的先驱，这一差别取决于他们各自对启蒙遗产的理解。当德里达断言欧洲的启蒙遗产对世界的未来不可替代、至关重要时，德里达指的是欧洲要独立自主，不能让欧洲沦为共同市场、共同货币或新民族主义的集团或军事力量。福柯认为启蒙运动的遗产已经极为可疑，并要求我们远离那些想使启蒙运动永不衰竭并完整保留其遗产的人。这是因为福柯把启蒙运动看做第一个通过隶属于一种有关思想、理性和知识的普遍历史中的某个事件来为自己命名的时代。这个时代既涉及普遍的思想史，又相关于作为其历史境遇的目前以及形形色色的认识、知识、无知和虚幻①。

① 参看 Michel Foucault: *Qu' est - ce que les Lumiéres*, in *Magazine littéraire*, mai 1984, pp. 35 ~ 39。

从古希腊至今的西方思想史，其主流是一部从“蒙蔽”经由“启蒙”再到“解蔽”的历史，也是理性与非理性此消彼长的历史。理性与非理性之间存在着互补的哲学旨趣。这不仅表现在理性离开了想象、直觉、情感和意志往往寸步难行，而且还体现在有时候真理出自非理性者之口。“要么理性，要么非理性”，这种非此即彼的思维方式长期统治着哲学家的理论构想，只要有人敢说理性的坏话，有人敢批判理性，有人敢质疑启蒙运动的精神，就立即给他扣上“非理性主义”大帽子。扣帽子的理由还显得极其冠冕堂皇：你总不能在批判理性时使自己的前提免于批判吧！言下之意就是理性批判哲学的前提还得是理性。看来启蒙运动主体理性原则的至上地位依然神圣不可侵犯。纵观西方哲学史和基督教史，上帝存在、上帝至尊地位的确立，都是通过存在论证明推演出来的。理性的至尊地位又是如何得来的呢？启蒙运动本意是要开启宗教信仰之蒙蔽，竟然走向了其反面，创造了理性的蒙蔽，祭起了理性信仰的法宝。哲学史上许多理性批判哲学家都对至高无上的、专横跋扈的、恶性膨胀的理性力量作了一种不偏不倚的反拨和矫正。这绝非是要用非理性来反对理性，绝非是要站在非理性甚或反理性的立场来审判理性。如是观之，哈贝马斯对20世纪众多理性批判家的指责也就站不住脚了。因为根本就不存在什么站在非理性的立场上来批判理性的问题。无可否认，人类的认识、思想和现实活动都包含有理性与非理性这两个相辅相成的方面，哲学家们人为地制造了二元对立的思维模式和一幅幅理论角逐的场景。我们应返回理性与非理性浑然一体的历史原点，我们应该像福柯那样明确拒绝“启蒙运动的敲诈”这种非此即彼的思维方式和理论站位。人们往往习惯于在思维上把“真”与“假”、“善”与“恶”、“美”与“丑”、“好”与“坏”人为地对立起来，先占据一个认知或评价的高位，再对与之相对的另一面进行贬损、拒斥，从而无视人类精神生活的整体性和各方面的相互依存。人类精神生活丰富多彩、纷繁复杂，个中的奥秘无穷无尽，而二元对立的思维方式却把复杂问题简单化了，把生动的场景僵硬化了，把模糊晦涩的问题弄得清楚明白了。然而，这并不是哲学的进步和完善。哲学尚未成熟，人类尚未成年。理性与信仰本不可分，就好比一个健全之人的心脑联动无法分清楚一样。从“信仰唯上，怯于认知”，到“信仰自律，勇于认知”，再到“理性唯上，滥于认知”，人类启蒙的历程也昭示了一个真理：处于浑然一体之中的理性与非理性各自的使用有个“适度”的问题。避免启蒙悖论的有效之道，就是在坚持理性与非理性为同一个整体的不同方面的前提下，采取“审慎”的方式来看待理性与非理性在同一个整体中的相辅相成的作用。过犹不及，中道唯上。亚里士多德的《尼各马可伦理学》主张，审慎者通过审慎（phronèsis，prudentia）之路，即“实践智慧”之路来引导自己的生活。利科在《作为他者的自身》中援引亚里士多德的“实践智慧”来对亚里士多德的目的论与康德的义务论、道德普遍主义与道德情景主义实施辩证综合，同时又通过康德的道德（moralität）而在亚里士多德的实践智慧（phronèsis）与黑格尔的伦理（sittlichkeit）之间进行协调①。

同样，为解决“启蒙的悖论”，为避免近代启蒙哲学二元对立的思维方式以及现当代哲学家所采取的“理性抑或非理性”这样的立场，我们也可诉诸亚里士多德所说的作为“审慎”的“实践智慧”。理性主义和非理性主义、启蒙和反启蒙的思想家们在很大程度上似乎缺乏这一智慧。如果说未来有新启蒙的话，这样的“实践智慧”应该是未来新启蒙所奉行和践履的。

如果我们采纳了这种“实践智慧”来看启蒙的话，那么启蒙的悖论也许就荡然无存了，因为它恰恰被纳入了那个几百年来不断被追问的难题之一：何为启蒙？这不仅仅是说，启蒙本身应当是一个不断进行之中的过程，因而，它既是一个年代观念，又是一种历史性的概念，它同时也意味着一个古老的普遍与特殊之间的难题。这一点在我们看来异常关键。恰恰是当康德使用那个含混不清的“人类”字眼来界定这样一种启蒙义务的时候，同样的难题便再次产生了：隐含在启蒙理性背后的一种普遍设置是否把这种义务总体化了，从而使我们忘记了个体在这样一种变动过程之中所能够采取的行动，一种“审慎”的行动呢？当我们在“勇于认知”这句箴言的激励之下祈求于启蒙理性的普遍设置时，我们是否便通过一种内省的主体超越性取代了个体经验呢？启蒙因而岂不既是一个建制（意识的、制度的、文化的，等等）问题，还是一种伦理问题吗？对于前者，启蒙理性之下所构建的主体将社会与他人按照自身的原则配置在自己周围，它难道不正缺少后者恪守中道的“审慎”原则吗？因此，我们是否可以说，

① 参看 Paul Ricœur, *Soi - même comme un autre*, ditions du Seuil, 1990, p. 337。

作为时代概念的启蒙恰恰在重新发现人性的同时忽略了人本身呢？它在确立普遍性原则（主体、理性）的同时是否丧失了它所批判的宗教制度和信仰原则所具有的对于每一个个体本身的关怀？当人终于将几个世纪以来高高朝上的目光从天国降回人间之后，却也从未真正进入到自己的内心或精神世界中去。这也是为什么我们说哲学尚未成熟，我们也远没有达至成年。

三、伦理智慧：解决悖论之道

因此，要克服"启蒙的悖论"，或者说，想要摆脱理性—非理性的二元思维方式，所需要的并非是一把更加尖利的思维手术刀，或者更具合法性的制度模式或意识建制，而是类似于福柯在《何为启蒙?》一文中根据波德莱尔的"浪荡子"形象所解读出的一种"苦行主义"的审慎从容的生活态度。换句话说，要用伦理的智慧来补充和置换纯粹的知性主义或理论主义，即真正地反思并最终塑造自身的精神世界。不再把自身之外的世界和他人看做可以对象化地加以把握或描述的现象，相反，预先虚化自身，通过在陌生而充满敌意的他者世界中发现自身的存在，形成个体的自我。"审慎"的生活方式要求在陌生而艰辛的异己世界中经受磨砺，而不再是狭居于心灵的某个隐蔽角落搜寻或等待光照。对自身最好的关爱和塑造就是不断地离开自身，拒绝自己，即不把自己视为一种明证性、确定性和全体性，而是一个不断历练、成熟的过程。

无可否认，这也正是作为时代概念的启蒙所留给我们的遗产之一。我们所说的正是卢梭，他在这一方面给我们留下了无比丰富的参照坐标。如果说卢梭在《忏悔录》中还只是过着一种自我反思式的道德主义生活的话，那么他在晚年的《对话录》和《漫步遐想录》中则开始用一种极为苛刻的精神分裂活动来折磨自己了。在卢梭看来，启蒙的意义正是在于使得人们能够不断地提出"我是什么?"这样的问题，从而来真正关怀自身的精神生活。那个说着"我"的自身或许并非是第一人称的，而是第三人称的"他"，"他"是居住在我们身体之内的思想者，而生活本身也许才是第一人称的。"那些人于是成为了和我不相识的陌路人，不足挂齿的人，这正是他们所愿意的。而我呢，与他们相脱离，与一切相脱离，这样一来，我还是我自己吗？这正是有待我去探寻的事情。不幸的是，这样的探寻应当先行对我周边的处境作一番考察。必须通过这种考察，我才能从他们转向我自身。”①这种积极地融入他者世界的生活态度是苦行主义的，因为它真实地要求我切身卷入他人之痛苦，在那个满怀敌意的陌生世界（他者的世界）中摸索并得以不断塑造自我。我们在卢梭对自己精神世界的记录中甚至发现，他的这种摸索和历练已经远远超越了人类世界本身。如果不理解这一切，我们就根本无法明白卢梭为何会在1776年10月24日的那次车祸事件中具有如此奇怪的体验：“我只是在这一刻才感到自己的存在。我在生命的这一瞬间诞生了，我似乎将我那微弱的存在注入了所有我能意识到的事物之中……我对自己的个体性不再有任何清晰的观念，对刚刚发生在我身上的事情也毫无概念了。我既不知道自己是谁，也不知道我在什么地方。我既感不到痛苦，也感不到畏惧和担忧。”②因此，对于卢梭来说，启蒙并不意味着批判乃至取消理性，或者回到一个根本不可能回去的原始时代，而是说立足于当下的生命实践，在一种开放性的零度存在中，在生活本身的受辱、磨难、艰辛之中去形成新的自我。这种作为生活实践方式的启蒙本身就构成一种批判，而且是一种持续的批判，但是它绝不是陷入任何非此即彼的二元式的或目的论式的批判，更不再是康德意义上的理性批判。与其说这种批判形成了我们关于自身的某种教条性的界限原则，毋宁说它建设性地赋予我们一种精神气质、生活态度，一种实践的智慧。

如果说我们以上所简要回顾的这位卢梭让人们感到些许陌生的话，那么这正好证明了我们对启蒙本身的陌生。正像我们已经指出的那样，它不仅仅是指一个时代观念，还是一种历史性的概念。同时，它也意味着一个古老的普遍与特殊之间的难题，在这个难题背后，关系着我们将如何来面对生活或他人的伦理前提。或许还可以补充的一点是，在卢梭看来，这种伦理前提尽管“预先地”存在，但它在我们的政治、经济、社会、制度以及文化等多方面的生活中并不占有任何优先地位。而我们也不得不说，这一前提直至今天仍被过分地低估了。与之正相对的，是极权主义与种族主义的阴霾从未因为“二战”和冷战的结束而烟消云散，反而愈加构

① Jean - Jacques Rousseau, *Œuvres completes*, tome I, Gallimard, 1995, p. 995.

② Jean - Jacques Rousseau, *Œuvres completes*, tome I, Gallimard, 1995, p. 1005.

成了大多数人的思维方式和行动原则，而跨国集团、金融寡头和垄断企业的资本帝国美梦也总是会在每一次严重的经济危机之后伴随着全球的欢呼声卷土重来。人们宁愿将它们所带来的种种问题归于一种时代特征或赋予其某种制度意蕴，也从来不会怀疑这种生活方式本身的有效性。

怀疑与批判并非是要从一个极端走向另一个极端，上述处境本身也说明，伦理前提、实践智慧或者启蒙批判只是诸多现实活动中的一个层次，因此必定具有它们自身的片面性。我们所努力做的工作只是力图达至一种“中道”和“适度”，也即：充分展开这一问题本身的复杂性和可能性，从中寻求一种别样的非总体化的生活和思维形式。我们在这里似乎陷入了一种可怕的循环当中，然而不能忘记的是，这也正是启蒙本身带给我们的从普遍到特殊，或从特殊到普遍的难题之一。另一方面，我们也坚持认为，进入这一难题的最佳方式依赖于每一个个体生命对于自身的关爱与塑造，也即：在不断地离开自身、拒绝自己，通过与他者世界发生关系从而更加专注于与自身的关系当中来完成自身的成长以及对自身的批判。因此，这种成长和批判显然不再是与启蒙和普遍性相脱离的纯粹偶然性，而是具有了某种辩证意味的肯定性。正是在这一意义上，我们一方面不得不承认两个多世纪以前康德在答复“何为启蒙?”这一问题上的远见卓识及其在我们头脑中所划下的那条界限，另一方面，就从这条界限划定的那一刻起，远远超越它的任务也就提上了启蒙的日程表，并必将持续地存在下去。

● 原文刊载于《求是学刊》2009 年第 1 期。《新华文摘》2009 年第 13 期转载。

● 莫伟民，复旦大学哲学学院教授、博士生导师；中国全国现代外国哲学学会理事，中国现代外国哲学学会理事。

● 汪炜，复旦大学哲学学院、巴黎高师哲学系联合培养博士研究生。

现代性与“人之死”

何中华

西方文化和历史的近现代发展，向我们展示了一个巨大的吊诡，那就是以启蒙精神为代表的现代性既拯救了“人”，又葬送了“人”。从历史上看，“人的发现”无疑是使现代性赢得重大声誉的文化事件。人本主义替代神本主义，被人们普遍地视做一种真正意义上的社会进步和历史解放。然而，当我们“从后思索”历史的时候，却蓦然发现，“解放的目标”沦为“解放的陷阱”。具有讽刺意味的是，那个大写的“人”恰恰以“解放”的名义被“解构”掉了。从“人”的发现到“人”的丧失、从“人”的确立到“人”的剥夺、从对“人”的肯定到对“人”的否定……使启蒙现代性充满了内在的紧张与乖戾。问题的深刻性和尖锐性在于，“人之生”和“人之死”均源自同一个基础、同一个事件。这一悖谬正是启蒙的辩证法。作为一种人格的存在，“人”绝不是一个生物学事实。“人之死”当然不是作为生物学事实的人的死亡，不是人的肉体生命的终结，而是“人”作为人格意义上的规定的被解构、被颠覆。作为人的一种无可逃避的现代命运，“人之死”不过是现代性的一个历史后果。但必须追问的是，在现代性所建构的历史语境中，“人”究竟“死”于什么？现代性对“人”的解构，无疑是一个多层面协同的历史进程，它体现在世俗基础、制度安排和学理依据等不同维度。

一

从经济—技术特征的角度看，工业化和市场化分别构成现代化的工艺学基础和社会学基础。两者都不是手段性的规定，而是与现代化相适应的人的存在方式本身的实际建构。因此，关于科学技术的工具性定义，仅仅是现代人基于狭隘的功利主义生存格局所得出的一种修辞,它遮蔽了科学技术的存在论含义。商品经济及其市场逻辑是以资源稀缺性为绝对前提的,由此决定了它在本性上必然依赖于需求的人为制造。市场逻辑对于现代社会的全面宰制,极大地诱发并放大了人的欲望。诚然,任何时代的人都有贪欲;但是在传统社会,人的贪欲无论在道德上还是在制度安排上得到的都是负面评价,处于被抑制状态。到了现代社会,人的贪欲却得到了道德和制度的双重肯定。在一定意义上,贪婪的欲望无非就是占有关系的主观诉求和表征。有学者指出:"这种统治、征服、控制、支配自然的欲望是现代精神的中心特征之一。"[①]人类对于自然界的非自然的占有,不仅使人游离了大自然,并且使人同大自然之间的关系具有了敌对的性质,其历史后果就像有人所说的那样,"在启蒙运动之前,部分人把自然视为慈善的母亲,但在这之后,它却逐渐仅被视为应遭惩戒的女巫或应遭强暴的处女。现代科学方法的'精神之父'弗兰西斯·培根先生就曾明确地把他对自然的探索工作说成强奸"[②]。在某种意义上,古希腊时代的俄狄浦斯神话所蕴涵的深刻隐喻,已经先行地暗示了人的现代性境遇。人与自然之间由母子关系演变为支配与被支配的关系,这无疑是一种现代意义上的"乱伦"。其历史后果是作为"人"的生存之绝对前提的大自然把人抛入了一种空前深刻的危机之中。

作为实证科学始祖的培根提出"知识就是力量"的箴言,以知识论的方式隐含着一种外向的占有诉求。正如罗素所指出的,当培根说"知识就是力量"时,"培根心目中的知识是他所谓的科学知识"[③]。按照马克思的说法,现代社会"把物质生产变成对自然力的科学统治"[④]。这种"统治"是现代意义上的"占有"的实现。"占有"是人所特有的一种关系,动物没有这种关系,尽管动物也有对于自然界的耗费,但它却不"占有"。当马克思说人还处于"动物期"或"史前期"时,有两种历史内涵值得辨析。一是说人还未能以主体性的姿态建构自身,这时人尚处于前现代状态,他同动物一样不存在与自然物之间的"占有"关系。二是说一切前共产主义

① (美)格里芬:《后现代精神》,王成兵译,中央编译出版社1998年版,第5页。
② (美)格里芬:《后现代精神》,王成兵译,中央编译出版社1998年版,第68页。
③ (英)罗素:《罗素文选》,牟治中译,国际文化出版公司1987年版,第115页。
④ 《马克思恩格斯选集》第1卷,人民出版社1995年版,第773页。

阶段的人，由于还未能实现真正意义上的“解放”，均仍处于“史前期”。因此，无论在哪个意义上，“占有”都不过是一个现代性的事实，它体现着现代社会所塑造的人所特有的存在方式及其基本姿态。在占有关系的建构中，自然界面临着“祛魅化”命运。当自然界沦为人的占有对象时，其神性不仅随之消失，而且变成一种从属性和工具性的规定，从而丧失自身的尊严。所以，正如霍克海默和阿多尔诺所说的那样，“神话变成了启蒙，自然界变成了单纯的客观实在”①。主体性的历史内涵在于人作为占有者而建构起占有和被占有关系，形成主体同客体之间的对象性关系。因此，主客体关系并不是一种超历史的规定，相反，它不过是现代性所特有的历史形式和存在格局而已。主客体关系在现代社会中的实际展现，已经把人抛入了一种“无根”状态。现代人的“无根”状态，最直观地表征为我们对于“大地”的疏远和逃离。诚如海德格尔所说的：“技术越来越把人从地球上脱离开来而且连根拔起。”②可以说，20 世纪 60 年代突然出现的所谓“全球性问题”，不啻是“人之死”的一个不祥的症候。

上述可见，工业化和市场化使现代性意义上的“占有”成为可能。因为市场化孕育的贪婪提供占有的原始动机，而工业化(科学在生产上的应用)带来的人对自然的支配能力构成占有的有效手段。人的根基的颠覆使人面临着解构的命运，这种解构说到底不过是人的自我解构，亦即人成为自己的掘墓人。除了人，没有任何一种可能的存在能够为此负责。更深刻的在于，这种解构采取了貌似人的自我建构的虚假姿态。其中的吊诡显示了人的现代性命运的悲剧性意味。

那么，在现代性的历史语境中，永恒之物及其所代表的绝对价值是如何被解构掉的？它是如何被“现代性的酸”腐蚀掉的？按照李普曼的解释，“一些现代性的酸”把过去各种宗教式的笃信溶解了。而在他看来，“科学方法的影响和工业都市社会的发展是使绝对的东西失去信仰的主要因素”③。强调经验事实的实证主义视野和方法，偏好把道德定位在以

① (德)霍克海默、(德)阿多尔诺：《启蒙辩证法》，洪佩郁、蔺月峰译，重庆出版社 1990 年版，第 7 页。

② 孙周兴选编：《海德格尔选集》下卷，上海三联书店 1996 年版，第 1305 页。

③ (美)宾克莱：《理想的冲突——西方社会中变化着的价值观念》，马元德等译，商务印书馆 1983 年版，第 6～7 页。

大多数人能够践履（至少具有这种现实的可能性）的位置上。这就使道德屈从于经验事实，从而取消了道德的意义标准。倘若道德不再取决于绝对命令，而是取决于经验事实所决定的具体情境，那么道德标准也就不复存在。从根本上说，这种道德观不过是对现实的一种妥协和认同而已，它所出卖的却是负载着绝对价值的永恒之物。在现代性的这种姿态下，道德的超越性就完全被遮蔽了。正如有人指出的那样，"我们的时代常被称为相对主义的时代"[①]。作为同商品经济及其市场逻辑相适应的意识形态，实用主义式的道德理解恰恰主张道德价值的相对性和多元性。于是，"所有价值都是相对的"这一现代性信念，就充当了今天的人们为自己的任性践踏道德尺度所找到的一个貌似正当的理由。它的一个不可避免的历史后果就是，"相对论的时代使人想要找到他能够为之坚定地毫不含糊地献身的终极价值的希望大大破灭了"[②]。相对主义信念只能使人过一种没有绝对之物召唤的生活，由此决定了人的拯救将丧失掉最后的保障。于是，现代人向物的世界的沉沦就成为不可避免的了。

二

现代性的突出特点之一，是程序正义高于实质正义。在这个意义上，现代性主要表征为一套具有独特性质的制度安排。因此，现代性语境中的"人之死"，也同样体现在韦伯所谓的"科层制"层面。

现代制度对"人"的"凝视"，使人面临着既无法逃避又相互关联的严重后果，即人的物化、人的客体化和人的功能化命运。首先，正如马克思所揭露的，"我们的一切发现和进步，似乎结果是使物质力量成为有智慧的生命，而人的生命则化为愚钝的物质力量"[③]。这既是科学技术进步的结果，又是现代制度安排的结果。以现代诊疗方式为例，它总是倾向于把活生生的人还原为一组组数据、一组组图像，这种还原论的偏好正是现代性所特有的致思取向。就像怀贞鲍姆所说的那样，"人、物品、事件被'程

① （美）宾克莱：《理想的冲突——西方社会中变化着的价值观念》，马元德等译，商务印书馆1983年版，第6页。

② （美）宾克莱：《理想的冲突——西方社会中变化着的价值观念》，马元德等译，商务印书馆1983年版，第52页。

③ 《马克思恩格斯选集》第1卷，人民出版社1995年版，第775页。

式化’,人们谈论的是‘输入’和‘输出’、反馈回路、变量、百分比、程序等等,直至最终所有与具体环境的联系都被抽象掉。然后只剩下图表、数据集合和打印输出”①。在这种“凝视”下,“人”已被物化为没有灵性的存在物了。其次,现代管理制度的建立,总是以基于对被管理者的先行的不信任为前提。被管理者一开始就被预设为一种对象性的、受动的、被评价的和被挑选的他者。如此一来,他的主体性便荡然无存,从而不可避免地沦为丧失主格的存在物了。因此,作为主体的人的客体化,就成为现代人的一种宿命。再次,在现代性制度安排中,“人”变成了被嵌入一种功能主义的格局之中的“部件”,从而沦为功能性和工具性的规定。马克思曾经尖锐地指出,在现代社会,水力、蒸汽力、人力、马力等“所有这些都是‘生产力’。人同马、蒸汽、水全都充当‘力量’的角色,这难道是对人的高度赞扬吗?在现代制度下,如果弯腰驼背,四肢畸形,某些肌肉的片面发展和加强等,使你更有生产能力(更有劳动能力),那么你的弯腰驼背,你的四肢畸形,你的片面的肌肉运动,就是一种生产力。如果你精神空虚比你充沛的精神活动更富有生产能力,那么你的精神空虚就是一种生产力,等等。如果一种职业的单调使你更有能力从事这项职业,那么单调就是一种生产力”②。马克思还以讽刺的口吻指出:“把人贬低为一种创造财富的‘力量’,这就是对人的绝妙的赞扬!”③海德格尔不满于科学的工具论定义,但没有进一步揭示这种工具论意识形态的社会根源和历史基础。其实,这种工具论观念是有原因的。只有历史地超越形成这种观念的社会基础,工具论才会丧失其存在的理由。

关于“科层制”对道德责任主体的消解,我们可以通过第二次世界大战期间纳粹屠杀犹太人这一个案予以了解。我们当然不能不注意到纳粹屠犹政策的“科学”依据,即生物进化论和优生学,但还必须进一步反省,人之作为道德责任主体的被解构在制度安排层面上究竟是怎样发生的。正像鲍曼在《现代性与大屠杀》一书中说的,大屠杀不应仅仅被看成基督教反犹主义传统的延续和顶点,否则就将遮蔽其现代性的本质。因为“大屠杀并不是现代文明和它所代表的一切事物(或者说我们喜欢这样想)

① (英)鲍曼:《现代性与大屠杀》,杨渝东、史建华译,译林出版社2002年版,第153页。

② 《马克思恩格斯全集》第42卷,人民出版社1979年版,第261页。

③ 《马克思恩格斯全集》第42卷,人民出版社1979年版,第262页。

的一个对立面。……大屠杀只是揭露了现代社会的另一面，而这个社会的我们更为熟悉的那一面是非常受我们崇拜的"①。更深刻的在于，"它们不仅仅是一枚硬币的两面，而且每一面都不能离开另外一面而单独存在"②。鲍曼从社会学视角出发，发现了现代性与大屠杀之间的内在关系，其中的一个必然环节就是体现着理性化模式的现代官僚制度。他指出，按照科学理性原则和逻辑建构起来的现代官僚制度固有着两个维度。第一，行为与后果之间的"脱节"。鲍曼指出："所有的劳动分工（这也是纳粹的权力等级导致的分化之一种）使对集体行动的最终成果有所贡献的大多数人和这个成果本身之间产生了距离。"③这就在二者之间形成了一道"无知之幕"（借用罗尔斯的说法），从而阻断了使责任赖以成立的联系，从而造成了一个道德盲区——"'中间人'挡住了行动者的目光，让他看不见行为的结果"④。这恰恰是人的道德沉沦的体制性原因之所在。第二，道德责任被置换为技术责任。"技术责任与道德责任的不同之处在于：技术责任忘记了行动是达到行动本身以外的目的的一个手段。"⑤对体制负责而非对结果负责，乃是现代制度衍生出来的一个重要特点。体制本身的价值中立性决定了人们无权要求对其进行道德考量，而人们的行动结果却是没有理由逃避这种道德考量的。由于上述两个方面的原因，现代性的制度安排就阻断了人们的道德反省的通道，从而有可能摆脱道德约束而放纵自己的行为却无须为此承担什么责任。于是，历史悲剧的来临就在所难免了，以至于像鲍曼所说的："官僚体制制造了大屠杀，以它自己的形象制造了它。"⑥

从某种意义上说，奥斯维辛集中营不过是现代工厂体系的拟化形式，它们在本质上是相似的。如果说现代工厂带来的结果是人的物化，那么奥斯维辛则更为赤裸裸，那就是"生产"人的"死亡"。只对制度安排本身负责，而无须对制度的后果负责，这是现代体制的一个突出特点。因为它通过庞大而深刻的分工体系把终极后果的责任，层层分解、逐级转换，进

① （英）鲍曼：《现代性与大屠杀》，杨渝东、史建华译，译林出版社 2002 年版，第 10 页。

② （英）鲍曼：《现代性与大屠杀》，杨渝东、史建华译，译林出版社 2002 年版，第 10 页。

③ （英）鲍曼：《现代性与大屠杀》，杨渝东、史建华译，译林出版社 2002 年版，第 132 页。

④ （英）鲍曼：《现代性与大屠杀》，杨渝东、史建华译，译林出版社 2002 年版，第 34 页。

⑤ （英）鲍曼：《现代性与大屠杀》，杨渝东、史建华译，译林出版社 2002 年版，第 135 页。

⑥ （英）鲍曼：《现代性与大屠杀》，杨渝东、史建华译，译林出版社 2002 年版，第 140 页。

而形成了一种普遍的代偿关系。这就极大地模糊了个人行为与最终结果之间的对应关系,从而为人们逃避道德责任提供了借口。而且现代社会的强制性的分工(按马克思的说法即所谓“旧式分工”),也极大地弱化了人的义务感的基础。因为在“被迫”的情况下,是无所谓责任的,从而不具有道德的性质。这乃是现代社会的人的道德感之所以普遍弱化的一种体制层面上的原因。“大屠杀”的历史悲剧表明,当理性的价值中立性造成的道德迟钝变成一种制度化格局的时候,人们的道德焦虑就会得到极大的缓解。关键在于,现代性的制度安排阻塞了道德反省的通道,使人们在作恶时可以避免受到良知的折磨。

从发生学的角度看,人的道德人格的养成依赖于传统的熏陶。然而在现代社会,传统却面临着虚无化的危机。不仅这种虚无化借文化进化论的假设成为“不可避免”的现代化诉求,而且现代化的实际展开也以“告别”过去为其基本姿态。对传统彻底丧失信任,使现代人游离了对于永恒之物的信仰根基。因为就大多数人来说,对绝对价值的敬畏和守望并不是依靠理智和论证得以维系的,而是他们的亲在养成的,是他们无法摆脱的巨大传统“遗传”给他们的,因而无异于一种宿命。但是,在现代化的历史语境中,传统被彻底妖魔化,更麻烦的是这种妖魔化得到了制度安排层面上的鼓励和强化。对此,必须指出现代民主制度对于传统的解构作用。从一定意义上说,民主在其本质上不过是肯定人与人之间主体际性意义上的对等关系的制度表达。因此,民主内在地蕴涵着每个人都有表达自己意志的权利这一平等诉求。列宁说:“民主意味着平等……但是,民主仅仅意味着形式上的平等。”[①]它的致命缺陷在于,一是在民主参与中,人们面临着两相混淆的危险,即“‘自己有权利做决定’却很容易滑落成‘自己有能力做决定’”[②]。而一旦“能力”被当做“权利”加以运用时,伯林所谓的“积极自由”就被当做“消极自由”来实施了,其危险不言自明。因为当能力大于权利时,就会出现僭越,这是对自由的滥用;相反,当权利大于能力时,平庸在权利的保护下得到不应有的肯定。二是民主的结果不是求“正确”,而是求“多数人同意”,由此决定了它所获致的不是“公意”,而只是“众意”。因此,“民主重量(quantity)而不重质(quali-

① 《列宁选集》第3卷,人民出版社1995年版,第201页。

② 林毓生:《中国传统的创造性转化》,三联书店1988年版,第95页。

ty),凡事求最大公分母”[1]。这就使得民主的出发点虽然是尊重每个人的主体性,但其归宿却是“多数人的暴政”(托克维尔语)。这正好是民主的悖论和反讽意味所在。

根据林毓生的观察,在“一个民主绝对化的社会,一般人自然处处要求平等,甚么事都要由自己来决定,并且相信自己有能力做各种决定;否则就不民主、不平等。因此,各式各样从传统演变而来的权威都相对地遭受削减:父母、师长、学校、经典、教会,甚至语言规律都不再被信服,也不再被依靠”[2]。传统资源的现代衰落,使永恒之物及其所负载的绝对价值失去了赖以支撑的深厚而悠久的文化土壤。应该说,这是现代人之所以发生道德危机的最深刻的文化原因。

三

从学理层面说,现代性语境中的“人之死”,主要表征为还原论诠释框架对真正意义上的人的消解和人的自我追问方式的误入歧途。这两者说到底都植根于人在文化意识上的理性偏好。我们知道,在现代性的历史语境中,理性重新得到了空前的信赖。就像18世纪法国启蒙思想家孔多塞所说的:“这个时刻将到来,那时候太阳在大地之上将只照耀着自由的人们,他们除了自己的理性而外就不承认任何其他的主人。”[3]被黑格尔称做“现代哲学之父”的笛卡儿提出的那句有名的箴言“我思故我在”,其真正的启蒙意义在于,它宣告了一个具有思考能力的自我亦即理性主体的诞生。海德格尔认为,在笛卡儿哲学那里,“‘自我’,人类主体性,就被说明为思想的中心。现代的自我立场及其主观主义即源出于此”[4]。于是,“知识论从此以后成了哲学的基础,从而使哲学成为与中世纪哲学大相径庭的现代哲学”[5]。当然,现代性所肯定的理性无疑是一种广义的文化精神,它既包括唯理论意义上的对于先验规定的推崇,也包括经验论意义上的对于实证精神的肯定。

---

① 林毓生:《中国传统的创造性转化》,三联书店1988年版,第96页。

② 林毓生:《中国传统的创造性转化》,三联书店1988年版,第323页。

③ (法)孔多塞:《人类精神进步史表纲要》,何兆武、何冰译,三联书店1998年版,第182页。

④ 孙周兴选编:《海德格尔选集》下卷,上海三联书店1996年版,第876页。

⑤ 孙周兴选编:《海德格尔选集》下卷,上海三联书店1996年版,第876页。

从西方现代性的历史过程看,“人的发现”和大写的“人”的确立,不过是人借助于理性视野实现的自我审视的结果。休谟说:“关于人的科学是其他科学的唯一牢固的基础,而我们对这个科学本身所能给予的唯一牢固的基础,又必须建立在经验和观察之上。”①他认为,在人性论问题上,“我们不能超越经验”,因而“凡自命为发现人性终极的原始性质的任何假设,一下子就应该被认为狂妄和虚幻,予以摒弃”②。休谟的这一经验论立场,导致了其人性论的性恶论预设,这两者之间的确有着某种内在联系。休谟指出:“我们承认人们有某种程度的自私;因为我们知道,自私是和人性不可分离的,并且是我们的组织和结构中所固有的。”③为什么经验论视野所能够发现的只能是人的自私,而且把自私归结为人性的规定呢?因为倘若把人仅仅当做一个经验事实来捕捉,就只能捕捉到人的生物学性质。把这种性质作为人性论的答案,就不可避免地得出人性是自私的结论。人性问题归根结底不是一个事实问题,而是一个规范问题。因此,在这个问题上,归纳方法是无效的。这是因为生物学只能解释人作为肉体存在的属性,而无法解释人对于肉体的超越,还原论方法把人之为人的规定归结为生物学性质,就把人降低到了动物层次,从而抹杀了人的崇高和尊严。休谟显然未能超出现代性所赋予他的想象力,当他把自私同人的本性内在地贯通起来时,人就在学理层面上被贬低为动物了。这就为人在事实上向动物的沉沦提供了一种辩护。休谟所代表的经验论立场从两个维度上腐蚀着人之所以成其为人的根基:一方面它把人还原为以肉体存在为基础的自私性质;另一方面经验论所由以发生的原初基地即感性杂多所蕴涵的多元性,解构着人们对于永恒之物的敬畏。道德人格的颠覆、道德优先性地位的陨落,使人之所以成其为人的终极根据被彻底地拔除了。

只有在超越自然律的羁绊中才能凸显人的尊严和人生意义,这正是德性优先于知识的根本理由。对此,陀思妥耶夫斯基在《地下室手记》这部作品中借主人公之口说得好:“无法通过的意思就是石头墙!什么样的石头墙?当然是自然律,是自然科学的演绎,是数学。譬如说,当他们向

① (英)休谟:《人性论》上册,关文运译,商务印书馆 1980 年版,第 8 页。

② (英)休谟:《人性论》上册,关文运译,商务印书馆 1980 年版,第 9 页。

③ (英)休谟:《人性论》下册,关文运译,商务印书馆 1980 年版,第 625 页。

你证明了你是猴子的后代,那么发脾气是没有用的,你只能把它当做事实接受。”[①]人倘若在科学理性及其对自然律的揭示面前止步,就仍然不过是一种自然存在而已。在陀氏看来,人除了宿命的一面,还有超越的一面:“我的老天!但是当我为了某种理由不喜欢这些事情以及二二得四的时候,我管它什么自然律或数学律。当然,如果我确实力量不够,我是不能用我的头把它撞倒的,但我并不因为它是一堵石头墙而我自己又没有力量把它撞倒就与它妥协。”[②]陀思妥耶夫斯基指出:“你怎么会如此确信理性与数学,认为由它们作保不违背人类正当利益的行为就真正必定有益于人类,并且是人类的一种定律呢?……它可能是逻辑定律,但不是人性定律。”[③]在陀氏看来,由理性和数学所保证的“定律”,不过是“逻辑定律”,而非“人性定律”。当这种“逻辑定律”变成支配人的存在的独断信条,从而宰制一切时,“人性定律”也就不可避免地丧失自己最后的地盘。关于科学对人生意义的遮蔽,胡塞尔也曾指出:“现代人漫不经心地抹去了那些对于真正的人来说至关重要的问题。只见事实的科学造就了只见事实的人……在人生的根本问题上,实证科学对我们什么也没有说。实证科学正是在原则上排斥了一个在我们的不幸的时代中,人面对命运攸关的根本变革所必须立即作出回答的问题:探问整个人生有无意义。”[④]现代性造就了基于理性独断性而确立起来的科学主义信念。“唯科学主义运动的参加者是这样一群人,他们相信科学是求得真理和有效地控制自然界以及个人及其所在社会中问题的一种正确途径,即使这些人可能并不懂科学。”[⑤]科学视野的独断化,是理性精神宰制格局的一个必然的后果,并成为现代社会的一个普遍的文化事实。人们对于理性的无批判的盲目崇拜和迷信,构成其心理学基础。它的最深刻的表现,乃是人的自

---

① (美)考夫曼:《存在主义——从陀斯妥也夫斯基到沙特》,陈鼓应等译,商务印书馆1987年版,第57页。

② (美)考夫曼:《存在主义——从陀斯妥也夫斯基到沙特》,陈鼓应等译,商务印书馆1987年版,第58页。

③ (美)考夫曼:《存在主义——从陀斯妥也夫斯基到沙特》,陈鼓应等译,商务印书馆1987年版,第73页。

④ (德)胡塞尔:《欧洲科学危机和超验现象学》,张庆熊译,上海译文出版社1988年版,第5~6页。

⑤ (以色列)约瑟夫·本-戴维:《科学家在社会中的角色》,赵佳苓译,四川人民出版社1988年版,第151页。

我把握方式本身的“科学”化。在西方是这样，在中国也是这样，例如20世纪20年代初发生在中国的那场“科玄论战”中的“科学派”所秉持的立场。

现代性意义上的“人之死”，其最为深刻的学理根源在于人的自我追问方式陷入歧途。“人的发现”是通过“人是什么”的追问实现的，但这种追问方式本身从一开始就隐含着致命的错误。当我们问“人是什么”时，其实已经先行地把被追问者作为一个死的物来设定了。如此一来，在寻求答案之前，“人”的命运其实就已经被注定了。

问题在于，何以发生“人是什么”取代“人是谁”的思想悲剧？其根源究竟何在？笔者认为，它归根到底来源于海德格尔揭橥出来的那个古老的哲学错误，即“在的遗忘”。事实上，我们的追问方式在本源处就已经误入歧途了，那就是把“在”本身当做一个“在者”加以追问。哲学之所以陷入了“在的遗忘”，就在于其追问方式本身出现了偏差。当人们追问“什么是存在”时，不管作怎样的回答，一切可能的答案都无法超出“在者”的范围。人们实际上是用一种追问“在者”的方式去追问“存在”了，却自以为是在追问“存在”本身。在一定意义上，西方形而上学传统之所以同科学理性之间具有一种原罪般的发生学关系，恰恰是因为追问方式本身未曾得到自觉的清算。对于“在者”的诠释被误认为是对于“存在”本身的把握，它表现为以还原论为基本特征的简约方法对人的运思方式的主宰。因此，它只能执著于“有”从而遮蔽了“无”。海德格尔认为“科学不思想”，所以在当今这个科学至上的时代，“人类在逃避思想”①。于是，人们不再拥有“沉思之思”(das besinnliche Nachdenken)，而是堕入“计算性思维”(das rechnende Denken)而难以自拔。所以，“无思状态是一位不速之客，它在当今世界到处进进出出”②。这是科学主义时代的必然症候。海德格尔写道：“科学并不思。科学不思是因为它的活动方式及其手段规定了它不能思，亦即不能以思想家的方式去思。”③这是由于作为我们把握在者的唯一有效而恰当的方式，科学只同“在者”打交道，它所把握的是“在者”而非“在”本身。“科学现在必须重新郑重而清醒地宣

① 孙周兴选编:《海德格尔选集》下卷，上海三联书店1996年版，第1232页。
② 孙周兴选编:《海德格尔选集》下卷，上海三联书店1996年版，第1232页。
③ 孙周兴选编:《海德格尔选集》下卷，上海三联书店1996年版，第1209页。

称它只过问存在者”,“科学不愿与闻无”[1]。因而“科学不思想”。当科学的理性视野变成一种独断尺度时,人们必然执著于在者而遗忘了“在”本身。技术对人的统治,使“人”陷入物化的命运,说到底其根由也是由于“在的遗忘”这一原初性的错误。

“在”的“在者化”所导致的“在的遗忘”的一个现代后果,就是“人之死”。由“在的遗忘”(海德格尔语)到“人之死”(福柯语),二者之间具有一种内在的学理关联。在某种意义上,现代性语境中的“人之死”,不过是古老的哲学错误的一种延迟性历史表达而已。更具讽刺性的是,人在现代性所塑造的实际历史中所遭遇的反身性否定的命运,还采取了一种自我肯定的虚假幻象。这也正是现代性的欺骗性和伪善之所在。当“人”的追问沿着“人是什么”而非“人是谁”摊开时,答案中的“人”只能是第三人称的而非第一人称的。当“人”作为一个客体被科学理性加以审视时,作为主格的“人”也就消逝了,剩下的不过是作为宾格的“人”而已。于是,“人之死”也就在所难免了。

●原文刊载于《求是学刊》2010 年第 4 期。《高等学校文科学术文摘》2010 年第 5 期转载。

●何中华,山东大学哲学与社会发展学院教授、博士生导师;中国辩证唯物主义研究会理事。

---

① 孙周兴选编:《海德格尔选集》上卷,上海三联书店 1996 年版,第 138 页。

以赛亚·伯林的"现代性"

傅永军

20世纪80年代末的某一天，在当代自由主义思想大师以赛亚·伯林的伦敦寓所里，伊朗哲学家拉明·贾汉贝格鲁对其进行了访谈。在回答拉明向他提出的"什么是现代性的特征"的问题时，以赛亚·伯林斩钉截铁地回答，他认为没有什么现代性的特征。[①] 以赛亚·伯林不承认有什么"现代性"，当然也不会承认有什么所谓的"前现代性"和"后现代性"。为什么以赛亚·伯林否认现代性的存在？他又是如何否定现代性的呢？如果说以赛亚·伯林承认启蒙之后西方将不可避免地由传统社会演变成现代社会，那么他视阈中的"现代"又应该具有什么样的独特品质与表现样式？

一、价值多元与现代性

"现代性"是一个流行于欧洲大陆思想界的概念。但是，对于这样一个普遍流行的概念，学界却难以达成一致的理解。"浏览一下在世界范围内产生重大影响的思想家和理论家关于现代性的阐释"，可以发现在现代性概念理解上的"多视角性和歧义性"。例如，哈贝马斯强调现代性是一项尚未完成的设计，倾向于从作为"时代意识"的文化精神方面理解现代性，认为现代性表达的是"一种新的时间意识"，这种意识将现代性解释为当下社会生活从精神到制度再到生活方式等的全方位"合理性化"，因

① (伊朗)拉明·贾汉贝格鲁：《伯林谈话录》，杨祯钦译，译林出版社2002年版，第57页。

此，现代性就是“合理性”。[①] 吉登斯则明确把现代性理解为一种制度安排，“‘现代性’指大约从17世纪开始在欧洲出现，此后程度不同地在世界范围内产生影响的社会生活或组织模式”[②]。“利奥塔也在精神层面上界定现代性，但他的兴奋中心是作为‘宏大叙事’的现代性。他认为，关于理性、自由、解放的允诺等‘元叙事’(meta narratives)或‘宏大叙事’(grand narratives)‘是现代性的标志’。”[③]而在迈克·费瑟斯通(Mike Featherstone)那里，现代性就是“西方的规划”，是“西方价值观向全世界的投射”[④]。马泰·卡林内斯库(Matei Calinescu)则把现代性分为“启蒙的现代性和美学先锋派的现代性”两种。如此等等，不一而足。“我们很难给出一个人人都满意的现代性定义。正如泰勒所说，是‘modernities’，而不是‘modernity’。现代性只能是复数。”[⑤]从这段话中可以看出启蒙对科学和科学精神的迷恋，这种迷恋使得启蒙将科学精神和科学方法视为理性所内在拥有的品质，就此将这样一种狂妄与自负赐予理性：“牛顿物理学在无生命的自然王国里连连获胜，人们相信，和它相似的方法，也同样成功用于几乎没有多少进步可言的伦理学、政治学以及一般人类关系的领域。”[⑥]

以复数形式出现的现代性表明，现代性不是“一个”，而是“多个”。但“多个现代性”并不等同于“多元现代性”。“多元现代性”否定现代性的典范是西方现代性，也不认为非西方的现代性是个案的现代性，或者特殊的现代性。在“多元现代性”视阈中，西方现代性的核心价值没有什么普世性。任何一种现代性都是独特的。一种现代性与另一种现代性之间

---

① 参见哈贝马斯在《交往行为理论》、《现代性的哲学话语》、《后民族结构》等著作中的相关论述。

② Anthony Giddens, *The Consequences of Modernity*, California: Stanford University Press, 1990, p. 1.

③ (法)利奥塔：《后现代性与公正游戏——利奥塔访谈、书信录》，谈瀛洲译，上海人民出版社1997年版，第167页。

④ Mike Featherstone, *Undoing Culture: Globalization, Postmodernism and Identity*, London: Sage, 1995, p. 10.

⑤ 以赛亚·伯林把启蒙的核心观念概括如下：“宣扬理性的自律性和以观察为基础的自然科学方法是唯一可靠的求知方式，从而否定宗教启示的权威，否定传统、各种清规戒律和一切来自非理性的、先验的知识形式的权威。”[(英)以赛亚·伯林：《反潮流：观念史论文集》，冯克利译，译林出版社2002年版，第1页。]

⑥ (英)以赛亚·伯林：《反潮流：观念史论文集》，冯克利译，译林出版社2002年版，第2页。

不存在可通约关系,因此,任何一种后发的现代性与作为发生诱因的西方现代性之间的关系不是特殊与普遍的关系,而是完全殊异的两个特殊之间的关系。"多个现代性"则不这样认为。所谓复数的现代性,不是说并存着许多承载着完全不同价值甚至在价值方面完全相反的现代性,而是说,尽管作为现代性内核的普遍价值是普世的,但表现这种普世价值的都是特殊现代性,这些特殊的现代性因其地域特色以及文化传统等不同而自然会以各自的特色表现现代性所内蕴的普世价值。也就是说,现代性的普世性价值经由地域及文化特色改铸,而必然具有形形色色的外显方式,表现为独特呈现的特殊现代性,形成"理一分殊"之格局,造成"月印万川"之效果。可谓"一性圆通一切性,一法遍合一切法,一月普现一切水,一切水月一月摄"①。或如先哲朱熹所说:"万物皆有此理,理皆同出一原,但所居之位不同,则其理之用不一。"(《朱子语录》卷十八)由此可知,"多个现代性"所意欲描述的是这样一种现象:表现面相各不相同的现代性与现代性的普世价值之间是一种特殊与普遍的关系。现代性是启蒙的产物,而启蒙又是从一种普遍的人性和永恒的理性立场去勾画现代的生活样式和精神品质。起源于启蒙的现代性的普遍价值完全可以有不同的描述,不同的表现方式。但万变不离其宗,其核心要义依然如哈贝马斯所说就是要"理性地塑造生活"②。

分析至此,我们基本可以推知,为什么以赛亚·伯林否认存在现代性。答案其实十分简单:源自启蒙的现代性与以赛亚·伯林的多元价值观③思想格格不入。

---

① 以赛亚·伯林在《反启蒙运动》一文中指出:"持进步主义信条的法国思想家,不管其内部有何分歧,他们都是基于一种以古代自然法学说为根源的信念:无论何时何地,人性基本上都是一样的;地域或历史中的多样性,与恒久不变的内核相比是不重要的,因为人之所以为人,也正是因为这个内核,这与定义动物、植物或矿物的道理相同。"[(英)以赛亚·伯林:《反潮流:观念史论文集》,冯克利译,译林出版社2002年版,第1页。]

② (德)哈贝马斯:《现代性——未完成的工程》,丁君君译,王炳钧校,汪民安、陈永国、张云鹏主编,《现代性基本读本》上卷,河南大学出版社2005年版,第113页。

③ 哈耶克指出:"普遍要求'自觉地'控制或支配社会过程,是我们这一代人最典型的特征之一。它大概比任何其他常见的套话更明确地反映着这个时代所特有的精神。凡是没有完全受到自觉支配的,都被视为有缺陷的,使其不合理性的证明,因而需要用特意设计的机制彻底取而代之。"[参见(英)哈耶克:《科学的反革命——理性滥用之研究》,冯克利译,译林出版社2003年版,第98~90页。]

在以赛亚·伯林看来,人类的文化和价值——那些为人类正面认同而被肯认下来的"善",即那些被视为能够指导人类行为根本原则的价值理念——是多元的。以赛亚·伯林这样说道:"人类的目标是多样的,它们并不都是可以公度的,而且它们相互间往往处于永久的敌对状态。"① 这里需要注意的是,以赛亚·伯林所说的文化与价值多元,不是简单地指出人类存在多种价值,而非一种。他的多元论是绝对的多元论,坚持多种价值并存且不可通约。在他看来,价值与价值,特别是那些具有终极意义的价值之间是一种特殊对特殊的关系,不仅本质上相互排斥,而且现实上拒绝融汇统合,彼此之间相互冲突,犹如双峰,并峙而立。因此,人们不可能为自己所追求的诸价值理想找到一个有说服力和公信力的共同尺度,衡量其高低,测度其优劣,并据此为这些价值排定次序。

正因为以赛亚·伯林坚持上述价值多元论观点,因此必然不能接受启蒙所定位的现代性概念:"现代性",作为被启蒙开化了的现代人借以叙述自己所处启蒙后时代之特质的概念,作为叙述现代生活之独特品格和样式的叙事范畴,必然包含一种来自启蒙普遍性立场的普世价值理想,现代性的社会正是以这些价值理性为基础而理性地建构起来的。在以赛亚·伯林看来,这种现代性概念不过是坚持"建构理性"的法国式启蒙制造的美丽神话,人类根本不可能有不变的人性和至上的理性,根据它们推出人类单一的、正确的永恒价值,并用它统治或取消其他价值,而实现至善。正因为这个缘故,"伯林拒绝为自由主义寻找一个形而上学的哲学基础,反对哲学家们在洞穴之外寻求真理,拒斥那种企图建构完美和谐的道德体系的幻想。他赞同约瑟夫·熊彼特的主张,即'文明人与野蛮人的差异,在于前者了解个人信念只具相对有效性,但却能够坚定不移地捍卫这些信念'"②。总之,作为多元论者,单从警惕意识形态中可能出现的霸权意识思考,也势必反对主张用一种普世价值主宰现代社会的现代性概念。

---

① (英)以赛亚·伯林:《自由论》,胡传胜译,译林出版社2003年版,第244~245页。

② 蒋柳萍:《多元论与自由:伯林反启蒙的自由主义思想研究》,载《江西社会科学》2006年第1期。

二、“反启蒙”与“反现代性”

从价值多元论出发，以赛亚·伯林拒斥现代性，通过阐发自己的“反启蒙”思想，伯林给出了“反现代性”的理据。而实际上，在以赛亚·伯林那里，“反启蒙”与他的多元论有着不可分割的联系。这里，首先要对以赛亚·伯林“反启蒙”概念作个梳理，以便能够在含义明确的语境中分析以赛亚·伯林的“反现代性”思想。

确切地说，以赛亚·伯林并不反对启蒙的基本价值和启蒙预设的目标——自由、理性、平等及正义与善的社会秩序。他曾经这样说：“启蒙运动的价值，也即伏尔泰、爱尔维修、霍尔巴赫和孔多塞这些人所提倡的东西深深地感动了我。他们也许太褊狭，对人类的经验事实往往也会判断失误，但是他们是伟大的解放者。他们把老百姓从恐怖主义、蒙昧主义、狂热盲目以及其他荒谬绝伦的精神枷锁中解放出来。他们反残忍，反压迫。他们跟迷信无知以及许许多多败坏人们生活的勾当进行了一场胜利的战斗。”①

以赛亚·伯林反对的是启蒙的盲目自信和妄自尊大以及由之而必然导致的理性一元论。因此，以赛亚·伯林借助“反启蒙”所要表达的思想是，提醒经由启蒙而自觉地追求自由的人们要时刻防止一种来自意识形态上的霸权意识。因此，以赛亚·伯林“反启蒙”主要是反对那证成启蒙价值普遍性和启蒙目标唯一性的、属人的超越能力——人的理性。不过，这里需要注意，理性这个概念，就像启蒙一样，自 17、18 世纪以来也成为一个复杂的概念，需要作具体的甄别与界定。

大体上说，与启蒙相关的理性，在近代出自两种不同“血统”：一是欧洲大陆理性主义传统，一是英伦三岛经验主义传统，前者起自笛卡儿，后者承续培根、洛克。按照哈耶克的说法，出自笛卡儿传统的理性可以简称为“建构理性”，而承续洛克传统的理性可以简称为“进化理性”，这两种理性本质上的区别在于对待理性限度的态度不同。“建构理性”否认理性有其限度，赋予理性以自主、主动之品格，把理性理解为一种思辨、批判

① (伊朗)拉明·贾汉贝格鲁：《伯林谈话录》，杨祯钦译，译林出版社 2002 年版，第 66 页。

和否定的力量,因此,"建构理性"总是幻想着设计人类的理想生活,创造社会的各种制度;"进化理性"则承认理性的局限,要求防止理性的滥用和超越使用,强调对常识和传统的尊重,把理性理解为一种经验观察、归纳综合,一种在试错中演进的力量,因此,"进化理性""总是在注重澄清思想,检验理论和假设,分析经验的意义"①。以赛亚·伯林所要反对的理性,不是承续洛克传统的"进化理性",而是出自笛卡儿传统的"建构理性"。而这种"建构理性"正是法国式启蒙的理性基础。由此可以得知,以赛亚·伯林"反启蒙"的目标针对的是法国式启蒙,而他所批判的理性也是与法国式启蒙珠联璧合的"建构理性"。下面我们就转向以赛亚·伯林的具体批判。

"建构理性"所招致的激进启蒙,最为以赛亚·伯林所诟病的是它的理性主义一元论。在以赛亚·伯林看来,这种一元论严重威胁到个人追求自身目的和价值的自由,使得启蒙陷入吊诡状态:通过启蒙获得解放的人们又身不由己地深陷奴役之中。为什么会有这种"启蒙辩证法"效应?以赛亚·伯林通过分析启蒙理性主义一元论的形成及危害给予了详细回答。

在以赛亚·柏林看来,启蒙理性主义的一元论与法国式"建构理性"的妄自尊大直接相关,同时也是激进式启蒙所必然要求的。"建构理性"的妄自尊大建基在近代哲学所夯实的两大基石之上。第一个是普遍人性的观念,第二个是科学精神和科学方法。前者首先通过世俗化消解掉神圣与崇高,从而把人抬举为无上帝之能却贪享上帝之名的无限而全能的实体;后者接着又将人类普通的理性嫁接到科学之上,涂上一层厚厚的科学精神色彩。以赛亚·伯林把启蒙的核心观念概括如下:"宣扬理性的自律性和以观察为基础的自然科学方法是唯一可靠的求知方式,从而否定宗教启示的权威,否定传统、各种清规戒律和一切来自非理性的、先验的知识形式的权威。"②从这段话中可以看出启蒙对科学和科学精神的迷恋,这种迷恋使得启蒙将科学精神和科学方法视为理性所内在拥有的品质,就此将这样一种狂妄与自负赐予理性:"牛顿物理学在无生命的自然王国里连连获胜,人们相信,和它相似的方法,也同样成功用于几乎没有

① (伊朗)拉明·贾汉贝格鲁:《伯林谈话录》,杨祯钦译,译林出版社2002年版,第57页。

② (英)以赛亚·伯林:《反潮流:观念史论文集》,冯克利译,译林出版社2002年版,第1页。

多少进步可言的伦理学、政治学以及一般人类关系的领域。”①

普遍的人性观念②使得理性成为唯一的人人均享的天赋才禀，而科学精神和科学方法使得理性成为自负的能力——大多数人相信，“建构理性”是用牛顿和笛卡儿科学方法武装起来的，借助它，人类可以预测历史的沿革，设计出最佳的社会模式，理性地安排人类的未来。如此成就的“建构理性”将人类追求至善至美境界的古老理想与近代科学带来的工程技术思维带入社会历史领域，从而就有了自负的理性“用工程技术解决社会问题”③的现实实践。以赛亚·伯林指出：“存在着普遍适用的人类目标，可以制定出一个合乎逻辑的、易于检验和证实的法律和通用规则的结构，以此取代无知、精神惰怠、臆断、迷信、偏见、教条和幻觉所造成的混乱，尤其是人类统治者所坚持的‘同利益有关的错误’，它们应对人类的挫折、罪恶和不幸负主要责任。”④

在以赛亚·伯林看来，“建构理性”与启蒙理想之间有着一种天然的亲和性。18 世纪启蒙思想家特别是法国激进的启蒙思想家借助“建构理性”的魔力，让西方思想史上最古老、最根深蒂固同时也是最激动人心的一个概念——“完美社会”——恢复了生机。这些启蒙思想家相信，完美社会不是幻想的乌托邦，也不是对真实或想象中的过去的怀念与记忆，更不是宗教意义上祈祷和向往的灵魂的他乡，而是可以实现的、经由理性谋划的人类生活。启蒙思想家之所以如此自信，是因为他们始终信奉这样两种信念：第一，“存在着真实的、不变的、普遍永恒的客观价值，它们对一切人、一切地方和一切时代都是正确的”⑤。第二，借助在自然领域取得巨

① （英）以赛亚·伯林：《反潮流：观念史论文集》，冯克利译，译林出版社 2002 年版，第 2 页。

② 以赛亚·伯林在《反启蒙运动》一文中指出：“持进步主义信条的法国思想家，不管其内部有何分歧，他们都是基于一种以古代自然法学说为根源的信念：无论何时何地，人性基本上都是一样的；地域或历史中的多样性，与恒久不变的内核相比是不重要的，因为人之所以为人，也正是因为这个内核，这与定义动物、植物或矿物的道理相同。”［（英）以赛亚·伯林：《反潮流：观念史论文集》，冯克利译，译林出版社 2002 年版，第 1 页。］

③ 哈耶克指出：“普遍要求‘自觉地’控制或支配社会过程，是我们这一代人最典型的特征之一。它大概比任何其他常见的套话更明确地反映着这个时代所特有的精神。凡是没有完全受到自觉支配的，都被视为有缺陷的，使其不合理性的证明，因而需要用特意设计的机制彻底取而代之。”［参见（英）哈耶克：《科学的反革命——理性滥用之研究》，冯克利译，译林出版社 2003 年版，第 98 ~90 页。］

④ （英）以赛亚·伯林：《反潮流：观念史论文集》，冯克利译，译林出版社 2002 年版，第 1 页。

⑤ （英）以赛亚·伯林：《反潮流：观念史论文集》，冯克利译，译林出版社 2002 年版，第 145 页。

大成功的科学方法，就可以把握这些客观价值，并找到实现它们的路径。

以赛亚·伯林指出，整个启蒙运动的基本信条，也是启蒙信仰体系的核心理念是，“自然法（不再是以正统的天主教或新教教义的语言加以阐述）和永恒原理的真实性，只有遵守它们，人们才能够变得聪明、幸福和自由。一组普遍而不变的原则支配着世界，有神论者、自然神论者和无神论者，乐观主义者和悲观主义者，清教徒和原始主义者，相信进步以及科学和文化最丰硕成果的人，莫不如此认为。这些规律既支配着无生命的自然，也支配着有生命的自然，支配着事实和事件、手段和目的、私生活和公共生活，支配着所有的社会、时代和文明；只要一背离它们，人类就会陷入犯罪、邪恶和悲惨的境地。思想家们对这些规律是什么、如何发现它们或谁有资格阐述它们也许会有分歧；但是，这些规律是真实的，是可以获知的（或者是十分确定，或者只是极有可能）”①。那么，怎样获知，而且是获得真知？路径只有一条，即把自然科学方法移植到人文社会领域。18世纪的启蒙思想家大都是哈耶克意义上的“唯科学主义者”，他们相信，人文社会科学一旦在自己的领域内移植已经在自然科学领域取得巨大成功的科学精神和科学方法，用科学方法、科学理念以及科学精神去理解和解释人文社会领域内的真理，去解释那些受人活动影响巨大的社会现象，那么，人文社会领域就会发生革命性变化，人文社会科学就会成为一门严格的科学。用以赛亚·伯林自己的话来说就是：“几乎没有多少进步可言的伦理学、政治学以及一般人类关系的领域”也会发生实质性改变，“不合理的、压迫人的法律制度及经济政策就会被一扫而光，取而代之的理性统治将把人们从政治和道德的不公正及苦难中解救出来，使他们踏上通往智慧、幸福和美德的大道。”②总之，启蒙思想家相信，人类的“建构理性”凭借科学的方法，就一定能够一劳永逸地建立以和谐整体面目出现的人类永恒价值体系，构成一个完美的社会。

以赛亚·伯林将启蒙的这种乌托邦构想，称做启蒙的理性主义一元论。之所以把其看做一元论的，是因为这种理论相信，存在着支配人类生活的规则或者价值，人类的理性借助科学方法可以发现它们，并按照美好生活的设计要求将它们整合成为一个和谐的整体，由此形成一个唯一的、

① （英）以赛亚·伯林：《反潮流：观念史论文集》，冯克利译，译林出版社2002年版，第4页。

② （英）以赛亚·伯林：《反潮流：观念史论文集》，冯克利译，译林出版社2002年版，第2页。

统合事实与价值的知识体系，借助这个体系，解除人类苦难，进入完美社会。①

在以赛亚·伯林看来，启蒙的理性主义一元论是一种压迫与奴役的理论。启蒙狂妄地宣称自己把握了永恒真理，强迫人们按照普遍真理之要求理性地设计未来，构想完美社会。这种观点必然导致对个人价值和自由的抹杀，消解个人追求自身特殊目的和实现特殊人生价值的合理性，结果必然是自由的丧失和价值的虚无。"正如伯林所揭示的那样：启蒙运动的理性主义一元论的学说威胁现代社会中个人的自由和尊严，它将人类视为抽象历史力量的工具，致使人们在政治实践中，顽固地追求某种目标或理想，似乎它们是一种值得人们不惜任何代价去换取的至善，但结果往往却是要求人们以自由的名义实施强制或迫害。"②

论述至此，以赛亚·伯林借助"反启蒙"提出的"反现代性"理据已经十分清楚。源自法国式激进启蒙的现代性，必然招致理性主义的一元论，进而导致社会陷入压迫与奴役之苦难中，于是，人们看到这样一种吊诡现象：一种经由理性思考的观念必须依靠非理性的方式（暴力的、血腥的、情感煽动的，等等）排斥异见，"建构理性"所承诺的现代性天堂，结果却使得人们不得不行走在地狱的边缘。在这个意义上，"反现代性"与"反启蒙"一样，成为英美自由主义的主题之一。

三、多元、自发的"现代性"

尽管以赛亚·伯林的基本立场是"反启蒙"的，进而是"反现代性"的，但这并不意味着他完全否认启蒙对西方社会现代性转型的影响。在他看来，"西方社会大多数的文明成员必然是这样两种传统思潮的后裔——启蒙思想的洞见与对启蒙的浪漫主义反叛。这两种相互排斥的思潮共同塑造了我们的现代观念和现代价值。我们'难以从一个立足点转

① 以赛亚·伯林说："在有关价值的问题上，一旦你拥有了那种可以找到一种美好生活方式的观点，你就知道怎么样去生活了。这就是一元论的观点。"相反，多元论确认在道德、政治和价值问题上不可能存在一个最终答案，存在的应该是多种答案，甚至是相互冲突的答案。[（伊朗）拉明·贾汉贝格鲁：《伯林谈话录》，杨祯钦译，译林出版社 2002 年版，第 40、65 页。]

② 蒋柳萍：《多元论与自由：伯林反启蒙的自由主义思想研究》，载《江西社会科学》2006 年第 1 期。

向另一个'，这对于我们的道德与政治问题带来了相互冲突的标准和视角，但这种在逻辑上令人不满的局面，由'我们在历史意义和心理意义上丰富了的对人与社会的理解能力'而获得弥补"[①]。由此可见，就像我们用多元主义反对启蒙的独霸一样，也必须用多元主义观点检视反启蒙思潮，既不能"基本上站在启蒙一边"，也不能"基本上站在反启蒙一边"，实际上"任何一个单方面的观点都是不足的。我们需要从这两者中获益"[②]。

查尔斯·泰勒根据以赛亚·伯林一贯的思想，明确点出了我们能够从启蒙中获得什么样的教益。他指出："我们从启蒙运动中获得的教益之一是，我们总是要去创造一个新的未来。"[③]而按照他的理解，我们从反启蒙的浪漫主义那里能够获得的教益则主要是，反对一元论以避免在创造新的未来时犯过度简单化的错误。因为"浪漫主义破坏了这样一个观念，即对人类来说，但凡涉及价值、政治、道德、审美，总是存在行之有效的客观标准，不遵循这些标准的人要么在说谎要么是疯子"[④]。坚持这种多元主义立场，我们就必然认同以赛亚·伯林的如下观点："我们是两个世界的后代。"[⑤]

按照以赛亚·伯林的观点，作为启蒙运动的后裔，就像我们不愿意进入一个奉行某种理性主义普世价值的单一面向的社会那样，我们也不可能再回到某个单一的传统，固守一种所谓神圣的秩序，相信这个秩序所需的一切因素——无论是制度的还是观念的——都可以自我衍生。我们必须清楚，我们必须为自己创造一个未来，也就是说，启蒙之后，人类必须进入"现代"。当然，必须清楚的是，这个"现代"并不是按照启蒙理性所勾画出来的完美蓝图，"现代"不过是表示社会进入了一个"新的时代"，一个从传统脱离出来而不能再回到传统的时代。从这个意义上说，所谓现

---

① （美）马克·里拉、（美）罗纳德·德沃金、（美）罗伯特·西尔维斯：《以赛亚·伯林的遗产》，刘擎、殷莹译，新星出版社2006年版，第22页，注2。

② （美）马克·里拉、（美）罗纳德·德沃金、（美）罗伯特·西尔维斯：《以赛亚·伯林的遗产》，刘擎、殷莹译，新星出版社2006年版，第60页。

③ （美）马克·里拉、（美）罗纳德·德沃金、（美）罗伯特·西尔维斯：《以赛亚·伯林的遗产》，刘擎、殷莹译，新星出版社2006年版，第60页。

④ （英）以赛亚·伯林：《浪漫主义的根源》，吕梁等译，译林出版社2008年版，第139页。

⑤ （英）以赛亚·伯林：《浪漫主义的根源》，吕梁等译，译林出版社2008年版，第140页。

代性不过是一种描述现代社会独特品质和生存样式的叙事范畴，我们使用它只是为了描述现代社会在哪些方面与前现代社会相区别。如此来看，“反现代性”的以赛亚·伯林也应该有自己的“现代性”，它代表着以赛亚·伯林对现代社会存在样式的独特理解。而且，我们可以进一步断定，他对现代社会独特品质的理解一定与他对现代性的否定以及他的“反启蒙”立场相关联。因为，按照以赛亚·伯林的说法，我们还是另一种现代思潮——“反启蒙”的浪漫主义的后裔。

从“反启蒙”立场出发，以赛亚·伯林的“现代性”首先应该是多元的。无论从基于经验论和“进化理性”的自由主义理论向外推，还是基于对20世纪极权主义宰制的痛苦记忆，“我们已经越来越认识到道德的和历史的经验并不支持启蒙对理性力量的乐观主义”①。因此，以赛亚·伯林绝不会允许理性主义一元论在现实社会的制度设计中发挥作用。在他看来，现代开始以来的历史所给予我们的最深刻的教训正是在于，人类将启蒙的理性精神推得太远，启蒙理性进入“癫狂状态”，成为“新的暴君”。在这个暴君极权意识裹挟之下，人类幻想进入这样或者那样的一元化普遍的现代性模式中，而彻底忽视了文明、文化及民族的差异与独特性。结果，“启蒙主义的整套理念正在扼杀人们的活力，以一种苍白的东西替代了人们创造的热情，替代了整个丰富的感观世界”②。所以，必须拒绝关于完美社会的乌托邦幻想，必须反对整体主义预设下的人类秩序的一体化。正如我们在他的著作中一再读到的那样，这位犹太裔自由主义大师始终不厌其烦地告诫我们，应该坚决彻底地排除形而上学理性主义一元论的诱惑，在思想和行动所及的一切领域都始终以一种自由宽容的态度维护与包容多元的价值追求。这种立场反映到现代性上，自然是坚守现代性的多元维度，反对在现代性问题上的非此即彼的形而上学态度。存在的只是适合任何民族国家的特殊现代性，并没有具有普世性质的一元现代性，无论它是西方的，还是东方的，甚至是在乌托邦意义上成立的融合东西方而成就的所谓“现代性”。

与多元现代性直接相关的是，以赛亚·伯林坚持现代性的自发性，拒

① (美)马克·里拉、(美)罗纳德·德沃金、(美)罗伯特·西尔维斯:《以赛亚·伯林的遗产》，刘擎、殷莹译，新星出版社2006年版，第57页。

② (英)以赛亚·伯林:《浪漫主义的根源》，吕梁等译，译林出版社2008年版，第48页。

绝由理性自觉设计和自觉选择的现代性。与坚守“建构理性”的理性主义者不同,以赛亚·伯林绝不认为现代社会是人的理性自觉建构的结果,就像哈贝马斯所说的那样,是自觉使用理性塑造之结果。[①] 自发的现代性是社会自然演进的结果,它与理性有限的观点直接相关,因此,它不相信存在什么普遍的历史目的,更不会把普遍不变的人性作为设计未来完美社会的基础。在这一点上,以赛亚·伯林的思想与美国著名政治哲学家罗尔斯的思想可谓互相补足、相互印证。罗尔斯把价值选择看做个人的事情,在他看来,人们不能先验地采用某种价值观去指导社会制度的设置,社会制度的衍生并不受某个终极的目的的支配。历史目的论不适用于社会制度领域,社会制度的生成不是为了某种来自人类的目的,哪怕是一种崇高的目的。社会制度无异于一个场域,人类可以在其中自由地追求自己的目的。

如同以赛亚·伯林所说:“我们最终会赞同有必要容忍他人、有必要在人类事务中保持并非完美的平衡,把人类远远地赶入我们为他们圈定的围栏中或者四海皆同的唯一解决方案中是不可能的。”[②]按照这个观点来理解现代性,其结果必然把现代性理解为社会在现代多元条件下自我生成的结果,而且是根据不同文明形态、文化类别以及民族差异生成的多元景观的现代性。如果说,自发生成的现代性有一些可以奉为共同遵守的原则的话,这些原则必然是英美自由主义的。我们可以简单把它概括为:反对历史目的论,反对理性地建构现代社会,主张价值多元,坚持宽容立场,体谅不完美的生活以及拒斥对人类事务给出统一性回答的一元论思维。

●原文刊载于《求是学刊》2010 年第 4 期。

●傅永军,山东大学文史哲研究院教授、博士生导师;中华全国外国哲学史学会理事,中国现代外国哲学学会理事。

---

① 在《现代性——未完成的工程》一文中,哈贝马斯有这样一段著名的话:“由 18 世纪启蒙哲学家开创的现代派工程的任务是,分别依照它们自己的特性,坚定不移地推进客观化的科学、道德与法的广泛基础以及独立艺术的发展,但同时也要把如此积累的认知潜力从其深奥的阳春白雪形式中释放出来,将其运用到实践,也就是理性地塑造生活。”(见汪民安、陈永国、张云鹏主编:《现代性基本读本》上卷,河南大学出版社 2005 年版,第 112 ~ 113 页。)

② (英)以赛亚·伯林:《浪漫主义的根源》,吕梁等译,译林出版社 2008 年版,第 145 页。

游荡与现代性经验

汪民安

一

或许,在本雅明的丰富遗产中,最有意思的是他的"游荡者"(flaneur)概念。在巴黎的熙熙攘攘的街道上,一个被步履匆匆的人群包裹的身影却在缓缓地徘徊,这个人在人群中既孤独又自在。这样一个经典形象就是游荡者的形象。这个游荡者的最初雏形是波德莱尔笔下的居伊——他是现代生活的画家,在某种意义上,他也是现代生活的观察家。居伊在巴黎街头忙忙碌碌,马不停蹄,充满激情,但是这种激情完全是观看的激情,他全神贯注地沉浸在自己的观看之中。"在任何闪动着光亮、回响着诗意、跃动着生命、震颤着音乐的地方滞留到最后。"①并且,在芸芸众生之中,在反复无常和变动不居的生活场景中,他获得巨大的快乐。居伊寻找的和看到的是什么?他看到的是"现代性"。什么是现代性?"现代性就是过渡、短暂、偶然,就是艺术的一半,另一半是永恒和不变。"现代性是被目击和体验到的,它是大都市的生活风格。现代性的目击者是个游荡者,这是本雅明的一个决定性经验。本雅明就是借助于游荡者来发现现代大都市的生活风格的。不过,游荡者是现代性的目击者,同时也是现代性的产物。

在一个什么意义上,游荡者是现代性的产物呢?游荡,并不是一个现代的概念,但是在大都市中游荡获得了自己的特殊表意。游荡是一个中介,将游荡者和城市结合起来,城市和游荡者位于游荡的两端,谁都不能

① (法)波德莱尔:《波德莱尔美学论文选》,郭宏安译,人民文学出版社1987年版,第483页。

甩掉对方。游荡者寄生于城市之中。只有在城市中,游荡者才能获得自己的意义和生存,同样,城市也只有在游荡者的眼中,才能展开自身的秘密。事实上,在乡村,到处都是游荡者,但是在空旷寂寥的乡村,游荡者被建构为唯一的中心形象。乡村是游荡者的背景,乡村并不是一个充满了技术的地理场所,它是一个自然景观,现代性还没有在乡村萌芽。乡村单调而且缺乏变化。乡村的游荡者并没有被丰富性培植出发达的视力,与其说他们将目光投身于周遭,不如说他们将目光投向于地平线的另外一端。在此,游荡的意义就在于游荡者本身,他的孑然一身,他的纯粹性在乡村的广袤旷野中勾勒了他的孤独。乡村的游荡者,将自己的背影淹没于无限之中。人们正是在这里发现了一种哲学人生,一种有限性和无限性暧昧交织的人生。游荡,通向了意义的无限。而集镇则天生是和游荡格格不入的,集镇如此之小,脚步刚刚启动,集镇就到了它的尽头。有限的集镇,埋没了游荡者的兴致,再也没有比集镇中的游荡更加乏味的了:没有兴奋,没有刺激,没有热情,重复,熟悉,单调。集镇是游荡者的坟墓,在这里,游荡总是和挑衅结盟,集镇中的游荡者无非是惹是生非的无赖:游荡者最终总是演变为一个滋事者。

本雅明敏锐地发现,只有大城市,才是游荡者的温床。他可以百看不厌。而巴黎是游荡的最佳去处。没有比巴黎更适于步行的城市了。本雅明初次来到巴黎就发现,巴黎更像是他曾失去的故园。这是他想象的都市。事实上,柏林对于本雅明与其说是一个喧嚣的大都市,不如说是一个静谧的乡村。本雅明关于柏林的童年回忆,总是自我的和内省的,并且总是在树丛和密林之中嗡嗡低语。而巴黎则更容易让人忘却自身,人们会陶醉于外在于自身的街道世界而心神涣散,正如观众在电影银幕前心神涣散一样。巴黎充分体现了街道的活力,这个活力既来自城市的构造本身,也来自街道上的人流,同样还来自巴黎街头的各种新式物品。在这个城市中,步行并不会令人们感到无聊和乏味,街道上一个店面接着一个店面,一个咖啡馆接着一个咖啡馆,一个事件接着一个事件,一个时尚接着一个时尚,没有丝毫的空隙,让人目不暇接。巴黎养育了游荡者,而游荡者也发现了巴黎。游荡者和巴黎相互创造,它们一体两面。只有在巴黎才能发现如此之多的游荡者,也只有游荡者才能发现如此之深邃的巴黎。因此,本雅明的拱廊计划不得不也是一种游荡者计划。只有借助于游荡者的目光和脚步，拱廊街的每一道褶皱才能悄悄地铺展开。

那么，这些游荡者是些什么人？游荡者通常是些无所事事的人，他们具有波西米亚人风格，居无定所，被偶然事件所决定，在小酒馆中充满醉意地打发时光，这是些密谋家、文人、妓女、赌徒、拾垃圾者、业余侦探。他们有相似的生活态度，“每个人都多多少少模糊地反抗着社会，面对着飘忽不定的未来”。因为没有固定而紧张的职业，经常无所事事，但是，“他把悠闲表现为一种个性，是他对劳动分工把人变成片面技工的抗议”①。在所有人都被现代社会职业化的时候，这些人就只能作为多余人出现了，他们并不跟着机器的节奏挥动手臂，而是在街头随意地迈动自己的双脚。这种游荡者溢出了社会分工的范畴，溢出了现代性的规范范畴。在这个意义上，游荡者既是现代性的产物，同时也是现代性的抗议者。现代性锻造了游荡者来抵制自身。一旦放弃了城市机器的节奏，游荡者就有自己的特殊步伐，他喜欢“跟着乌龟的速度散步，如果他们能够随心所欲，社会进步就不得不来适应这种节奏了”②。有时候，他走走停停，完全没有效率和时间的概念。这同步履匆匆的过路人的形象形成了鲜明的对照。但是，泰勒主义的苛刻效率在现代社会取得了上风，游荡者，只要他在游荡，他就注定是要被现代性所排挤——他们注定是城市的剩余者。这就是游荡者的命运，这种命运也是他的诗意所在：游荡成为一个笼罩着其形象的光晕。

现代性正是被现代社会的格格不入者所打量——这些格格不入的游荡者使得自己从现代都市日益井然有序的生活风格中脱离出来，不过，这种脱离并不是归隐，归隐者与世隔绝，他闭上双眼，他厌倦了城市和人生。但是，游荡者慵懒的目光不乏警觉和好奇。他害怕孤独，因此一次次地置身于人群中。但是，为了躲避孤独而被抛进了人群的深渊使他变得更加孤独。游荡者并不是对城市本身的脱离，而是对金钱魔咒的脱离。游荡者并非不眷念生活，而是讨厌宰制现代生活的种种法则和秩序。所谓现代社会，按照西美尔的说法，不过是以金钱和数字为尺度来权衡的社会。为此，游荡者同所有以金钱为目标的人保持距离，并不时地报以冷漠的嘲讽。

他首先感受到的是瞬息万变。这转瞬即逝的现代生活有时候煽动了

① （德）本雅明：《巴黎，19世纪的首都》，刘北成译，上海人民出版社2006年版，第116页。
② （德）本雅明：《巴黎，19世纪的首都》，刘北成译，上海人民出版社2006年版，第16页。

他的热情,有时候令他忧郁。新奇在刺激着他,令他眩晕,但一切又往事如烟,“没有任何慰藉可言”。这使他陷入忧郁。热情和忧郁交织于一身,游荡者本身就是一个辩证意象。一方面,他是对都市的摆脱,另一方面,他如此之深地卷入了都市。或者说,他和都市保持距离,恰恰是对都市的更进一步的探秘。反过来同样如此,游荡者深入到城市的内部,却是为了摆脱城市的控制节奏,就如同他总是在人群中晃荡但却总是为了和这些人群保持距离一样。现代都市存在着这样一个奇怪的悖论:在都市中安身的大众,却总是对这个城市视而不见,相反,被都市排斥的游荡者,却反倒能深入到这个城市的肌理之中。这正是布莱希特的“间离”效应:人只有摆脱自身的环境并同它保持距离,才能看清这一环境事实。这个游荡者正是一个使自己从城市中抽身而出的都市戏剧的“观众”。他置身于城市中,但并没有被这个城市吞没。正如布莱希特的理想观众,他在观戏,却并没有全身心地投射于舞台。这样,闲逛者既是离城市最远的人,也是离城市最近的人:他既远离城市,又摸索在城市的层层晦涩之中。

本雅明发现了这个游荡者,正如这个游荡者发现了巴黎。这是双重的发现。本雅明通过游荡者的目光来发现历史,游荡者既是历史的见证者,也是历史本身。在这里,有一个双重的观看方式:对观看的观看。游荡者在观看巴黎,本雅明在观看游荡者。事实上,这再一次是布莱希特的方式:观众(游荡者)在观戏,而我们在看整个剧场。游荡者徘徊于其中的巴黎,构成了本雅明的史诗剧。对于本雅明来说,历史,一定要以一个活生生的戏剧的方式演出。本雅明是这个戏剧的撰稿人,他将主角和摄影师的双重角色分配给了游荡者,因为他的游手好闲,这个主角就成为现代主义舞台上的孤独英雄:他不仅指出了历史的真相,而且它本身就是真相。

二

因为不被大城市的机器节奏所控制,游荡者是漫游性的,他没有目标。他的步伐是偶然的,因此,他的目光可能停留在街道的任何一个角落,在此,时间似乎暂停了,游荡者驻足不前。游荡正是展现了滞留和运动的辩证法,或者说,运动总是以反复滞留的方式进行的。游荡,只有通过滞留才能发现它的真谛。正是借助于游逛,连续的空洞的时间打开了各种各样的缺口,时间总是以并置的空间的方式来展开,并由此形成了一个饱和而丰富的星座，而不是一串连贯而空洞的历史念珠。历史就此在空间的维度被爆破，也可以反过来说，空间的爆破不得不展现为历史的纷繁的此时此刻。滞留，意味着对"当下"而非未来的强调，而这正好符合本雅明的信念，"我们知道犹太人是不准研究未来的"，"他就建立了一个'当下'的现在概念。这个概念贯穿于整个救世主时代的种种微小事物之中"①。微小事物是"当下"这个概念的必然归宿，正如游荡者的停滞的目光总是自然而然地飘至巴黎的细节上面一样。"在这个当下里，时间是静止而停顿的。"②细节，具体之物，就是在这个静止的时间中，纷纷从历史的尘埃中被拖出来，它们以一种当下性暴露自身。在此，运动和前行搁浅了，细节和具体之物获得了自己的深度。这也迫使本雅明的行文充满着滞留感。在他的那些关于游荡者的著述中，读者的思路一再被打断，被分叉，被拐到了另外一个地点。人们在这些著作中总是弄得晕头转向。显然，这不是一个前进的坦途，而是一个四处播撒的纷繁场景，人们很难在这里抓住一个主干道，正如他笔下的游荡者没有一个明确的行踪路线一样。对于读者来说，埋头于本雅明的著作之中，犹如游逛者置身于繁复的巴黎一样。而要理解这些著作，就必须采用游荡者的视角，读者必须作为一个游荡者，在任何一个地方流连忘返，左盼右顾，而不是匆匆忙忙地要抵达一个最终的目标。唯有如此，人们方可以体验到其中的美妙和风光。那些希望在一般哲学推论的康庄大道上获得最终目标的读者，总是在本雅明这些纷乱的细节里遭受挫折，总体性的欲望迷失于碎片之中。不仅如此，本雅明的那些单个的句子同样要符合这种运动和静止的辩证法。"要理解本雅明，我们必须在他每个句子后面感觉到剧烈的震动转化为一种静止，实际上就是以一种滞留的观点来思考运动。"③运动和滞留是相互依赖的，它们相互凭借对方而自我暴露。具体的意象就将运动和滞留囊括一身，有时候，它也将梦幻和现实囊括一身，这样的意象，就是本雅明所说的辩证意象。无论是巴黎，游荡者，还是本雅明的句子本身，都是如此。

游荡者的步伐因为被街道的细节所扰乱而停滞，但是，他还被人群所

① (美)汉娜·阿伦特编:《启迪:本雅明文选》,张旭东、王斑译,三联书店2008年版,第276页。
② (美)汉娜·阿伦特编:《启迪:本雅明文选》,张旭东、王斑译,三联书店2008年版,第274页。
③ (美)汉娜·阿伦特编:《启迪:本雅明文选》,张旭东、王斑译,三联书店2008年版,第32页。

推搡而运动，运动和滞留在游荡者身上相碰撞。不过，这是另一个历史意义上的滞留："这里既有被人群推来搡去的行人，也有要求保留一臂间隔的空间、不愿放弃悠闲绅士生活的闲逛者。让多数人去关心他们的日常事物吧！悠闲的人能沉溺于那种闲逛者的漫游，只要他本身已经无所归依。他在彻底悠闲的环境中如同在城市的喧嚣躁动中一样无所归依。"① 即便被运动的旋涡所携裹，回身和滞留的欲望仍旧强烈，游荡者并不愿意被人群携裹而去。这个人群，当然是匿名的大众，这也是19世纪的特有产物，个别的人居然形成了一种如森林般汇聚的人群，"市场经济的偶然性把他们聚集到一起——就像'命运'把一个'种族'再次聚集起来一样。而这些当事人则把这种偶然性加以合理化"②。结果就是，人群没有任何怀疑地被市场的力量推动前行。大街上的聚集的人群缘自现代的生产和消费体制。除了游荡者敢于从这个市场化的人群中脱身之外，人们纷纷地涌到了这条不可逆转的历史的单向街上，这个单向街的标志就是现代性的进步，是纷纷扰扰的人们的坚定前行。但是，游荡者在抵制这个历史的单向街，这已经不单纯是对空洞时间的抵抗，它还包括着一种特殊的历史境遇的洞见：现代性的残垣断壁。回身，既要让单薄的时间绽开丰富而多样的缺口，也是个人抵御现代的姿态。这个姿态，正如舒勒姆写下的："我的双翅已振作欲飞/我的心却徘徊不前。"当然，滞留也是没有办法的办法，是左右为难的取舍。"沉沦在这个不光彩的世界里，被人群推来搡去，我就像一个饱经风霜的人：他的眼睛总是向后看，一眼看到岁月的底蕴，只看到幻灭和艰辛；在他前面也只有一如既往的狂风暴雨，既不能给出新的教训，也不会引起新的痛苦。"③

那么，就只好徘徊不前了。不过，这也驱除了启蒙者眼中对未来充满向往的神秘感。被人群推搡，这是个街道经验，也是个历史经验，或者说，历史经验现在就体现为一种街道经验。为什么不愿意被推搡着前行？那是因为，前方看到的是狂风暴雨，是越堆越高直逼天际的残垣断壁，历史的尽头，或许是一连串的灾难。这同样也是克利的新天使的形象，它被进

① （德）本雅明：《巴黎，19世纪的首都》，刘北成译，上海人民出版社2006年版，第205～206页。
② （德）本雅明：《巴黎，19世纪的首都》，刘北成译，上海人民出版社2006年版，第127页。
③ （德）本雅明：《巴黎，19世纪的首都》，刘北成译，上海人民出版社2006年版，第233～234页。

步的风暴猛烈地刮向未来,尽管"他的脸朝着过去","想停下来唤醒死者"①。这也是波德莱尔的形象,"流动的、具有自己灵魂的人群闪烁着令闲逛者感到眩惑的光芒,但这种光芒对于波德莱尔来说则显得越来越黯然"②。

滞留终于有了它的理由,它是对灾难的警觉。事实上,运动、前行和进步最终是被幻灭这一目标所把控,不幸的是,这正好是现代的气质,所有的现代人都沿着这一虚幻目标前行,都彼此推搡着前行。现代,总是意味着要向前行。这种前行如此之快捷,这也意味着,此时此地的东西转瞬即逝。而本雅明清楚地发现了这一点,"现代性自身始终是过时的衰落,它在其强劲的开端中证明了自己崩溃的特点"。拱廊街刚一建成就被拆毁了。游荡者卷入人群中,"但完全是为了用轻蔑的一瞥把他们送进忘川"③。"销魂的瞬间恰好是永别的时刻。"④在巴黎的街头,陌生人频繁地偶遇,但在目光交接的一刹那,人们也彼此在对方的目光中消失得无影无踪。瞬间的美妙总是淹没在人群的深处。所有这一切,用马克思的说法就是,"一切固定的东西都烟消云散了"。现代,尽管光怪陆离,但瞬间即逝,那些丰盛的物品的展示不过是废墟的频繁堆积。因此,对本雅明而言,滞留也是抵抗消逝的方式,它尽可能让瞬间获得短暂的永恒,尽可能让破碎之物有一个临时性的哪怕是不完满的缝合。当下,这是唯一能够抓住的东西;目光和脚步这类身体感官,也是唯一能够信赖的东西。尽管这类感官经验也一再被快速地改变,也一再遭到速度的电击而引发震惊。这种速度如此之快速,震惊如此之频繁,人们不断地撞入新奇的王国,以至于人们不得不怀疑这个现实就是一个梦境。巴黎,与其说是一个历史,不如说是一个幻觉。"就像一面镜子反映在另一面镜子里那样,这种新奇幻觉也反映在循环往复的幻觉中。"⑤

同游荡者的滞留相反,人群总是步履匆匆地奔向一个终点而对周遭视而不见,这个终点既可能是上班场所,也可能是家园,在更广义的层面

---

① (美)汉娜·阿伦特编:《启迪:本雅明文选》,张旭东、王斑译,三联书店2008年版,第270页。
② (德)本雅明:《巴黎,19世纪的首都》,刘北成译,上海人民出版社2006年版,第234页。
③ (德)本雅明:《巴黎,19世纪的首都》,刘北成译,上海人民出版社2006年版,第205页。
④ (德)本雅明:《巴黎,19世纪的首都》,刘北成译,上海人民出版社2006年版,第210页。
⑤ (德)本雅明:《巴黎,19世纪的首都》,刘北成译,上海人民出版社2006年版,第22页。

上,这个终点是一个进步的梦想,一个乌托邦幻境,一个幸福的未来承诺。现代人的步伐被这个承诺牢牢地束缚而失去了闲荡的自在天性。相反,游荡者抓住的是此时此刻的街头,家园不在别处,就在于街道本身,家园本身就是过道,而不是终点和目标。"如果说闲逛者把街道视为室内,拱廊是室内的古典的形式,那么百货商店体现的是室内的败落。市场是闲逛者的最后去处。如果说最初他把街道变成了室内,那么现在这个室内变成了街道。"①

游荡者抓住的是眼前的实在之物,是可感触之物。人群最后发现,家园或许就是一个梦想的幻灭地带,一个乌托邦破碎之地;而置身于街头的游荡者,事实上,在这个现代世界中,也还是备感孤独,他的家或许并非虚幻之地,但是,他也只能在"商品的迷宫中转来转去,就像他在城市的迷宫中转来转去"。对未来的抵制,只能是停留在一种姿态上面,而并不能从"市场"和商品的包围中全身而退。他陷入困境,既无法向前,也无法后退,因此,本雅明"像一个沉船中爬上遥遥欲坠的桅杆的人,在那里……发出求救信号"②。

三

显然,游荡者被商品包围。大城市正是围绕着商品而展开,商品是巴黎这样新兴的大都市的魂灵。本雅明对马克思的商品概念谙熟于心。商品的价值可以从两个方面去衡量:交换价值和使用价值。本雅明发现,在现代巴黎,"商品戴上了王冠,焕发着诱人的光彩"。这样一来,马克思津津乐道的使用价值退到了幕后,商品的交换价值大放异彩。实际上,本雅明在这里所说的交换价值,与其说是马克思意义上的交换价值,不如说是后来鲍德里亚更加明确地界定的符号价值。商品首先是以一个形象的面目出现的。形象将商品的使用功能完全压制住了,从而"为人们打开了一个幻境,让人们进来寻求开心"。更重要的是,商品几乎无一例外是一种生产式的发明——它是全新的,并以不断翻新的时尚所驱动而被求新的欲望所再一次驱动。作为一个新奇的充满幻觉的意象,商品里面凝结着

① (德)本雅明:《巴黎,19世纪的首都》,刘北成译,上海人民出版社2006年版,第117页。

② 郭军、曹雷雨编:《论瓦尔特·本雅明:现代性、寓言与语言的种子》,吉林人民出版社2003年版,第11页。

人类的梦想——尽管这是资产阶级的虚幻梦想。因此，它是现代人的膜拜对象。当然，商品编织的海洋可以淹没包括游荡者在内的所有人，这也是游荡者能在百货商店反复地消磨一整天的原因。

这样一个商品概念再一次同马克思有所区分，在后者这里，商品凝结的不是人类的梦想而是工人的血汗。马克思的商品拜物教概念力图将商品背后的血淋淋故事叙述出来。与马克思不同，本雅明对商品背后的欺诈和剥削并不感兴趣。商品毫无疑问是一个经济现象，但本雅明感兴趣的是，商品将经济和文化勾联在一起。按照经典马克思主义的意见，经济当然潜伏在文化之下，并且对文化有一种决定性的支配权。但本雅明发现，单纯的经济必须借助于文化形象表达出来，这是资本主义特有的文化生产。在这个意义上，文化就变成了经济，文化生产就是经济生产。本雅明最先考察了“作为生产者的作家”，作家生产的是商品，而不单纯是小说。文化首先是作为商品而出现的。这是对马克思主义的隐秘回应：经济和文化具有同质性。在这个意义上，经济并非文化的基础，文化也非经济的产物。对于本雅明来说，“所要展现的不是文化的经济本源，而是经济在文化中的表达。换言之，所涉及的问题是努力把握作为可感知的原初现象的经济过程”①。广告、报纸、建筑，它们是商品，同时也是一个可感知的文化形象。经济就是借助于这样的文化现象得以表达的。就此，经济和文化并不分属于两个不同的区域，它们并非各自为政。相反，经济和文化彼此埋藏在各自的形象中。一个商品基于经济事实要出售的时候，它同时出售的也是一个文化形象。正是在这个意义上，经济生产在很大程度上是文化生产。

商品正是形象生产的典范，形象和经济在此天衣无缝地结合在一起。由于商品在它的形象上反复地锤炼，巴黎最终变成了一个令人眼花缭乱的巨大的视觉机器。而在这一形象化过程中，商品当然成为中心。如果说，经济总是要被形象化的话，那么历史——即便是经济决定论的历史——难道不是可以通过形象的汇聚而发现自身吗？不是可以从形象中来发现经济的规律吗？马克思从商品中窥见了历史的奥秘，本雅明同样如此，不过，这个商品是将经济形象化的方式暴露出来的。“从马克思主

① （德）本雅明：《拱廊计划：N》，郭军译：《生产》第一辑，广西师范大学出版社2004年版，第312页。

义的角度理解历史就必然要求以牺牲历史的直观性为代价吗？或者，怎样才能将一种高度的形象化与马克思主义的方法的实施相结合？这个项目的第一步就是把蒙太奇的原则搬进历史，即用小的、精确的结构因素来构造出大的结构。也即是，在分析小的、个别的因素时，发现总体事件的结晶。”①每一个小的蒙太奇的形象，每一个商品，每一个细节，都是总的生产方式的暴露。“正像一片树叶从自身展示出整个经验的植物王国的全部财富一样。”本雅明抛弃了康德而转向了歌德。哲学让位于诗学，历史被电影所替代。巴黎，像一个个分镜头一样被播放出来。本雅明对具体形象的强调，既偏离了哲学的抽象性质，也放弃了历史的编年纪事，然而，它既包裹了哲学的深邃，也拥有史学的精确。在本雅明这里，哲学获得了形象，史学被钉入了辩证的锲子，而文学的下面则涌动着历史唯物主义的波澜。本雅明创造了一种前所未有的风格，这种风格就是用形象作为炸药去将各种既定文类的壁垒轰毁。

如果说商品是巴黎这样的大都市创造的时尚的话，那么，垃圾则是这样时尚的最后归宿。商品总是有它的历史命运，熠熠发光的商品最后无不沦落为马路上的被遗弃的垃圾。不过，商品在成为废弃物之后可以被再一次利用：有时候是穷人的直接利用，有时候可以被工业机器再次加工。这就直接促发了拾垃圾者的诞生。垃圾同商品一样，仍旧是现代性的重要表征：在大城市之外，垃圾形不成自己的规模。只有在人群和生产大规模聚集的场所，垃圾才可以以令人瞩目的体积和数量出现，它也才会形成一个场景——尽管这个场景被大多数人所回避。垃圾是光怪陆离的城市的一个剩余物，就像游荡者也是城市的剩余物一样。游荡者，在循规蹈矩者的眼光中，同样是“垃圾”。游荡者和垃圾有一种天然的亲和力。如果说，所有人的注意力都被城市的五光十色的形象所深深地吸引进去了的话，那么，垃圾只能得到少数游荡者的抚慰。垃圾堆砌于城市的偏僻角落，它执意地将城市一分为二：在辉煌的城市的背面有一个肮脏的城市；在一个富足的城市后面还有一个贫困的城市。垃圾是现代工业噩梦的最早预告者：城市最大的困惑和烦恼之一就是垃圾。因此，现代城市的规划和设计，通常是围绕着垃圾而展开的。城市首先是一个掩盖和处理

① （德）本雅明：《拱廊计划：N》，郭军译：《生产》第一辑，广西师范大学出版社2004年版，第313页。

垃圾的机器。事实上,有多少商品的生产,就有多少垃圾的剩余。对于一个城市来说,商品是它的精心打扮的容颜,而垃圾则令人生厌地不断地毁坏这种容颜。垃圾在这个意义上成为城市的公敌。于是,拾垃圾者出现了,在本雅明关于巴黎的研究中,最有意味的话题之一是重新激活了波德莱尔笔下的拾垃圾者的形象。

不过,有一种职业化的拾垃圾者,这是一个保持街道清洁的职业工人。比如,伦敦在17世纪就有了一种付费的清扫街道的人,在19世纪,这些清洁工的权利被写入了《伦敦市道路交通法》。[①] 这样的清洁工人如今在所有的城市中都大量地存在,他们在夜晚和清晨中出没。但是,在波德莱尔和本雅明这里,拾垃圾者不是职业化的,他是自发的,他像一个收藏家一样在搜集垃圾:"凡是这个大城市抛弃的东西,凡是它丢失的东西,凡是它唾弃的东西,凡是它践踏的东西,他都加以编目和搜集。他对所有的东西分门别类并作出明智的选择。就像一个吝啬鬼守护着一个宝库那样,他搜集着各种垃圾。"[②]同职业化的清扫街道的垃圾工人不一样,这些垃圾对他有用,而不是要完全将它清扫掉。这样的搜集垃圾的人,有自己特殊的步伐和身影,而这却和城市中的诗人接近,"拾垃圾者和诗人——二者都对垃圾感兴趣,二者都是在市民们酣然沉睡时孤独地忙活自己的行当"。诗人犹如拾垃圾者。拾垃圾者翻翻拣拣,试图在垃圾中寻求真理,寻求"价值",抒情诗人则在街道的两旁守候灵感,为他的诗歌意象寻章摘句。波德莱尔希望将自己的诗人形象和拾垃圾者形象联系起来,同样,作为试图揭示19世纪的巴黎风貌的本雅明又何尝不是?本雅明也是个收藏家,他搜集的是"历史的垃圾",这些历史垃圾正是正统历史学家不屑一顾的历史废料。他们所遗漏的历史垃圾,恰恰是本雅明需要的素材。问题是,搜集这些垃圾干什么?对本雅明来说,"那些破布、废品——这些我将不会将之盘存,而是允许它们,以唯一可能的方式,合理地取得属于自己的地位,途径是对之加以利用"[③]。这完全是拾垃圾者的方式。

本雅明似乎相信,偏僻的城市角落中的垃圾废墟中蕴涵着城市的整

① 汪民安、陈永国、马海良编:《城市文化读本》,北京大学出版社2008年版,第259页。

② (德)本雅明:《巴黎,19世纪的首都》,刘北成译,上海人民出版社2006年版,第148页。

③ (德)本雅明:《拱廊计划:N》,郭军译:《生产》第一辑,广西师范大学出版社2004年版,第312页。

个秘密,就如大海中打捞起来的珍珠蕴涵着整个大海的秘密一样。事实上,他的拱廊计划正是这样一大堆历史垃圾的大全,是它们的分门别类。如果说一般历史学家看到的是巴黎的显赫地位的话,那么巴黎在本雅明的眼中则是以一个废墟的形象出现的,这座废墟就围绕着垃圾和它的另一面——商品组成了一个盛宴。垃圾和商品相互补充,这是巴黎的两端,也是现代社会的两端。如果说商品是人们梦幻的凝结,那么,垃圾中或许包含着记忆散落的珍珠。人们发明和拥有了商品,在它上面铭刻了时间的痕迹,然后将它转化为废物并且弃置一旁,这就是垃圾的诞生,它们堆积在一起,同琳琅满目的商品遥相呼应。一种奇特的景观就此出现了:最时尚的和最过时的、最耀眼的和最肮脏的、最富裕的和最贫穷的、最梦幻的和最现实的,它们在一个并置的时间内拼贴和重叠起来——这难道不是从巴黎这个废墟中升腾起来的巨大的历史讽寓?这个讽寓难道不是表明了,梦想的归宿就是废墟?

●原文刊载于《求是学刊》2009 年第 4 期。《中国社会科学文摘》2009 年第 11 期转载。

●汪民安,北京外国语大学外国文学研究所教授、博士生导师。

消费大众的精神空场与公共理性的重建

——关于消费社会与大众文化的一个关联性考察

王新生

消费社会的来临,无疑与市场经济高度发展基础上的物品极大丰富有着密切的关联。因此,离开了经济的发展和市场的逻辑谈论消费社会,是缺乏根基的。但是,消费社会却不能仅仅从经济方面加以界定,从根本上讲,它是一种与作为文化批判领域的公共领域的衰败相关联的文化后果。因此,无论是单纯关于消费社会的经济学或社会学考察,还是单纯关于大众文化的文化学考察,都无法揭示它们各自的秘密。只有在经济学、社会学、文化学和政治学的复合性视域里,对消费社会和大众文化进行关联性考察,问题和出路才会得到具体的呈现。本文试图从消费社会与大众文化的关联性考察出发,讨论市场经济社会中公共理性重建的问题,因而仅仅是一系列可能的关联性考察中的一个考察。

一、消费社会与消费大众的精神空场

就其基本旨趣和内在关切而言,鲍德里亚等人的消费社会理论,不是经济学的,而是政治学、文化学和伦理学的。作为对后现代社会所呈现的总体性问题的批判,这一理论的矛头指向社会、政治和文化状况,试图通过揭示"我们处在'消费'控制着整个生活的境地",以及"盲目拜物的逻辑就是消费的意识形态"①等问题,揭示现代人的生存困境。显然,这里

① (法)波德里亚:《消费社会》,刘成富、全志钢译,南京大学出版社2001年版,第6、46页。

所针对的是一个有别于马克思时代的人类生存问题。在一定意义上，这一阐释方向是由西方社会的经济发展水平和福利制度所带来的“普遍富裕”所规定的。

从经济学角度看，在社会生产还不能有效供给社会消费的情况下，生产就规定和制约着消费，通常是社会能够生产什么，人们就消费什么。这时，即便存在着维尔纳·桑巴特（Werner Sombart）所谓少数富有者的奢侈性消费对生产的刺激，也不能从根本上改变生产决定供给的生产与消费的结构。反之，如果生产相对于消费出现了大量的过剩，则消费就会引导和制约生产，就出现了新的生产与消费结构。这时，整个社会便可以根据消费的需要向生产提出要求，便会出现消费引导乃至主导生产的生产与消费结构。如果将这一理解置于整个资本主义市场经济发展的历史过程之中，我们就会看到，在生产能力相对较低的工业化早期，生产总是居于主导的地位，不仅个别资本家将努力扩大生产的数量作为生产的目标，整个社会也将它作为一个最为重要的目标。这时，鲍德里亚等人所指认的消费社会，便是还没有产生的经济基础。18 世纪法国经济学家萨伊（Say）所谓“供给创造需求”的理论，就充分说明了这种生产与消费结构中人们对生产之主导地位的肯定。“萨伊定律”（Say’s Law）认为，对于整个社会来说，生产得越多，销路就会越广，因此，鼓励消费没有意义，重要的在于激励生产。但是，在资本主义市场经济经历了工业化的充分发展之后，社会供给能力大大增强，生产和消费在经济乃至整个社会生活中的地位发生了倒置，消费成为决定的方面。它刺激着生产、引导着生产、制约着生产、拉动着生产，使生产处于从属的地位。特别是在二战以后，许多资本主义国家的经济得到了迅速的恢复和增长，产品和服务供给数量大幅度增加，“丰盛”的景象开始出现。在这种情况下，怎样才能使生产更加适应消费需求，以增加企业的盈利？怎样才能刺激消费以减少商品滞销？同时，作为整个社会来说，怎样才能避免因消费不足导致的经济停滞？这一系列的问题不仅成为经济学，而且成为社会和政府必须面对的重大问题。于是，消费经济学开始成为一门新兴的独立学科，与之相关的问题也开始成为社会学、政治学，甚至文化学广泛探讨的问题。

但是，消费社会的问题之所以值得忧虑，根本上并不在于经济过程中消费成为主导性的方面，而在于它创造了一种使人类的生活迷失了方向的物化的逻辑，在于这种物化的逻辑对社会生活的宰制。值得忧虑的并不是人对物的迷恋，而是物的逻辑创造了一种主宰人的逻辑，对物的迷恋主宰了人的精神生活。因此，这种迷失是人类在精神上的迷失，其表现便在于文化上的衰败。立足于西方社会和文化背景的鲍德里亚等学者的相关思想已为我们所熟知，而日本学者和实业家堤清二的认识，则从另一种文化视角对消费社会产生的原因和实际状况进行了分析。由于日本文化和日本市场经济的非原发性都与中国的情形更为接近，这一分析更能够对我们产生一种特别的启发。堤清二认为，传统经济学仅仅将流通产业看做生产的从属结构是错误的，要认识消费社会的本质就必须以不同于传统经济学理论的方法和眼光重新给流通产业定性。在他看来，从本质上说，流通产业服从于两种逻辑，一是服务于资本的逻辑，二是服务于人类生活的逻辑。但是，随着资本主义市场经济的经济、政治进入"成熟的阶段"，生产就变成了垄断性的规模化生产。当规模化的生产成为一种生产方式时，消费就制造出一种完全虚假的生活。在大规模的生产中，为了完成流通，广告宣传和各种媒体便成为影响消费者的强大工具，成为垄断资本主义新的意识形态。它们将具有使用价值的真实商品变成符号性的存在，将人们真实的欲望变成被广告制造出来的虚假的欲望。这时，真实的人的逻辑为物的虚幻的逻辑所彻底取代，产业社会就演变为消费社会。在西方学者所奠定的关于消费社会的基本认识的基础上，他指出，从根本上讲，消费社会是一个"根茎交错、'小玩意儿化'和时尚化"的社会。因此，消费社会的本质在于"社会规范松弛和人的主体性动摇"①。他说："在这样的社会环境中营造消费生活的人，可以说是经常置身于自我解体的危险之中。在这种时代，人越是形成明确的自我个性，就不能不同社会保持越加紧张的关系。何况处于宗教价值、普遍价值意识已不实存的消费社会，对人的主体的危险性必然加大。从当今一些广告中可以窥视到一种姿态，即将消费本身作为自我目的，诱导人们避开难解的人的主体问题。所听得见的是奥德修斯以蜡封耳不想听见的女海妖塞壬的美妙歌声。"②和许多西方学者一样，堤清二最终并未从消费与生产的关系上，而是从物对人的主宰关系上说明了消费社会的逻辑。在这样的理解中，消

① （日）堤清二：《消费社会批判》，朱绍文等译，经济科学出版社 1998 年版，第 54、92 页。

② （日）堤清二：《消费社会批判》，朱绍文等译，经济科学出版社 1998 年版，第 56 页。

费社会被要求主要不是从经济的变化上，而是从文化的变化上加以说明。

鲍德里亚、堤清二等人所描绘和分析的社会是一个真实的社会，它已经在西方发达的市场社会中形成了气候。当与商品生产的充分发展相伴随的丰盛来临的时刻，这似乎是一种必然要降临的真实情景；即使对于那些尚未享受到消费盛宴的社会来说，人们也在欢欣鼓舞地期盼着它的来临。在这样的消费社会里，各种类型的跨国公司所进行的规模化生产，创造出不断花样翻新的商品。它们以任何时代都无可比拟的丰盛，全方位地满足人的感官。时尚化潮流所引领的消费，就像女海妖那难以抗拒的歌声，使人沉迷于“根茎交错的”、“小玩意化”的享受之中，再也听不到主体的遥远呼声。这个消费社会是一个没有精神的文化空场，是失却了灵魂的肉身们的盛宴。因此，对于已经来临或将要来临的消费社会来说，并非通过丰盛和消费，而是通过大众的精神迷狂，体现出这个特殊时代的精神特质。也就是说，比物品的丰盛和盲目的消费更为真实，更加难以抗拒的，是作为资本的逻辑体现的大众文化对社会生活的宰制。[①] 它直接导致了作为私人领域的市民社会的异化，造成了作为文化批判领域的公共领域的缩减与衰败，产生了异化了的市民社会文化。这才是真正值得忧虑的问题。如果说消费大众在众多的消费品面前还可以进行一些选择的话，由消费大众自己参与创造的这种大众文化所唱出的，却是他们不得不听而又非常喜爱的女海妖的歌声。奥德修斯可以用蜡封住自己的耳朵，消费社会的人们却不能用蜡封住自己的心灵。当人们的心灵被大众文化重新塑造过以后，他们将再也不会听从批判理性的指引。

应当说，堤清二基本上重复了鲍德里亚等西方学者对消费社会的描述和分析。但是，这种重复的重要性在于指明了资本的逻辑并未因文化的差异而改变它对消费社会的文化和生活的创制，而是在西方文化以外的文化中一如既往地推进着自己的逻辑。也就是说，这种重复的重要性在于指明了资本的逻辑和它所体现的大众文化的可重复性，在于指明了

---

① “大众文化”这一概念的歧义，主要发生于对“大众”一词的差异性理解上。当人们在俗常的意义上理解“大众”，即将“大众”理解为“群众”时，大众文化就被理解为精英文化的对立面；当人们在批判理论中理解“大众”，即将“大众”理解为被消费社会中一致化了的、失去了独立个性的个人的集合时，大众文化就被理解为被物化的逻辑支配着的消费大众的精神文化。本文是在后一种意义上使用这一概念的。

消费社会与大众文化之间的必然关联。认识到这一点是重要的,因为当我们怀疑在当今中国讨论消费社会问题的意义时,支持性的理由无非来自两个方面:一是说我们的市场经济因其后发性而不同于西方,另一是说东西文化的差异使我们可以避免西方已经面临的问题。不必怀疑消费社会的文化在中国存在的现实,需要怀疑的只是它存在的广度和发展的速度。如果我们不能否认商品生产与消费社会之间的内在关联,进而也不能否认消费社会与大众文化之间的内在关联,那么,大众文化在中国的出现就是符合逻辑的。尽管我国还没有达到市场经济的成熟阶段,但是,在一些阶层和区域,人们却已经开始享受规模化生产带给我们的产品和生活了。我们怎能既要路过塞壬之岛,又不听到女海妖惑人的歌声呢?

二、大众文化是市民社会文化的异化

首先应该看到,在大众文化与商品生产之间存在着内在的关联。因而,市场经济的发展为大众文化的发生与发展提供了基础。但同时应该看到,大众文化只是现代文化的一种变异形式,而这种变异的发生却是因资本的逻辑对作为文化批判领域的公共领域的破坏造成的。因而,只有将商品生产、大众文化和作为文化批判领域的公共领域这三者置于同一分析模式,并剖析它们之间的关系,才能更为深入地揭示消费社会中大众文化产生的原因。

在资本的逻辑与大众文化的内在关联中,首先呈现给我们的是这样一种现象:垄断性企业为了促销其产品,福利化的国家为了刺激经济的增长,将作为文化载体的大众媒介和传播手段变成推销产品、刺激消费的宣传工具和手段,从而为大众文化的形成提供了内在的动力和传播的条件。在市场经济社会里,这种现象的发生具有必然性。从分散化的经营走向集中化的生产,或者用马克思的话说从竞争走向垄断,是资本主义市场经济的必然逻辑。生产与经营的集中化本来是经济活动能力提高的一种表现,是提升人类生活品质的必要手段,但当它通过财富的大量积累而成为排除了竞争的超大规模组织时,就会形成垄断。这种垄断一经形成,就不仅追求经济上的成就,而且还会越出经济活动的范围,谋求对社会和文化的控制,以便进一步保障经济上的垄断。也就是说,经济上的垄断必然会衍生出一种超越市民社会的,具有控制社会生活的巨大能力的异化力量。它与在当代社会生活中不断扩张的国家权力机构“合谋”,创造出一种社会机制。这种机制的功能就在于,将独立的个人变成消费的大众,将市民社会的文化改造为控制消费大众的精神工具。这便是消费大众和大众文化产生的内在逻辑。换言之,超大规模企业和无限增长的国家权力相互结合,制造出一种以工具理性为依据,以形式化管理为手段的庞大现代管理网络。这个网络以现代组织制度的有效性将个人控制在无形但无所不在的物化力量之下,使在市民社会中形成的公共领域“重新封建化”,使在这一领域中形成的公共理性和公共精神被异化为大众的集体无意识。这一过程就是市民社会的文化变异为大众文化的内在过程。

在西方市场经济的发展过程中,市场交往活动所构建起的市民社会,也催生出一种全新的市民社会的文化。市场交往活动在其形成之初是一种解放的力量,它将个人从共同体的束缚中解放出来,使其成为独立自主的个人,使人摆脱人的依赖关系和对共同体的依赖而转向对物质利益的追求。从文化的角度看,这一解放的过程对于个人具有双重意义。一方面,就个体主体性的确立而言,这是一个解放的过程;另一方面,就个体主体性的意义依归而言,个人在这一解放的过程中变成无着的浮萍,自由漂荡,却无处扎根。作为社会性的动物,人只有在社会性联系中才能获得高于简单生存的生活意义,而高于简单生存的生活是道德的生活,高于简单生存的意义是社会的意义。在宗教和传统社会的共同体被市场的力量大大削弱之后,这种意义不再可能由某种超验的存在提供。但同时,这种超越于直接的物质利益之上的生存意义,也不可能在相互需要的经济交往中实现。在现代社会里,这意味着一个新生的社会功能将会为这种生存意义提供一种担当。最初形成的市民社会的文化,就担当了这种功能。按照哈贝马斯等人的理解,这种市民社会的文化产生于一个不同于经济交往领域的文化批判领域之中,而后者正是市民社会的一个部分。作为市民社会一部分的文化批判领域存在于国家与私人领域之间,是一个非政治性交往的公共交往空间。人们在这一空间里组成独立的社团,并通过这些社团的非经济性活动创造出社会的公共理性和公共精神。正是这种公共理性和公共精神,将会为现代人提供道德生活的根据和超越性的价值。因此,所谓市民社会文化向大众文化的变异,就是存在于文化批判领域中的公共理性和公共精神的遗失，或者说是公共理性和公共精神创生能力的被破坏。正是因为看到了公共领域的衰败与大众文化之间的这种内在联系，哈贝马斯极力主张通过研究“早先以文化批判为特征、由受过教育的市民组成的文学公共领域向由大众传媒和大众文化操纵的领域的转型过程”①，把握大众文化产生的原因。

进一步看，作为文化批判领域的公共领域及其创生能力的衰败，与科层制的现代组织原则对公共生活日益深入的宰制有着密切的关联。科层制的政治国家和企业是以工具理性的合理化要求为根据建立起来的现代化社会组织。在科层制组织中，起支配作用的是制度而不是人，这种组织社会生活的现代性原则要求最为彻底的“无人化”的统治。它不允许人们按照他们的道德准则、人格特征和个性特点考虑社会生活，要把生活的意义尽量从社会生活中排除出去。韦伯说：“根据全部经验，纯粹官僚体制的行政管理，即官僚体制集权主义的、采用档案制度的行政管理，精确、稳定、有纪律、严肃紧张和可靠，也就是说，对于统治者和有关人员来说，言而有信，劳动效益强度大和范围广，形式上可以应用于一切任务，纯粹从技术上看可以达到最高的完善程度，在所有这些意义上是实施统治形式上最合理的形式。”②科层制的逻辑就是合理化的逻辑，它按照这一逻辑建构现代社会的组织，并使其按照合理化的程序运行。这是科层制的优点，因为只有按照合理化的逻辑建立并运行的社会组织才能是一个稳定和高效的组织。在科层制组织中，这些原则应该也必须得到严格的执行。问题的关键并不在于科层制的组织原则本身，而在于它超出了科层制组织的界限，即越出了国家机器和经济生产性组织的界限而侵入了文化批判领域之中。正是这种越界和宰制，使得公共领域中原有的原则发生了变异。也就是说，市民社会的文化之所以会异化为消费大众的文化，根本就在于科层制的政治国家和企业以其合理化的逻辑侵入市民社会的公共领域，改造甚至取代了市民社会的文化。

市民社会的文化所构筑的观念世界，本来是一个以独立个体间自主交往为基础的意义世界。这一意义世界否定了传统文化所假设的终极实体和绝对善，将道德生活的终极意义从遥远的天国或理念世界拉回到现

① （德）哈贝马斯：《公共领域的结构转型》，曹卫东等译，学林出版社 1999 年版，第 4 页。

② （德）马克斯·韦伯：《经济与社会》，林荣远译，商务印书馆 1997 年版，第 248 页。

实世界,在人与人的自主交往关系中使现代人生存的超越性意义得到落实。但是,当它被异化为大众文化的形式后,人与人之间的自主交往关系就被改造为新形式的支配与服从的关系,生存的超越性意义也就消失了,取而代之的是物化了的新的一致性原则,是金钱和权力统治的原则。在这个原则统治下的社会图景中,一方面,个人被定格于庞大国家权力控制中的某一个具体的位置,另一方面,个人也被定格于为了跟上消费的步伐而进行生产的某个具体位置。于是,超大规模的国家和超大规模企业就全面地控制了社会生活。但是,这种控制却主要不再依靠物质暴力的强制,而是依靠大众文化所创造的不断花样翻新的消费时尚,依靠消费大众坚定不移和自觉自愿地对大众时尚的跟随。消费大众不必再担心没有与他人平等的权利,因为现代国家已经为他提供了这种形式上的保障,只要拥有金钱,一切过去只对少数精英开放的享受对他都是开放的。在金钱和使用金钱进行消费面前一切平等,就像在政治面前人们拥有平等的权利一样。

可是恰恰就是在这样一个权利社会中,个人又因权利的相互隔离作用而重新成为一个个只能依赖于现代科层组织的脆弱个体。他们看似生活于一个个得到严密组织的社会组织里,实际上这些社会组织与他们之间却是相互分离的,他们与这些组织之间的关系是外在的(将现代组织与家庭这种传统的社会组织进行一下比较,现代组织与个人之间的隔膜就可以很清楚地显现出来)。生活在这种组织中的人们不再关心公共生活的意义,只在科层制体系为自己安排好的位置上安享着自己私人的福利。就这样,将人们联系起来的现代社会的公共性也随之消失,就像过去在专制社会中曾经发生过的那样。汉娜·阿伦特在谈到这一问题时说:"如果客体的同一性不再受到关注,那么人类的共同本性(更不用说大众社会中违反常情的一致性了),就无法阻止公共世界的解体,这一解体通常多发生在这一世界的大多数人展示自己的一些方面崩溃之后。这一现象可以发生在(个人)极端孤立的环境中,在那里人们不可能与他人达成一致,正如在暴政统治下通常可以看到的那样。但是这一现象或许也可以发生在大众社会或大众歇斯底里症的情形之中,在这种情况下,我们看到所有的人突然变得循规蹈矩,就像一个家庭的成员一样,每个人都在延伸和加强他人的观点。在这两种情况下,人们才真正是孤独的,也就是说,他们无法耳闻目睹他人,也无法被他人耳闻目睹。他们被囿于自身单一经历的主观性之中,只要这一经历不变,它就不会停止表现出这一单一性。当人们只从一个角度去看世界,当人们只允许世界从一个角度展现自己时,公共世界也就走到了尽头。”①不必怀疑这种情形是否已经在中国发生。如果看一看蔚为壮观的名人签名售书场面,看一看摇滚音乐会和足球比赛所创造的万人迷狂的场景,我们就不难理解视点的单一化是如何消解人们的批判精神,从而控制人们的心灵的。这些和我们曾经在集权主义的疯狂中,在领袖崇拜的狂热中所见到的一律化有着如此一致的形式特征,以致我们甚至难以对它们加以区分。

公共理性和公共精神是现代社会的批判精神,它们不仅是个人独立性的保障,而且也是私人道德提升为公共伦理的标志。在公共理性和公共精神被科层制物化的逻辑消解之后,独立自主的个人就变异为一致性的大众,公共理性或公共伦理也就变异为一致性的大众法则。

三、走出困境的希望与重建公共理性的途径

如何才能消除或者至少在一定程度上抵制大众文化对现代人精神的浸染,这已经成为当代思想界一个最为急迫的现实关怀。进入20世纪90年代以来,市民社会理论之所以如此兴盛,也与这一问题具有极为密切的关系。在关于市民社会问题的讨论中,人们最终关心的是,在市场经济社会里,怎样重建被垄断性组织所制造的物化逻辑扼杀了的公共理性和公共精神?这不仅仅是一个西方问题。相较于当前我国市场经济发展过程中所遇到的诚信、社会和谐、效率与公平的矛盾等问题,整个社会的公共理性和公共精神的建构,才是一个更为根本的问题。

解决问题的办法并不在于削弱甚或取消市场机制以达到对物化力量的抑制或消除,而在于避免垄断的无限制增长,在于阻止协助垄断性组织控制社会生活的隐性社会机制的发展。西方成熟的市场经济社会在经历了动荡的历史之后,已经总结出许多在技术上可行的办法,比如通过征收高额的遗产继承税,避免财富的过度集中;通过颁布和实施“反不正当竞

① (美)汉娜·阿伦特:《人的条件》,竺乾威等译,上海人民出版社1999年版,第45页。

争法”,避免超大规模企业对市场的垄断;通过政治权力与经济权力的分离,避免国家与超大型经济组织的联合,以及因此而产生的政治权力对市场的不当干预等等。在一定程度上,这些都是行之有效的办法。但是,就市场社会的一般规律而言,垄断和自由竞争之间的矛盾是无法完全克服的,这些技术上的修正办法并不能从根本上解决问题。消灭私有制,由社会直接控制生产,固然是解决这一矛盾的根本办法。但历史的实践证明,这还需要相当长的历史发展才能达到。那么,在现今历史条件下,在市场经济社会的内部,是否存在着或可能培育出一种抵御上述物化力量的社会文化力量呢?是否可以揭示产生这一力量的社会机制呢?回答是肯定的。这一抵御性的社会文化力量,就是哈贝马斯等许多当代思想家们致力于追求的公共理性和公共精神,这一社会机制就是他们努力加以说明的作为文化批判领域的公共领域。

许多当代西方思想家之所以在20世纪90年代重提市民社会问题,一个很重要的原因就在于,试图通过“重建市民社会”,抵制科层制的政治权力和超大规模企业以“合理化”的逻辑对公共理性和公共精神所实施的破坏。在这一意图上,他们所要重建的市民社会,绝不是黑格尔所谓的“需要的体系”,不是“经济市民社会”,而是市民社会的文化所具有的公共理性和公共精神本身。为了重建在大众文化中失落的公共理性和公共精神,他们开列了一系列不同的药方。例如,丹尼尔·贝尔寄希望于建立一种“新宗教”,哈贝马斯钟情于建构一个“理想的交往情景”,汉娜·阿伦特甚至求助于传统精神的恢复。找到唯一合理的答案或许并不现实,但至少有一点可以看得很清楚:要消除合理化的逻辑对市民社会及其文化的破坏,并不是要取消这一逻辑,而是要把它限制在它应属的领域。也就是说,我们不能因市场和国家的科层制的合理化机制而抵制这种机制,而是要培育一种能够抵御这种机制向文化领域侵蚀的力量。这种抵御性的力量不存在于别处,就存在于市民社会的文化所具有的社会批判功能之中。而一种健康的市民社会文化的形成与发展,必然依赖于一个健全的文化批判领域的存在。

从西方资本主义市场经济发展的历史看,作为私人生活领域的市民社会经历了一个变化的过程,而作为文化批判领域的公共领域,就是在这一变化着的私人空间里逐步形成的。市场经济最初是在家庭手工业的基础上发展起来的，因此早期资产阶级小家庭就成为市民社会这一私人自律领域的核心属地。随着商品交换关系向全社会的扩展，市场交换体系以及围绕它所形成的社会经济领域，在早期发展起来的市场经济社会里成为私人领域的核心。黑格尔将这一市场交换领域称之为“使需要得到中介，个人得到满足”的“需要的体系”①。可是，在当代发达的市场经济社会里，市民社会的核心已经转移到文化批判领域。正是由于这样一个区别于经济交换领域的社会领域的存在，才将人们联合为一个有别于国家组织形式的社会联合体。查尔斯·泰勒认为，这个联合体是“一个自治的社团网络，它独立于国家之外，在共同关心的事物中将市民联合起来，并通过他们的存在本身或行动，能对公共政策发生影响”。哈贝马斯认为，这一社会联合体是以独立于国家的非官方组织所构成的社会文化系统为核心的，它包括“教会、文化团体和学会、独立的传媒、运动和娱乐俱乐部、辩论俱乐部、市民论坛和市民协会、职业团体、政治党派、工会”等等。② 他认为，正是由于这一社会文化系统提供了一种不同于科层制组织之“制度整合”的“社会整合”，人们才可以在市场经济社会里构建起相互沟通和理解的意义世界，才可以抵制金钱和权力原则对生活意义的破坏。他认为，如果这一领域遭到了破坏，现代社会的意义世界也就遭到了破坏，其直接的表现就是产生于市民社会之中的现代文化的变异。

因此，重建公共理性的希望就在于建构起一个健康的文化批判领域。这一领域是一个完全不同于市场交换体系的社会生活领域。与后者相比，它是一个超越了生产劳动和市场交换的直接利益目的的社会伦理领域，是一个建构公共生活意义和公共生活价值的社会领域。消费社会所导致的问题，正在于技术知识体系按照其合理性原则来刻画社会，使得人的生活失去了价值性的追求而为工具性的原则所役使。而公共领域作为一个建构公共意义的生活领域，是人与人之间进行精神和文化交往的领域。因而，这一领域在原则上超越了工具性原则的支配而指向人类活动的道德意义。在这一领域中所形成的意见、舆论、风气、氛围、精神面貌等结合在一起，共同构成一种我们称之为“公共精神”的东西。它是与市场社会的社会构成和社会关系相对应的公共理性和普遍伦理。

---

① （德）黑格尔：《法哲学原理》，范杨、张企泰译，商务印书馆1961年版，第203页。

② （德）哈贝马斯：《公共领域的结构转型》，曹卫东等译，学林出版社1999年版，第29页。

与传统文化及其意识形态所追求的一律性不同,市场社会中的这种公共精神不应是对独立个人之特殊性的取消,而是对它的提升,是通过肯定特殊性而达到的普遍性。具体地说,这种公共精神并不是视点的单一化,不是用某一种所谓绝对正确的见解统合众多不同的意见,而是将不同的意见融合在公共的见解之中。因而,这种公共见解并不是专断性和强制性的,而是调和的和协商的。由此形成的普遍伦理也不是扼杀德性差异的道德一律性,而是承认德性差异的伦理宽容;不是在伦理一致性中个体差异性的消失,而是个体德性在相互性关系中体现着伦理关系上的和谐。这种以多元并存和宽容为特征的精神和文化就是我们应当努力建构的精神文化。它在人们的公共生活中渗透并融化到个人的精神世界,成为把在市场经济社会中活动的独立的个人联结起来的公共精神和普遍伦理。

●原文刊载于《求是学刊》2007 年第 2 期。《高等学校文科学术文摘》2007 年第 3 期转载。

●王新生,南开大学哲学院教授、博士生导师;天津市哲学学会秘书长。

作为生活方式的消费与消费主义

晏 辉

一、如何看待消费与消费主义

在国外，从人类生活方式的角度分析消费现象的研究成果可谓极其丰富，这种研究范式与马克思从人类学范式研究消费产生了相得益彰的效果，这种研究既是社会学的又是文化学的。比马克思晚些时候的韦伯、桑巴特、西美尔都研究过消费问题或与消费有关的问题。在谈到资本主义的价值观基础或精神基础的时候，韦伯认为一种职业精神和禁欲（节俭）伦理为资本主义的发轫、发展提供了精神基础。然而如若把这种结论推至极端，那么资本主义就是不可能的，因为只有完成商品交换和快速消费，剩余价值才是可能的。相反，若使资本依照其自身的逻辑发展下去，就必须生产一个庞大的消费群体，“商品的庞大堆积”必须通过庞大的消费群体来解决。于是首要的问题在于，必须使庞大的消费群体建立一种消费主义价值观，这种价值观成为了制约市场发展的瓶颈。对此，英国经济学家阿瑟·刘易斯在1955年的成名之作《经济增长理论》中写道：“禁欲主义的教规公认一个人的消费少于他的同伴是突出的美德。由好几条途径引出的结论认为，消费少是高尚的生活方式。首先，有的教规强调学会压抑个人天生欲望的价值，如食欲、性欲、安逸感及其他满足；它们鼓励各种形式的斋戒和别的苦行作为精神超度的手段。其次，有的教规认为一个人谋生需要消耗时间，而这些时间原本可以花在修身养性或进行宗教礼拜上；不是所有宗教都持此观点——有的宗教认为工作和祈祷同样受到上帝的赞美,并认为工作是谋取精神美德的一种手段。第三,一个人谋生有时会带来侵犯其同伴的倾向,因而为了避免这种倾向,最好还是尽量限制个人消费。"[①]因此,如要培养庞大的消费群体对商品的欲望,就必须对制约资本主义发展的禁欲主义进行新的阐释:竭尽人的全部能力创造财富、取得社会地位也是一种美德,同样受到上帝的赞美。此外,还要创设一种社会设置,旨在推动着人们去消费。事实上,绝大多数人都会在禁欲与享用之间选择享用。"世界上没有一处的俗人们会仅仅由于他们相信提高目前生活水平将凌辱他们的灵魂而不乐意去抓住提高自己生活水平的机会……在大多数的社会里,禁欲主义与作为攫取权力的手段和取得较高社会地位标志的财富相比,前者的吸引力不如后者。"[②]桑巴特从世俗的角度考察了推动企业发展中的"企业家气质",以及奢侈消费在推动资本主义发展中的作用。在现代社会开始的地方,一些传统的伦理学关键词,比如"奢侈"被逐渐地驱除出道德判断的领域,而被放逐到纯经济学的领域内,于是消费主义便在两条战线上展开:一个是世俗生活中的一种普遍的消费主义价值观的确立;一个是经济学家对消费行为的普遍支持。这是一个使"奢侈的去道德化"过程。"我们已经看到,'奢侈'一开始就是'前现代'时期道德语汇的一个组成部分。"[③]今天,消费与消费主义已经演变成了社会—文化现象。

关于消费文化,可以有不同的研究方式,英国社会学教授迈克·费瑟斯通(Mike Featherst one)认为应该从三个视角研究消费文化:第一种视角认为,消费文化以资本主义商品生产的扩张为前提预设。资本主义商品生产的扩张,引起了消费商品、为购买及消费而设的场所等物质文化的大量堆积。其结果便是当代西方社会中闲暇及消费活动的显著增长。第二种视角是一种更为严格的社会学观点。人们通过对社会差距的表现和维持来实现自己对商品的满足并取得某种社会地位。与此相关,消费文化中人们对商品的满足程度,同样取决于他们获取商品的社会性结构途径。人们为了建立社会关系或社会区别,会以不同方式去消费商品。第

① (英)阿瑟·刘易斯:《经济增长理论》,周师铭等译,商务印书馆 1996 年版,第 19 ~ 20 页。

② (英)阿瑟·刘易斯:《经济增长理论》,周师铭等译,商务印书馆 1996 年版,第 21 页。

③ (美)克里斯托弗·贝里:《奢侈的概念:概念及历史的探究》,江红译,上海人民出版社 2005 年版,第 101 页。

三种视角关心的是消费时的情感快乐及梦想与欲望问题。在消费文化影像中，以及在独特的、直接产生广泛的身体刺激与审美快感的消费场所中，情感快乐与梦想、欲望都是大受欢迎的。①

与社会学和文化学看待消费和消费主义的方式不同，把现代消费与消费主义视为人的生活方式，把消费与人的本质结合起来则是文化哲学的视野。因为在今天，普遍消费或消费的普遍化已经从根本上改变了把消费仅仅视为资本运行逻辑的一个环节的状况，也从根本上改变了人们的交往方式和生活方式。消费已经变成了一种广泛的社会—文化现象。文化哲学考量消费与消费主义的理论旨趣在于：作为社会—文化现象的消费和消费主义意味着什么，它是如何形成的；现代消费如何演变成了人的生活方式。

二、现代消费是一种以符号为表象的消费形式

与前工业社会不同，现代消费把消费与文化混同起来，人们已经很难分辨出是在进行消费还是在表现意志，这是一种消费文化。而在传统社会，消费与文化是相对分离的，人的情感需求和终极关怀通常是在消费活动以外，通过特定的仪式获得的。而今，人的心理需求、社会期望和宗教性的关怀均被压缩、还原为经济的行为，即消费。作为经济行为的消费从来没有像今天这样承载着它原本无法完成的任务，它要通过一个具体的购买、饮食、穿着、工具传达消费者设定给它的多重意义。商品变成了符号，消费活动就是一种创造符号和消费符号的过程。鲍德里亚说："消费既不是一种物质实践，也不是一种富裕现象学，它既不是依据我们的食物、服饰及驾驶的汽车来界定的，也不是依据形象与信息的视觉与声音实体来界定的，而是通过把所有这些东西组成意义实体来界定的。消费是在具有某种程度连贯性的话语中所呈现的所有物品和信息的真实总体性。因此，有意义的消费乃是一种系统化的符号操作行为。"②商品作为符号，体现了人类语言的超越性功能，它不再是一般的所指，而变成了一

① （英）迈克·费瑟斯通：《消费文化与后现代主义》，刘精明译，译林出版社2002年版，第18～19页。

② 罗钢、王中忱：《消费文化读本》，中国社会科学出版社2003年版，第27页。

种能指的集合，换言之，它把自身并不具有或少有的东西也承载下来。一件商品的使用价值是相对确定的、有限的，从实体的角度看，它无论如何都不能把其他的使用价值叠加在自己的身上，但假如把一件商品变成符号的载体，结果就完全不同了，而要做到这一点，就必须构造两种设置：(1)实物系列。把不同的商品混杂在一起，以使消费者在同一场景下产生满足不同需要的心理勾连。“杂货店本身具有完全不同的意义：它不把同类的商品并置在一起，而是采取符号混放，把各种资料都视为全部消费符号的部分领域。文化中心成了商业中心的组成部分。但不要以为文化被‘糟蹋’：否则那就太过于简单化了。实际上，它被文化了。同时，商品(服装、杂货、餐饮等)也被文化了，因为它变成了游戏的、具有特色的物质，变成了华丽的陪衬，变成了全套消费资料中的一个成分。”[①]人们不是把文化降低为物(商品)，而是把物(商品)变成了文化，变成了文化的存在形式。只有商品变成了表达特定意义的符号，变成了表达多重意义的符号，人们才能把不同的商品集中起来，或者把不同的意义集中在一种商品之中。物只具有拥有某种意义的可能性，而把这种可能性变成现实性，就必须经过人对意义的给予过程。(2)宣传系列。一件具体的商品到底具有何种使用价值，只有在经过消费者的享用之后才能现出。然而，等到消费者了解到商品的使用价值之后再去购买，对商家来说，“商品的庞大堆积”将不可避免；另一方面，购买者也没有那样的时间和专业知识去了解一件新产品，时间成本和认知成本可能使购买者望而却步。因此，通常都是由厂家或商家以一种预先给予的方式，将商品的真实功效和附加意义一并地呈现给购买者。资本主义不但生产着庞大的商品，同时还创造着收买商品的环境，继而生产着需要。当实物系列和宣传系列并置在一起的时候，一种基于物的摆放之上的人为设置的购买环境便生产了。在此种境遇之下，物的系列、想象系列、快感体验系列被叠置在一起，商场不再是物理的世界，它分明是一个充满符号、诱惑、欲望、冲动的文化场所。在传统社会，狂欢是被禁止的，即便有所表现也是受到严格限制的，只有在特定的节日里，于特定的地点举行。在消费社会，狂欢的欲求被置放在了各个时间和地点之中，它不再是一种禁忌和幻想，也不再是贵族们的特

① (法)波德里亚:《消费社会》，刘成富、全志钢译，南京大学出版社2001年版，第4~5页。

权,它正趋于平民化和日常化。在传统社会,狂欢节、商品交易会和节日盛会等大众传统,是对官方“文明”文化的象征性颠覆和僭越,是对激情、情感宣泄以及膏腴的食物、烈性酒、淫乱的性生活等等所表现出的直接而粗俗荒诞的肉体快感,它们构成了个体的心理域限空间。而在消费社会,这些所谓的心理域限空间,被置于一个有条件和机会实现的环境里,“在其中日常生活世界被颠倒了,禁忌和幻想有了实现的可能,不可能的梦想也可以达到”①。现代消费是如此的神奇,它把以往虚拟的东西变成了实在,而把实在的东西变成了虚拟的东西。这突出地表现在它的社会功能上,它是获得社会身份和表现社会身份的方式。

三、现代消费是实现社会角色的方式

在任何一种社会形式里,单个的人总是表现为特定的社会关系,区别只在于简单与复杂,而不是有无。由此也就有了身份感和地位感,继而也就有了表现身份和地位的要求,以及得到别人认同的需求。身份与地位的需要并非人的天然需要,而是社会交往的产物。卢梭在他论述社会不平等的小册子中,把人的自爱分成真正的自爱和自私,自私是人为需要。对于真正自爱的需要,人是能够对其进行节制和控制的;而自私是社会互动的产物。竞争和盲目效仿造成一种无休无止,永远得不到满足的社会状态。在传统社会,人对人的依赖是人的主要的联结方式,且这种联结是在熟人的状态中进行的。家庭、家族、氏族、村社作为基本的共同体形式,把共同体中的成员限定在一个十分熟知的状态下。人们之间的身份与地位的显现方式常常不是通过消费,而是通过他的言说方式、行为方式、情感态度来传递的,消费、着装只占很小的部分。试图通过消费的方式来抹平身份与地位上的差距,实际上是徒劳的,而且这种明显的僭越行为是要承受严厉的惩罚代价的。

市场社会的建立,在人与人之间架起了物的桥梁,“以物的依赖性为基础的人的独立性”把每个人分属在独立的状态中,身份与地位的显现只有通过物的依赖性来完成。于是,普遍的交换关系既成了使我通达于别

① (英)迈克·费瑟斯通:《消费文化与后现代主义》,刘精明译,译林出版社2002年版,第32页。

人的桥梁,同时也成了他把他的个性和精神直接呈现给我的屏障,我们只是通过屏障与物认识对方,而且只有越过了屏障认识了物才有可能认识对方。在此种情况下,我欲显示我的身份、地位和个性就只有通过物的方式来完成。在消费社会,"人的认同和消费成为同一过程的两个方面,体现为认同支配了消费,消费体现了认同"①。对我们双方或多方来说,人已经不重要了,你我使用何种样式的物、以何种方式使用物才是重要的。"在人们抱着展示自己社会身份的心态而进行消费的时候,商品的身份价值或社会标志价值便得到了实现。"②物的无阶级性和无等级性以及在空间上的分割和流动,为通过消费形式拉近身份与地位上的距离提供了可能。一些商品或食物的消费带有较高的社会地位和社会价值,因为这些东西的消费只限于社会中的高层人士。这些代表社会地位和价值的商品或食品诱使下层人民去购买和消费它们,或者自己制作,尽管他们实际上并没有足够的经济实力,只是因为这些东西代表着一种值得模仿的生活方式。

现在,人们通过向别人传达信息来定位自己,而这种信息的传达是通过他们加工和展示的物质产品和所进行的活动方式实现的。人们对自己进行熟练的包装,由此创造并维持自己的"自我身份"。物质商品的不断丰富给这一过程提供了支柱。在一个产品不断丰富的世界,个人的身份成为一个对个人形象进行选择的问题,而以往任何时候都不曾如此。人们越来越不得不对他们的身份作出一定的选择。③

身份与地位似乎愈来愈与创造无关,而与如何选择、以何种方式呈现何种身份有关。在消费社会,身份与地位的显现也与从前不同,从前是职业、职业精神、社会贡献,而今是经济地位,你的身份与地位视你的经济地位和如何显现经济地位有关,它可以把你的职业和职业精神隐藏起来,或者根本就不需要这些东西。进一步说,地位和身份也就不重要了,重要的是我的个性,个性似乎没有进步与落后、健康与不健康的区别,关键在于你能否创造个性。这个个性常常与我的知识与修养无关,也与职业和职业精神无涉;个性不是为着我自己,而是为引起别人的关注,它要成为亮

---

① 蔡雪芹:《现代消费与人的自我认同》,载《理论月刊》2005年第9期。

② (芬)尤卡·格罗瑙:《趣味社会学》,向建华译,南京大学出版社2002年版,第5页。

③ (芬)尤卡·格罗瑙:《趣味社会学》,向建华译,南京大学出版社2002年版,第6页。

点。亮点层出不穷，新潮轮番出现，模仿与攀比把这些人为需要推向了永无止境的境地。在这里，商品又一次扮演了符号的角色。通过若干个商品符号人们组成了一个流动的消费者合作社，这个消费者合作社随着消费者的活动领域的变动以及他的愿望而改变形态。“消费者合作社的隐喻暗示了决定性的转移：恰恰是在消费行为中，在‘普通消费者’的日常作者身份/行动者身份中，有关文化的任何事物都获得了其意义。在此，符号的空壳充满了意义；符号（已经变得有意义的符号）获得或丧失了价值。”①

通过商品符号的消费呈现身份与地位造成了双重悲剧：首先是，身份问题已经变得相当严峻，身份本身遇到了难题。其实，如果从理想主义的价值立场考虑，身份和地位一经产生，就意味着它是一个问题，因为它是差距和等级的呈现方式，它使人们之间的不平等社会化和合法化。然而，身份自从它出场的那一天起，它又是自在而合理的，因为，不同的个体总会在体力、智力、情感力和意志力方面区别开来，亦即主体性资源的差异。当人们依照自身的主体性资源去获取社会的可配置性资源的时候，身份与地位上的差异就会呈现出来。另一方面，身份还是个体取得社会认同求得归属的证明。本质上，身份是不能当做商品进行流通的，它植根于人的具体活动中，经济活动只是其中的一种而已，通过人的言说方式、行为方式、情感态度呈现出来，身份是一种精神气质。现代社会，身份陷入危机。它已经处于拔根状态，从它所植根其中的社会活动、社会关系和精神气质中连根拔起，成了一种飘荡在社会中的流动，一如流动的现代性那样，它是流动的身份。至于“花落谁家”则不取决于身份背后的根基，而取决于经济力量、何种样式的商品以及人们的愿望。

现代化创造了不同的身份，但也创造了把身份变成流动的存在的条件：增值与消费。有人说，现代的口号是“创造”；后现代的口号是“回收”。在当代社会中，身份远未消失，而是被重新建构和重新界定。“身份如今变成了一种被自由选择的游戏，自我的一种戏剧性的表现”，而且“当一个人随意彻底改变身份时，他有可能会丧失控制”。只要有人生活着就会有身份，它是特殊的社会现象：它依赖于人的活动方式、控制力量、精神气质，但却不是它们，而是他人和组织对这些方式、力量和气质认知

① （英）齐格蒙·鲍曼：《后现代性及其缺憾》，郇建立、李静韬译，学林出版社 2002 年版，第 166 页。

之后给出的确证,对身份的拥有者来说,身份是一种无形资产、社会资本、文化资本。在现代社会,身份离开了它的根基,变成了“流动性”的待定的和自由漂浮的体验。这是身份的拔根之后的无根状态,身份危机的实质是确信和归属的危机,它是资本运行逻辑的必然结果,因为商品和消费替代了身份的真实根基,它造成了不确定性但又追求着确定性。“当一个人不能确信自己的归属时就会想到身份;也即是,一个人不能确信如何将自己安置于明显的行为风格和模式中,也不能确信如何断定周围的人将会认为这种定位是正确和恰当的而接受它,以便双方都知道在彼此面前应如何继续下去。‘身份’是从这种不确定性中找到的逃避的代名词。”①

与此同时,身份的呈现方式也成了问题。一如前述,身份是一个人的主体性资源和可配置性资源的呈现方式,是他的精神气质的外化形态,占有物并消费物只是显现身份的一种方式,而且是不甚重要的方式。如今,消费似乎成了显现身份的唯一方式,它使真实身份躲藏起来,或者说是丢失了。身份的拔根状态实际上是人类的精神性、人文性的拔根。因为物的东西只有经过精神的浸染才会获得灵性。物的世界的变动不居和变换使得身份也飘忽不定,身份是什么似乎已经不重要了,重要的是能用什么物显现身份;寻找身份比身份本身更重要;物的彰显便是精神的隐匿;“符号以寻求意义为生,并在发现它的那一瞬间就废除了意义”②。这是符号的悲剧。由于用以呈现身份的物不断变换其形态,对身份的追寻也变成了一个没有限度的过程。身份如果通过物的形式展现其自身,那它一定是走错了方向。这不是身份的错,而是增值为目的的消费社会使然,它把人带进一个永不满足的社会状态。“就更为广泛的消费者选择而言,欲望的永久不满足被发现了(而且,更普遍的是,就自由而言,欲望的永不满足也被发现了)。消费的促进,犹如自由的冲动,导致了自身满足的不可能。”③

通过商品符号的消费呈现身份与地位造成的另一重悲剧是,用商品作为符号呈现身份与地位,也使商品本身失去了本真的光彩。商品已经

---

① (英)齐格蒙·鲍曼:《生活在碎片之中:论后现代道德》,郁建兴等译,学林出版社 2002 年版,第 87 页。

② (英)齐格蒙·鲍曼:《后现代性及其缺憾》,郇建立、李静韬译,学林出版社 2002 年版,第 169 页。

③ (英)齐格蒙·鲍曼:《后现代性及其缺憾》,郇建立、李静韬译,学林出版社 2002 年版,第 170 页。

不是其所是,而仅仅成了体现其他意义的手段,似乎一切都颠倒了,每件事物都通过体现他物而体现自己。更为严重的还在于,为着获得流动的、看得见却抓不住的身份,人们必然要进行攀比、模仿,追求虚拟享用,于是一种重要的消费文化现象也就产生了,这就是时尚。

四、时尚是现代消费文化的自我推动过程

时尚是联结市场经济与消费文化的重要纽带,它使经济行为变成了一种文化现象,同时也让文化行为具有经济性质。德国社会学家西美尔在1895年写成的一篇文章《时尚心理的社会学研究》中,深刻地分析了时尚的本质及其人性根据:

以下这一点对于时尚来说是根本性的。一方面,就其作为模仿而言,时尚满足了社会依赖的需要;它把个体引向大家共同的轨道上。另一方面,它也满足了差别需要、差异倾向、变化和自我凸显,这甚至不仅因为时尚内容的变化——正是这种变化将今日时尚打上一种昨日和明日时尚的个性化烙印,而且也因为这些事实:时尚总是阶级时尚,较高层次的时尚与较低层次的时尚截然有别,而且在后者养成较高层次的时尚时,便抛弃这种时尚。通过某些生活方式,人们试图在社会平等化倾向与个性差异魅力倾向之间达成妥协,而时尚便是其中的一种特殊的生活方式。①

时尚是与现代消费文化相伴而生的,与享乐主义消费群体相关。“新的享乐主义消费群体已经形成,他们的需求不再受到‘需求经济’的约束,而是受到‘欲望和梦想经济’的约束,或者对新事物和新体验的渴望的约束。”②参照社会学家和心理学家的观点,可以把现代时尚的特点归结为以下几点:(1)时尚减少社会的复杂性,同时,又由于它的作用方式,时尚又引起社会的复杂性,比如使社会区别更加微妙;(2)在什么是“时髦”这一问题上,时尚具有非常明确的规范,然而在运转过程中,时尚又破坏所有的传统和默认的规范;(3)时尚一方面不在乎物质和实际的东西,另一方面又离不开具体的东西;(4)今天的人们对待时尚的态度包括积极参与和超然两种对立的情绪;(5)时尚包涵责任和逃避责任;(6)时尚

① (德)西美尔:《金钱、性别、现代生活风格》,顾仁明译,学林出版社2000年版,第94~95页。

② (芬)尤卡·格罗瑙:《趣味社会学》,向建华译,南京大学出版社2002年版,第90页。

是可及的，又是不可及的。时尚原本是现代经济的产物，但时尚的意义却不止经济一种，还反映了它的文化意义和人性意义。

时尚的经济意义。时尚使经济短缺发生了性质的转变，在短缺的社会，短缺的不是用以体现时尚的物品，而是时尚本身。这着实是一个悖论：变换过快，时尚飘忽不定；变换过慢，时尚就不再是时尚而是过时，过时的东西要么被人抛弃，要么仅仅成了回忆过去的材料、追忆往事的故事。剩余下来的，同时也是厂家和商家所追求的，就是不断制造时尚，因为每一个时尚的诞生都毫无疑问地拉动了内需、推动了消费。由于经济推动和商业炒作，时尚已经偏离了它的真理、精神，因为时尚通常要通过时髦表现出来，具有标新立异的特征，由于模仿的人多了，时髦变成了时尚，经过实践体验证明的标新立异被确证为一种能够接受的审美标准。时尚通过时髦表现出来但不停留于时髦，它要把时髦背后的深刻的东西沉积、保留和延续下来。时尚是植根于人的心理—精神结构之上的借助于饮食、衣装、布置等物的形式而完成的一种设置，是海德格尔意义上的解蔽过程，是使真理显现其自身的方式。时尚是被发现的，而不是被追求的。发现时尚可能用物和技术的形式，但这些形式绝不是它们本身，而发现时尚是一种艺术。从原始发生看，时尚是基于劳动之上的创造美的过程，是人的心理—精神结构的外显。

然而，将时尚变成经济行为的厂家和商家却常常不理会人的心理—精神结构，也许就没有能力和素养去体会这种结构，他们关心和能够做的就是不断创造新奇、猎奇，乃至低级趣味，期望把他们的产品变成体现时尚的物品。经济对文化的侵蚀和文化还原为经济，造成了庸俗—时髦—时尚结构的模糊性，审美情趣和审美需要的低级化和庸俗化是消费文化的主要特征。经济行为的文化取向从根本上消解了生产与消费之间的紧张关系。时尚的强化，即它向新领域的延伸和在旧领域作用增大，是消费者社会的最典型的特征。这样一来，一个消费者社会——或富足社会——就是一个时尚社会，尤其是一个大众时尚的社会。把我们和以往世纪分离开来的就是时尚的循环更快；新的和有用的东西被耗尽和转化成旧的无用的东西的速度更快。新的风格接踵而来，没有任何预先的模型或理想。这样一个社会实际上根本不能发现和解决过度和多余消费的问题，因为不可能存在任何客观标准来衡量何为真正需要、何为多余。而且，这样界定的消费者社会必然总是一个短缺的社会，因为其社会成员永远得不到满足。结果，现代消费享乐主义者对时尚和它对新潮的永久供应持乐观态度。他们既愿意又急不可待地在商业化生活的所有领域称赞和消费“最新”的东西。追求时髦和时尚的欲望总是大于能够体现他们的物品，只要有这样的东西，它立刻就会捕捉得到。

时尚的文化意义。时尚是一种典型的社会构造，它把相对的两种力量——简单与复杂、统一与特殊——结合起来。时尚带来新奇，新奇的魅力就是一种纯粹的审美上的愉悦。时尚是社会生活的一种娱乐形式，具有日常性和可模仿性；时尚既停留于某种审美和愉悦之上，又超越它们指向新的审美与愉悦，它使人的生活陷入不确定性之中，又使人的生活充满了希望，它指给了人一个走向新奇和愉悦的可能性空间；以时髦和时尚出现的这些“微不足道的”因素和“转瞬即逝的”社会生活形式既不能还原为也不能服从于某种理性的道德法则或客观的经济利益。时尚由经济引发但却是对审美文化和精神世界的追求。时尚的魅力不在于经济而在于求得社会认同和个性的展现。在西美尔看来，时尚中同时存在着对社会差别和身份认定的追求。一个人的活动受到两个互相对立的社会力量和目标的促动。一方面，人们愿意通过模仿他人融入一个社会群体，取得认同与归属；另一方面，他们又希望将自己和别人区别开来，通过采取别人没有的新东西来突显其个人性和独立性。于是，时尚就成了一个自我推动的过程，因为塑造个性和模仿他人这两个对立的阶段会自动互为因果。新潮一旦被所有人选择就不再成其为新潮，必须由另一个“真正的”新潮取代。这样，创新和模仿永不停息地互动，引发新一轮模仿和创新，时尚之机制就如一个旋转木马，或者更形象地说，像一台永动机，这就是消费经济的文化基础。

●原文刊载于《求是学刊》2007 年第 2 期。

●晏辉，北京师范大学哲学与社会学学院教授、博士生导师。

大众趣味的权力化及其后果

沈湘平

一

大体上我们可以认为,大众趣味是相对于官方趣味、精英趣味而言的。在现代社会之初,官方与精英往往相互结合,既支配着社会的配置性资源(allocative re - sources),也支配着社会的权威性资源(authoritativere-sources)①。因此,官方趣味、精英趣味以绝对的优势构建了整个社会的权力场域,大众要么模仿、培养、分有官方和精英的趣味来彰显自己的存在,以获得相应的权力;要么坚持自己的趣味而被官方、精英所遗忘和抛弃,淹没于历史的洪流之中。然而,在当代社会,事情已经发生了很大的改观。种种迹象表明,一度边缘化的大众趣味正自发或自觉地权力化,逐渐占据了社会文化的中心舞台,出现了所谓"边缘走在大道上"的现象。詹姆逊(Fredric Jameson)在谈到当代社会的文化逻辑时就说:"回顾一下,在现代主义的巅峰时期,高等文化和大众文化(或称商业文化)分别属于两个截然不同的美感经验范畴",而今天,"这种创新的文本,居然是在那备受现代(主义)运动所抨击的'文化产业'(culture industry)的统辖下产生的"。这种文化产业的核心理念就是"美感上的民本主义(aesthetic populism)"②。

大众以热情的关注(收视率、点击率、谈论与玩味的深广度)和货币

① (英)吉登斯:《社会的构成》,李康、李猛译,三联书店1998年版,第53页。

② (美)詹明信:《晚期资本主义的文化逻辑》,陈清侨等译,三联书店、牛津大学出版社1997年版,第424、423页。

式投票（通过各种方式购买相关"产品"）使自己成为文化或趣味市场的主体，成为一切资源的集体操作者与构成者。与之相比，官方趣味、精英趣味却在现实的社会文化生活中逐渐失宠、失语而相对退隐。甚至，大众趣味问题本身在政治理论、精英学术中也被主题化，掀起郑重其事的讨论，这恰恰是以反衬的方式表明大众趣味的突显。大众趣味这种对社会力量的重构作用便是其权力化的表现。那么，大众趣味的权力化倾向是何以可能的呢？

首先，也是最重要的原因是，官方趣味、精英趣味的合法性危机。在"力量的社会—文化市场"（social - culture markets of force）中，获得合法性对于各个主体来说是性命攸关的。所谓合法性，是指被认同的程度。官方趣味是以政治为导向的，在原初的意义上，政治乃是人们一种重要的实践趣味（哈贝马斯把趣味区分为技术趣味、实践趣味和解放趣味），亚里士多德就认为人天生是一种政治动物。同样，在原初的意义上，政治实践带来的是获得自由的可能性。只有这样，我们才能理解历史上的人们，特别是处于历史关键时刻的人们对于政治的热忱。但是，现代社会却不一样，政治实践越来越不以实现实践的自由目的为导向——或者至少在大众看来是这样，而在于以解决技术（自然控制技术和社会控制技术）问题为导向，关心的是如何稳固某种既有的统治。正如福柯所指出的，在现代政治生活中，大众的肉体都是被驯服着的。精英趣味在近代之初是与官方相悖而与大众相偕的。不过，在精英的启蒙下，现代政治体制才得以建立，精英也逐渐改变自己的身份。一如鲍曼所言，精英们由立法者逐渐转变为阐释者。换言之，现代社会的精英与官方在本质上是合谋的。在现代社会，无论是科学、学术，还是文学艺术都被体制化了，精英被牢牢地编织到体制之内，遵循着"价值中立"的原则进行"工作"。我们甚至可以说，越来越多的精英不再是出于趣味，而是把工作当做一种事业和谋利的手段。官方和精英炮制出的趣味则是一种不断理性化、官僚化、抽象化，在其本质上是祛魅（disenchantment）了的趣味。当这种趣味试图一如既往地对大众趣味及其生活世界进行殖民时，遭遇到了大众趣味的迂回反抗——感性、当下性，甚至反智化倾向是大众趣味的重要特征。

其次，大众趣味的资本化和意识形态化。在传统的资本观念看来，资本就意味着经济资本。在现代社会，正如布迪厄所揭示的，资本可以表现为经济资本、文化资本、社会资本和符号资本等不同形式。趣味本身是身体化形态的文化资本,"它指一套培育而成的倾向,这种倾向被个体通过社会化而加以内化,并构成了欣赏与理解的框架"①。不同的趣味就意味着不同的资本。同时,通过共同趣味建立起来或不同趣味结合起来的社会关系则构成了社会资本,它赋予关系网络中的每一个人一种集体拥有的资本。作为一种权力关系的表征,趣味群体也对应着一系列的准编码化的符号,享有这些符号本身就意味着分有某种社会权力,符号也就成为了一种资本。而且,文化资本、社会资本、符号资本在原则上都可以与经济资本发生互换的关系。当某一事物的内容、过程以及呈现这一事物内容或过程的样式为大众所乐于关注、玩味的时候,也就是当某种大众趣味形成之时,资本就如影而至。无论是对于经济资本的自觉投资者而言,还是对于自觉不自觉地参与的大众而言,客观上都在资本化了的大众趣味的平台上各取所需。而无论是获得经济资本,还是文化资本、社会资本和符号资本,他们都是资本的受益者。同时,大众趣味与官方趣味、精英趣味的明显区别通过特定的符号系统建筑起一系列类似高雅与低俗、精致与粗糙的二元对立,它们作为潜在地制约着我们心理活动的"基本分类范式"而起作用。因此,符号系统不仅表现、象征,而且强化了现实社会的权力关系,其所能指的大众趣味也就被意识形态化了。在大众趣味资本化与意识形态化之时,大众趣味的权力化倾向也就顺理成章了。

再次,大众传媒与消费社会的逻辑促进。现代社会已经进入大众传媒时代,无处不在的传媒使得我们生活在一个模拟的世界中,几乎我们所知道的每个事件都首先是作为一个传媒事件开始的。传媒的发达意味着,横向的信息网络取代了传统的垂直的、纵向的信息传布方式,也意味着对官方、精英中心趣味的一种解构。而且,大众传媒与大众趣味之间有着一种互相结构、形塑的关系。但就每个个体而言,大众传媒是先验的,因而大众传媒的趣味不仅代表,而且引导、塑造着大众的趣味,大众趣味是被结构了的结构。现代社会同时也是一个消费社会。在消费社会,人们倾向于通过消费实现自己,证明自己的存在。消费的对象也成为一种标识,甚至是护身符,以表达自己所坚持的态度与立场。大众传媒的趣味

① (美)戴维·斯沃茨:《文化与权力:布尔迪厄的社会学》,陶东风译,上海译文出版社2006年版,第88页。

也适时地从关注生产英雄转到以消费为焦点的英雄。因此,在消费社会,工人、农民相对于歌星、影星在媒体中的逊位是再正常不过的了。在文化领域,经过现代传媒"兴风作浪"后的大众趣味早已被重组、重构,被定制为一种没有极限的娱乐诉求。诚如鲍德里亚所言:"这里起作用的不再是欲望,甚至也不是'品位'或特殊爱好,而是被一种扩散了的牵挂挑动起来的普遍好奇——这便是'娱乐道德',其中充满了自娱的绝对命令,即深入开发能使自我兴奋、享受、满意的一切可能性。"[①]这样的"绝对命令"不仅是对大众自身的动员,也是对整个社会的权力诉求,甚至成为检验这个社会、政府的合法性根据。如果说,在近代社会中,人们被启蒙为"不自由,毋宁死"的斗士,那么当代社会的传媒和消费逻辑则把人塑造为"不娱乐,毋宁死"的享乐者。

二

大众趣味权力化已然成为一种事实的存在,而且它给我们的社会存在和社会意识都带来了不少的改变。因此,我们首先能做也是应该做的是去考虑大众趣味权力化对整个社会生活意味着什么。换言之,大众趣味权力化究竟有什么后果?我们应该如何恰当地评估这些后果?大众趣味权力化表明,大众趣味正成为某些集体行动的重要逻辑。大众趣味在其权力化的过程中,依靠自己自觉不自觉的编织和大众传媒系统的挖掘、诠释,逐渐建构了一套与社会主导或核心价值体系不一样的价值体系,并据此组建集体行动的组织、制度,以便成为主动的集体行动。各种俱乐部、粉丝(fans)团的出现是最好的证明。对于大众内部来说,共同的趣味成为了一种普遍主义信任的特殊方式,其导致的集体行动节约了彼此讨价还价的交易成本,趣味事实上成为了破解"囚徒悖论"的钥匙。大众的集体力量在趣味的基础上得以展现。对于整个社会来说,大众趣味自发、自觉的权力化一方面似乎构成了对官方、精英的挑战,但另一方面也大大降低了社会动员成本以及文化活动的入场费用。在此意义上,大众趣味的权力化使得社会重新结构化了。不过,这种重新结构化是按照自下而上、从边缘而中心的方式进行的,整个社会因之呈现出一种分散、多元的格局。这同时也意味着,多元的集体之间的趣味矛盾也上升为一种阵线

① (法)波德里亚:《消费社会》,刘成富、全志钢译,南京大学出版社2006年版,第51页。

分明的对垒。

大众趣味权力化具有某种解放的意蕴。大众趣味的权力化是对文化社会的理性化、抽象化的一种造反，释放的是非理性的、感性的可能空间，其狂热、痴迷、陶醉只能合理地理解为一种大众的自我“救赎”和自我“加魅”；大众趣味的权力化也是对精英叙事、官方叙事等元叙事的一种解构，追求着一种多元化、碎片化，甚至多少有点精神分裂式的叙事方式；大众趣味的权力化还是以一种个性化的方式对社会资源垄断的“革命”，当然，这里的“个性”已经成为集体特征的折射——权力化与个性是一种合谋的关系。凡此种种，人们以为自己用非政治的方式获得了一种解放和自由，并往往以这种解放、自由的“行为艺术”对官方、精英趣味进行着刻意的反讽。事实上，我们确实可以这样理解：大众趣味权力化既是社会开放、个人自由的表征，也是促进社会开放、个人自由的重要动力之一。至少，大众趣味的权力化表明，人们在自己的趣味领域获得了一定的自治，“我选择我喜欢”、“我的地盘我做主”都体现着这种主体性的张扬与豪迈。

大众趣味权力化还发挥着阶级、阶层、群体意识表达的作用。既然大众趣味成为了一种集体行动的逻辑，它对社会必然进行重构，大众趣味本身就成为了社会分层的基础或表征之一。在官方、精英用一系列符号系统将大众趣味意识形态化的同时，大众趣味也在抗拒官方、精英趣味过程中自觉地自我意识形态化。大众最先是在朦胧中以一套二元对立的话语进行集体无意识的想象和言说，进而构建一个思想文化，甚或生活方式上的异域帝国，以别于现实和乌托邦。这一异域帝国一旦因自己或传媒的缘故而得以升华，甚至是得到来自某些精英的着意解读，就会以合乎理性的自觉方式表达出来，这事实上就形成了一种近乎卢卡奇意义上的阶级意识——不过在当代社会，更多的是阶层、群体意识。这种意识成为大众自我表达、自我辩护、自我期许、自我实现可以依靠的意义资源。如果这个时代共同信仰的失落可以理解为“上帝死了”的话，那么活着的人幸好还有自己的趣味作为重估一切价值的尺度，尽管这是一个多少有些无奈的尺度。

上述三个相互联系的“后果”总的来说其意义是积极的。但是，这是否意味着大众趣味权力化倾向是天然合理的呢？换个角度说，人们至少还会关注表现为如下两个方面的大众趣味权力化的后果：一是大众趣味的权力化是否会带来一场真正意义上的权力革命？二是大众趣味权力化究竟存在什么问题？

大众趣味权力化中的“权力”本质上是一种微观权力。尽管大众权力化意蕴着一种“革命、解放”的旨趣。但从根本上说，大众趣味权力化的“权力”不再是一种在政治领域关注与国家机器有关问题的、宏观的、可资占有与分配的权力。按照福柯的说法，这种权力不是一种实体性的所有权、财产，而是一种策略（strategies）。这种权力不属于统治阶级，而是被统治阶级通过自己所处的位置而传达出来的。这种微观权力是流动的、散布的、无处不在的。作为一种策略，微观权力更注重的是被实践，而不是被拥有，或者说，只有被实践了才是有意义的。因此，大众趣味的权力化更多是一种伸张的姿态、过程与倾向；作为一种被统治阶级的权力表达，大众权力化是依赖于统治阶级而在日常生活实践层面进行的。换言之，边缘化是依赖于中心的，没有中心也就无所谓边缘；作为流动、散布、无处不在的权力，从整个社会的高度来看，大众趣味是复数形式的，其多元、分散、流行、短暂的特征都决定了它不可能构成一种整体的力量。因此，大众趣味权力化的解构作用归根到底是微小的，大众趣味的权力化可能并不构成一种宏大事件的根本变革，而只是某种宏大事件根本性变革的征兆或曲折表现，人们乐于玩味的往往是这一事件有趣的上演方式或外在美丽的晕轮。尽管有人试图把大众趣味的权力化理解为一种时代断裂的标志或超越性变革，但这种指称至少在目前来看只具有当下的判断意义，而不具有历史的判断意义。甚至情况恰恰相反，大众趣味的当下性反而使得官方趣味、精英趣味获得和巩固了自己的历史地位。

相对于精英、官方的规训，大众趣味的权力化事实上是以心理学取代了伦理学，对人们的现代性焦虑进行快乐治疗。这种疗法“完全是工具性的，仅限于心理技术范畴。其目的是使人摆脱禁忌和约束，以便更容易地发泄冲动，表达情感”。而所谓的后现代主义“以解放、色情、冲动自由以及诸如此类的名义，猛烈打击着‘正常’行为的价值观和动机模式，为这场攻坚战提供了心理学武器”①。当心理学的快乐说取代伦理学的幸福说时，作为复数形式的大众趣味就奏响了享乐主义的“主旋律”。

① （美）丹尼尔·贝尔：《资本主义文化矛盾》，赵一凡等译，三联书店1989年版，第102、99页。

三

基于大众趣味权力化实质及其后果的简单分析，我们发现，大众趣味权力化并不是洪水猛兽，甚至它还包含着十分积极的东西。当然，大众趣味权力化也不是天然合理的，它的一些严重后果需要引起高度注意。尽管大众趣味的权力化自身蕴含着一种对社会的批判，但大众文化自身的反思性、反观性并不强，因此需要来自社会的批判。同时，尽管大众趣味的权力化带来了革命和解放的微弱可能，但也带来了反智、享乐主义的倾向。如何恰当地疏导大众趣味，使之扬长避短，而不至于演变为一种颓废、破坏的力量，这是一个现实的难题。

首先，满足大众趣味权力化的合法路径。大众趣味自有其问题，而大众趣味的权力化总的来说是一种微观权力的宣示，并不能构成一种真正实质意义上的对社会的解构作用。但是，大众趣味之所以与官方、精英趣味相比对，甚至是以对立的方式存在，就一定是有其原因的。如前所述，根本的原因就是官方趣味、精英趣味的合法性危机。这不仅在于官方趣味、精英趣味对大众趣味的遗忘，而且在于这种遗忘已经变成了一种压制性的力量。遗忘越是彻底，压制越是厉害，大众趣味权力化的趋势就越是强劲，直至形成一种集体无意识的反抗、解放冲动。因此，缓解大众趣味权力化的威胁，或破解官方趣味、精英趣味合法性危机，不能依靠压制、打击的方式。简单宣告某些趣味及其行为的非法性往往只能适得其反。首要的办法是包容它、满足它，让大众趣味找到诸多合法的途径来实现自己的权力化诉求。

其次，促进大众趣味的升华。大众趣味的当下性也就意味着它的流行性、短暂性。一经沉淀的现代历史总是证明了马克思如下说法的深刻："一切固定的僵化的关系以及与之相适应的素被尊崇的观念和见解都被消除了，一切新形成的关系等不到固定下来就陈旧了。"[①]具体和特定的大众趣味无疑是历史的匆匆过客。当某种大众趣味归于历史之后也就变成了非大众趣味了，而一些精英利用大众偶尔泛起的某种怀旧之情，对往昔的大众趣味进行咀嚼、雕琢时，以往的大众趣味就有可能升华为所谓的经典。流行音乐史、电影史能提供很多这方面的典型例证。同时，即使是

① 《马克思恩格斯选集》第1卷，人民出版社1995年版，第275页。

在某种大众趣味方兴未艾之时,也有可能获得升华的机会,很快进入官方、精英趣味的视野,并被主题化,进而被体制化。在此,官方、精英不再把大众趣味权力化看成一种挑衅和威胁,而是视之为一种可以依靠的创新资源。

再次,寻找和保障大众趣味的公共性。大众趣味是多元的,在一个多元社会中,人们看到的往往只是趣味差异性的极度增长,而一个社会得以为续总是要以一定的价值共识为前提的,趣味共识可以看成是价值共识的重要基础。共识并不是达到同一,它是以分立、差异为前提和基础的,按照阿伦特的理解,公共性应该是一种既把我们联系在一起,又把我们区隔开来的东西,是一种主体间性。从根本上说,公共性的诉求是源于对人们"共在"事实的领悟与看护,希图获得的首先是一种安身立命的本体性安全。如果不能保证公共性的存在,多元、差异的解放作用就会演变为毁灭的力量。同样,如果只有不同大众趣味权力化的冲动,而不能在众多大众趣味中寻找到趣味的公共性,那也就不可能"和而不同"。这种公共性的揭示和保障就需要官方,特别是精英们的努力。

复次,社会的核心价值体系的倡导必须与创新的形式结合起来。大众趣味尽管自觉不自觉地构建了一套自己的价值体系,但总的来说,它还是边缘的、外围的价值体系。对于一个社会来说,其所提倡的核心价值体系不可能完全与大众趣味重合。相对于以感性、当下性为重要特征的大众趣味,社会核心价值体系总是具有整体性、超越性和规范性。问题在于,这些多少属于官方趣味和精英趣味的核心价值体系如何破解和超越自己的合法性危机呢? 一个关键的问题就是如何做到"以创新的形式吸引人"。正如詹姆逊所揭示的,当代社会已经从语言中心过渡到了视觉或感觉中心。在当代社会,人们仿佛置身于"思想超市",各种思想理论,甚至异端邪说琳琅满目,都对人们发出全身心的诱惑的微笑。如果不能首先从形式上吸引住人的话,即使是"科学理论"、"正确舆论"、"高尚精神"、"优秀作品",都可能得不到被感知的机会,当然也就谈不上被认同了。以创新的形式吸引人,也就包括有选择地利用大众趣味的方式和大众趣味权力化的倾向。

最后,建构关于大众趣味权力化的社会反思监控系统。反思性(reflexive)是对所有人类活动特征的界定,它在启蒙时期被哲学化和主题化。当代社会被称为高度现代性的社会，高度现代性本质上是反思性的现代性。按照吉登斯的说法，这种反思不同于启蒙时代的自我意识，它是根植于人们所展现、并期待他人也如此展现的对行动的持续监控过程，它体现了持续发生的社会生活流受到自我监控的特征。这种反思监控是社会性的，制度是其中介。一个社会如果能健康存在下去，就必须建构完备的社会反思监控系统，特别是要很好运用哲学社会科学的反思功能，对包括大众趣味的权力化在内的社会现象进行持续有效的监控，使之始终成为社会自我修正的营养。

●原文刊载于《求是学刊》2007 年第 2 期。《高等学校文科学术文摘》2007 年第 3 期转载。

●沈湘平，北京师范大学哲学与社会学学院教授、博士生导师。

黑格尔：一个现代性的哲学回应

王才勇

一、面临的问题

不管从什么角度看，主体性都应该是现代性问题的哲学内涵所在。哲学史上始自笛卡儿的主客二分到了康德那里成了一曲主体性的赞歌。康德曾经自认，知性概念的先验演绎是其思想的关键。[①] 而康德走向这条先验演绎之路的更深层根源在于对现象与物自体的区分，他曾断言，人所认知的对象并不是客观所是的，而是相对于人而言的，对象的本来面貌则是人的理性无法通达的。这样一来，对象就成了人知性活动的产物，知性概念的先验演绎成了世界的本源。

在西方社会开始全面走向现代的18世纪，康德的思想无疑一方面将理性主义哲学推向了清晰而彻底的表述，另一方面也应合了现实世界的走向，因而得到了广泛的追捧。费希特一方面沿着康德弘扬主体理性的思路继续前行，另一方面康德主体性思想中由于区分现象与物自体而导致的主体先验演绎又引起他的不满，于是他抛弃先验演绎而从确定的意识活动出发，提出了“本原行动”（Tathandlung）概念作为一切意识活动的基础和出发点，进而提出自我设定自己，自我作为对设（entgegensetzen）地设定非我，自我与非我的统一，也即主体活动一步步创造世界的哲学理论。费希特哲学在承续康德主体性思想的同时剔除了康德哲学的先验演

① （德）康德：《纯粹理性批判》，邓晓芒译，人民出版社2004年版，第5页。

绎性,使主体与客体处于交互作用的过程中。但是,这样的交互作用由于从自我出发并以自我为基础,所以最终无法使主体和客体统一在一起,二者仍旧处于对峙状态。

谢林作为康德与黑格尔哲学的中间人物,一方面沿着费希特的思路,坚持人在对象面前的主导性,另一方面又在斯宾诺莎实体思想的启发下提出自我与非我背后还有更高一级的存在,主张人与对象、主体与客体是可以统一的,提出了包容主客体的"世界灵魂"(die Weltseele)概念。在谢林那里,主体与客体原本就统一于"绝对同一"之中,这种同一是没有差别、没有主客之分的。谢林写道:"这种更高的东西本身就既不能是主体,也不能是客体,更不能同时是这两者,而只能是绝对的同一性,这种同一性决不包含任何二重性,并且正因为一切意识的条件都是二重性,所以它绝对不能达到意识。"①

显而易见,黑格尔之前的整个德国古典哲学的核心问题是主体性及其衍生的主客对立问题。从现代性角度看,这也正是现代社会向哲学提出的关键问题。康德确立了现代社会的主体性原则,但却将之限定在人的活动,而不涉及对象本身,以致人与对象本身处于鲜明的对峙状态;费希特从确定的自我出发,虽然将对象与人放在了某种关联中看待,但由于自我是一切的基石,所以主客依然无法统一;谢林为了克服费希特的弊病,引入了总体性思维,用作为原始状态的"绝对同一"去言说主客体的一致,结果却将主客体的差别也一同否定了。由此清楚显现了德国古典哲学发展到黑格尔时代所面临的几个问题。

首先,主体性是现代哲学的一个基本原则。哈贝马斯从现代性角度考察德国古典哲学时曾说"主体性成为现代的原则",这对哲学来说就意味着用概念去把握这个新的时代。② 这是康德哲学的功劳。黑格尔在其《小逻辑》中曾指出:"康德哲学的主要作用在于唤醒了理性的意识,或思想的绝对内在性。……它绝对拒绝接受或容许任何具有外在性的东西,这有重大的意义。自此以后,理性独立的原则,理性的绝对自主性,便成为哲学上的普遍原则,也成为当时共信的见解。"③

① (德)谢林:《先验唯心论体系》,梁志学等译,商务印书馆1997年版,第250页。
② (德)哈贝马斯:《现代性的哲学话语》,曹卫东等译,译林出版社2004年版,第24~26页。
③ (德)黑格尔:《小逻辑》,贺麟译,商务印书馆1986年版,第150页。

其次，主客关系成为现代哲学的一个基本问题。主体具有绝对的独立自主性，这样的主体如果没有任何客观性规定，就必然脱离现实，从而无法令人满意。黑格尔曾就康德的认识与现实的二元论指出："假定绝对站在一边，而认识站在另一边，绝对是独立的并与认识相分离，并且它是一种真正的东西，认识是在绝对的东西之外，当然也是在真理之外。"①主体必须具有客观规定性，但这个规定如果像在费希特哲学里那样是以主体的绝对地位为先决条件的话，那么这样的客观规定最终隶属于主体，而没有根本解决由主体独立自主性引发的远离真实的弊端。

再次，理性与意识的双向建构成为现代哲学的一个关键问题。独立自主的主体必须获得客观规定，但又不能有在先的地位。这就凸显了现代性面临的一个矛盾：一方面主体要独立自主，另一方面他又不能具有绝对的主导性。由此，必须引入整体性概念。但用更高一级的整体去包容或统摄主客体虽然使主体不具有了绝对主导性，但是也抹杀了主客体本来具有的差别。正是基于此，黑格尔在崇尚斯宾诺莎"实体"概念的同时，又指出这个统一的"实体"是"毁灭的深渊"，因为它抹杀了一切差别和规定。由此，作为整体性的概念就不能是凝固不变的，"还必须把它了解成自身活动的、活生生的"②。这个变动的过程具有建构性，只有将主体和客体放到这样的过程中去看，主体才在面对客体具有独立自主性的同时又不拥有绝对至上的地位。这个作为整体的变动过程唯有意识或精神才会具有，而且它不能是主观的，必须是主观意志不能刻意左右的。由此，这样的意识或精神活动就成了现代哲学一个关键问题：它在建构主体和客体的同时又不能是主观任意的，而必须是客观的。

肇始于18世纪中叶的德国古典哲学其实面对的恰是如何应对主体性这个现代问题。早年黑格尔对主体性建构现实（康德与费希特）并没有持明显反对态度，因而对当时的法国大革命持肯定态度，罗伯斯庇尔专政后，黑格尔才转向反对，开始憧憬没有主体间冲突的状态。显然，独立自主的主体性是支撑起现代性的一个关键问题。但是，不受客体制约的主体又是行不通的。所以，现代哲学必须一方面使主体独立自主，另一方面又必须使之获得客观性内涵。从康德到谢林的哲学表明：主体与客体

① （德）黑格尔：《精神现象学》上卷，贺麟、王玖兴译，商务印书馆1983年版，第52～53页。

② （德）黑格尔：《哲学史讲演录》第4卷，贺麟、王太庆译，商务印书馆1981年版，第102页。

的关联或一致不能建立在应当基础上，而应是现实本身赋予的。这便是黑格尔哲学思考面临的问题，这一点在被视为其精神哲学最初形态的早期著作《伦理生活体系》(1802—1803 年)一书中已经得到了鲜明体现。在康德伦理学强调道德性(Moralität)之后，黑格尔于该书中明确强调伦理生活(Sittlichkeit)的重要性。在他看来，古希腊是具有伦理生活的时代，具有共同性和整体性，而到了罗马时代，原有的社会整体分化为一个个具有自己利益和需求的局部(Partikularität)，每个社会局部都从自己角度建立起人之间应如何行为的道德，然后又将此道德外推，认为别人也应该认可，并将这种其实是筑基于个别的道德作为一种权利(Recht)去要求他人，于是便有了道德冲突。相反，伦理生活则是大家都认同的。所以，道德是个体的、内在的，伦理生活是“共体”的、外在的。康德基于应当的伦理学(Sollenethik)主要讲的是道德，是由主体性推出的。黑格尔不满于这样的主体性原则，认为从中世纪开始的现代社会强调主体而失落了伦理性，因此试图在现代社会中重建主体间共同认可和接受的伦理生活。正是基于这样的主体间性思路，黑格尔提出了他的整个哲学体系。

二、问题的解决

黑格尔哲学的基本点是：考察一个具体对象时一同考虑该对象的所有变相，也就是将具体对象置入其演变过程中去看待。早在费希特那里，为克服康德先验演绎而出现的自我设定自我，进而设定非我，又走向自我非我统一的过程就已包含了这样的发展思想。但是，黑格尔去除了自我概念的主观性色彩，将之推广到整个世界，使之成为所有对象发展变化的一个客观进程。因此，发展的观点和客观精神是黑格尔哲学的两个关键点。普遍的发展或变化在不去除主体性的同时避免了主体的先在性；客观精神同样在肯定主体精神性的同时又将之推向客观，抽离了主体的绝对统治性。以这种方式，黑格尔哲学在肯定自康德以来主体性思想的同时，又将主体纳入一个具有客观规定性的轨道。

为了克服康德的先验演绎，黑格尔的思考就必须从确定无疑的东西出发。一方面，对象本身离开主体，离开人的思维是无从确定的，另一方面，当时西方社会现实已经到处印证着主体性，因此黑格尔从思维本身而不是思维指向的对象出发。思维最初可确定的形式是意识，所以在《精神现象学》中黑格尔从意识出发，而在意识中，感性确定性（Gewissheit，Unmittelbarkeit）又是其思考的出发点。但意识不会停留于自身，经由知觉和知性阶段之后必然进入自我意识，自我意识意味着自我与非我的区别，由此主客区别开始出现。但是，主体并没有否定客体，双方相互依存，于是自我意识发展进入斯多葛主义阶段（一方面依赖对方，另一方面思想上自由，就像奴隶主与奴隶的关系一样），紧接着的自由思想就开始想否定对方，但由于相互依存，又否定不了。于是，就出现苦恼的意识。当意识发展中出现了这种对抗时，理性开始出现。理性发现，对方其实是从自己异化出去的，因而自己就是对方，对方也就是自己。这样，主体和客体在意识层面的差异到了理性层面就得到了消解。但是，这样的消解并不是理性刻意为之，不是理性的主观置入，而是一种不以主观意志为转移的客观进程，是思维展开过程的必然产物，这个不以主观意志为转移的思维进程黑格尔称之为客观精神。所以，黑格尔在《精神现象学》中分析了理性之后又进一步谈精神，这个精神尽管可以体现于主体，但并不是主观随意的，而是一个无法主观干预的客观活动。正是在这样的客观精神活动中，主客之间的区别得到了给定的消解。

有了意识，必然就有自我意识。而在自我意识中，世界被二分为主体和客体，这就是异化的开始。精神活动继续前行可以克服这种异化，那就是由理性进行的思考。进入理性阶段的思维又重新包容了自我与对象。这样的精神活动就能克服异化，重新回到人与对象、主体与客体、思维与存在的统一中。这是精神展开的必然进程，因而是客观的。黑格尔在《精神现象学》中言说的客观精神的伦理、教化和道德阶段都是调适主客对峙的不同形式；之后进入的宗教阶段是客观精神活动以绝对形式追寻着主客一致；最后出现的“绝对知识”阶段不仅意味着人类精神主体开始用概念形式去把握绝对，而且也意味着人类精神主体开始与最高的全体（无所不包的整体）合而为一，这就是主客统一的最高阶段，是最完全的自由，也是黑格尔哲学的最终目标。

黑格尔坚持了由德国古典哲学推出的现代性原则，即理性具有的独立自主性，也就是观念论（Idealismus）立场。根据这种立场，世界是由理性主体建构的。美国哲学家罗伯特·皮平（Robert B. Pippin）在其《黑格尔的观念论》一书中所持的观点（黑格尔哲学是对康德先验观念论的继续和完成，根本上没有超出康德的先验观念论立场）只能在此意义上去理解。同时不容忽略的是，黑格尔坚持的理性主体的独立自主明显不同于此前哲学，它并不是先在的，既不是康德意义上先验的，也不是费希特意义上自在的，而是在精神活动的整个过程中生成的，论述中从意识出发只是逻辑上的在先。黑格尔表达了对康德哲学主观先验性的不满，他在《精神哲学》中指出，康德只知道主观的精神或者说精神的现象——意识和自我意识，不知道精神本身。[①] 黑格尔在《精神现象学》中论述了意识和自我意识之后，又进而提升到精神层面，并将精神看成超越了意识和自我意识且作为它们的真理和根据的东西。这样，主体与客体、思维与存在的对峙就在更高一级的总体性层面得到了统一。总体是由所有个体组成的，是由个体的整个运动和展开过程推出的。所以，这样的主客统一又是主体和客体、意识和对象这些个体要素交互作用的结果。正是基于此，黑格尔将真理规定为过程，他写道："真理就是它自己的完成过程。"[②]精神在其完成过程中实现了主体与客体、思维与存在的统一。黑格尔通过将独立自在的理性置入其演变过程中去看待而实施了哲学的现代性转向：一方面肯定了主体理性的独立自在性，另一方面又赋予其客观规定，也就是说，在坚持主体性原则的同时又克服了主观性困境，将主体性视为主客交互作用的产物。这也就是黑格尔著名的思维与存在同一的命题。

就字面来看，思维与存在似乎不可能同一，因为在日常生活层面二者是两个完全异质的东西。但是，黑格尔循着事物发展路径一步步进入到更深层的本质层面，进而打通了二者，看到了二者的一致和同一。在方法论上，黑格尔并没有从普遍的东西出发，而是从确定的具体出发，经由反思深入到事物发展变化的内里。一般而言，确定的具体就是单个事物或对象。但是，在黑格尔看来，西方社会现实（从中世纪始的现代社会）是主体理性的产物，而且正处于发展变化中，所以必须从主宰该发展变化的思维出发。而思维又是指向对象的，黑格尔的观念论路径舍弃了作为"末"的对象，而专注于作为"本"的思维本身。所谓反思就是不关涉思维指涉的对象而对思维本身进行思考。黑格尔由此一步步披露了思维在其

① （德）黑格尔：《精神哲学》，杨祖陶译，人民出版社 2006 年版，第 207～208 页。

② （德）黑格尔：《精神现象学》上卷，贺麟、王玖兴译，商务印书馆 1983 年版，第 11 页。

展开过程中不可避免地会通过异化走向它的反面,出现自我与他者的对峙,最后又会回复到自身,重返异化前的统一状态。这并不是主观刻意的结果,而是思维本身,同时也是思维所指向对象的展开过程使然。因此,黑格尔在《法哲学原理》序言中明确反对把主客体统一的解决推向应当,并且主张哲学研究的任务就是"了解现在的东西和现实的东西,而不是提供某种彼岸的东西"①。正是在这样一个语境中,黑格尔提出了关于哲学与时代关系的著名论断:"每个人都是他那时代的产儿。哲学也是这样,它是被把握在思想中的它的时代。妄想一种哲学可以超出它那个时代……而建设一个如其所应然的世界,那么这种世界诚然存在,但只存在于他的私见中,而私见是一种不结果实的要求,在其中人们可以随意想象任何东西。"②

或许令人费解的是,黑格尔将思维与存在直接作为同一的东西言说。事实上,他所说的存在并不是从单个个体角度来看一切实存的东西,而是从总体角度来看能被纳入到事物发展过程中去的东西。前者是偶然的,后者是必然的,也就是与思维进程相一致的东西。所以,黑格尔在《精神现象学》和《逻辑学》中对现象(Erscheinung)和现实(Wirklichkeit)作了区分。前者是外在的,如"力与力的外在化",后者是内在的,如"可能与必然"。与思维对应或相一致的只是后者,它是哲学研究的对象。黑格尔在《小逻辑》中所说的"哲学研究的对象就是现实性"③,指的就是与思维一致的存在,也就是合乎理性的存在。黑格尔说过,凡是合理的(vernünftig),就是现实的(wirklich),凡是现实的,就是合理的。这里的"合理的"就是符合理性的,"现实的"就是与事物发展过程一致的。

显而易见,黑格尔彻底坚持了主体是世界依据的思想。但是,他又用发展的观点和整体性思想拯救了主体向任意性的滑落,从而对现代性面临的主客对峙问题作出了哲学回应。黑格尔不同于前此哲学的关键是主体在其运动变化过程中对世界(包括主体自身)的建构。正如德国学者克朗纳所说:"在康德那里,思想自身回到自身,以便在自身中(即自我中)找到世界的根据。在费希特那里,思想在自我的根据上发现了上帝。在谢林

① (德)黑格尔:《法哲学原理》,范扬、张企泰译,商务印书馆1982年版,第10页。

② (德)黑格尔:《法哲学原理》,范扬、张企泰译,商务印书馆1982年版,第12页。

③ (德)黑格尔:《小逻辑》,贺麟译,商务印书馆1986年版,第45页。

那里,思想倾向于掠过自我在世界中直接寻找上帝。在黑格尔那里,思想终于要透过绝对的或神性的自我去建造这个世界。”[①]从黑格尔此后引发的反响来看,这一哲学触及了众多现代性问题,直至今天依然不无意义。

三、现代意义

黑格尔一方面力主主体理性对世界的意义,另一方面又将这样的主体自主性看做一种客观进程。这样的思想虽然克服了现代性主体的不足,但也带有深刻的内在矛盾:一方面力主主体干预现实,另一方面又强调客观给定性。这就使得黑格尔之后的追随者中出现了两种倾向的对峙。青年黑格尔派强调个体在其展开过程中的自我否定,强调理性对现实的干预力量;老年黑格尔派则强调整体对个体的协调力量,看重现实的客观机制。在前现代时期,主体还没有从对象中分化出来,所以并不存在(作为个体的)主体面对对象如何行为的问题。现代时期,主体不仅从对象中分化了出来,成了对象的主宰者,而且还面临着如何去实施这种主宰的问题。于是,以主观需求为主去刻意干预对象,还是顺应客观进程去左右对象,便成了现代性话语不可避免的二难。黑格尔使二者关系成了哲学的一个基本问题,正是在此意义上哈贝马斯才说,黑格尔开启了现代性的哲学话语。

当然,从黑格尔学派中分化出的老年黑格尔派和青年黑格尔派有着各执一端之嫌。黑格尔哲学本是综合此前德国古典哲学成果的产物,他既坚持了康德、费希特在思想和自我自身中寻找世界根据的原则,又坚持了谢林透过自我在世界本身中直接寻找答案的思想,也就是说,即坚持了主体性,又坚持了客体性原则。他不是简单地将二者拼凑在一起,而是通过精神的自我展开将二者有机地结合在了一起。虽然老年和青年黑格尔派的争执没有看到这种结合,而是将黑格尔哲学中包含的单一方面抽离了出来,但是这种抽离却从事实上表明了现代性很容易陷入的一个困境。

现代哲学延续至今的发展充分显示这个二难依然困扰着现代人的思维。黑格尔之后的西方现代哲学可以说总体上承续了德国古典哲学开创

① (德)克朗纳:《论康德与黑格尔》,关子尹编译,同济大学出版社2004年版,第19页。

的主体是世界的依据这一原则，但是在主体如何左右世界、如何规定世界的问题上，则显出了分道扬镳的两条道路：其一是以费尔巴哈、马克思以及其后的批判理论等为代表的左倾路线，试图凭借理性的力量对现实实施不妥协的干预；其二是以现象学、存在主义为代表的右倾路线，试图凭借主体的自发机制展现由之建构的世界。现代思维中，左和右的相依并存也从另一角度体现了黑格尔所昭示的哲学问题的现代意义。

其实，黑格尔哲学最具特色、最引人注目的并不是其所包含的主体性和客体性要素本身，而是他使二者统一在一起的方式，也就是他有关思维与存在同一的思想。无论是黑格尔之后追捧他的黑格尔学派，还是将他作为死狗打的反对派，都将焦点定在他的这一思想上。追捧者看到了主体理性面对世界的主导地位，马克思主义有关"理论与实践统一"的思想便来自于此；反对者则拒斥主体对现实的刻意介入，反对主体不顾现实的主观性行为。事实上，黑格尔有关思维与存在同一的思想有着极具现代生命力的丰富内涵。

首先，这一思想揭示了现代性的一个基本话题：真既不是客观地给定的，也不是主观地设定的，而是主观与客观交互作用的结果。绝对的真是没有的，或者说，是人无法通达的。在黑格尔那里，思维与存在的同一并不是主观先验地设定的，也不是世界客观自在地给定的，而是世界或精神运动变化的产物。其中既有主体向客体的转化和生成，也有客体向主体的转化和生成，因此这个运动变化既不孤立地发生于主观世界，也不孤立地发生于客观世界，而是主客观世界交互作用的结果。正是在这样的交互作用中，主体向客体生成，客体也向主体生成。结果，原有的主客对峙不复存在，存在的只是主客体的不断一致和趋同。正是在世界如此这般的辩证运动中，主客体才不断走向了同一，也就是主体不断对象化，对象不断主体化。当然，主客体以此方式达到的一致主要发生在精神层面，现实世界中主客体的差别还是存在的。这就表明，无论就主客间的差别还是统一而言，一切都发生在精神层面，实际世界中是没有主客之分的，一切都互为主体，同时又互为客体。这样的思想不仅以其主客体对世界双向建构的原则显出了现代意义，而且更以主客差异与统一的精神性内涵昭示了现代性冲突的精神性实质。在黑格尔时代，西方国家还没有进入后福利社会，现代性冲突的精神性实质还被遮蔽在物质需求的外衣中。

随着战后西方社会的进一步福利化,现代性冲突的精神性实质开始渐渐凸显,正是在这样的背景下,哈贝马斯和霍耐特从黑格尔思想中挖掘出了这一现代性原则。由此足以显现黑格尔思想深刻的现代意义。

其次,黑格尔思维与存在同一的思想中有一个基本环节:异化或外化。无论是自我还是对象,整个世界都是处于发展和变化中的,这是黑格尔哲学思考的一个基本点。在他看来,变化就是变成与己不同的东西,就是异化、否定。就物的内在统一性而言,异化或否定就是外化为他者。这就昭示了,定于一点的物或自我是不存在的,一切都处于发展变化中,而且发展变化都以否定自身的方式出现,也就是外化为他者或对象化。但是,变化并不会由此停止,进一步的变化也就是回归自身,正是在此回归中,自我与他者,人与对象达到了一致。这个回归当然不是回归到原来的存在,而是与原来的存在不一样的,是经由了他者的。这里所说的回归是就物与他者而言,是就物与关联物而言。也就是说,物(包括人)的变化并不是孤立的,而总是在关联物的作用下发生的。回归只是就关联物而言,是指受到他物的影响。实际世界中,个体变化在不同阶段可以有不同关联物。回归并不是说个体的变化会回到原点,而是指就某个单一的环节来看,个体会异化为他者,他者也会外化到个体之中,也就是交互影响、交互生成。这样的思想显然涉及了一个具有现代性意义的问题:如何面对他者。黑格尔的思想昭示人们,个体(人或物)在其发展变化中不仅必然地会变成他者,而且正是在这种他者的参与或作用下,个体才会实现其发展变化。20 世纪以来,随着人类历史进程的加速,随着异化和外化的加快,新事物(他者)愈来愈显出其对象化的实质,他者的意义开始不断显现,这更加彰显了黑格尔异化思想深刻的现代意义。

再者,黑格尔思维与存在同一的思想虽然以思辨的形式出现,但是其间蕴涵着强烈的现实意识。黑格尔所说的"存在"尽管与现存有着明显的区别,但他非常强调感性现实的确定性。他的思辨或推演都是从确定的感性事实出发的。他的思路是,从感性事实出发一步一步深入到事物的内里,直至达到事物最深层的内在本质。黑格尔整个思想体系呈现出的逻辑与历史的统一,体现了强烈的现实感。可以说,哲学思辨的现实维度是黑格尔之前整个西方哲学或隐或显地存在着的,但如此直接地从感性现实出发,如此直接地与历史发展相对应,黑格尔却是史上最早的一位。黑格尔之后的西方现代哲学紧紧贴近感性现实,直接从身边的感性现实出发,可以说是承续了黑格尔开创的传统。黑格尔是一位非常关注日常世界的哲学家,比如对于当时刚出现的早报他就给予了非常积极的肯定,他曾说:“持之以恒地阅读早报是清晨来自现实的恩赐。”①黑格尔哲学的现代意义显然也来自他强烈的现实感。现代哲学必须将其与现实的直接关联呈现出来,唯有这样,哲学才能在现时代焕发出持久的生命力。正是基于此,哲学才是时代精神的产物。

最后,黑格尔思维与存在同一的思想最终要解决的是现代世界中主体与客体对峙的问题。在单个个体的具体存在中,由于异化或外化的缘故,自身与世界往往是处于对峙状态中的,但是就世界发展变化的总体而言,自身与世界处于不断向对方生成的统一过程中。现实生活中有着体现这种统一的不同媒介。在其早期的《伦理生活体系》一书中,黑格尔之所以较之于道德更加看重伦理生活,是因为伦理或礼仪体现了众人的意志,而道德往往是个体的。《法哲学原理》之所以看重国家的意义,就在于国家可以建立起指向总体性的秩序。因为西方国家进入到市民社会后,出现了法和权利的思想,在黑格尔看来它们是精神自我异化的产物,强调的是自我,西方社会的进一步发展方向应该是起到统摄作用的国家。当然,在黑格尔那里并不是每一个实存的国家都能起到这样的作用,唯有与理念、与思维一致的国家才能担负起这样的历史使命。

黑格尔哲学的整个题旨就在于克服现代社会主客二分的困境,在直至今天的现代社会中仍不失其意义。黑格尔提出了许多令人瞩目的思想,比如他在《精神现象学》中曾就语言指出了其促成主客统一的功能,因为说出的话一方面是某种外化、对象化,另一方面它又没有真正的对象化形式,因而自身就兼具了内在与外在、自我与对象的双重特性。黑格尔思想的核心是在一个主体性占主导地位的现代性语境中由主客体的双向建构去制衡个体与整体的冲突。

●原文刊载于《求是学刊》2010 年第 6 期。

●王才勇,复旦大学当代国外马克思主义研究中心、复旦大学中文系教授、博士生导师。

① Anton Hügli, Poul Lübcke, *Philosophie-Lexikon*, Rowohlt Taschenbuch Verlag, 2001, s. 259.

现代性悖论的消解与社会技术的创新

——关于现代性问题的技术哲学思考

田鹏颖

现代性问题是我们这个时代的焦点问题之一。其主要代表性观点有两种,一是后现代主义所倡导的告别和消解"现代性";一是现代性依旧是现代主体和现代社会根深蒂固、安身立命的支撑。人们为什么要"消解"或"捍卫"现代性?主张"消解"现代性者无视现代性的"功绩"吗?主张"捍卫"现代性者无视现代性的"危机"吗?"现代性"何以成为"问题"?现代性问题的性质和根源是什么?"现代性悖论"与"后现代性悖论"究竟是什么关系?人类能摆脱现代性的危机吗?如果能,那么后现代性的悖论不就合乎逻辑了吗?如果不能,那么人类不就只能做现代性的奴隶,还能在现代性"问题"面前有所作为吗?这些问题是本文试图讨论的。

一、现代性问题的现代旨趣

现代性是一个涉及历史性与时代性、事实性与价值性、观念性与制度性、统一性与多样性、自然性与自主性、相对性与绝对性等多方面、多层次的哲学问题,需要我们深刻反思。

1."现代性"与"传统"的关系。现代性(modernity)与传统(tradition)相对应。"传统"是前现代(pre - modern)的特征,而"现代性"则是现代社会的特征,它是社会在工业化推动下发生的全面变革而形成的一种属性。这种属性是各发达国家在技术、政治、经济、社会发展等方面所具有的共同特征。但人们对这些共同特征、属性的认识是有分歧的。这不仅表现在人们思考现代性的角度有别，而且对现代性的理解、概括各异，好像现代性问题似乎还没有完全露出其清晰的地平线，依旧是一个开放的、相互冲突、相互关联的问题域。我们综合精神、文化、经济、制度等多种维度，现代性大体可以概括为：民主化、法制化、工业化、都市化、均富化、福利化、社会阶层流动化、宗教世俗化、教育普及化、知识科学化、信息传播化、人口控制化等。[①] 现代性在现代社会中所经历的变化与发展情况相当复杂，在不同的历史时期，现代性有其不同的特点，同一现代性因素在不同的时期在其性质、作用、特点上会有不同的表现，在不同的历史时期，各种现代性因素在现代性的总体结构中所处的地位也有所不同。波德莱尔认为："现代性就是过渡、短暂、偶然，就是艺术的一半，另一半是永恒和不变。"[②]从上述分析可见，现代性代表了一种价值取向，标志着现代化运动所追求的基本目标，现代性也是一个价值概念，是对现代化运动所倡导的那些最基本和重要的价值的提炼、概括和张扬。现代性的根据和基础是现代化的历史运动。而现代性一经形成，又规范、制约着现代化运动朝着"现代"的方向去演进。在两者相互作用中，现代性得到张扬，现代化得以推进。所以，研究"现代性问题"不能不关注现代化的进程和轨迹。

2. "现代性"何以成为问题。现代性之所以成为"问题"，其根本原因是，人们对现代性的关注已经从关于现代性的事实判断转向关于现代性的价值判断。

美国的后现代主义者乔·霍兰德对现代社会、工业文明、现代性问题进行了深入的研究，他依据对"现代性"的"事实性"分析，对"现代性"的当代命运作出了"价值判断"："当代分析家们把世界划分为三个部分，即第一世界、第二世界和第三世界。这种划分的方法虽然有些粗糙，但是很有用。第一世界是指工业资本主义国家，这些国家经历了19世纪的工业革命。美国是第一世界的中心。第二世界以原苏联为中心，它指那些工业化共产主义国家，这些国家在20世纪上半叶完成了他们的工业革命。第三世界是指那些目前正处于工业革命的非洲、亚洲和拉丁美洲地区。在每一个'世界'中都存在着突出的社会问题。"[③]他指出："第一世界的首

① 杨国枢：《现代化的心理适应》，台北巨流图书公司1978年版，第24页。

② （法）波德莱尔：《波德莱尔美学论文选》，郭宏安译，人民文学出版社1987年版，第485页。

③ （美）大卫·格里芬：《后现代精神》，王成兵译，中央编译出版社1998年版，第61页。

要社会问题是文化问题，尽管它也存在着严重的经济问题，但对大多数人来说经济并非生死攸关的问题。同样它也存在着严重的政治问题，但是我们并没有受到极权政治的迫害。相反，最根本的问题是现代性的意义问题，因为现代性中存在着一种进步的危机（crisis of progress）。"[①]他认为："在接近20世纪末的时候，我们以一种破坏性方式达到了现代想象（modern imagination）的极限。现代性以试图解放人类的美好愿望开始，却以对人类造成毁灭性威胁的结局而告终。今天，我们不仅面临着生态遭受的缓慢毒害的威胁，而且还面临着突然爆发核灾难的威胁。与此同时，人类进行剥削、压迫和异化的巨大能量正如洪水猛兽一样在三个'世界'中到处肆虐横行。"[②]他还尖锐地指出："现代梦想绕了一个奇怪的圆圈。在这个圆圈中，现代科学进步本打算解放自身，结果却危险地失去了它的地球之根、人类社区之根，以及它的传统之根，并且更重要的是，失去了它的宗教神秘之根。它的能量从创造转向了破坏，进步的神话引出了意想不到的不良后果。"[③]霍兰德对现代性的价值"讨伐"，以及对现代性问题根源的分析，不管在多大程度上符合现代性事实，但他的批判应当说是相当深刻的。这大概是"现代性"成为问题的一个重要根源。

中国学者也深刻地分析了现代性的内在冲突和矛盾："现代性行进在社会的矛盾裂变之中"，"现代性是随着现代社会的发展而发展起来的，但现代性的发展是一个充满曲折与冲突的历史过程，因而，现代性包含着深刻的内在矛盾。一方面。现代性的发展的确给人类带来了前所未有的文明成果，另一方面，现代性又是在血与火中发展起来的"。[④] 确实，"现代性既带来了人类生产力与人类社会的巨大进步，又带来了经济危机和生态灾难；既带来了理性秩序对社会资源的优化配置，又带来了非理性的拜金主义和唯GDP发展观的混乱与疯癫；既带来了人类个性的自由与张扬，又带来了社会理性机器对人的支配；既带来了货币与法律程序上的人人平等，又带来了两极分化；既带来了人类主义的觉醒，又带来了民族矛

① （美）大卫·格里芬：《后现代精神》，王成兵译，中央编译出版社1998年版，第64页。

② （美）大卫·格里芬：《后现代精神》，王成兵译，中央编译出版社1998年版，第61页。

③ （美）大卫·格里芬：《后现代精神》，王成兵译，中央编译出版社1998年版，第64页。

④ （法）利奥塔：《后现代性与公正游戏——利奥塔访谈、书信录》，谈瀛洲译，上海人民出版社1997年版，第153页。

盾与冲突，如此等等。现代性的利与弊、善与恶如影随形”①。显然，这种对现代性的拷问，也是极其深刻的。

中外学者对现代性问题的批判，目的不在于批判本身，而在于“重写现代性”。西方建设性后现代主义者大卫·格里芬说：“我的出发点是，中国可以通过了解西方世界所做的错事，避免现代化带来的破坏性影响。这样做的话，中国实际是‘后现代化了’。”②中国学者关注现代性问题的出发点无疑也是建构中国的现代性。“实现工业化仍然是中国现代化进程中艰巨的历史性任务。”③如何坚持以信息化带动工业化，以工业化促进信息化，走出一条科技含量高、经济效益好、资源消耗低、环境污染少、人力资源优势得到充分发挥的新型工业化路子，事实上已经摆在我们面前。如果只关注现代性的正面功能，而忽视现代性的负面影响，那么中国的现代化进程将难以持续，中国的和谐社会建设就可能成为泡影。这正是现代性问题的现代旨趣。

二、“现代性悖论”的哲学反思

如前所述，现代性本身就是一个“矛盾丛”、“问题丛”，这些矛盾和问题就其本质而言，即是“理性悖论”或者“社会悖论”。那么，“现代性悖论”的本质是什么？它与“后现代性悖论”是什么关系？

1. 现代性悖论与后现代性悖论。西方学者对现代性悖论讨论颇多，伊夫·瓦岱说，现代性概念“正像它所表示的既复杂又矛盾的现实一样，一直不明不白”④。马歇尔·伯曼说，现代生活是“一种充满悖论和矛盾的生活”⑤。体现在现代生活中的现代性也就成为处于不断生成和涌现的、充满矛盾的历史过程。中国有的学者则明确地把现代悖论概括成“经

① （法）利奥塔：《后现代性与公正游戏——利奥塔访谈、书信录》，谈瀛洲译，上海人民出版社 1997 年版，第 153 页。

② （美）大卫·格里芬：《后现代科学》，马季方译，中央编译出版社 2004 年版，第 13 页。

③ 《中国共产党第十六次全国代表大会文件汇编》，人民出版社 2002 年版，第 21 页。

④ （法）伊夫·瓦岱：《文学与现代性》，田庆生译，北京大学出版社 2001 年版，第 2 页。

⑤ （美）伯曼：《一切坚固的东西都烟消云散了——现代性体验》，徐大建、张辑译，商务印书馆 2003 年版，第 12 页。

济悖论”、“生态悖论”①。尽管这种对现代性悖论的分析都是从某一个特定视角进行的,但无疑深刻地揭示了现代性悖论的本质及特性。从哲学维度分析和考察,所谓现代性悖论,即现代性既是人的发展的基本条件,又是人的发展的制约因素;既促进了生产力的快速发展,提升了人类的文化素质和生命质量,又使人类日益丧失作为安身立命之根的最基本的生存环境。

后现代主义作为现代性的对立物,对现代性所进行的讨伐是十分尖锐的,仿佛后现代主义为人类展示了无限光明的发展前景。可是,特别耐人寻味的是,后现代主义自身也陷入了悖论之中。美国后现代主义者弗里德里克·费雷认为:“我们目前处于现代世界同后现代世界的可能性之间,为了对当前状况的性质有一个明确的认识,我们有必要先来讨论一下后现代性的某些悖论。”②其实,后现代性悖论恰恰是后现代性的本质之所在,恰恰揭示了后现代性与现代性的内在联系,也在一定程度上,表明了人类对“现代性”及现代性“问题”应当采取的态度。“悖论一:我们使用的关键词‘后现代’本身就包含着一种张力。在某种意义上,它仅指离开目前,即在‘现在之后’,它不能有任何内容;但是,我们又希望赋予它一定的内容,赋予它一系列的道德的和认识论的特性,仿佛我们已经知道了这个现在之后的世界是个什么样子。可事实上,我们对此知之甚少。”所以,“我们只是就希望而不是就知识来谈论问题。这就是说,后现代主义的第一个悖论在于它指称了实际上并没有指称的任何事物。它只是一种比较性的表达——因而,我们绝对不要因此受它的诱惑,认为未来已经像我们所希望的那样,已经展现在我们的面前了”③。悖论二:“被我们称作一株幼苗的后现代世界,也许看上去很不像但同时又非常像现代世界。”④悖论三:“我们应当开始、同时又不应当开始创造我们所钟爱的后现代世界。”⑤

后现代主义者自己对“后现代性”的三个悖论的表达已经相当清楚:后现代主义者极力主张的所谓“后现代主义”、“后现代性世界”,实际上

① 丰子义:《马克思现代性思想的当代解读》,载《中国社会科学》2005 第 3 期。
② (美)大卫·格里芬:《后现代精神》,王成兵译,中央编译出版社 1998 年版,第 209 页。
③ (美)大卫·格里芬:《后现代精神》,王成兵译,中央编译出版社 1998 年版,第 210 页。
④ (美)大卫·格里芬:《后现代精神》,王成兵译,中央编译出版社 1998 年版,第 210 页。
⑤ (美)大卫·格里芬:《后现代精神》,王成兵译,中央编译出版社 1998 年版,第 211 页。

并不是也不可能是现代性之外的某种力量使然，而是现代性内在的超越本性的必然结果。因此，所谓“后现代性”并不是现代性的自我否定，而是现代性的自我完善、补充与提升。

2. 现代性悖论的两种技术根源。现代性悖论何以产生？20 世纪许多著名的思想家，如韦伯和哈贝马斯等都对现代性悖论的根源进行了深入的分析。

韦伯着重对理性的经济行为或经济的理性化作了深刻的阐述，他认为资本主义企业作为一种合理的组织，是“自由劳动之理性的资本主义组织方式”，这种方式出现于近代，形成于经营活动与家庭分离。经济理性化的突出特征是可计算性。韦伯重点分析了经济合理性的基础：一是经济合理性依赖于现代技术和科学的发展，“其理智性在今天从根本上依赖于最为重要的技术因素的可靠性。然而，这在根本上意味着它依赖于现代科学，特别是以数学和精确的理性试验为基础的自然科学的特点”①。二是经济合理性依赖于内在的文化精神，即从宗教改革产生的世俗化的和理性化的经济理论，亦即新教伦理。“这种世俗的新教禁欲主义与自发的财产享受强烈地对抗着；它束缚着消费，尤其是奢侈品的消费。而另一方面它又有着把获取财产从传统伦理的禁锢中解脱出来的心理效果。它不仅使获利冲突合法化，而且把它看作上帝的直接愿望。”②“科层制”也是韦伯讨论现代性的一个重要概念，他慎重地关注由于工具理性或目的理性膨胀而引起的经济合理性和管理科层化的负面作用，例如垄断信息、抗拒质变、行为专断等。他从管理人员的专业化、规章制度、等级制的分工与监督机制、档案管理等方面揭示了高度理性化的专业化、高效的行政管理机理。他指出：“纯粹的官僚体制的行政管理，即官僚体制集权主义的、采用档案制度的行为管理，精确、稳定、有纪律、严肃紧张和可靠，也就是说，对于传统者和有关的人员来说，言而有信劳动效益强度大和范围广，形式上可以应用于一切任务，纯粹从技术上看可以达到最高的完善程

① （德）马克斯·韦伯：《新教伦理与资本主义精神》，于晓、陈维钢译，三联书店 1987 年版，第 13 ~ 14 页。

② （德）马克斯·韦伯：《新教伦理与资本主义精神》，于晓、陈维钢译，三联书店 1987 年版，第 134 页。

度，在所有这些意义上实施传统形式上最合理的形式。”①

哈贝马斯则侧重从公共领域的自律化视角分析现代性的根源。现代性作为社会内在的机制和活动图式不仅体现在具体的经济运行中，而且还体现在社会公共管理之中。在现代社会里，现代性的重要标志之一是自觉自律的公共生活领域和民主化、契约化的公共权力领域的同步生成。哈贝马斯通过对现代历史上文学、政治、消费者、批评者等活动领域的考察，确立了与公共权力相分离的、自律的、理性的、平等的、对话的公共领域。他说："资产阶级公共领域首先可以理解为一个由私人集合而成公众的领域；但私人随即就要求这一受上层控制的公共领域反对公共权力机关自身，以便就基本上已经属于私人，但仍然具有公共性质的商品交换和社会劳动领域中的一般交换规则等问题，同公共权力机关展开讨论。这种政治讨论手段，即公开批评的确是史无前例，前所未有的。”②哈贝马斯对在国家干预和大众传媒等因素影响下公共领域的转型等问题表示担忧，因为在他看来，公共领域这种转型的后果，可能使工具理性侵入以交往理性为基础的生活世界，出现“生活世界的殖民地”问题。

这两位学者对现代性的分析是深刻的。尽管他们没有揭示出现代性是怎样作为基本的图式和机理无所不在、无孔不入地渗透到现代社会的各个层面的，怎样作为基本的生存模式深刻地影响现代人的生存和生活的。但他们发现了技术理性、工具理性以及社会“制度”因素等对“现代性悖论”的基础作用。韦伯的分析揭示了理性化的文化精神或价值伦理、科层制与理性化的经济运行之间的本质关联。哈贝马斯所倡导的交往理性对于防止工具理性或目的理性的膨胀，对于防止生活世界的“殖民地”化等观点具有重要学术价值。

我们固然可以一般地说，现代性悖论的根源在于现代性本身，但这种观点无异于同语反复。我们是否可以从技术哲学视角作这样的理解：现代性悖论的主要根源在于“两种技术”的使用，即自然技术的滥用和社会技术的误用。

所谓自然技术，即人们日常生活中的“生产技术”、“物的技术”，是“人类为了满足社会需要而依靠自然规律和自然界的物质、能量和信息来

① （德）马克斯·韦伯：《经济与社会》上卷，林荣远译，商务印书馆1997年版，第248页。

② （德）哈贝马斯：《公共领域的结构转型》，曹卫东等译，学林出版社1999年版，第32页。

创造、控制、应用和改进人与自然系统的手段和方法"①。自然技术体现了人对自然的实践关系,是人的本质力量的展现,属于直接生产力。反思西方现代性,我们可以发现,当资产阶级夺取政权后,它最迫切需要的是发展自然科学和自然技术,向大自然开战,以便最有效、最迅速地增加其物质财富,增强其综合国力。但十分遗憾的是,西方现代化进程中向自然科学技术的片面倾斜,特别是对自然技术的滥用,在推动经济增长,迅速提高经济总量的同时,也带来了社会发展与经济增长、社会进步与人的发展的分裂与矛盾,社会陷于种种矛盾和危机之中。经济快速发展了,但生态破坏了。美国生态学家格林伍德和爱德华兹说:"当一项新技术破坏了人们的大量还需要的不可再生、人类的非人类的资源时,那么所谓进步实际就是一项拙劣的交易。"②经济快速发展了,但并不是所有的人都能享受经济发展的成果,而且一部分人的生存状态和境况随着经济增长反而恶化,贫困成了富裕的伴侣;经济快速发展了,但并没有带来人的全面发展,相反,生存竞争日趋激烈,就业难度加大,人的许多潜能和爱好为生存需要所牺牲,人的发展更加片面化,人成了为自己谋生的"职业囚徒"。舒马赫认为,对人类社会、自然环境与人类本身问题的单纯的自然科学和自然技术的解决方案,"不论构思多么聪颖,表面多么吸引人,都没有任何益处。机器不断大型化,需要集中的经济力量也不断增加,这不代表进步:它们是对智慧的否定"。他认为:"智慧要求科学技术朝着有组织、温和、优美的新方向前进。"③显然,如果自然技术的人文关怀方向的迷失,使自然技术单纯成了经济增长的手段,那么自然技术的负效应反而可能成了人类的祸害。

所谓社会技术,即与自然技术相对应的,"人们改造社会世界,调整社会关系、协调社会运行的实践性知识体系"④。日本技术哲学家三木清认为:"技术存在于主体对环境的积极适应和使之发生变化并创造新的环境的过程中——如果我们所说的环境不仅仅指自然环境,还包括社会环境的话,那么除了有作用于自然的技术,还应当有作用于社会的技术。相对

① 陈昌曙:《技术哲学引论》,科学出版社 1999 年版,第 95 页。

② (美)格林伍德、(美)爱德华兹:《人类环境和自然系统》,刘之光译,化学工业出版社 1987 年版,第 490 页。

③ (德)舒马赫:《小的是美好的》,刘峰译,商务印书馆 1984 年版,第 17 页。

④ 田鹏颖:《社会技术哲学》,人民出版社 2005 年版,第 44 页。

于自然技术来说，应当有社会技术。前者以自然科学为基础，而后者以社会科学为基础。”他还指出：“作为产业革命结果而出现的难题都是社会问题，社会的政治性技术用之于解决现代的根本问题，当然应该被看做现代技术中特别重要的一个组成部分。”①在现代化行进过程中之所以产生现代性悖论，实际上与社会技术的误用有着密切关系。

确实，社会技术在现代性展现的过程中，表现为社会规则、社会制度和社会政策等具体形态。正是社会技术的这些具体形态，特别是理性化制度的不科学、不合理，甚至缺少人文关怀及其应用的不适度，导致人类对自然技术的无度滥用，导致社会技术对社会世界本身的改造和调整失灵。吉登斯断言：“现代性指社会生活或组织模式”，韦伯则从经济合理化、行政管理科层化、公共生活和公共权力领域自律化等角度揭示了现代性作为理性化制度安排的普遍性，指出社会运行制度化已经成为现代社会运行的内在机理和图式：经济合理性依赖于现代自然科学和自然技术的发展，“特别是以数学和精确的现实理性实验为基础的自然科学的特点”②。科层制是“纯粹从技术上看可以达到最高的完善程度，在所有这些意义上是实施统治形式上最合理的形式”③。彼得·布劳、马歇尔·梅耶认为：“在当今社会，科层制已成为主导性的组织制度，并在事实上成了现代性的缩影。”④在社会公共管理领域中自律化与民主化、契约化同步生成，这又与社会主体一定范围一定程度的个体化发生冲突。正如艾格内斯·海勒（Agnes Heller）所说：“市民社会的相对独立与自律本身是具有双重内在逻辑（双重机制）的存在形式。”⑤特别需要指出的是，这些制度、规则作为社会技术，不但没充当自然技术朝着持续、健康发展的轨道行进的调节器，反而在一定程度上成了自然技术走向邪恶的“助推器”。强权政治与自然技术结合的后果，以人为本的全面、协调、可持续的科学发展观与自然技术结合的景象，两者所形成的强烈反差，不可略见一斑吗？

---

① 邹珊刚：《技术与技术哲学》，知识出版社 1987，第 182 页。

② （德）马克斯·韦伯：《新教伦理与资本主义精神》，于晓、陈维钢译，三联书店 1987 年版，第 13～14 页。

③ （德）马克斯·韦伯：《经济与社会》上卷，林荣远译，商务印书馆 1997 年版，第 248 页。

④ （美）彼得·布劳、（美）马歇尔·梅耶：《现代社会中的科层制》，马戎等译，学林出版社 2001 年版，第 8 页。

⑤ Agnes Heller, *A Theory of History*, London: Rutledge and Kegen Paul, 1982, p. 284.

三、现代性选择的可能性和现实性

分析和批判现代性问题的根本要旨，不在于分析和批判本身，而在于在分析和批判基础上“重写”或“续写”“现代性”。

1. 现代性选择的可能性。前文已经论及，现代性内在地包含着一系列悖论或矛盾，但这并不意味着现代性即将终结，相反却孕育着现代性自身的提升与超越，正所谓矛盾着的两个方面既依存又斗争，由此推动矛盾体的生成和发展。从现代性与后现代性的内在联系可以看出，“重写”或者“续写”现代性是可能的。后现代主义者利奥塔认为：“我们必须说后现代总是隐藏在现代里，因为现代性，现代的暂时性，自身包含着一种超越自身，进入一种不同于自身的状态的冲动。现代性不但以这种方式超越自身，而且把自己变成一种最终的稳定性。”①这大概充分说明，无论对西方发达国家还是对于正在走向现代化的发展中国家，现代性都是一项尚未完成的设计，它的内在价值还远远没有充分展示出来，在“现代性”面前还有一个十分广阔的可供人们选择的可能性空间，进而现代化仍然是一个极其漫长的历史过程。社会主体人在现代性、现代化面前仍然可以大有作为，可以大展宏图。伊里亚·普里戈金说：“我们不能预知未来，但我们可以帮助改变未来，因为未来不是理所当然地照本宣科。诚然，未来不单独立依靠我们，但在很大程度上掌握在我们每个人手中，受人类行为总和的影响。”②

2. “重写现代性”与社会技术的创新。应当承认，人类建构完美的现代文明新格局是18世纪欧洲启蒙思想家们所设计的“现代方案”。这一方案辗转延伸至北美，形成了西方的“现代性”。20世纪以降，这个现代方案则逐渐扩展到全世界。进入20世纪80年代以来，亚洲特别是东亚，包括中国，在现代性（现代化）上展示了前所未有的生机与活力。美国哈佛大学社会学家帕森斯（T. Parsons）则认为美国的现代化理论和模式是现代文明的最高峰，他认为西方的现代性会由西方向全世界扩展，到21

---

① （法）利奥塔：《后现代性与公正游戏——利奥塔访谈、书信录》，谈瀛洲译，上海人民出版社1997年版，第154页。

② （德）热罗姆·班德：《开启21世纪的钥匙》，周云帆译，社会科学文献出版社2005年版，第1页。

世纪或更久时间，这会是世界的主要趋势，最终则是一个他称之为现代型社会的完成。[①] 我们无意评判美国的现代理论和模式是否现代性的最高峰，但有一点是可以肯定的，那就是当今时代的“现代性”不是也不可能是一元的“现代性”，而是多元的“现代性”。更不纯粹是西方的现代性及其延伸，而是世界各个国家、民族、地区自己的文化传统、社会科学和社会技术在现代化进程中对西方现代性的积极或被动的“干预”与“回应”。从这个意义上说，世界各个国家、民族、地区走向并实现现代化的过程，既是人们对多元现代性的选择过程，也是对现代性(西方现代性)的超越过程，更是扬弃现代性悖论的过程。

实现对现代性的合理选择，消解现代性的悖论，其内在机制究竟是什么？如前所述，现代性悖论的根源在于自然技术的滥用和社会技术的误用，“解铃还需系铃人”。改变人们对自然技术的滥用和对社会技术的误用，合乎逻辑地成了人们消解或者扬弃现代性悖论的重要途径。但是，从自然技术与社会技术的关系看，解决这两种技术的“滥用”和“误用”问题的根本途径在于社会技术创新。

自然技术与社会技术作为“技术”，都是由人创造并由人来使用的改造世界的实践性知识体系，但两者的理论基础、指涉领域、制约条件以及在人们改造世界中所处的地位不同。自然技术是人的主观目的、人的智力与自然规律和自然物力的统一体，而社会技术则是人类依靠自然、适应自然并在一定程度上改造自然的社会中介。正如卡尔·波普尔所说：“自然工程的主要任务是设计机器和改造、维修机器，社会工程任务是设计各种社会建构以及改造和运用已有的社会建构。”[②]通过社会技术调整人与人，人与社会的关系，是通过自然技术调整和改善人与自然界关系的逻辑和事实的前提。马克思指出：“为了进行生产，人们便发生一定的联系或关系，只有在这些联系和关系的范围内，才有他们对自然界的关系，才会有生产。”[③]对此，科学家贝尔纳指出，若干经验领域被纳入科学境界的先

---

① T. Parsons, *The System of Modern Societies*, Englewood Cliff, N. J. Prentice - Hall, 1971, pp. 138 ~ 143.

② (英)卡尔·波普尔:《历史决定论的贫困》，杜汝楫、邱仁宗译，华夏出版社1987年版，第50页。

③ 《马克思恩格斯全集》第2卷，人民出版社1972年版，第162页。

后顺序大概是:数学、天文学、力学,但各项技术在历史上的顺序几乎相反,而是:社会组织、狩猎、家畜。① 这充分说明,与自然技术相比,社会技术在调整社会关系、把握自然技术开发与使用方面的作用应当是预先的、方向性的和不可替代的,因而,现代性的悖论或者人文关怀与现代自然技术的分离与对立,并不是来源于自然科学和自然技术的发展,而是来源于缺少人文关怀的社会技术下的自然技术的滥用。爱因斯坦早就指出:"我想得比较多的还不是技术进步使人类所面临的危险,而是'务实'的思想习惯所造成的人类互相体谅的窒息,这种思想好像致命的严霜一样压在人类的关系之上。"②所以,抑制现代性的负面效应,发挥其正面效应,固然可能是人类在高科技(自然科学技术)面前的永恒课题,但首要是依靠社会技术创新。

所谓社会技术创新,就是为实现人们改造社会世界、调整社会关系、协调社会运行的某一特定目标而设计、创造的新途径,是一定社会的人们改变社会变迁方向的新的组织形式、新的控制方法和新的生活方式。一般地说,社会技术创新包括渐进型创新和原生式创新两种主要形式。所谓渐进式创新,一般系指对现有社会技术进行局部改进、改善、修补和完善,而原生型创新则孕育着社会技术的质的飞跃和发展,具有某种"发明"的特点。如果说社会技术的渐进型创新往往以改进和模仿为主,那么社会技术的原生型创新则往往具有"内生性"和原创性。比如,"什么是社会主义?""怎样建设社会主义?"这是重大的社会科学和社会技术问题。解决"什么是社会主义"的问题,是社会科学的创新,而解决"怎样建设社会主义"的问题,则是社会技术创新问题。可以说,中国人民对中国特色社会主义道路的创立和选择,就是社会技术的一项原生型创新。

德国著名社会学家乌尔里希·贝克早在20世纪80年代就指出:"在发达的现代性中,财富的社会生产系统地伴随着风险的社会生产。相应地,与短缺社会分配相关的问题和冲突,同科技发展所产生的风险的生产、界定和分配所引起的问题和冲突相重叠。""在现代化进程中,生产力的指数式增长,使危险和潜在威胁的释放达到了一个我们前所未知的程度。"③面对"现代性悖论"和"风险社会"的威胁,人类合乎规律和合乎目

① (英)贝尔纳:《历史上的科学》,伍况甫等译,科学出版社1959年版,第26页。
② (德)爱因斯坦:《爱因斯坦文集》第3卷,许英良等编译,商务印书馆1988年版,第293页。
③ (德)乌尔里希·贝克:《风险社会》,何博闻译,译林出版社2004年版,第15页。

的的选择只能是社会技术创新。

实现社会技术创新，首先要创新社会技术理念，扬弃传统的社会发展观，改变长期以来形成的“主客两分”的思维定式，把“自然”纳入“社会”视野，树立生态价值观和科学发展观。其二要创新社会技术形态，凸显“制度”在社会技术诸形态中的主导地位，即在新的社会技术理念指导下，主要通过社会技术的制度形态规定人们在现代社会中能做什么，不能做什么，该怎样做，不该怎样做，从而划定一条社会行为的“边界”，以调整、规范人与人和人与自然的关系。其三要创新社会技术设计，突出社会技术创新设计的人文性、合理性、科学性和可操作性。面对高度复杂的现代社会结构和社会实在，社会主体——人只能象征性地把握社会实在，只能通过象征性的结构去推论和分析社会实在。创新社会技术设计既要把改造(调整)对象看做具有确定性和不透明性双重结构的东西，看做客观和主观因素相互渗透的复合体，看做历史发展的结果和现实各种力量合成的产物，又要在现代社会中尽可能排除来自现代社会约定俗成的各种现成观念的干扰，以确保社会技术设计的客观性、公正性对现代性的超越性。

总而言之，社会技术理念创新是根本，社会技术形态创新是载体，社会技术设计创新是保障。通过理念、形态和设计创新，对现代性中包含的各种制度、体制、机制、规则、社会组织方式以及人们的价值观念等进行清理、分析、反思和批判，按照“以人为本”，全面、协调、可持续的科学发展观，统筹经济、政治、文化和社会建设，引导自然科学技术的合理使用，改变“技术帝国”和“单向度的人”的社会局面，完善现代性设计，使现代性造福于现代人类。

● 原文刊载于《求是学刊》2007 年第 1 期。《新华文摘》2007 年第 10 期转载。

● 田鹏颖，沈阳师范大学哲学与政治学院教授；中国自然辩证法研究会理事，中国工程技术伦理学会常务理事，辽宁省哲学学会副会长。

第五编

学术交流与对话

导读

文化哲学不是一个自我封闭的学术体系，而是一贯保持着开放的视野和胸襟。它乐于接受并积极寻求与其他学术流派尤其是与国外学术界的交流与对话。

近年来，国内文化哲学与国外学界的对话包括衣俊卿教授、丁立群教授与美国实用主义代表人物理查德·罗蒂教授进行的关于分析哲学、后现代主义和文化哲学的对话，衣俊卿教授与第三代新儒家代表人物杜维明教授进行的关于启蒙反思的对话，衣俊卿教授与国际知名学者黄万盛教授进行的关于中国语境中的现代性问题的对话，以及丁立群教授与美国过程研究学派杰伊·麦克丹尼尔教授进行的关于生态伦理和后现代主义的对话。这些对话不是仅仅讨论了具体的学术问题，而是更加注重现实问题，尤其对中国文化与现代性的关系问题表现出了浓厚的兴趣。尤为可贵的是，虽然对话双方在某些问题上存在观点差异和语境隔阂，但都抱着相互学习的心态，进行了卓有成效的交流。通过与国外学界的不断对话，文化哲学得以汲取新的灵感，促进了自身的思想创造。

走近罗蒂

——与罗蒂先生关于分析哲学、后现代主义和文化哲学的对话

衣俊卿，丁立群

——美国现在最有意思的哲学家还是分析哲学家，但是，我并不想把分析哲学家的问题和大陆哲学家的问题看做两回事儿

丁立群(以下简称丁)：您是从分析哲学传统中脱离出来的，我感觉在《哲学与自然之镜》等一系列重要的著作中，您在语言表达方面仍有分析哲学传统，但是在今天的报告中，我感觉您的主流趋向很接近大陆哲学，并对黑格尔哲学比较感兴趣。当然，分析哲学的话语仍然没有在您的哲学里消失。我认为，一种话语总是和其所承载的思想相匹配的。现在的问题是：在您的思想里面，分析哲学是一种表达形式还是一种实际内容？比如像这样一种表达方式"是而且仅仅是"、"伪问题"等都是分析哲学的典型用语，根据分析哲学的标准，"是而且仅仅是"这个术语表明了对确定性的追求；"伪问题"这个术语的采用则暗示着分析哲学的判定标准。按照罗蒂先生的思想逻辑来看，是不应当有伪问题的。在您的思想里，大陆哲学和分析哲学是怎样结合起来的？

罗蒂(以下简称罗)：美国现在最有意思的哲学家还是分析哲学家，所以他们在一起讨论的时候使用的还是分析哲学的术语和分析哲学的表达方式。但是他们讨论时的内容与分析哲学没什么关系，他们不考虑语言的意义这种东西。所以我只是用这样一种术语。刚刚去世的戴维森和现在仍在工作的布兰顿都是分析哲学家，但是他们跟我所批判的分析哲

学家很不一样。他们还是用这种术语,但内容已经不是分析哲学的了。我现在用1/3的时间写有关分析哲学中的争论的文章,在某种意义上来讲我仍然是分析哲学家。我与之抗争的分析哲学只是分析哲学中的反历史主义倾向。很不幸的是,美国的哲学博士并不了解西方哲学史,他们认为只要解决分析哲学问题就行了。这一点是很不幸的,但是,与之相应的是,在美国最有趣的哲学家还是分析哲学家。

丁:我感觉分析哲学的语言与它要表述的内容是相一致的,大陆哲学的语言和它要表述的内容也是相一致的。我很想了解您以后将如何进一步理清这二者之间的关系,以及您的思想和今后的发展方向。

罗:不,事实并非如此。对我来说,我不想把分析哲学家的问题和大陆哲学家的问题看做两回事儿。只能说,对于二流哲学家来说是这样。他们仅仅是做当他们是学生时老师教给他们的事情。他们之间只是有不同的问题而已。而一流哲学家,那些有趣的哲学家,他们并不解决问题,而是改造问题。对我来讲,戴维森和德里达同样激进,他们扫除了很多问题,很多过时的哲学语言。我们知道,戴维森属于分析哲学的语言传统,德里达属于法语传统。我认为,原创性的哲学家,并不试图解决问题,实际上,他们是对整个问题进行了重新描述。对我来讲,那些有趣的哲学家都或多或少地背离了他们所成长起来的传统和他们被告知的问题。他们只是打算讨论和考虑自己的问题。接着上面的例子,戴维森从来没有读过德里达,德里达也没有读过戴维森。他们在两个完全不同的环境中成长起来以至于他们不能相互理解。但是从历史角度看,他们只是同一历史进程中的组成部分。

丁:请您谈一谈您对分析哲学未来几年发展趋势的展望。

罗:我并不认为我将试图做某些原创性的工作。我一直都这样认为,我的工作基本上是把别人的工作综合起来,并试图寻找维特根斯坦、海德格尔、杜威、德里达和戴维森等人之间的关系。这并不是说,我的工作没有任何计划,我是在试图寻找某种模式性的东西。而现在我用我全部的时间来回应别人对我的批评,这就是我所有的工作。我现在基本上是根据情况进行写作的。有人整理出版了一本伽达默尔的纪念文集,我就写一篇关于伽达默尔的文章,有人出版一本戴维森的纪念文集,我就写一篇关于戴维森的文章。

——伦理学和政治学不是那种诉诸原理的学科，而是一种经验性的学科，它诉诸过去的经验

丁：您在今天的演讲中提到人类的成长、幸福。我想按照后哲学文化理论来推导，人类的幸福不可能是统一的，因为您是反对元标准的。如果人的幸福不可能是同一的，那么这种不统一性会不会导致冲突，这种冲突会不会导致一场战争。比如说美伊战争，美国有美国的幸福，伊拉克有伊拉克的幸福。人类能否避免对各自的幸福的追求之间的冲突。

罗：柏拉图曾经认为，就像在数学中人们可以就某一问题获得一致意见一样，我们也可以在像是否应该入侵伊拉克等这样一些问题上取得一致意见。他认为在道德和政治领域中也存在着某种普遍的真理，我们可以依据这些真理选择我们的行为。在柏拉图之后的两千五百年的历史中，哲学家们试图寻找这样的真理，但所有这些努力都失败了。我对哲学是否能找到这样的真理表示怀疑。我们现在只能接受这样的事实：你们认为你们是对的，我们认为我们是对的。非常不幸的是，在道德和政治领域我们没有理性的准则可循。

杜威认为，伦理学和政治学不是那种诉诸原理的学科，而是一种经验性的学科，它诉诸过去的经验。所以，对于是否应该入侵伊拉克这样的问题，人们所能作出的判断只能是，二战以来的50多年的经验使大多数人认识到，除了联合国以外任何国家都无权入侵伊拉克。我认为，这种观点是对的，布什未经联合国授权入侵伊拉克是错的。但是我并没有什么普遍的理性原则来证明我对布什的批评，我只有过去的经验。所以我认为，问题是我们在道德和政治真理上究竟有多大的确定性可言。而且我认为，这种不确定性即使在未来也不会有多大改善。

——我从来都不明白后现代主义这个词是什么意思，实际上现代性仍在继续

衣俊卿（以下简称衣）：现在中国的一些学者从中国语境对您的哲学思想进行评价，有很多种不同的观点，但大家公认在《哲学与自然之镜》这本书中，您对本质主义、基础主义进行了深入的批判，因此人们习惯于把您看做是美国后现代主义的代表人物。那么，我感兴趣的问题是，您如何对待这种评价，您是如何理解现代性的？

罗：我并不认为在现代性和后现代性之间作出区分是必要的。对我

来说,二百多年来西方哲学一直在朝着反本质主义的方向发展着。这是一个很长的发展过程。正如我今天早晨给学生们讲演时说的那样,我从来都不明白后现代主义这个词是什么意思。我知道是什么东西使一些哲学家被称为后现代主义者,但是我不明白的是这种划分对我们有什么帮助。

我认为在描绘社会民主的乌托邦方面,最主要的工作是由约翰·斯图瓦特、米勒和杜威这样的社会哲学家完成的。我认为德国的阿多诺、霍克海默和法国的福柯并没有为政治思想增加任何新东西。在我看来,关于现代社会的可能性的反思在一百年的时间里没有什么大的改变,我们并没有改变我们对乌托邦的看法。

在美国,阿多诺和福柯被认为是对启蒙思想进行了破坏性的批判。在我看来,他们对启蒙思想中的理性主义哲学进行了有趣的批判,但是他们并没有对启蒙思想中的政治观点作出有益的批判。我一直认为启蒙时代的价值是每个人都需要的。所以,我认为现代性仍在继续。我们仍然在试图实现法国大革命和美国解放运动时确立的社会政治理想,包括民主、自由、平等、公正等。从政治观点看,20 世纪末的哲学和 19 世纪中期哲学之间的区别并不重要。

衣:我非常高兴能够听到您关于现代性和后现代性的观点,我也非常赞同您的观点。我最近在《中国社会科学》第 4 期发表了一篇题为《现代性的维度及其当代命运》的文章,我表达了关于现代性的类似的观点。我认为不存在一种完全脱离现代性的后现代性,所谓后现代性只是现代性的不断自我完善、自我超越的形式。

罗:是的,你说得很对。后现代性仅仅是对现代性的强化。我可以寄给你我最近写的一篇题为《启蒙与后现代主义之间的关联》的文章。其中有关于这一方面的论述。

——我的对话哲学与哈贝马斯的交往行动理论没有什么大的区别,所不同的是,对我而言,重要的不是真理而是对话

衣:中国哲学界对您的对话哲学也非常感兴趣。您的"conversational philosophy"和哈贝马斯的"theory of communicative action"是否是基本上一致的?另外,我非常关心的是,这种对话的文化模式在西方社会能够存在和展开的基础和根据是什么?反过来,这种对话的文化模式对西方社会的进程会产生什么样的影响？如果人们越来越接受这种文化模式，越来越诉诸对话而不是武力，那么您认为这种认同将是源自一种什么样的文化基础，并将对这种基础产生什么样的影响？

罗：究竟对话和暴力哪一个会最终获胜，这取决于我们的运气，取决于政治力量在未来几十年中的运作方式。在我看来，我们正处于危险的境地。我们可以看到，建立全球秩序的企图正在导向某种诉诸武力的政策。

我认为，我和哈贝马斯之间的差别是不重要的。他仍然认为我是一个相对主义者，我仍然认为他是一个康德主义者。但是现在这种差别已经小到无法被察觉的程度。我们何必担心这种差别的存在呢？哈贝马斯和我都受到布兰顿的启发。而布兰顿则是第一个黑格尔主义的分析哲学家。他证明了黑格尔主义者应该是一个分析哲学家。此外，布兰顿把维特根斯坦和海德格尔相互综合。哈贝马斯和我都认为布兰顿的做法是对的。布兰顿曾以这样的言论而著称，他说，对话对于人类来说是一件大好事。对我而言，重要的不是真理而是对话。这是我和哈贝马斯之间的最大的差别。虽然我们之间还经常写一些文章相互批评，但我想我们在99%的事情上是一致的。我认为布兰顿和哈贝马斯像戴维森和德里达一样，他们都是激进主义者。他们由于其独创性而不属于任何传统，我既不能把他们看成分析哲学家也不能把他们看成大陆哲学家。

——不需要站在文化之外的、具有特权的“大写的哲学”；我们需要的是在文化之中促进文化激进转变的“小写的哲学”

丁：我们知道经典实用主义由两个部分组成，一个是经验主义，一个是实用主义。而实用主义者席勒认为，实用主义正是经验主义的引申，是经验主义的具体结论，二者是一致的。但我注意到您作为杜威的信徒却很少提到杜威的“原经验”理论；另外，杜威是一个文化哲学家，关于哲学与文化之间的关系，杜威在《哲学的改造》中的观点是：哲学就是协调文化冲突的一个机构。这样理解的哲学应当是一个大写的哲学。而您在《后哲学文化》这本书中关于哲学与文化之间的关系的观点和杜威是有差别的。所以我想请您简单地评论一下您的新实用主义和詹姆斯以及杜威的经典实用主义之间的异同。

罗：我认为，区分经典实用主义和新实用主义的另一个方式就是新实用主义割断了与经验主义之间的联系，经典实用主义仍然保留了关于直接的和感性的经验的观念。布兰顿在他最欣赏的一部关于心灵和语言的、长达七百多页的著作中对经验这个概念只字未提。

在我看来,哲学和文化之间的关系并不是协调文化的各个部分,而是指出我们应当如何改变文化以使其达到和谐。我认为,当文化正常的时候,哲学没有什么特别大的功能。但是当文化的各个部分之间发生张力的时候,当文化的不同部分之间发生矛盾和冲突的时候,哲学家就会指出我们不能再坚持、而是不得不放弃某些文化传统。所以我觉得最有意思的哲学家是那些激进的哲学家。他们飞翔于常识之上,并且说:“对不起,你不能这样。”

当我说要用小写的哲学代替大写的哲学时,我想说的是哲学家已不再声称文化要与物的特征、人的特征等相协调了。我认为所谓大写的哲学就是站在文化之外把文化和那些不是文化的,而是自然的东西相比较。一旦你放弃把文化和自然相比较的观念,而仅仅是把现在的文化和未来可能的文化相比较,那么,哲学就不再是大写的哲学了。

丁:您在《后哲学文化》这本书中提到小写的哲学只是一部分人的兴趣。这部分人喜欢把各种事物连接起来。而在今天的演讲中,您认为文化危机时期哲学会站出来解决问题,那么,是不是可以说后一种观点是对前一种观点的超越,或者说后哲学文化理论已有所变化。

罗:我想你是对的。对我来说,确实存在把这两种描述调和起来的困难。我所能作的最好的回答就是:激进的哲学家试图去改造,一般的哲学家只是去重组。我想说的一件事情就是:我并不认为文化中有这样一个部分,它被称为哲学并具有此功能。我们称一些人为哲学家是因为他们关于如何改变文化持有一些激进的观点。但是让我们看看尼采,他在很长时间里并不被称为哲学家,直到海德格尔说:“把尼采作为哲学史中的一员来阅读”,我们才把尼采的著作从图书馆的文学类书架转到哲学类书架上。我认为那些独创性的哲学家并不在乎什么是哲学,什么是文学,什么是历史,他们只是做他们的事而已。他们之所以是哲学家是由于我们这些后来人把他们称为哲学家。尼采对西方知识分子思考自身的方式造成了如此大的改变,我们为什么不能称他为哲学家呢?

丁:他本人也未必想当哲学家。

罗:是的,他从来不读任何哲学著作,他也无法进入这些著作,但是他所完成的工作却与哲学密切相关。

衣：在对文化与哲学的关系的理解上，我非常同意您的观点。也就是说文化中不应该存在某种特权。我一直主张哲学应该回归生活世界、回归文化。而我所理解的文化是在一个时代中，影响大多数人的行为，影响整个社会的政治、经济的运行方式的文化精神和文化模式。哲学不是在文化之外指导文化，而是使这个时代的文化精神达到自我反思、自我批判、自我超越，使之不断转变、不断更新。

罗：我想也许对您来说有两种有趣的哲学家，其中一种会说："看，我们的文化与过去相比变化多大呀"；另一种则会说："是什么东西使我们的文化与过去如此不同。"这两种人都可以称为哲学家，但是我认为后一种才是重要的哲学家。他们，就像马克思说的那样，不是去认识文化而是去改造文化。

——把现代思想家的观点与中国传统思想家的观点简单地类比并没有什么意义；现代民主制度的建立意味着对传统的激进批判

衣：在中国学术界，我被认为是典型的激进主义者。这主要是由于我对中国传统文化的批判。在我看来，中国传统文化至今影响着中国人的行为。它的过分经验化、过分人情化、缺乏理性化、缺乏平等和契约精神的价值特征使很多现代性的价值观念，如法治观念和民主观念等，在中国无法真正地确立起来。我一直希望文化哲学能够用一种比较激进的批判来改造中国传统的自在性的和有限性的文化精神。

罗：我的中国朋友朱新民曾经说过，中国社会的一个问题就是缺少公民观念，这对于民主制度的成长非常不利。我并不清楚这种说法是否正确，但是如果情况真的如此，我就能够想象民主制度的建立意味着对传统的激进的批判，因为它确实需要在西方已经由来已久的一些观念，这些观念在古希腊被普遍接受。而中国没有这些观念，这之间的差别是非常大的。

衣：是的，情况确实如此。在中国传统文化中没有平等的公民观念，只有臣民观念。

罗：这就是我不能理解安乐哲(Roger Ames)的原因。他总是把儒家思想和杜威的哲学弄到一起。对我来说，生活于民主社会中的公民概念是杜威哲学的核心概念。而当我读《论语》的时候，我找不到这个概念，我也不知道怎样用儒家思想的术语表达这个概念，因此我总是对安乐哲迷惑不解。

衣:实际上当前中国学术界在此问题上也是有两种不同的观点。持同我相似观点的人认为,中国的问题不在于现代性已经过度发达而必须对之加以批判,而是现代性不足或没有真正的现代性,因此需要批判的恰恰是前现代的传统文化;另一种观点认为中国可以不要现代性,应该回到传统文化,完全依靠礼俗、经验也能建立和谐的社会。显然这两种观点是极端对立的。与此相关,现在中国学术界特别流行把老子的"道"与海德格尔的晚年思想联系起来,这也是一个非常有趣的现象,它表明一种回归前现代的传统文化的倾向。

罗:我并不认为海德格尔关于存在的思想有什么用处。我是说,我更看重海德格尔对传统的批判,而不是他关于思想和存在的思考。日本的京都学派经常把"禅"和海德格尔弄到一起。当然,你可以把海德格尔思想中的神秘成分和任何东西放在一起,但是老实说,我不知道这样做是否值得。海德格尔写过一篇文章:《哲学的终结和思的任务》。我在讲这篇文章的时候,我对我的学生说,海德格尔说哲学的终结时他是对的,当他说思的任务时他是错的。

衣:今天您说的一句话给我的印象很深。您谈到,对启蒙理性的批判可以成为一个哲学上的话题,但在现实中是没有多大意义的。正如您所说,我们可以把海德格尔和任何神秘的东西进行比较,但这种神秘的东西与现实之间相差还是很远的。

由于时间有限,很多问题不能继续讨论了。我们非常高兴能有这样一个机会和您面对面地交流,这种交流与仅仅是读您的著作相比更有助于理解您的观点。

罗:非常感谢能有这样一次交流的机会。这是我第一次和中国的学者就哲学问题进行比较深入的讨论。

(这次"对话"由美国宾州库兹堂大学黄勇教授承担翻译工作,在此致谢)

●原文刊载于《求是学刊》2004 年第 5 期。《新华文摘》2005 年第 2 期、《光明日报》2005 年 1 月 27 日转载。

●衣俊卿,中央编译局局长,黑龙江大学哲学与公共管理学院教授、博士生导师；教育部哲学教学指导委员会副主任，中央实施马克思主义理论研究和建设工程专家，中国现代外国哲学学会副会长，中国俄罗斯东欧中亚学会副会长，国家级有突出贡献专家，入选国家“百千万人才工程”，入选教育部“新世纪优秀人才支持计划”，全国宣传文化系统“四个一批”人才，全国杰出专业技术人才。

- 丁立群，黑龙江大学哲学与公共管理学院教授、博士生导师；中华外国哲学史学会理事，中国现代外国哲学学会理事，黑龙江省哲学学会会长；入选国家“百千万人才工程”。

儒家精神资源与现代性的相关性

——关于启蒙反思的学术对话

杜维明，衣俊卿

衣俊卿（以下简称衣）：很高兴有机会当面向杜先生求教。杜先生不仅学术造诣深厚，而且涉猎颇广，例如对儒学，特别是朱熹和王阳明思想的研究，对儒家伦理的现代意义的发掘，对韦伯、帕森斯、德里达、福柯、哈贝马斯等人关于启蒙和现代性争论的分析，等等。今天我想就启蒙的反思问题向杜先生求教，在这方面您提出了超越启蒙心态、文明对话与全球伦理、儒家伦理与全球社群等众多具有广泛影响的思想，而且启蒙和现代性也的确是当代人类所面临的焦点性问题。

杜维明（以下简称杜）：好的。

衣：我希望今天的讨论撇开拒斥还是捍卫现代性这种笼统的非此即彼的宏大问题。

我是这样理解您的基本思路的：一方面您特别关注启蒙和现代性带来的各种消极后果，另一方面您对自由、理性等启蒙的核心价值一直持肯定态度。您强调："现在我要问的问题不是这些价值是不是应该扩大延伸，这应该是没有什么问题，而是面对人类所碰到的困境，这些价值全都加在一起，是不是足够？"

杜：是的。

衣：在这样一个前提下，我们对现代性的态度不是简单拒斥和抛弃的问题，而是对它的完善和继续推进、深化，其中最重要、最核心的思想就是如何调动各种精神资源。我完全赞同这种观点。我一直研究西方马克思主义，对西方马克思主义者批判现代性危机的各种理论比较熟悉。我并非对现代性的后果视而不见，但是，对于启蒙和现代性的核心价值我是充分肯定的，特别是基于中国的特殊语境，我的观点可能更彻底一些。今天，我想循着您的思想谈谈如何具体地动员儒家的资源。我建议，我们的对话主要在以下三个方面展开：首先，如何对各种精神资源作具体的分析，从而更加扎实地而不是笼统地进行启蒙的反思；其次，回顾东亚国家动员儒家资源的成功经验，探讨儒家伦理对于这些地区的现代化到底起到什么样的作用，从而分析儒家文化与现代性的真实的相关性问题；最后，回到正在进行现代化的中国，看看儒家伦理的弘扬和反思与社会现实的关联，考察一下这种关联是一般性的关联还是实质性的关联。不知道这三个问题是否合适？

杜：可以。但是我不一定准备得非常充分。

衣：其实，我选择的这三个问题是我一直非常困惑的问题。在这个意义上，今天的对话事实上是向您求教。我向来对儒家文化批评很多，但我所作的不是无条件的一般性的批评，而是具有深层语境的批评。

一、如何对启蒙的精神资源进行扎实的而不是笼统的反思

衣：我想问的第一个问题是，怎样更加扎实而不是笼统地进行启蒙的反思。哈贝马斯曾经在一个对话中谈到，现代性不是一个总体性的、现成摆在那里的东西，不是通过一次讨论就可以决定要还是不要的东西。现在很多对现代性的讨论往往是停留于一个总体的取舍问题，进行一般性的描述，而没有深入到根基性的东西。今天我们不采取这种方式。我们不仅要集中讨论您所提出的动员各种精神资源来超越启蒙心态、构建全球社群的问题，还要特别对不同的精神资源作具体的分析，特别要考虑这种启蒙反思方案的具体可操作性问题。

杜先生深入地揭示了启蒙的本质特征，反思了启蒙的自身缺陷和消极后果，如理性化、世俗化、科学化、技术化、个人主义、人类中心主义、生态危机、社群瓦解直到最极端的雅各宾专政和"奥斯维辛"等。这些批判在此不用展开，大家对这些问题都很关注也很熟悉。但是我非常关注第二方面的问题，就是您对启蒙核心价值的肯定。比如说，您在和黄万盛教授的对话中说道："从儒家的立场看，自由、理性、法治、个人的尊严这些西

方价值，不管你的视野多么狭隘、抗拒西方的心态是多么强烈，这些都是不可否认的价值。”您接着说：“个人主义、突出个人和启蒙开辟出来的几个利益领域——民主政治、市场经济、公民社会，有不可分割的关系。西方社会，或者说任何一个社会要蓬勃发展，这些价值没有一个是可以缺少的。”①这里的关键问题是，您认为启蒙的核心价值不是如何取消而是如何扩大的问题。您过去经常谈论启蒙的三种精神资源：第一个是启蒙的源头，也就是“两希”文化；第二个是东亚、中国的资源；第三个资源是美洲等一些本土资源。后来您又提到女权主义的资源。这些观点，我总体上赞同，而且我正在做一个关于现代性维度的课题。我现在考虑的是，我们只是把这些精神资源罗列出来而不作具体的分析还是不够。此外，按照您的逻辑，我认为还有一些资源需要列入，如生态主义、后现代主义思潮等。

但是，一旦深入分析后就会发现，这些资源和启蒙有着不同的关联，“两希”文化和女权主义是启蒙运动内在的资源，而东方和美洲资源是启蒙运动外在的资源。这种区分带来一些新问题和新视角。如果启蒙只有外在资源而没有内在资源，我们很容易判它死刑，并用其他的东西取代它。如果它有内在资源，那么对它的判断将很不一样。因此，这种内在资源和外在资源的区分应该是根本性的。

杜：这个问题很尖锐，也很中肯。我现在也在考虑这方面的问题。我提出那些观点大概是在20世纪80年代，距现在也有二十多年了。首先，启蒙是一个复杂的过程。你刚才讲，哈贝马斯说现代性是个历史文化现象，不是理念的问题。一方面，启蒙确实是一个文化运动，这是毫无疑问的。从伏尔泰、莱布尼兹、卢梭、狄德罗，还有“百科全书派”和“重农学派”都可以看出。如果我们回到源头，启蒙的出现是反对基督教神学，特别是神学代表的政治权威。当时最重要的参照就是中国社会，这和利玛窦用拉丁文翻译儒教经典有关。同时西方社会了解到，中国明代社会不仅在经济、政治、社会各方面变化很大，而且18世纪以后又达到了一个新的高度。所以当时的学者经常谈所谓“中国的风尚”，当然，他们对中国的一些认识还是比较表面的，但是还有更为深层的反思，当时伏尔泰和卢

① 哈佛－燕京学社：《启蒙的反思》，江苏教育出版社2005年版，第65页。

梭的辩论，伏尔泰突出文化的重要性，卢梭要回到自然，他们对文化的观点不同，所以对儒家的了解有所不同。西方社会惊讶地发现，中国没有西方的上帝而社会秩序达到那样一个程度，例如，商业资本的发展，政治制度的基本稳定等。中国的官僚制度直接影响了英国的文官制，可以说非常先进。因此说，启蒙的产生，儒家思想可以算做一个因素。现在很多人想了解这一点，作了很多研究，甚至编了百科全书。好像是尼采有一个说法——当然是一句玩笑话，说康德是“柯尼斯堡来的伟大的中国人”。康德的思维和基督教的思想方式确实有所不同。虽然他讲上帝存在、灵魂永恒，但是，他的理性的观念，如果从基督教的传统看是非常奇怪的，因为基督教的传统是靠信仰得救。康德的理性的观念在很多地方可以说和中国的思路，特别是和儒家的思路有相契合的地方。牟宗三先生说，他花了很多时间专门讨论康德和中国哲学之间的关系。

衣：您的意思是说，儒学和启蒙之间的关系是一种内在资源的关系，而不是外在资源的关系。

杜：有这样的可能性。是不是内在很难说，但是我认为有这种可能性。

启蒙的内部资源也很复杂，哈贝马斯和德里达就有很大的不同。哈贝马斯说，启蒙的大的计划(project)还没有完成。德里达则要求从启蒙跳出来，他后来一直讲逻各斯中心主义(logs - centrism)，不仅是启蒙，他还要反思整个西方文明，这很像海德格尔要回到苏格拉底甚至苏格拉底之前，也就是回到存有(being)的声音，这个声音我们已经听不到了。

启蒙也有阴暗面，彼得·伯格(Peter L. Berger)说，只要用一个词就可以说明启蒙的黑暗面，这个词就是“集中营”。

西方的启蒙这么复杂，女性主义、生态主义、文化多样主义等对启蒙的批判，都是西方文化的内部问题。我们现在考虑的很多问题，要么来自西方的启蒙和现代性，和“西化”连在一起，要么就来自对启蒙的批判。马克思主义，或者说“西马”也都是在这个大传统里发展的。所以我说，启蒙内部的资源非常丰富，而且多元多样。

去年，美国的人文学会给了我一个“终身成就奖”。他们认为儒家是一个凡俗的人文主义(secular humanism)，它没有上帝的观念——虽然利玛窦认为有。我觉得有些不安，启蒙所代表的凡俗的人文主义是一个强势的人类中心主义。它的问题不在于理性化，理性化本身是健康的，它的问题是工具理性,它的工具理性特别突出。比如说,在古希腊那里,“知识是智慧”,在培根那里,“知识是力量”,力量是理解,甚至征服自然的问题。另外一个方面是浮士德的精神。它追求真理、价值是不顾后果的,甚至可以出卖灵魂。在这里,儒家讲的修身不起作用,唯一重要的是人的力量。在这种情况下,自然是客观的集合体,它是“事实”,是没有价值的,它的价值是人赋予的,人和自然的关系不仅很紧张,甚至可能到了破裂的程度。

我特别提到“启蒙的心态”。我想解决的问题是:启蒙的理性落实到当代中国的思想脉络中间起的是什么作用?我认为,科学主义是一个很重要的方面。五四运动的开始阶段讲自由和人权,后来讲科学和民主。讲科学和民主的时候已经和原来接受西方文化时的意愿有所不同。就是救亡压倒启蒙的问题,导致了工具性过强。科学当然可以使我们强盛,民主可以把人们的积极性调动起来。科学不是追求真理,它的动机是发展;民主也不是人的自由和解放问题,而是动员社会来面对外界的挑战。“启蒙的心态”从五四以来一直到今天影响非常大。

衣:非常感谢您所作的详细解释,包括对儒学可能已经内在于启蒙运动中的解释。您还提到神圣维度的问题,此外,还有审美现代性和浪漫主义的问题。

我想朝另一个方向思考。我不喜欢“多元的现代性”这个提法,如果说“现代性中的多元性”还可以考虑。我想说的是,启蒙运动中有这么多的资源,今天对启蒙的反思实际上是启蒙自身的事情,不是启蒙之外的事情,不是在启蒙之外对启蒙的批判。甚至我们东方人也是在启蒙自身内思考问题。我的结论是,启蒙也好,现代性也好,不是一个完成的和封闭的东西,它本身就有自我批判、自我超越、自我修复的能力。在这一点上,我很赞同哈贝马斯的观点。我从来不认为“后现代”形成了对现代性的断裂,它恰恰是对现代性的延续,自我修复的延续。比如,吉登斯谈到的现代性具有的反思性。这样看,对现代性的担忧就不应该以非常激烈的方式表达。

杜:我们在这里可能存在一个比较严重的分歧。你赞成现代性中的复杂性,有各种不同的资源,而不能接受“多元现代性”。这和我与埃森斯塔(S. N. Eisenstadt)的激烈辩论相似。最近,美国人文社会科学的机关报《代达罗斯》(Daedalus)出了一个专号(它经过很多年的筹划,我也参加了)。西方比较文化学界的埃森斯塔和我合作以《多元现代性》为题发表一篇文章。埃森斯塔一直要强调《现代性中的多元》。我们的研究结束后,他提出以《现代性中的多元性》发表,我认为应该是《多元现代性》。当时的讨论很激烈。有一位瑞士的学者赞成我的观点。他有两个想法:保守的想法是西方的现代性还要发展,因为它有着充分的内在资源。另一个比较开放的想法是,东亚的现代性提供了西方之外的现代性类型。东亚的现代性是否来自于西方传统是可以继续探讨的。我问过丹尼尔·贝尔,接不接受西方之外的现代性。他说,有太多西方之外的现代性,但是每一个都是失败的。他当时有一个看法——后来亨廷顿讲文明冲突时也是同样的看法,表面上我们可以想象不同的现代性,但是这些现代性是站不住的。

“多元现代性”和“现代性中的多元性”最大的不同在于,西方启蒙所发展的现代性内容非常复杂,有正面的,有负面的,还有浪漫主义对它的批评。因为现代性的多元多样,它有很多的张力,甚至有很多自相矛盾的地方,但是现在很难跳出来。我的观点是,在西方之外,比如中国,对启蒙的信念和要发展启蒙的愿望比西方要大。所以说,启蒙是人类历史上最强势的意识形态。社会主义和资本主义都是启蒙蜕变出来的。我们都是启蒙运动的受惠者,有人说,也都是受害者。现在往前看,最全面的启蒙所代表的精神对人类的发展是否是足够的精神资源。如果说,启蒙的资源对人类未来的发展足够了,那么自然的问题和宗教的问题怎么样纳入它的传统。

衣:我认为,现代性最核心的特征还是在以理性传统和科学技术发展为背景的发达国家率先生成的。儒家文化和伊斯兰文化等都是现代性的他者,所以才有“后发现代化”的问题和“启蒙心态”的问题。这些他者对于修补现代性如果有作用的话,首先要有具体的机制。您强调东方的宗教的和非宗教的精神资源,以及美洲的本土资源等对于反思启蒙的意义,是说这些资源在这些本土现代化进程中具有超越启蒙心态、抑制和修补启蒙的价值,还是说这些资源对于全球范围内,包括西方发达国家克服启蒙的危机都具有重要价值?这些资源通过何种方式或机制才能对西方发达国家的启蒙理性的进一步深化起到实质性的影响和作用?

我有一个简单的想法,您的观点和哈贝马斯恰恰是可以互补的。在当今世界中,启蒙之外的这些本土资源无论如何重要,在整个世界格局中还是处于边缘位置。我们需要某种机制让它们能够进入对话之中。如果没有这样的机制,只有在这些社会自身面对现代性问题时才有可能起到缓解和组织作用,而不会对整个世界的主流话语产生作用。您对哈贝马斯的某些批评,我是同意的。但是他的交往理性和商谈伦理恰恰可以作为机制引入到您的精神资源说中来。

杜:我感觉,我们现在的工作可能不是修补现代性。

衣:是在启蒙之外再发展其他的现代性吗?

杜:也不那么简单。我考虑的是:可不可能存在启蒙的他者对启蒙——不是修补,因为修补已经来不及了,而是共创一个新的人文世界。这个新的人文世界在现阶段,启蒙是最重要的内容,但是它不是启蒙的自我修补和内在转化,这个内在转化是非常艰难的,只有通过他者的参照才行。

我觉得,丹尼尔·贝尔的说法多少有一定的说服力。所有他者面对启蒙,其声音都很微弱。但是我们要了解启蒙之内的一些变化,以前没有想到的变化。20 世纪 60 年代初期西方很多一流学者对 21 世纪作了很多预见,现在回头看,他们有很多没有预见到的地方,例如,他们完全没有想到女性主义在现在影响这么大;还有就是没有想到生态、环保问题这么严重。

事实上,女性主义和环保主义是启蒙反思的最重要的两个思潮。女性主义大大地改变了人的日常生活,改变了家庭、两性的关系和权力结构等,更重要的影响在于核心价值方面。我现在问各位,在以下价值对中如果你只能选择一种——这当然是很不公平的,你会怎样选择,你选择哪个就举手。这些价值是:自由和正义(与会听众选择正义的占大多数——编者注,下同),理性和同情(选择同情的略多一些),法治(legality)和礼让(civility)(选择法治的占多数),权利和责任(选择责任占多数),个人尊严和社会和谐(选择社会和谐略多)。你们所作的选择中除了对法治和礼让这一项外,其他的都是倾向于女性主义的。女性主义对启蒙的这些质疑和儒家的基本价值合拍。对于儒家,正义比自由更重要。从康德哲学讲,道德推理当然要靠理性。休谟和亚当·斯密提出了道德情感(moral senses)问题。在康德之后,这些苏格兰的启蒙变得“不够严格”了。现在,人们对康德最大的不满在于他对情的问题和对人性的问题的理解不符合人们一般的常理。权利对于西方太重要了,权利是与生俱来的,有了权利才有责任。但是,我们是不是可以通过责任发展权利呢?我指的是,越是拥有权力、资源、信息的人越应对社会作出贡献。中国的这次赈灾活动就是例子,越有钱的人捐献的越多,人们认为这是他们应该尽的责任。这在美国是不可想象的,愿不愿捐献是个人权利。和谐社会的观点认为,社会的和谐是每个人能够有尊严、能够存在的先决条件。这些价值是否能从启蒙理性中推出来,是很成问题的。

衣:我同意您以上所说。但是,是否可以按另外的逻辑来解读。女权主义、生态主义等还是从西方原有的启蒙中开出来的,而不是西方之外的东西。我认为,不能因为女权主义和儒家价值有些相似之处就说它是我们的资源。也没有证据证明西方的女权主义是受了儒家伦理的影响,相反,它完全是西方文化内部发展出来的。我认为,女权主义是微观政治的产物。就像福柯说的那样,西方社会的控制结构发生了变化,不再是宏观控制的社会,所以边缘群体发挥了更大的作用,这才是女权主义产生的背景。因此,我还是认为,启蒙有着丰富的内在资源使得它能够发展出自我修正的资源。基本上说,西方的女权主义在中国影响很小,因此说,它和中国的文化语境没有什么关联。我认为,中国不存在西方的女权主义所讨论的那些问题。

杜:中国的女权运动有它自身的特色。事实上,各个国家的女权主义都是不同的。在中国,女性和男性之间还有不平等的现象,比如说退休年龄和薪金上的不平等。我认为,在中国,女性的觉醒会成为一个潮流。生态、环保问题起源于1968年,启蒙时代的人是很难想象到环境问题的,甚至黑格尔这样的"全球性的思想家"也是非常西方中心论的。因此,目前的文化多样化主义也不可能是启蒙内部的资源。这些都是新的东西,也许只可以说启蒙的复杂的面向可以把它们包容进去。

衣:我认为,女权主义的前提是启蒙核心精神的充分发展,如果没有个性解放和对个人权利的追求,女权主义是不可能产生的,因为,在权利意识的基础上女权主义的反思才有可能。中国没有这样的权利意识,因此西方那种女权主义不能自发地产生。因此,中国最重要的问题在于没有建立起启蒙的核心价值。西方的女权主义在中国没有市场,中国的女权主义还是处于"妇女能顶半边天"等自发的状态中。中国是否存在女权主义不能仅仅通过观察女权主义和儒家价值之间的相似性而作出判断。

杜:我刚才说的问题不是说西方女权主义是受到了儒家伦理的影响才产生的,只是想说明儒家伦理和女权主义是合拍的。

核心的问题是,在中国文化之中是否缺少自觉的、内在的、反思性的问题。如果没有,你的论点我绝对赞成,但是如果有,我们还可以商讨。这样说吧,我们可能有不同的对个性的理解,但是并不表明一种文化突出有个性,另一种文化只有集体性。

儒家到底有没有自己发展出来的个人的尊严和自觉的反思?雅斯贝尔斯在思考轴心文明的时候认为,公元前五百年左右,世界几个不同文化发生超越性的突破(transendental break through)。犹太教出现了一元的上帝,希腊出现了逻各斯,印度出现了梵天,佛教出现了"空",儒家出现了"天"。但是儒家的突破最弱,因为它和早期的传统有着千丝万缕的联系,它的创发性不够。后来有位以色列学者对此非常不满,他说,如果所谓突破是突出"两希"文明逻各斯和上帝,这对其他文明是不公平的。他提出"第二序的反思",也就是对思想的思想,最明显的例子就是数学,比如说几何学。从"第二序的反思"来看,儒家的出现是对人如何做人(how to be human)的思考。这个反思的思想脉络相当复杂。"古之学者为己","为己之学"就建立在独立人格的基础之上。如果学习不是为了创造自己的人格,而是为了父母、社会、国家、身外的外在价值学习,这不是儒家的观点。修身哲学本身就是"第二序的反思"。我们以前把修身哲学当做一个个人的问题。但是儒家的修身不是简单的个人的问题。儒家对思的考虑就是人的发展问题,人的智慧问题。在希腊哲学中,如果生活没有进行反思,不经过考验,那么生活是没有意义的。

衣:我赞成您对中国哲学考虑人如何做人的分析。您可以把儒家的修身哲学和西方的反思哲学类比。但是,我想从另一个角度来提这个问题。西方的启蒙是一个普遍的教育,因此这种反思性和个性是普遍的生存状态,而中国绝大多数人的生存状态是非常贴近自然的,是自在的经验的生存方式。传统中国不是在上帝面前人人平等的社会,传统中国社会是一个人间的等级制,只有少数人能够得到教育,才有闲暇考虑如何做人的问题。

有人认为中国大学规模太大,我认为恰恰相反。这是一种根深蒂固的思维，它只考虑很少一部分人的教育。我希望批评现代性的人们到占中国人口70%的农村去看一下，看一下他们的生存状态。传统中国社会只有少数精英具有反思精神和个性，民众则是麻木的和非个性的，绝大多数人停留在仅仅是活着的水平上。当然现在的情况有所好转，但也存在着“现代城市的乡村心灵”的现象。我认为，儒家和道家之所以能够互补地维持超稳定的社会结构，就在于它们从来不作超越的反思，而是把天然的君臣、父子、夫妇的自然关系和血缘关系放大为合理的社会关系和群体关系。大多数人都是靠这种血缘伦理生存的，只有少数人在搞心性修养。这和启蒙中的大多数人的精神状态是不一样的。

儒家是这样一种东西，当你拉开距离从远处看很漂亮，但是走近看时远远不是那么回儿事。还有一个“文化虚伪性”的问题，即便少数精英也常常没有践行他们所宣扬的东西。

杜：我看过五四以来很多对儒家的批评，包括柏杨的批评、李敖的批评。确实有你刚才讲的现象，虚伪的、堕落的，鲁迅谈得更露骨。

我先说一下对儒家阴暗面的理解，不然容易把儒家美化。我认为，现实地考虑，一个充分、彻底政治化的儒家社会远远要比一个纯粹的法家社会更残忍，对人的个性的压抑更厉害。法家社会只是在行为上规范人，但是充分政治化的儒家社会对人的思想压抑、个性压抑更为严重。我赞成你的一些看法，比如说心灵的积习(habits of heart)，中国社会的一些阴暗面，走后门、裙带关系、不透明、官商勾结等与儒家有很大的关系。韩国、日本、越南也有这样的问题。但是，儒家维持了传统中国社会的长期存在，它也一定有一些健康的方面。健康的东西和不健康的东西是纠缠在一起的。这和启蒙发展的复杂性相似。

确实，人格的充分发展，不要说成为圣贤，就是成为君子都是非常难的。但这是充分的发展，还有一种最低的要求。事实上，儒家没有出现希腊哲学代表的精英主义。希腊哲学只有几个哲学家。甚至在现代西方，像你这样注重日常生活的哲学家很少，作为哲学家关心的只应该是思辨，比如说对罗尔斯最复杂的论证只有精英才能掌握。基督教通过信仰得救，只有先知能够听到上帝的声音，一般人听不到，要通过先知的教导才行。儒家的基本精神是，如果你讲的东西一般人听不懂，那你就出了问题，不是听者的问题。因为，儒家的基本理念是“人人皆可为尧舜”，圣人和一般人的人性是相同的，所以，儒家没有强烈的精英主义。《大学》讲"自天子以至于庶人，一是皆以修身为本"，这是儒家的一个基本结构。汤一介先生认为修身是少数人的问题，绝大多数人为生活忙碌不能修身。我说这完全不是儒家。一个社会如果是损己损人的人多，这个社会就不和谐；推己及人的人多，这个社会就和谐。如果有一大批人损人而不利己，那这个社会就愚昧；有一大批人损人利己，这个社会就是自私自利的；如果有很多人利己而不损人，所谓"经济人"，这个社会还可以；最好的社会是推己及人。这样一个社会和修身有很大关系。这样的社会没有在日常生活之外建构或者想象一个精神世界，没有未来的天国，没有彼岸。所以说，儒家对传统中国和基督教对传统西方的影响之间要有些分别。

二、儒家伦理与东亚现代化的真实关系

衣：我们已经把各自的思想谈得比较清楚了，我想，对各种精神资源同启蒙反思的多种可能的关联还是应当作更多具体的、历史的和社会的分析。涉及儒家伦理同启蒙的关系，我们可以转到具体的例子上，也就是"东亚对现代性的挑战"这一点的分析上。《新加坡的挑战》一书引起了很大的反响。如果我们想用东亚现代化的成功例子来说明儒家文化能够支撑现代化，那就需要弄清儒家在东亚现代化中起的作用。我认为，不能仅仅从结果上看，东亚完成了现代化，就说儒家对现代化起了积极作用。另外，我们还要问，东亚的例子是否具有普世价值？

我把您的主要观点归纳为：(1)资本主义和实业精神在东亚的蓬勃发展否定了韦伯的观点，韦伯断定"儒学伦理抑制了一种实业精神的发展"①；(2)有些学者认为，"正是那种在东亚文化的范围中经历过如此彻底的批判的儒家伦理，作为在日本、韩国，中国台湾、香港以及由此类推——在新加坡的变化的重要动力，现在正在重新出现"②；(3)"我一想到儒学和现代化的精神可能很有必要联系就感到兴奋……我极希望见到对于这样一种联系的扎扎实实的实验性研究。"③我想问，您有没有作过

① 《杜维明文集》第2卷，武汉大学出版社2004年版，第87页。

② 《杜维明文集》第2卷，武汉大学出版社2004年版，第118页。

③ 《杜维明文集》第2卷，武汉大学出版社2004年版，第88页。

这种“扎扎实实的实验性研究”。

这里首先的问题是，东亚现代化的蓬勃发展的事实是否就证明儒家伦理就是这种现代化的动力。我认为有两种可能，一种是儒家伦理作为动力支撑了现代化，没有儒家就没有东亚的现代化，也就是儒家和东亚现代化之间是积极的关系；另一种可能是，儒家文化没有能够完全抑制现代化，但并不是现代化的动力，这是一种消极的关联。进一步地，我想问，儒家伦理究竟是促进了东亚的现代化，还是排除了儒家的阻碍东亚才实现了现代化？东亚那些成功的企业家，他们的主要知识背景究竟是儒家的还是西方的？如果儒家和现代化之间的关系是积极的，那么东亚的现代化和西方的现代化有什么明显的不同？再具体一些，如果儒家伦理是东亚现代化的动力，东亚的现代化有没有构成不同于西方现代化的文化精神，或者说是修补了启蒙的缺陷从而确定了更加完善的现代性？东亚的现代化是证明了您说的启蒙的核心价值，还是确立了不同的核心价值？还有，东亚的现代化吸收了儒家资源是否说明它的现代化就比西方优越？如果是，其优越性的标志在哪儿？我看到的恰恰是另一方面。腐败现象是全球性的，但是在东亚的现代化中要比西方严重。这些现象是儒家文化没有修补好西方现代性，还是儒家文化自身造成的？特别是东亚的家族企业，当无法支撑下去的时候，又要转向法人治理结构，这说明什么问题？最后，假如说，儒家对于新加坡这样的国家的现代化起到了推动作用，但它对中国这样的大国是否适用？也就是说，儒家是否具有普世性？您说要作“扎扎实实的实验性研究”，但是我觉得更多的是理论想象。我的想法是，新加坡恰恰是由于没有彻底“儒化”（用您的话说），所以现代化才没有受到阻滞。但我们不能反过来说，儒家就是新加坡现代化的动力。我的理解不一定正确，想听听您的看法。

杜：很好，你的发问层层逼入，气势非常恢弘。我简单谈一下《新加坡的挑战》这本书的成书背景。大概是20世纪80年代初，新加坡副总理吴庆瑞认为通过宗教可以使新加坡的公民道德素质提高。新加坡社会对宗教非常敏感，因为它是一个多元的社会，最怕宗教之间的矛盾冲突。因此李光耀在国会里对吴庆瑞提出质疑，很多华裔也不接受。吴庆瑞觉得有必要讨论一下有没有介绍儒家伦理的可能。当时在台湾讲儒学是很政治化的，其他地方也没有相应的参照，吴庆瑞就到美国，找了八位儒家学者。

我是被邀请者之一,也是唯一拒绝的人,我觉得新加坡和儒学没关系。后来,吴庆瑞在纽约安排了一个座谈,我受邀参加了座谈。我发现,吴庆瑞真诚地希望儒学能像其他宗教那样在新加坡发挥作用,因此我同意参加他的计划。八个学者中,我是最晚到新加坡的,作了两个演讲。其中,英文演讲他们作了比较详细的记录,然后译成中文出版,这就是《新加坡的挑战》一书。可以说,我在没有对新加坡作任何实际调查的情况下写了这本书。由于我的提议,在那之后的十年间,新加坡建立了一个东亚研究所,以研究儒学为重要议题。我给他们提了一些建议。首先要弄清问题意识。儒家和现代化,儒家和现代发展,究竟是什么问题,是不是韦伯的问题?其次是实证研究,也就是在东亚的日本和"四小龙"中儒家伦理起了什么样的作用。第三个问题是,这些讨论与中国内地有没有关系。第四个问题是,儒家与世界的关系。为了处理第一个问题,我邀请了一些影响较大的学者,包括埃森斯塔、彼得·伯格、爱德华·希尔斯(Edward Shils)等,从韦伯的思想入手进行研究。

后来,我到了夏威夷的东西中心,根据联合国的组织作了一个比较全面的对中国的香港、台北、上海青浦,日本某地,韩国的首尔受儒家影响程度的研究,结果是受儒家文化影响最大的是韩国,其次是日本,然后是中国的香港、台北、上海。当时日本有一百个学者受文部省的资助研究儒家价值和日本的发展。后来香港和台湾地区也作了一些研究。在此前后,有一个日本学者——他同时也是美国驻日大使,在《外交季刊》上发表了一篇文章,批评"日本特殊论"。当时有些人说,日本之所以能够发展是由于日本不属于儒家文化圈,日本和西方的关系远远大于和东方的关系。但是这位日本学者批判这种观点,他在1974年就提出,假如日本的成功和它的核心价值有关,例如它的工作伦理、储蓄率、团队精神,那么中国的香港、台湾、沿海地区,以及新加坡都会发展。如果越南能够和平,越南也会发展。如果中国内地能够跳出计划经济,获得经济动力——这个动力和日本以及"四小龙"有相同的地方,中国内地也能发展。后来,人们提出了儒家资本主义、关系资本主义等。当然,东亚金融风暴后这些问题又不谈了。

你刚才说的很重要,儒家伦理作为"心灵的积习"不是提到反思层面的观念,而是在实践中获得的习俗。这些习俗有两面:一方面,东亚人工作就是勤奋,储蓄率就是高,团队精神就是强;另一方面,就是贪污腐化,就是公私不分,企业和政府就是勾结,就是没有透明度。是不是把儒家的"心灵积习"切断了以后才能发展,还是通过使它的正面力量发挥大的作用就能发展,这是一个重要的问题。

在中国,有一种信念认为儒家和小农经济、家族制度、专制政体结了不解之缘。这是发生学上的观点。但是受儒家文化影响却没有小农经济的心态,有没有可能呢?新加坡受到儒家的影响很大,但它是不是小农经济呢?

我们来进一步分析,受儒家文化影响的东亚社会与西方社会相比究竟有什么不同。首先,对政府的理解,西方自由主义有一个非常强的观念:政府是必要的罪恶(necessary evil),所以要限制政府、控制政府。但是东亚社会很奇怪,都认为强势政府是好的,唯一的例外是香港。有学者认为,它是"放任经济的典范"。香港人认为这是荒谬的,他们认为香港奉行的是"主动的不干预"(positive non - interference)。事实上,香港政府对香港经济的调控是非常周密的。中国的大陆、香港、台湾,以及新加坡、韩国都是强势政府。强势政府为这些社会造成了很多与现代性不符的东西。其次,这些社会中的非正式结构(informal structures)影响比较大。比如中国内地的经济,除了见于数字的经济还有很多没有见于数字的经济。乡镇企业是什么样的经济实体,人们现在还不清楚。比如说,一个大学也可以作为经济体系到处投资,在美国这几乎是不能想象的。乡镇企业既不是集体企业,也不是国有企业,也不是私人企业。它公私不分,但却起到了相当大的作用。现在在中国内地的企业精神最好的地方是浙江。浙江的企业绝大多数是民营企业,而且是家族企业。家族企业进入第二代很困难,但家族企业还是家族企业,它也能够全球化,比如温州人的餐饮业,巴黎的华人餐馆几乎都是温州人办的,四川政府也在纽约办了几个餐馆,这在西方是不能理解的。在"非正式组织"中,礼的问题事实上比法的问题更重要。西方人不能理解的是东南亚集资的方式,上亿的资金在一天内就可以集起来,完全没有契约,只靠相互之间的诚信。还有一点就是教育,教育成了民间宗教(civil religion)。在东亚,人们非常重视孩子的教育,重视的程度在西方社会是不能想象的。再有一点就是家庭。很多人认为孝道已经没有了,我也赞成。但是有一位叫杨国枢的社会心理学家在中国台湾作过这方面的实证研究。他把"孝"分成"孝思"、"孝念"、"孝行"。调查的结果发现,在中国台湾社会,"孝"仍然存在。

在西方,基督教的影响使人们成为奉公守法的公民。但是,西方信仰宗教和个人的人格发展是什么关系?罗蒂说过这样一个观点,他认为人的自我完成(self－realization)和社会服务(social service)完全矛盾。如果他的说法是对的,那么整个儒家的基本精神就没有实现的可能。我认为,罗蒂错的可能性更大。

东亚的现代化确实有它的特性,这些特性需要作更深的调查研究。我现在回应一下你提出的问题。对于第一个问题,我的回答是:"扎扎实实的实验性研究"还在进展中。对于第二个问题,我认为,不能采取因果关系的视角研究东亚现代化的发展和儒家文化提供的动力之间的关系。吴大猷曾经指出,儒家文化和现代化之间不是必要关系,否则非儒家文化地区现代化就不能发展。另外,儒家文化也不是现代化的充分条件,否则清代中国就可以发展现代化了。儒家和现代化之间的关系不是因果关系,是其他类型的关系。对于第三个问题,我认为,两方面都有,东亚社会的现代化既是儒家文化促进的结果,也是排除儒家文化阻碍的结果。比如新加坡、中国香港等高薪养廉、设立廉政公署等抑制官员腐败。对于第四个问题,显然东亚那些成功的企业的主要知识背景是现代的而不是儒家的。但是,如果从他们个人的深层理解上看,比如李嘉诚,他说:"我不是什么儒商,但是别人说我是儒商,我听了以后觉得也不错。"另一例子是印尼的一个非常成功的企业家到哈佛讲儒家伦理和企业精神,我觉得非常惊讶,他讲的和我们讲的完全一样,后来问他,他说:"我看了你们的东西。"所以,这里的文化认同问题很微妙,东亚的企业家们过去没有认为自己是儒商,但是看了儒家的东西后却希望做儒商。我可以确定,在日本,从涩泽荣一以后,日本的企业和儒家文化之间的关系更密切了。他们有意识地在发展儒家。比如,三菱公司的董事长就是出身于汉学世家,三菱公司几十年来一直支持"东洋文库"。对于第五个问题,我觉得你谈的"修补启蒙的缺陷"、"另一条路"、"现代性的他者"和我们谈的"多元的现代性"之间有些问题需要澄清。有两个问题我们值得一问。第一个问题是现代性中的传统问题。可不可能存在没有传统的现代性,比如说法国的现代性和法国的传统有没有关系,美国的现代性和美国的传统有没有关系，等等。美国的现代化和西欧完全不同。从欧洲到美国是一个断裂，不是一根而发。因此，就有现代化是否可以具有不同形式的问题。可以说，从实证上看，现代化具有西欧的模式、美国的模式、日本的模式，等等。

衣：我之所以不愿意用“多元的现代性”这个术语，是由于美国、德国、日本的现代化虽然是不同的形式，但是作为它们的本质核心的启蒙精神是一致的，不同的只是表现形式。说“多种表现形式”、“多种类型”是可以的，但是如果说“多元”就变成了不同的东西。“多样化”和“多元化”绝对不是一个概念。“多样化”是说本质上一致的东西具有不同的表现，“多元化”则意味着不同的东西。

杜：我也一直在考虑是用“多样”还是“多元”。我们就用你说的“多样”，“多样”意味着西方启蒙所代表的推动现代化的精神永远是一个主导的过程还是逐渐被转化？这是我们要考虑的大问题。所以我不用“修补”这个词，面对人类的大问题，各种不同模式的、多样的现代性的发展和原来历史上发展的西方的模式之间的关系是什么？这就是我们，包括西方一些杰出的学者所考虑的问题。有人甚至提出，假如中国发展出一套和西方有很多不同的现代性，包括民主制度、市场经济、市民社会，那么由于和中国传统文化的关系造成的差异性和作为现代化社会必须具有的和西方社会的趋同性之间的关系怎么理解？

衣：我想问的是，假如中国发展出一种不同的现代性，那么它是同传统社会的差异大呢，还是同西方的现代性的差异大？

杜：绝对是和传统的差异大。

衣：那样的话，它还是回到了启蒙的核心精神中。

杜：不一定。启蒙的核心精神和西方的传统的差异太大。启蒙的精神绝不是从“两希”文明中发展出来的，它的断裂性非常强。还有另外一种极端的说法，西方的突破(breakthrough，或者说 breakout)是一条不归路。过去没有人质疑，现在西方最好的一批知识分子却在质疑这条路是否正确。以前的现代化是一根而发，甚至可以划分出现代化的不同阶段。现在面对人类生存的问题，人们思考的是还有什么样的资源可以帮助我们解决困境。

衣：关于东亚现代化，我还想提出一个问题，您二十年前在新加坡做的实验在今天所要经历的一个最重要的变化，我认为，是信息化全球化背景下的变化。信息化对“80后”、“90后”的影响会很大。这种信息化的力量是可怕的。任何全球化都不可能把本土文化连根拔掉，但是信息化对年轻一代的影响是巨大的，他们的趋同性会非常强，传统的根基在他们的知识中会越来越少。他们的知识是自主构造的，课堂上传授的知识对他们的影响越来越小，他们的知识结构完全是“非中心化的”。他们从网上获得知识，在网络里，没有历史和现实的差异。这些人将来会使我们对现代性的讨论和20世纪八九十年代有很大不同。

杜：现在的“年轻文化”确实使得“杂交文化”问题非常突出。人们可以通过电脑和世界任何地方的人交谈。信息化使世界变得“天涯若比邻”，同时也使得“比邻若天涯”，人们宁可和遥远地方的人谈也不和身边的人谈。

但是，每个人在选择性增强的同时，对根源性的感受也越深。任何人都不是抽象的人，人都是具体的人，具体的人有他的性别、种族、语言、出生地、年龄代、阶层和信仰等。现在人的选择越来越大，比如，我做中国人的意愿越来越小，我愿意做加拿大人、美国人，在政治上的选择也很多。但是这些选择和人的地域有复杂的关系，比如说黑白的关系，不能说全球化的趋同使得所有黑人都愿意做白人。以前有个“大熔炉”(melting pot)的观念，现在美国人也不提了。“大熔炉”是把其他少数民族都融入到主流，实际上是一种宰制性。以前，在中国台湾从来没有人讨论过“台湾本土”，但是现在讨论的人很多。全球化和地域化、区域化是同时进行的。麦当劳就是一个很好的例子。

衣：麦当劳不论怎样“地方化”，最根本的配方还是麦当劳。

杜：但是，“全球化的地方化”还有另一个方面，比如日本的漫画，还有印度的电影。那么中国将来能不能发展出一种具有全球性的但却是中国的东西。

衣：不论日本的漫画还是印度的电影更多的还是现代科技理性的产物，而且如果没有大众传媒作为依托，它们没法“全球化”，它们在某种意义上还是启蒙的延伸。

杜：这个确实有。但是我想不讲西方，也不讲美国，因此当你从“西化”变为“现代化”时已经把地域性淡化了。你说它们是科学技术、科学理性的发展，我赞成。科学理性、科学技术在其他的地方可能体现得就比美国更好。

衣：但这样一来，还是回到启蒙的核心精神上了，还是启蒙核心精神的开出。

杜：启蒙的核心精神（自由、理性、人权）和他者（女权主义和生态主义）的公正、同情、责任等核心价值是不是可以形成对话？这个对话是不是"启蒙心态"所完全包容的？哈贝马斯之所以在欧洲不如解构主义影响力大，就是由于他还抱着德国的理性主义代表的启蒙。他晚年的时候和罗尔斯谈启蒙，他们的谈话中就是开不出"自然"和"天道"。面对21世纪，以下四个层面应同时考虑：自我、社群、自然和天道。启蒙的四个价值分别是自由、平等、效率、团结。这四种价值中完全没有自然和天道的位置，完全是人类中心主义的。如果把自然和天道放进去，这个人文主义就不是凡俗的人文主义。凡俗的人文主义是启蒙的体现。我认为，启蒙的问题不是修补的问题，是对话的问题。应该慢慢地出现对话的文明，学习的文明。

衣：在强调文明的对话方面，我们完全可以达成共识。实际上，我反复谈到启蒙的核心价值，并非强调启蒙的核心价值是西方的特权，其他国家只能照搬照抄。我完全同意应当动员精神资源修补和发展启蒙与现代性，我只是强调，这是一个十分复杂和具体的任务。对于启蒙可以进一步挖掘出来的内在精神资源，它们本身具有对启蒙的内在的反思和修补机制。而对于启蒙的外在精神资源，例如，儒家伦理，无论它如何优秀，如果不能在全球化背景中找到与启蒙的具体的对话和互动机制，都不可能对启蒙的自我完善产生实质性的影响。

实际上，我认为，迄今为止，所谓用儒家伦理来发展和修补现代性，更多地还是少数学者圈子中的理论命题，我们还没有证据说明它已经成为全球范围内有很大影响的精神资源。如果我们只是外在地把这些精神资源罗列起来，而不探讨具体的相互作用的机制，不仅对启蒙的反思无补，还可能带来实践上的消极后果，这就是：我们可能既没有建立起与现有启蒙核心精神不同的另一种现代性，又放弃了启蒙精神中的一些积极的和肯定的精神资源，把自己的现代性完全局限为地方性知识。如果有机会能够对您所提到的包括亚洲、美洲等在内的其他一些本土精神资源进行深入探讨，揭示这些外在的精神资源如何能够同启蒙构成本质的关联，或许对我们的问题会有很大的启示。

三、新儒家思想与当代中国的相关性

衣：我们谈了很多。由于时间的关系，我把剩下的问题简化一下。我最后只问一个问题，这是一种对文化安全和国家安全的担忧。这种担忧是双重的。第一个层面与启蒙的核心价值有关，我始终认为中国没有经历个体自由发展的阶段，没有个性的普遍发展，法治和理性都不能真正建立起来。在这种情况下，如果我们过分强调儒家伦理对启蒙精神的价值可能会导致一种对自身发展的伤害。第二个层面更加功利一些，我认为，在目前情况下，我们弘扬儒学的普世价值恰恰容易落入西方优越论和西方中心论的圈套。因为目前的情况是西方现代性已经充分发展了，而中国的现代性还没有发展起来，个体性还没有建立起来。西方用群体性来修补个人主义的时候，如果我们也跟着做，可能就把我们应有的个性发展抑制住。我的文化安全上的忧虑就在于，西方实际上是在有意无意地打儒家这张牌来抑制中国的发展，如果我们过分地强调儒家就正好中了西方的圈套。西方是在充分发展了之后，并且在继续盘剥发展中国家的资源的同时，才提出要保护环境的，这就无形中剥夺了不发达国家的发展机会。我认为，这是西方霸权的延伸。表面上看，我对中国传统文化有诸多批评，实际上我是深层意义上的爱国主义者。我认为，在全球化时代，文化安全意识是爱国主义的重要内容。如果盲目地夸大儒家文化的意义，例如有人说的“让儒学的活水流向世界”，我认为是可怕的。我不知道我的担心有没有道理。

杜：非常有道理。这个问题我确实想得不够。我试着回应一下。我在参加世界经济论坛的时候，英国的一些学者说，我们应该有一种田园的美梦。非洲的学者就说，他们最重要的任务是发展，即使污染也在所不惜。我想的是，按照这样一种必须经过西方现代发展阶段的逻辑，中国会不会走上一条不归路。据我所知，中国不受污染的水源已经很少了，土壤流失的问题也很严重。开个玩笑，坐飞机进入北京的时候，就像孙悟空看到“妖气”一样。

衣:这个担心有道理,但是要具体分析。我说的发展不是复制西方工业社会起始时的掠夺式的发展模式。中国的节能减排已经显现出了明显的效果,可持续发展的观念已经通过立法、行政手段、媒体引导和民众监督而成为社会的强势价值取向,人们的环保意识也提高了很多。我认为,西方的宰制不仅是环保问题,而且是限制发展的问题。正如互联网上广泛流传的一位留学生发表在《华盛顿邮报》上的那首诗所总结的"西方的逻辑":当我们不发展时,你们骂我们是东亚病夫和"黄祸",当我们快速发展时,你们又提出"中国威胁论";当我们闭关锁国时,你们用鸦片和武力强行打开我们的国门,当我们也走出去拥抱自由贸易时,你们却责骂我们夺走了你们的工作……

我们可以看一看美国汽车的排量、电耗,以及各种物品的消费,是谁在浪费着全世界的资源?我很担忧,如果我们也跟着西方大唱"天人合一",维持着低发展水平,很可能是用自己的"吃点糟糠"来供养着别人的"花天酒地",最后连发展权和生存权都成为问题。

杜:对西方的宰制一般有四种不同的回应。一种是尽量地接受,也就是东亚模式,这样可以发展。一种是全盘排斥,也就是伊斯兰的模式。一种是共生模式。最好的模式是融合。当然,融合是很困难的。

衣:问题是我们实际上还没有获得平等的话语权。目前,所谓的对话不过是文饰而已。儒家对西方社会真的有很大影响吗?我看不见得。所谓"儒家走向世界"千万别变成"孤芳自赏"和"自欺欺人"。这是我最深层的担忧。

杜:我也有这种担忧。也许我们试图跳出这种担忧的办法不同。

衣:我认为,要想真正了解中国就要到边远农村看一看。我一直认为,中国社会是一个二元社会。不了解这一点是很多纸上谈兵的学者最大的问题。中国只有很少数人可以奢谈后现代,大多数人的生活不仅与后现代无关,而且与现代的关联也不大,还停留在前现代。有些西方所谓的中国研究专家并不了解中国。在这样一种情况下,不可能有真正的对话。现在的"对话"在相当程度上其实还是分布在世界各地的中国学者之间的"对话",我更愿意称之为"自言自语"和"自说自话"。

杜:我基本上接受。但是我有一个看法。虽然美国是强势国家,但是它的单向主义已经走进死胡同了。像布什那样的单向主义基本上已经破产，不仅给美国的经济、政治、军事都带来了负面影响，而且伤害了它的灵魂。

衣：令我困扰的是，中国的经济刚一发展，西方就产生了很强的恐惧心理。这是没道理的。很多指责都是过分的。

杜：这是不合理的。但是，美国有70%左右的人对中国有很大意见。这是事实，是我们需要处理的问题。

衣：我认为，这并不重要。在我看来，最重要的是中国能不能以比较健康的方式强盛起来，强盛是对话的资格。我对儒学有排斥态度，它的负面影响很大。它与当下中国没有特别扎实或真实的相关性，因此不利于中国的发展。当然，对您来说，问题的背景完全不同。我们的视野相差很大。

杜：你的观点是中国大多数学者的观点吗？

衣：不全是。我认为，我还算是公共知识分子吧，也不是对西方缺少了解的人。我很了解西方马克思主义、后现代思想家、左翼激进理论家等对现代性的批评，我并不是狭隘地排外。我更强调现代性的制度层面，而不是精神和心态层面。而儒家自古以来就是精神层面的，虽然它也有现实关怀。

杜：我只提一点吧。近二三十年来，我一直在强调把印度作为参照，除了欧美，要对印度有所重视。印度也在腾飞，但是没有出现"印度威胁论"。为什么西方对印度没有戒心呢？

衣：我的解释是，在西方传统中，在文化心态上是不完全把印度作为"东方国家"的。因为它有很长的殖民史。中国恰恰没有这种文化、语言上的西化过程。西方对中国的渗透从来没有深入到内地。这是西方的一块心病。因此，对西方而言，中国是真正的他者。而且印度文化没有对外来文化的拒斥感，但中国和西方之间是存在文化对抗心理的。

就像哈贝马斯说的那样，民族国家在现代化的进程中起到了重要作用。一方面极端的民族主义导致了战争，另一方面民族国家之间的利益之争提供了现代化的动力。如果中国不维护自身利益，而宣扬儒学的普世关怀，这会威胁到国家的文化安全。

杜：这么说，西方应该放弃基督教？

衣：这是两个问题。韦伯谈的早期的现代性和"三十年战争"之后民族国家主导的现代性是不完全一样的。

杜：我非常重视"软实力"。所谓"软实力"就是精神文明的水平。我认为美国的最大的一个问题就是政治上的地方性太强,因此在国际事务中不能超过美国的国家利益。但中国有可能超越地方性。我觉得,中国能够接受联合国通过合法程序作出的不利于中国的决定。我认为这对中国是可能的,但对美国是绝对不可能的。

衣:是的。在我看来,美国给我们做了"榜样"。中国在一定意义上是"软弱"的,处于弱势的。

杜:你说的"软弱"指什么?

衣:我是借用"世界体系论"的观点。发达和不发达是一块硬币的两面。"软弱"并不完全是自身的原因,也在一定意义上是不发达造成的。可怕的是把"软弱"当成一种博大的胸怀。您说的"全球社群",我认为是很遥远的事情。当然,我也赞同,随着对话规则的建立,全球对话是有前景的,但是不能寄希望过高。儒家在全球的存在状态仍然是一块"浮萍",只存在于少数文化圈子中,在现实中缺少扎实的根基。

杜:那么,你的观点是不是:把儒家打压下去,中国就可以现代化了。

衣:不是。我认为,只有当中国人的个体性普遍发展后才能考虑用儒家来修补,那时候才能说儒家有价值。当然可以同时进行,但是不能过分。中国法治建设还没完成,这时候强势的儒家没有意义。

我在和黄万盛教授的对话中说过,现在学者们在重新解释儒家经典,要从经典中挖掘出人们没有理解的价值,我认为这是意义不大的事情,如果两千年来人们都"错误地"理解了儒家的某些观点,那就要找它自身的原因,而不是重新解释的问题。就像有些汉字,既然两千年来人们都读错了,就没有必要改回去了,否则也不会有多音字。另外,如果民主、自由、科学、法治在现代社会可以得到,为什么一定要到传统中去找呢?为什么一定要从儒学中开出来呢?如果开不出来就不要了吗?

杜:我基本上不赞成从儒家中开出民主、科学等现代价值。这是我和第二代"新儒家"之间的不同之处,他们还是以西方价值为典范。

衣:我们的目标是一致的,就是多种精神资源的对话。但是,我认为目前还没有对话的机制,不能太理想化。我认为,还应该有现实的考虑,比如在不过分破坏环境的时候发展经济。我们应该在理想维度和现实维度之间找到一个平衡点。

杜:对我来说,对话就是在不平等的基础上进行的。平等的文明对话恐怕是不存在的。

衣:我担心的是,在不平等的对话中,站在对方的立场上说话。儒学说的恰恰是西方想说的话。

杜:我认为问题不是这样。文化是活的,不是死的,不能用工具理性来摆布。文化的渗透性很大。经济问题可以用经济手段解决,如果不能解决就要考虑政治问题,如果还不能解决就要把社会阶层的问题带进来,如果还不行的话,就要把文化带进来,文化是添加的。"文化"有两种定义,一个是通义,例如"中国文化"、"黑龙江大学的文化";另一个是专义,这是和政治、经济等相对而言的。如果文化可以分层,并渗透到其他领域,是一种"心灵的积习",那么,用文化作为一种宰制工具是很难的。

中国当然需要发展。但我认为,如果不考虑儒家的那些有益的价值,不一定发展得就好,而儒家的负面影响却一定很大。五四就是一个例子。当时的知识分子太乐观了,他们以为如果把传统文化切断,就可以使中国强盛起来。这既是一种强烈的爱国主义,又是一种强烈的反传统。胡适提出"充分世界化",他在观念上是主张全盘西化的,但在生活上却是儒家的。他认为中国文化在受佛教影响以后创造力消失了。他对佛教深恶痛绝。还有一个我不能接受的观点,就是梁漱溟先生提出的中国文化是"早熟又不成熟"。这又是一个按西方标准作出的判断。第二代儒家都在讲如何开出民主、科学,这实质上是以民主、科学作为文化评判的终极价值。我们为什么不要求基督教、佛教、伊斯兰教开出民主呢? 为什么不要求希腊哲学开出民主呢? 柏拉图认为民主是最糟的。要求儒家开出民主,这本身是否合理合情? 它是不是可以拓展与选举制不同的公共空间?

你的忧虑我也有,但我们的回应不同。我的回应是,正是因为有这些忧虑,我们不能把文化资源悬搁起来,要面对它。五四的时候,正因为对传统的批评比较全面,吸收西方文明时就没有深层的考虑。

文化认同如何走出狭隘的特殊主义,同时又避免抽象的普世主义? 首先,文化认同必须具有开放性。其次,必须掌握各种资源,横向的——也就是外来的——和纵向的——也就是历史流传下来的——资源都很重要。

另一个是你说的自我反思的能力的问题。如果儒家文化没有反思能力,完全融合到日常生活中,那么它是没有办法发展的。宋明儒学的发展就是中国的前现代宗教。它的自我反思的能力已经不是一般意义上的家族主义问题，它吸收了佛教。中国文化的第二期发展史经历了几百年的把印度文化吸收进来的过程。现在面临的问题是吸收西方文化。现在才刚刚开始，还不知道几百年的时间能不能完成。

我也认为西方的宰制是不合理的，但在应对这个问题时是不是需要把中国固有的资源调动起来呢？一方面，它在社会生活中起了很多副作用；另一方面，它与中国现实没有关系，这两个命题如何结合起来？是不是这样，我们每个人都受到它的影响，这些影响往往是负面的。那么，要消除这个负面影响是完全用西方启蒙的价值来消解它们，还是把它的核心价值中健康的一面调动起来。

衣：您的很多观点我都赞同，但总感觉有过于学术化的倾向。我担心的是，文化的整体性使得我们无法把儒家中的某种积极的东西剥离出来而不掺杂消极的东西。特别重要的是，我们应当反思，这些传统的儒学价值到底在普通民众的生存中是不是活的东西。我认为真正的问题在其他层面，例如高等教育的普及化、城市化、信息化、全球化，这些问题的解决，在我看来，不是通过用儒家抵御西方文化来完成的，恰恰是要依靠启蒙的核心价值。我始终认为"两希"是文明的特例。真正的人类文明的发展应该是像东方这种相对自在的形态。但是，由于这个特例的存在，我们就不应该再停留于自在的状态。与其发掘我们自己的可能存在的积极资源，不如直接以其人之道还治其人之身。在全球化背景下，或许重要的不是说出与别人完全不同的东西，而是在人们共同关注的问题中强化我们的力量和价值。

杜：如果能够得到，我赞成。但问题是，这是得不到的。

衣：我认为信息化能够做到这一点。信息化时代的年轻人在国别意识等方面都已经被消解了。到那个时候，我们争论的问题就没有意义了。不是我们告诉他们要用哪种资源的问题，而是各种精神资源本身就在他们中间产生了，融合自然而然地就发生了。

今天我学到了很多，对长期困扰我的一些问题也开始有更深的理解了。非常感谢杜先生。

杜：你为今天的对话准备了很多，这很难得。今天讨论的问题，很多都是核心问题，有些我考虑过，有些问题我以前确实没有这种敏感度，我以后还会进一步考虑。

补记

有缘和衣俊卿教授进行有关西方现代启蒙的对话,我感到有意义也有启发。说"有意义"并不表示我们的观点相同,其实我们对启蒙的认识和期待颇有分歧,但对话的气氛极好,双方都遵循"以学心听,以公心辩"的原则,不是一味各自表态,也没有尴尬的争论。说"启发",我觉得这次对话激发了几个可以进一步探索的课题。

衣教授的问题都是经过深思熟虑而提出的,并且形成了言之成理、持之有据的书写文字。我应该建议采取笔谈的方式,先拜读衣教授严谨的推论,再作出回应。不过当时我们都有面对面沟通的意愿,我也就即兴而谈,没有任何事前的准备,因此谈话的随意性落实到文字上便显得松散、零乱,与衣教授严谨的书面文字一起发表,有些不协调。能获得《求是学刊》编辑的同意,为这一对话写篇《补记》,我很感激。我本应潜心修整自己部分的内容,将谈话的记录转换为书写文字,但无奈我抽不出时间,只好向读者及同人致歉了。

多年来我对启蒙进行的反思都集中在"启蒙心态"上。现在就简单地介绍我目前对此议题的思考及思路。我提出讨论"启蒙心态",既不是历史意义上的文化运动,也不是哈贝马斯坚持的"尚未完成的计划"。从1923年"科玄论战"以来,启蒙心态的影响如日中天,已成为中国思想界不言而喻的共识。当今在文化中国广为流行的科学主义即是启蒙心态的突出表现。科学理性是人类文明的标志,是为全球各地的知识人所认可的核心价值。在中国,过去的"科学救国"和今天的"科技兴国"都是响亮的口号。理性是感性和知性的提升,科学理性又是最严谨的理性形式。这是科学主义之所以大行其道的背景。

可是,我认为科学主义是由偏激的物质主义和实证主义铸造而成的意识形态,它与科学精神大不相同。科学精神是严格的、执著的、专一的,但也是开放的、谦虚的、多元多样的。科学主义则是闭塞的、专断的和傲慢的。两者形成了鲜明的对比。21世纪前沿的科学家所研究的范围无所不包。譬如中国、印度和伊斯兰的科学传统,特别是中医(或韩国所谓的汉医),都是他们所关注的科研课题。他们所体现的实事求是的精神是虚心好学的。他们知道得越多越认识到应该知道而不知道乃至永远无法知道的更多;他们也清醒地意识到理性的限制:理性的光芒所能显现的远非无知之幕所隐蔽的那么多。

坚持科学是获取真理的唯一途径,科学理性是唯一的理性,乃至可以量化、可以实证的科学研究是了解客观世界的唯一方法,在前沿科学家的宇宙论和人生观中已不多见了。把科学当做一种文化现象,社会工程或政治行为的科学家则大有人在。积极投入科学和其他领域,如艺术、音乐、宗教等的对话的杰出科学家越来越多。但我相信今天回顾"科玄论战"中的丁文江、吴稚晖和胡适所宣扬的打倒玄学鬼的科学主义在中国知识界还会有说服力。

启蒙心态来自启蒙运动,是西化和现代化过程中的副产品。科学主义只是表现启蒙心态的形式之一。广义的启蒙还发展了自由、人权和法治等其他核心价值,但在现代中国,科学和民主特别受到重视。和民主相比,科学更是一枝独秀。因此,科学主义应运而生,渗透到社会各个领域。这种特殊形式的启蒙心态在中国成为强势的意识形态是很容易理解的。

启蒙的含义很宽。即使把前面所提到的运动、计划和心态都包括在内也不能一窥全豹。如何深入细致地了解这一 18 世纪以来最强势的思潮是个重要的课题。我认为,我们必须继续从启蒙及其延伸的西化学习如何推进现代化的行为、制度、理念及价值。包括科学和民主在内的欧美文明可以提供我们参考的项目极多,内容极丰富,我们决不可自满自大。譬如以自由、理性、法治、人权和个人尊严等普世价值为基础的政治制度(即哈贝马斯认为在西方也是"尚未完成的启蒙计划")就值得我们认真研究、认真学习。

今天我们都还生活在启蒙所塑造的世界之中。我接受康德在 1784 年作出的评断:"我们不是生活在一个启蒙了的时代,而是生活在一个启蒙的时代:在这个时代,如果不能说启蒙是显而易见的既存现实,那它至少是核心的文化追求之一。"(托马斯·奥斯本语)但是我们必须正视启蒙的三大盲点。因为我和黄万盛先生的对话及最近和清华大学卢峰教授的对话(即将由中国人民大学出版社出版)都谈论到这一课题,现在只列举,不再阐述:1. 人类中心主义和凡俗的人文主义(secular humanism)对精神世界(特别是宗教)采取彻底排斥的立场。2. 浮士德式的工具理性对自然采取认识、控制和掠夺的态度。3.欧洲中心主义对世界其他文明，包括原住民的传统，采取鄙视和征服的策略。

对启蒙作出全面而有效的攻击的不是西方之外（如东亚和南亚）的学者，而是标志后现代主义的欧美学者。我很关注也主动参加自20世纪末期在欧美勃起的各种“后现代”论说，如环保主义、女性主义、多元文化主义和社群主义等。它们对启蒙的缺失有深刻的洞识。固然，它们破而不立的价值取向有堕入虚无主义和相对主义陷阱的危险，但针对人类的存活、发展和繁荣的威胁，它们作出了鞭辟入里的分析，它们的警告值得重视。

从全球的视野和对人类命运的关怀来反思启蒙，可以运用的途径、方法和策略以及可以利用的精神资源很多。轴心文明，如犹太教、基督教、伊斯兰教、印度教和佛教，都可以创造有利的条件。我从儒家立论是自觉的选择，但我是以开放和多元的态度来进行这一工作的。目前正在构思的研究计划分成三个可以同时进行的步骤：

1.深入研究18世纪启蒙思想家，如伏尔泰、卢梭、莱布尼茨、阿奎那和狄德罗所认可乃至认同的儒家。

2.疏理启蒙心态在中国传播、开花和结果而导致儒家一蹶不振的历史过程。

3.探索儒家重新认识和批判启蒙的可能乃至可行的道路。

这一研究计划牵涉的范围很大，必须靠多学科和跨文化的专家学者共同参加才能逐步完成。和衣俊卿教授的对话使我对这一计划的复杂性有了进一步的理解。

杜维明

2008年10月26日于北京大学

●原文刊载于《求是学刊》2009年第1期。

●杜维明，哈佛大学中国历史与哲学教授，东亚语言与文明系儒学教授，美国人文社会科学院院士。

●衣俊卿，中央编译局局长，黑龙江大学哲学与公共管理学院教授、博士生导师；教育部哲学教学指导委员会副主任，中央实施马克思主义理论研究和建设工程专家，中国现代外国哲学学会副会长。

在启蒙的地平线上

——关于中国语境中的现代性问题的对话

黄万盛，衣俊卿

——无论是作为现代性的捍卫者还是作为现代性的批判者，我们今天都只能在启蒙已经开辟的地平线上来思考现代性问题

衣俊卿（以下简称衣）：近来，您和杜维明先生的对话《启蒙的反思》，还有您为卡蓝默的《破碎的民主》中译本写的序《正在逝去的和尚未到来的》，以及您为傅勒的《思考法国大革命》中译本写的序《革命不是一种原罪》等作品在国内学术界反响很大。我想这可能是同国内学术界过去十几年的一个走向有关。20 世纪 80 年代在国内占主流的是启蒙思想，而 90 年代以来，随着后现代主义和新儒学思潮的兴起，不论在哲学层面还是文学层面，都出现了从启蒙思想撤离的过程。因此这个时候关于启蒙的反思会引起比较大的回应。就我个人而言，情况有所不同。在价值判断上，我对启蒙的理解可能和你们的理解有一定的差异。我 80 年代在南斯拉夫留学期间主要研究东欧新马克思主义，回国后一直没有间断西方马克思主义的研究，应该说对西方马克思主义以及其他理论流派的各种现代性批判都是比较熟悉的。事实上我一直是把西方马克思主义作为文化批判理论来解读的，我很欣赏西方马克思主义的启蒙理性批判或技术理性批判的观点，尤其是在西方发达工业社会的语境中这些批判观点具有很大的价值。但是在中国语境中我仍然坚持文化启蒙的重要性，我过去十几年所开展的中国语境中的日常生活批判一直坚持续写现代性的立场。所以我想，今天我们的对话会是一次关于启蒙和现代性的真正的对话，包括理论交锋。其实我很想通过这次对话，对我自己的观点和价值判断进行一下求证。

在开始对话之前,我想明确一下我们对话的出发点。我认为我们之间虽然在价值取向上可能存在很大的差异,但是我们之间也存在着一定重要的共同点:首先,无论是坚持启蒙还是反思启蒙,我想我们都属于那种良知型的知识分子,都不会拒绝理论所承载的重大历史责任和现实关怀;其次,我感觉我们之间的差距并不是坚持现代性和拒斥现代性那样的非此即彼的问题,杜维明先生的一个观点我很赞同,他认为启蒙创造的许多价值,如启蒙所弘扬的个人的尊严、自由、理性等价值,以及启蒙所开辟的民主政治、市场经济和公民社会等利益领域都是任何蓬勃发展的社会所不可或缺的。因此,是不是可以断言,我们今天所开展的现代性反思实际上完全是在启蒙的地平线上进行的,我们不可能脱离这个地平线来思考现代社会的任何问题。基于这样的判断,我想我们今天的对话无论对现代性是支持还是反对,都不应是一种情绪化的态度,更多的应该是对历史事实和社会现实的分析,是对现代性在东西方的命运的客观判断。

黄万盛(以下简称黄):问题是这样,启蒙的反思不是一个跟现实生活没有关系的学术命题,启蒙运动的源头是从现实世界和生活世界中开展出来的。对现代性的反思本身也是多元的,正如现代性是多元多样的一样。比如说法国的解构主义者,他们的现代性反思一直上溯到古希腊的理性,然后是康德创造的理性结构,从罗兰·巴特到福柯、德勒兹和德里达等,这条线索可以称之为解构主义立场上的现代性反思;另一条线索是真正从现代性中流出来的反思,这条线索以哈贝马斯为代表,哈贝马斯仍然是个理性主义者,当福柯他们要解构理性主义的时候,哈贝马斯却要捍卫理性主义。他认为现代性是有问题,是要反思的,但是启蒙的路没有完,要从启蒙继续往前走,要把康德的那种理性转变为沟通理性或交往理性,企图给现代性造成的社群分裂创造一个哲学上可以解决的途径。沟通理性实际上是处于启蒙理性的谱系之中,因此当哈贝马斯在反思现代性时对启蒙并没有成见。他是在启蒙的路向上批判现代性,因此他事实上是在反思现代性,而不是反对现代性;此外,还有第三条线索,是在现代性的实践形式,也即现代化的层面上反思启蒙的,如非常著名的丹尼尔·贝尔、现代性理论专家西蒙·艾森斯塔、已经故世的爱德华·希尔斯,他们从知识分子的角度对现代性提出很多批评;还有在波士顿大学的彼得·伯格,这些人对现代性和现代化问题有着深切的关注,他们提出反思现代化的问题。杜维明先生和我们这些海外华人学者的身份和情况同他们有相似的地方,但也有不同之处。我们的情况是这样,我们都是在海外生活,在海外从事学术活动,所以他们关怀的问题,他们面对的问题,我们同样在面对,几乎没有一个可以少掉的。但是我们还有另一个关怀,就是我们的母语世界。我们关心中国今天的现状和她可能的转向,以及历史给予我们多少资源,这些资源有多少是负面的,多少资源可以调动起来加入到我们今天的思考。因此我们面对的问题的涵盖性更大,如果能在世界的立场上思考问题,同时把中国的问题包括进来,就是我在解决中国问题的同时,后面有一个世界语境的预设,我解决中国问题时所创造出来的资源同时可以让世界分享,那么这样所涵盖的问题就比仅仅面对中国问题时要宽广。因此我们现在正在面临的任务是能否建设出一个有广泛涵盖性的人文学体系。

——目前人们关于现代性或启蒙的反思,存在一个方法论上的简单化问题,即往往只在观念的层面上思考问题,没有深入到深层文化结构

衣:我想简单地概括一下我所理解的杜维明先生和您以及其他一些反思启蒙的学者的基本观点,当然这种概括一定不够全面。我觉得你们一直在做两个方面的工作:一方面你们在检讨启蒙精神从一开始就缺失的某些价值,其过分的知识化倾向,过分的理性化倾向已经暗含着内在的价值资源、文化资源上的缺陷,比如说对个体性、自由等价值考虑比较多,但是宗教中的一些维度,比如说同情、宽容、公平等价值没有被纳入到启蒙精神之中,因此你们考虑如何从今天具有的文化资源的角度来补救现代性的问题;另一方面,你们认为,对于中国来说,启蒙也即五四运动具有一个很大的缺陷,就是完全切断了传统。所以杜维明先生和您认为不论在西方还是东方,都存在一个调动文化资源推动现代性的发展的问题。而儒学就是我们可以利用的一种文化资源,它既可以回应西方的现代性危机,也可以促进中国现代性的建立和发展

黄:我觉得你概括得非常准确。今天的西方学术基本上是一个宽泛的谱系学。以往的哲学比较静止地去面对一个事物,这样的方法现在使用的已经非常少了。谱系学,或者用我的哲学语言,叫做脉络主义,从这种哲学立场出发,在寻找当前现代性自身缺失的原因的时候,努力去试图

发现有没有来源于世界观，来源于哲学体系的困境。我刚刚提到的那些哲学反思的基本向度中的一个基本问题就是对工具理性的批判，对于把人的物质存在估计过高等倾向都有深刻的批评，包括宗教排斥问题。宗教排斥问题之所以重要，是由于把宗教排斥掉后，就只有人的世俗的生活维度了，为人类中心主义和“凡俗的人文主义”的出现提供了条件。除此之外，宗教排斥还有另外一个大的困难，就是导向“西方中心主义”。整个现代性的预设后面有一个大的立论，就是除了马丁·路德宗教改革之后的基督教可以进入现代性外，其他的传统都不能进入现代性，这个观念到今天为止仍然有人在坚持。像福山，他甚至认为意大利的传统和西班牙的传统都不能进入现代化，现代化只有在英国和美国可能发生。这就导致现代化只有一个母体，这个母体就是基督新教，只有经过新教的转变，只有经过法国和德国的启蒙，才可能走向现代化。但是现代化的多元多样性已经出现，这已是不争的事实。同时人们在问，有没有一个非本土化的现代性的问题？即使西方的资源在起作用，但是这个资源是不是可以完全排斥本土性？这成为我们考虑儒家的一个原因，这就是我讲的，我并不反对向西方寻找真理，但是我反对在向西方寻找真理的同时，预设我们必须完全反传统。如果把这两个事情结合到一起去，就会有很大麻烦，可能西方好的东西学不进来，中国真正好的东西又全丢了。

衣：我在这里想讨论一下思考现代性的方法论问题。我在查看有关启蒙的反思的各种观点时，发现一个问题：包括您和杜维明先生在内，人们往往习惯于在观念层面上思考现代性问题。例如，在说到为什么出现全盘反传统的问题，说到五四时期启蒙的片面性时，以及在说到我们今天应当发掘传统文化的资源以弥补现代性之不足时，我们中的很多人都是在观念的层面上考虑问题，似乎现代性是否完善，关键问题在于我们是否肯定和吸纳儒家的文化价值资源。我记得林毓生先生的《中国意识之危机》在20世纪80—90年代的学术界有很大的影响，他把以陈独秀、胡适和鲁迅为代表的这种文化激进主义称做“全盘性反传统主义”，并认为，20世纪中国思想史上对中国传统文化遗产坚决地全盘否定的态度之所以反复出现与持续，是因为西方文明的侵入和中国文化传统的一元论和唯智论思想模式的影响。我感到这只是一种观念层面的解释，实际上，当年胡适、陈独秀等人面对中国的现实处境，他们对中国文化特有的稳定性和顽固性特征的理解是非常深刻的,他们意识到传统文化与西方理性文化的内在张力问题。我想提出的看法是:现代性不是一个单纯的观念层面的问题,不是一个我们可以简单地决定是否取舍的观念问题。我们可以这样提问:现代性是否完善或是否生成是否仅仅是一个观念层面的问题,文化有没有一个更深的结构层次?如果五四时期的文化精英们再聪明一些,如果他们能更全面地考虑问题,能发掘传统文化,特别是儒学中优秀的东西,对传统的否定少一些,继承多一些,那么今天的现代性的境遇就会好些吗?这里有两种可能:一种可能是我们的现代性或许会更健全,另一种可能是我们连起码的现代化都没办法推进。

黄:我觉得您提的这个问题很重要。我想首先可以把这个问题分为两个层面:一个是我们对当时人们的现实处境有没有同情了解;另一个是当时那些人所塑造的观念形态,在后来的中国发展中所起到的作用,包括正面和负面的作用。这是两个问题,我即使同情了解他们的处境,但是我不一定赞同他们的观念所起到的各种影响。这是解释性的历史学所必须要做的,我在《反思法国大革命》的序言中特别讲这种历史观念。正如你所说,五四精英们都是天才,我们是不是应当给予他们深切的体谅,而不是简单的批评,简单的批评不是历史主义的态度。我想叙述一下两个大的谱系和脉络:第一,我同意你说的五四精英是在一个现实的处境下作一个艰难的选择。这个选择是一个历史过程。我们知道中国最早面对现代性时的选择是文化保存主义,就是所谓的"中体西用",当时看到西方的技术力量,希望把西方的技术力量引进来,然后在我们的文化母体上生根开花。这不只是一些观念,当时不仅向西方采买了大量的机械和军备,而且朝廷还选派了不少人才去西方学习,年龄最小的只有十一二岁。但是,这条路失败了,没能走下去;这其中的一个重要原因是甲午海战的失败,这次失败使知识分子了解光引进器用是不够的,还要考虑机制的问题。接下来就是体制改革的问题,但是康梁变革由于和宫廷守旧力量相冲突最后失败了。人们不得不重新修正寻找现代性的航向。从孙中山起已经不是一般的体制改革,而是根本的国体的问题,通过革命把清王朝颠覆掉,建立了民国。原以为建立了民国,有一个新的政体了,终于可以开启一个健康的现代化航程,但是袁世凯的复辟和尊孔,促使中国的知识分子开始把文化反思的轨道直接和现代化对接。所以五四运动会把它的反思的重点放在传统文化上，这是一个实践谱系，它一步一步都试了都不行，最后它只能选择思想文化现代化这条路，没有别的东西可以再试了。所以我们应该了解五四的反传统的历史原因，所以它有偏激。另一个原因更为复杂，就是我们一定要了解整个现代性在基础层面虽然跟大众的世俗生活有关，但是它基本上是一个精英运动。在法国百科全书派塑造出一套世界观，在德国康德塑造出一套理性主义，在欧洲马丁·路德领导宗教改革运动。因此我们就要了解五四时期，中国文化精英们的认同到底是什么样的。这个问题可以上溯到清朝中叶，事实上在那个时期，真正的儒家传统已经中断。康熙、雍正、乾隆三位皇帝知道掌握文化传统对于统治中国这样一个国家多么重要，所以他们自己开始读经，而且要求他们的子女也学习儒家智慧，等到他们开始掌握这个智慧的时候，他们就把知识分子主体从政治中心边缘化。所以在清朝中期开始出现知识分子不能运用文化资本来关怀社会问题的严重困境，原来在朝廷当中的那个抗议精神现在不可能了。这是第一个断裂，这个断裂使文化主体的知识分子和文化资本之间的关系被切断了。文化资本只能由朝廷来运作，知识分子不能运作这些东西。第二个断裂是五四运动造成的断裂，这个断裂是既然我不能运用文化资本，这个文化资本完全是官僚在运用，那么这个文化资本对我的意义就不大。因为1905年科举的废除把知识分子跟政治的联系彻底切断了，这是一个意义深远的重要的转折，从此之后，中国社会运动的主体不再仅仅只是农民运动，知识分子民间化了，由知识分子所领导的社会运动和文化思想运动风起云涌，层出不穷，所以在野的知识分子，跟一个由官方控制的文化资本在五四时期发生了尖锐的对抗。因此五四精英向西方寻找真理是非常合乎情理的，如果他们不这样做才是怪事。所以五四运动完成第二个断裂。本来还有文化资本，五四运动把文化资本也送走了。到了1949年，我们完成第三个断裂，也就是在野知识分子这个载体也不能成立了。今天的商业化大潮开始出现的时候，最危险的可能是知识分子主动自觉地把自己的主体性瓦解掉。我们现在就处在第四个考验刚刚开始的门槛上。

——同西方理性主义文化相比,中国本土文化的一个重要特征是缺少自觉的内在反思性维度,基本上属于植根于自然经济和日常生活世界的地方性知识

衣:您对这三个断裂的描述非常好。但是,当我说为什么大家都在观念层面思考现代性的时候,我想引出另一个话题,我认为五四运动的缺陷在于它只是表层文化启蒙,而不是深层文化启蒙。我认为儒家文化在两千多年的时间中对中国文化有那么大的影响,不在于它作为一个观念本身。经过后来几次断裂,也不在于它作为观念本身,我认为这根本上是一个地方性知识的问题。所谓地方性知识也就是它同我们民族的深层的日常生活中的文化模式有着密切的同构关系,如果我们不考虑到这个关联,我们的判断就容易表层化。西方文化自从古希腊的时候起就有一个自觉的内在反思性维度,而中国文化从一开始就缺少这种反思维度。西方文化中的反思维度也塑造了西方人的思维模式和行为模式,以及社会运行机制和制度安排。因此现代性的规范在西方比较容易通过观念更新的自觉方式而建立起来。但中国的情况不是这样,在中国文化中,自觉的文化层面不起主导作用。儒学不是从运用某种自觉的理性规范去启蒙和塑造人们的行为模式、培养人的自由自觉的生存维度,而是把日常生活中那种自在自发的人际交往、血缘关系等活动图式合法化和理论化,并生发出一整套自在自发的礼俗文化体系。儒学扎根在衣食住行、饮食男女中那种靠经验传统、习俗、家规等等自在的文化之中。我认为任何一种文化都有两个层面,一个就是自觉的观念层面,另一个是民众的行为本身所遵循的日常的和自在的层面。在西方文化中,自觉的层面经常修正自在的层面,而中国文化中没有这种张力,反而是把那种自在自发的方式合理化、合法化、稳定化了。如果这一点可以成立的话,哈贝马斯的那句话就很深刻。哈贝马斯在《现代性的地平线》中说:现代性不是一个我们可以通过讨论和选择就加以取舍的东西,而是一个历史的、文化的生成的问题。大概在1904到1905年间,韦伯就曾经提出,为什么经济政治的发展过程在中国没有造成资本主义的理性化过程,其中一个重要的原因在于儒教和道教的传统主义。如果我们不考虑中国文化的传统主义的庞大根基,那么我们就很难理解现代性在中国所面临的真正困境,就容易流于表面化。我认为,儒学的传统文化资源并没有完全中断,它目前是以一种"不在场"

的方式“在场”，所谓不在场是指从观念上看，它已经被几次断裂，但是它仍然作为深层的传统文化模式以表面不在场的方式决定着个体行为和社会运行的方式。我认为儒家仍然是一种地方性知识，是同传统的日常的文化模式一体同构的，无法直接整合到现代性之中，而是内在地与现代性形成张力和冲突。我们可以作一些比较，在西方只有古希腊文化和希伯来精神能够斩断它的地方性知识的特征，因此才能普世化。更典型的例子是印度，印度产生了两种伟大的宗教：印度教和佛教。佛教很早就普世化了，日本接受了，中国也接受了，很多地方都接受了，但是在印度却没有根基，因为印度有一种更强有力的宗教——印度教。印度教植根于种姓制度之中，所以它在印度本土具有很强的生命力，但是却因此无法普世化，其他文化没办法直接接受。佛教由于主要存在于寺院中，在本土文化中没有深刻的根基，反而能够摆脱地方性根源。儒家文化如果要对解决西方现代性的危机有所贡献，首先要摆脱它的本土化的根基，只有剥离这种本土化的根基，才能具有普世价值。因此我们的问题不是把儒家文化拿出来重新解释一下，让它适应现代性的语境，而是要先进行批判的工作，使其能够真正摆脱地方性知识的身份。

黄：关于反思的这个问题，我完全同意你的意见。的确近代西方文化的反思的自觉性和能力是我们不能比的，这也是西方文化的一个重要支撑。我在北大的时候也讲了这个问题。1968 年的五月风暴之后，法国出现了一大批思想家，完全是从五月风暴中获得资源的，像罗兰·巴特、福柯、德勒兹、德里达等。他们面对五月风暴后的两个大的思想谱系：一个是结构主义，从索绪尔到列维—施特劳斯，包括涂尔干在内，主张个人受社会的制约；一个是存在主义，从萨特、加缪、梅洛—庞蒂到雷蒙·阿隆，主张个人的自觉。这两者在法国一直处于紧张的关系之中，到五月风暴的时候，终于在思想和现实的层面汇合，导致思想领域的大动荡。在此基础上出现了一大批思想家，至今对思想界仍有很大影响。比如说美国大学中除了分析哲学外，影响最大的就是这些人。还有一个例子就是二战中纳粹德国的屠犹。我们可以看看犹太人对纳粹屠犹的反思达到什么深度，有多少哲学著作是围绕这个问题写作的？德里达关于宽恕和死刑是以其为背景的；列维纳斯关于他者的研究也是如此；利奥塔对异教徒的研究，包括阿多诺的《否定的辩证法》都是这样。在西方，社会生活中出现的异常现象能够得到哲学层面的深刻反思,这方面是一定要引进公共价值才可能做到的。因此当年纳粹屠犹的事件在全世界的压力下已经不可能翻案。因此你说的反思问题确实是很关键的问题,古代中国还有“天行健,君子以自强不息”、“吾日三省吾身”、“君子慎独”,甚至像屈原“天问”这样的反思的资源,近代中国确实缺少这种反思能力,这和我们民族的集体记忆有关。米兰·昆德拉曾经说过,记忆对遗忘的挑战就是自由对专制的挑战。这是一个集体记忆的问题。犹太人自从耶稣诞生以来,两千年里一直在流浪,但是并没有丧失对自己文化的记忆,在近代,中国文化确实出现了你所说的丧失反思能力的问题。我感觉这种反思能力的丧失与主动自觉斩断与文化资源的联系是有关系的。所以我完全同意你关于反思能力的分析,但是丧失反思能力背后的原因还需要进一步分析。

衣:犹太民族可以说是一个特例,一个民族靠着对文化资源的不断回忆,虽然没有自己的国土,但是却对世界产生这么大的影响。中国这样一个民族恐怕与犹太民族不同。我在文化哲学方面一直是个历史主义者,但是我又不属于决定论的历史主义。我不认为人类文化有一个决定论式的必然要经历的几个阶段,也没有哪一种文化更好或更优的简单判定办法。但是,不同的文化之间存在着相互交流、碰撞、模仿、学习的机制。一种更具生命活力的文化模式一旦生成,并展示出其对个体和社会运行的强大的改塑力和发展空间,就会被别的文化所仿效和模仿,其中的可普世化的文化资源就会对其他文化发挥改造和更新的功能。例如,从迄今为止各个民族的主要文化模式来看,希腊和希伯来文化在其内在反思性的自觉程度方面的确是两个特例,甚至可以说是某种文化突变的结果。西方文化对个体力量的解放和理性的自觉确实改变了人类历史的进程,因此成为文化楷模,而文化一成为楷模就具有导向作用,就会被其他文化自觉或不自觉地、心甘情愿地或被迫地追随和模仿。如果没有希腊文化的突变,我认为,人类的状态就会像古代中国和古代印度一样,虽然超越了动物界,但并没有很高的反思水平,更不会把地球改变到这种程度。因此说,西方文化的某些价值确实具有普世的价值。

同时西方文化也不仅仅是一种价值观念,同时也是制度安排和社会运行的内在机理。吉登斯在讲现代性时首先提到的是制度安排,他认为在现代社会和前现代社会之间是存在断裂的。人的活动从原来的那种以自在自发的方式，以面对面的承诺方式等展开的原始关联和日常情景中“脱域”出来，进行跨越时空的交往，于是基于理性的符号体系和各种各样的专家系统而建立起一个人为的和理性的规范体系。在这个意义上，我们今天都在享受着现代性的后果。而儒家和道家文化是肯定前现代生活方式的，它们缺少反思性，它们不是叫人们怎样思考，而是让人们信赖经验，建立一个基于人情化和家庭本位的社会。当然它的好处在于没有人可以过分地张扬自我，整个社会追求和谐与稳定，但是儒家和道家也有很多阻碍社会发展的方面。为什么五四精英要求打倒孔家店，其实是与反对儒家文化的自在性、惰性是分不开的。就像林语堂说的那样，一个中国的老人可以看着遍地的瘟疫、灾难和战争，而仍然悠闲地喝着茶，什么也不作为，让时间消磨一切。我在《现代化与文化阻滞力》中借用了斯宾格勒关于文化是一种心灵的说法，用“现代城市的农村心灵”来描述我们民族特有的文化景观，即一个建立在传统文化基座上的貌似现代的社会。换言之，表面上看我们已经很现代化了，但是其实我们还有很多经验的、人情的东西，这与儒家和道家传统是有一定关联的。儒家和道家文化是整体上抵制现代化的，不进行激进的反传统现代性就无法找到植根的土壤。

我不明白杜维明先生为什么对胡适的“充分世界化”不理解。我认为胡适和梁漱溟是一致的，他们都看到了一点：中国传统文化具有特殊的超稳定性和拒斥革新的特征，如果不充分世界化，如果不矫枉过正，恐怕一步都前移不了，就不会有一种“中国本位”的新文化。梁漱溟讲得更清楚，西方、中国、印度代表着人类文化的三条路向，中国文化怎么走都走不到现代化的道路上。其实韦伯早就指出这一点。我觉得在中国能否实现现代化这一点上，纯粹观念层面的解释是可疑的。

——对现代性内在价值的缺失和五四启蒙运动的局限性的分析，应当放到具体的历史条件下进行

黄：在这一点上，我们之间有一些分歧，但我觉得讨论这个问题是很有意义的。我们现在关于现代化发生学的讨论受到韦伯的影响很大。但是在今天的国际学术界，对韦伯的理解有一定的转向。关于现代化的韦伯是在美国被帕森斯发掘出来的。

衣：是的，中国现在出版的《新教伦理与资本主义精神》就是从帕森斯的英译本翻译过来的。

黄:帕森斯从韦伯的庞大著作体系中找出关于新教伦理的著作,韦伯的学说一下子成了显学,这和帕森斯突出韦伯学术研究的现代性一面是有关的。但是现在人们批评帕森斯对韦伯的误解,韦伯真正重要的向度是比较宗教学。因此韦伯在研究宗教的时候,是有所选择的。但是在帕森斯之后,有很多学者受韦伯的影响,认为现代性只有在西方的理性主义传统才能产生,其中最重要的是罗伯特·贝拉,他写过一本极为有影响的书《心灵的积习》。他认为只有新教这种经过反思的宗教才能发展出现代性,其他的都是原初的宗教,不可能产生现代性,这和你的观点比较相似,但有趣的是到了晚年的时候,他把受韦伯影响的这套观点基本推翻,他认为那些观点已完全不能接受。韦伯原来的观点其实和孔德的世界观有很大关联。孔德认为人类历史分为原始宗教阶段、形而上学阶段、科学阶段,这三个阶段是不能越过的。其实韦伯和马克思都是从孔德那里来的。

我同意你的观点,我们应该把现代性了解为有很大的实践性,而且对人的生活世界发生重大影响。它确实塑造了一套世界观,产生了一套政治制度和经济模式,它的确形成了一个特定的生活观念,从这四个方面来考虑现代性是比较全面的:一个是以理性主义为中心的世界观,一切必须经过理性的考验;在此基础上产生一整套政治哲学和基本观念,如自由、平等、博爱,如果没有启蒙,没有理性主义,这套基本价值是不能成立的;它同时塑造了一个实践的政治体制,就是民主制度,使得社会权力真正从少数人垄断的权力中心当中走向民间,成为全民化的权力结构和权力秩序,与之相对应的就是人权观念和参与的权利;另外就是合理化和科层化的观念,导致了市场真正成为人类最主要的经济生活方式,因此物质财富的供应大大地改善,于是人类能够摆脱马克思所说的绝对贫困,能在基本满足生活需求的状况下面对世界,这样人们的心态就有很大改变。所有这一切都是现代性的基本价值和成就。但是如果用发展的眼光来看,它的问题也是存在的,即在经过现代性的充分发展之后,一系列的困境开始出现,比如说理性主义的排他性,我指的是关于情的世界不能进入理性的视野。所以从希腊哲学到德国哲学,基本不把情当做中心问题来研究。事实上这个问题在海德格尔、雅斯贝尔斯和哈贝马斯那里已经被注意到了:哈贝马斯所讲的沟通理性即是对康德的纯粹理性的修正;雅斯贝尔斯讲的“习得的本体论”,要求人们回到习俗世界;海德格尔讲的是“存有的本体论”,即以人的存在为中心来建立一个本体论。这些都是对康德哲学的修正和挑战,都看到了理性主义的局限。如果你把理性主义当做唯一合理的思维模式,那么最大的问题就是海德格尔所严厉批判的“技术主义”。理性主义还可能产生“科学主义”和“线性进步”观念。正如你所说的,我们应该反对历史宿命论,但是历史宿命论与理性主义之间是密切相连的。理性主义强调人的主观能力,强调人的设计能力,因此社会主义的理念是从理性主义中出来的,人可以在一张白纸上设计最美的蓝图,包括计划经济的模式都是和理性主义有关的。那么问题就在于,在接受理性主义的财富的同时,如何来避免理性主义的缺失,我们有没有资源来面对理性主义的缺失。

我在《破碎的民主》的《序言》中讲了很多关于民主制度的观点。民主制度是在希腊发展的,苏格拉底就是死于民主政治的,因此柏拉图对民主深恶痛绝,他认为最好的政治制度是哲学王。但是亚里士多德说,如果你要考虑权力产生的合法性,那就不能用哲学王的身份来建构权力,而是必须回到一个基本的程序当中,所以程序政治开始出现。程序政治是跟理性有关系的,我们相信理性能够设计、掌握程序。可以说,我们还没有发现比民主更好的制度,我们要接受民主,但是我们接受民主的时候,能不能对民主产生的各种弊端有清醒的认识,使这个民主变成一个有自我调整能力、充分开放的体系。所谓开放体系是说它可以面对各种资源,它可以把各种资源转化为调整其内在结构的一些力量。事实上西方已经在做。阿玛迪亚·森(Amartya Sen)在印度9世纪到16世纪历史中找到了国家在重大公共决策上的辩论,他认为民主的本质在于形成一套对政府决策进行公共辩论的机制。这些都可能改变民主的形态,使它变得更合理,使它真正符合启蒙最核心的价值,真正是体现自由、平等、博爱的统一的价值原则,目前这些原则出现了很大的问题,现在这些价值被完全分裂。启蒙运动提出“自由、平等、博爱”时,这三者是并列的,没有先后之分,“博爱”和“自由”、“平等”是同等重要的,三者是统一的,但是,在后来的发展中,缺失了“博爱”的维度。尤其在整个西方的政治结构当中,我讲过政党政治导致的政治分裂的问题。一般的是左派强调平等,右派强调自由。两党就在自由、平等之间来回跳,而启蒙运动提出的博爱基本被放弃了。没有一个政党说它的理念是博爱。中国现在必须接受现代性的成就，决不能像五四以前的守旧派那样拒绝现代性，但是我们又必须避免现代性的分裂和现代性中非常明显的缺失。

我们必须了解五四精英的处境，他们的困难。我们刚才讲的谱系都是为了说明五四运动的背景。我在法国的时候曾经用三年的时间专门解读这段历史，甚至把地方志都用上了。我们经常说五四精英向西方寻找真理，事实上在五四运动发生的阶段上，五四的主要干将都还没有去过西方，只有胡适是个例外，至于陈独秀、李大钊、鲁迅、钱玄同等足迹最远的是到日本。他们是在日本看到经过明治维新改革后的日本的状况，他们认为日本明治时期的"脱亚入欧"是向西方寻找真理，因此把这个口号学过来。我甚至在陈独秀的很多文献中查到，他把日本启蒙思想家大量的话语中的"日本"拿掉，把"中国"填进去，直接搬到中国来。所以我在夏威夷东西方哲学家大会上发言时说，中国在五四运动期间没有全盘向西方寻找真理，而是全盘向日本寻找真理，是寻找日本化的西方化。如果你真以为他们在向西方寻找真理，有一系列的问题你不能解决。比如在西方整个启蒙过程中，无论是法国、英国、德国，没有一个国家的启蒙是反对家庭的。但是你看巴金的《家》、《春》、《秋》对家庭的反抗，这个问题根本是日本问题，女权主义的问题直到 19 世纪中期在西方才出现。但是中国五四运动中保护女性的声势已经非常大了。所以五四真正受西方的影响其实并不大，所谓的西方影响是经过日本转手过来的，关于经济、社会、启蒙那些理念是与日本塑造的精神价值有关系的。

我们要知道五四精英当时都很年轻，敢于愤怒，敢于出新思想，创造的激情和破坏的激情同样激烈，但同时也不够成熟，考虑问题不够全面。因此出现一些非常奇怪的现象——我完全同意你说的把观念世界和实践世界分清楚：鲁迅和胡适是五四时期反传统走得最远的人，鲁迅是在心理学和意志论上；胡适是在经验论和实证性上，可是他们的日常生活却是极为传统的。所以五四的反传统实际上是在观念世界中进行的，是一个精英运动，它并不是从深厚的日常生活的基础中产生出来的。因此我们要总结五四的经验教训：一方面五四精英有创造的激情，这一点对中华民族的精神塑造有很大的冲击力，如果没有他们的努力，就没有我们今天对西方的了解和我们今天心态的开放，这是他们积极的一面，必须给予充分的肯定。所以向西方寻找真理必须继续，而且要真正进入这些真理的核心，不只是像五四那样仅仅塑造一个运动，提出口号后并没有开展实际过程。但是我们也要避免年轻的、激进的心态所导致的片面性和偏执。但是，真正严重的问题是，五四塑造了一个话语，也就是中国传统的东西统统不灵。梁启超从巴黎和会回来后提出了另外的观点，认为西方列强的科学发展了枪支大炮危害文明，西方其实是在瓜分中国，这里面有很强的民族主义，它触及了中国底层社会的心灵。而五四时期中国的底层社会在考虑什么呢？底层社会一个是在考虑国辱，因此民族再次崛起的愿望是非常普遍的，同时这也是知识分子的渴望。另一个是长期的战乱导致生活的极度贫困化，底层老百姓迫切需要改善生活状况。但是精英们并不关心底层的生活状况，他们的主要精力全部集中在观念世界，认为通过观念爆发革命，认为通过灵魂深处转变国民性就可以改善中国的情况。所以五四时期从政治学和社会学的角度说，是中国历史上一个高危险时期。它的主要特征是整个知识精英的诉求同底层民众的诉求严重脱节。

衣：这正是我所说的表层文化启蒙的问题。

黄：在这个情况下马克思主义的意识形态进来了，这个意识形态把这两个脱节的方面整合起来了，即马克思主义同旧生产方式的决裂和五四同文化传统的决裂结合起来。所以马克思主义者基本上是一批反传统主义者。同时马克思主义又是唯物论的历史哲学，所以它是把底层大众的存在作为它的合法性的基础。所以说，马克思主义者讲要解放生产力，讲到打土豪、分田地，讲到重新分配财富。马克思主义的出现把精英的口号接过来，把底层社会的诉求作为它的政党理念，所以中国在这样的条件下开辟了一个马克思主义成为中国最强势的意识形态的历史阶段。如果我们真正考虑马克思主义进入中国的原因的话，五四运动的精英们有着重要的作用。所以我同意您的意见，也就是说，同情了解五四精英当时的处境，同情了解那些主张所提出的对中国进步所产生的积极影响，但是历史地看问题，把五四的心态所塑造的意识形态跟中国后期的发展、跟后五四阶段的发展历史经验结合起来，辩证地去了解它、历史地去了解它，然后考虑今天我们应该怎么做。我想我基本上与您没有太大的分歧。

——理想的现代化道路肯定是本土文化和世界文化的交融，但是，有没有一条既享受西方理性化的成果，又避免它的弊端的理性化道路

衣：我完全同意。我们都在考虑五四运动本身的局限这个问题，但可能从不同的角度来考察。其实,我也非常希望我们能有那样一种状态,理想化的状态,就是说我们既享受了西方理性化的成果,又避免了它的弊端;既建立了一个民主制度,又避免了民主制度可能带来的消极后果。但我认为这又是一个观念层面的理想化问题。现实上,我感觉文化大概总有一个整体性的问题,这使我想起梁漱溟关于中国现代化的反思,他说,洋务运动时人们热衷于搬用西洋的火炮、铁甲、声光化电;甲午战败,一些人看到了纯粹技术引进的局限性,开始搬运西洋的立宪制度和代议制度;但是,10 年革命未能使这些制度在中国立根。梁漱溟认为,这些人在如此做的时候,全然没有看到这些造物和制度背后的文化根基,他们以为西洋这些东西好像一个瓜,我们仅将瓜蔓截断,就可以搬过来。其实,无论说"中体西用"也好,"中用西体"也好,问题是:我们能把文化这种无所不包的生活方式,这种整体性的文化体系切割开来,只选用它好的一面,而不用它不好的方面吗?再换一个角度,我认为,实际上人类永远处在一种不完善的状态,这是一个出发点,人类永远是不完善的,你走哪条路都会给你带来问题。我经常给学生讲,人是什么呢?人就是不断给自己提出问题,不断去寻找终极答案,但永远不会有终极答案的这么一种存在。换句话说,人就是这样一种存在,他不断制造麻烦,又不断地在解决麻烦,但在解决麻烦的过程中又带来新的麻烦。这样我就想问:西方的理性启蒙带来这么多问题,我们可不可以不要它?假如我们不能只取它的好处、避免它的坏,我们能不能完全避开这条路?我想起了您给卡蓝默所写的序中讲到的故事,我觉得很有意思,这个故事是这样的:一群人在深山里,长期见不到太阳,决定去找太阳,但被太阳光刺得眼睛睁不开,等发现太阳时太阳已经落山了,他们追呀追呀还是没追上,正当他们筋疲力尽时,却看到太阳从东面出来了。但社会不是如此,它不是一种自然循环现象,社会没有一种循环。我经常给学生举两个例子,让学生判断到底要什么,因为你不能什么都要。一个例子是海明威的《老人与海》——用西方的启蒙眼光和前现代的眼光看是不一样的,你说这位老人费了如此多的力气得到了什么,他早一点把那鲸鱼扔给那群鲨鱼,什么事情都没有,可以悠闲地回来。他经过殊死搏斗回来之后得到的只是一副鱼骨架子,但你能说他是一个失败者吗?我还讲过另一个故事,这是人们常讲的一个故事,说是一个年轻人到海边,看到一个老头在渔船上正睡觉呢,身边的沙滩上有一堆鱼，他一到船上就将老人吵醒了，老人不高兴了。年轻人问老人："这么好的天气，怎么还睡觉，你怎么不去捕鱼呢?"老人回答："已经够吃了。"于是这个青年人就问："你这一网就可以打这么多，那你要两网、三网、四网、五网能打多少呢?"老人说："我打那么多网干什么，我已经够吃了。"年轻人说："你打多了可以晒，晒完了可以卖，卖完了可以改善你的渔网、渔船。"老人说："那我还可以干什么?"年轻人说："再多你可以组织一个船队，再多了你还可以组织远洋船队，到深海捕鱼呀。"老人说："那我还干什么?"年轻人又说："你可以指挥着你的舰队，在摇椅上晒太阳、睡觉。"老人说："你要是不来，我现在就已经在这儿睡觉了。"这两种态度，老人的态度代表中国的文化，年轻人的态度代表西方的文化，我们要取哪种？我也了解五月风暴，我也在关注目前法国的骚乱等等。但我感觉人类永远是如此，让我们选择像捕鱼的老人那种知足常乐呢，还是让我们去拼搏，让我们拼搏得一身伤痕，可能会犯一些错误，马上又修正自己的错误，到底选择哪个？我感觉从理论上，从理想上，我非常想去追求您所说的那种理想化的道路，那种既获得了各种文化资源的恩惠，又避免了各种文化资源的缺陷的理想化的状态，但在现实中，我认为很难，很难，除非我们回到万物齐一的状态，什么都不做。

黄：我想这是一个非常尖锐的问题。几年以来我在国内讲学的过程中，几乎这个问题我每次都会遇到，我相信它有很深的社会基础和思想意识形态的基础，值得我们面对。现代化基本上是跟精英有关，它的制度形态都是塑造出来的，而非自发形成的。因为跟精英有关，所以我们要考虑精英能力、精英参与的可能性问题，我们有没有可能在中国这个制度设计过程中真正参与我们的力量，这是一个方面的问题。另外一个方面的问题就是说，关于整个现代性的历史到底如何了解的问题。有几个经验，我是从实践的角度来讲，我们先不考虑观念的问题。第一个问题是说日本的问题。默多克拥有世界上最大的媒体，当时要进军日本，他头脑非常简单，他认为现代媒体的运作就是美国媒体运作的模式，它是不可阻挡的，完全面对市场，创造消费等等理念。他把这些理念完全带到了日本去，经营了10年，结果惨败，他就是不可能得到他在美国所得到的那种效果。后来他的智囊部门就开始研究，发现他们有一个很大的问题：他们低估了日本的本土性，日本本土的力量在起作用，日本的口味在起作用，你强迫人家去吃麦当劳,人家就是不吃,你没有办法。所以他就开始调整策略,完全按照日本人喜闻乐见的形式组织节目,5 年之后他成功了,基本上将日本的许多媒体都收购了。这个过程我们称为“全球化的日本化”,就是说它是一个全球理念,好比说我们把现代化理解为一个全球理念,你怎样去进驻一个地方,使全球化能够在这个地方生根、开花,唯一的经验教训就是你一成不变绝对不行,你必须考虑这个地方的特殊性。但是接下来并没有结束,接下来是日本人学会了他的这种运作模式,日本人将自己本土的文化包装起来打回去。比如说日本的卡通,全世界都看日本的卡通,卡通市场基本上被日本垄断了,占到了 90%,美国一些儿童心理学家、社会心理学家对此非常担忧,认为美国社会的下一代是卡通的产品,他们的世界观、判断标准、行为方式都被日本化了。这个阶段我们称为“日本化的全球化”,也就是说地方经验经过塑造可以重新产生光明,可以具有全球意义。这里面有两个教训:一个就是如果将现代性当成一成不变的模式,它不可能地方化,现代性的地方化是一个不可阻挡的潮流,我坚决接受这一前提。但在地方化的过程当中,你要了解地方的特性与优势,必须跟它配置,否则你走不进去。像巴西、阿根廷的现代化都没有搞成功,因为他们的现代化都是美国人设计的。还有前苏联也有这样的问题,它把美国的经验拿过来,所谓“休克疗法”、“震荡疗法”,结果如何我们也已经看出来了。所以要接受现代化,这一前提没有问题,但是以何种方式接受现代化是一个大问题,这并非简单的问题,并不是说将你好的东西我拿过来用就可以的,而是必须与地方的东西结合起来,这是一个问题。经过现代化过程的洗礼,地方化的资源可能转化为世界性的资源,这是一个经验。我们讲到假如中华民族要现代化,她可能的选择是这样:是一成不变地拿西方的东西还是将西方的东西跟本土的东西交融,有一个非常有机的知识分子参与其间的、主动设计的、主动选择的现代化过程,这是一个问题。

第二个问题我们来看西方的现代化。西方的现代化从欧洲发端,然后传到美国等等,然后再重新影响欧洲、亚洲和其他地区。我想欧洲世界是一个现代化的世界,这是毫无疑问的,它不再是一个传统的欧洲。我们再看一下欧洲的现代化是一个怎么样的情况,比如美国现代化过程当中的政治制度设计,其实基本上跟杰弗逊有很大的关系,而杰弗逊则基本上长期受法国的影响，他曾担任美国驻法大使，华盛顿当时专门将他从法国召回来，给他的任务就是起草美国宪法。所以他们反复吸取法国的经验，认为美国不能全盘照搬法国的经验，至少要避免法国的“大民主”，群众性的大规模动荡经验不能进入美国，所以美国的宪法立了很多的措施、想了很多的制度设计和安排来避免法国式的“大民主”在美国出现。我们看美国这条路基本上走得比较成功，在美国你想要搞群众运动，简直无成功的可能，所以美国的工会非常弱势，基本上没有什么发言权。这是一个经验，也是说，当一个国家在转移另一个国家的经验时，全盘照搬的可能性几乎没有。美国现代化的典范出来了，以后它带动欧洲的其他贫困地区也走现代化。我们现在看北欧的现代化，它的现代化与美国的现代化几乎完全不同，它不绝对依赖自由市场的力量，它强调政府的调控力量。

衣：从摇篮到坟墓的福利社会。

黄：对，但它也是一个现代化的社会。如果你将北欧的四个国家芬兰、冰岛、挪威、瑞典加在一起，它们的群体并不小。

衣：但它们也遇到了困境，而且遇到的困境非常大。正是因为它们修正了这种现代性，他们又遇到了新的困难。

黄：对，他们一定会遇到新的问题。昨天我在给贵校学生演讲中提到过这个问题，美国的现代性所面临的真正困难，我用了近一个小时的时间在谈这个问题，而且使用了大量的数据和各种各样的报告，我们把这个问题凸现出来。所以我的问题就是这样，无论是观念的转移还是现代化典范在各个国家的运用过程都展现出一个经验：不能全盘照搬。既然你做不到全盘照搬，知识分子参与的责任如何来呈现，这是一个问题。

——中国社会目前的处境似乎不是用本土资源去补充现代性之不足，而是在深层文化结构上，中国传统文化基座无法成为现代理性文化的生存土壤

衣：我想我们关于现代性已经沟通了很多，我赞同这一观点：任何一个国度它在经历现代化的过程中，不经历一个本土化的过程是不可能的。但是回过头来，我还是担心一个整体和一个细节的问题。现在中国是在整体上还是在细节上远离现代性？这是一个我一直在思考的问题，我很担忧，我感到我们是在整体上远离现代性。在这种境遇中，如果我们很卖力气地要把中国的本土文化资源“普世化”，认为通过重新解释后的传统，不仅能治我们的病还能治西方的病，那可能从根本上就中断了现代性真正生成的可能性。因为现代性在中国社会遭遇的阻力是整体性的，不是哪个观念，而是社会的各个层面，是作为整体的社会文化在内在地阻止现代性。文化就是一种精神血脉，一种难以割断的心灵基因，因此文化这个东西是根深蒂固的。

我也在反思历史，中国文化的确具有很大的同化能力，佛教曾经给中国文化带来很大冲击，但最后还是融合进了中国的传统文化中了；蒙古军队的金戈铁马征服了中原大地，但是却没有带来什么新文化，依旧被汉文化所同化；再说女真文化或者金文化，也被汉文化所同化了。为什么恰恰到了理性化的现代化时，我们没有办法把它同化？这说明中国传统文化与它所同化的那些文化都处在同一个前现代的状态中，而唯有理性化处在现代化状态，因此我们无从应对。所以在我心目中，总有一幅关于中国传统文化的奇特图景：中国几千年的文化都被压缩成一个平面，就像一个非常沉重的大地在那缓慢地运转，就像一首永远不变调的乐曲。所以我在《现代性与文化阻滞力》中用了《弯弯的月亮》的歌词："我的心充满了惆怅，不为那弯弯的月亮，只为那今天的村庄还唱着过去的歌谣。"——这就是现代城市的乡村心灵，而我们又不得不如此。

如果说我们有能力固守中国本土文化，根本拒斥西方理性文化，干脆不与你来往，我们用自己的文化资源，用孔孟之道来作为生存的文化之基，并通过普世化去开出一个"三十年河东"，自然再好不过。但在全球化和不可抗拒的世界历史进程中，这可能做到吗？今天中国的孩子们不需要更多的启蒙语言，他们在摇滚、麦当劳、肯德基、"粉丝"、牛仔等这些流行的大众符码中已经开始全球化了，他们已经接受了一种特定的现代性，一种平面化的现代性。我认为，如果我们没有一种现代启蒙的继续的话，事情可能会更为可怕。为什么我一直欣赏现代性，我记得利奥塔在后来改变了他最初的说法，后来他说要"重写现代性"。因为后现代性是在现代性之后到来的东西，而重写现代性意味着现代性本身就是不断地充满着后现代性，它本身就处在一个不断反思、不断修正、不断自我完善的过程中。而中国文化没有这种反思性，所以它不是修正自己，而总是在文饰、固守，为自己辩解，传统文化的超稳定性的力量真是太可怕了。我感觉总体上包括我自己在行为上都地地道道是处于这么一种传统文化的磁场中。严复、梁启超晚年最后都回归到中国传统文化的本位当中，而且还有很多包括我们当代的哲学大家原来都是非常激进，最后都回到了中国的强调“天人合一”的那种智慧，那种精神境界。但是今后我们要实现全球化，比如说我们在2008年之后的金融市场的完全开放，比如WTO第二轮谈判就要进行了，如果我们以为自己拥有最美好的儒家文化，就以这么一种经验性的和人情化的文化状态，如何能应对未来的挑战？不仅在精神上如此，在现实中，恐怕真要成为“世界工厂”而任人宰割。这不在于割断儒家文化传统，而在于我们的现代性不够，这是我的一个判断。

——在未来的发展道路上，我们还会处于现代性的价值和现代性的缺憾、全球化的文化资源和本土的文化资源的张力之中，寄希望于我们能够调动起更丰富的文化和精神资源，使之成为我们时代的人文守望者

黄：我对你的判断没有什么不同意的地方。中国今天的确是现代性非常不够，而且现代化程度不够，这是我们面临的问题。我们的困难在于两条线作战。所以一开始我讲有涵盖的人文主义，一方面我们现代性不够，这是不争的事实。老讲政治体制改革，但到现在还没有起步，经济则刚刚开始搞一点市场经济，已经搞得有点过度了，贫富差距如此之大。这是一面，是我们真正应该面对的困难，我想中国的知识分子若置此困难于不顾，他很难说是一个真正有责任感的人。但同时我们还有另一面需要面对，这就是整个西方现代性所暴露出来的许多问题，中国学者有无这种自觉去创造一种有涵盖性的人文主义。这种人文主义是能将这两种困难性都考虑进去的。在贵校“阳光讲坛”我讲到人与资源的问题，这个问题非常严峻。我不知道你们的大学当中，除了在科学哲学的领域上去研究生态哲学以外，还有没有开设生态伦理学的课程。如果真正从生态伦理学的角度来理解今天这个世界，其实中国现在是世界上浪费资源最严重的地区。而美国的情况当然跟它的经济强势有关。我们实际上拥有的资源对于维持人类自身生存是极不乐观的。我曾经给过这样一个数据，是一批科学家计算出来的。如果今天我们都要争取达到美国的现代化，美国的生活方式及水平成为全世界人的生活方式和水平，换言之，我们整体上走美国现代化的道路，那人类至少需要20个地球，这是个资源的问题，也就是可能还是不可能的问题。

衣：是这样的。

黄:我们要考虑中国人要建设自己的现代化,要走一条什么样的道路,选择什么样的方式:是把人的生活改善作为唯一的目的,还是建立一个有节制的、均衡的生活方式。若选择有节制的、均衡的生活方式,那在理性主义所导致的现代化语境当中不具备这个资源。所以我们有无可能了解它的长处。我完全同意你的一个观点,绝对不要夜郎自大,你还什么都不是,你就以为你可以去代替西方,你可以拿出一套东西完全把西方彻底解构,完全不是这样的。而是说你能否成为多元中的一元,去参与共同建设。比如季羡林先生说,三十年河东,三十年河西,现在轮到我们了;比如梁漱溟先生说西方代表着物质主义,等着物质主义已经过去了,就会轮到精神主义,就会轮到我们了。所有的这些观念我都不接受。

衣:我十分赞同你的这个观点。但这个问题可以从表面看和从深层看。从表面看是什么导致了人对自然这么讨伐,这么破坏。在西方环境问题是人类中心主义,征服自然的工业精神。但是实际上在中国还不完全是人类中心主义的问题,问题更多的在于能不能有一种自律的、反思的文化。季羡林先生曾经讲过一个感人故事:二次世界大战接近尾声的时候,德国快要投降时,许多德国人将要度过一个寒冷的、食物匮乏的冬天。怎么办呢?这时政府说可以砍一点树木,让林木勘测员在所有的老树和病树上画一个圈。但是当时连警察都没有了,谁来约束人们呢?没有任何人监管,等到战争过去后,发现竟然没有一棵好树木被砍掉。这里我们恰恰看到了西方理性文化中的自律和自觉的维度。中国文化表面上确实非常神圣,但中国文化中有一种文化虚伪现象,就是如本尼迪克特所讲的那种“面子”,它是一种耻辱感的文化,而非一种罪恶感的、自律感的文化,因此问题不是真正的技术性地征服自然,而是天然地破坏自然,而深层原因恰恰是没有建立起一种启蒙理性的那种约束的、自律的文化。契约在这里统统都没有用,包括协议在内;为什么中国许多企业会倒闭,因为我跟你签了合同,没钱我就不还你,你能把我怎么样?这恰恰又回到了我们原先的问题,不是你不让他去砍伐的问题,而是节制不了的问题。所以这个问题我总是感觉非常困惑。

另外,我还想到一个问题,西方发达社会把世界征服完了,生活过得很富裕,然后让剩下的人节俭,去过精神生活。我总感到这是一个很滑稽的逻辑。现在到了信息化的时代,我们可能再回过头去过传统那种落后的日子吗？问题还不完全在这里，问题在于节俭的理念恰恰是新教伦理的，而中国虽然表面上说节俭，但实质上不是如此，你看慈禧太后一顿饭要吃二百多道菜。我虽然是很典型的、坚定的爱国主义者，但对于这种文化虚伪主义现象真是心痛、头痛，没有办法，它就像一块大海绵，你打它一拳头，它无反应，就像打太极拳一样，中国的太极拳最能体现这种文化精神，你怎么打都没有用。

黄：我想任何一个大的传统当中，事实上都有你讲的这两面，就是它真正作为价值所塑造的那一面和作为日常生活当中所养成的作为负面的一面。这就是我们讲有大传统和小传统的问题，一方面在整个中国大传统当中有儒家的礼仪的文明、天人合一、有同情心，你不能说它不是中国的传统，但同时也要看到中国还有陈胜、吴广的传统，还有农民起义的传统。所以任何一个大的传统结构都是一个复杂的结构，它有大的传统，也有底层社会形成的草根性的传统。即使在美国，既有代表自由、民主信念的大传统，也有美国中部所代表的保守、自大，对其他民族不了解所产生的傲慢传统，这也是它的传统。所以我们现在的问题是你怎么把整个中华民族这一大的资源清理清楚。所以说我不能接受五四的全盘照搬和反传统，因为它没有清理的愿望。你可以向西方学习，但你不要全盘反传统，你可以看到传统当中有许多负面的东西，你也必须看到；但同时你也要对整个的传统结构有一个清醒的了解和把握，对西方的文化基本上也是这个心态。为什么呢？其实最根本的问题不是靠老百姓去做，老百姓在底层讨生活已经活得很辛苦了，这个任务不是他们所能做的，这个任务真正是知识分子的任务。知识分子应该具有主动的自觉，知识分子不应该延续五四的那种全盘性的反传统，认为不全盘反传统，就不可能现代化，而应认识到我们需要现代化，但我们也可以将传统中积极的因素调动起来跟现代化相互配合。

我再举一个小例子，在哈佛时，我跟一些教授有一个讨论是关于亚洲金融危机时期的韩国。你知道世界银行给韩国的贷款附加的条件是非常苛刻的，有些哈佛教授认为现在韩国完了，趴下了，亚洲趴下了，所谓东亚文明奇迹也完了，没有 10 年的时间它们翻不了身。这是他们的理念，这个理念后面的依据就是理性化的市场跟亚洲社会所产生的市场是不一样的，这个市场终于证明它经不起考验，还要回到理性化市场的原则上来，所以它需要10年的时间来调整,接受理性主义市场所配置的规则,世界银行给韩国贷款所附带的条件都是从此而来的。我当时不能接受此观点,我认为韩国不需要10年就可以恢复,3年就足够了。这个问题是什么呢?美国人不能了解亚洲社会的动员能力,它们整个社会的动员,精英与社会底层有一个强势的动员能力。韩国的妇女把她们的耳环、项链、戒指,商人将自己家中所藏的金乌龟统统捐献给政府。新加坡也曾经有过类似的经验。新加坡的总理出面对工会的领导者们说,现在国家发生很大的困难,大家能否同意将自己的工资减掉7%?等渡过难关之后,政府一定会补偿给你们,而且是以10%甚至15%的方式补偿给你们,你们是否能与政府同舟共济?几个大工会的领导说没有问题,他们肯定会说服工人,可以与政府同舟共济。像这样一套理念就是社会组织中的资本,所以就如罗伯特·普特南所讲的文化资本。你要想让这套理念在美国社会中出现,几乎没有可能,你看现在美国新奥尔良的水灾问题,再对比我国1998年处理长江特大洪灾的问题。一个是在民主社会,一个是在权威社会,在这里,我无意为权威社会作任何政治、制度和合法性的辩护,也无意批判民主社会的无情。我只是讲它们的社会动员能力不一样,组织能力不一样,这些能否成为未来社会建设中的社会资本和文化资本参与到社会转型当中?假如我们看不到它们,你要启动它们就很困难。所以我说要有主动自觉,要有一个全盘性的视野,把各种问题有耐心地梳理清楚。无论如何,五四那种简单的归约主义,不能在今天再出现了,因为那种简单的归约主义对我们的世界观影响实在太大了,这是一面的问题。另一方面中国有个特殊性,马克思主义进入中国后,实质上使中国的传统断裂掉,也就是说马列主义实质上对中国来说是一个新传统,不管马列主义中有多少中国的因素,比如说农民起义、农民造反的东西,它是在理论当中找到了自己的生存空间了。换言之,小的传统不仅没有被解构掉,反而在这个理论结构当中找到一个滋养的空间,原来有个大传统在控制它,有一个大的道德合法性在控制它,不让它膨胀起来,现在大传统被彻底地解构掉,小传统问题没有被严肃地批判,所以中国反传统的任务没有结束,中国反传统的任务还非常艰巨,传统中很多负面的东西没有解决。所以我们四面八方都面临着严峻的问题。

衣:确实如此。但我想韩国和新加坡与中国1998年洪灾的情况既有相似的地方也有不同的地方，它的社会动员有一个前提，就是没有经历过更深的、更大的考验。当我们每个人还有饭吃，有衣服穿时，只是生活条件恶化了一点的情况下，我们是能够动员自身的力量和社会力量的。但假如将我们置于一个荒岛之上，你不吃掉他，你就不能存活的情况下，很难说会有什么捐献。非典时为什么大家都不敢去抢，是因为谁出去谁就有可能死掉；洪水时我自己可以穿得很好，吃得不错，我捐献一点没有问题。但一旦遇上一个大天灾，没有吃的，食物只够200个人吃的，而这里有10 000人，这样的情况若放在韩国、新加坡，你也很难说它是否会再现美国的情形。这个问题属于假设，我就不多说了。

黄先生无须再担心现在的知识分子是否还在坚决地像五四时代那样激进地反传统。这个您不用担心，已经没有了。其实有时我感觉一种悲凉，我以前读过一本小说《最后一个匈奴》，我想不久之后中国人也许会写另一本小说《最后一个知识分子》。我的学生曾问过我：像你这种理想主义情怀和沉重的历史责任感还能坚持多久？三年五年之后也许你将回到那种衣食无忧、知足常乐、优哉游哉、自得其乐的生活当中，你也不考虑这些文化难题和历史难题了。应当说，我对现代性和启蒙本身所带来的优点和弊端，它可能带来的包括阿多诺所讲的“奥斯维辛”、“格尔尼卡”或者“古拉格群岛”等等都考虑很多。我现在还是这么想，如果说我一直固守一种希望的话，还是希望我们社会能够生成类似于葛兰西所讲的健全的市民社会和哈贝马斯所讲的“公共领域”，若这个层面真能发达的话，我们还会拥有很多人文守望者，不管他坚持的是儒家的东西还是西方的东西，都是可以的。但如果这些东西都没有了，或者都被商品化了，被技术化了，那我认为还不如留下一批像五四时期那样勇于破除传统的文化精英。

黄：完全同意。所以我最担心的是第四次文化断裂的考验。我认为真正的考验在现在，如果知识分子这个主体现在被解构掉了，那真是一个丧失灵魂塑造的群落。

衣：非常感谢黄先生。我感觉这次对话是我特别投入的一次，希望以后会有更多的机会。

●原文刊载于《求是学刊》2006年第1期。

● 黄万盛，美国哈佛大学燕京学社研究员。

● 衣俊卿，中央编译局局长，黑龙江大学哲学与公共管理学院教授、博士生导师；教育部哲学教学指导委员会副主任，中央实施马克思主义理论研究和建设工程专家，中国现代外国哲学学会副会长。

过程哲学与文化哲学：生态主义的两个理论来源

——与杰伊·麦克丹尼尔教授关于生态伦理和后现代主义的对话

丁立群

——马克思那里已经有了生态主义的观点，我们可以加以发挥，所以可能存在一种生态的马克思主义，即基于马克思的观点的生态学

丁立群（以下简称丁）：最近我读了您的《生态学和文化——一种过程的研究方法》这篇文章。总体上感觉，过程哲学发展到生态学这个阶段跟马克思主义哲学、文化哲学有很多相似之处。您的自然界的任何事物都是相互联系的观点甚至和马克思的思想源头——黑格尔哲学非常相近。新黑格尔主义提出一种“内在关系”说，“内在关系”说是对黑格尔的普遍联系说的很好的概括，而黑格尔普遍联系说也是马克思主义的普遍联系理论的思想来源。我也发现，过程哲学和文化哲学有很多相似之处。比如您谈到的对文化的一种定义，即把文化定义为“道”。这和衣俊卿教授对文化的定义大致相当。从外在角度说，文化是一个民族的外在的生活样态，用您的话说叫生活形式；从内在的角度说，它是一个民族的内在生活机理，也就是“道”。除此之外，在文化与自然的关系上，过程哲学和文化哲学也是非常相近的。在思考人与自然的危机这个问题上，我也一直在试图发现自然的文化价值和精神价值。但是我认为过程哲学和马克思主义哲学之间有两个根本的区别：一个就是过程哲学的泛灵论的意识前提，另一个就是过程哲学的反人类中心主义。

杰伊·麦克丹尼尔（以下简称杰）：在我阅读文化哲学的时候，我经常问的问题是:文化哲学寻找的文化是一种什么样的文化?进一步地说,文化哲学寻求的文化具有社会公正,人们能够比较团结地生活在一起,这是最低的要求。但是从过程哲学的角度还要给它加上一个元素,即除了社会公正之外,还要寻求人和自然之间的和谐。从实践的层面来说,我们寻求的是与自然处于和谐关系中的农村的社区和可持续发展的城市,即城市的人们也能有足够的绿色空间,没有太多的空气污染。我们可以想象一种怀特海式的马克思主义,让这两种思想传统互补,把马克思对资本主义社会阴暗面的批评和怀特海的视野更加广阔的宇宙论结合起来。

丁:我非常赞同文化哲学研究自然的文化意义问题,而且在马克思那里也有这样的思想。文化是人的存在方式,而这种存在方式包含了两个方面的关系,一个是人与人的关系;另一个是人与自然的关系。而这两种关系,马克思在他的著作里都谈到过,并认为这两者是相互制约的。比如说,在《1844年经济学哲学手稿》里面马克思讲道,自然界不仅仅是自然科学的对象,它也是艺术的对象。我理解这就是要发掘自然界的文化价值,也就是人不仅要把自然作为物质资源加以占有,也要与自然保持一种精神上的沟通;马克思还说过:自然是人的"无机的身体",还提出要把研究自然的学问和研究人的学问统一起来。所以我觉得马克思那里已经有了生态哲学,或者说已经有了生态主义的观点。

杰:我认为在我们继承下来的很多传统当中都有生态智慧,比如说在道家传统当中,就有很多生态智慧,作为一个怀特海学派的人,我认为怀特海学说很重要的一点就是它能继承很多思想传统,把各方面的因素都能纳入到一个体系当中,经济的、文化的等容纳到一起。

丁:我认为在生态问题的结论方面,怀特海哲学和马克思哲学这两种传统之间是很接近的。

杰:怀特海主义者认为怀特海哲学是在不断的进化之中的,有"新怀特海主义",还有"新新怀特海主义",我不知道,你是否认为马克思主义也是在进化之中。

丁:当然,马克思主义也是在不断发展的,因为它有一种内在的活力。在时代变化的挑战中,当代的马克思主义者在不断地回到马克思:马克思主义的发展就是在对环境的应战和对马克思文本的不断阐释过程中实现的。伽达默尔的视阈融合理论认为,任何阐释都是现代人把自己的视阈与前人的视阈融合起来的结果，当代的马克思主义者们就是这样做的。

杰：马克思主义的发展可以是多种多样的。是不是可以这样说：我们可以回到马克思那里把马克思本人没有展开的一些观点加以进一步的发挥。比如说，马克思那里已经有了生态主义的观点，我们可以加以发挥，所以可能存在一种生态的马克思主义，即基于马克思的观点的生态学。你是否同意西方生态学的马克思主义的观点？

丁：应当说，以W. 莱斯为代表的生态学马克思主义，确实提出了很多非常有价值的思想，但是我要说的是，马克思的思想不仅仅包含了生态学思想，它还包含了很多重要的哲学思想，马克思是一个伟大的思想家。

——尊重自然的态度与欣赏自然的态度引起的行动是一样的，但是它所依据的根本原则和宇宙观却截然不同，当然行动是最重要的

杰：关于自然的价值问题，我认为观点的分歧是这样的：对于马克思来说，对人类没有使用价值的东西就是没有内在价值的；而在怀特海看来，即使不涉及到自然跟人的关系，这样的东西也是有价值的。在人类出现前，或者在人类消失后，自然界的生物也是有价值的，它比月球这样没有生命的事物更有价值。

丁：我注意到，您在文章中提到自然的价值问题，还把价值分为不同的层次，有的价值高些，有的低些。这种观点的最终的前提，我称之为“泛灵论”或者“泛主体化”。因为这种观点认为自然是活的主体，只有把自然看作主体，才能跟自然讲道德。但是，道德就其本质来说只能发生在主体之间，这就是所谓道德的主体性原则。我们无法想象客体之间或者主客体之间的道德，因为道德关系的前提是自由，而客体是谈不到自由的，用存在主义者萨特的话来说，叫做“是其所是”。我认为“泛主体化”或者“泛灵论”乃是生态伦理的根基所在。但是，我认为这个前提是未经论证的，只是一个预设前提。

杰：我不这样认为。在《过程与实在》中，怀特海提出了四到五个论证，我认为他的论证都是比较理性的论证。在我看来，把自然看成没有主体性的客体反而是不够理性的。

丁：那么，如果我们不借助于过程哲学，而是从尼采的对自然的审美观点出发，我想，也会得到相同的结论。

杰：这是可能的。我们可以从尼采的哲学中得到同样的结论。但是我担心的是,如果仅从审美的角度看,还有可能把自然仅仅看成是具有功利的价值:自然是美的,所以我们才保护自然;但自然中也有不美的方面,这些方面也有值得保护的东西。故我还是觉得怀特海的观点更好一些。

丁:我注意到您多次提到移情,而这恰恰是一个审美概念。您谈到了人的移情和上帝的移情。这和尼采的观点是一致的。这可能涉及我们之间的一个不同点:人类中心论,即反对还是坚持人类中心论。我觉得不论是国内还是国外都有一种生态主义观点认为,人与自然的危机主要是人类中心论导致的。但这种观点有一个难以解决的问题是:人类中心论的观念是自人类幼年时期就存在的,但生态危机却是近代以来才开始产生的,我们能用几乎与人类的整个历史一样长的观念来解释这个近代以来才出现的问题吗?

杰:确实是这样。在我看来,不是人类中心主义导致了生态问题,而是极端的人类中心主义导致了这一问题。只是在工业革命的时代,人类中心主义才发展到一种极端的形态,因为它把自然看成是人类的工具。

丁:我非常赞同这种观点。人类中心论有不同的种类,极端的和非极端的、强的和弱的。但这个问题跟前面的预设是有关的。如果自然是具有内在价值的主体,那么人类就不可能是中心。自然是主体而非客体这样一个理论预设必然否定人类中心主义。因此过程哲学必然是否定人类中心论的。

杰:我不认为自然有内在价值的观点和人类中心论是相互矛盾的。存在各种各样的主体,而人类居于这些主体的中心,这是可能的。我们可以认为,自然界的很多地方都有主体性,从蚊子到熊猫,从熊猫到人,同时可以说存在不同层次的主体性,熊猫的主体性高于蚊子,人的主体性高于熊猫,如果要在人和熊猫之间进行选择,我们选择人。但是主体之间不一定是相互竞争的关系。最好的选择是建立一个共同体,各种主体在其中和谐相处。怀特海的哲学有一点容易被人误解,因为他认为无机物也是有活性的。我的理解是:任何事物都是有能量的,因此也就是有活性的,只不过无机物的活性在层次上低于有机物,而人类的活性是最强的,人类的价值也就最大。

丁:实际上,生态伦理学的核心观点是自然的主体性,以及主体之间的平等。但是如果把自然的价值进行分层的化,那么石头肯定没有熊猫的价值大，而这就导致了不平等，也就是说分层破坏了平等原则。人们论证平等都要从论证相同的基质开始。例如，论证人生而平等，如欧洲人和非洲人的平等，就要从论证二者的相同基质入手，如果二者的基质不同，那么他们是不可能平等的。就像论证人类的平等必然要证明人类是同质的一样，论证人与自然的平等也需要论证人与自然的同质，而这就与分层理论相互矛盾。因此，我认为，现有形态的生态伦理学在理论根基上还是有矛盾的。

我想从文化哲学的角度阐释一下人类中心论。因为对于人类中心论，国内的生态学家有很多争论，我想国外也是这样，特别是过程哲学是很关心这个问题的。皮亚杰认为人类中心论自原始社会就已经存在了，经过长期的发展，我认为它已经成为一个协调人和自然关系的稳定的深层价值规范。作为一个深层价值规范，人类中心论是一个完整的价值综合体，它内含着功利的价值、审美的价值、宗教的价值、伦理的价值等。这种价值综合体只是到了工业革命时才变得片面化，消解了其中的宗教的、审美的和伦理的价值，只剩下了功利的价值——而且是浅近的功利价值，这种片面的人类中心论才是人类危机的根源。我非常赞同您的"极端的人类中心论"的提法，不能由于这种片面化的人类中心论，就否定了人类中心论本身。考虑到这种片面化的原因，我们愿意把人和自然的关系同人和人的关系结合起来考虑。实际上，之所以人和自然的关系变成片面的功利关系，恰恰是由于人和人的关系不协调。不同集团的利益冲突、不同国家的利益冲突是导致环境危机的主要原因，所以说，从人与人的关系的角度能更好地理解生态问题。这是文化哲学理解人与自然关系的独特角度。

杰：我们的分歧在于：你把自然看成客体，这些客体有审美的价值；我把自然看成主体。但重要的是尊重自然的态度，以及由此引起的行动，宇宙观并不重要，只要有对自然的尊重并采取相应的行动就够了。我并不是完全反对人类中心主义，我只是弱人类中心主义。

丁：我同意弱人类中心主义，或者也可以找一种更恰当的表述。我认为从我的观点出发也可以建立一种生态伦理，也就是建立在人类中心论基础上的生态伦理。它调节的是以人和自然关系形式表现出来的人和人的关系。这就要求人类对待自然时，要完整地考虑人类自身的各种利益和价值要求，以至于人类的终极关怀，还要考虑到此一部分人和彼一部分人的关系、此一代人和下一代人的关系。只要考虑到这些关系，我想，尊重自然是完全可以达到的，一种合理的、不违背主体性原则的生态伦理学是可能的。

——后现代和现代的区分是不重要的，重要的是关注问题，即文化转型

丁：我还有一个问题想请教一下：过程哲学就学理上讲很像一种古典哲学，它跟古典哲学的很多精神是非常一致的。我不明白为什么要把它称为一种建设性的后现代主义，更何况，在这一名称下还有与过程哲学极不相同的 R. 罗蒂的思想。

杰：过程哲学否定了很多古典哲学的观点。古典哲学强调存在，过程哲学则强调生成；古典哲学认为神是全能的，过程哲学认为神对所有事情都有影响，但不是全能的；古典哲学把“心”和“物”截然分开，过程哲学认为这二者是一体的两面。但它不是解构的后现代主义，而是建构的后现代主义，它继承了现代性的一些方面，同时也试图超越现代性的一些弊端。

丁：但是像德里达等的后现代主义恰恰反对形而上的预设，而过程哲学是有形而上学预设的，这是过程哲学和后现代主义之间的重要区别。另外，能否因为过程哲学对古典哲学的一些批评就可以把它归为后现代主义？后现代主义有很多种，但是“后现代主义”要想成为一个统一的概念，归入其名下的这些流派必然要有某些共同之处，例如反对整体主义等，但过程哲学是支持整体主义的，这与解构主义的后现代主义的基调不符。所以我倾向于不把过程哲学称为后现代主义。

杰：怀特海的著作《过程与实在》有一个副标题，即“关于宇宙观的论文”。我个人也是把怀特海的哲学看成是一种宇宙论，而不是形而上学。形而上学都试图把自己说成是一种终极的真理，但怀特海明确地说他不是要提出一种终极的真理，而是要找到一种适合时代的，同时又保持开放性的学说。因此怀特海的宇宙论是对时代的回应，不是僵死的，而是保持着开放性。如果后现代需要一种宇宙观，那么我推荐怀特海的宇宙论。我有一个问题，你认为文化哲学是一种后现代哲学还是一种现代哲学？

丁：我觉得，用现代或后现代这样的术语来划分哲学不是很恰当。我认为文化哲学可以研究后现代问题，但是从形态上来说，现代和后现代二者之间的区分也不是唯一的标准，至于以后人们怎样看待文化哲学，是把它当成现代还是后现代哲学,那还要看它将来的发展。我理解的后现代哲学其实是一种很挑剔的哲学,它(我指的是解构主义的后现代哲学)的实际的功能是要帮助现代哲学进一步完善自己,至于它自己能建立什么,我现在还看不出来,换句话说,后现代主义哲学不是一种建设性的哲学。

杰:是的,在这个问题上我们是一致的,我也认为不必用现代和后现代的名称来划界。怀特海自己从来没有用过"建设性后现代"这个词。这个名称最初来自大卫·格里芬。我也认为,后现代和现代的区分是不重要的,我也没有在后现代的立场上写作过,重要的是关注问题,即文化转型。我看到文化哲学是以文化转型为目的的,在这一点上,我们有很多相同之处……

(这次对话由刘耳教授担任翻译工作,在此致谢)

●原文刊载于《求是学刊》2005 年第 5 期。

●丁立群,黑龙江大学哲学与公共管理学院教授、博士生导师;中华外国哲学史学会理事,中国现代外国哲学学会理事,黑龙江省哲学学会会长;入选国家"百千万人才工程"。

附录:

一份期刊与一个学派

——就"文化哲学"名栏建设访《求是学刊》执行主编李小娟

李潇潇

《求是学刊》"文化哲学"系列研究专栏已成为教育部高校哲学社会科学名栏建设工程首批入选专栏。正在形成中的"文化哲学"学派与《求是学刊》的名栏建设具有深刻的同构关系和历史渊源。就学术发展的这一模式和经验,本报记者访谈了《求是学刊》的执行主编李小娟。

记者:你们是 1992 年率先在期刊界推出"文化哲学:跨世纪的思考"学术研究专栏的吧,首先请你对"文化哲学"的概念作一个简洁的概括。

李小娟:文化哲学是要把对人及其世界的形而上的理性反思和现实的文化历史批判结合起来,为的是彰显文化传统与文化创新,最终形成一种文化自觉。这一领域的开拓者衣俊卿教授认为,文化哲学不是关于文化现象非反思的、一般的描述,而是关于各种文化现象内在的文化精神和文化模式的理性反思;文化哲学不是哲学研究领域中的一个部门哲学,而是内在于哲学研究各个领域之中的一种哲学范式。它特别强调文化哲学的理论定位,最主要体现在两个基本方面:一是作为一种重要的哲学理解范式,二是作为一种重要的历史解释模式。

文化模式的转型与学术范式的转换

记者:显然你们是有问题意识贯穿在办刊模式中的,不仅敏感地抓住

“不断生成的常新”的文化哲学问题，而且持续地为新思提供了可以依托的精神家园。

李小娟：学术与学术传播要传达文化启蒙的意蕴。《求是学刊》在多年的办刊实践中，确立了以“唯实、求是、图新”为宗旨，以“开放、创新、超越”为理念，以推动学术研究、促进文化发展为己任，为繁荣我国哲学社会科学事业服务的办刊理路。同时我们还提出以内涵建设打造学术精品的具体举措，力争办出品位，办出特色，把突出刊物的前沿意识、主题意识作为提高刊物品位的一个重要途径。在这种办刊理念的引导下，我们对国内处于新生状态的文化哲学研究予以了观照。我们在 1992 年第 1 期首开栏目时写了一个《编者按》：“邀集跨世纪的一代青年学者从哲学、文学、科学、人类学、文化学等大视角对人类精神作回顾与前瞻，作广义的文化哲学的透视，力图揭示世纪之交人类精神演进的新态势、新发展和新突破，以迎接人类精神和人类历史的新纪元。”

这一领域的很多研究学者可以说都与《求是学刊》结下了不解之缘，都是经《求是学刊》将他们的学术思想以致学术精神传播给学术界乃至普通民众。作为一种理解范式，文化哲学以促进传统文化的转型和新文化精神的重建为己任，着重于对现代人的文化启蒙，在生活世界中推动一种健康的新文化精神和新文化模式的生成。可以说，共同的学术追求，才使得文化哲学研究与《求是学刊》碰撞出理性的火花，并一发不可收拾，在繁荣学术、促进中国的哲学社会科学研究上走出了一条成功的、可供借鉴之路。

记者：从开栏的《编者按》中可以解读出一种开放性的思路，正如作为关于人和文化的总体性理论，文化哲学研究试图开拓贯穿于所有哲学领域的大哲学视野。

李小娟：开放和问题意识再一次让《求是学刊》与文化哲学研究找到了契合。这种契合促成了中国的文化哲学研究从萌芽走向成熟，而文化哲学也成为一门显学。我们并不满足于对我国文化哲学研究状况一般的跟踪反映，而是积极主动挖掘文化哲学研究中真正具有重要理论意义和现实意义的问题，有意识地引领文化哲学的发展方向，使之成为具有特定范式的学术流派。因此，我们先后设立了几个子栏目，准确地捕捉到了各个时期文化哲学研究最为紧迫的课题，有力地推动了文化哲学不断前行。

比方说,“文化哲学:跨世纪的思考”是《求是学刊》最早开辟的“文化哲学研究”栏目,它代表着文化哲学的总体研究。回首20世纪最后10年我们在这方面所做的工作,从作者队伍的组织到论文选题的确定都经过了精心的选择和策划,在这一栏目中已经发表了包括著名学者高清海、孙正聿、衣俊卿、邹广文、王南湜等40余位学者的50多篇论文,涉及文化哲学研究的各个主要方面,并且提出了许多很有深度的见解。在某种意义上,“文化哲学:跨世纪的思考”记录了20世纪末中国文化哲学研究所走过的历程,是那一时期我国文化哲学研究的一个缩影。

而“文化哲学:现代化与日常生活批判”专栏的开设填补了哲学界这一研究领域的空白。正如一些学者已经深刻指出的那样,要使中国的文化哲学研究走向深化,一方面,必须进一步深化重要理论问题的研究;另一方面,更为重要的是,要推动文化哲学的研究走向现实的或实践的层面。中国文化哲学研究的任务绝不只是建立一种或几种系统的文化哲学理论体系,而是要从根本上推动中国现有文化模式的深刻转型,促使适应现代市场经济和信息时代的理性的、契约的、多元的、创造性的文化精神和文化模式的生成。要完成这一任务,文化哲学研究就不能停留在纯粹理论层面上,不能把新文化精神的建构理解为外在地灌输给普通民众某种现成的文化观念,而应当回归人的现实的生活世界,从人的现实生活中挖掘新文化精神的萌芽,发挥文化哲学的文化启蒙功能,把自觉的文化精神同民众的新文化要求结合起来,在生活世界中推动一种健康的新文化精神和新文化模式的生成。正是这种问题意识,使《求是学刊》在推动日常生活批判这一新的学术研究领域的建构上再次走在了学术研究的前沿。

在随后开设的“文化哲学:后现代主义研究”、“文化哲学:全球化的文化反思”,特别是进入新千年后开辟的“文化哲学:现代性研究新视阈”等系列专栏,《求是学刊》以其开放的精神将目光投向国际,视角的多元格局更显突出,交叉学科的大文化思考尤为繁盛。这一现象的实质是学术范式的又一次转型,也就是说,对现代社会的观察和反思从经济、政治等层面向文化层面转换。

以特色栏目提升期刊整体品位

记者:看来必须从文化的视角介入才能更准确地理解现代社会的独

特性质，这种研究视角的提出为哲学社会科学带来了巨大的生长潜力。从你们的具体做法来看，问题意识是提高刊物品位的一个重要途径，以特色栏目带动期刊整体发展是一种值得借鉴的经验。请再结合具体的编辑实践谈谈文化哲学栏目的影响。

李小娟：文化是不断发展变化的，是动态的，这就决定了文化哲学研究将始终是“在生成的途中”。《求是学刊》正是“在生成的途中”，积极地进行一种范式的探索。

17 年来“文化哲学研究”系列专栏组织百余名作者撰写论文 177 余篇，栏目所发文章具有较高的学术价值和社会效益，带动和引领了国内文化哲学研究的潮流，使一批文化哲学研究者，如丁立群、邹广文、李文阁、邹诗鹏、艾秀梅、洪晓楠、于文秀、陈树林等更加成熟。据不完全统计，该专栏所发文章被《新华文摘》、《中国社会科学文摘》、《高等学校文科学术文摘》、《人大报刊复印资料》等转载 104 篇次。

可以说，“文化哲学研究”系列专栏不仅见证了文化哲学的发展历程，我们办刊人也是这一历程的亲身参与者和主要推动者。1997 年，黑龙江大学“文化哲学研究中心”成立，依托该中心，《求是学刊》不断增进“文化哲学研究”专栏的理论深度，扩大该栏目的学术影响。“文化哲学研究”系列专栏的创办者衣俊卿教授本人就是文化哲学理论的最初创建者。由衣俊卿教授担任主任的黑龙江大学文化哲学研究中心是目前中国哲学界最有影响力的哲学学术中心之一，甚至可以说是中国哲学界最集中、最自觉地探讨文化哲学的中心。20 世纪 90 年代初，衣俊卿教授开始提出并逐步建构以现代化进程为背景、以人自身的现代化为宗旨、以日常生活批判为表现形态的中国文化批判理论。近年来，围绕着西方马克思主义的文化批判和日常生活批判，以及一般文化哲学理论，形成了一个结构合理的研究梯队，承担了一系列研究课题，取得了丰硕的研究成果。该中心目前有研究人员 14 人，其中教授 8 人，博士生导师 6 人，仅 3 年就出版学术专著 12 部，发表论文 79 篇，在研科研项目 32 项，获国家和省部级奖励 19 次。

“文化哲学研究”专栏在大力推动文化哲学研究的同时，也成为集中展示文化哲学研究中心学术成果的平台，促进了该中心的学术研究，推动了文化哲学学派的进一步发展。而“文化哲学研究中心”更成为“文化哲学研究”专栏的坚强理论后盾。

记者:最后我们可以总结一下期刊与学术发展的相互关系,这对期刊建设是有借鉴意义的。

李小娟:《求是学刊》的“文化哲学研究”专栏的成功与文化哲学研究的不断深入证明了学术期刊与学术研究、学科建设的关系是相辅相成、互动发展的。学术期刊在扶植和培育学派上是可以有所作为的。从学术期刊的社会功能来看,学术期刊首先应是传播学术成果,这可以说是学术期刊的表征。从更深层面上挖掘,学术期刊应该承载着学术进步、学术创新与学术反思的社会功能。其对学术思想的形成与创新应该具有一种引导功能。从这一意义上说,学术期刊不应仅仅是学术成果的传播者,更应该是学术思想的引导者、学术研究的推动者。学术期刊应该以一种开放的胸襟、包容的心态、多元的视角,积极培育新思想,促进学术争鸣、理论创新的展开,以推动学术进步,促进学科发展。正是学术期刊的这一社会功能,才能促进学术研究、学科建设的发展。反之,学术研究向纵深发展,学科建设不断深入,会进一步带动学术期刊激活思想,为繁荣学术发展进行深层次的理性反思。

文化哲学研究的方兴未艾和学派的形成与《求是学刊》的“文化哲学研究”专栏从创立到成为“名栏”,是学术期刊与学术流派从碰撞到蜕变再到超越过程的完美结合。从中我们可以看出学术期刊追踪学术前沿的心路历程。在《求是学刊》不断超越的道路上,我们看到的是更深层次的理性反思和范式的探索与重构,比如,整合学术资源,尝试着跨学科、多家学报联合组稿;确立开放的、国际化的学术视野,力图形成一种全球氛围内的文化对话、交流与整合机制;以“文化哲学研究”的名栏效应强化和带动其他栏目创名栏的意识,从而推动刊物整体学术水平的提高;等等。

摘自《中国社会科学报》2009 年 7 月 9 日

后　　记

自从1992年《求是学刊》开辟“文化哲学研究”专栏以来，该专栏已经伴随中国文化哲学走过了近20年的时间，见证了中国文化哲学研究从成长到繁荣的历程。如今，借《求是学刊》发刊200期之际，将该专栏近10年来所发部分论文结集出版，作以集中展现，实为幸事！

《求是学刊》的“文化哲学研究”系列专栏始于1992年。这一年的第1期，学刊开设“文化哲学：跨世纪的思考”专栏。时任学刊主编的衣俊卿教授撰文《论人类精神的跨世界走向》，并在《编者按》中写道：“（该专栏）邀集跨世纪的一代青年学者从哲学、文学、科学、人类学、文化学等大视角对人类精神作回顾与前瞻，作广义的文化哲学的透视，力图揭示世纪之交人类精神演化的新态势、新发展和新突破，以迎接人类精神和人类历史的新纪元。”《求是学刊》在20世纪90年代初便以全球视野关注人类文化的跨世纪走向，并以专栏形式集中探讨，足见其学术前瞻性和学术视野。“文化哲学：跨世纪的思考”栏目一经开设便引起了学界的热烈关注，高清海、衣俊卿、孙正聿、俞吾金、王南湜、李鹏程、邴正、邹广文、丁立群、邹诗鹏、杨春时、荆学民、贺来等学者先后为该栏目撰稿，对中国乃至世界所面临的文化困境及其解救之道作了深入而广泛的探讨。在一定意义上，该栏目记录了20世纪末至21世纪初中国文化哲学研究者乃至相当一部分知识分子的心路历程。截至2003年，该栏目共发表论文48篇，其中被《新华文摘》、《中国社会科学文摘》、《高等学校文科学术文摘》、《光明日报》、《人大复印报刊资料》等权威转摘机构转摘高达75篇次。如此高的转摘率反映了该栏目引起的广泛关注，《求是学刊》的“文化哲学研究”系列专栏也因此成为国内学界的学术品牌之一。

随着学界对中国文化现实之反思的逐步深入，人们越来越认识到，中国文化处于“前现代性”、现代性和“后现代性”错位交织的历史处境，这一尴尬处境为中国的文化建设甚至学术发展都带来了相当大的困难，因此，摆在当时中国学界的一个重要任务便是透视中国文化的深层结构。正是这一紧迫的时代需求促成了“文化哲学：后现代主义研究”和“文化哲学:现代化与日常生活批判”两个子栏目的诞生。

1994年第6期,学刊开设了“文化哲学:后现代主义研究”栏目,对中国文化业已出现的“后现代问题”加以探讨。该专栏虽然刊发文章数量有限,但亦取得了很好的社会反响。比如,王治河的《别一种后现代主义》一文在《求是学刊》1996年第4期上发表后立即被《新华文摘》1996年第12期转载。20世纪末,哲学回归生活世界开始成为国内学界的一个共识。衣俊卿教授的《现代化与日常生活批判》一书更是以最明确的方式表达了这一潮流和趋势:只有对在漫长历史过程中沉积于中国文化深层结构中的文化积习进行彻底的清理,才能成功建构中国文化之现代性;而这种清理只有深入到日常生活的微观层面中才有可能真正完成。正是基于这个洞见,衣俊卿教授早在20世纪80年代末就提出了日常生活批判理论,而《求是学刊》1995年第5期开辟的“文化哲学:现代化与日常生活批判”栏目则把这种研究向前大大推进了一步。时至今日,日常生活批判理论已经扩展到文学、史学、人类学、法学等众多领域,“文化哲学:现代化与日常生活批判”栏目的贡献功不可没。2005年,由人民出版社出版了李小娟主编的《走向中国的日常生活批判》一书,对《求是学刊》所刊发的这一领域的研究文章一并给予收录。

进入21世纪以来,全球化的步伐日益加快,为了推进学界对这一历史进程的哲学反思,学刊于2002年第2期开辟了“文化哲学:全球化的文化反思”栏目。包括李德顺、丰子义、王岳川、姚文放、邹广文等在内的知名学者先后为该栏目撰稿,对全球化的文化本质、文化后果等作了深入的探讨。

经过10余年的建设,学刊“文化哲学研究”专栏取得了丰硕的学术成果,2005年第5期开设的“文化哲学:现代性研究新视阈”栏目即是在这些成果的基础上将文化哲学研究进一步推向深入的努力。学刊秉承开放办刊的传统,积极寻求与国内其他优秀学术期刊的合作。“文化哲学:现代性研究新视阈”栏目系与《华东师范大学学报》、《厦门大学学报》联合开办,以期从“西方现代性理论”、“现代性与日常生活批判”、“中国的现代性”、“现代性与人文学术”、“现代性与知识分子”、“现代性与中国现代文学”等问题入手,对现代性问题加以全面探讨。2008年11月,三家名刊学报在上海联合举办了“现代性研究:思潮、观念与实践”学术研讨会,有力地推进了国内学界对现代性问题的跨学科研究。

截至2010年第6期,“文化哲学研究”系列专栏已经发表论文200余篇。限于篇幅,本文集仅收录了2000年以来的部分论文。2000年以前国内重要的文化哲学研究论文已见于李小娟主编的文集《文化的反思与重建:跨世纪的文化哲学思考》(黑龙江人民出版社2000年版,2002年再版)。这两本文集作为历史资料,大体展现了中国文化哲学研究的整体风貌,从中读者不难发现中国文化哲学研究的理论特质。这个特质我们在此将之归纳为“反思与批判”,并以之作为本文集的书名。

回顾“文化哲学研究”专栏20年来走过的风雨历程,既有学术钻研之辛勤,也有世纪更迭之悸动;既有哲学思索之深沉,也有针砭时弊之激越。在文集即将付梓之时,作为该栏目的主持人我们不仅百感交集,所幸文化哲学研究日昌,该栏目亦被教育部评为全国高校学报名栏,足以慰藉20年来耕耘不辍之艰辛。

借此文集的出版,谨向长期以来对《学是学刊》“文化哲学研究”系列专栏给予关怀的学者同人们致以诚挚谢忱,是你们的无私支持和鼎力相助给了我们坚持下去的勇气!

斯为记。

编者

2011年元月